丁常云 ◎ 著

道教的时代担当

上海三联书店

丁常云 1964年生,江苏句容人,硕士,1986年入道,师从正一派大师陈莲笙先生。曾任中国道教协会副会长,全国政协委员,中国统一战线理论研究会理事,上海市浦东新区道教协会会长,上海市道教协会文化研究室主任,上海市宗教学会副会长,上海市青年联合会委员,上海市浦东新区政协常委,上海市浦东新区人大代表,上海城隍庙修复委员会办公室副主任等。现任中国道教协会咨议委员会副主席,上海市道教协会副会长,上海市浦东新区道教协会名誉会长,上海市政协常委,上海市政协民宗委副主任,中国宗教学会理事,《上海道教》杂志主编,上海市浦东道教文化研究所所长,湖北武当山道教学院客座教授,上海钦赐仰殿道观住持。著有《道教与当代社会》、《弘道扬善—道教伦理及其现代价值》、《太上感应篇注释》等;主编"当代道教研究"丛书、《浦东道教年鉴》、《申报中的道教》(合编)等。撰写道教学研究文章百余篇。曾赴美国、日本、韩国、新加坡、约旦、哈萨克斯坦等国,以及中国的香港、澳门、台湾等地区参加学术交流与讲学活动。

序　一

本书的书名，题为《道教的时代担当》。

读到这个书名，就感觉本书的作者丁常云在提笔时的压力，一定有千斤之重。

因为，担当就是责任。敢于担当，就是敢于负起自己的责任。

因为，担当就是理想。敢于担当，就是敢于向往自己的未来。

因为，担当就是直面。敢于担当，就是敢于面对自己的现状。

因为，担当就是克己。敢于担当，就是敢于严格自己的言论和行为。

本书的书名，题为《道教的时代担当》。

读到这个书名，就知道本书的作者丁常云在提笔时，想到的一定是道家和道教这一中华文化的千年传承，想到的也一定是他自己在这一文化传承中应有的作为。

本书的作者出身江苏茅山，来上海学道、从道、修道、行道已有三十多年。

三十多年前，丁常云刚入道门，如果那个时候说他有什么担当的话，那个担当只能是对于自己和自己家庭的担当，想到的只是如何踏上社会，如何为个人在异乡客地谋得一个生存的空间。

三十多年中，丁常云随着自己学业的深入，道学水平和修养的提高；随着道门内部工作的变动，领导职务的升迁，社会活动的开展，联系信教群众的广泛以及参政议政的需要，已经成为当代中国道教界的领军人物之一。因此，现在说他有什么担当的话，他的担当就不再是一个人和家庭圈子的担当了，如同本书所展示的那样，现在丁常云心中的担当就是一个宗教——道家思想和道教组织的担当，包括道教信众的教化，道教人才的培养，道教活动的管理，道教社会功能的丰富，道教未来的展望，等等。

说句坦率的话，这样丰富的时代担当的认识，就不是我们曾经做过他的老师的人，可以在书斋里写出来的东西了。因为，写作"道教的时代担当"的人，必须具备以下的条件：

一是对于二千年历史道教发展和演化的历史经验和教训，有清楚明白的认识。

二是对于当代道教各宗派各地域各机构的现状和问题，有实事求是的了解。

三是对于未来中国社会的发展以及国际环境的变化状态，有清晰明了的估计。

四是对于个人修道学道的目标以及社会活动的方向规范，有比较严格的自觉。

应该说，丁常云是具备了以上这些条件的，所以，他经过深入思考、刻苦努力，得以完成了这部带有前瞻性和规范性的著作，对于当代道教的建设与发展有着十分重要的现实意义。

笔者真诚地向一切关心中华传统文化的人，关心道家和道教的未来的人以及信仰道教的信众，从事道教的道众呼吁，大家都来关心本书提出的当代担当的课题，并且共同为道教实现当代担当贡献力量，在中华大地上，迎接民族伟大复兴、文化光辉灿烂的盛大节日的早日到来！

陈耀庭
2022 年写于因疫情滞留于外的旅舍

序　二

　　发掘、整合作为中华传统文化主体的儒道佛三教的精华和资源，结合人类现代文明复兴和重建成系统的中华文化精神思想体系，是我多年来为之不懈努力的事业。为此，我深入研究了诸子百家的历史和主要经典，考察了儒道佛三教的现状和整合重建的可行性。道教作为中国唯一土生土长的宗教，是文化重建的重要资源和实体，自然是我重点关注的对象。令人痛心的是，中华文化经过近百年来国人自发的打压乃至破除，传承和应用几乎丧失殆尽；道教作为纯国粹在此期间遭受的几乎是灭顶之灾，致使改革开放后恢复的道教至今仍然是青黄不接，人才极度缺乏。因此，当我十多年前偶遇丁常云道长这样教义理论颇有建树，且立志振兴道教，使之成为复兴中华文化重要力量的道教杰出人士，眼前为之一亮；交流之间他的取向与我的文化关切自然形成诸多共鸣。十多年后，丁常云道长在出版多部道教理论书籍的基础上，又出炉了这本名为《道教的时代担当》的鸿篇大作并请我做序，我被他的情怀和担当所感动，也认同他书中的许多观点，为此一改不轻易为人做序的惯例，欣然允诺为该书做序。

　　道教在近现代社会的衰落、道教的人才缺乏和文化层次低下，是宗教学圈子内尽人皆知的公开秘密。我在担任中国宗教学会副秘书长的十年中，有机会接触到道教大多数上层人物，深入调研过道教的内部状况，因而对其现状有更深刻的了解。作为中国五大宗教中最弱势的一员，道教在现代化转型、教义理论构建、人才和物质资源、教职人员素质、文化层次和社会影响力等各方面都居五教之末，甚至会因文化素质低下而闹出笑话。例如，公然将老子之道说成是老子的"虚拟"，并将老子的几乎所有主要观点都批得体无完肤，从而彻底否定了道教的立教之本的某台湾学者，被道士们当作道学泰斗顶礼膜拜，并为其言论掌声雷动。

与此形成鲜明对比的是像丁常云道长这样不追求虚名，不人云亦云，不苟安于道教现状，在努力学习提高、客观清醒研判道教现状和优劣点的基础上，脚踏实地地埋头致力于道教建设和发展的有识之士。虽然这样的人士在道教中尚属凤毛麟角，但道教的未来就在于这种人和这个人群的扩大。

敢于为弱势的道教提出要有时代担当，并且在此话题下纵论道教的使命、责任、内部建设、创新发展和对社会的责任贡献，这本身就说明了作者的情怀和责任担当。但道教要能如丁常云道长在书中所言切实做到创新发展，完成现代化转型，成为传承和复兴中华文化的中坚力量，对中国乃至人类的精神思想、价值伦理和社会生态做出重大贡献，显然还有很长的路要走，有大量的工作有待完成。

道教首先需要做到的是自身信仰体系的重建。道教的传统信仰是在皇权专制扭曲下发展出来的仅适合农耕社会民众为主要信众的体系，已经远远不能适应现代社会的需要。不仅因不能满足受过教育的现代人的精神需求而对其缺乏吸引力，即便对于道教内部人士亦复如此。道教在现代社会的衰落，知识界对道教的严厉批判，这是最主要原因之一。记得数年前中国道教协会有一位老资历副会长曾对我说："安教授，我们道教最急需解决的是信仰危机，我们不知道应该信仰什么。"我听后愕然。以道命名，以精神信仰为专职的道教领袖尚且迷失了信仰方向，何况乎一般道士，又如何吸引和引领信众？

其实，道教信仰体系的重建，难度并不在于资源，而在于教界认识眼光的局限和墨守成规的惰性。《道德经》虽然看似章节之间并无逻辑关联，但贯通来看却揭示了一个完善的正信信仰体系，其中以天道为明确无误的信仰对象，有虔诚坚定的天道信仰，有学道、修道、悟道的方法，有效法、遵循天道的法则，有行道济世的情怀和实践，有圣人之治的行道目标；与人类任何宗教体系相比，都更加完善合理。道教本身就是以《道德经》为立教经典，以道为信仰对象且命名的宗教，只不过因历史扭曲而偏离了老子正法；现在返璞归真，回归老子完善的信仰体系，不仅名正言顺，而且是道教和中华文化复兴的最佳选择。在老子之道已被人类各宗教领袖普遍认同的当今，道教更没有理由拒绝回归老子的正信信仰体系，而彷徨于迷途之中。

道教其次需要完成的是现代化转型。如前所述，道教的信仰传统已经不能适应历经巨变的现代社会，必须与时俱进，完成现代化转型才能走出颓势困境，实现自身价值。这不仅是道教界和宗教学界有识之士的共识，也是时代对于作为中华传统文化重要载体的道教的需求和呼唤。道教的现代化转型与佛教相比显然滞后。如果真能如丁常云道长所言，道教在教义理论、组织建设、人才培养、戒律规章、内部管理、信众发展等各个方面都勇于创新发展，才能迎头赶上，进而成为传承和弘扬中华优秀传统文化的主力。我由衷地希望丁常云道长的这种担当，最终成为中国道教界普遍的担当。

担当必须化作有效的实际行动，才能实现丁常云道长的宏愿，其中最基本的是道教的自身建设。道教的未来并不在于建设多少豪华的宫观，而在于吸引和培养大批高素质、高修养、有情怀、有担当的优秀人才，并在此基础上完善团队组织建设和教义理论深化。对于任何宗教来说，人才都是最重要的，对于亟待扭转颓势的道教尤其如此。我在多年前曾就此向道教界高层人士提出若干建言，并愿意提供力所能及的襄助，其中特别强调大力兴办高质量、成规模的道教院校和广泛开展讲经讲道，但因种种原因至今未能落实。道教要具备挑起时代担当的能力，这项内功是必须修炼到位的。

道教尽管在近现代饱受打压，命运多舛，但作为复兴中华文化的资源却有其独特的优势。首先是如前所述，道教有老子完善的正信信仰体系，可以名正言顺地回归。如果复原历史的本来状况，老子不仅是道家的祖师，也是儒家、法家的祖师，还深刻影响了诸子百家和汉传佛教，因此堪称中华文化的祖师。道教如果回归老子正法，不仅可以重获坚实的立教基础，而且可以溯源中华文化上流，从而执诸子百家之要。

在传统的儒道佛三教之中，唯道教是土生土长，且现存有实体的本土宗教。佛教毕竟是外来宗教，不能全面代表中华文化。儒教则因皇权和宗族社会的瓦解而失去主体，在找到实体借以还魂之前定然无所作为，而这个实体最可能就是回归老子正法后的道教。中华文化是以儒道佛为主体的多元文化，撇开儒道佛则无法谈论中华文化，继承老子衣钵就能引领儒道佛进而成为中华优秀文化的根底。道教最光明的前景就在于此。但能否实现不仅取决于丁常云道长所谓时代担当能否成为道教界普遍的担当，而且取决于道教的人才培养和建设发展内功能否修炼到位。

前途是光明的，道路是曲折的。

是为序。

安　伦
于 2022 年盛夏

目　录

绪　论 ………………………………………………… 1

第一章　与时俱进 ………………………………… 15

第一节　新时代的道教要坚持与时俱进 ………… 17

第二节　从历史发展看道教的与时俱进 ………… 29

第三节　当代道教与时俱进的路径与实践 ……… 48

第四节　以与时俱进的精神推进道教中国化 …… 64

第二章　文化传承 ………………………………… 91

第一节　道教文化是人类文明的瑰宝 …………… 93

第二节　道教戒律中蕴含的伦理思想 …………… 112

第三节　道教生态伦理与生态文明建设 ………… 135

第四节　道教文化在当代的传承与发展 ………… 156

第三章　自身建设 ………………………………… 175

第一节　大力加强道教人才队伍建设 …………… 177

第二节　注重加强道教团体组织建设 …………… 201

第三节　切实加强道教的道风建设 ……………… 242

第四节　稳步推进道教教义思想建设 …………… 274

第四章　创新发展 ···················· 317

第一节　加强和创新道教宫观管理 ············· 319

第二节　深入开展道教信徒队伍建设 ············· 338

第三节　创新推进当代道教戒律建设 ············· 373

第四节　道教的现代转型与创新发展 ············· 424

第五章　时代价值 ···················· 439

第一节　道教教育与社会伦理建设 ············· 441

第二节　道教道德伦理与社会法制建设 ············ 455

第三节　道教慈善思想及其时代价值 ············· 471

第四节　道教文化与社会主义核心价值观 ··········· 507

第六章　全球视野 ···················· 541

第一节　全球化视野下的中国道教 ············· 543

第二节　道教养生文化与人类身心健康 ············ 573

第三节　道教北斗文化与"一带一路"建设 ·········· 600

第四节　道教文化与人类命运共同体意识 ··········· 610

后　记 ·························· 626

绪　论

鲁迅先生曾说过：我们自古以来就有埋头苦干的人，有拼命硬干的人，有为民请命的人，有舍身求法的人，他们是中国的脊梁。在中国历史上，每一个地方，每一个历史阶段，总需要这样一些人，他们肩负使命，勇于担当，开拓进取，奋勇前行，他们是推动历史进步的先驱，是情系民族复兴的栋梁。翻开中国道教历史，我们同样可以发现，古老的道教对人类社会的贡献是巨大的，历史上的许多高道大德同样也是情系民族复兴的栋梁，他们促进了社会进步、推动了科技发展，甚至在世界文明史上也留下了光辉的业绩。然而，历史已经成为过去，曾经的辉煌也只能属于昨天。面对今天，我们的道教如何更好地传承历史、发挥优势、再创辉煌。这就需要我们当代道教徒奋力拼搏、有所作为，要以勇于创新的精神，敢于担当的勇气，真抓实干的作风，主动肩负起道教振兴发展的历史使命。

当代道教，伴随着时代的脚步，已经顺利迈入了新世纪。新的世纪，给古老的道教带来了新的发展机遇，道教事业有序开展，道教宫观正常恢复，道教人才规范培养，道教文化积极弘扬，道教自身建设不断加强。有人说现在是道教近代以来发展的最好时期，这是完全正确的，也是很有道理的。但是，就目前道教现状而言，与当代社会和道教发展的需要相比仍然滞后。这就是说，道教的发展还没有跟上时代发展的步伐，还不能适应社会进步的要求。面对新时代，道教如何与时俱进发展，道教的路在何方？这是新世纪道教必须解决的时代课题。当代道教，必须要有所作为，要有使命担当，要积极探索道教的发展之路。面对新时代，我们的道教必须要有开拓创新的时代精神，要有化导世俗的社会功能，要有关爱人类的普世情怀，要有关注世界的全球视野。这是当代道教应有的时代担当，也是中国道教的未来走向与发展之路。

一

当代道教，必须要有"开拓创新"的时代精神。当代社会，我们所处的时代，是开拓创新的时代。开拓创新是与时俱进的本质要求，是时代精神的核心内容，是推动社会前行的强大动力。面对前进道路上的困难，我们要有战胜困难的决心；面对工作中的诸多问题，我们要有解决问题的办法；面对发展中的各种挑战，我们要有迎接挑战的勇气。这就需要当代道教具有开拓创新的时代精神。近现代以来，由于受传统封闭思想和经济社会思潮的双重影响，道教的生存与发展遇到前所未有的挑战。具体表现为：道教内部组织松散、戒律松弛、教风不正，对外闭关自守、故步自封、无所作为，更有依道生活度日、靠道敛财谋生、用道追名逐利者。致使道教声誉日低，影响日微，与民渐远。缺乏创新活力的道教，正在逐渐失去它本有的积极利世的功能，其生存危机也渐渐显露出来，这不能不引起我们道门中人的高度重视。

当代道教，要在加强自身建设中努力前行。历史经验告诉我们，不前进就要落后，不发展就要被淘汰。特别是在世界经济走向统一、文化走向融合、宗教走向兼容的时代，世界各大宗教都在不断变革中求发展，在不断适应中接受民众的信仰选择，各大宗教都在展示和发挥它们的积极向善、利世导人的功能和形象。而信仰缺失的社会民众更需要宗教信仰作为精神的依托，各大宗教都在展开积极的传教活动，以满足社会民众的信仰需要。因此，当代的宗教在各自发展中相互竞争，民众在真实了解中选择信仰。宗教也必须要与时俱进、适应时代需要，要在服务社会发展中求生存，否则就会失去其存在的意义和价值。道教是中国本土宗教，虽然在与中国社会的适应方面有一定优势，但是也必须要不断与时俱进，不断加强自身建设，积极适应社会和时代发展的需要，发挥出道教应有的时代价值。一方面，要大力培养道教人才。人才是道教事业发展的关键，是当前道教自身建设的核心内容。当今道教，人才的缺乏已经成为制约道教发展的重要问题，传统培养人才的方式已经相对落后，而现代院校式培养人才的模式还不够完善，还存在许多问题，这就需要进行认真研究，尽快找出解决问题的有效办法，形成较为规范的道教人才培养机制。同时，在使用人才方面，要建立一套适合人才生长、成材的培养机制。要打破传统、打破门派之见，更要打破小团体利益，要任人唯贤、任人为能，不拘一格培养道教优秀人才。另一方面，要大力加强道教戒律建设、组织建设和宫观管理。戒律建设是道教制度建设的重要内容，必须要建立适应现代社会和道教事业发展需要的规戒制度，促进新时期道教事业的健康发展。组织建设是道教发展的重要保证，必须要不断加强而不能削弱。宫观管理则是道教实现自我管理的有效途径，是道教服务信众的重要窗口，必须要探索研究现代道观管理的新理念和新方法。因此，加强道教自身建设，是新时期道教发展的必然要求。当代道教，要通过不断加强人才队伍建设、戒律建设和组织建设，积极引进现代社会管理新理念，建立道教团队精神和发展愿景，革除个人主义，摒弃山头主义，加强团结，整合资源，形成合力，充分发挥道教团体和宫观组织的积极作用，以开拓创新的时代精神，积极加强自身建设，不断推进道教事业的健康发展。

当代道教，要在与时俱进中创新发展。在长达几千年的历史发展进程中，道教教义中积淀了许多中华民族共有的优秀文化传统，创造了无数至今仍为人们引以为豪的优秀文化遗产，对于激发人们奋发向上，凝聚中华民族团结一致的精神，实现中华民族伟大复兴，仍然有着十分重要的积极作用。但是，我们也应该看到：时代在前进，人们对于世界的认识领域不断在拓宽，体现道教基本信仰的外在形式也在发生着变化。今天的道教信徒所处的社会环境相对过去来说，科学技术知识更为普及，群众所遇到的升学、就业、婚姻、人际关系中的困难和疑虑都带有鲜明的时代特征。虽然道教的基本信仰没有改变，也是不会改变的，但是人们在对于道教信仰追求的侧重点方面，因时代不同而有所变化，民众的信仰生活已趋于多元化。这就要求道教必须要跟上时代发展的步伐，适应社会民众信仰的需要，要在不断与时俱进中创新发展。一方面，要根据当代社会民众的思想实际和信仰需求，重新审视道教教义中的某些内容和教义解释，不断完善和拓展道教信仰的神学思想内容，探索并建立符合时代发展的道教教义思想体系。对于这项工作，我们道门中人曾经探索过、努力过，并专门召开过多次研讨会，取得了一些成绩。但是，最终还是因缺乏总体设计，缺乏道教代表人士的引领，没有真正形成系统的、规范的道教教义思想体系，从而制约了与时俱进中道教前行的步伐。可喜的是，中国道协已经把此项重要工作提上了议事日程，正在积极推动加以解决。这是一个时代课题，需要道门自身花大力气，集中教内外专家学者的智慧，脚踏实地，求真务实，稳步推进课题的圆满完成。另一方面，还要敢于创新，勇于创新，在创新中求生存，在创新中促发展。当代道教必须要有开拓创新的时代精神，切实加强道教的教义思想建设，加强道教的神学思想建设，探索道教的现代化与未来发展之路。要认真解决道教中存在的一些实际困难问题，要固本强身，顺势而为，不断提升道教服务社会的能力，不断拓展道教服务信众的时代内涵。当代道教徒，要积极主动担负起道教振兴发展的历史重任，以开拓创新的时代精神，积极与时俱进，不断开创道教事业发展的新局面。

二

当代道教，必须要有"化导世俗"的社会功能。在人类社会中，宗教是一种以对超自然、超人间的力量或神灵之信仰与崇拜为核心的社会意识。作为一种社会意识，社会是宗教存在的基础，宗教必然随着社会的变化而变化。伴随着现代化的进程，世俗化不仅成为现代社会发展的一个重要特点，而且对宗教也产生了一定的影响。当代社会，特别是在社会转型发展时期，一个适应现代社会要求的宗教组织，既要处理好适应社会、融入社会的发展要求，又要充分保护好自身的内在本质要求，保持其超越于世俗社会的神圣性和超越性，避免过度的世俗化，否则就会失去其宗教本身化导世俗的社会功能。

但是，随着人类社会世俗化的不断发展，加上受到西方文化思潮的冲击和影响，中国社会开始出现明显的"世俗化"倾向，具体表现为：消费主义和享乐主义盛行，个人主义和功利主义同在。如果从社会学意义上看，世俗化完全是一个值得肯定的积极趋向，甚至被当成现代化的一个重要标志，是传统社会向现代化社会转变的尺度。但是，社会过度世俗化必然导致人心私欲的极度膨胀，人类中心主义和极端功利主义时刻影响着社会的健康发展。这不能不引起我们道门中人的关注，如何运用传统道教的智慧来化导过于世俗化的社会，这是道教服务社会的重要内容，也是当前道教必须要思考解决的重要问题。

当代道教，要努力增强化导世俗的能力。道教思想源远流长，经久不衰，其中很重要的一点就在于道教思想深深扎根于中华民族文化古老而不断更新的土壤之中，既保留了中华文化的精髓，又能随着时代的变化发展而发展，发挥着服务社会的积极功能。然而，由于近现代以来有些道教徒不注重自身修持，道门内开始出现一定程度的"世俗化"倾向，具体表现为"信仰淡化，戒律松弛"和"道风不正"等不良现象，严重影响了道教的形象，败坏了道教的声誉，制约了道教的发展。这就是说，在社会现代化进程中，道教已经被所谓的"世俗化"，道教化导世俗的能力开始下降，这是一个严峻的现实问题。历代以来，化导世俗、教化信众都是道教服务社会的重要内容，也是道教健康发展的重要标志。因此，当代道教必须要大力加强自身建设，不断增强化导世俗的能力。一方面，要大力加强道教信仰建设，这是当前道门自身建设的重要内容。各级道教团体组织和宫观都要高度重视，统一思想，提高认识，形成共识，要把信仰建设作为当前道教界的一项重要工作来抓。根据道教现状，可以制定出一套切实可行的新的规戒制度，作为当前加强信仰建设的抓手，狠抓落实，坚持抓出成效。另一方面，要大力加强道风建设，树立良好的道教形象。要积极开展"文明和谐道观"的创建活动，将此项工作真正落到实处，不是走过场，也不是搞形式主义。要以"争创文明"为抓手，切实解决好道风问题，各级道教组织都要有所作为、有所担当。同时，还要大力开展道教文化研究，积极弘扬道教优秀文化。就目前道教现状而言，道教文化研究还没有真正引起道教组织和宫观的重视。这种问题的存在，不仅制约了道教的传播与发展，而且还严重阻碍了道教积极作用的发挥。因此，要增强道教化导世俗的能力，就要不断加强自身建设，积极开展道教文化研究，只有在不断加强自身建设的进程中，才能进一步增强道教化导世俗的能力，发挥出道教应有的时代价值。

当代道教，要积极发挥化导世俗的社会功能。当代社会，科学技术与物质文明飞速发展，而人文精神与公众的道德心性却日益颓废。人心转换，道德建设已经成为当今社会的重要课题。道教关注人生，把人的道德素养作为得道修仙的阶梯，一直以来就是社会道德教化的重要工具。发挥道教对社会人心转换和道德建设的独特作用，是道教适应社会、利益众生的需要，也是道教扩大自身影响和弘道的需要。因此，当代道教要充分发挥道教的道德教化作用，不断发挥道教化导世俗的社会功能。一方面，要在宫观开展讲经讲道活动，积极传播道教正能量，引导人类，净化社会，提升人格，建设和谐社会。讲经讲道是道教服务社会的一项重要内容，近年来中国道协和各地道教组织都很重视，定期开展讲经讲道交流活动，有力地推动了此项工作的开展。但是，由于很多道教组织和道教徒并没有真正认识到讲经讲道的重要性，有时往往会出现形式大于内容的现象，实际效果并不明显。这就需要道教组织和道门有识之士的推动，将此项工作做实、做好、做出成效，使讲经讲道真正成为教化民众、化导世俗的积极力量。另一方面，要积极倡导道教的道德伦理，担当起理顺情绪，化解矛盾，促进和睦，维护稳定的社会责任。道教是和谐的宗教，追求和平、和顺，倡导慈爱、宽容，劝人弃恶从善等。这些积极的道德伦理思想通过宗教仪式、宗教体验、宗教感情等反复强化，逐渐内化为信教群众的自我意识和自觉行动，有利于促进和维护人与人、人与社会、人与自然之间的和谐。与一般的社会道德相比，宗教道德比世俗道德具有更强的自我约束力。因此，要主动弘扬道教道德伦理思想，自觉开展讲经讲道活动，积极发挥道教化导世俗的社会功能。

三

当代道教，必须要有"关爱人类"的普世情怀。在中国传统文化中，道教历来就有关爱人类社会的传统。道教主张"慈爱、和同"，就是强调人与人、人与社会、人与自然之间都要彼此尊重、相互理解、和谐共存。在关注社会方面，道教提出了"济世利人"的思想，要求世人，乐人之吉，悯人之苦，救人之危，赈人之急，慈悲众生，关爱他人。这是一种普世的大爱，是道教对人类社会的一大贡献，也表现了道门崇高而宽广的胸怀。在关注自然方面，道教强调"慈心于物"的思想，要求人类善待一切生命，包括他人以及鸟兽、草木等等。并指出"蠕动之属皆有知，无轻杀伤用之也"。即蠕动的小生命都有知觉，皆不能轻易杀伤。道教要求人们把慈悲之心扩大到自然万物之中，不要随意杀戮众生，要自觉维护自然生态的平衡与和谐。这些伦理思想，都是道教关爱人类社会的优秀文化资源，值得当代社会关注和重视。

当代道教，要大力弘扬关爱人类社会的优良传统。道教是中国传统宗教，在继承中华民族传统"仁爱"思想的基础上，形成具有鲜明道教特色的"慈爱"思想。所谓"慈心于物"、"愍人之苦"、"救人之穷"，"济人之急，救人之危"，"仙道贵生，无量度人"等，都是道教关爱人类社会的具体体现。在道教神仙信仰体系中，"积善成仙"始终是历代道教徒的理想和追求。葛洪《抱朴子》就明确说道："非积善阴德，不足以感神明"。这就是说，积功累德是道教徒的立足之基和修仙之本。千百年来，中国道教徒始终践行着这一优良传统，始终以关爱人类社会为目标追求，为后人留下了宝贵的精神财富。因此，要大力弘扬道教关爱人类的优良传统，积极服务当代社会。一方面，要大力弘扬道教优秀文化，倡导慈爱精神，传播慈善理念。俗话说"宗教是慈善之母"。道教慈善文化中有诸多慈善伦理，如慈悲、博爱、宽容、济世等，都是现代社会慈善事业值得倡导的。因此，要积极开展对传统道教慈善文化的研究，挖掘整理道教慈善文化精华，逐步形成道教特有的慈善文化。还要大力倡导道教的慈爱精神，积极传播道教慈善理念，使道教的慈爱理念成为其信仰实践的组成部分，成为道教徒道教信仰的外化与物化，提升道教慈善道德，传播道教的慈善情怀。另一方面，要积极传承道教优良传统，倡导慈善伦理，关爱弱势群体。

近年来，中国道教界始终发扬道教"济世利人"的优良传统，积极参与和开展各种社会公益慈善活动，不断弘扬道教慈善文化，倡导慈善理念，关爱社会弱势群体，产生了良好的社会影响。但是，随着现代社会的快速发展，道教慈善文化也要与时俱进、跟上时代发展的步伐。这就要求积极探索道教慈善文化服务社会的新理念，而且还要将道教慈善文化赋予新的时代内涵，不断拓展道教服务社会慈善事业的新思路。

当代道教，要积极践行关爱人类社会的普世情怀。道教文化是中华传统文化的重要组成部分，在道教典籍中就蕴涵了十分丰富的慈爱思想。如"无量度人"的济世伦理，"齐同慈爱"的爱心思想，就是早期道教关爱人类的思想理念。"济世利人"和"扶贫帮困"的济世情怀，则是道教典型的慈善文化，是道教关爱社会的一种功德善举，与现代社会所倡导的"慈善事业"是相一致的，都是人类社会的"爱心"行动，是和谐社会建设的崇高事业。当代社会，要积极践行道教关爱人类的思想理念和精神。一方面，要主动担当起乐善好施，扶贫济困，服务社会的责任。当代社会，特别是在社会公共领域中，依然有许多人不能正确理解道教的真谛，没有认识到道教的积极功能，甚至还有人对道教存在一定的偏见和误解。然而，道教慈善已经得到社会各界的认可，道教慈善之举已经成为更多人了解并理解道教"慈悲济世、利益众生"的最好渠道。乐善好施、扶贫济困，为社会提供公益和公共服务，是道教融入社会的重要途径，也是道教社会化的重要表现，更是道教这一特殊社会组织生命力之所在。另一方面，要主动担当起保护自然，关爱自然，维护生态和谐的责任。人与自然的和谐是道教的追求，这是道教对人类的关爱，也是人类的福音。要积极宣传道教保护自然、关爱自然的环保理念，倡导道教"少私寡欲"的生态伦理，要求人类必须抛弃消费型、掠夺型价值观，树立适度消费观念和健康的心态。宣传道教的生态伦理，化解自然生态危机，是当代道教关爱人类社会的普世情怀，也是当代道教徒的重要责任。

四

当代道教，必须要有"关注世界"的全球视野。当今世界，政治多极化、经济全球化、文化多元化的趋势正在不断深入，科技进步日新月异，世界经济在总体上保持持续增长。然而，世界形势依然严峻，不容乐观，充满动荡、多变和不确定性，正在经历着复杂、深刻的变化。人类社会仍面临严峻挑战和生存危机，由贪婪、暴戾所导致的霸权主义、强权政治，以及国际恐怖主义、民族分裂主义和宗教极端主义仍时时威胁着地区安全和人类生命安全。环境污染、毒品走私、跨国犯罪、严重传染性疾病等世界性问题也时刻影响着人类生命健康。这就是说我们的人类还不安定，我们的社会还不安宁。建设和谐社会、维护世界和平，仍然是各国人民的共同期盼。

然而，尽管爱好和平、关心人类前途的有识之士百般努力，人类迄今还没有找到避免战争和化解危机的有效办法。联合国前秘书长哈马舍尔德就曾悲观地表示，他对避免人类战争和毁灭毫无信心。看看他的后任不停地奔波于世界各地调停局部战争和纠纷，就可知情况并无好转。面对如此严峻的社会问题，人们不得不将目标转向宗教，而在诸多宗教中，充满智慧与哲理的中国道教，最能够担当此重任，在世界文明中扮演更为重要的角色。因此，当代道教要主动实现"走出去"的工作目标，积极传播道教文化思想与文明智慧，主动担负起人类心灵"净化器"的重任，主动关注和化解世界性危机问题，为人类社会的和谐与安宁发挥积极作用。

当代道教，要主动实现"走出去"的目标，在"全球化"时代中发挥积极作用。道教文化是中华文化的重要组成部分，道教经典《道德经》从 17 世纪进入西方世界后，老子及其道学思想就引起西方人的极大关注，并产生了广泛的社会影响。据联合国教科文组织统计，被译成外国文字发行量最大的世界文化名著，除了《圣经》以外，就是老子《道德经》。德国从 1870 年第一个德译本以来，《道德经》德文译本多达 82 种，研究老子思想的专著也高达 700 多种。老子是中国的，也是世界的，他的思想和智慧是属于全人类的。美国学者蒲克明指出："当人类隔阂泯除，四海成为一家时，《道德经》将是一本家传户诵的书"。他认为《道德经》是未来大同世界家喻户晓的一部书。道教的文化与智慧，将会成为人类社会的宝贵财富，当然也是道教通向世界的桥梁。这就需要当代道教徒肩负起弘道兴教的历史责任，主动实现道教"走出去"的目标，积极向世界传播中国道教的文化与智慧。

当代道教，要主动向世界传播道教文化，助力化解人类关注的心灵环保问题。面对市场经济和全球"一体化"所带来的错综复杂的社会矛盾，要想构建"和谐心灵""和谐家庭""和谐社会"与"和谐世界"，就必须善于从道教文化中寻找智慧，寻求化解人类心灵环保的方法。所谓"心灵环保"，就是指对人类心灵的净化和对品德修养的提升。只有不断强化"心灵环保"意识，涵养心灵，使内心充满愉悦、阳光、快乐，那么很多社会问题就能迎刃而解，我们的生活就会更加美好。但是，要实现道教"走出去"的目标，就必须要在海外建立老子学院，传播老子的道学文化。设立海外老子学院要以弘扬"道"文化为目标，以"服务社会、造福人类"为宗旨。在传播"道"文化的过程中，要特别注重推广道教文化的普世精神和时代价值，如老子的治国之道、老子的经济思想、老子的环保理念、老子的人生哲学等，为和谐社会、和谐世界的建立提供积极的文化资源，为化解人类心灵的迷茫提供智慧资源。当然，在海外建立老子学院，需要我们道门自身的努力，更需要政府部门的鼎力支持。从道门自身来看，当务之急就是要培养一批"老学"研究者，为老子学院输送教学人才，向世界传播真正的道教文化。

当代道教，要向世界传播道教养生文化，助力化解人类身心健康问题。道教的医药、养生、武术、艺术、哲学等都是人类社会的宝贵文化遗产，也是道教向世界传播的主要内容。近年来，中国道教协会提出"道行天下"的计划，并开始向世界传播道教文化。一是举行对外文化交流活动。2013年，中国道教首次文化交流活动，以"文化和融，宗教和睦，人类和平"为主题，分别在比利时、英国、法国举行，取得了良好效果。二是举行捐赠《道藏》活动。中国道教协会先后向世界多所知名大学赠送《中华道藏》和《老子集成》等道教典籍，让外国民众更好地了解道教文化，这是道教实现"走出去"目标的良好开端。但是，对于道教文化的传播，要以"服务社会，造福人类"为宗旨，要通过认真组织、精心谋划和积极宣传，尽可能适应国外民众的生活与信仰需求。当代道教，应重点向世界传播养生文化，因为这是人类社会共同关心的问题。比如，可以将道教的一些基本的、简易的、有实效的养生功法，通过举办学习班的形式，由道长现场讲解和演示，并拍摄成CD片或印成小册子广泛传播。可以重点打造道教太极养生、音乐养生、饮食养生、日常保健等，作为道教对外传播的重点内容，要力争使太极拳成为世界各国民众强身健体的广播操，普及推广，家喻户晓。要充分利用现代科技、网络媒体，广泛传播道教养生文化，服务社会大众。

当代道教，要有"全球化"视野，助力化解世界性危机问题。道教是追求和谐的宗教，道教以《道德经》为主要经典，以"尊道贵德"为核心思想，主张慈爱和同，维护人类安宁，强调重生贵命、关爱生命安全，追求身心和谐、自然和谐、社会和谐与世界和谐。当代社会的发展，需要大力弘扬道教优秀文化，积极阐扬道教思想精华，赋予新的时代精神，增添新的时代价值，努力为促进社会和谐稳定、世界和平发展发挥正能量。道教文化是人类社会的共同财富，关注道教就是关注人类社会的文明，关注道教就是关注社会的和谐与发展。当今世界，如何更好地传承道教优秀文化，服务社会，造福人类，这是道教界人士和道教研究者的责任和使命，更是人类社会的期盼。因此，当代道教要积极向世界传播正能量，用道教的智慧来助力化解地区冲突和全球生态危机。

当代道教，要积极倡导"关爱生命安全，维护世界和平"的主张，助力化解人类所面临的安全危机。道教是一个"贵生"的宗教，在其传统的思想信仰中，就包含着道教徒对于生命的热爱和追求，重视今生，以生为乐，以命为贵。道经称："万物之中，人最为贵"。认为人的生命是神圣的，也是至高无上的。为了追求贵生、实现生命永存的理想，道教明确提出了"行王道，反霸道"的主张。所谓"行王道"，就是要遵循老子提出的"爱民治国"，推行"仁政"和"德治"，反对"暴力"和"恐怖"。所谓"反霸道"，就是反对"强权"，反对"战争"。强权和战争，是对道教教义思想的一种亵渎，是人类生命的一大灾难，也是人类社会所深恶痛绝的。道教还明确提出了反对"战争"的主张。认为"兵者不祥之器"，"兵之所处，荆棘生焉"。战争是残暴的、可悲的，好杀之徒必遭天谴。指出不得"以强欺弱"、"逞志作威"，更不得"乘威迫胁，纵暴杀伤"。这种反对"暴力"，反对"霸道"的思想，正是中国道教维护人类生命安全和民族生存的人道主义主张。因此，要大力弘扬道教优秀传统文化，积极倡导其生命伦理思想，坚决反对霸权主义，时刻关爱人类生命安全，共同维护民族生存权利。

当代道教，要积极倡导"重视环境保护，关爱生态文明"的主张，助力化解人类所面临的生态危机。道教从保护自然环境、维护生态和谐的思想出发，积极倡导人与自然的和谐发展，形成了诸多环保理念和生态智慧，成为当代社会生态建设宝贵的文化资源。早期道教经典《太平经》中就明确提出了"天人一体"的论断。肯定了人对自然环境的依赖关系，形成了一种生态整体意识。《道德经》则进一步强调"自然之道不可违"的道理，指出任何人都不能违背自然，也无力违背。否则，就会导致灾难，形成生态危机。要求人们尊重自然、保护自然。促进人与自然的和谐发展。道教的生态智慧，强调的是一种自然之道、和谐之道，是一种人与自然和合共生的生存之道。面对全球生态危机，这就需要到传统道教文化中去寻找"生态智慧"，用传统道教文化来化解"生态危机"。美国环境伦理学家霍尔姆斯·罗尔斯顿（Holmes Rolston）指出："西方人也许应该到东方去寻求人与自然协调发展的模式"。法国著名道教学者索安也指出："今天的生态学家知道，作为东方传统之一的道教，可以帮助我们找到一种生存方式，使我们被毁坏的星球更加和谐。"因此，要大力弘扬道教优秀传统文化，积极倡导道教的生态智慧，助力化解全球生态危机，共同开创生态文明新时代。

新时代的社会，呼唤着新时代的道教，芸芸众生久旱的心灵，渴望着道教智慧的浇灌。当代道教徒，必须要有所担当，更要有所作为，这是时代发展的需要，也是道教自身发展的必然。有所担当，就是要不断加强自身建设，主动担负起弘道兴教的历史责任，积极发挥出道教应有的时代价值。有所作为，就是要服务社会，造福人群，净化人类心灵，化解全球生态危机，维护世界和平与安宁。这一使命是人类所期盼的共同命题，道教徒要义不容辞地担负起这个使命，这是道祖的本怀，是我们每一个道门弟子都应该遵循的。当代道教，要紧跟时代发展步伐，适应社会进步要求，为维护人类社会和谐、世界和平与安宁贡献智慧与力量。我们共同祈求道祖护佑，通过道德伦理的完善，依靠慈爱思想的提升，让道教和谐文化深入人心，让这个世界更加祥和与安宁，让人类社会更加和谐与幸福，让中国道教在"全球化"时代进程中迎来更加辉煌的明天。

第一章

与时俱进

第一节　新时代的道教要坚持与时俱进

　　当今时代，社会经济高速发展，科学技术日新月异，与时俱进已经成为当代中国的时代精神。特别是在坚持我国宗教中国化的历史进程中，与时俱进已经成为我国宗教界自身建设与发展的时代要求。道教是中华民族的传统宗教，同样也需要解决"与时俱进"的问题，这是道教历史发展的必然，也是时代发展的要求。陈莲笙大师曾明确指出："历史告诉我们，在道教与时代的关系上，只能是我们道教去主动适应时代，而绝不是相反。"还进一步指出："如果我们在思想上故步自封，自我封闭，两耳只闻钟鼓声，以不变应万变，那只能是一种不切实际的幻想，是不可能做到的，其结果也必然是自误误人，最终使道教在当代社会生活中丧失立足之地。"[1] 这就是说，坚持道教与时俱进，是道教历史发展经验的总结，是当代道教自身建设的内在需要，更是道教适应时代发展的必然要求。当然，这也是新形势下党和政府对道教工作提出的新要求，是促进道教与社会主义社会相适应的应有之义。

　　所谓"与时俱进"，就是指行动和时代一起进步。与时俱进昭示和要求人们要有一种时不我待、不进则退的紧迫感，一种深切的历史忧患意识，一种昂扬向上、奋发有为的精神状态，一种不甘落后、奋起

---

〔1〕陈莲笙著《道风集》，上海辞书出版社，2006年，第70页。

直追的进取精神。与时俱进是人类历史发展的自然规律。《道德经》说："人法地，地法天，天法道，道法自然。"意思是，人效法地，地效法天，天效法道，道的运行法则是自然而然。[1]强调天、地、人的变化与发展都是顺应自然规律的，这种顺应自然规律的运行就是一种与时俱进的过程。当代道教，必须要顺势而为，既要适应时代发展，又要有所作为。坚持道教的与时俱进，就是要在保持本有的道教特色基础上，不断推进道教适应社会主义新时代，发挥出道教应有的时代价值，其核心内容主要有以下四个方面：一是要传承爱国思想，高举爱国主义伟大旗帜；二是要紧跟时代发展步伐，促进道教与社会主义社会相适应；三是要弘扬道教优秀文化，助推中华文化繁荣发展；四是要推进道教创新发展，践行社会主义核心价值观。从当代道教现状看，无论是继续高举爱国主义伟大旗帜、保持道教与社会同步发展，还是积极助推中华文化繁荣发展、践行社会主义核心价值观，都必须要坚持道教与时俱进。因为，坚持道教与时俱进、创新发展，是新时代道教适应社会进步要求的历史规律和根本所在。

一、新时代的道教要始终高举爱国主义伟大旗帜

高举爱国主义伟大旗帜，是坚持我国宗教与时俱进发展方向的根本保证。爱国主义是中华优秀传统文化的重要组成部分，也是中华民族自强不息的伟大精神所在。在坚持与时俱进的进程中，必须要坚持道教中国化方向，因为中国化的根基是中国，如果不爱中国，就没有基础可言，更谈不上中国化了。因此，我们要大力弘扬伟大爱国主义精神，大力弘扬以改革创新为核心的时代精神，为实现中华民族伟大

---

[1] 安伦著《老子指真》，社会科学文献出版社，2016年，第36—37页。

复兴的中国梦提供共同精神支柱和强大精神动力。〔1〕这就是说，爱国主义是我国宗教发展的政治方向，这是根本，不能动摇。近现代中国历史表明，爱国主义是凝聚中华民族的强大精神力量，也是中华民族生生不息的力量源泉。坚持道教与时俱进发展，就是要继续高举爱国主义的伟大旗帜，大力弘扬中华民族的精神力量，这种力量具体体现在：广大道教徒对社会主义祖国的无比热爱，对中国共产党的领导和社会主义制度的坚决拥护，以及对国家《宪法》和法律法规的自觉遵守。要通过凝心聚力，倡导一切有利于民族团结、祖国统一、人心凝聚的思想和精神，倡导一切有利于国家富强、社会进步、人民幸福的思想和精神，把广大道教徒的智慧和力量，凝聚到建设中国特色社会主义事业中来，使爱国主义始终成为道教坚持与时俱进发展的根本保证。

坚持与时俱进就要积极传承道教的爱国传统。爱国就是要热爱自己的国家，热爱中国共产党，热爱社会主义制度。这是道教同祖国共命运的牢固精神纽带，也是道教悠久而光荣的历史传统。在早期道教经典《太平经》中，就已经有了"助国""保国"的主张，即所谓修道者当"助国得天心"〔2〕，以及"可以自安而保国"。〔3〕这里的"助国""保国"就是表示以某种方式来帮助国家治理，或者保护国家安全，是一种自觉的爱国行为。此后的《老君音诵诫经》还说："老君曰：吾汉安元年，以道授陵，立为系天师之位，佐国扶命。"〔4〕这里的"佐"即辅佐，"佐国"就是辅佐国家治理，"扶命"即扶持国家命脉的延续，其中就蕴含着强烈的爱国情感。还有《太上洞玄灵宝真文要解上经》

〔1〕 引自《人民日报》2015 年 12 月 31 日，第 1 版。
〔2〕 王明《太平经合校》卷四十八，中华书局，1997 年，第 153 页。
〔3〕 王明《太平经合校》卷九十一，中华书局，1997 年，第 359 页。
〔4〕 《老君音诵诫经》，《道藏》第 18 册，第 210 页。

提出"保镇宁国，兆民兴隆"和"兴国爱民，普济群生"〔1〕的思想；《灵宝无量度人上品妙经》提出"国安民丰，欣乐太平"〔2〕的主张，都表达了道教对赖以生存的国土的热爱。此外，还有相当一批道教经典名称使用"护国"二字。如《太上护国祈雨消灾经》《碧霞元君护国庇民普济保生真经》《太上大圣朗灵上将护国妙经》等，这里的"护国"即以道教所特有的方式保卫国家的安全，同样彰显着道教强烈的爱国情怀。可见，爱国主义始终是道教坚持与时俱进的优良传统。

坚持与时俱进就要大力弘扬道教的爱国思想。传统道教的爱国思想是朴实而真诚的，是历代道教徒爱国情怀的真情流露。《太上洞玄灵宝真文要解上经》指出：道教徒行上愿"普度一切，致国太平"，并祈求"保镇安国，无有灾殃；四海宁一，普天兴隆"。〔3〕这就是道教对于"国泰民安"的祈愿，流露出道教徒发自内心的浓浓的爱国思想。元代全真祖师丘处机应诏前往西域雪山，告知成吉思汗要"以清心寡欲为要"，"以敬天爱民为本"。〔4〕他还用"天道"说，来告诫成吉思汗"天道好生而恶杀，止杀保民"，〔5〕要求"布德推恩"，留下"一言止杀"的爱国、爱民功绩，成为千古佳话。正是有着一代又一代爱国宗教人士，出家不忘爱国，修行不忘济世，为祖国和人民作出了重要贡献。面对当今时代，是具有中国特色的社会主义国家，而社会主义制度下的国家与历史上的祖国已经有了本质上的区别，传统道教的爱国思想也要跟上时代的步伐，必须作出适应时代进步要求的新阐述。因此，我们必须要大力弘扬中国精神，这就是以爱国主义为核心的民族精神，以改革创新为核心的时代精神。这种精神是凝心聚力的兴国

---

〔1〕《太上洞玄灵宝真文要解上经》，《道藏》第 5 册，第 904 页。
〔2〕《灵宝无量度人上品妙经》卷一，《道藏》第 1 册，2010 年版，第 2 页。
〔3〕《太上洞玄灵宝真文要解上经》，《道藏》第 5 册，第 904 页。
〔4〕《元史》第 15 册，中华书局，1997 年，第 4525 页。
〔5〕 陈垣《道家金石略》，文物出版社，1988 年，第 635 页。

之魂、强国之魄。爱国主义始终是把中华民族坚强团结在一起的精神力量，改革创新始终是鞭策我们在改革开放中与时俱进的精神力量。因此，我们广大道教徒要继续高举爱国主义伟大旗帜，大力弘扬道教的爱国思想，不断推进道教爱国思想的创新发展，积极引领广大道教徒热爱伟大的社会主义祖国，拥护中国共产党的领导，要在本职工作岗位上爱岗敬业、勇于担当、奋发有为，为国家的繁荣富强贡献力量。我们道教界要始终高举爱国主义伟大旗帜，始终坚持做爱国的表率，自觉担当起传扬爱国思想的先行者，不断助推道教与时俱进的时代进程。

二、新时代的道教要始终坚持与社会主义社会相适应

当代社会，积极引导宗教与社会主义社会相适应，是我国宗教坚持与时俱进的根本方向。宗教是社会发展的产物，社会的发展和变化，决定宗教的发展和变化。因此，我们完全可以说，宗教发展的过程，从某种意义上讲就是宗教与社会发展相适应的过程。从现状来看，引导宗教与社会主义社会相适应，其关键主要在于引导，重点在适应。习近平总书记 2016 年在全国宗教工作会议上的讲话指出：要用社会主义核心价值观来引领和教育宗教界人士和信教群众，弘扬中华民族优良传统，用团结进步、和平宽容等观念引导广大信教群众，支持各宗教在保持基本信仰、核心教义、礼仪制度的同时，深入挖掘教义教规中有利于社会和谐、时代进步、健康文明的内容，对教规教义作出符合当代中国发展进步要求、符合中华优秀传统文化的阐释。这一重要论述，为进一步引导我国宗教与社会主义社会相适应指明了方向，也为我国传统道教坚持与时俱进发展明确了路径。

坚持与时俱进就是要继续传承道教与时俱进的时代精神。从我国各宗教的历史来看，适应时代发展是我国宗教的优良传统，也是各宗教生存和发展的普遍规律。在人类历史上，前前后后曾出现过许多宗教，其中有的生存至今，有的夭折消逝，有的从一个地区或者一种民族的宗教演变为世界宗教，有的却仅是残留在史籍记载或者考古遗迹之中。究其原因，最重要的一条就是宗教本身能否适应社会发展的要求，能否随着社会的不断变化而不断调整其教义、组织和仪式等内容，继续发挥其宗教在社会生活中的积极作用。道教历史表明，中国道教不是一成不变的，而是在适应社会发展变化中不断变化着的。早期道教在东汉中叶时主要流行于民间，反映了大多数农民阶级和下层知识分子的利益和要求。因此，早期道教自然同当时的农民阶级和下层知识分子的利益相适应，并曾经为农民起义所利用，而这在当时统治阶级眼中却是大逆不道的，所以最终遭到镇压。魏晋以后，统治阶级扶持部分道教徒，使道教教义逐渐与纲常名教观念相结合，把道教改造成了与中国封建统治阶级相适应并为其服务的一种宗教，此后的道教，一直趋于变化和与社会相适应之中。中华人民共和国成立后，随着我国社会主义制度的完善和发展，道教思想、组织和仪式、规戒等都相继发生，而且在继续发生着适应社会的根本变化。改革开放之后，道教更是得到快速发展，社会的变革和时代的进步，需要我们紧密结合社会实际情况，回应社会和信教群众需求，继续传承道教与时俱进的时代精神，从思想上自觉与社会主义社会相适应。

　　坚持与时俱进就是要不断推进道教与当代社会相适应。历史经验告诉我们，当代道教必须要与社会主义社会相适应，而这个适应又必须是主动的而不是被动的，是积极的而不是消极的。首先，是道教人才的适应。道教与社会主义社会相适应，归根结底是道教徒的相适应。当然，培养什么样的人才，也是至关重要的。我国社会主义时期的道教，需要培养一支热爱社会主义祖国，拥护中国共产党的领导，坚持走社会主义道路，维护祖国统一和民族团结，有一定宗教学识，并能联系信教群众的道教教职人员队伍。要按照"政治上靠得住、宗教上有造诣、群众中有威信、关键时起作用"的要求，努力造就一支宫观管理、讲经弘道、文化研究、道教教育、对外交流等方面的道教人才队伍。[1] 当代道教，必须要站在与时俱进的新高度，努力培养造就一批高素质的道教人才队伍。只有这样，才能适应新时期道教事业发展的需要，才能更好地推进道教与社会主义社会相适应。其次，是道教教义思想的适应。道教历史表明，道教的教义思想也必须要随着时代的发展而不断发展，要适应社会进步的要求。道教以"道"名教，以"道"为其教义思想的核心，就是表明它的基本信仰是"道"。我们学道之人，对于"道"的崇拜和信仰是不能改变的，但是对于"道"的内容是应该随着时代发展而丰富发展的。现代科学技术的发展对于物质本原、宇宙起源以及生命奥秘等都有许多新的发现，这些新发现大大扩展了我们对"道"的认识。我们当代道教徒，应该对"道"作出适应时代进步的阐释，要在继承传统道教教义思想的基础上，丰富和发展前辈道长们对于"道"的论述，增添新的时代内涵，阐扬新的时代精神。当代道教徒，必须要积极加强自我学习、自我教育，养成自觉学习的良好习惯，努力提高自身的政治素质、业务素质和文化素质，不断增强道教文化自信和理论自信，自觉促进道教与社会主义社会相适应，继续坚持道教与时俱进发展不动摇。

三、新时代的道教要积极助推中华文化繁荣发展

加强当代道教文化建设，助推中华文化繁荣发展，是坚持道教与时俱进的重要内容。宗教历史表明，宗教文化的与时俱进，是宗教与

---

〔1〕《中国道教》，2010年，第3期，第7页。

时俱进的关键所在。道教历史同样表明，道教文化的与时俱进，也是道教与时俱进的重要标志。当然，在道教文化与时俱进方面，与其他外来宗教相比，道教有着自身的独特优势。因为，在长期发展过程中，古老的道教与中国文化相互渗透、相互影响，又相互融合，已经成为中国传统文化最为重要的组成部分，它传承着中华民族特有的文化基因，承载着东方文化的文明智慧与民族精神，古老的道教从文化上顺利地实现了与时俱进的发展进程。当今时代，我们要继续传承道教文化思想，阐扬道教思想精华，赋予时代精神，增添时代价值，发挥道教在促进社会主义文化繁荣发展中的积极作用。

适应新时代就要积极传承道教优秀文化。文化是民族的血脉，是人民的精神家园。中华文化博大精深、源远流长，在五千年文明发展中孕育的中华优秀传统文化，积淀着中华民族最深沉的精神追求，代表着中华民族独特的精神标识，是中华民族生生不息、发展壮大的丰厚滋养，是中国特色社会主义植根的文化沃土，是当代中国发展的突出优势，对延续和发展中华文明、促进人类文明进步，发挥着重要作用。道教是中华民族的传统宗教，它是在神州大地的怀抱中诞生，为中华传统文化的乳汁养育而成，在其长期的发展过程中，又对我国的政治、经济、哲学、文学、艺术、音乐、天文、地理、化学、医学、药物学、养生学、气功学以及民族习俗、民族心理、民族性格和民族凝聚力的形成与发展等各个方面，都曾产生过深刻的影响。道教文化已经成为中华传统文化的重要基因和组成部分。当代社会，要积极传承道教优秀文化，服务社会主义文化繁荣发展。我们要积极倡导尊道贵德、重生贵命、诚实守信等道德规范，倡导和平向善、慈爱和同、济世利人的理念，培育自尊自信、宽容平和、积极向上的精神，建立符合道教基本教义、继承道教优良传统、适应中国社会发展进步要求的道教思想体系，引导广大信教群众投身全面建设小康社会的伟大事业，爱岗敬业，尊重科学，诚实守信，与人为善，用实际行动见证道教信仰，彰显道教文化内涵，以优秀文化助推道教与时俱进的历史进程。

　　坚持与时俱进就要助推中华文化的繁荣发展。中华优秀传统文化蕴含着丰富的思想资源和强大的精神力量，历久弥新，是我国最深厚的文化软实力。同样，道教作为中华传统文化的重要组成部分，其中也蕴含着丰富的道德伦理思想，是助推中华文化建设的宝贵资源。我们要大力弘扬道教优秀文化，继续发挥道教文化的影响力和辐射力。首先，要善用道教的道德伦理，助推社会道德文化建设。道教的道德文化是一种宗教性的道德伦理，它是在传统道德和世俗伦理的基础上逐步形成与发展起来的。一般来说，道教的道德伦理要比世俗性道德伦理来得严格，要求也更高。道教的道德伦理主要集中体现在对于"尊道贵德"的倡导和对于"行善积德"的规劝。道教"尊道贵德"的道德伦理，强调个人道德品质和内在修养，是一种积极向善的社会道德人生观，也是提高公民道德素质的重要内容。道教"行善积德"的道德伦理，强调的是劝善伦理，是一种道德式的说教，可以促进社会人心向善，促进社会公民道德素质提高。其次，我们要善用道教的和谐伦理助推和谐文化建设。道教和谐伦理，内容丰富，影响深远。道教倡导"慈同慈爱，异骨成亲"和"济世利人"，强调人与人之间要和睦相处，要相互尊重，相互理解，相互宽容。在人际关系上，要求人与人之间的交往要"诚实守信"。道教视天、地、人为一个统一整体，尊重自然，善待万物，提倡人与自然和谐。倡导道教"众生平等"，促进人与社会之间的和谐。再次，要善用道教生态伦理助推生态文化建设。《道德经》提出"道法自然"的生态伦理。道法自然，意为纯任自然，自己如此。"道法自然"的生态伦理，讲的是一种主张天、地、人三者之间自然共生，共同遵循"自然"法则的天人和谐。"天人合一"的生态伦理，是人与自然和谐的法则，强调自然、生命、和谐，反映天、地、人三者之间的和谐共生的自然关系。可见，道教的优秀文化，与中华传统文化相得益彰，相互影响，共生共荣。我们要充分发挥道教传统文化优势，展示道教文化魅力，助推中华文化繁荣发展。

四、新时代的道教要积极践行社会主义核心价值观

坚持与当代社会相适应，推进道教创新发展，积极践行社会主义核心价值观，是坚持道教与时俱进的重要内容。社会主义核心价值观是新时代中国特色社会主义事业的行动指南和最高价值追求，也是传承创新中华优秀传统文化的体现。党的十八大明确提出，倡导富强、民主、文明、和谐，倡导自由、平等、公正、法治，倡导爱国、敬业、诚信、友善，积极培育和践行社会主义核心价值观。此后，国家宗教事务局又发布了《关于在宗教界深入开展培育和践行社会主义核心价值观活动的意见》，要求通过宣传教育、制度保障、实践养成、示范引领，使社会主义核心价值观融入宗教思想和教规教义，成为宗教界人士和信教群众的价值追求和自觉行动。根据这一要求，我们道教界要认真学习领会、深入贯彻落实。充分发挥传统道教优势，自觉担负起践行社会主义核心价值观的责任与使命。

坚持与时俱进就要积极宣传社会主义核心价值观。当代社会，我们培育和弘扬社会主义核心价值观，必须立足中华优秀传统文化。在社会层面，倡导自由、平等、公正、法治的价值取向，充分调动各方面积极性，把社会主义核心价值观基本要求，融入行业规章制度、社会行为准则、日常生活，成为人们的基本遵循，发挥自我约束、自我监督的作用，人人讲道德、尊道德、守道德，建设充满活力又和谐有序的现代社会。在公民层面，倡导爱国、敬业、诚信、友善的价值准则，使社会主义核心价值观深入人心，内化为精神追求，外化为实际

行动。社会主义核心价值观体现了当代中国社会主义的自由观、平等观、民主观、法治观等，融合吸收了中华文化中的仁爱、贵和、诚信、敬业等思想精华，为中国特色社会主义事业提供了精神动力和道德资源。因此，我们广大道教徒要深入学习和广泛宣传社会主义核心价值观，促使社会主义核心价值观内化于心、外化于行，以社会主义核心价值观确立的价值目标阐释道教教义教规，以社会主义核心价值观确立的准则规范道教界人士和信教群众个人言行，引导道教界为促进经济发展、社会和谐、民族团结、祖国统一服务。通过广泛宣传社会主义核心价值观的理念和内涵，积极引领道教健康发展。

坚持与时俱进就要积极践行社会主义核心价值观。当代社会，我们要深入挖掘和阐发中华优秀传统文化讲仁爱、重民本、守诚信、崇正义、尚和合、求大同的时代价值，使中华优秀传统文化成为涵养社会主义核心价值观的重要源泉。这就是说，践行社会主义核心价值观，是坚持我国宗教与时俱进的当代体现。道教文化是中华传统文化的重要组成部分，道教文化中有着独特的伦理道德思想和丰富的文化内涵，是践行社会主义核心价值观宝贵的文化资源。我们要大力弘扬道教优秀文化，发挥道教文化在践行社会主义核心价值观的时代价值。当代道教，必须要有所作为，要有使命担当。要以开拓创新的时代精神，积极践行社会主义核心价值观。因为，开拓创新是与时俱进的本质要求，是时代精神的核心内容，是推动道教践行社会主义核心价值观的强大动力。我们要充分发挥道教化导世俗的社会功能。通过开展讲经讲道活动，引导人类，净化社会，提升人格，传播道教正能量。通过倡导道教道德伦理，自觉担当起理顺情绪，化解矛盾，促进和睦，维护社会稳定的责任。我们要积极发挥道教关爱人类的普世情怀。通过主动担当乐善好施、扶贫济困、服务社会的责任，主动担当保护自然、关爱自然、维护生态和谐的责任。通过倡导"少私寡欲"的思想理念，树立适度消费观念和健康心态，促进社会生态文明建设，为践行社会主义核心价值观提供力量源泉。

　　总之，社会在发展，时代在进步，这是人类社会发展的必然趋势。坚持当代道教与时俱进、创新发展，是社会进步和时代发展的必然要求。当代道教，要始终高举爱国主义伟大旗帜，始终坚持道教与社会主义社会相适应，积极助推中华文化的繁荣发展，积极践行社会主义核心价值观。只有这样，才能更好地传承道教优秀文化，推进道教的现代转型与创新发展，完成道教与时俱进的历史进程，促进道教在中国化方向的指引下健康发展。

第二节　从历史发展看道教的与时俱进

宗教历史表明，任何一种宗教的存在都必须要适应时代的发展，并且能够为人类社会提供有益帮助，发挥出应有的时代价值。否则，就会被社会边缘化、淘汰乃至消亡，这是宗教历史发展的自然规律。从道教历史来看，数千年来之所以能够传承至今，其重要条件或前提就在于，古老的道教能适应不同的时代、文化和社会境遇，并以不同的方式来适应不断变化的社会，始终保持着道教固有的本土化特色。不仅如此，"在长期的发展过程中，道教对我国古代的思想文化和社会生活的各个领域都产生过巨大而复杂的辐射作用，留下深刻影响。"[1]道教自创立以来，经历了魏晋时期的改造和更新、唐宋时期鼎盛发展、金元时期宗派林立、明清以后开始衰微的发展脉络，道教的这一历史脉络，始终贯穿着道教与时俱进的发展历程。正所谓"一部道教史，就是一部适应史。"历史经验告诉我们，道教能否坚持与时俱进，直接关系到道教的兴衰与存亡。当代道教，如何跟上时代发展的步伐，并且在当代社会中有所作为，就必须要通过对道教历史发展规律的梳理研究来看道教与时俱进的发展历程，以古鉴今，为当代道教与时俱进发展提供有益的借鉴。

---

〔1〕 卿希泰主编：《中国道教思想史》第一卷，人民出版社，2009 年，第 1 页。

一、早期道教在传统文化的沃土上逐步形成

道教是我国固有的传统宗教，它是在祖国神州大地的怀抱中诞生，为中华民族传统文化的乳汁养育而成，道家思想是其主要思想渊源之一。与此同时，道教"还吸收了阴阳家、墨家、儒家包括谶纬学的一些思想，并在中国古代宗教信仰的基础上，沿着方仙道、黄老道的某些思想和修持方法而逐渐形成。"〔1〕道教历史源远流长，它的前史可以追溯到远古时代，它的发生与先秦文化密不可分。有学者认为，道教思想的来源主要有：一是来源于古代宗教和民间巫术；二是来源于古代至秦汉的神仙传说与方士方术；三是来源于先秦老庄哲学和秦汉黄老之学、黄老崇拜；四是来源于儒学与阴阳五行思想；五是来源于古代医学与体育卫生知识。〔2〕从以上道教思想的主要来源看，多数流派只是吸收了部分内容而已，只有黄老之学才真正成为道教的主流思想。黄老之学，始于战国，盛于西汉，尊崇黄帝和老子的思想，黄老学派兼采阴阳、儒、法、墨等诸家观点而成。道教继承发展了老子"道"的思想，以《道德经》为主要经典。可见，道教在形成过程中，就吸收、继承并发展了中国古代传统文化思想，形成具有中国特色的道教文化，反过来又深刻影响着中国传统文化。这就是说，道教从其形成与发展过程中，从文化上早已经融入中华文化之中，成为中华传统文化的重要组成部分，这应该是早期道教与时俱进发展的良好开端。

从道教历史看，早期道教的组织形式还是民间性的底层宗教，后来才逐步发展成为上层道教。早期道教主要有太平道和正一盟威道二

---

〔1〕 卿希泰主编：《中国道教史》（修订本）第一卷，四川人民出版社，1996年版，第1页。

〔2〕 牟钟鉴、张践：《中国宗教通史》修订本，社会科学文献出版社，2003年，第260—265页。

个教派。其中，太平道奉《太平经》为主要经典，提出"黄天太平"的口号。东汉灵帝熹平（172—178 年）年间张角所创立，奉事黄老道，畜养弟子，跪拜首过，符水咒说以疗病，病者颇愈，深受百姓信奉。这在当时缺医少药的情况下，太平道通过为民众治病的方式发展教徒、传播道教，取得了显著成绩。正一盟威道，亦称天师道，东汉顺帝时（126—144 年），沛人张陵于蜀中创立。据《三国志·张鲁传》、《后汉书·刘焉传》等史书记载：张陵于顺帝时入蜀，学道鹤鸣山（今四川大邑县境内）中，制作符书，向百姓传教，深受百姓爱戴。还有，张鲁据汉中，以鬼道教民，"皆教以诚信不欺诈，有病自首其过。"同时"又置义米悬于义舍，行路者量腹取足，若过多，鬼道辄病之。"[1] 这种做法，适应基层社会需要，也是深受基层百姓的欢迎。可见，早期道教是从民间发展起来的，代表的是广大底层民众的利益，自然就与底层民众相适应。但是，自东汉中期以后，外戚和宦官交替专权，边疆战事不断，国势日趋疲弱，社会统治黑暗，民不聊生，民众起义不断。在这样的时代背景下，太平道张角等于汉光和六年（183 年）传言"苍天已死，黄天当立，岁在甲子，天下大吉"，约于次年三月五日起义。次年正月，由于张角弟子唐周叛变告密，京师杀马元义等千余人。"张角与弟宝、梁，称天公、地公、人公将军，率众起义，皆戴黄巾，天下响应，京师震动"。[2] 虽然最终起义以失败而告终，但军阀割据、东汉名存实亡的局面也不可挽回，最终导致三国局面的形成。此后，"张角的太平道，仍在民间秘密流传，农民起义的发动者还是经常利用它以及其他道教派别，作为联络的工具"。[3] 正因为早期道教多活动于下层劳动者中间，往往与农民革命相结合，太平道又成为黄巾起义的导火线，致使当时的统治阶级对道教有了戒心，从而最终被压制、

---

〔1〕《三国志》卷八《张鲁传》，第 1 册，中华书局，1997 年，第 263 页。

〔2〕沈起炜编著：《中国历史大事年表》，上海辞书出版社，1986 年，第 141 页。

〔3〕卿希泰：《中国道教思想史纲》第一卷，四川人民出版社，1983 年，第 158 页。

限制和改造成为能适应统治需要的道教。可见，道教健康发展的一个重要内容，就是要适应社会发展的需要，早期道教从适应底层社会向统治阶层的转变，顺利完成了道教与时俱进的历史进程。

二、魏晋南北朝时期道教在社会分裂中完成改造

魏晋时期，战争连绵不断，社会动荡不安。随着太平道在被东汉王朝镇压的过程中，曹操逐渐登上了统治者的宝座。由于黄巾起义的影响和教训，曹魏政权对早期道教采取了两手政策，一方面进行镇压或限制，另一方面又进行改造或利用。但总体而言还是"控制和限制"，这一政策对于魏晋南北朝各朝政府都有很大影响。与此同时，在道教受到制约的情况下，佛教开始兴盛起来了，特别是佛教传入中国后并没有被农民起义利用的历史，因此各朝统治者基本上对它并无不放心之处，当时的许多皇帝都崇信佛教。这段历史明确告诉我们，任何宗教都必须要顺势而为，切忌与统治者的政权对立。道安法师说："不依国主，则法难立"，表达的就是这个意思。当然，也有人说道安法师的话，是针对当时皇权专制时代特定的环境而发出的无奈感叹，纯属无奈之举。笔者认为，如果这样理解道安法师的名言，恐怕有点片面或者消极。比较确切的解释应该是佛教界在皇权统治下弘法与生存的经验总结，完全是一种主动的、积极的生存之道。而这种生存之道，正是佛教能够在中国生存与发展的重要原因，当然也是佛教与时俱进的历史必然。

从早期道教历史来看，当时"主要是活动于下层劳动者中间，往往与农民革命相结合，成为革命的联络工具和组织形式。"[1]因而受

---

〔1〕卿希泰主编《中国道教史》（修订本）第一卷，四川人民出版社，1996 年版，第227 页。

到统治者的戒备。面对当时统治阶级对道教的限制、控制和不信任，自然不利于道教的正常发展。道门有识之士开始反思，积极寻找应对之策。他们很快就意识到，"在封建社会中，如果不使自己的宗教和统治阶级的要求相协调，不为封建制度服务，就不能取得封建统治者的支持，自己的宗教也就得不到发展。因此，他们决心抛弃复旧的老路，采取适应封建统治者要求以改造旧道教的革新道路。"[1] 道教为了生存与发展，只能采取改革的办法来适应社会发展的需要。于是，道教上层人士开始对早期道教进行了一系列改造，努力使之纳入适应封建统治需要的范围。最具有代表性的就是葛洪对道教理论的改革，寇谦之、陆修静对天师道的改革。他们的改革，有力地推动了道教与当时社会的相适应，使道教从为底层民众服务的民间宗教，逐渐成为社会和统治阶层所需要和认可的宗教。这就是说，与时俱进中的道教开始进入了一个新的历史发展时期。

葛洪对道教理论的改造，促进道教理论的初步形成。葛洪是东晋著名的道教理论家、医学家、外丹家，他学识渊博，著述甚多，现存主要有《抱朴子》内外篇 70 卷，《神仙传》10 卷，《肘后备急方》4 卷等。在中国道教史上，他是一个承前启后的划时代人物。葛洪对道教的改造主要有四个方面：其一，以"玄"为宇宙的本源，认为世界上的一切都是从"玄"产生的。其二，是对神仙思想的系统总结，提出"神仙可求，求仙可成"的理论。其三，对早期道教被农民起义所利用的做法持鄙视的态度，并对他们的行为给予了批判。其四，提出维护封建制度的伦理观，把儒家伦理引入道教，主张既修长生又兼匡世的才是上士。可见，葛洪的神仙道教理论是"入世"的，而不是"出世"的，他在道教改革中的贡献，主要就是在道教理论上，教义系统化有

---

〔1〕 卿希泰主编：《中国道教史》（修订本）第一卷，四川人民出版社，1996 年，第 399 页。

利于宗法统治；在实践中，道教方术逐渐完备并取得成就。但是，由于葛洪的活动比较偏于个人内修，对于和民众联系较密切的组织、仪式等较少触动。因此，两晋时期，民间的道教反抗封建统治者的斗争仍络绎不绝，道教内部的分裂依然严重，反改革与改革、反适应与适应之间的斗争仍然十分激烈。也就是说，这一时期的道教仍然处于民间的、自发的和散乱的原始状态，还没有真正地统一起来。葛洪的改革虽然没有能够取得立竿见影的成效，但是他"对战国以来的神仙思想作了系统的总结，使道教的神仙信仰理论化，为上层士族道教奠定了理论基础"。[1]葛洪所建立的道教理论对后世道教影响深远。

寇谦之对北天师道的改造，促进道教组织的逐步健全。当南方的封建统治者对道教进行改造和控制的同时，北方也开始了这种改造。其著名的代表人物就是北魏著名道士寇谦之。《北史》称："赞弟谦，有道术，太武敬重之。"[2]表明魏世祖太武帝对寇谦之的敬重。在太武帝的大力提倡和支持下，寇谦之开始对天师道进行了一系列改革，主要有三个方面：其一，严厉批评早期道教，提出要"除去三张伪法"，[3]坚决制止利用天师道犯上作乱。鉴于"两晋以来，在全国许多地区发生过无数次以李弘、刘举名义领导的起义。寇谦之对此非常仇视，认为这是大逆不道，是对老君极大的亵渎。"[4]在寇谦之看来，真正的天师道，应该是实行"父慈、子孝、臣忠"的天师道。其二，取消道教组织和入道制度。早期道教以交"五斗米"入道的制度，此后就变成了钱税和租米制度。同时，还废除原有的"治"、"方"等组织形式。鉴于张鲁统治汉中时期，实行的是政教合一制度，即在所辖

---

〔1〕 卿希泰主编：《中国道教史》第一卷，四川人民出版社，1996年，第304页。

〔2〕《北史》卷二十七《寇赞传》，第4册，中华书局，1997年，第990页。

〔3〕 三张是指张角、张宝、张梁，三张伪法，就是指早期道教在农民起义中建立起来的做法。

〔4〕 卿希泰主编：《中国道教史》第一卷，四川人民出版社，1996年，第406页。

区域内，"不置长吏，以祭酒为理，民夷信向。"〔1〕俨然就是一个独立王国，这是统治者不能容忍的。必须要加以改革，坚决革除。其三，提倡和完善道教礼仪和修炼方法。要求天师道徒"以礼度为首，而加以服食修炼"。道教徒"并教生民，佐国扶命"，"臣忠子孝，夫信妇贞"，"不得叛逆君王，谋害国家"。用"佐国扶民"〔2〕思想来改造民间的原始道教。同时，寇谦之还对道官祭酒"父死子系"的旧制进行改革。他说："道尊德贵，唯贤是授，若子胤不肖，岂有继承先业。"〔3〕这种"唯贤是授"的办法是有利于道教发展的。经过寇谦之改造的道教称为"北天师道"，这样的北天师道比较适应时代发展，自然就受到北魏统治者的赞赏。从魏太武帝起，以后北魏的每一位皇帝即位时，都要接受道士的授符箓仪式。这一制度，一直延续到后周。这就是说，寇谦之改革的天师道，"原始性减少了，成熟度加强了，特别是在性质上发生了很多变化。即删除了违背封建礼度的成分，增添了儒家伦理纲常的内容"。〔4〕特别是"剔除旧天师道中反映劳动人民利益和愿望的思想，坚决禁止利用天师道犯上作乱行为"。〔5〕使道教变成了为门阀士族地主阶级服务的道教，这一转变彻底改变了早期的原始道教面貌，特别是摆脱了与统治阶层不协调的内容，顺应历史发展潮流，对于北魏时期的道教发展起到了十分重要的积极作用，甚至为李唐王朝道教的鼎盛奠定了基础。

陆修静对南天师道的改造，促进道教从形式到内容的充实。继北魏道士寇谦之之后，在南朝相继出现了两位著名的道士陆修静和陶弘景，对早期道教继续进行了改造。陆修静对道教的改造，主要集中体

〔1〕《后汉书》卷七十五《刘焉传》，第9册，中华书局，1997年，第2436页。

〔2〕《老君音诵诫经》，《道藏》第18册，第210页。

〔3〕《老君音诵诫经》，《道藏》第18册，第211页。

〔4〕卿希泰主编：《中国道教史》（修订本）第一卷，四川人民出版社，1996年，第411页。

〔5〕卿希泰、唐大潮主编：《道教史》，江苏人民出版社，2006年，第57页。

现在两个方面：其一，是撰定《三洞经书目录》，成为我国最早的道教经书目录。陆修静整理道经的目的，是因为东汉后民间流传的道经滋生蔓延，"真伪混淆，先生刊而正之，泾渭乃判"，防止伪经继续影响后世道教。其二，是精心编撰仪式著作百余卷，使道教仪式趋于完备。陆修静重视斋仪的目的就是把斋仪提高到求道的根本，用斋仪来约束人的犯罪和不道德的思想和行为。经过陆修静在斋仪方面的统一、规范和编订后，天师道从形式到内容都得到了进一步充实和完善。特别是他"总括提出的三洞经理论，对中国道教思想史产生了深远影响"。[1] 后人称他的天师道为南天师道。此后，南朝齐梁时著名道士陶弘景，也充分利用他与梁武帝的关系，对道教的改造与发展做出重要贡献，主要表现为三个方面：其一，开创融合道佛的先例。梁朝的佛教势力很大，并且佛玄合流，渗入到统治集团的中下层，陶弘景机敏地顺应潮流，采取道佛双修的态度，可谓是顺势而为。其二，编订道教的神仙谱系《真灵位业图》，使道教庞大的神仙信仰体系初步系统化。其三，对养生学、医药学和炼丹术的贡献，扩大了道教的社会影响。通过上述高道对道教的改造和充实，使道教的理论思想更加成熟，道教的神仙体系更加完备，道教也更加适应时代发展的需要，逐步成为真正与时俱进的道教，这种顺应时代潮流的举措，为道教在封建社会中的长期发展，奠定了坚实的基础。

三、隋唐时期道教在社会繁荣中兴盛发展

隋王朝的建立，结束了中国300余年南北分裂的局面，国家开始重新获得统一，并趋于稳定。尽管隋朝统治时间不长，但其所制定的政治、经济制度和思想文化政策，却为唐朝的空前繁荣奠定了坚实的

---

〔1〕 卿希泰主编：《中国道教思想史》第一卷，人民出版社，2009年，第465页。

基础。中国社会的发展，在"隋至盛唐，谱写了中国古代史的灿烂篇章，这个浪漫时代的文化可用'交融'二字来概括，在这一大文化背景下的道教亦以'交融'为特色。南北道教的大汇合带来了道教发展的大兴盛。"[1] 道教经过南北朝时期的改造充实，开始从原始的、民间的宗教逐步走向成熟，成为社会民众和统治阶层都需要的本土宗教。特别是随着隋唐王朝的发展与强盛，以及道教与时俱进步伐的加快，中国道教也由此进入它历史发展的鼎盛时期。

隋王朝历时 38 年，其宗教政策基本是"佛道并重，独轻儒术"，这是因为儒家在魏晋南北朝时期对于统治阶层没有发挥什么作用，而恰恰是道、佛二教才对于隋王朝的形成有密切关系。在文帝准备起兵灭周时，道士张宾和焦子顺向他进"受命之符"，得到重用。年号"开皇"也是道经中天地开劫的名称。于是，隋文帝极力扶持道教，并开始修道观、度道士，使道观和道士数量都有了一定的发展。据史料记载：公元 588 年，隋文帝为道士焦子顺立五通观，号焦天师。公元 592 年，晋王杨广迎茅山道士王远知至扬州，并拜为师。这些举措，都表明了隋朝帝王对道教的重视和对道士的恩宠。此后，隋炀帝继位，也是既信佛教，又利用和扶持道教。后因其幻想长生不死，迷恋金丹方药，要道士炼制长生金丹而不成，才改变更倾向于佛教。这段历史告诉我们，靠长生金丹来获取统治者的宠信，虽然有时会取得一时的成功，但是最终还是以失败而告终，甚至还会给道教带来灾难。然而，后世道教徒并没有从中吸取教训，此后的各个朝代也屡有发生，给道教留下了许多负面影响，或者成为社会对道教的诟病，这种历史教训值得深思，也需要后世道教徒引以为戒。

唐王朝是中国经济、政治和文化发展的高峰。唐李姓皇室在确立统治之时，利用道教符命和尊神，宣传神授政权的正统地位，取得了

---

〔1〕 卿希泰主编：《中国道教史》（修订本）第二卷，四川人民出版社，1996 年，第 1 页。

一定成效。整个唐代的宗教政策而言，基本是"三教并用"政策，而道教居三教之首。初唐时期主要以扶持道教为重点，尊儒而抑佛，对道教扶持的具体举措主要有：其一，敕封太上老君为"太上玄元皇帝"，借以维护李唐王朝的统治。其二，设置崇玄馆，规定道举制度，以"《道德经》并为上经"，并定为考试内容，要求"贡举人皆须兼通"。〔1〕其三，提高道士社会地位，将道士视为皇族本家，隶属宗正寺〔2〕管理。其四，在文化建设上，收集整理道经，编修《三洞琼纲》，成为中国历史上第一部《道藏》。这些举措有力地推动了道教的发展，从而形成了唐代道教的全盛时期。安史之乱以后，唐王朝日趋衰落，更需要宗教来稳定民心。因此，除了崇道，也重视儒、释，出现了三教融合的倾向。尽管如此，唐玄宗以后的统治者仍然奉行崇道政策，不断兴建宫观，发展道徒，促使道教得以继续恢复和发展。在理论建设方面，道教主动吸收儒、释的一些思想，在三教融合的基础上，对教理、教义和修炼方术作了全面发展，扩大了道教的社会影响。不仅如此，道教的影响还远播海外。高祖李渊曾派使臣到高丽送天尊像，又派道士到高丽宣讲《道德经》。唐玄宗还令道士成玄英等与玄奘合作将《道德经》译为梵文，王玄策在印度宣传道教思想。可见，唐代道教的兴盛景象和辉煌历史，值得后世道教学习和借鉴。唐代道教的兴盛给我们带来诸多启示：一方面，唐代道教经过南北朝的改造充实，在政治上、理论上和思想上更加融入社会，更加适应统治阶层的政治需要，这是道教生存与发展的重要根基。另一方面，唐代道教人才辈出，道教理论建设不断创新，尤其是在三教合一的基础上，促进了中国社会及其文化的繁荣与融合。唐代道教的成功转型与发展，应该是道教历史进程中与时俱进的成功典范。

---

〔1〕《旧唐书》卷二十四，第 3 册，中华书局，1997 年，第 918 页。

〔2〕唐代的宗正寺，是管理皇室宗族事务的机构，以道士隶宗正寺，即确认道士为其本家。

四、宋金元时期道教宗派在社会动荡中分裂

中国社会进入宋代以后，由于生产力发展，工商业繁荣，因此有过百业兴旺的时期。但是，因为国内阶级内部争斗持续不断，加上北方少数民族逐渐强大的压力，政治形势一直处于不稳定的状态之中。宋代初期，统治阶级对于宗教的态度，基本是儒释道兼收并蓄，以儒为主，道、释为辅。宋太祖对于道教的陈规陋习作了整顿，这种整顿对于宋初的经济和道士队伍发展都是有益的，当然这也是一种限制道教的措施。宋真宗时，政策出现变化，崇道而轻儒、释，开始兴建道观、塑造神像、编修道书，尊玉皇大帝圣号。宋徽宗即位后，朝廷内外交困，社会动荡不安。在北宋行将灭亡时，又形成了崇道高潮，徽宗还自称"教主道君皇帝"，[1] 令天下归于正道。金代朝廷的宗教政策，基本还是三教并重的。但是，接受北宋的教训，对于道教是既尊重又抑制的。元代朝廷在政治制度和思想文化政策方面，基本上都沿用宋金之制，而在宗教政策方面显得更开放一些，不仅允许道、佛二教存在发展，而且对于其他外来宗教也允许存在。元初，全真教由于得到最高统治者的支持，兴盛压倒佛教。元代的道教事务由集贤院处理，表示对道教的尊崇。

南宋以后至明代中叶，道教在封建王朝扶持下仍然继续发展。但由于出现了南宋偏安，形成与金、元南北对峙的局面，民族矛盾异常尖锐。在这种形势下，道教内部宗派纷起，出现了道教历史上又一个转折时期。

早期道教的二派，太平道被镇压，正一盟威道被收降，成为后来的天师道，天师道经过寇谦之和陆修静的改革，形成了以龙虎山为中

---

〔1〕 卿希泰主编：《中国道教史》第二卷，四川人民出版社，1996年，第863页。

心的天师派，以茅山为中心的上清派，以及以阁皂山为中心的灵宝派。宋代以后，灵宝派又分化出两个小派，即东华派和神霄派。其中，东华派以"济死度生"、斋建普度为主要宗教活动，主要流传于温州地区；神霄派以符咒、雷法为主要宗教活动，主要流传于中原、湖南、四川和温州一带。宋元时期的茅山上清派分化出"清微派"，流传广泛，在南方和北方都有影响。元朝时，灵宝派中又分化出"净明忠孝道"，主要传播于江西南昌一带。以上各派，都属于天师道系统。南宋理宗嘉熙三年（1239年），命三十五代天师张可大"提举三山（龙虎山、茅山、阁皂山）符箓，兼御前诸宫观教门公事"。于是，基本确立了以正一道为江南各派之首的地位。

金元时期，中国北方先后出现过三个道派，分别为太一教、真大道教、全真教。其中，太一教创立于金代初年，流行于河南、山东，以符箓、符水治病为主要宗教活动，元末合流于正一道派。真大道教创立于金代初年，主要流传于河北，以烧香、礼拜为主要宗教活动，后融合于全真教派之中。全真教派于金世祖时由王重阳创立，流行于河南、山东一带，后来由于得到上层统治者的支持，迅速传遍全国。王重阳收有弟子七人，世称"北七真"，七真各创立一派，分别为：丘处机的龙门派，刘处玄的随山派，谭处瑞的南无派，马处钰的遇山派，郝大通的华山派，王处一的嵛山派，孙不二的清静派。元代以后，全真派与正一派成为道教二大道派。

宋金元时期，是道教历史上宗派分裂最活跃的阶段。就其社会原因而言，因为这一时期民族矛盾和社会矛盾极其尖锐，许多知识分子不仕新朝，抱东海西山之意，加上金元两朝均习武重兵，所以文人学士修儒业而无仕途，只能隐迹山林，慨然入道。就道教本身发展而言，自东汉以来，"处士素隐，方士夸诞，飞升炼化之术，祭醮禳禁之科"，皆属道家传统，被部分文人学士所喜爱。于是，出现了诸多新的教派。但是，许多新教派并没有传承下来，有的只是留存于史料记载之中，有的则被其他教派所兼并或融合。其中，一个重要原因就是不能适应时代的发展，不能在社会发展中有所作为，兼并、淘汰与消亡则是历史的必然。这里值得一提的是全真派的兴起，主要是能够适应社会发展需要，满足社会民众信仰需求。全真道派以《道德经》《般若心经》和《孝经》为主要经典，教人"识心见性，除情去欲，忍辱含垢，苦己利人"。〔1〕其中最显著的特点，就是倡导"三教合一"思想，引入儒家的"忠孝"思想，仿照佛教的出家制度，要求道士出家、住庵和吃素，打造了一个全新的道教新教派，改变了过去道教的诸多陋习，形成了道教作为宗教的崭新面貌，成为社会民众和统治阶层需要的宗教，有力地促进了全真教派的快速发展。

当然，全真教派的有序传承与快速发展，以及成为后世道教重要的教派之一，这与丘处机对全真道的改革有关。丘处机是金元之际的著名道士，他继承全真教派"苦志修行，积功累德"的全真精神，重树了道教在社会的良好形象。他结交权贵、依附朝政，促进了全真教派的发展。金大定二十八年（1188 年），丘处机应金世宗之诏，赴燕京（今北京）主持"万春节"醮事。金贞祐二年（1214 年），外有蒙古南侵，内有山东杨安儿起义，丘处机请旨前往山东招安成功，名声大振。宋、金、蒙古三帝，争相结纳。兴定三年（1219 年），金宣宗、宋宁宗先后召请，丘处机均辞而不赴。他审时度势，唯应元太祖成吉思汗之请，以 71 岁高龄，率弟子 18 人从莱州出发，历时 4 年，到达西域大雪山。《元史·释老传》称："太祖时方西征，日事攻战，处机每言欲一天下者，必在乎不嗜杀人。及问为治之方，则对以敬天爱民为本。问长生久视之道，则告以清心寡欲为要"。〔2〕太祖成吉思汗大悦，称其为神仙，并"封国师，命总领道教"。〔3〕丘处机对全真道的改革，主

---

〔1〕《甘水仙源录》卷二，《道藏》第 19 册，上海书店（三家本），2010 年，第 740 页。
〔2〕《元史》第 15 册，中华书局，1997 年，第 4524—4525 页。
〔3〕沈起炜编著：《中国历史大事年表》（古代），上海辞书出版社，1986 年，第 376 页。

要是改变了王重阳祖师的"不入仕门、自放草泽"的基本精神，而是主动符合"人主一时之好尚"，为统治阶级招降平息农民起义和建立统一的元帝国服务。也正因为如此，全真道派得到朝野统治阶层的普遍支持，其发展程度也达到了空前的鼎盛局面。

五、明清时期道教在社会末期中走向衰微

中国封建社会发展到明清时，已经进入了末期，随着整个社会的演变，道教也经历了一个由盛而衰的演变过程。当然，就明代道教整体情况来看，明中叶以前，道教仍继续处于兴盛时期，到嘉靖年间（1522—1566）达到高潮。明太祖曾二次召见天师张正常，赐予银印和正二品。洪武五年（1372 年），敕令掌天下道教事。太祖朱元璋还亲自为《道德经》作注，以示推崇。明成祖朱棣，通过"靖难"之变取得皇权后，同样重视道教，尤其是对真武的崇奉，促进了武当道派的兴起与发展。明代皇帝中崇道最甚的，也是中国历史上最后一位崇道的皇帝，是明世宗嘉靖皇帝，他自称"灵霄上清统雷元阳妙一飞元真人"，制定了一系列的崇道措施。但自嘉靖皇帝死于金丹后，穆宗登台（1567 年）后即革除了各种崇道措施。此后的道教，虽仍有发展，但却少有建树。

明代道教，就总体而言，在太祖和成祖之后，历代统治者均一直奉行三教并用和对道教优崇的政策，朝廷对道教的尊崇仍然持续，明代道士被授予真人、高士乃至赐爵封官者为数甚众，嘉靖时就曾封"任道士邵元节为礼部尚书"，[1] 道教具有一定的社会地位和影响。道教各教派皆有发展，特别是净明忠孝道，顺应时势，继承道教关于"道"的学说，吸收儒家"忠、孝"伦理观念，融合佛教"普度众生"

---

〔1〕 沈起炜编著：《中国历史大事年表》（古代），上海辞书出版社，1986 年，第 443 页。

的思想。由于净明道强调忠孝、融合三教，受到社会和统治阶层的肯定，被明代士大夫誉为仙家之中"最正者"。但是，自明代中叶以后，中国社会的资本主义开始萌芽，封建社会已处于岌岌可危的境地，加上明代社会开始走向衰落，道教生存与发展的根基开始动摇，由盛转衰的厄运自然无法避免。究其原因，主要是"根植于封建社会的道教，其教理教义适应于封建制度，具有浓厚的封建性和保守性，而其首领们面临大变动的形势又只知贪求富贵，且骄奢淫逸，日益腐化，不能适应新的潮流对道教进行自我革新，故不得不随着它依附的封建社会的衰落而衰落"。[1]这就是说，不注重加强自身建设的道教就会出现腐败问题，不注重信仰建设的道教就会失去信众的支持，不能自我革新的道教就会被社会所淘汰，这是历史发展的必然规律。

清代是中国历史上最后一个封建王朝，统治者为满洲爱新觉罗氏。由于清代统治者素无道教信仰，对于道教一直有较大限制，从而加速了道教的衰落进程。清初顺治、康熙、雍正三朝，主要从政治着眼，从笼络汉人的需要出发，对道教仍沿用明例加以保护。"顺治皇帝曾召五十二代天师张应京入朝，赐予一品印，让他掌管天下道教。"[2]到乾隆时期，就开始对道教加以贬抑。道光年间，取消正一真人封号，取消天师进京朝觐，从此正式终止了道教与朝廷的关系。天师的传承，只是在天师府内继续进行着。清代道教虽然总体处于衰落状态，但是全真龙门派在王常月祖师的努力下，也曾出现过"中兴"之象。王常月是清初著名全真道士，顺治帝封其为国师，康熙帝皈依其门下。王常月利用朝廷有限的恩宠，颁发度牒，广收弟子，还长途跋涉到江苏茅山、浙江金盖山和湖北武当山传戒，于是龙门教派传遍大半个中国，被后世誉为龙门中兴之祖。王常月在清代抑制道教的时代背景下，能

〔1〕 卿希泰主编：《中国道教》第一卷，东方出版中心，1996 年，第 69 页。
〔2〕 罗伟国：图说中国道教史》，上海书店，2009 年，第 98 页。

够借力弘教、中兴龙门，实在是难能可贵。一方面，他借助其与统治阶层的关系，极力弘扬与传播道教、中兴龙门。另一方面，他又主动适应时代需要，融合三教、因人设教，因材施教，取得显著成效。他为普度众生，"遇儒言儒，遇释言释，遇道言道"，"遇大器讲天仙，遇中器讲地仙，遇小器讲人仙"，"遇上等讲道行，遇中等讲因果，遇下等讲报应。"[1] 这种灵活而博学的传教方式，就是一种适应时代发展的需要，是道教转型发展的一种有效途径，当然也是道教与时俱进的成功举措。

六、近现代道教在与时俱进中繁荣发展

1842 年，鸦片战争后，中国社会迅速沦为半封建半殖民地，社会的政治、意识形态和民众生活都发生了急剧变化，道教作为中国的一种社会实体以及民族文化的组成部分也发生了很大变化。其变化的结果，则是道教逐步走向衰落。从鸦片战争到 1949 年这一百余年间，社会动荡，战火连绵，宫观缺乏经济来源，道士离散，殿堂倾颓，道教处于名存实亡的生死边缘。与此同时，随着中国的大门被军舰和大炮轰开以后，帝国主义势力控制了中国社会的政治和经济，也企图影响和控制道教。1912 年 6 月，由英国传教士李提摩太、李佳白和梅殿华等倡议在沪成立世界宗教会，提出"联合各教融而为一，大展宗教之精神，永弥门户之争"，希望改变"彼此峙立，各分门立户"之局面。在当时中国社会的条件下，这种"合并门户"的建议，只能是企图控制道教，最后"吃"掉道教，为其控制中国人民的宗教生活的目的服务。民国时期，特别是 1928 年至 1929 年，国民政府连续颁布了"神祠存废标准"和"寺庙管理条例"，各地进行的打倒"迷信"运动，破坏

---

[1] 孙石月：《王常月的道教教育思想》，载《中国道教》1994 年第 3 期，第 23 页。

了相当数量的道观和神像，使本已在衰落中的道教更是雪上加霜。

　　民国初年，道教为了适应近代社会的变化，也曾仿效西方教会组织，建立全国性的道教教会组织，以维护自身的利益。1912年，道教界人士先后在北京和上海成立了两个全国性道教组织，并制定了复兴道教的计划，但由于缺乏经济实力和权威领导，加上社会动荡等原因，并没有达到预期目的，道教日趋衰微的现状根本无力扭转。究其原因，主要还是道教的教义思想未能适应近代社会的快速发展，道教自身人才的严重匮乏，制约和影响了近代道教的改革与发展。当然，也有一些有识之士，为道教的生存与发展大声疾呼，最有代表性的就是陈撄宁先生。上世纪30年代时，陈撄宁提出独树一帜的"仙学"，将"仙学"从道教中提炼出来，作为一种学术来宣传，实在是将道教的核心内容从当时的困境中挽救出来的一种权宜之计，可谓是用心良苦。同时，他还制定了《复兴道教计划书》，提出培养道教人才和开展道教文化研究等设想。由于当时条件所限，诸多设想都无法实现，但是陈撄宁先生对于道教发展所作出的努力，却为此后的道教发展奠定了良好的基础。

　　直至解放后，1949年中华人民共和国成立，中国土地上开始发生了深刻的政治和经济变革，生长在这块土地上的道教也相继发生了根本的变化。一方面，恢复了道教信仰的纯洁面貌。通过划清道教与反动会道门之间的界线，清除了混入宫观的少数不良分子；通过在道教内部改革了等级森严的封建制度，提倡民主管理。正是由于在教徒和组织两方面的清理，道教得以纯洁化，重新树立了道教良好的社会形象。另一方面，道教顺应时代发展，适应社会变化要求，发起成立中国道教协会。1956年11月，由全国道教界著名人士23人共同发起，《发起书》说："道教是我国固有的宗教，在我国文化和社会生活中，曾经有着深刻影响。近世以来，由于帝国主义侵入我国以及反动政府的统治，致使道教徒和全国人民同样遭受到屈辱，道教文化和我国其他方面的民族文化同样遭受到排斥。中华人民共和国的成立，结束了中国人民被压迫被屈辱的历史，道教徒也获得了研习教义、发扬道教优良传统的良好条件"。1957年4月，中国道教协会在北京正式成立，沈阳太清宫方丈岳崇岱任会长。中国道教协会成立后，各地也相继成立地方性道教组织，道教与时俱进、顺应时代潮流，积极加强自身建设，各项工作稳步开展。

十一届三中全会后，我国开始实行对内改革、对外开放的政策，改革开放成为中国的一项基本国策。改革开放也迎来了我国宗教信仰自由政策的全面贯彻落实。《中华人民共和国宪法修改草案》明确规定："中华人民共和国公民有宗教信仰自由。任何国家机关、社会团体和个人不得强制公民信仰宗教或者不信仰宗教，不得歧视信仰宗教的公民和不信仰宗教的公民。国家保护正常的宗教活动"。[1] 随后，《红旗》杂志发表了《我们党在社会主义时期宗教问题上的基本政策》，回顾了建国以来党在宗教工作中的正反两个方面的历史经验，强调了全面地正确地贯彻执行党的宗教政策的重大意义。[2] 随着党的宗教信仰自由政策的贯彻落实，道教的宗教活动得到恢复，道教名山和宫观修复开放，道教接班人得到培养，道教文化得到传承弘扬，道教开始进入历史发展的新时期。与此同时，道教徒也积极参与社会主义现代化建设，紧跟时代发展步伐，在新的时代中有所作为，积极发挥道教应有的时代价值，继续助推道教与时俱进的历史进程。

综上所述，道教在中国二千余年的历史发展进程中，积累了十分丰富的历史发展经验，创造了丰硕的时代成果。坚持道教的与时俱进发展，不是已经完成的历史，而是当前和今后道教传承发展的时代大势与前进方向，是一个伴随着时代进步与社会发展而不断发展、不断

---

〔1〕《红旗》（半月刊），1982年第12期，第2页。
〔2〕《红旗》（半月刊），1982年第12期，第2—8页。

深入的历史进程。当代道教，我们要以与时俱进的精神，促进道教与社会主义社会相适应，积极践行社会主义核心价值观，助推中华文化繁荣发展，要大力加强自身建设，始终坚持道教中国化方向，为实现中华民族伟大复兴的中国梦贡献智慧和力量。

第三节　当代道教与时俱进的路径与实践

　　党的十八大以来，党中央高度重视我国宗教工作，强调宗教问题始终是我们党治国理政必须处理好的重大问题。2015年的中央统战工作会议提出：积极引导宗教与社会主义社会相适应，必须坚持我国宗教中国化方向。2016年召开的全国宗教工作会议又强调：积极引导宗教与社会主义社会相适应，一个重要的任务就是支持我国宗教坚持中国化方向。明确提出了"坚持我国宗教中国化方向"的重要论述。坚持中国化方向就是要坚持与时俱进发展，要求我国宗教界始终高举爱国主义伟大旗帜，始终坚持走中国特色社会主义道路，充分发挥宗教应有的时代价值。这是中国特色社会主义宗教理论的新发展，是新形势下党和政府对我国宗教工作提出的新要求。根据这一要求，我们认为道教同样需要坚持中国化方向，这是毋庸置疑的。但是，坚持道教中国化方向，首先要解决的就是道教的与时俱进问题。也就是说，坚持道教的与时俱进发展，就是坚持道教中国化方向。当代道教，必须要紧跟时代步伐、适应社会进步要求，必须要积极探索道教与时俱进发展的有效路径和实践目标，因为这是当前道教自身建设的时代课题。

一、以坚持中国化方向为引领推进道教与时俱进

　　坚持当代道教与时俱进发展，必须要以道教中国化为引领。坚持

道教中国化，其实质就是道教要适应时代发展，要真正融入中国社会、中华民族和中华文化，使道教得到社会的普遍接纳和广泛认同。当今社会，传统的道教已经落后于时代步伐，需要革故鼎新，需要坚持与时俱进，需要适应时代发展。道教组织和道教徒要切实深化思想认识，凝聚道教中国化的人才队伍；切实融入中国社会，积极与社会主义社会相适应；切实融入中国文化，积极助推中华文化繁荣发展，不断推进道教与时俱进的时代进程。

（一）深化思想认识，凝聚道教中国化的人才队伍

坚持道教与时俱进发展，必须要坚持道教中国化方向，必须要重视道教人才培养。要按照"政治上靠得住、宗教上有造诣、品德上能服众、关键时起作用"的标准，加强道教人才队伍建设，推进道教与时俱进发展。

其一，要正确认识道教中国化的现代意义。坚持道教中国化方向，是当代道教发展的必然要求。但是，如何正确认识和理解道教中国化问题，这里既有作为中国本土宗教的情感问题，又有认识层面上的诸多问题。有人说，道教是中国本土宗教，本身就已经中国化了，根本就不需要再谈中国化问题。也有人说，讲道教中国化，本身就是一个"伪命题"，毫无实际意义。针对上述看法，笔者认为这是一个认识上的误区，如果这个问题不解决，就会严重影响到道教的中国化进程。当代道教，必须要大力开展"坚持道教中国化方向"的理论学习，充分认识到坚持道教中国化方向的重要性和紧迫性。一方面，要充分认识到，道教作为中华文明的重要组成部分，历来都是处在发展与变化的动态之中，只有变化着的道教才能跟上时代发展的步伐，这是一个客观的历史规律。另一方面，我们还要充分认识到，当代道教尽管是产生于中国和成长于中国的一种宗教，仍然有一个保持中国化和坚持中国化的问题。所谓坚持宗教中国化方向，"并非仅仅是对境外传入中

国的宗教而言，而是包括了所有中国境内的合法宗教"。[1] 这就是说，外来宗教需要坚持中国化方向，作为中国本土产生的道教同样需要坚持中国化方向。所不同的是，道教中国化主要解决的应该是"与时俱进"的问题，是如何发挥道教应有时代价值的问题。坚持道教中国化，就是要在保持本有的中国特色基础上，不断推进道教与时俱进、创新发展，就是要在坚持道教文化自信，坚持对中华优秀文化认同、融合与发展的基础上，进一步发挥道教的时代价值。

其二，要大力加强道教中国化的人才培养。道教中国化不仅要在思想上高度重视，而且还需要有一大批高素质的人才队伍来推进。当代道教，道教教职人员数量不足、文化程度不高、高素质人才缺乏的问题，仍然是中国道教健康发展的主要制约因素。这就是说，当前道教高素质人才的严重缺乏，同样是影响和制约道教中国化的重要因素。近年来，党和政府对宗教界人才培养高度重视，明确提出要支持宗教界搞好人才队伍建设。要求宗教团体"制定宗教人才培养规划，形成宗教人才阶梯，培养出一批高素质代表人士"。[2] 如何培养高素质人才，尤其是培养道教中国化的专业人才，我们认为可以采取"培养＋引进"的方式来解决。其中，自主培养应该是主流，从目前道教教育模式来看，自主培养的主要途径则是道教学院。虽然，政府对宗教院校办学很重视，提出："要支持宗教团体办好宗教院校，坚持正确办学方针，加强教师队伍建设，努力提高教学质量。要探索现代宗教教育与传统宗教教育相结合的培养模式，走出一条具有中国特色的宗教办学之路"。[3] 但是，就目前道教院校的办学情况来看，还存在很多问题，"各地道教学院在教材选取、教学重点、学习形式、办学模式上，

---

〔1〕 詹石窗：《关于我国宗教坚持中国化方向的几点思考》，《宗教与世界》2016 年第 4 期，第 14 页。

〔2〕《宗教与世界》2018 年第 4 期，第 3 页。

〔3〕《宗教与世界》2016 年第 5 期，第 4 页。

皆各自为政，还没有形成系统化、制度化、规范化的办学模式，特别是教师队伍、统编教材、生源队伍以及办学条件、办学质量、办学规模、办学理念等问题，还没有得到根本解决"。[1] 这些问题的存在，严重制约了道教人才的培养。因此，我们要从思想层面上进行反思，不断增强道教教育工作的责任意识，要齐心合力办教育，聚精会神抓落实，集中精力攻难关，认真解决道教院校教育中存在的实际困难问题，稳步推进道教院校教育工作的有序开展，为培养道教合格的人才打下坚实基础。我们在培养教内专业人才的基础上，还要积极向社会引进道教人才，建立一套合理的引进人才机制。在当前的形势下，引进并留住人才，关键是建立正确的用人机制。这就需要道教界建立有利于人才脱颖而出、人尽其才、才尽其用，公平、竞争、宽松的用人机制。同时，我们还要建立科学的绩效评价机制，科学、合理评价人才的贡献和作用。只有这样，才能充分发挥道教人才的积极作用，凝聚道教与时俱进发展的人才队伍。

（二）融入中国社会，积极与社会主义社会相适应

十九大报告指出："全面贯彻党的宗教工作基本方针，坚持我国宗教中国化方向，积极引导宗教与社会主义社会相适应"。在我国，宗教与社会主义社会相适应，是其存在与发展的方向。我们要深入挖掘道教教义教规中有利于社会和谐、时代进步、健康文明的内容，对道教教义作出符合当代中国发展进步、符合中华优秀传统文化的阐释，从而使道教更好地融入中国社会，积极与社会主义社会相适应。

其一，要促进道教与时俱进，紧跟时代步伐。道教是中国本土宗教，其思想源远流长，传承数千年而经久不衰，其中一个很重要的原因就在于它深深扎根于中华民族文化古老而不断更新的土壤之中，既

---

〔1〕 丁常云：《道教与当代社会》，中西书局，2018年，第285页。

保留了中华传统文化的精髓，又能随着时代的变化发展而不断与时俱进，不断创新发展。当代道教，同样也必须要与时俱进、适应时代发展。我们要正确认识道教与时俱进的现实意义，不断推进道教工作的创新发展。从历史来看，道教与时俱进本身就是一种自然规律。《道德经》说："人法地、地法天、天法道、道法自然"。这个"自然"不是物质存在意义上的大自然，而是表示自己如此，必然如此，没有任何外力可以强加给它，是一种自发的必然的趋势。这就是说，道教的与时俱进是"天道自然"的规律，是道教适应时代发展的传统。从现实看，当今时代高速发展，经济、文化、科技更是日新月异，人们的认识领域和思维空间在不断拓宽，体现道教基本信仰的外在形式也在发生着变化。比如，道教的宗教活动、场所管理、人才培养等，如何更好地适应信众的需求和时代发展。现代社会的发展，民众信仰生活也更趋理性和多元，特别是现代生活的压力加大，各种家庭关系、人际交往、精神健康等方面的问题不断显现，给人的身心健康、社会和谐稳定带来诸多影响，这就需要道教的宗教活动内容随着时代的发展有所变化，满足信教群众的信仰需求。还有道观的管理也要吸收和引进现代社会管理新理念和新方法，道教的人才培养也要不断创新发展，更好地适应时代和道教自身发展需要。

其二，要促进道教与社会主义社会相适应。历史发展表明，宗教同所在社会相适应是宗教生存发展的自然规律，无论是世界宗教还是中国宗教，无论是本土宗教还是外来宗教，都要不断适应其所在国家的社会发展，不断充实其时代内涵，不断服务变化发展的社会。当代社会，促进宗教与社会主义社会相适应，就是要用社会主义核心价值观来引领和教育宗教界人士和信教群众，弘扬中华民族优良传统，用团结进步、和平宽容等观念引导广大信教群众，支持各宗教在保持基本信仰、核心教义、礼仪制度的同时，深入挖掘教义教规中有利于社会和谐、时代进步、健康文明的内容，对教义教规作出符合当代中国发展进步要求、符合中华优秀传统文化的阐释。这就是说，促进道教与社会主义社会相适应，并不是要求广大道教徒放弃对神仙信仰的追求，也不是要改变那些表达和实现信仰的途径和方式，而是在保持道教基本信仰不变，保留道教中与道教基本信仰有着密切联系的传统仪规戒律和活动的情况下，体现出当代道教徒爱国、守法和为社会主义多做贡献的时代精神。当代道教，必须要稳步推进道教与社会主义社会相适应，这是时代发展的必然要求，也是道教生存与发展的客观需要。我们要深刻领会道教与社会主义社会相适应的时代精神，在实际工作中深入贯彻落实。一方面，要始终坚持爱国守法，拥护中国共产党领导和社会主义制度，服从政府依法管理，依法依规开展道教各类教务活动。道教徒首先是公民，爱国守法是基本要求，道教徒应该率先垂范。另一方面，要深入挖掘和弘扬道教教义教规中有利于国家发展、社会稳定和道德提升的内容，在继承传统道教经典和教义教规的基础上，结合时代要求作出新的阐释，赋予新的时代内涵。同时，我们还要积极探索和研究建立并完善符合时代发展要求，同社会主义社会相适应的当代道教思想体系，稳步推进当代道教与社会主义社会相适应。

（三）融合中国文化，积极助推中华文化繁荣发展

坚持道教与时俱进发展，一个重要内容就是"文化认同"，其核心是对国家和民族的基本价值的认同，是一个民族共同体生命延续的精神基础。我们既要对历史上的中华优秀传统文化认同，又要对当代社会主义先进文化认同，并且要积极融合当代中国文化，推进道教文化的现代建设，助推中华文化繁荣发展。

其一，要大力加强道教文化建设。道教文化是中华传统文化的重要组成部分，已成为中华民族的重要基因，植根于中国人内心，潜移默化影响着中国人的思想方式和行为方式。古老的道教已经融入中华

传统文化之中，并发挥出本土宗教特殊的影响力，但是传统道教如何更好地融入和服务当代社会文化，这是当代道教重要的时代课题。因为，我国是社会主义国家，也是具有 5000 年历史的文明古国，我国宗教既要适应社会主义先进文化，也要融合中华传统文化，形成具有中国特色的宗教文化。〔1〕这就是说，道教要继续保持具有中国特色的宗教文化，就必须要适应并融合社会主义先进文化。当代道教，我们要大力加强道教文化研究，全面推进当代道教文化建设。一方面，我们要积极开展道教文化研究，弘扬道教优秀文化。道教现状表明，道教文化研究工作仍然是严重滞后的，加上道门自身并没有真正重视，道教文化需要研究的问题还很多，"我们不仅要对传统的道教历史、道教人物、道教科仪、教义思想、养生理论进行研究，而且还要积极开展对于道教历史学、道教文献学、道教考古学、道教伦理学、道教教义学等的研究，不断开拓道教文化研究的新领域，提高道教研究的学术水平"。〔2〕同时，我们还要深入挖掘整理道教的和谐文化与道德伦理资源，积极为构建社会主义和谐社会服务。另一方面，要积极推进道教文化的改革创新与发展。改革开放的经验告诉我们，文化也是需要改革创新的，"改革创新是动力，改革创新出活力。实践告诉我们，哪里有改革创新，哪里就有繁荣发展的局面"。〔3〕同样，唯有改革创新才能推动道教文化的发展。我们要对传统道教文化作出符合时代进步要求的新阐释，坚持以改革创新精神落实好道教文化研究的各项工作，为道教文化的创新发展打下坚实基础。

其二，要积极助推中华文化繁荣发展。文化是一个国家、一个民族的精神家园，体现着一个国家、一个民族的价值取向、道德规范、

---

〔1〕《宗教与世界》2016 年第 5 期，第 3 页。

〔2〕 丁常云：《改革开放 40 年来道教文化研究的思考》，《中国民族报》2018 年 10 月 30 日。

〔3〕 人民日报社论《坚持改革创新的发展动力》，《文汇报》2011 年 11 月 8 日。

思想风貌及行为特征。中华文化则是中华文明成果根本的创造力，是民族历史上道德传承、各种文化思想、精神观念形态的总体。传统文化不仅思想深邃圆融，内容广博，更重要的是高扬道德，为国人提供了立身处世的行为规范。历史表明，中华传统文化源远流长，积淀着中华民族最深层的精神追求，代表着中华民族独特的精神标识，为中华民族生生不息、发展壮大提供了丰厚滋养。中华传统美德是中华文化精髓，蕴含着丰富的思想道德资源。道教是中华传统文化的重要组成部分，其中所蕴含的许多优秀文化，同样也是当代社会主义建设的宝贵资源。当代道教，我们要深入挖掘其传统文化的时代内涵，为中华文化的繁荣发展做贡献。一方面，要大力弘扬道教的道德伦理思想，助推社会道德文化发展。道教的道德伦理，内容十分丰富，"就其总体而言，不外乎教人为善，不要为恶，强调个人的积善立德。这种思想对社会是有益的"。[1]自然有利于社会道德建设。同时，还要大力弘扬道教的养生文化思想，助推社会健康文化发展。道教是"重生、贵生"的宗教，主张以"道法自然"为生活规律，进而达到乐天知命，掌握人类自身生命密码，掌握宇宙自然万物生命变化的规律，最终让人类达到健康长寿。另一方面，要大力弘扬道教的生态伦理思想，助推社会生态文明发展。道教从关爱自然、保护自然出发，提出了"道法自然"、"天人合一"的生态伦理，强调"自然之道不可违"，要求人类社会树立尊重自然、顺应自然的生态文明理念，投身环境保护的伟大实践。同时，还要大力弘扬道教的慈善文化思想，助推社会慈善文化发展。道教典籍中蕴涵着丰富的慈善文化，如"仙道贵生、无量度人"的济世伦理，"慈同慈爱、异骨成亲"的慈爱思想，还有"济世利人、扶贫帮困"的济世情怀，道教的这些慈善思想自然有利于社会慈善文化的发展。当然，传统道教文化也有一个创新发展的过程。"文化

---

[1] 丁常云：《道教与当代社会》，中西书局，2018年，第84页。

是最需要创新的领域，只有把改革创新精神贯穿文化建设的全过程，才能为社会主义文化大发展大繁荣提供源源不断的强大动力"。[1] 2018年6月，上海浦东新区道教协会与钦赐仰殿道观联合成立"浦东道教文化研究所"，将积极开展当代道教文化研究工作，出版《当代道教研究》系列丛书，传承和弘扬道教优秀文化，坚持道教与时俱进，助推中华文化繁荣发展。

二、稳步推进当代道教与时俱进的实践

根据当前我国道教现状，坚持与时俱进发展是一种必然趋势，也是当前道教工作的重要任务。那么，当下的中国道教和各地道教组织就应该顺势而为，积极做好道教与时俱进的有关规划工作，做好打基础、管长远的工作，坚持规范发展，强化价值导向，推进道教与时俱进工作的有序开展。

（一）遵守国家法规，确保道教与时俱进发展的法治保障

宗教信仰自由是《宪法》保障我国公民的基本权利。我国《宪法》明确规定："中华人民共和国公民有宗教信仰自由。任何国家机关、社会团体和个人不得强制公民信仰宗教或者不信仰宗教。国家保护正常的宗教活动"。[2] 可见，中国宪法保障的宗教信仰自由，包括信仰宗教和不信仰宗教的自由，其核心是个人自愿，权利主体是个人而非集体。但是"从法理上分析，任何自由都具有相对性，在与法律所保障的其他权利和法律价值出现冲突时，都会受到必要的限制"。[3] 那么，

---

〔1〕 人民日报社论《坚持改革创新的发展动力》，《文汇报》2011年11月8日。
〔2〕 新修订《宗教事务条例》释义，宗教文化出版社，2017年10月，第1页。
〔3〕 陈欣新：《支持我国宗教中国化的法制保障探讨》，《宗教与世界》2016年第5期，第7页。

如何建立宗教信仰自由与其他基本权利或法律价值之间的平衡，是最重要的宪法问题之一，也是坚持道教与时俱进发展的法制基础。

其一，要始终高举道教爱国主义旗帜。坚持道教与时俱进的首要任务就是坚持政治认同。所谓"政治认同"，其核心就是自觉接受中国共产党的领导，拥护社会主义制度，维护国家法律的权威。政治认同反映的是一种爱国思想，体现的是一种爱国行为。当代道教徒要继续高举爱国主义伟大旗帜，坚持政治上自觉认同，稳步推进道教与时俱进发展。一方面，要继续传承道教爱国主义传统。爱国主义是道教自古以来的价值追求和优良传统，道教一贯主张"佐国扶命"、"忠孝神仙"，就是把爱国主义与追求"国泰民安"的社会理想，与"得道修仙"的终极理想紧密联系起来，成为每一位道教徒自觉遵守的行为规范。道教的爱国传统具有鲜明的中国特色，因为道教根植于中华民族的沃土中，与中国人民有着同命运、共呼吸的血肉联系，道教的爱国主义具有深厚的民族感情和社会基础。当代道教，我们要继续传承道教爱国主义优良传统，始终坚持道教与时俱进发展。另一方面，要创新发展道教的爱国主义传统。道教的爱国主义思想产生于不同的历史时期，从汉魏到元明都有，并且在清代以来获得重新解释和传承，说明道教的爱国思想是绵延不绝的。近现代以来，道教的爱国主义思想始终与祖国的建设与社会发展紧密相连，引领着广大道教徒为国家的繁荣发展作贡献。今天我们所处的社会是习近平新时代中国特色社会主义，坚持和发展中国特色社会主义，其根本任务就是实现社会主义现代化和中华民族伟大复兴。当代道教，我们要进一步创新发展道教的爱国主义传统，坚决拥护中国共产党的领导，拥护新时代中国特色社会主义制度，始终坚持政治认同、文化认同，始终坚持道教与时俱进发展，努力为社会的繁荣发展做出积极贡献。

其二，要始终自觉遵守国家法律法规。法律是国家制定或认可，被普遍遵守的，以权利和义务为内容，由国家强制力保证实施的具有普遍约束力的社会规范。新修订的《宗教事务条例》提出的原则、确定的管理制度，符合我国文化传统，符合我国国情特点，符合我国宗教实际，符合时代进步要求，正确体现了国法与教规的关系，具有鲜明的中国特色。坚持道教与时俱进的一个重要前提，就是要遵守国家法律法规，特别是要遵守我国《宗教事务条例》，一个不认同国家法律制度的人，也不会有对国家的基本认同感。坚持道教与时俱进发展，就是要保持道教与我国文化和国情特点相融合。一方面，要正确处理好国法与教规的关系。中国历史上，道教思想就包含着诸多法制精神。道经称："道生法。法者，引得失以绳，而明曲直者也"。这就是说，法由道化生。法律是以对社会的利害为标准，用来明辨是非、主持公正的。既然"道生法"，法是道的体现，那么，任何人都不得超越和蔑视法律。当代社会，要积极开展法制教育，引导宗教界和广大信教群众正确认识和处理国法和教规的关系，遵守宪法法律，树立法律面前人人平等的理念。[1] 也就是说，一切宗教活动都必须要依法依规，这是我国法律的基本要求。作为爱国爱教的道教徒，既要遵守国法，又要持守教规。教规是道门内部的规戒制度，其戒律条文大多是与国家法律相通的，有的甚至比法律还要严格，曾经一度成为道教内部的法律制度。但是，随着现代社会法制的快速发展，传统道教中有些戒律条文，已经明显不能适应当今时代的法制，有的甚至与现行法制相冲突。比如，清代咸丰年间北京白云观《清规榜》规定"违犯国法，奸盗邪淫，坏教败宗，顶清规，火化示众"。清道光年间陕西张良庙《清规榜》规定"大众常住，不得荤酒赌钱，败坏教相，如违犯者，重责逐出，甚者炙眉"。按照现行法律来看，这其中的"火化"、"炙眉"明显就是违法的，必须要废止并删除。当代道教，要对传统教规内容进行梳理，删除那些不符合现代法治要求的内容，保持教规与国法的有

---

[1]《宗教与世界》2018 年第 4 期，第 3 页。

机统一，使道教教规真正融入中国法治之中，继续发挥出道教所特有的积极作用。

（二）服务当代社会，强化道教与时俱进发展的价值导向

坚持道教与时俱进发展，是充分发挥道教积极作用的关键所在。当代道教，只有在实现与时俱进的基础上，才能更好地与我国社会主义社会相适应，才能在我国社会发展进步中发挥积极作用。因此，我们要以道教与时俱进发展为抓手，大力弘扬道教优秀文化，积极践行社会主义核心价值观，发挥当代道教应有的时代价值。

其一，要传扬道教优秀文化服务当代社会。当今社会，我们要大力传扬道教优秀文化，使其成为涵养社会主义核心价值观的重要源泉。当然，对于道教文化的传扬应有积极的文化价值取向，要确立起必须以社会的文明进步为旨归的自觉意识。所谓"社会文明是指人类社会的开化与进步程度，而衡量这种进步程度的标准就是社会文化发展背后的价值追寻"。[1] 因此，我们要积极传扬道教文化中促进社会和谐、时代进步、健康文明的内容，充分发挥道教文化在道德教化、慈善公益、维护稳定、和谐共建等方面的积极作用。一方面，我们要深入挖掘道教优秀文化。道教是中国传统文化的组成部分和重要载体，道教倡导的"济世利人"、"慈爱和同"、"顺应自然"、"崇俭抑奢"、"天人和谐"等思想，都是中华传统优秀文化，体现了中国人的思想智慧。我们要深入挖掘并认真研究，积极传承道教优秀文化。比如，我们要开展对道教经典的整理研究。近年来，中国道教协会启动《中华续道藏》的编修工作，该藏的"编纂出版工程已列入国家'十三五规划'纲要和'中华古籍保护计划'，拟重点对海内外道经进行系统的调查编目、研究评估、整理编纂、影印和点校出版，以缩微、数字和影像技

---

〔1〕 朱晓进：《让传统文化有效传承》，《中国政协》2018年第4期，第86页。

术等方式实现道教典籍和活态文化的保护传承，完善中国道经入藏体系"。[1] 此项文化工程的启动，正是挖掘整理道教传统文化的重要举措。另一方面，我们要大力弘扬道教优秀文化。道教是中国本土宗教，具有本土性、文化性、包容性的特点，其内容丰富几乎涵盖社会生活、伦理道德、文化艺术的各个方面。例如，老子《道德经》以"尊道贵德"为主旨，充满了生命关怀、社会关怀、环境关怀的人文精神，它具有超越历史、超越宗教、超越民族、超越国界的品质，闪烁着古老东方智慧的光芒。特别是道教关于人与自然和谐、人与人和谐、身心和谐的理念，对于推动生态文明建设、促进科学发展和社会和谐具有重要意义。因此，我们要大力弘扬道教优秀文化，积极服务当代社会。我们要继续举办形式多样、内容丰富的道教文化节、道教音乐节、道教书画展以及道教文化论坛等文化活动，将道教的核心思想与现实问题紧密结合，不断提升道教文化活动质量，彰显道教文化的时代内涵。

其二，要积极培育践行社会主义核心价值观。党的十八大报告提出：倡导富强、民主、文明、和谐，倡导自由、平等、公正、法治，倡导爱国、敬业、诚信、友善，积极培育和践行社会主义核心价值观。体现了社会主义核心价值体系的根本性质和基本特征，反映了社会主义核心价值体系的丰富内涵和实践要求。当代道教，我们要以道教与时俱进发展为引领，坚持道教文化自信，积极践行社会主义核心价值观。一方面，要团结带领广大道教徒，自觉培育社会主义核心价值观。我们要继续加强道教爱国主义思想教育，增强他们对祖国的认同、对中华民族的认同、对中华文化的认同、对中国共产党的认同、对中国特色社会主义的认同，引导他们坚定对中国特色社会主义的道路自信、理论自信、制度自信、文化自信和价值观自信。同时，还要把社会主义核心价值观的基本要求融入到道教徒的日常工作和生活之中，内化

---

[1] 《中华续道藏》编纂出版工程在北京启动，《中国新闻网》2018年12月20日。

于心，外化于行，使其成为道教徒的一种自觉意识和行为。另一方面，要不断加强自身建设，积极践行社会主义核心价值观。社会主义核心价值观，高度概括了中华传统美德的价值取向。道教的伦理价值已与中华文化核心价值水乳交融，道教文化中有着独特的伦理道德思想和丰富的文化内涵，是践行社会主义核心价值观宝贵的文化资源。当代道教，我们还要大力加强自身建设，通过完善人才培育机制、完善组织保障机制、完善理论研究机制等，积极引导道教界培育和践行社会主义核心价值观。其中，完善人才培育机制，就是要大力培养道教优秀人才，我们要站在时代发展的新高度，积极加强道教院校建设，增强道教院校的办学能力和水平，努力培养一批合格的道教人才队伍，这是道教与时俱进发展的必然要求，也是道教践行社会主义核心价值观的根本保障。完善组织保障机制，就是要大力加强道教的团体建设和宫观管理，提高自我管理能力和水平，健全各类规章制度，建设政治上可信、作风上民主、工作上高效的高素质领导班子。完善理论研究机构，就是要建立道教文化研究组织，开展道教文化研究，阐扬道教思想精华，赋予时代精神，增添时代内涵，发挥道教文化在践行社会主义核心价值观的时代价值。

（三）制定工作规划，推动道教与时俱进发展的时代进程

坚持道教与时俱进发展，就是要在新时代中国特色社会主义时期，自觉地同我国的国情、社会制度、时代要求、主流文化进行全方位、深层次的对接融合，积极融入新时代中国社会和主流文化中，服务于当代中国特色社会主义社会。当然，坚持道教与时俱进发展，是一个系统工程，也是一项长期的工作，需要认真研究和精心谋划，制定实施工作计划，扎实稳步推进。

其一，要制定道教与时俱进发展规划纲要。为进一步推进道教与时俱进发展，必须要在坚持道教中国化进程中有序推进。为此，中国

道教协会于 2019 年 11 月专门制定了《坚持道教中国化方向五年工作规划纲要》（2019—2023），从"时代背景、重要意义、基本原则、主要任务和组织保障"〔1〕等方面进行了规划，为全面推进道教中国化进程绘就了蓝图。《规划纲要》明确道教中国化的主要目标就是"实现道教现代化"和促进道教与时俱进发展。具体而言，就是在保持本有的中国特色基础上，构建新时代的教义思想体系、戒律体系、人才体系、管理模式、服务模式等，更好地适应当代社会，更好地服务于当代中国发展进步。并把推进道教与时俱进发展作为当前道教界一项重要工作，可谓是定位准确，目标明确。当然，《规划纲要》的出台，在某种程度上还有政府的统一布置和要求，能否顺利推动落实，还需要道教界统一思想、提高认识。要在思想层面上高度重视，在行动上真正落到实处，要把道教与时俱进与时代发展紧密结合，把道教与时俱进与道教自身发展紧密结合。要立足新时代、面向现代化，勤于实践、勇于探索，努力为推进道教与时俱进发展打下坚实基础。

其二，要稳步推进道教与时俱进发展进程。坚持道教与时俱进发展，既是一项复杂艰巨的系统工程，也是一个不断发展和深化的历史过程，需要探索新方法，实践新路子，脚踏实地，稳步推进。但是，就目前道教现状来看，推进道教与时俱进发展还需要确保二个保障，否则就会影响道教与时俱进发展进程。一方面，要加强道教组织保障。道教与时俱进工作是一个系统工程，既要有详尽的工作规划，又要有强有力的组织推动，组织建设是道教与时俱进的根本保障。这里的组织主要包括道教协会和道教宫观，道教协会是道教的团体组织，是党和政府团结、联系道教界人士和广大信教群众的桥梁和纽带，道教宫观则是联系信教群众的重要窗口。在推进道教与时俱进的进程中，道教协会和宫观组织必须要分工合作、统筹协调，确保道教与时俱进工

---

〔1〕《中国道教》2019 年第 6 期，第 11—16 页。

作的贯彻落实。当然，此项工作必须要由中国道协牵头，各地省级道协通力合作，各地宫观积极配合。根据规划纲要，精心组织安排，制定工作计划，明确工作任务，确保各项工作落到实处。另一方面，就是道教理论研究保障。当代道教理论研究是道教与时俱进发展的方向和路径，也是当代道教研究工作的时代课题。近年来，道教与时俱进问题的研究得到关注，研究工作也取得了一定成绩。但是，就目前研究情况来看，还只是起步阶段，还没有形成系统化、规范化体系，自然会影响道教与时俱进工作的有序开展。当代道教，必须要大力加强道教与时俱进的理论研究，要在保持道教基本信仰、核心教义、礼仪制度的同时，深入挖掘教规教义中有利于社会和谐、时代进步、健康文明的内容，对教规教义作出符合当代中国社会发展进步要求、符合中华优秀传统文化的阐释，这些问题的解决，需要组织专业人员来进行研究，根据《纲要》内容要求拿出研究成果，形成道教与时俱进发展的理论体系，用以指导道教与时俱进工作的稳步开展。此外，还必须要有道教与时俱进的人才保障和制度保障，尤其是要有坚持道教与时俱进发展的领军人物，才能引领道教与时俱进工作的落地生根和不断前行。

综上所述，道教与时俱进是时代发展的必然趋势，也是道教自身发展的必然要求，这是一个古老而又常新的时代课题，必须要从思想上高度重视。当然，道教与时俱进也是一个系统工程，必须要认真谋划、统筹规划、稳步推进，要注重加强道教人才培养，强化道门自身建设，要以社会主义核心价值观为引领，坚持政治上认同、文化上融合、社会上适应，不断强化道教与时俱进的价值导向，稳步推进当代道教与时俱进的时代进程。

第四节　以与时俱进的精神推进道教中国化

党的十九大报告指出："要全面贯彻党的宗教工作基本方针，坚持我国宗教的中国化方向，积极引导宗教与社会主义社会相适应"。[1]明确提出了"坚持我国宗教中国化方向"问题。要求我国宗教界坚持走中国特色社会主义道路，要不断适应我国社会主义事业的新发展和新要求，不断充实新的时代内涵，培育和践行社会主义核心价值观，弘扬中华优秀传统文化。这是中国特色社会主义宗教理论的新发展，是新形势下党和政府对我国宗教工作提出的新要求。同样，坚持道教中国化方向，也是新时期党和政府对我国道教提出的新要求，是当前做好道教工作的重要内容。但是，道教中国化的思想内涵丰富、现实意义重大，我们必须要深入学习、准确把握，既要正确理解道教中国化的基本概念，深入认识道教中国化的思想内涵，又要传承创新道教固有的中国化传统，要以与时俱进的精神推进道教中国化的历史进程，不断谱写道教中国化的时代篇章。

---

〔1〕《〈党的十九大报告〉辅导读本》，人民出版社，2017 年，第 39 页。

一、正确理解道教中国化的基本概念

所谓"中国化",原意是指要以中国的人、中国的社会现象、中国的国情为研究对象,在继承中国文化思想遗产,总结中国经验和吸收外国先进学术思想的基础上,采用科学方法,得出符合中国实际的理论,用以指导中国的实践,解决中国的问题。"中国化"的落脚点自然是中国,这是一个鲜明的政治要求。我国宗教的"中国化","最根本的一条就是拥护中国共产党领导和社会主义制度,融入中华文化之中,并且积极参与中华民族伟大复兴的建设事业"。[1] 坚持我国宗教中国化方向,是中国特色社会主义宗教理论的深化与发展,当然这也是党和政府对我国宗教提出的新思想、新观点和新要求。根据这一新要求,我们必须要对"宗教中国化"和"道教中国化"这两个概念进行深入学习研究,在理论上做到深刻理解、准确把握,在实践上做到真正落实、稳步推进。

(一)关于"坚持我国宗教中国化方向"的阐释

宗教是一种以信仰为核心的文化,同时又是整个社会文化的重要组成部分。这就是说,坚持我国宗教中国化方向,是充分发挥宗教积极作用的关键所在。如果从字面上解释,坚持我国宗教中国化方向,主要有四个方面内容,即坚持、我国宗教、中国化、方向等。所谓"坚持"就是指坚决保持、维护或进行的意思,具有坚定的立场和主张,既然决定了,就毫不动摇,态度明确、目标清晰。所谓"我国宗教"就是指得到中国政府认可并经民政部门依法登记的宗教信仰组织。

---

[1] 詹石窗:《关于我国宗教坚持中国化方向的几点思考》,《宗教与世界》2016 年第 4 期,第 13 页。

我国是一个多民族、多宗教的国家，其中既有产生于中国本土的宗教，又有外来传入中国的宗教。根据有关宗教法规的规定，我国现有的五大宗教是指佛教、道教、伊斯兰教、天主教、基督教。所谓"中国化"就是要以中国人、中国社会、中国国情为基础，积极主动融入中国社会。其中"中国"，就是指中华人民共和国，是以华夏文明为源泉，以中华文化为基础，以汉族为主体民族的多民族国家。"化"有变化、感化、融化等意思，也有融入和适应的含义。所谓"方向"就是指前进的目标，在生活中方向代表了人生的理想、追求的目标。"中国化方向"强调的是既要认同古代中国和中华民族优秀文化传统，又要认同当代中国共产党领导的社会主义新中国，要做到政治认同和文化认同的有机统一。

如果从深层次来看，坚持我国宗教中国化方向主要包含以下三层含义：一是要求目前中国所有宗教（主要是五大宗教）都必须要坚持中国化方向，包括中国本土产生的宗教和外来传入的宗教。这是新时代发展的新要求，也是各宗教工作的目标和任务。历史发展表明，宗教同所在社会相适应是宗教生存发展的趋势和规律，无论是世界宗教还是中国宗教，无论是本土宗教还是外来宗教，都要不断适应其国家的社会发展，充实其时代内涵。二是要求中国所有宗教，必须要坚持正确的政治方向和思想引领，继续高举爱国爱教、团结进步的旗帜，在政治上认同、文化上融合、社会上适应，与社会发展同步，与时代进步同行，积极主动与新时代中国特色社会主义社会相适应。三是要充分发挥中国宗教应有的时代价值，就是要积极践行社会主义核心价值观，助推中华文化繁荣发展，使中国宗教成为社会主义现代化建设的和谐因素与积极力量。

（二）关于"坚持道教中国化方向"的阐释

道教是中国本土产生的宗教，自然也是中国宗教范围之内，坚持道教中国化方向，就是要求道教也必须要坚持中国化，必须要与时俱进、创新发展。从道教中国化的要求来看，主要包含以下三个方面的含义：

其一，坚持道教中国化，进一步明确了道教的中国化定位问题，强调指出道教也必须要坚持中国化方向。根据"我国宗教"的明确定位，坚持宗教中国化自然也包括中国土生土长的道教，这就是说外来宗教需要坚持中国化方向，道教同样也需要坚持中国化方向，这是原则问题、是方向问题。当然，这也是坚持道教中国化方向的重要前提，如果离开了这个前提，道教中国化就成了空中楼阁。虽然也有人认为，道教本身就是中国宗教，不存在所谓的中国化问题，其实这只是一种认识上的误区，是没有真正理解坚持我国宗教中国化方向的含义的结果，必须引起高度重视，要坚决予以纠正。

其二，坚持道教中国化，进一步明确了当代道教的发展方向，强调指出道教中国化的根本任务就是要解决道教的与时俱进和现代化问题。现代化的本义是指从传统的农业社会向现代化工业社会的一个全球性的大转变，它是以工业化为推动力，引起政治、文化、思想各个领域全面的变革过程。现代化蕴含着进步的、与时俱进的时代精神，是人类社会发展的自然规律。道教中国化就是要求当代道教要与时俱进、适应时代发展和社会进步要求。既要促进道教与新时代中国特色社会主义社会相适应，又要实现道教的现代转型与创新发展。所谓转型，是指事物的结构形态、运转模型和人们观念的根本性转变过程。当代道教要实现创新发展，就必须要从思想观念上更新，实现思想观念的根本性转变，从而促进道教的现代化发展。

其三，坚持道教中国化方向，进一步明确了党和政府在新时代对道教工作提出的新要求，强调指出当代道教要充分发挥出应有的时代价值。"新时代"一词，是十九大报告中正式提出的，这就是"中国特色社会主义进入新时代，这是我国发展新的历史方位"。[1] 进一步彰显了中国共产党与时代共同进步的先进性本色，体现了把握历史规律和历史趋势的高度自觉和高度自信。这就要求当代道教既要跟上时代的步伐、适应社会进步的要求，又要大力加强自身建设，积极服务社会、造福人类。当代道教，要在适应时代中求生存，在服务社会中求发展，要以道教与时俱进发展为引领，积极践行社会主义核心价值观，稳步推进道教中国化的时代进程。

二、在与时俱进中把握道教中国化的基本内涵

通过对上述有关中国化概念的阐释，我们认为坚持我国宗教中国化方向，主要就是要求中国的各宗教组织自觉认同中国、认同中国文化、认同中华民族，主动适应中国社会、适应时代发展，主动吸收并融入中国文化，促进中华文化繁荣发展。宗教中国化的提出，从国家的角度看，主要是为了增强宗教对于国家安全、社会进步的有利因素，发挥宗教在新时代中的积极作用；从宗教角度看，就是为了促进宗教间的和睦，明确我国宗教工作的根本任务和发展方向。为保证当代道教事业的健康发展，就必须要在坚持与时俱进中把握道教中国化的基本内涵。

（一）高举爱国主义旗帜是道教中国化的本色

爱国主义是指个人或集体对祖国的一种积极和支持的态度，揭示了个人对祖国的依存关系，是人们对自己家园以及民族和文化的归属感、认同感、尊严感与荣誉感的统一。中华民族是富有爱国主义光荣传统的伟大民族。爱国主义是动员和鼓舞中国人民团结奋斗的一面旗

---

〔1〕《〈党的十九大报告〉辅导读本》，人民出版社，2017年，第10页。

帜，是推动我国社会历史前进的巨大力量，是各族人民共同的精神支柱。党十九大报告中指出：要广泛开展理想信念教育，深化中国特色社会主义和中国梦宣传教育，弘扬民族精神和时代精神，加强爱国主义、集体主义、社会主义教育，引导人们树立正确的历史观、民族观、国家观、文化观。[1] 2019 年 11 月，中共中央、国务院印发了《新时代爱国主义教育实施纲要》，并发出通知要求各地区各部门结合实际认真贯彻落实。其目的就是为了大力弘扬爱国主义精神，把爱国主义教育贯穿国民教育和精神文明建设的全过程。[2] 当代中国，爱国主义的本质就是坚持爱国和爱党、爱社会主义的高度统一。

道教是中国本土产生的宗教，爱国传统是道教自古以来的价值追求和优良传统，道教主张"佐国扶命"，追求"忠孝神仙"，就是把爱国主义与追求国泰民安的社会理想结合起来，把爱国主义与学道修仙的终极理想联系起来，成为每一位道教徒必须遵守的行为规范。当然，传统道教的爱国内容与当今时代的爱国内容已经有所不同了，历史上的祖国与现在的祖国也有本质的区别。在今天，我们讲爱国主义就是要爱社会主义祖国，拥护中国共产党的领导，把个人的理想和事业融汇于祖国的社会主义现代化建设的伟大事业中。虽然不同时代爱国主义的时代特性不尽相同，但它作为一种正义的和极具凝聚的力量是古今一脉相承的。道教中国化最根本的一条就是拥护中国共产党领导和社会主义制度，融入中华文化之中，并且积极参与中华民族伟大复兴的建设事业。当代道教，我们要继续坚持道教与时俱进发展，继续高举爱国主义伟大旗帜，传承创新道教的爱国传统，始终保持道教中国化的本色。

---

〔1〕《〈党的十九大报告〉辅导读本》，人民出版社，2017 年，第 42 页。
〔2〕《新时代爱国主义教育实施纲要》单行本，人民出版社，2019 年 11 月。

（二）促进道教与时俱进发展是道教中国化的关键

所谓"与时俱进"，是指准确把握时代特征，始终站在时代前列和实践前沿，始终坚持解放思想、实事求是和开拓进取，在大胆探索中继承发展。道教教中国化就是要准确把握当今时代特征，紧跟时代步伐，积极开拓创新，努力推动传统道教与时代同步前行。这就需要大力加强道教人才培养、加强道教团体组织建设和道教宫观管理。

其一，推动道教人才培养的与时俱进。人才是道教发展的关键，也是道教中国化的关键。坚持道教中国化方向，必须要重视道教人才培养，确保道教人才队伍与时俱进、可持续发展。要按照"政治上靠得住、宗教上有造诣、品德上能服众、关键时起作用"的标准，加强道教教职人员队伍建设。坚持道教中国化方向，必须要注重培养道教优秀人才，要始终站在时代发展的前列，更加突出思想的时代性和开放性，以开拓创新的时代精神培养和造就一流的道教人才。坚持道教中国化方向，必须要大胆使用人才，人才重在使用，在使用中成长，在使用中增长本领，在使用中发挥作用。历史经验表明，选用人才重在智慧，使用人才重在胸怀。道教领袖们应该具有宽阔的胸怀，善于使用人才，大胆使用人才，使道教优秀人才脱颖而出。

其二，推动道教团体建设的与时俱进。道教团体是党和政府团结、联系道教界人士和广大信教群众的桥梁和纽带。坚持道教中国化方向，必须要大力加强道教团体自身建设，努力建设"政治上可信、作风上民主、工作上高效"的高素质道教团体领导班子，建立目标明确、权责清晰、管理有序的道教组织。坚持道教中国化方向，必须要深入贯彻《宗教事务条例》，依法加强和创新道教组织管理，发挥道教团体的组织、引领、指导、推动、支持、协调作用，使道教团体组织成为坚持中国化方向的积极推动者、保障者和引导者。坚持道教中国化方向，必须要全面提高道教团体班子成员的思想觉悟，坚持正确政治方向、政治原则、政治立场，切实履职尽责，在坚持道教中国化方向方面发挥表率作用。道教团体要统筹协调、精心组织、整体推动，确保道教中国化稳步有序推进。

其三，推动道教宫观管理的与时俱进。道教宫观是道教的基层组织，道观的管理直接关系到道教能否持续健康发展。坚持道教中国化方向，必须要大力加强道教宫观管理，依法依规科学有序开展管理，吸收现代社会组织先进管理经验，贯彻落实民主管理制度，持续倡导"文明敬香"活动，努力创建和谐道观、文化道观、生态道观，更好发挥道观在坚持道教中国化进程中的积极作用。坚持道教中国化方向，必须要发挥道教宫观和教职人员的主体作用，调动道观管理组织的积极性和主动性，使坚持道教中国化方向成为道观教职人员的价值取向与行动指南。坚持道教中国化方向，要不断加强道观教职人员信仰建设和教风建设，引领道教徒树立和坚持道教的正信正见，坚持以戒为师、以法为依，持之以恒加强教风建设，积极探索新时代加强教风建设的新方法、新途径，着力解决道教教风建设中的突出问题，坚决反对一味追求世俗名利的不良风气，努力塑造和维护新时代道教宫观的清净教风与庄严形象。当代道教，要紧跟时代步伐，适应社会进步要求。新时代要有新思路，新时代要有新作为。与时俱进，历久弥新，是道教中国化的关键所在。

（三）推动道教文化的现代融合是道教中国化的根基

道教是中华民族固有的传统宗教，在近两千年的传承与发展进程中，"对我国封建社会的政治、经济、哲学、文学、艺术、音乐、化学、医学、药物学、养生学、气功学、天文学以及社会习俗、民族心理、民族性格、民族关系和民族凝聚力等各个方面，都产生过深刻的影响"。[1]

---

〔1〕 卿希泰主编：《中国道教史》第一卷，四川人民出版社，1996年，第1页。

它所积存下来的大量经籍文献以及宫观建筑、雕塑、石刻等，都是我国文化遗产的重要组成部分。可见，传统道教文化早已融入中华文化之中，成为中华传统文化的重要组成部分，这是中国本土宗教的天然优势。然而，文化也是有时代性的，文化也要随着时代的发展而发展，传统道教文化也要随着时代的发展而有所变化，要积极适应新时代、融入新时代、服务新时代。我们今天的社会是建设有中国特色的社会主义文化，必须突出强调文化的时代性。现代文化是指人们适应现代化本质要求的文化，就是实现文化的现代转型并形成与社会主义核心价值体系和社会主义价值观体系相一致性的文化。

道教"中国化"的一个重要条件，就是推动道教文化与现代文化的有机融合。历史表明，道教在形成与发展过程中，吸收继承了中国民间信仰和习俗，这种吸收是在自然的、不断变化发展中完成的，当然也是道教与时俱进的必然。同样，当代道教的中国化自然也是时代发展的要求，是道教与时俱进的时代进程。当今中国，经济文化发展迅猛，为了适应现代社会的变化，产生于中国本土的道教"一方面要有文化自信，保持本有的中国特色，另一方面也要对教理教义进行符合当代国情的解读，这也是中国化应有之义"。[1] 当代道教，要自觉接受中华优秀文化的浸润，在经典教义阐释上、在宗教制度建设上、在宗教活动方式上、在音乐服饰建筑表达上，都要体现鲜明中国风格，真正融入中华文化。[2] 要在继承传统文化的基础上，以高度的文化自觉推动道教文化的创新发展，促进道教文化的现代融合，助推中华文化的繁荣发展。

---

〔1〕 詹石窗：《关于我国宗教坚持中国化方向的几点思考》，《宗教与世界》2016 年第 4 期，第 14 页。

〔2〕《宗教与世界》2016 年第 5 期，第 3 页。

（四）践行社会主义核心价值观是道教中国化的灵魂

党的十八大提出："倡导富强、民主、文明、和谐，倡导自由、平等、公正、法治，倡导爱国、敬业、诚信、友善，积极培育社会主义核心价值观"。[1] 富强、民主、文明、和谐是国家层面的价值目标，自由、平等、公正、法治是社会层面的价值取向，爱国、敬业、诚信、友善是公民个人层面的价值准则。如何培育和践行社会主义核心价值观，使其真正、自然融入道教日常修持之中，成为每一位道教徒内心的价值认同，从而自觉自愿践行，进而使社会主义核心价值观真正发挥作用，是当前我们道教界的重要任务，也是坚持道教中国化方向重要内容。

其一，要努力挖掘道教文化的优秀内涵，为丰富社会主义核心价值观作贡献。道教是中华传统文化的重要组成部分，其中的优秀内容可以为培育和弘扬社会主义核心价值观提供有益的思想资源，如道教倡导的"慈爱和同、济世利人、扶贫济困"等，就是与社会主义核心价值观相融相通的优秀文化。历史表明，中华优秀文化已经成为中华民族的基因，植根于中国人内心，潜移默化影响着中国人的思想方式和行为方式。今天，我们倡导和弘扬社会主义核心价值观，必须从中汲取丰富营养，否则就不会有生命力和影响力。因此，我们道教界要大力弘扬道教优秀文化，积极培育和践行社会主义核心价值观。

其二，要努力促进道教与社会主义社会相适应，为践行社会主义核心价值观树立表率。当代社会，我们要用社会主义核心价值观来引领和教育宗教界人士和信教群众，弘扬中华民族优良传统。我们要在道教界广泛宣传社会主义核心价值观，要以社会主义核心价值观确立的价值目标阐释道教教义教规，以社会主义核心价值观倡导的价值取

---

[1] 中央政府网，2012 年 11 月 24 日。

向加强道教组织建设，以社会主义核心价值观提出的价值准则规范道教界人士和信教群众的个人言行，使社会主义核心价值观成为广大道教徒的基本遵循，并身体力行将其推广到全社会去。当代道教，我们要顺势而为，积极培育和践行社会主义核心价值观。

（五）推动当代道教走出去是道教中国化的外化

中国历史表明，道教在中国形成、成长、壮大与发展，祖国神州大地到处都留下了道教的胜迹，而且还随着中外文化交流和华人移居传播到海外。"有的是在中国政治、经济和文化都十分强大和繁荣的时候，外国派人来学习、来请的；有的是在国际交流时，由来中国的外国宾客带回去的。"[1] 这就是说，只有在中国社会的鼎盛时期，只有在道教得到兴盛发展之时，中国本土道教才会受到外国人的尊重、崇拜和信仰。同样，道教的外传也标志着中国社会的强盛与振兴，标志着本土宗教的复兴与发展。所谓"国盛才有教兴"，讲的就是这个道理。从这个意义上来说，当代道教走出去则是坚持道教中国化的一种外在表现，当然也是道教中国化的应有之义。

近年来，中国道教协会提出了"道行天下"，道教要"走出去"的目标，计划"与国外道教组织、大学、研究机构和其他友好团体合作，举办道教文化展览、道教学术讲座、道教音乐武术演出、道教养生体验班等丰富多彩的活动，组织翻译道教经典，增进国外民众对道教的认知，扩大道教文化在海外的影响力"。[2] 道教要走出去，这是我们道教界一个良好的愿望。其实，历史上的道教早就走出去了，今天的道教也应该走出去，这是历史发展的规律，也是时代发展的必然。"但

---

〔1〕 卿希泰主编：《中国道教史》第四卷，四川人民出版社，1996年12月，第569页。
〔2〕《中国道教协会第九次全国代表会议工作报告》，《中国道教》2015年第3期，第23页。

是道教要跨出国门，必须有个通盘考虑，周密的计划，充分的准备"。[1] 这就是说，中国的强盛与发展，为道教走出去提供了难得的历史机遇，但是就目前道教自身而言，中国道教的自身条件还不够成熟，走出去的计划和准备还没有完成。当代道教，要以坚持道教中国化为契机，大力加强自身建设，要以积极的姿态推进中华文化自信、道教文化自信，建设有中国特色、中国气派的，富有传播力、影响力的道教组织体系。走出去的道教仍然要坚持中国化，要"在思想信仰、活动形式以及教团活动，保持中华文明的组成部分的本色"。[2] 只有这样，才能在坚持道教中国化的时代进程中，完成道教走出去计划，向世界传播中国道教文化。

三、在与时俱进中传承创新道教中国化传统

道教是中国固有的传统宗教，与其他外来宗教相比，道教的中国化主要解决的应该是与时俱进的问题。从道教历史发展来看，道教本身就是一个与时俱进的宗教。初创时期的道教，主要来源于民间，自然就与底层民众相适应。后来，随着道教逐步向上层化发展，道教又开始与统治阶层相适应，与当时的社会相适应。当然，道教始终关注社会、关注人类，不断适应社会的变迁和时代的发展，积极探索服务人类社会的新方法。所谓"适者生存"，道教之所以能够传承至今，本身就说明道教是适应时代发展的宗教。我们完全可以说，一部中国道教史本身就是一部社会适应史。当代道教，我们要传承创新道教固有的中国化传统，助推当代道教中国化进程。

---

〔1〕 陈耀庭：《走出国门的道教应该怎样坚持中国化》，《上海道教》2019 年第 2 期，第 6 页。

〔2〕 陈耀庭：《走出国门的道教应该怎样坚持中国化》，《上海道教》2019 年第 2 期，第 10 页。

（一）道教文化本身就蕴含着中国化思想

道教历史表明，中国道教具有很强的适应社会、与社会相协调发展的能力。道教文化也是随着社会的变迁而不断变化与适应，积极融入到中华民族文化之中。道教学者李刚教授说："两千年来的道教至少经历了三次大的变革，一次是魏晋南北朝时期，一次是金元时期，一次是近现代以来。每一次变革都使道教文化再度焕发青春容颜，出现新的活力，更加生机勃勃，重新适应社会变化的需要"。[1] 道教与中国传统文化的关系表明，道教文化本身就蕴含着丰富的中国化思想，是助推道教中国化的宝贵资源，具体表现在以下三个方面：

其一，道教文化源于中国文化。作为中国土生土长的宗教，道教是"在神州大地的怀抱中诞生，为中华民族传统文化的乳汁养育而成，它与我国传统文化的许多领域都有着血肉相连的密切关系"。[2] 从道教思想渊源来看，道教对中国古代许多的思想文化都采取兼收并蓄的态度。正因为如此，许多古代的思想文化都汇集于道教，并且借道教的经典保留下来。在道教文献中，《周易参同契》就是一部非常有影响的中华传统文化著作，后人尊之为"经"，故又谓《易经》。春秋战国时期，诸子百家兴起，各家学派为了建构自己的思想体系，都从《易经》中吸取思想营养。黄老思想是道教思想的主要来源，这里的"黄老"指的是黄帝与老子，他们是先秦道家的旗帜。《道德经》就是道家的重要经典，是道家思想的集中体现，道教吸收继承后加以阐发，成为道教教义思想的重要源头，《道德经》也被道教奉为主要经典。可见，道教文化的源头就是中华传统文化。

其二，道教文化与中国文化紧密相连。从道教文化源于中国文化

---

〔1〕 金泽主编：《中国宗教报告（2008）》，社会科学文献出版社，2008年，第109页。
〔2〕 卿希泰主编：《中国道教思想史》第一卷《导论》，人民出版社，2009年，第1页。

来看，道教文化本身就是中国文化的重要组成部分，是道教中国化的重要内容。春秋之后的两千多年中，儒释道始终是中国传统文化的精髓，尤其是儒家文化影响深远。道教在形成发展过程中，就吸收了儒家的道德思想，成为道教神学伦理的重要内容。两汉谶纬神学的兴起，对道教发展影响很大。从《太平经》到《文昌帝君功过格》等书都以劝善去恶为教化内容，成为道教十分重要的神学思想。可见，传统文化对道教文化的影响是广泛而深远的。

其三，道教文化对中国文化影响深远。鲁迅先生曾说过："中国根柢全在道教，……以此读史，有多种问题可以迎刃而解。"[1]我们暂且不论此说的褒贬，但有一点是肯定的，表明道教在中华传统文化中的地位与影响。与此同时，道教在长期的发展过程中，对我国古代思想文化和社会生活的各个领域都产生过巨大而深远的影响，它所积存下来的大量经籍文献以及宫观建筑、雕塑、石刻等，都是我国文化遗产的重要组成部分。可见，道教文化对中国文化的影响是多领域的、全方位的，道教文化至今仍然影响着中国人的生活方式和信仰习俗。

（二）道教历史本身就承载着中国化传统

根据道教学者卿希泰先生的研究，道教的发展历史一般可分为四个阶段：一是道教的创建和改造时期。这一时期的道教主要"是民间的比较原始的早期道教逐渐分化并向上层化的方向发展"。二是道教的兴盛和发展时期。这一时期的道教"自从民间道教被改造成为上层化的士族贵族道教以后，道教就一直受到封建统治者的崇奉和扶持"。三是道教的宗派纷起和继续发展时期。这一时期"封建统治者对道教仍然继续支持，道教也仍然继续发展"。四是道教的逐渐衰落时期。"从

---

〔1〕《鲁迅全集》第11卷，人民文学出版社，1981年，第353页。

明代中叶以后到中华人民共和国成立之前，便是道教逐渐衰落的时期"。[1] 从道教历史发展情况来看，无论是道教的兴盛时期，还是道教的衰微时期，中国道教始终保持着优良的爱国传统，热爱着自己的祖国，道教的爱国传统正是道教中国化的政治基础，具体表现在以下两个方面：

其一，是对爱国忠君的自觉认同。所谓"爱国忠君"，是指对国家的挚爱，对君主的忠贞。道教的爱国传统是由其本土宗教的属性所决定的，或者说是与生俱来的。道教历来主张"佐国扶命""忠孝神仙"的爱国思想。道经称："内修慈孝，外行敬让，佐时理化，助国扶命"。[2] 又称："唯知忠孝，可以学道"。[3] 指出凡学道之士，当以忠孝和顺为本。忠孝之道本于天地之道，忠孝之心能够上感于天，下感于地，学道之人必须要尽忠孝。"不忠不孝，必遭天地人神的惩罚"。[4] 宋元时期兴起的净明道派，全称"净明忠孝道"。将"道"与"忠孝"联系起来，融入了"忠孝"思想。如"万物之中，唯人最贵。不忠不孝，如豺狼蝼蚁乎。"将"忠孝"视为"修道"的根本，提出人人都能至"忠孝"，即所谓"仙学始乎孝，至道而学成。上士以文立忠孝，中士以志立忠孝，下士以力致忠孝"。这里的致"忠孝"，实际就是净明道的修仙思想，所谓"仙学始于孝"，就是强调"忠孝"的作用。净明道重视"忠孝"思想，并将"忠孝"视为其教义的核心内容，反映了净明道派所特有的爱国情怀。此外，在道教戒律中也有许多尽忠的戒条。如"克勤，忠于君王"；"忠事君师"；"不得叛逆君王，谋害家国"；"不得不忠不孝，不仁不信，当尽节君亲，推诚万物"等，

---

[1] 卿希泰主编：《中国道教史》第一卷，四川人民出版社，1996年，第2—8页。

[2] 《陆先生道门科略》，《道藏》24册，1988年，第779页。

[3] 《太上灵宝净明洞神上品经》卷上，《道藏》第24册，第602页。

[4] 丁常云：《弘道扬善—道教伦理及其现代价值》，上海辞书出版社，2006年，第48页。

这些传统的戒律条文，具有鲜明的爱国忠君思想，成为历代道教徒必须遵守的行为规范。

其二，是对护国佑民的自觉认同。道教在中华民族传统文化土壤中诞生，又在发展过程中不断得到滋养，所以道教护国佑民的情怀是具有文化传承的天然本性。道教历来就追求"国泰民安"、"太平盛世"的社会。老子《道德经》提出使百姓"甘其食，美其服，安其居，乐其俗"。[1]《太平经》描绘的"齐同慈爱，异国成亲；国安民丰，欣乐太平"。[2] 都是道教所追求的理想社会，国家富强，社会和谐，民众安乐。充分体现了道教徒深厚的爱国情怀。同时，道教还积极践行"佐天行化、助国救民"[3]的行动。要求修道者当"助国得天心"。强调"天乃与德君独厚，故为其制作，可以自安而保国者也"。[4] 这里的"助国"、"保国"就是表示以某种方式来帮助国家治理，或者保护国家安全。道教还有一部经典叫《太上助国救民总真秘要》，讲的就是用"道法"来救世治病，维护社会的和谐稳定。道教的这种助国救民行动，是道教徒"爱国、护国"的真情流露，蕴含着深厚的爱国情感。道教有关助国、佑国、保国的典籍，从汉魏至元明时期都有，并且在清代以后获得重新解释和传承。可见，道教的爱国思想绵延不绝、代代相传，始终成为历代道教徒的优良传统。

四、在与时俱进中开创当代道教
中国化的新境界

新时代赋予新使命，新思想引领新航程。坚持道教中国化是时代

〔1〕 安伦：《老子指真》，社会科学文献出版社，2016 年，第 73 页。
〔2〕 《灵宝无量度人上品妙经》卷一，《道藏》（三家本）第 1 册，2010 年，第 2 页。
〔3〕 《太上无极总真文昌大洞仙经》卷一，《道藏》（三家本）第 1 册，2010 年，第 496 页。
〔4〕 王明：《太平经合校》卷九十一，中华书局，1997 年，第 359 页。

发展的新要求，是当前和今后道教传承发展的前进方向，也是当代道教不断与时俱进、创新发展的历史进程。在中国特色社会主义新时代，如何汲取古代道教中国化的宝贵经验，坚持道教中国化方向，使道教更好地与社会主义社会相适应，是摆在全国道教界面前的重大时代课题。根据道教中国化的基本要求，我们认为必须要在政治上自觉认同、在文化上自觉融合、在社会上主动服务、在时代上主动适应，与社会发展同步，与时代发展同行。当代道教，我们要紧跟时代步伐，抓住历史发展机遇，坚持与时俱进、创新发展，努力开创当代道教中国化的新境界。

（一）传承道教爱国传统，坚持政治上自觉认同

所谓"政治认同，最基本的是对中国特色社会主义的认同"。[1]对于道教徒来说，就是热爱祖国、拥护社会主义制度，这是一种发自内心的爱国行为。政治上的认同，是道教中国化的前提和基础。道教历史表明，道教始终是一个爱国的宗教，道教徒始终热爱自己的祖国，服从服务于国家政权，这是道教的优良传统。道教的爱国事迹已经载入史册，这是道教爱国精神的传承，是道教留给后代宝贵的精神财富。当代道教，我们要继续传承道教的爱国传统，结合新时代的发展要求，坚持道教中国化方向，创新发展道教的爱国主义思想，继续谱写当代道教的爱国新篇章。

其一，要传承道教对祖国热爱的认同。道教素有爱国爱教的优良传统，道教徒始终把爱国爱教作为自己的行为准则，作为道教徒修养的一项重要内容，爱国爱教已经成为历代道教徒的一种自觉行为。同时，我们广大道教徒也深知，我们的国家历史悠久，文化博大，有可歌可泣的英雄业绩，有吃苦耐劳的民族精神。在当今世界上，作为一

---

〔1〕 陈蔚：《政治认同、思想认同、情感认同》，《新华日报》2018 年 8 月 21 日。

个中国人是值得自豪的。当代社会，"我们爱国不仅爱历史上的祖国，还必须爱现实的祖国，爱社会主义祖国，爱中国共产党领导下的社会主义国家"。[1]要坚持走中国特色社会主义道路，深化对党和国家的政治认同、思想认同、情感认同，始终与中国共产党在思想上同心同德、在目标上同心同向、在行动上同心同行。

其二，要坚持道教对社会主义制度的认同。当代社会发展表明，共产党领导下的中国特色社会主义制度，是当代中国社会发展进步的根本制度保障，集中体现了中国特色社会主义的特点和优势。如今，中国特色社会主义已经进入新时代，习近平新时代中国特色社会主义思想也应运而生，这一新思想将不断引领时代前进，是新时代精神的精华。我们全国道教界坚决拥护和赞同，我们要深入学习贯彻习近平新时代中国特色社会主义思想，深刻认识领会这一思想的时代意义、理论意义、实践意义和世界意义，自觉接受党的领导，自觉拥护社会主义制度，团结引导广大道教徒积极参与社会经济建设，为祖国的繁荣富强多做贡献。

其三，坚持道教对国家法制建设的认同。社会主义法治是指社会主义国家的法律和制度，或者指社会主义民主的制度化、法律化。社会主义法治是在打碎旧的国家机器、废除旧的法制体系的基础上建立的，代表了社会主义国家全体人民的最大利益和意志。在我国"宗教信仰自由是中国宪法保障的公民权利，也是国际人权公约明确规定的基本人权"。[2]这是坚持道教中国化方向的法治基础。当代道教，我们要自觉遵守社会主义制度，自觉遵守国家法律法规。我们要深入开展法制宣传教育，引导信教群众正确认识和处理好国法与教规的关系，增强法治观念，提高依法依规开展道教活动的自觉性和主动性。同时，

〔1〕 陈莲笙：《道风集》，上海社会科学院出版社，1996年，第27页。
〔2〕 陈欣新：《支持我国宗教中国化的法制保障探讨》，《宗教与世界》2016年第5期，第5页。

还要深入学习贯彻《宗教事务条例》，倡导一个好教徒，必须是一个遵纪守法的好公民，努力使广大道教徒成为拥护社会主义法制建设的榜样。

（二）加强道教文化建设，坚持文化上自觉融合

所谓"文化融合"，就是把本宗教的文化自觉融入到中华传统文化之中，形成具有中国特色的宗教文化。中华民族是有 5000 多年历史的文化古国，历史传承悠久，文化博大精深。中国的传统文化是中国特有的，与世界上其他民族文化不同。坚持宗教中国化，就是要求我国宗教自觉接受中华传统文化的浸润，自觉践行社会主义核心价值观，自觉对本宗教教义思想作出符合现代社会的新阐述。与其他外来宗教相比，道教本身就是中国传统宗教，道教文化早就融入中华传统文化之中，成为中华文化的重要组成部分。但是，我们今天的社会已经是新时代中国特色社会主义社会，形成了中国特色社会主义文化。党的十八大以来，中国共产党人，应时代之变迁，立时代之潮头，发时代之先声，从理论和实践结合上系统回答了新时代坚持和发展什么样的中国特色社会主义，怎样坚持和发展中国特色社会主义这一重大时代课题，形成了习近平新时代中国特色社会主义思想。[1] 这就是说，新时代的社会主义社会与历史上的社会已经有了本质上的区别。当代道教，必须要与时俱进，自觉适应和融入新时代中国特色社会主义文化，形成具有中国当代特色的道教文化。

其一，要促进道教文化与当代文化的融合。当代社会已经进入新时代中国特色社会主义，形成了习近平新时代中国特色社会主义思想。这一文化思想"是新时代坚定文化自信、推动社会主义文化繁荣、建设社会主义文化强国的理论武器和科学指南"。[2] 坚持道教中国化，

---

〔1〕《人民日报》2019 年 9 月 27 日，第 13 版。
〔2〕《人民政协报》2017 年 12 月 14 日。

实现"文化融合",说到底就是融入中华民族的核心精神,融入社会主义先进文化。"社会主义先进文化的本质是坚持社会主义制度,精髓是社会主义核心价值体系"。[1] 在当今中国,中华民族的精神集中表现就是社会主义核心价值观,这就是:富强、民主、文明、和谐、自由、平等、公正、法治、爱国、敬业、诚信、友善。当代道教,我们要大力加强文化建设,深入挖掘、阐释、弘扬教义教规中与社会主义核心价值观相符合的内容,引领广大信教群众自觉践行社会主义核心价值观,促进道教文化与当代文化的融合与发展,创造具有新时代中国特色的道教文化,努力助推中华文化的繁荣与发展。

其二,要促进道教文化与慈善文化的融合。慈善是中华民族的传统美德,慈善文化是中国特色社会主义文化的重要组成部分。当代社会所倡导的慈善公益事业,是人类爱心的生动展现,是社会文明的重要标志,也是社会主义精神文明建设的重要内容,体现了时代的要求和社会进步。道教有着悠久的慈善传统,历代道教徒在不同的社会时期开展着各类慈善活动,传播着道教慈善理念,传承着道教慈爱精神,成为中国慈善文化的重要组成部分。道教慈善文化中国化,就是要积极融入中国特色社会主义慈善文化,发扬利他主义精神,促进民众道德素质提高与社会和谐稳定。通过道教慈善文化的融合,通过道教慈善理念的传播,扩大道教的社会影响,助推道教慈善文化建设。因为,"慈善文化是道教通向社会的一扇大门"。[2] 也是道教文化中国化的重要内容。当代道教,要大力弘扬道教慈善文化,继续发扬"济世利人"的优良传统,积极引领道教界人士广泛开展公益慈善事业,创新运作模式,完善管理制度,拓宽慈善领域,培养专门人才,提升道教公益慈善事业的专业化、规范化水平,努力发挥道教服务社会、利益众生

---

〔1〕《光明日报》2019 年 4 月 12 日,第 6 版。

〔2〕 丁常云:《道教与当代社会》,中西书局,2018 年,第 200 页。

的积极作用。

其三，要促进道教文化与生态文化的融合。传统道教是十分注重生态文化建设的宗教，对中国古代生态环境保护作出了十分重要的贡献。道教以"道"为天地万物的根源，揭示了天地人万物的同根同源，其中蕴含了天地人万物一体性和平等性观念。历代以来，道教的生态伦理和智慧，已经成为人类社会生态文明建设宝贵的文化资源。现代生态文化是以生态文明观为核心，以生态意识和生态思维为主轴，形成了一个全新的文化体系，标志着人类价值观已从人类中心主义向主张人与自然和谐共生的生态主义的转变。把生态文明写入《宪法》，是中国政府倡导的生态文明引领世界文明发展的一个重大举措。当代道教，要继续传承道教的生态伦理和智慧，服务现代社会生态文明建设。同时，还应该积极加强道教生态文化建设，对传统道教的生态伦理思想作出符合现代社会生态发展的新阐述，促进道教传统生态思想顺利融入现代生态文化，为促进新时代社会主义生态文明建设作出新贡献。

（三）发挥道教时代价值，坚持主动服务当代社会

道教历史表明，传统道教对人类社会的贡献是巨大的，历史上的许多高道都是情系民族复兴的栋梁，他们促进了社会进步、推动了科技发展，甚至在世界文明史上也留下了光辉的业绩。面对今天，我们应该很好的反思，历史上的道教曾经是那么的辉煌，道教文化也曾经是中华传统文化的重要组成部分，影响广泛而深远。只是近代以来逐步走向衰微，失去了它原有的社会影响力，甚至成为目前中国五大宗教中力量最弱、影响最小的宗教。虽然原因是多方面的，但主要的根源还是道教自身不能紧跟时代步伐，不能主动适应社会的发展，更不能为社会的发展做贡献。道教中国化的提出，正是解决上述问题的关键所在。道教中国化主要解决的应该是道教现代化问题，要求当代道教必须要与时俱进，必须要与新时代中国特色社会主义社会相适应。

当代道教，我们要顺势而为，紧跟时代步伐，适应社会进步要求。主动服务当代社会，积极投身社会主义现代化建设，为促进经济社会发展作贡献。要自觉履行社会责任，维护民族团结、社会稳定，维护祖国统一、国家安全。当代道教徒要有所作为、有使命担当，服务社会，造福人类，充分发挥当代道教应有的时代价值。

其一，道教要主动教化引导信徒。"教化"一词出于儒家，原指儒家提倡的政以体化、教以效化、民以风化。简单说，教化就是"教育感化"的意思。历代以来，教化引导总是道教教育信徒的重要内容，也是道教化导世俗的社会功能。比如，道长通过讲经讲道，阐述道教的教义思想、宣传道教的劝善伦理、传播道教的道德理念等，对信徒来说就是一种很好的教化和引导。还有针对信徒所遇到的一些社会问题、家庭问题、伦理问题等，道长们常常会利用道教的教义思想来进行解疑释惑，给信徒以心灵慰藉和增添正能量，对于促进社会和谐稳定具有一定的积极作用。当代道教，我们要充分发挥道教的教化引导功能，积极服务广大道教信徒。一方面，要正确引导广大道教信徒，在现实社会中做好化解矛盾、理顺情绪的工作，培育自尊自信、理性平和、积极向上的心态。另一方面，要教育引导广大道教信徒，树立高尚的道德情操，提升道德素质，做爱国守法、诚实守信、文明礼貌、爱岗敬业、乐于助人的好公民，促进形成良好的社会新风尚，积极践行社会主义核心价值观。

其二，道教要主动关注当代社会。道教作为一种宗教，最为显著的社会功能就是"两个服务"，即服务信徒、服务社会。其中，"服务信徒"主要是对道教信徒的教化、引导和解疑释惑，侧重点是心理与精神层面的作用。而"服务社会"主要是对当代社会的关注，解决的是现实中的社会问题，侧重点是思想与物质层面的作用。当代道教，要大力弘扬道教优秀文化，积极服务当代社会。要大力弘扬道教的"和谐"文化，弘扬道教"慈爱、平等、诚信、宽容"的精神，着力协调社会关系、化解社会矛盾，着力做好群众工作、疏导群众情绪，着力做好新形势下的社会稳定工作。要大力弘扬道教的"慈善"文化，组织开展各类慈善活动，做好救灾、扶贫、帮困、助残、养老等方面工作，为新时代中国特色社会主义慈善事业贡献力量。要大力弘扬道教的"传统"文化，挖掘道教优秀文化资源，整理出版道教文化书籍，开展道教文化研究，发挥道教传统文化的优势，助推中华文化繁荣发展。同时，我们还要特别关注当代道教问题的研究，探索研究道教与当代社会的关系问题，探索解决道教服务当代社会问题，不断拓展道教中国化的新途径。

其三，道教要主动关注当今世界。随着经济全球化的深入发展，世界各国在经济、政治、社会、文化等方面相互渗透、相互依存日益加深，全球性问题日益增多。比如，贫富差距悬殊、生态环境破坏、毒品泛滥成灾、国际恐怖猖獗、民族分裂加剧等，已经严重威胁到人类和地区的安全。如何解决上述问题，目前还没有有效的应对办法。"西方一些有识之士认为，鉴于西方文明中没有足够的思想资源应对这一危机，应当到东方文化中寻找资源，其中受到特别注重的是《道德经》"。[1]《道德经》正是中国道教的主要经典。当代道教，我们要充分发挥道教特有的文化优势，积极关注当今世界问题。首先，我们要大力弘扬道教的普世文化，化解民族分裂矛盾。老子《道德经》是人类社会的普世文化，是东方文化的智慧宝库。我们要主动走出去，向世界传播道教文化，为建设"和谐世界"贡献智慧。其次，我们还要大力弘扬道教养生文化，向世界传播道教养生理念，这是西方世界最为关注的话题。养生是道教文化遗产中的瑰宝，也是中国传统养生方法的重要内容。我们要充分利用现代科技、网络媒体，广泛传播道教养生文化，服务社会大众，关注化解人类社会的身心健康问题。再次，我们还要

---

〔1〕 安伦：《老子指真》，社会科学文献出版社，2016年，第243页。

大力弘扬道教生态文化，传播道教尊重自然、顺应自然、保护自然的生态理念，保持与天地万物、自然环境和物种生态的和谐关系，用道教的生态智慧来化解全球生态危机。同时，我们还要大力弘扬道教维护世界和平的主张，积极化解人类所面临的安全危机。道教认为"兵者不祥之器"，[1] 战争是残暴的、可悲的，好杀之徒必遭天谴。要求人类遵循老子的"仁政"与"德治"，反对"强权"与"战争"，共同维护人类生命安全和民族生存，充分发挥道教对世界人类的贡献。

（四）推动道教创新发展，坚持主动适应新时代

习近平总书记指出，积极引导宗教与社会主义社会相适应，一个重要的任务就是支持我国宗教坚持中国化方向。积极引导宗教与社会主义社会相适应是根本方向，宗教中国化是正确途径。这就是说，坚持与时俱进，主动适应新时代，是道教中国化的关键所在。当代道教，我们必须要在时代上主动适应，特别是要主动与新时代中国特色社会主义社会相适应。要用社会主义核心价值观来引领和教育广大道教信徒，自觉走爱国爱教道路，自觉顺应社会发展要求，牢固树立国家意识、公民意识、法律意识和法治观念，自觉维护宪法和法律权威，坚持在法律法规范围内开展宗教活动。我们要深入挖掘道教教义教规中有利于社会和谐、时代进步、健康文明的内容，对教规教义作出符合当代中国社会发展进步要求、符合中华优秀传统文化的阐释。要大力加强道教自身建设，努力培养道教优秀人才，促进当代道教事业健康发展。

其一，道教人才培养的适应。坚持道教中国化方向，关键是人才队伍建设。我们要"坚持政治上靠得住、宗教上有造诣、品德上能服众、关键时起作用的标准"，[2] 培养更多合格的、高素质的道教人才，

---

〔1〕 安伦：《老子指真》，社会科学文献出版社，2016 年，第 41 页。
〔2〕《宗教与世界》2016 年第 4 期，第 3 页。

为坚持道教中国化方向提供人才保障。我们要积极办好道教院校，坚持正确的办学方向，把握时代特点，持续推进道教院校师资队伍建设、课程体系建设和教材编写工作，完善办学机制，增强办学能力，提升办学质量。要研究把握道教人才培养与成长规律，制定道教人才培养规划，形成道教人才梯队，培养一批高素质的道教代表人士。要加强对现有教职人员队伍的培训，提高综合素质，培养道教合格型、实用型人才。同时，我们还要借鉴吸收现代国民教育的优势，探索道教院校教育与国民教育有机结合的方式方法，努力走出一条既符合道教院校办学要求和时代特色，又遵循现代教育规律的道教人才培养之路，为推进道教中国化打好人才基础。

其二，道教团体建设的适应。道教团体是党和政府团结、联系道教界人士和广大信教群众的桥梁和纽带。全国政协汪洋主席在河南调研宗教工作时指出："要支持宗教团体加强自身建设，提升管理宗教内部事务和联系服务信教群众水平"。[1]这就是说，加强道教团体建设是做好道教工作的基础，是坚持道教中国化方向的主体。新时代坚持道教中国化方向，应当充分发挥道教团体的主体作用，调动道教界自身的积极性、主动性，使坚持中国化方向成为道教徒自觉的价值取向与行动指南。当代道教，我们要大力加强团体组织建设，不断提高道教团体的自我管理能力。要进一步完善内部的组织机构，提高自身的工作协调能力，充分发挥其管理、教育、协调、服务和引导等自身职能，实现自我教育、自我管理，建立自我约束、自我监督机制，促进道教团体组织健康发展。我们还要依法加强和创新道教团体组织管理，建设目标明确、权责清晰、管理有序的道教组织。加强政治思想、工作作风、组织机构等各方面建设。努力建设政治上可信、作风上民主、工作上高效的领导班子，使道教团体组织成为坚持中国化方向的积极

---

〔1〕《新华网》2019 年 4 月 17 日。

推动者、保障者和引导者。

其三，道教宫观管理的适应。道教宫观是道教徒举行宗教活动的重要场所，也是联系广大道教信徒的重要窗口。从组织建设来看，道观宫观也是坚持道教中国化的主体，我们要通过加强道教宫观的管理，促进道观管理的现代转型与创新发展，不断推进道教中国化进程。当代道教，我们要不断完善宫观制度建设，提高宫观内部管理的规范化、制度化和现代化水平，促进道教宫观组织规范、有序、健康发展。我们要依法依规管理道教宫观，正确处理好国法与教规的关系，自觉清理教规制度中与国家法律法规相抵触的内容，用国法来引领教规，用法规来规范道教活动。我们要稳步推进道教宫观管理的现代转型，促进道观管理与新时代中国特色社会主义社会相适应。探索宫观现代管理制度、管理组织和管理方式，建立健全既符合道教戒律精神，又具时代特色的宫观管理制度、管理组织形式和管理方式。坚持民主管理制度，倡导"文明敬香"活动，努力创建和谐道观、文化道观、生态道观，建设具有新时代中国特色的道教宫观管理体系，为坚持道教中国化方向提供基础保障。

综上所述，坚持道教中国化方向，是做好新形势下道教工作的必然要求。道教组织和道教徒要认真学习、深入领会、准确把握，深刻认识道教中国化的思想内涵，以与时俱进的精神推进道教中国化进程，以道教中国化方向引领当代道教的健康发展。同时，道教中国化也是一个系统工程，有一个循序渐进的历史过程。在现代社会发展与巨变中，道教界要坚持与时俱进、顺势而为，适应社会进步要求，跟上时代发展步伐，在道教中国化的进程中奋力前行。要不断加强道教自身建设，努力培养高素质的道教人才，积极弘扬道教爱国爱教的优良传统，充分发挥道教应有的时代价值，稳步推进当代道教中国化进程，努力谱写道教事业发展的新篇章。

第二章

文化传承

第一节　道教文化是人类文明的瑰宝

　　在人类社会历史发展进程中，宗教始终承载着人类文化的传统基因，传承着人类文明的优秀成果，见证着人类社会的发展历程，在不同的时代发挥着与时俱进的时代价值。党的十八大以来，我国政府高度重视弘扬中华传统优秀文化，并明确指出，要让收藏在博物馆里的文物、陈列在广阔大地上的遗产、书写在古籍里的文字都活起来，让中华文明同世界各国人民创造的丰富多彩的文明一道，为人类提供正确的精神指引和强大的精神动力。2017 年 1 月，中共中央办公厅、国务院办公厅联合印发了《关于实施中华优秀传统文化传承发展工程的意见》，其目的就是"为建设社会主义文化强国，增强国家文化软实力，实现中华民族伟大复兴的中国梦"。[1] 这是对中华传统文化时代价值的肯定，也是对包括道教文化在内的中华传统文化的弘扬提出了新要求。根据这一时代要求，道教必须要紧跟时代步伐，积极传承道教优秀文化，继续发挥道教文化在当代社会中应有的时代价值。

　　道教是中国固有的传统宗教，在祖国神州大地的怀抱中诞生，为中华传统文化的乳汁养育而成，承载着中华民族的优秀文化，见证着中华五千年的文明历史，成为中华传统文化的重要组成部分。道教崇尚"道法自然、贵生乐生"，主张"尊道贵德、抱朴守真"，倡导"齐同

---

〔1〕　来源：2017 年 1 月 25 日，中国政府网。

慈爱、济世利人"。在处理人与自然、人与社会的关系以及人的身心修养、道德建构等方面有着深邃的智慧，传承着中国人特有的价值观和民族精神。其中，既有内涵深厚的道德文化、丰富宽广的慈善文化，又有深邃睿智的养生文化、自然智慧的生态文化等，所有这些都是人类社会宝贵的文化资源。当代道教，要大力弘扬其优秀文化，积极阐扬其思想精华，赋予时代精神，增添时代内涵，发挥时代价值。当代道教徒，要顺势而为，更要有所作为，主动肩负起弘扬道教优秀文化的时代重任。

一、道教文化中蕴含着丰富的道德文化资源

道教是追求和谐的宗教，"和文化"始终是道教道德文化的核心内容之一。老子提出"知和曰常，知常曰明"，[1] 庄子提出"太和万物"，[2] 讲的就是一种和谐思想，是一种具有神圣性、权威性的价值理念。在传统道教文化中，"和"的理念不仅有传统伦理体系作支撑，而且还有老子所言"天道"作为其本体来源和神圣权威基础，故而在传统社会已经深入人心，得到普遍认同和尊崇。这种道德文化所蕴含的丰富的和谐理念和规范，潜移默化地影响着中国人的行为方式和生活习俗，不仅在传统中国社会中发挥过重要的积极作用，而且对于现代和谐社会构建仍具有重要的启示作用。

（一）身心和谐的"寡欲"思想

所谓"寡欲"，就是要求为人心地纯洁，行事真诚朴实，少存私心和过分的欲望。老子《道德经》说："见素抱朴，少私寡欲"。[3] 要求

〔1〕《道德真经》第 55 章，《道藏》第 11 册，第 479 页。
〔2〕《庄子翼》卷四，天运第十四，《道藏》第 36 册，第 667 页。
〔3〕《道德真经》第 19 章，《道藏》第 11 册，第 475 页。

人们保持纯洁朴实的本性，减少过多的私欲杂念。道教将"寡欲"作为一种人生修行原则。称"罪莫大于可欲，祸莫大于不知足"。[1] 明确指出了物欲有毁灭自我本然之性的危险，会腐蚀影响我们人类自身的身心健康。《净明忠孝全书》指出："欲治其外，先正其内，欲正其内，先去其欲，无欲而心自正"。[2] 心正则言谈举止皆合于道。道教将"寡欲"的原则贯穿于道教徒修持实践中，制定许多清规戒律，以节制修道者的世俗物欲。当然，道教的"寡欲"并非禁欲主义，而是劝导世人不要过度沉迷于物欲之中，是对物欲虚名的一种克制和超越。

现实社会中，人生最危害的是贪欲，最难满足的也是贪欲。贪可以使人发狂、使人堕落，甚至犯罪。一个贪得无厌之人，欲望是永远都不会满足的。面对花花世界，每天都有各种各样的诱惑：金钱、权势、名声、女色、美味，等等，如果不筑起抵挡诱惑的心理防线，你的灵魂将永远没有归宿。一旦沉迷于奢侈的物质享受，或者放纵贪念，就会被欲望迷目障心，熄灭了智慧之光，难以明心见性。道教的"寡欲"思想，强调的是一种"心性"修炼，可以消解现代社会"人心浮躁"和"物欲横流"等不良现象，净化人的心灵，促进人类身心和谐，是构建和谐社会的重要思想资源。

（二）人际和谐的"诚信"思想

诚信是中华民族传统美德，是中国传统伦理道德的范畴之一。所谓"诚信"，是指待人处世真诚、讲信誉，它包含"诚"和"信"两部分内容，"诚"一般指真实、诚恳的内心态度和内在品质，"信"字多指自己外在的言行。诚实守信是人类社会维持和谐有序的重要基石。道教经典《太平经》说："天地之道，至诚忠信，化育万物，真实自

---

〔1〕《道德真经》第 46 章，《道藏》第 11 册，第 478 页。
〔2〕《净明忠孝全书》卷二《净明道法说》，《道藏》24 册，634 页。

然"。又说："夫天道不欺人也，常当务至诚"。[1] 这就是说，天地之道是公正无私、真实无妄的，人类必须要效法天道，至诚不欺，实实在在。道教的"天道至诚"思想。一方面，肯定了天道的公正无私和忠信至诚。另一方面，又指出天道不允许人间有奸邪欺妄之言行，反对违逆天道之恶行。

在道教戒律中，有非常重要的一条就是"戒妄语"。《初真十戒文》称："盖诚为入道之门。语者，心之声也。语之妄，由心之不诚也。心既不诚而谓之道，是谓背道求道，无有是处。"[2]《老君五戒》第三戒"不得口是心非"。《积功归根》第五戒"不得妄语"。《洞玄智慧十戒》第五戒"口无恶言，言无华绮，内外中直，不犯口过"。还有如："不得妄言绮"、"不得两舌邪佞"、"不得好言人恶"、"不得言人隐私"等等。所有这些，都是道教戒律中的诚信思想，长期以来，一直成为我们道门中遵守奉行的行为准则。

在人际关系上，道教要求人与人之间的交往要诚实守信，这是人与人之间相互和谐的基础。《太平经合校》称："一言为百言，百言为千言，千言为万言，供往供来，口舌云乱，无有真实"。[3] 又称："动作言顺，无失诚信"。《张鲁传》还称："皆校以诚信，不听欺妄，有病但令首过而已"。[4] 强调的就是诚实守信。《道德经》还说："绝巧弃利，盗贼无有"。[5] 就是指人人都不以奸巧的手段去骗人，那么其他的人就不会起盗贼之心了。这是道教对人类社会的要求，希望人人都能讲诚守信，这样社会就会太平，人与人之间的关系自然就会和谐。

---

〔1〕《太平经》卷一百十七卷，《道藏》第 24 册，第 591 页。

〔2〕《虚皇天尊初真十戒文》第六戒，《道藏》第 3 册，第 404 页。

〔3〕 王明编《太平经合校》下册，第 690 页，中华书局，1997 年第 5。

〔4〕《后汉书》卷七十五《张鲁传》，第 2435 页，中华书局，2002 年。

〔5〕《道德经》第 19 章，《道藏》第 11 册，第 475 页。

（三）社会和谐的"贵德"思想

道教强调"尊道贵德"，倡导积极向善的社会人生观。《道德经》说："道生之，德畜之，物形之，势成之，是以万物莫不尊道而贵德"。[1] 所谓"尊道贵德"，就是指对于"道"和"德"的一种遵从和奉行。道教尊"道"为最高信仰，并教导人们学道、修道、行道、弘道。至于"贵德"，道教以得道为"德"。宋徽宗御注《西升经》称："道之在我者为德"。"德"是道之功，道之用，道之现。道生万物，不自持以为功，生而不有，长而不宰，完全自然无为。在道教看来，道和德本来就是一个整体，道是由德来体现的。"贵德"就是强调以"德"为根基，来证道成道。对于道教徒来说，修道的先决条件就是立德，立德要在日常生活中不断积累功德，其关键在于提高自我修养，遵守"道"的法则，保持内在修持和外在行为一致，以清静无为、柔弱不争、慈悲宽容、淡泊名利的心态为人处世。

道教的"贵德"思想，倡导的是一种道德文化，蕴含着"行善积德"的伦理思想，对于社会道德教化有着积极促进作用。《太上感应篇》就是以"天人感应"和"因果报应"立论，以儒家道德规范和道教规戒为立身处世的准则，以"道"为伦理思想的最高标准，以劝善、行善为根本目标，阐述了诸多道德伦理思想。一方面，从"积善之家，必有余庆；积不善之家，必有余殃"的思想出发，指出"祸福之门，唯人自召；善恶之报，如影随形"。[2] 告诫世人，只有积善修德，才会免除灾祸。另一方面，又明确指出修德必有福报，厚德才能载福，这是天道的福善。因此，我们要大力弘扬道教的"贵德"思想，充分发挥其特有的教化功能，正确引导社会民众以平和心态看待转型过程

---

〔1〕《道德经》第51章，《道藏》第11册，第478页。
〔2〕《太上感应篇直讲》，《藏外道书》第12册，第373页。

中所显现的社会矛盾，自觉化解矛盾、理顺情绪，培育自尊自信、积极向上的良好心态，进而促进社会关系的和谐发展。

二、道教文化中蕴含着丰富的慈善文化资源

道教是关爱社会的宗教，有着悠久的慈善传统，道教典籍中就蕴涵着十分丰富的慈善文化。如"齐同慈爱，异骨成亲"[1]的慈爱思想，就是早期道教的一种慈善理念。"仙道贵生，无量度人"[2]的慈善伦理，有着强烈的普世价值和慈爱精神。还有"济世利人"和"扶贫帮困"的慈爱情怀，则是道教慈悲济世的优良传统。道教的慈善文化根植于中华文化传统和道教伦理之中，有着更加深厚的精神动因。因此，我们要善用道教的慈善文化，积极为社会公益事业作贡献。

（一）乐善好施的"慈善"理念

道教的慈善理念，内容十分丰富，在道教许多经典中都有论述，但主要集中体现在《道德经》、《太平经》、《度人经》等经典之中，成为道教慈善文化思想的重要来源。在老子《道德经》中，提出了"天道自然的慈善观"。认为"乐善好施"是天道自然之性，世人应效仿天道而行。《道德经》称："天之道，其犹张弓乎？高者抑之，下者举之，有余者损之，不足者与之。天之道，损有余而补不足。"[3]这就是说，大自然给予人类平等的生存和发展权利，这是天道的福善，而对于富裕者来说，应该主动去关心贫苦之人，像天道那样给万物以生机，这就合乎天道了。《太平经》则提出了"财富均平"的慈善理念。该经

---

〔1〕《灵宝无量度人上品妙经》卷二，《道藏》第1册，第9页。
〔2〕《灵宝无量度人上品妙经》卷一，《道藏》第1册，第4页。
〔3〕《道德真经》第77章，《道藏》第11册，第4781页。

称："天地所以行仁也，以相推通周，足令人不穷"。[1] 天地是公正的、仁慈的，天地赐民众之财物，使其能够自由自在地生活。财物应该是民众所共有，并非少数人所独占。《太平经》还进一步指出："或积财亿万，不肯救穷周急，使人饥寒而死，罪不除也。"[2] 这就是说，对于聚财过多者，要"行仁好施，周穷救急"，多做社会慈善公益事业，否则就要受到惩罚。

道教所讲的"乐善好施"的慈善理念，倡导的是一种普世的大爱，是一种关爱人类社会的普世情怀。要求世人以慈爱之心对待他人，人与人之间要相互尊重、相互帮助、和睦相处。道教的这种"慈善"理念，蕴含着道教关爱社会的功德善举，与现代社会所倡导的"慈善事业"是一致的，都是人类社会的"爱心"行动，是社会慈善文化的重要内容。道教的"乐善好施"行动，要求人类社会要有"博爱"的胸怀，要有"慈爱"的心境，要尊重人、关心人、爱护人，要多为他人着想，热心社会公益事业。现代社会中，提倡助人为乐，发扬人道主义精神，强调的是社会公民道德建设，正是道教"乐善好施"的延续与发展，对于推动社会主义人际关系的日趋和谐发展，保证整个社会秩序的稳定，提高每一位社会成员的文明素养，都是有积极作用的。

（二）慈爱众生的"慈善"情怀

道教以"普度天人"的思想立论，宣称"无量度人"的慈善伦理。《度人经》称："仙道贵生，无量度人"。"度人"在汉字中，度原来就有渡河之意，从河水的此岸渡到彼岸去。人生就像一条大河：一边是善，一边是恶；一边是光明，一边是黑暗。道教所说的"度人"，就是指要普度众生、慈爱万物，有着强烈的慈善情怀和慈爱精神。道教还

---

[1]《太平经》卷六十七，《道藏》24 册，447 页。
[2]《太平经》卷六十七，《道藏》24 册，447 页。

从重视生命的根本出发，要求人类社会慈爱万物。《太上感应篇》称："积功累德，慈心于物"。要求世人"慈爱"一切众生，包括"昆虫草木，犹不可伤"。[1] 要求人们爱护一切生命，以宽广的胸怀来善待万物。正是基于这种认识，道教要求人们爱及昆虫草木鸟兽，爱及山川河流，爱及日月天地，不要无辜伤害任何生命。在道教看来，尊重生命，善待万物，正是人类社会慈悲仁爱的精神。

道教还积极倡导世人"多行善道"。《赤松子中诫经》说："人行善道，天地鬼神赐福助之，增延福寿"。还说："善者，善气覆之，福德随之，众邪去之，神灵卫之，人皆敬之，远其祸矣"。[2] 这就是说，行善之人必有福报，不善之人必有祸患。这种劝人行"善道"的思想，自然有益于社会公益事业。同时，道教还把行善与修仙紧密结合。《抱朴子内篇·对俗》称："人欲地仙，当立三百善；欲天仙，立千二百善。"[3] 道教的这种"慈爱"思想，实质上是对世人心灵的净化和提升，是道教"普度天人"的一种道德伦理。因此，我们要积极宣传道教"慈善"思想，弘扬道教"慈爱"精神，促进社会人心向善，提升民众慈善意识，引导民众参与社会公益事业。

（三）济世利人的"慈善"思想

历代以来，道教就有"济世利人"的传统。早期道教就有"设义舍布施"的传统，帮助困难民众。《后汉书·张鲁传》称："诸祭酒各起义舍于路，同之亭传，县置米肉以给行旅。食者量腹取足，过多则鬼能病之"。[4] 这就是说，天师道的法师们广行布施，在路边造起义舍，并在义舍内放置米、肉等粮食，供给来往之客人食用。这在粮食

---

〔1〕《太上感应篇注》，《藏外道书》第12册，第273页。

〔2〕《赤松子中诫经》，《道藏》第3册，第445页。

〔3〕《抱朴子内篇》卷三《对俗》，《道藏》28册，171页。

〔4〕《后汉书·张鲁传》，中华书局，2002年，第2435—2436页。

极度匮乏的年代，道教的这种义举可谓是顺势而为的至上功德，是践行"济世"的典范，受到社会的广泛称赞。此后，历代道教徒都将"济世利人"作为关爱社会的善功、善行，作为道教徒自身修行的重要内容。全真龙门派祖师长春真人在目睹"十年兵火万民愁，千万中无一二留"的悲惨景象时，毅然万里赴诏，西行大雪山，以"欲罢干戈致太平"和"天道好生"之言劝导和教化成吉思汗"止杀保民"，并告"以敬天爱民为本"，以道德治理天下，留下了"一言止杀"的千古佳话，受到世人的敬仰。

道教认为"济世利人"是修善的最好途径。对此，《太上感应篇》作了全面阐述，要求人类社会慈心于物、仁爱一切，使万物普得长育；有救穷济困，推通周足，舍己为人，使人人都享受生活的必需品；有敬老怀幼，矜孤恤寡；有乐人之善，不彰人短，不炫己长。反对非义而动，背理而行，等等。以规劝世人济世利人、关爱社会弱势群体，特别是要关心保护儿童，尊重保护妇女，尊敬关怀老人，还要关心帮助鳏寡孤独和残疾人群等。道教的这种"济世"传统，与现代社会所倡导的"慈善事业"是相一致的，都是人类社会的"爱心"行动，也是现代社会慈善工作的重要资源。当代社会，我们要大力弘扬道教济世利人的"慈善"思想，传承道教的慈善精神，践行道教的"济世"传统，化解社会矛盾，关爱社会弱势群体，发挥道教慈善服务社会公益事业的积极作用。

三、道教文化中蕴含着丰富的养生文化资源

道教是注重养生的宗教，主张"贵生"、"修心"思想，强调"我命在我不在天"的生命观。历代以来，道教前辈先哲，不畏天命，崇尚自然，追求长生。在内修外养的过程中，形成了一套完整的养生理

论和技术，在探索与实践中，构成了系统的益寿延年的人体科学体系，积累了大量而宝贵的养生经典著作，形成了道教所特有的养生文化，成为人类社会的宝贵财富。道教养生文化是一种生命文化，是道教对于生命科学的探索和实践，对于促进人类身心健康有着十分重要的指导作用。

（一）生命至上的"贵生"思想

道经称"仙道贵生"，以生命至上为原则，强调的就是一种"贵生"思想。所谓贵生，是指尊重生命、关爱生命的过程，希望通过一种有效途径达到保护生命、延长生命的目的。事实上，在漫长的历史发展进程中，聪明的人类无不在探究生命的奥秘，寻求保护生命的秘诀。孔子谓："生死有命，富贵在天"。荀子曰："从天而颂之，孰与制天命而用之"。道教则主张"我命在我不在天"。前辈先哲，不畏天命，崇尚自然，追求长生。历代道教徒，在"贵生"思想的引领下，开始有了健康养生的意识，开始探索健康养生的方法与途径，从而促进了道教健康养生思想的形成与发展。葛洪在《抱朴子·内篇》"论仙"中提出："夫求长生，修至道，诀在于志，不在于富贵也"。[1] 在这里，葛洪既肯定了道教的"贵生"思想，又为修道者打开了一扇方便之门。历代道教徒为了追求健康长生，对生命的奥妙进行着不懈探索，积累了大量宝贵的养生经验，形成了道教特有的养生文化。

在"贵生"思想的引领下，道教还将人之生命与"道"紧密相联，相辅相成。所谓"生道合一"，才能"长生久视"。《内观经》说："道不可见，因生而明之；生不可常，用道以守之。若生亡则道废，道废则生亡。生道合一，则长生不死"。[2] 这就是说，人的生命要想长存

〔1〕《抱朴子·论仙》，《道藏》第28册，第173页。
〔2〕《太上老君内观经》，《道藏》第11册，第397页。

于世，就必须要有道，要与道共生。道教倡导万物皆有道性，就是说明人人都有"道性"，人人都可以通过自身修炼而达到长生。在这种思想指导下，道教徒始终把"贵生"作为追求的目标。所以道教珍惜生命、崇拜生命，既重视个体生命，又重视群体生命和自然生命。道教的这种"贵生"思想，是道教养生文化的精髓，是中华养生文化的重要基因。因此，我们要大力弘扬道教"贵生"思想，树立民众"热爱生命，尊重生命"的理念，不断增强民众养生意识，促进人类生命健康发展。

（二）自然养生的"修心"理论

道教认为"养生重在养心"。要学会控制情绪，保持良好的心态。《黄帝内经》称"心者，君主之官也，神明出焉"。这就是说，心乃五脏之首，主全身之血脉，亦主宰人的精神意识和思维活动。"修心"养生就是要求注重调摄七情，避免过度思虑，保持一颗平常心。否则就不利于养生，自然会伤害身体。道教"修心"，倡导的是"心灵养生"，强调的是"心态平和"。《道德真经广圣义》称："知足不贪，安贫乐道，力行趣善，不失其常，举动适时，自得其所者，可以长久"。[1]这就是说，知道满足，不贪名利，安于贫困，乐善好施，努力追求人格的完善，不违背做人的准则，言行举止合乎道德规范，不与人攀比，生活消费量力而行，内心处于安定平和的状态，这样就可以健康长寿。

修心之道，要"心态平和"，具备"水善利万物而不争"[2]的美德。凡事讲奉献，遇事讲谦让，心静如水，自然平和。一个人只要拥有"平和"心态，就会不断回归真朴、提升自我，自然会拥有幸福的生活和健康的身体。修心之道，还要做到"顺应自然"，尊重宇宙、自

---

〔1〕《道德真经广圣义》卷二十七，《道藏》14册，309页。
〔2〕《道德真经》第八章，《道藏》第11册，第474页。

然和社会发展规律，顺天时、合地利、谐人和，工作中劳逸结合，生活中顺应四时、和合阴阳。要做到少思、少念、少欲、少事、少语、少笑、少愁、少乐、少怒、少好、少恶。凡事要从容自然，乐观豁达，挥洒自如，心灵始终保持自由逍遥的状态。养生的人要明白事理，对于名利，要做到顺其自然。人的心性、行为、作息、劳逸等都要符合天地阴阳运行之道。这样身心自然太和，心性自然纯真，内外百病不生，灾害也不会滋生。

现实社会中，有人总是爱抱怨，有人把抱怨当成一种生活习惯。其实，爱抱怨的人，只是一种心态问题，是一种心态不健康的表现。一个人生活在社会中，总要扮演一个或多个社会角色，每个人的社会角色不同，心态则不同，也就必然会怀着这种心态对待生活。一个人的成败有许多因素的影响，但是起决定作用的还是心态，成功需要健康的心态。道教提倡"心灵养生"，就是要求人们平和心态、善待人生，常怀感恩之心，保持内心清静、阴阳平和。道教的这种"修心"理论，是人类身心健康的基石，也是道教养生文化的核心内容，对于培育社会民众的健康心态有着十分重要的积极作用。

（三）修道养生的"炼养"思想

道教养生，关注的是身心修炼，追求的是健康长寿。所谓"养生"，就是指以生命发展规律为依据，通过调理饮食、修炼形体、调养精神等方法，以达到提高体质、防止疾病、延年益寿的目的。道教养生内容十分丰富，各派传承也不尽相同，但主要包括两个方面内容：一是形体修炼法，属于功法养生类。形体修炼主要是通过各类养生功法的炼养，促进人类外在形体的健康。如：服食、气功、导引、武术等，这些养生功法都有待于进一步研究并加以弘扬。二是精神修炼法，属于精神养生类。精神修炼主要是通过各类养生方法的调养，使自身的内在修养不断提升，从而促进人类身心的健康。如：静心、坐忘、寡欲、慈悲等。道教的修道养生，强调是自身的"炼养"和身心的健康，其最高目标是得道成仙。在具体的修道过程中，除了自身的"炼养"外，还特别注重"积功累德"的修行，主要包括：道德养生、生态养生、慈善养生等理念。

所谓"道德养生"，就是要通过个人品德修养的提升来促进人类身心健康。道教强调"厚德载福"，对于道教徒来说，修道的先决条件就是立德，立德要在日常生活中不断积累功德。其关键在于提高自我修养，遵守"道"的法则，保持内在修持和外在行为一致。道德养生强调的就是"道德"和"仁慈"。古人早就有"德者高，仁者寿"之说。即所谓"大德高龄，仁者长寿"。这是因为，他们往往宅心仁厚，对自然和社会规律能够准确把握，心静如水，恬淡虚无，精神内守，气血阴阳调和，自然有益于身心健康。所谓"生态养生"，就是要通过生态环境的保护来促进人类身心健康。道教养生十分注重环境，道士修炼常常要选择一块"风水宝地"，这个风水宝地都是环境优美的地方，环境好自然有利于修炼，也有利于养生。自然环境与人类健康息息相关，只有自然健康了，人类才会有健康的生存空间。所谓"慈善养生"，就是要通过道教的"善功、善行"来促进人类身心健康。道经称："行善可以尽天年"。还称："努力行善，子孙延年"。又称："福自我求，命自我造，阴骘可以延年"。这就是说，行善本身就是一种养生，行善是长寿的重要条件。一个积极向善、乐善好施之人，他的内心一定是快乐的、幸福的，其精神生活肯定是充实的，身心健康也是必然的。

（四）健康养生的"道医"实践

道教历来就有"以医传道，借医弘道"的传统，在长期的炼养实践中，诸多道门高士致力于自然、社会与人体生命研究，形成了独具特色的道教医学。从事道教医学的道士自然就成了"道医"，道医在道书中被称为"道士医师"。《太上灵宝五符序》称："三尸常欲人死，故欲攻守，此之谓也。凡道士医师，但知按方治身，而不知伏尸在人腹中，固人药力，令药不效，皆三虫所为"。[1]一般来说，道医都来源于道士，由古代的巫医演变而来，所谓"十道九医"，就是指很多精通医术的道士，一边悬壶济世、治病救人，一边传播道教的思想理念，成为历代道教徒的主要实践内容。历史上许多高道本身就是著名的医学家，他们（比如，葛洪、陶弘景、孙思邈等）在自身修道中，结合"修道炼养"功法，身体力行地发展了祖国中医学，在一定程度上推动了中医学理论的发展，为中医学作出了卓越贡献。

在健康养生方面，道教主张"我命在我不在天，还丹成金亿万年"。[2]道教内丹学就是追求长生的方士和后来的道士经过两千多年的修持实践，百折不挠地进行人类身体内在奥秘的探索，并把他们的实验结果记录在经典著作中，成为中华民族的瑰宝。道教哲学本质上就是一种生命哲学，其理论核心是生命观念。其中"虚静"、"坐忘"、"存思"、"守一"等，都是道教独具特色的修炼思想和方术，中医养生学受此影响，在修炼方法上强调"调神养生"的作用，开创了许多实用有效的调神养生之术，为人类社会的养生保健、强身健体等方面积累了大量的宝贵经验。道教对于"长生"的追求，客观上推动了中国医药学、养生学、古化学等发展。受此影响，在现代医学诞生之前，草药也是西方人治病的主要手段，这就说明道教的医药养生学早就传入西方国家，成为人类共享的财富。道教医药养生学作为一种宝贵的传统文化，是中国医药特色科学之一，也是中国生命科学的重要组成部分，是其他任何形式的文化都不能替代的。特别是道教医药养生术为人体科学的研究，积累了大量的实践材料。因此，我们当代道教徒必须要深入挖掘"道医"养生实践，积极开展对传统道教养生医药学

〔1〕《太上灵宝五符序》卷中，《道藏》第6册，第331页。
〔2〕《抱朴子·内篇》卷十六《黄白》，《道藏》28册，233页。

的研究，特别是要开展对道教医药学理论的探索和实证研究，及时刊载研究成果和实践经验，形成学习、交流、探索和研究的良性循环，为促进现代人类医药科学的发展作出新贡献。

四、道教文化中蕴含着丰富的生态文化资源

近现代以来，生态环境日趋恶化的趋势，已经对世界经济和社会发展造成直接影响。因此，"在全球范围内，加强生态环境伦理教育，进行社会公德建设，有着深刻的现实意义"。[1] 道教生态文化，实际上就是一种环保文化，是道教对人类社会生态环境的一种保护。中国道教历来就十分重视对于自然环境的保护，在其教理教义中就包含着"崇尚和谐、尊重自然、尊重生命"等理念和智慧，积累了诸多宝贵的生态文化资源，对于推进生态文明建设和化解全球生态危机，皆具有十分重要的时代价值。

（一）生态自觉的"自然"理念

道教认为，人与自然是一个统一整体，应该互相尊重、和谐共处。《道德经》称："人法地，地法天，天法道，道法自然"。[2] 意为道生万物以及天、地、人的活动过程都是"自然无为"的，不受任何外物所制约。"道法自然"的生态理念，就是一种主张天、地、人三者之间自然共生，共同遵循"自然"法则的天人和谐。自然界万事万物的存在与发展，都有其自身固有的规律性，无不遵从一定的自然法则。任何人都不能违背，也无力违背。否则，就会导致灾难，形成生态危机。

---

〔1〕《公民道德建设实施纲要》学习读本，学习出版社，2001年，第107页。
〔2〕《道德真经》第25章，载《道藏》第11册，第476页。

庄子也指出："顺之以天理，行之以五德，应之以自然。"[1] 要求人类社会，凡事必须符合自然规律，必须"守道而行"。《阴符经》则进一步指出："观天之道，执天之行，尽矣。"[2] 所谓"观天之道"就是要认识自然规律，"执天之道"就是要掌握和利用自然规律，严格按照自然规律行事。人与自然和谐的根本就在于此。只有懂得自然规律、掌握自然规律，才能更好地利用自然规律，从而不违背自然规律，这样才能真正达到人与自然环境的和谐。

道教还认为，人类在合理利用自然的同时，还必须要承担起保护自然的责任，这是道教关爱自然的自觉意识。《太平经》说："夫人命乃在天地，欲安者，乃当先安其天地，然后可得长安也。"[3] 人安身立命的天地间，要想得到好的生存与发展，必须使我们赖以生存的地球得到和谐安宁，然后人类才能长久安宁。而"安天地"，就是要认识和掌握自然规律，按照自然规律办事，主动承担起保护自然环境的责任。自然界中，人类是最有智慧的动物，负有管理和爱护万物的责任。人的行为要符合"天道"，人应该"助天生物""助地养形"，使自然更加完美、更加和谐。因此，我们要大力弘扬道教崇尚"自然"的理念，不断增强社会民众保护自然环境的自觉意识。

（二）生态和谐的"共生"理念

道教认为，天地万物皆由"道"所化生，因而"一切有形，皆含道性"。万物都是按照"道"赋予它的秉性，有自然生存、发展的权利，人类没有权利、也没有任何理由去干扰它，更不应该随意对它进行伤害或杀戮。所谓"天地之大德曰生"，人应该与天地合其德，对万物"利而不害"，辅助万物自然生长。因为人与自然都是"道"的化

---

〔1〕《庄子翼》卷四，天运第十四，《道藏》第 36 册，第 667 页。
〔2〕《黄帝阴符经》，《道藏》第 1 册，第 821 页。
〔3〕《太平经》卷四十五，《道藏》24 册，411 页。

生，人与自然万物都是"共生、共荣"的生命体。《太平经》指出，人是自然万物的一部分，也是自然中和之气所生，即"天、地、人本同一元气，分为三体。"又说："天、地、人民万物，本共治一事，善则俱乐，凶则俱苦，故同尤也"。[1] 这就是说，天、地、人同为自然界中一部分，本身就有着共生、共荣的关系，必须要互相尊重、和谐共处，这是人与自然和谐共生的必然选择。

现代环境科学也告诉我们：自然万物没有孤立发生的现象，一切都处在相反相成、相生相克、相互依赖、相互制约之中，一切都处在一个统一的整体背景的制约之下，一切都是整体关联的。正因为如此，历代以来，道教总是以积极的姿态，要求人类认识自然、顺应自然，一切按自然规律行事。既然人与天地万物共生于同一个地球之中，又是一个相互依存的共同体，那么人为万物之灵，就有责任和义务协调观照人与宇宙、天地、自然万物之间的关系，应该积极主动维护我们赖以生存的宇宙空间和自然界之祥和。因此，爱护自然生态环境，维护自然生态平衡，已经成为现代社会环境道德的一个基本要求。

（三）生态文明的"普世"情怀

道教是一个普世宗教，具有关爱人类社会的普世情怀。道教主张"慈爱、和同"，就是强调人与人、人与社会、人与自然之间都要彼此尊重、相互理解、和谐共存。在关注社会方面，道教提出了"济世利人"的思想，要求世人："乐人之善，济人之急，救人之危"。[2] 慈悲众生，关爱他人。这是一种普世的大爱，是道教对人类社会的一大贡献。在关注自然方面，道教强调"慈心于物"的思想，要求人类善待一切生命，包括他人以及鸟兽、草木等等。并指出"蠕动之属皆有知，

---

〔1〕 王明：《太平经合校》第53卷，中华书局，1997年，第200页。
〔2〕《太上感应篇直讲》，载《藏外道书》第12册，第373页。

无轻杀伤用之也"。即蠕动的小生命都有知觉，皆不能轻易杀伤。道教要求人们把慈悲之心扩大到自然万物之中，不要随意杀戮众生，要自觉维护自然生态的平衡与和谐。这种对生命的尊重就是道教对自然的关爱，是道教关爱生态文明的普世情怀。

千百年来，中国道教徒始终践行着关爱人类社会的优良传统，促进社会和谐发展，维护社会繁荣稳定，为后世留下了宝贵的精神财富。在维护和平方面，道教明确提出"行王道"、"反霸道"的主张。所谓"行王道"，就是要遵循老子提出的"爱民治国"，推行"仁政"和"德治"，反对"暴力"和"恐怖"。所谓"反霸道"，就是反对"强权"，反对"战争"。道教认为"兵者不祥之器"，"兵之所处，荆棘生焉"。[1] 战争是残暴的、可悲的，好杀之徒必遭天谴。指出不得"以强欺弱"、"逞志作威"，更不得"乘威迫胁，纵暴杀伤"。[2] 这种"行王道"、"反霸道"的思想，正是中国道教维护人类生命安全和民族生存的人道主义主张。因此，我们必须要深入挖掘道教生态文化内涵，开展对道教普世文化的研究，弘扬道教普世精神，维护自然生态和谐，维护人类社会的祥和与安宁，为建设社会主义生态文明作出积极贡献。

（四）生态危机的"化解"之道

道教的生态伦理，强调的是一种自然之道、和谐之道，是一种人与自然和合共生的生存之道。《太平经》就明确提出了"天人一体"的论断，肯定了人对环境的依赖关系，告诫人类必须要有环境保护责任意识。面对当代社会环境的破坏和生态危机问题，人们开始意识到"生态危机的实质是人性危机"。人性危机"使人类文明失去了道德和智慧的指引"。人性危机所释放出来的贪欲，直接导致了人类对自然界

〔1〕《道德真经》第 30 章，《道藏》第 11 册，第 477 页。
〔2〕《太上感应篇直讲》，《藏外道书》第 12 册，第 374 页。

的掠夺与破坏。这就需要我们人类到道教文化中去寻找生态伦理，用道教生态智慧来化解全球生态危机。1998 年 6 月，美国哈佛大学召开"道教与生态学"国际学术研讨会，在充分挖掘道教生态伦理思想的基础上，一些西方生态伦理学家认为，道教思想是建构现代生态伦理的重要的思想资源。美国环境伦理学家霍尔姆斯·罗尔斯顿（Holmes Rolston）指出："西方人也许应该到东方去寻求人与自然协调发展的模式"。法国著名道教学者索安也指出："今天的生态学家知道，作为东方传统之一的道教，可以帮助我们找到一种生存方式，使我们被毁坏的星球更加和谐。"这就表明，道教的生态伦理蕴含着深邃的生态智慧，是化解全球生态危机宝贵的文化资源。

当代社会，化解全球生态危机已成当务之急，全社会必须要广泛动员起来，携手并进共同做好环境保护工作。一方面，我们要积极倡导道教的生态伦理，增强人类环境保护的伦理意识。从而建立全球性生态伦理新秩序，树立一种新的生态伦理观，维护我们共同的家园。另一方面，我们要善用道教生态智慧，把自觉地维护自然界的生态平衡，作为人类共同的道德责任和义务。环境道德作为各个民族、各个国家、各个地区、各个社会阶层应当共同遵守的行为准则，已经成为人类以共同的力量来保护大自然，建设良好的生存环境的一种强大精神力量。因此，我们要大力弘扬道教生态文化，积极践行道教生态智慧，助力化解全球生态危机。

综上所述，道教文化是中华文化重要的软实力，是人类文明发展的宝贵财富。挖掘道教文化内涵，传承道教时代精神，我们守土有责；发挥道教时代价值，以优秀的文化服务伟大的时代，我们责无旁贷。我们坚信，中国道教文化中蕴含着源源不断的智慧和力量，一定能够成为中国文化走出去最有效、最独特的思想资源！我们也坚信，中国道教文化的活力和潜力在中国的、世界的舞台上迸发，必将赢得整个世界的赞叹与喝彩！中国道教必将大放光彩、再创辉煌。

第二节　道教戒律中蕴含的伦理思想

中国是世界上最早的文明古国之一，在长期的历史发展进程中，形成了高尚的道德准则、完整的礼仪规范和优秀的传统美德，这些都是中国社会固有的伦理思想，是中华传统文化的瑰宝。历代以来，中国传统伦理哺育了伟大的中华民族和灿烂的华夏文明，推动了中国社会和世界的文明进步与发展。然而，近代以来社会伦理却急剧衰落，出现了空前的伦理危机问题。当今社会，有人提出了"全球伦理的建构"[1]问题，这是人类社会对道德伦理观念的一种肯定，也是人类社会生存与发展的一种现实需要。当今世界，要使人类社会得以健康、和谐、持续发展，就需要有一种良好的新秩序，需要有一种全球性的新伦理，以全人类的共同利益作为价值取向，来处理和协调人与人、人与自然、人与社会之间的关系。宗教伦理中本身就蕴含着许多道德伦理思想，这就需要我们到宗教伦理中去寻找建设全球伦理的文化资源。

道教是中国固有的传统宗教，在中国传统文化中占有重要地位。道教以"道"立教，以"道"化人，倡导"欲修仙道，先修人道"的理念，成为道教伦理建设的基石。在道教传统戒律中，蕴含着十分丰富的道德伦理思想，涉及人与人、人与自然、人与社会等方面。从信

---

〔1〕《江西社会科学》2003 年第 2 期，第 24 页。

仰角度看，戒律是一种宗教意义上的道德行为规范，道教戒律则是规范道教徒宗教行为的一种规定。这种规定，对于道教徒来说是一种纪律和法规，带有明显的约束性和强制性。戒律的作用主要在于坚定道教徒的宗教信仰，提高信徒的道德水平，维护教团内部秩序，而对于整个社会来说则可以将它理解为一种社会道德伦理。长期以来，道教戒律中的伦理思想在维护和促进教团内部建设、提高教徒道德修养的同时，对于促进社会道德伦理体系建设，对于维护社会和谐稳定等皆起到重要的积极作用。当代社会，我们要大力弘扬道教伦理精神，深入挖掘道教戒律中的伦理思想，为新时代构建全球新伦理作出新贡献。

一、道教传统戒律基本概述

任何宗教都有自己的戒律，道教也不例外。戒律在不同的地方有着不同的解释，其含义也十分广泛。在古代汉语中，戒，指戒备、防备、警惕、警戒、命令、告诫、戒除等；律，指规律、约束、法律条文等。[1] 在现代汉语中，戒，指防备、警惕、戒除、同"诫"、指禁止做的事情、佛教戒律等；律，指法律、规则、约束等。戒律，多指有条文规定的宗教徒必须遵守的生活准则。[2]《辞海》对于戒律的解释更为宽泛，其中，戒，指防备、准备、谨慎、命令、斋戒、禁制、通"界"等；律，指法则、规章、按律处治、中国古代主要法律规范的名称、音律、乐律、律诗的简称、古代爵命的等第、指佛教专守戒律的等。戒律，指梵文 Sila（音译为"尸罗"）和 Sinaya（音译为"毗奈耶"）的意译的合称。佛教泛指为出家、在家信徒制定的一切戒规。或单指"戒"，"戒"是"禁制"的意思。有五戒、十戒及二百五十戒

---

〔1〕《简明古汉语字典》，四川人民出版社，1995 年，第 319、427 页。
〔2〕《现代汉语词典》（修订本），商务印书馆，2001 年，第 650、828 页。

等种类。律，是"调伏"的意思，为戒律中条文的解释等。道教亦有戒律。[1] 在《宗教大词典》中，戒，指梵文 Sila 的意译，意为"贯行"转为"行为"、"习惯"、"道德"、"虔诚"等。广义说，善恶习惯皆可称戒，如善习称善戒，恶习称恶戒。律，指梵文 Sinaya 的意译，亦译"调伏"、"灭"、"离行"、"化度"、"善治"等。佛教对比丘、比丘尼所制定的禁戒，谓能制伏诸魔，故名。戒律，有二解，一是佛教名词。泛指佛教为出家、在家信徒制定的一切戒规。二是道教名词。为道士修真必须遵守的戒条和法规，奉戒的目的是禁止"恶心邪欲"，不令放逸。[2] 由以上种种解释，我们可以看出：一是戒律的内容十分广泛，内涵也非常丰富，各种解释也多种多样。二是对于戒律的解释，佛、道二教虽有异同。但是，不管怎样解释，其中所包含的宗教含义还是基本相同的。三是戒律的作用都是"抑恶扬善"，规范人们的言行举止，其中包含着十分丰富的伦理思想。

道教对于戒律的解释，其宗教含义更加明确。胡孚琛主编的《中华道教大辞典》称：戒是约束道士言行，防止"恶心邪欲"、"乖言戾行"的规戒；律是约束道士言行，防止"恶心邪欲"、"乖言戾行"的律文。戒与律常合为"戒律"并作一解。其实，在教门内，戒与律是有区别的。戒是戒条，主要以防范为目的；律是律文，主要以惩罚为手段。律文是根据戒条而建立的。所以，道士除了遵守戒条，还须熟悉律文规则。常见律文有：《玄都律文》、《女青鬼律》、《四极明科》、《明真科》、《千真科》、《女真科》等。[3] 中国道协、苏州道协编撰的《道教大辞典》称："戒"为斋戒、规戒自己的行为。"戒律"为道教约束道士行为，以防止违反教规的警戒条文。戒也作"诫"，有劝戒、教戒、戒恶之义；律指条规、律令。戒律系借神的名义约束教徒，作为

---

〔1〕《辞海》（缩印本），上海辞书出版社，1989 年，第 650、1522 页。
〔2〕任继愈主编：《宗教大辞典》，上海辞书出版社，1998 年，第 384、385、486 页。
〔3〕胡孚琛主编：《中国道教大辞典》，中国社会科学出版社，1995 年，第 564 页。

教徒必须遵守的思想与行为准则，违反了即要受神的谴责、警告。[1]《洞玄灵宝玄门大义》称："戒律者，如六情十恶之例是也。戒者，解也，界也，止也。能解众恶之缚，能分善恶之界，防止诸恶也"。[2]《道教义枢》称："第六戒律者，如六情十恶之例也。戒者，解也，界也，止也。能解众恶之缚，能分善恶之界，又能防止诸恶也。律者，率也，直也，栗也。率计罪愆，直而无枉，使惧栗也"。又称："戒律者，戒止也，法善也。止者止恶，心口为誓，不作恶。戒之为义，又有详略。详者，太清道本无量法门百二十条，老君及三元品戒百八十条，观身大戒三百条，太一六十戒之例是也。略者，道民三戒，箓生五戒，祭酒八戒，想尔九戒，智慧上品十戒，明真二十四戒之例是也。律者，终出戒中，无更明目，多论罪报刑宪之科，如天师制鬼玄都女青等律，具斯则戒主于因，律主于果，以戒论防恶，律论止罪，故也"。[3]《要修科仪戒律钞》称："夫经以检恶，戒以防非"。[4] 唐张万福《传授三洞经戒法箓略说》称："凡初入法门，皆须持戒。戒者，防非止恶，进善登仙，众行之门，以之为键。"[5] 以上是部分道教典籍中对于道教戒律的诠释，可以作为理解道教戒律概念的重要依据。

　　根据上述关于戒律的各种解释，我们大致可以对道教戒律的概念有一个基本了解。一般来说，戒最通常的含义大概有两条：一是"界"，善与恶的分界线，即通过道教的戒来划定，道教的戒肯定的言行就是善，道教的戒否定的言行就是恶。二是"防"，如所谓防恶、防外、防邪风之往来、防患、防非等。从"防"或"止"的角度看，戒

〔1〕中国道协《道教大辞典》，华夏出版社，1994年版，第517页。
〔2〕《洞玄灵宝玄门大义·释名第二》，《道藏》第24册，第734页。
〔3〕《道教义枢·十二部义第七》《道藏》第24册，第816、818页。
〔4〕《要修科仪戒律钞》卷四，《道藏》第6册，第936页。
〔5〕《传授三洞经戒法箓略说》，《道藏》第32册，第185页。

与律似乎有相同之处，但也不尽类同。其异同主要在于"戒主于因"、"戒论防恶"，而"律主于果"、"律论止罪"。即戒警戒于事前，而律惩罚于事后。因此，简单说：所谓道教戒律，就是指规范道教徒宗教行为的警戒条文，是道教徒必须遵守奉行的行为准则。如果再进一步引申，那么道教戒律，就不仅是规范道教徒宗教行为的警戒条文，是道门中人必须遵守奉行的行为准则，而且也是道教信仰的重要思想内容，是道教徒坚定信仰、实现信仰的一种手段。所谓"学道不持戒，无缘登真箓"，就是把持戒与修仙紧密相连。金元时期，随着全真教派的兴起，开始出现《全真清规》，成为全真派对违犯戒律的道士的惩处条例。道教戒律的内容也略有变化，即"戒律为警戒于事前的行为准则，清规为惩处于事后的处罚条例"。[1] 与传统的戒、律相比，清规一般由各道观自己订立，但其处罚力度却更加严厉，轻则罚跪、丈责、逐出教门，重则火化处死。可见，道教戒律是教内最为严格的制度，戒条的内容都是道教徒必须遵守奉行的伦理规范，当然也是维持教团健康发展的根本保证。

二、道教戒律中蕴含的伦理思想

道教戒律是为了维护教团内部的稳定与自身的发展，要求道教徒应当遵守的思想原则和行为准则。自古以来，道教戒律就与道德伦理紧密相连，道教戒律中包含着诸多伦理思想和道德规范。卿希泰教授认为："道教戒律，……在道教建立之后即已产生，随着道教的发展，这种戒律条文也逐步增多和逐渐繁复。在这些戒律条文中，包含了许多伦理道德的内容"。[2] 几乎涉及到伦理道德的全部内容。道教历史

---

[1] 胡孚琛主编：《中国道教大辞典》，中国社会科学出版社，1995年，第564页。
[2] 《道家文化研究》第七辑，上海古籍出版社，1995年，第20页。

表明，道教戒律伦理内容非常丰富，并且随着道教在社会历史上的发展和教化过程，对中国传统社会的伦理道德产生了广泛而深远的影响，时至今日仍然具有十分重要的现实意义。道教"净戒牒"称：学道者当首务积善、定念、修德、理身。护持清净，防非止恶。当代社会，道教戒律中的诸多伦理思想，仍然具有很强的道德教化作用，仍然是现代社会道德伦理建设中，不可或缺的宝贵的伦理文化资源。

（一）道教戒律中"贵生戒杀"的生命伦理

道教是"贵生"的宗教，这是道教最具特色的教义思想与生命伦理。从《道德经》所强调的"摄生"、"贵生"和"长生久视"，《庄子》所说的"保生"、"全生"，到《太平经》主张的"乐生"、"贵生"等，始终都贯穿着道教"贵生戒杀"的生命伦理传统。《度人经》提出"仙道贵生，无量度人"[1]的思想，把道教的"贵生"理念上升到仙道信仰的高度，成为历代道教徒奉道与修仙的目标追求。在传统道教戒律中，形成了诸多"贵生戒杀"的戒律条文，成为道教戒律中非常重要的生命伦理思想。

其一，强调尊重他人生命。道教提出"天地之大德曰生"的生命主张，强调"贵生"、"摄生"的生命伦理，要求人们珍惜生命、重视一切生命的存在价值。《三洞众戒文》"五戒"称："目不贪五色，誓止杀，学长生"。[2]《老君说一百八十戒》第七十九戒："不得渔猎，伤煞众生"；第一百二十二九戒："不得妄鞭打六畜"。[3]还有《太上感应篇》提出：不得"无故杀龟打蛇"[4]等，都是强调对生命的尊重。《太上洞玄灵宝智慧罪根上品大戒经》称："当恤死护生，救度厄难，

---

〔1〕《灵宝无量度人上品妙经》卷一，《道藏》第1册，5页。
〔2〕《三洞众戒文》，《道藏》3册，第399页。
〔3〕《老君说一百八十戒》，《道藏》22册，第271、272页。
〔4〕《太上感应篇》卷二十九，《道藏》第27册，第134页。

命得其寿,不有夭伤"。[1] 这就是说,人应当去抚恤死者,保护生命,救死扶伤,使得一切生命能够终其天年,不至于中途受伤或夭折。老子《道德经》还说:"出生入死,生之徒十有三,死之徒十有三,人之生,动之死地亦十有三"。这个世界到处埋伏着凶险,生命随时会受到各种外物内因的威胁与伤害,故应该防患于未然。而善于"摄生"者,自然就"陆行不遇兕虎,入军不被甲兵。兕无所投其角,虎无所措其爪,兵无所容其刃。夫何故?以其无死地"。[2] 所谓"摄生",即养生之道,就是指善于用大道来摄养生命。就自身而言,清静冲虚,不为情欲所伤。就外在而言,善待万物,心无伤害之情。道教以"贵生"思想对待生命,尊重他人生命,体现了道教特有的生命伦理。

其二,强调禁止泛杀物命。道教认为,天地万物都是"道"的化身,一切皆含有道性,人们应该尊重"道"所赋予自然界万物的生存权利,反对残害一切生灵。道教传统戒律中就明确规定,反对泛杀物命。《老君二十七戒》明确提出:"勿杀生"[3] 的主张,态度坚决,立场坚定。《说十戒》第二戒指出:"不得杀生屠害,割截物命"。[4]《受持八戒斋文》强调:"不得杀生以自活"。[5]《老君说一百八十戒》告诫人们:"不得自杀","不得劝人杀"和"不得因恨杀人"。[6] 并明确规定"不得杀伤一切物命"。[7] 这些戒条都明确告诫我们,生命是无价的,也是最宝贵的,任何人都不能随意伤害他们,更不能随意剥夺其生存的权利。《杀生七戒》对于"戒杀"的规定更为详尽,共分为七条:"一曰生日不宜杀生,二曰生子不宜杀生,三曰营生不宜杀生,四

〔1〕《太上洞玄灵宝智慧罪根上品大戒经》,《道藏》第6册,第886页。
〔2〕 安伦:《老子指真》第55页,社会科学院出版社,2016年。
〔3〕《云笈七签》卷三十八,《道藏》第22册,第269页。
〔4〕《云笈七签》卷三十八,《道藏》第22册,第264页。
〔5〕《云笈七签》卷四十,《道藏》第22册,第281页。
〔6〕《云笈七签》卷三十九,《道藏》第22册,第271页。
〔7〕《云笈七签》卷四十,《道藏》第22册,第270页。

曰宴客不宜杀生，五曰祭先祖不宜杀生，六曰祈祷不宜杀生，七曰婚礼不宜杀生"。[1] 这是劝戒泛杀生的戒条，并指出若人类恣意杀生，一定会广积冤孽，遭来恶报。《太上洞玄灵宝法身制论》还告诉我们："生为大德之主，仁为儒道之宗，慈为福端，杀为罪首，立功树德，莫如去害，故济生之苦，皆由慈心于物"。[2] 强调指出残害生命是最大的罪过，要求人们不得残害生灵，要以慈爱之心善待万物。

其三，强调关爱一切众生。在强调戒杀的同时，道教戒律还强调慈心于物，把"慈爱之心"扩展到宇宙万物之中。如《思微定志经十戒》第一戒："不杀，当念众生"。[3]《三百大戒》第一戒："不得杀生，蠕动之虫"。[4] 还有"惜诸物命，慈悯不杀"；"慈救众生"；"慈心于物"等。《初真十戒》第二戒："不得杀害含生，以充滋味，当行慈惠，以及昆虫"。[5] 还有"慈爱广救"；"常行慈心，愿念一切"等戒条，都体现了道教对自然界一切生命的珍爱。《虚皇天尊初真十戒文》称："夫禽兽旁生，性命同禀，有夫妇之配，有父子之情，有巢穴之居，有饮食之念，爱憎喜惧，何异于人？能怀恻隐之心，不忍杀戮而食，以证慈悲之行，不亦善乎？"[6] 要求学道者有恻隐之心，包括禽兽之命皆不得伤害。《说戒》还引太极真人曰："学升仙之道，当立千二百善功，终不受报。立功三千，白日登天，皆济人应死之难也"。"立三百善功，可得长存地仙"。还告诫修道者："常念啸咏洞经，修行大慈，先人后身，扬善化恶，断绝众缘，灭念守虚，心如太玄，为道是求，始谓能言神仙之道也"。[7] 道教戒律明确告诉我们，学道修仙，

〔1〕 胡孚琛主编：《中华道教大辞典》，中国社会科学院出版社，1995年，第569页。
〔2〕《太上洞玄灵宝法身制论》，《道藏》第6册，921页。
〔3〕《云笈七签》卷三十八，《道藏》第22册，第267页。
〔4〕《要修科仪戒律钞》卷六，《道藏》第6册，第947页。
〔5〕《云笈七签》卷四十，《道藏》第22册，第278页。
〔6〕《虚皇天尊初真十戒文》，《道藏》第3册，第404页。
〔7〕《云笈七签》卷三十八，《道藏》第22册，第266—267页。

必须从尊重生命、关爱生命开始，从修身养生、健康长生开始，只有善待万物，积德修善，才能达到与道合真的至上境界。

（二）道教戒律中"寡欲不争"的个人伦理

道教强调寡欲不争，注重个人自身的修持。所谓"寡欲"，就是要减少过多的欲望。老子《道德经》强调"见素抱朴，少私寡欲"的思想，成为修道者行为的基本准则。道教将"寡欲"的原则贯穿到修持实践中，制定了许多戒律条文，以节制、减少修道者的世俗欲望。所谓"不争"，则是指顺应天理而不强求的原则。对于修道者来说，不争不仅是一种谦让，而且也是一种高尚的境界。寡欲不争作为道教徒个人的伦理修养，就是要求修道者不慕名利、不为人先和远离物欲，从而达到返朴归真的境界。

其一，强调生命朴素节俭。在修道实践中，要求修道者始终保持慈爱、节俭的生活方式，反对追求奢华或浪费。在传统道教戒律中，就有诸多对修道者生活要求的戒条。比如，在饮食方面的规定。《老君说一百八十戒》第十戒称："不得食大蒜及五辛"。第十五戒："不得以金银器食用"。[1] 修道者认为，"大蒜及五辛"乃天地不正之气所生，食物味重气毒，吃了会伤及五脏六腑，使内心难以平静而影响修炼。同时，还规定不能用金银器具食用，明确反对奢侈的饮食方式。《化胡经十二戒》第一戒："戒之不饮酒，常当莫念醉，五声味相和，混沌乱正气"。[2] 提出不得饮酒，以免乱了自身的正气。在生活起居方面的戒条规定。《太上老君说一百八十戒》第八十六戒："不得择好室舍好床卧息"。[3]《受持八戒》第六戒："不得杂卧高广大床"。[4]《老君二

〔1〕《云笈七签》卷三十九，《道藏》第22册，第270页。
〔2〕《云笈七签》卷三十九，《道藏》第22册，第275页。
〔3〕《云笈七签》卷三十九，《道藏》第22册，第272页。
〔4〕《云笈七签》卷四十，《道藏》第22册，第281页。

十七戒》第十四戒："戒勿资身好衣美食"。[1] 这些规定明确告诉我们，生活简简单单即可，不得贪多求好，否则会影响自身的福报与修行。《五戒文》则明确指出："第一戒者，目不贪五色，誓止杀，学长生。第二戒者，耳不贪五音，愿闻善，从无惑。第三戒者，鼻不贪五气，用法香，遣俗秽。第四戒者，口不贪五味，习胎息，绝恶言。第五戒者，身不贪五彩，履勤劳，以顺道"。[2] 强调了俭朴生活的修行之道。如此修道，则可以消灾避祸，可以延年益寿。老子告诉我们：在日常生活中要保持"知足常乐"的心态。还说："祸莫大于不知足"。贪得无厌之人，必然会招致灾祸。所谓"知足不辱，知止不殆，可以长久"。[3] 即不过分贪求、懂得适可而止的人，不会遭受耻辱和危险。《道德经》指出："是以大丈夫处其厚，不处其薄；处其实，不居其华，故去彼取此"。[4] 道教提出俭朴生活，反对浮华与奢侈，认为满足人生活的标准不在于物质的多少，而在于内心的知足与精神的富有。

其二，强调禁止贪恋财物。在道教徒修道实践中，寡欲不争则是修道者的一种人生态度和目标追求，特别是对待财物上不能过于贪婪。《道德经》称："天之道，其犹张弓乎？高者抑之，下者举之，有余者损之，不足者与之。天之道，损有余而补不足。"[5]《太平经》指出："或积财亿万，不肯救穷周急，使人饥寒而死，罪不除也。"[6] 这就是说，上天是公正的，也是公平的，对于聚财过多者，要"行仁好施，周穷救急"，切勿独自占有，否则就是违背天道。在传统道教戒律中，就有明确反对贪恋、损坏财物的规定。《初真十戒》第七戒："不得贪

〔1〕《云笈七签》卷三十九，《道藏》第 22 册，第 269 页。
〔2〕《三洞众戒文》卷下，《道藏》第 3 册，第 399 页。
〔3〕《老子道德经古本集注》，华东师范大学出版社，2010 年，第 80 页。
〔4〕《老子道德经古本集注》，华东师范大学出版社，2010 年，第 70 页。
〔5〕《道德真经》第 77 章，载《道藏》第 11 册，第 4781 页。
〔6〕《太平经》卷六十七，载《道藏》24 册，447 页。

求无厌，积财不散，当行节俭，惠恤贫穷"。〔1〕《老君说一百八十戒》第二十二戒："不得贪惜财物"。〔2〕第一百五戒："不得积聚财宝，以招凶祸"。〔3〕第一百三十八戒："不得广求宝物"。第一百五十六戒："常时无事，不得妄受人礼敬"。〔4〕同时，道教戒律中，还有用戒条的方式来劝人为善的。《化胡经十二戒》第七戒："戒之勿悭吝，有物无过惜。富饶当施惠，悭贪后受厄"。〔5〕《智慧度生上品大诫》第二戒："见人穷乏，饥寒困急，损身布施，令人富贵，福报万倍，世世欢乐"。〔6〕这就是说，扶贫帮困、助人为乐一定会有福报的，当然这也是对贪恋财物者的一种告诫。

其三，强调禁止偷盗与浪费。人类社会，无论古今，无论中外，也无论道俗，偷盗、浪费财物总是不能容忍的恶行。《后汉书·张鲁传》称："诸祭酒各起义舍于路，同之亭传，县置米肉以给行旅。食者量腹取足，过多则鬼能病之"。〔7〕早期道教，就明确规定了不能私拿（偷盗）和不能浪费粮食，使仅有的食物能够惠及到更多的贫苦民众。在道教戒律中，规定反对偷盗的戒条就很多。比如，《化胡经十二戒》第五戒："戒之勿为盗，见利当莫取。所利为赃罪，贪利更相害"。〔8〕《老君说一百八十戒》第三戒："不得盗窃人物"。第五戒"不得妄取人一钱以上物"。第九戒："不得邪求一切人物"。〔9〕还有，第五十二戒："不得希望人物"。第七十三戒："不得横求人物"。〔10〕《说十戒》第七

〔1〕《云笈七签》卷四十，《道藏》第 22 册，第 279 页。
〔2〕《云笈七签》卷三十九，《道藏》第 22 册，第 271 页。
〔3〕《云笈七签》卷三十九，《道藏》第 22 册，第 272 页。
〔4〕《云笈七签》卷三十九，《道藏》第 22 册，第 273 页。
〔5〕《云笈七签》卷三十九，《道藏》第 22 册，第 275 页。
〔6〕《太上洞真智慧上品大诫》《道藏》第 3 册，第 393 页。
〔7〕《后汉书》卷七十五《张鲁传》，中华书局，2002 年，第 2435—2436 页。
〔8〕《云笈七签》卷三十九，《道藏》第 22 册，第 275 页。
〔9〕《云笈七签》卷三十九，《道藏》第 22 册，第 270 页。
〔10〕《云笈七签》卷三十九，《道藏》第 22 册，第 271 页。

戒："不得欺凌孤贫，夺人财物"。[1]《思微定志经十戒》第三戒："不盗窃非义财"。[2]《妙林经二十七戒》称："不得盗窃人物，不得妄取人财"。[3]《受持八戒》第三戒："不得盗他物，以自供给"。[4]《太上感应篇》还明确指出：不得"破人之家，取其财物"[5]等。这些规定都是明确反对偷盗的戒律条文，是学道者必须要遵守奉行的行为准则。同时，在道教戒律中，规定反对浪费的戒条也很多。比如，《老君说一百八十戒》第六戒："不得妄烧败人一钱以上物"。第七戒："不得以食物郑火中"。[6]第一百五十五戒："常时无事，不得多聚会人众，饮食狼藉"。[7]《三百大戒》称："不得金银器食饭，不得死厚葬体骨"[8]等。强调不能随意浪费财物，要珍惜资源，节约资源。因为，人类的资源是有限的，建设资源节约型社会，就是要倡导资源节约型的消费方式，以资源节约型的产品满足人民群众的基本生活需要。

（三）道教戒律中"孝敬友爱"的家庭伦理

家庭是人类社会出现较早的社会组织形式之一，随着家庭的产生，逐渐形成了家庭伦理。家庭生活与社会生活紧密相连，正确对待和处理家庭问题，不仅关系到家庭的美满幸福，也有利于社会的安定和谐。中国传统社会中，历来就十分重视家庭伦理建设，形成了诸多家庭伦理思想。道教在吸收传统家庭伦理的基础上，从道教修炼的角度出发，对传统家庭伦理道德作出了合乎道教教义思想的阐述，形成道教所特

---

〔1〕《云笈七签》卷三十八，《道藏》第 22 册，第 264 页。
〔2〕《云笈七签》卷三十八，《道藏》第 22 册，第 268 页。
〔3〕《云笈七签》卷三十八，《道藏》第 22 册，第 269 页。
〔4〕《云笈七签》卷四十，《道藏》第 22 册，第 281 页。
〔5〕《太上感应篇》卷一十八，《道藏》第 27 册，第 83 页。
〔6〕《云笈七签》卷三十九，《道藏》第 22 册，第 270 页。
〔7〕《云笈七签》卷三十九，《道藏》第 22 册，第 273 页。
〔8〕《要修科仪戒律钞》卷六，《道藏》第 6 册，第 947 页。

有的家庭伦理思想。

其一，强调个人品德修养。家庭伦理，最讲究的就是家庭成员个人的品德修养，规范着家庭成员之间的各种不同的道德义务，对于建立美满幸福的家庭起着极其重要的作用。《道德经》称："上善若水，水善利万物而不争，处众人之所恶，故几于道"。[1] 这就是说，上善的人就像水，水善于使万物获益而不与之相争，总是处于大家厌恶的地方，所以最近于道。在这里，老子以"水"来作比喻，要求修道者以"水"的品德为榜样，在持戒修行中不断提升自身的内在修养。《道德经》还称："我有三宝，持而保之。一曰慈，二曰俭，三曰不敢为天下先"。[2] 这是修道者的三件法宝，仁慈所以能勇敢，节俭所以能裕广，不敢争作天下之先，所以能成为万物之长。这里的"不敢为天下先"就是"不争"，明确指出了修道者必须具有高尚的品德修养。与之相对应的，这些要求在道教戒律中也很多，内容也很丰富。《修斋十戒》第三戒："守真让义，不淫不盗，常行善念，损己济物"；第四戒："不色不欲，心无放荡，贞洁守慎，行无玷污"。[3]《思微定志经十戒》称："见人善事，心助欢喜"；"见人有忧，助为作福"。[4]《太上洞真智慧上品大诫》称："不得妒人胜己，争竞功名，每事逊让，退身度人"。[5] 这些戒条的规定，内容清晰，目标明确，都是修道者应该具备的品德修养。同时，道教戒条还从反面进行规劝。《说百病》称："忘义取利是一病"；"好色坏德是一病"。[6]《三百大戒》称："不得口善心坏，阴恶"。[7] 指出持戒修行的重要性，对于违戒者也给予了严

---

〔1〕 安伦：《老子指真》第22页，社会科学文献出版社，2016年。
〔2〕 安伦：《老子指真》，社会科学文献出版社，2016年，第66页。
〔3〕《云笈七签》卷三十九，《道藏》第22册，第275页。
〔4〕《云笈七签》卷三十八，《道藏》第22册，第268页。
〔5〕《太上洞真智慧上品大诫》，《道藏》第3册，第391页。
〔6〕《云笈七签》卷四十，《道藏》第22册，第277页。
〔7〕《要修科仪戒律钞》卷六，《道藏》第6册，第947页。

厉的警告。

其二，强调孝敬父母长辈。家庭是由夫妇、父母、子女、兄弟、姐妹等姻亲和血缘关系所组成的一个共同生活体。在家庭伦理中，最重要的核心伦理就是孝敬父母长辈。道教提倡"善报天地，忠报国家，孝报父母，义报师长"。《太平经》称："父母者，生之根也"；"不孝而为道者，乃无一人得上天者也"。都强调了孝道的重要性。净明道的宗旨就是"净明忠孝"，把"孝道"作为修道者内心的一种境界，成为道教徒必须遵守奉行的行为准则。在道教传统戒律中，明确规定要孝敬父母长辈，这是人类社会的重要责任。《说十戒》第一戒："不得违戾父母、师长，反逆不孝"。[1]《妙林经二十七戒》称："不得慢老欺人"。[2]《老君说一百八十戒》第五十四戒："不得评论师长"。第五十七戒："不得慢老人"。[3]第一百二戒："不得欺诬老人"。[4]第一百四十六戒："不得欺父母，罔君师"。[5]《妙林经二十七戒》还称："不得慢老欺人"[6]。这些戒律规定明确告诉我们，在共同的家庭成员中，不仅要供养父母长辈，而且还要尊敬父母长辈，使他们晚年生活幸福。现代社会中，我们要大力倡导"尊老、敬老"的优良传统，子女应该尊敬、关心、体谅父母、长辈，以尽子女的孝敬之心。当然，作为父母、长辈也要为人师表，言传身教，努力用正确的世界观、人生观去教育子女，共同营造美满幸福、和睦的大家庭。

其三，强调尊重妇女儿童。道教是世界上最珍视生命、最尊重女性的宗教。老子认为，女性是万物之始、之根源所在。正是由于女性的特殊的生殖作用，才使得人类得以繁衍生息。《道德经》称："谷神

---

〔1〕《云笈七签》卷三十八，《道藏》第22册，第265页。
〔2〕《云笈七签》卷三十八，《道藏》第22册，第269页。
〔3〕《云笈七签》卷三十九，《道藏》第22册，第271页。
〔4〕《云笈七签》卷三十九，《道藏》第22册，第272页。
〔5〕《云笈七签》卷三十九，《道藏》第22册，第273页。
〔6〕《妙林经二十七戒》，《道藏》第18册，227页。

不死，是谓玄牝，玄牝之门，是谓天地根"。[1] 这就是说，生养之神（道）是永恒长存的，可以称为玄奥的母性。玄奥母性的生育之门，被称为天地的根源。强调了女性的阴柔之美，以及对于女性的高度重视。同样，道教对于儿童也是给予很多关注。《道德经》称："知其雄，守其雌，为天下溪。为天下溪，常德不离，复归于婴儿"。[2] 指出儿童的天性就无忧无虑，任何人都不要人为去干涉他们，要任其自然健康快乐成长。在道教传统戒律中，就有许多保护妇女的戒条。比如，《老君说一百八十戒》第二戒："不得淫他妇人"。[3] 第二十八戒："不得破人婚姻事"。第六十戒："不得持威势凌人"。[4] 第九十九戒："不得穿人家壁，窥看人家内妇女"。[5]《说十戒》第四戒："不得淫乱骨肉、姑姨娣妹及他妇女"。[6]《思微定志经十戒》第二戒："不淫犯人妇"。[7] 这些戒条都明确提出对妇女的尊重和保护，是道教十分宝贵的优良传统。另外，在道教传统戒律中，还有保护儿童的戒条。比如，《太上感应篇》称："矜孤恤寡，敬老怀幼"。这里的"幼"就是指儿童。所谓"敬老怀幼"，就是指尊敬老人，使他们得到尊养和安宁；爱护年幼的孩子，使他们得到抚育和保护。《文昌帝君阴骘文》称："和睦夫妇，教训子孙"。就是倡导夫妻之间要相敬如宾，以身作则教导子孙。《老君说一百八十戒》第十三戒："不得以药落去子"。[8] 要求从源头上保护好儿童，不让其无故夭折。现代社会中，尊重妇女、保护儿童是社会文明进步的标志，关系到社会和谐、人类延续与民族未来

---

〔1〕 安伦：《老子指真》，社会科学文献出版社，2016年，第21页。
〔2〕 安伦：《老子指真》，社会科学文献出版社，2016年，第39页。
〔3〕《云笈七签》卷三十九，《道藏》第22册，第270页。
〔4〕《云笈七签》卷三十九，《道藏》第22册，第271页。
〔5〕《云笈七签》卷三十九，《道藏》第22册，第272页。
〔6〕《云笈七签》卷三十八，《道藏》第22册，第264页。
〔7〕《云笈七签》卷三十八，《道藏》第22册，第267页。
〔8〕《云笈七签》卷三十九，《道藏》第22册，第270页。

的发展问题。

（四）道教戒律中"诚实守信"的社会伦理

诚实守信是中国社会的一种传统美德。所谓"诚实"，即忠诚老实，就是忠于事物的本来面貌，不说谎，不作假，不欺瞒别人。所谓"守信"，就是讲信用，讲信誉，信守承诺。道教以诚信教化民众，以"忠孝诚信"为天下大事。《太平经》称："夫天道不欺人也，常当务至诚"。[1] 天地之道，自然无私，真实无妄，实实在在。在长期的历史发展进程中，道教的诚信思想又通过诸多戒律条文进行规范，赋予了道教的神学思想内容，形成道教特有的诚信伦理，成为社会伦理思想的重要内容。

其一，强调禁止妄言绮语。所谓"妄言"，是指无中生有之话语，说话不算数，说大话根本不能实现。现实社会中，那些欺上瞒下、坑蒙拐骗的行为都是妄言所为。所谓"绮语"，是指淫意不正之言词。绮语的范围很广，凡是令人邪思这类的言语，都属于绮语。在"七恶"中，就包括"妄言"和"绮语"。历代以来，妄言绮语都是危害社会的一颗毒瘤，更是遭人鄙视的。在道教传统戒律中，就有"戒妄言绮语"的规定。《老君说一百八十戒》第二十三戒称"不得妄言绮语，隔戾嫉妒"。[2] 就是明确禁止妄言绮语的，要求学道之人切记。《太上老君戒经》称"戒妄语者，若不闻不见，非心所了，而向人说，皆为妄语"。[3] 这就是说，凡不是自己亲自见闻确认无误的事情，就不能随便乱说，更不能胡说八道。《太霄琅书十善十恶》称："一者妄言，二者绮语，三者两舌，四者骂詈，此四口恶"。[4] 把"妄言""绮语"皆

---

〔1〕《太平经》卷一百十七卷，《道藏》24 册，第 591 页。

〔2〕《云笈七签》卷三十九，《道藏》第 22 册，第 271 页。

〔3〕《太上老君戒经》，《道藏》第 18 册，第 203 页。

〔4〕《云笈七签》卷三十八，《道藏》第 22 册，第 267 页。

归为口恶，要求修道者不得犯戒。《虚皇天尊初真十戒文》称："盖诚为入道之门。语者，心之声也。语之妄，由心之不诚也。心既不诚而谓之道，是谓背道求道，无由是处"。[1]《老君五戒》第三戒："不得口是心非"。《积功归根》第五戒："不得妄语"。《太上洞真智慧上品大诚》称："口无恶言，言无华绮，内外中直，不犯口过"。[2]《受持八戒》第四戒："不得妄语以为能"。[3]《化胡经十二戒》第四戒："戒之勿欺诈，言当有成契，欺人为自欺，华词为负誓"。[4]《说十戒》第九戒："不得　酒任性，两舌恶口"。[5] 还有如："不得妄言绮语"、"不得两舌邪佞"、"不得好言人恶"、"不得言人隐私"等等。所有这些，都是道教戒律的严格规定。所以，一言一行，都要出之谨慎，慎之又慎。如果一定要说，一定要"实言"、"直语"、"诚实"，行十四持身之戒。这就是道教戒律中的诚信思想，长期以来，一直成为道门中遵守奉行的行为准则，对于社会中那些"妄言绮语"之人，也是一个严厉的告诫。

其二，强调禁止嫉妒诽谤。现代社会中，嫉妒、诽谤，都是人类身心不健康的表现。其中，嫉妒是一种消极的、负面的情绪体验和行为表现，主要是由于别人胜过自己而引起抵触的消极情绪，它是含有憎恨成分的激烈感情。诽谤是指以不实之词毁人、冤枉、进谏，其社会危害性极大。为此，我国现行法律就设有"诽谤罪"，对于以暴力或者其他方法公然侮辱他人或者捏造事实诽谤他人，要追究法律责任。在传统道教戒律中，就有明确反对嫉妒、诽谤的规定。《要修科仪戒律钞》卷一就以贪欲、嫉妒、诽谤三者为不畏之事。经称："末世人民有

---

[1]《虚皇天尊初真十戒文》，《道藏》第 3 册，第 405 页。
[2]《太上洞真智慧上品大诚玄》，《道藏》第 3 册，第 391 页。
[3]《云笈七签》卷四十，《道藏》第 22 册，第 281 页。
[4]《云笈七签》卷三十九，《道藏》第 22 册，第 275 页。
[5]《云笈七签》卷三十八，《道藏》第 22 册，第 264 页。

三可畏，宜善详焉。一者道义嫉妒可畏，二者诽谤可畏，三者贪欲可畏。"〔1〕道经以杀害、嫉妒、淫、盗、贪欲、憎媚为学仙六忌。关于嫉妒、诽谤的戒条也很多。《妙林经二十七戒》称："不得訾毁谤人，不得两舌邪佞，不得评人长短"。〔2〕强调不得毁谤他人，这是不道德的行为，当然也是有损自己福报的行为。还有，如"孝敬柔和，慎言不妒"；"不得嫉妒胜己，抑绝贤明"；"不得诽谤他人，毁攻同学"；"不得谗败贤良，露才扬己，当称人美善，不自伐其功能"；"心不恶妒，无生阴贼，缄口慎过，想念在法"；"不得嫉人胜己"；"无嫉无害，无恶无妒"；"不得訾毁谤人"等。可见，道教的戒嫉妒和戒诽谤，就是要求人们以诚心待人。诚即见人之得如同自己所得，见人之失如同自己所失，不嫉妒，不中伤，不欺骗，不背后议论人之长短，不口是心非，所有这些都是当代社会应该加以提倡的。

其三，强调禁止搬弄是非。搬弄是非是一个人心理不健康的表现，当然也是一种扭曲的、畸形的病态。所谓"搬弄是非"，就是指把别人的话传来传去，有意挑拨，或在背后乱加议论，引起纠纷。因此，搬弄是非的后果往往是很严重的，甚至是一种"无血杀人"的攻击行为。这种不道德的行为，自然会受到社会的谴责。历代以来，在道教戒律中是明确反对的。如《老君说一百八十戒》第二十八戒称："不得破人婚姻事"。第二十九戒："不得持人长短，更相嫌恨"。第三十一戒："不得言人恶事，猜疑百端"。第三十二戒："不得言人阴私"。第八十戒："不得淫泆佗妇，别离夫妻"。〔3〕第八十五戒："不得败人成功，言是己德"。第一百十一戒："不得多言弄口舌"。〔4〕这些戒条对"搬弄是非"的言行都是明确禁止的，尤其是不得背后挑拨离间，更不得

---

〔1〕《要修科仪戒律钞》卷一，《道藏》第6册，922页。

〔2〕《云笈七签》卷三十八，《道藏》第22册，第269页。

〔3〕《云笈七签》卷三十九，《道藏》第22册，第271页。

〔4〕《云笈七签》卷三十九，《道藏》第22册，第272页。

做毁人婚姻之事，如有违反，必遭天谴。还有，《初真十戒》第四戒"不得败人成功，离人骨肉，以道助物，令九族雍和"。[1]《三百大戒》称："不得泄人阴恶私鄙"；"不得说人祖父过恶"。[2]"不得评论师友，才思长短"；"不得劝人谋叛君长师父"。[3]可见，道教的戒律明确规定道教徒，必须要持守清净之道，去除私欲杂念，要心胸坦荡，正直做人。在与他人交往中，要严格要求自己的言谈举止，严禁搬弄是非和造谣中伤他人。这种社会道德伦理，对于促进人与人、人与社会之间的和谐，仍然具有十分重要的现实意义。

（五）道教戒律中"关爱自然"的生态伦理

生态伦理就是人们对生命存在与生态环境关系的道德观念、基本规范和道德实践。道教以"仙道贵生"为理论基础，尊重自然，关爱自然，重视生命的喜乐、宁静、恬淡、朴素和心灵的充实，关注自我与自然的协调，倡导顺应自然之道，强调"自然之道不可违"的生态理念，积累了诸多充满智慧的生态伦理。在传统道教戒律中，就有强调敬畏自然生态、顺应自然生态和保护自然生态的戒条，与今天生态伦理学的理论思维是相契合的。因此，我们要深入发掘研究、大力弘扬道教生态伦理，为化解生态危机和促进现代生态文明建设发挥积极作用。

其一，强调敬畏自然生态。道教提出"道法自然"的生态思想，认为大自然是一切生命赖以生存的家园，我们人类和人类社会赖以生存的自然环境都是自然的造化，自然环境本身就是一种生命体，人类没有权利也不应该对自然进行改造或者征服，更不应该对自然环境进行随意破坏。道教传统戒律中关于对自然生态的敬畏，主要是从信仰

---

[1]《云笈七签》卷四十，《道藏》第 22 册，第 278—279 页。
[2]《要修科仪戒律钞》卷六，《道藏》第 6 册，第 947—948 页。
[3]《要修科仪戒律钞》卷六，《道藏》第 6 册，第 948 页。

130

角度来进行规定的。如《老君说一百八十戒》第七十二戒："不得舌吐向天"。第七十八戒："不得上知星文，卜相天时"。第一百二十一戒："不得轻妄入江河中浴"。第一百六十五戒："凡天时灾变，水旱不调，不得患厌及其评议"。[1]《三百大戒》称："不得妄说天时，指论星宿"。[2] "不得占知世间吉凶"。"不得裸形三光，妄呵风雨"。[3]《玉清经本起十戒》称："不得裸露三光"。[4]《中级三百大戒》第五十九戒："不得向北小便"；第一百六十戒："不得妄呵风雨"。《太极真人说二十四门戒经》第十七戒：不得裸形露体于天地日月星辰之下。犯者过去，受铁锥刺身地狱罪。[5] 这些规戒条文，都明确告诉我们，大自然是神圣而伟大的，他孕育了一切生命，成为伟大的母亲，我们人类应该尊重、呵护与敬畏，切不可轻视与伤害，否则就会遭到惩罚。《太上感应篇》告诫世人"昆虫草木，犹不可伤"。[6] 还说：不得"呵风骂雨"，不得"夜起裸露"，不得"对北涕唾及溺"，不得"唾流星，指虹霓，辄指三光，久视日月"[7] 等。都体现了道教对自然的无比敬畏。可见，道教对自然的敬畏是一种发自内心的自觉，体现在生活的各个方面，成为道教徒奉行的生活准则。这种敬畏自然的生态伦理，对于促进现代人类尊重自然、关爱自然有着积极的现实意义。

其二，强调顺应自然生态。道教认为，自然界一切众生都是平等的，应当各守其道，顺应自然，不应该互相侵扰。《度人经》说：仙道贵生，一切有情无情，皆是大道演化，只有品类不同，没有贵贱之分。生命是自然赠与人类的礼物，因为有了各种各样的动物和植物，地球

---

〔1〕《云笈七签》卷三十九，《道藏》第 22 册，第 271—273 页。

〔2〕《要修科仪戒律钞》卷六，《道藏》第 6 册，第 947 页。

〔3〕《要修科仪戒律钞》卷六，《道藏》第 6 册，第 948 页。

〔4〕《玉清经本起十戒》，《道藏》第 22 册，264 页。

〔5〕《太极真人说二十四门戒经》，《道藏》第 3 册，第 413 页。

〔6〕《太上感应篇》卷三，《道藏》第 27 册，第 19 页。

〔7〕《太上感应篇》卷三，《道藏》第 27 册，第 131—132 页。

才显得生机盎然。历代以来，道教从顺应自然出发，提倡要尊重自然万物，关爱自然界一切生命。这种伦理思想在道教戒律中的反映就是反对惊吓、虐待动物。《老君说一百八十戒》第四十九戒："不得以足踏六畜"。第七十九戒："不得渔猎，伤煞众生"。[1] 第九十五戒："不得冬天发掘地中蛰藏虫物"。第九十七戒："不得妄上树探巢破卵"。第九十八戒："不得笼罩鸟兽"。[2] 第一百三十二戒："不得惊鸟兽"。第一百二十九戒："不得妄鞭打六畜群众"。第一百七十三戒："若见杀禽畜命者，不得食"。第一百七十六戒："不得绝断众生六畜之命"。[3] 都表达了道教尊重动物、关爱动物的慈爱情怀。从道教贵生的思想来看，一切有形生命都是平等的，都有自然生存、生长的权利，也应该得到人类的尊重与保护，这样才是顺应天道自然的法则。同样，《中级三百大戒》中也有同类型的戒律条文。其中，第六十四戒："不得惊散栖伏"。第一百七十戒："不得惊惧鸟兽，促致穷地"。第三十四戒，"不得鞭打六畜"。第三十五戒："不得有心践踏虫蚁"等。这些戒条同样表达了道教对于生命的关爱，是人类社会必须遵守奉行的伦理规范。还有，《太上感应篇》也明确指出，不得"射飞逐走，发蛰惊栖，填穴覆巢，伤胎破卵"。[4] 这就是说，凡是对于动物的惊吓或伤害，都是道教戒律所不允许的。这些戒律伦理，自然有利于对自然界动物生命的关爱，促进社会生态文明的进步，当然也是人类社会顺应自然的功德善举。

其三，强调保护自然生态。道教是"贵生"的宗教，追求长生久视，乃至于得道成仙，不把希望托付给彼岸和未来，所以特别关照这个与人朝夕相处的自然世界，从而形成了道教特有的生态伦理思想。

---

〔1〕《云笈七签》卷三十九，《道藏》第 22 册，第 271 页。
〔2〕《云笈七签》卷三十九，《道藏》第 22 册，第 272 页。
〔3〕《云笈七签》卷三十九，《道藏》第 22 册，第 274 页。
〔4〕《太上感应篇》卷十二，《道藏》第 12 册，第 59 页。

"道教的道法自然、贵人重生、返朴归真、少私寡欲、无为而治、贵柔守雌、形神俱妙、贵生戒杀的思想，对于现代人回复真性、尊重个体、自觉树立环保意识、选择合理的消费模式，以促进人类社会的可持续发展，都具有重要的现实意义"。[1] 在关爱自然生态方面，道教表现出强烈的社会责任与担当意识。《老君说一百八十戒》第十八戒称："不得妄伐树木"；第十九戒："不得妄摘草花"。[2] 第三十六戒："不得以毒药投渊池江海中"。第四十七戒："不得妄凿地，毁山川"。第五十三戒："不得竭水泽"。[3] 第一百戒："不得以秽污之物投井中"。第一百一戒："不得塞池井"。第一百十六戒："不得便溺生草上及人所食之水中"。[4] 这些戒律明确规定，不能随意破坏树木、花草，更不能破坏人类赖以生存的水资源，甚至连大自然中的小草都不能伤害。这种保护自然的生态伦理思想，强调从细微处入手，从保护自然植物开始，进而保护自然生态环境，体现了道教传统生态文化的普世价值。同时，《妙林经二十八戒》还称："不得烧野山林"。[5]《三百大戒》称："不得以大火烧田野山林；不得无故摘众草之花；不得无故伐树林"。[6] 都是道教关爱自然、保护自然生态的行为举措。还有《太极真人说二十四门戒经》第十八戒规定：不得攀摘花果，损折园林，秽污观舍。犯者过去，受吞铁丸地狱罪。[7] 这种保护自然生态的戒律条文，从信仰角度告诫人们不能违背，否则就要遭到神灵的严厉惩罚，这对于现代社会中破坏自然生态环境的行为敲响了生命的警钟。

综上所述，通过对上述道教戒律的伦理思想和道德规范的认识和

〔1〕陈霞主编：《道教生态思想研究》第5页，巴蜀书社，2020年6月版。
〔2〕《云笈七签》卷三十九，《道藏》第22册，第270页。
〔3〕《云笈七签》卷三十九，《道藏》第22册，第271页。
〔4〕《云笈七签》卷三十九，《道藏》第22册，第272页。
〔5〕《云笈七签》卷三十八，《道藏》第22册，第269页。
〔6〕《要修科仪戒律钞》卷六，《道藏》第6册，第947页。
〔7〕《太极真人说二十四门戒经》，《道藏》第9册，第413—414页。

分析，我们从中看到的不只是道教的清规戒律，而且看到道教文化在追求人与人之间、人与社会之间和人与自然之间的和谐所作出的思考与努力。道教戒律中所蕴含的诸多伦理思想，其立论宗旨都是劝人为善与教化之道，这正是现代社会伦理道德建设中不可缺失的重要内容。道教戒律以社会法律与道德为基础，同时又高于法律与道德，对于促进社会稳定、端正社会风气和规范民众言行，皆具有十分重要的积极作用。因此，当代道教，必须要大力弘扬道教戒律中的伦理思想，从中挖掘和提炼具有普世价值的思想，使古老的道教伦理智慧重放光彩，在当代社会中继续发挥出应有的时代价值。

第三节　道教生态伦理与生态文明建设

　　人类生活在自然界中，自然环境是人们赖以生存的物质基础，人与自然应和谐相处，保持自然界的生态平衡，这是千百年来永恒不变的自然规律。但是，自 20 世纪以来，随着人类对自然控制与支配能力的急剧增强，以及自我意识的极度膨胀，人类开始一味地对自然强取豪夺，从而破坏了自然环境与生态和谐，激化了人与自然之间的矛盾。随之而来的则是：环境污染、气候异常、水源枯竭、生物灭绝、生态失衡，等等，严重影响了人类文明的进程和人类的生活质量，当今人类的生存与发展遭遇了前所未有的生态危机。人们在享受现代物质文明成果的同时，却不得不咽下生态失衡这颗苦果。早在 20 世纪 70 年代，《联合国人类环境宣言》就明确指出："现代人类改造其环境的能力，如果明智地加以使用的话，就可以给各国人民带来开发的利益和提高生活质量的机会。如果使用不当，或轻率地使用，这种能力就会给人类和人类环境造成无法估量的损失"。[1] 特别是近二十年来，全球性生态危机的不断加剧，以及全球气候的变暖，[2] 已经直接影响到人类社会的生存环境，威胁到世界人类的生命安全。当人类以为自己

---

　　〔1〕　中国环境报社编译《迈向 21 世纪》，第 156 页，中国环境科学出版社，1992 年。

　　〔2〕　有证据表明，地球生态系统和地球气候系统已经达到甚至突破了重要的临界点，可能导致不可逆转的变化。同时，气候变化的趋势还在发展，南北极冰川的融化、喜马拉雅山冰川融化，气候极端化的加剧所造成的影响将会进一步凸显，未来的气候变化实在令人担忧。

可凭借先进技术肆无忌惮地控制、征服自然的时候，自然也在以自己的方式默默对抗甚至报复人类。比如，禽流感在全球蔓延[1]、印度洋大海啸[2]、美国的"卡特里娜"飓风[3]、突如其来的南亚大地震[4]、传播快速的非典[5]，再次给人类社会敲响了生命的警钟，也给当代社会环境保护工作提出了新要求和新挑战。

中国是有着五千年历史的文明古国，中华传统文化一直把人与自然的关系看着一个整体，一个休戚与共的生命共同体。人的活动应该与自然环境相协调，不能为所欲为，否则就会遭到自然的惩罚。道教作为中国土生土长的传统宗教，继承并发展了先秦以来的天人和谐与共生思想。在老子《道德经》中就明确提出了"道法自然"的生态伦理，强调"自然之道不可违"。早期道教经典《太平经》也明确提出"天人一体"的生态伦理，肯定了人对自然环境的依赖关系，形成一种生态整体意识。同时，《太上洞玄灵宝中和经》中还提出了"和合共生"的生态理念，要求人们尊重自然、保护自然，促进人与自然和谐发展。道教的这些生态伦理思想，蕴涵着深邃的生态智慧，是中华传统文化的瑰宝，是人类社会的宝贵财富，对于促进现代生态文明建设和化解全球生态危机皆具有十分重要的积极作用。本文就道教文化中的生态伦理思想作一简要分析，并对道教生态伦理助力现代生态文明

---

〔1〕 禽流感是指由禽流感病毒引起的人类疾病，该病毒传播快、感染力强、病毒可以通过空气传播。2005年以来新一轮禽流感在全球蔓延，世界顿时笼罩在一片恐慌之中。

〔2〕 印度洋大海啸，也称为南亚海啸，发生在2004年12月26日，这次地震发生的范围主要位于印度洋板块与亚欧板块的交界处的消亡边界。地处安达曼海。这次海啸造成22.6万人死亡，是世界近200年来死伤最惨重的海啸灾难。

〔3〕 卡特里娜飓风，2005年8月底先后登陆美国南部佛罗里达州、路易斯安那州，共造成1836人死亡，经济损失达1000亿美元，成为美国历史上损失最为严重的自然灾害。

〔4〕 南亚大地震，2005年10月8日，巴基斯坦西北边境省和巴控克什米尔等地发生里氏7.6级地震，死亡人数超过7.3万，近7万人重伤，350万人无家可归。

〔5〕 非典是一种由SARS冠状病毒引起的急性呼吸道传染病，2002年在中国广东发生，并扩散至东南亚乃至全球，直至2003年中期疫情才被逐渐消灭的一次全球性传染病疫潮。

建设问题提出一些思考与建议。

一、道教传统文化中的生态伦理思想

道教从保护自然环境、维护生态和谐的思想出发，积极倡导人与自然的和谐发展，形成诸多环保理念和生态伦理思想。道教的生态伦理思想内容十分丰富，涉及天、地、人各个方面，其和谐、自然、文明、人文的生态思想随处可见，朴素的生态伦理充满了睿智，发出耀眼的光芒，是当今人类社会生态文明建设重要的文化资源。

（一）道法自然的生态伦理思想

所谓"道法自然"，本意是指"道"就是"自然而然"，自己如此的。河上公注"道性自然，无所法也"。道法自然揭示了整个宇宙的特性，囊括了天地间所有事物的根本属性，宇宙天地间万事万物均效法或遵循"自然而然"的规律。《道德经》称："人法地，地法天，天法道，道法自然。"[1] 意为道生万物以及天、地、人的活动过程都是"自然无为"的，不受任何外物所制约。"道法自然"的生态伦理就是一种主张天、地、人三者之间自然共生，共同遵循"自然"法则的天人和谐。要求人类在自然面前"辅万物之自然"，而不能"逆万物之自然"，更不能破坏自然、胡作非为。因为，自然界万事万物的存在和发展，都有其自身固有的规律性，无不遵从一定的自然法则。任何人都不能违背，也无力违背。否则，就会导致灾难，形成生态危机。人类社会，凡事必须符合自然规律，必须"守道而行"，才能达到人与自然的和谐。

道法自然是一种充满"自然智慧"的生态伦理。老子认为，"道"

---

〔1〕《道德真经》卷上，《道藏》第 11 册，上海书店（三家本），1988 年，第 476 页。

虽是生长万物的，却是无目的、无意识的，它"生而不有，为而不恃，长而不宰"。即不把万物据为己有，不夸耀自己的功劳，不主宰和支配万物，而是听任万物自然而然发展着。道法自然的生态伦理，蕴涵着"道生万物""道通万物"与"道贵中和"的生态思想。所谓"道生万物"，是指人与自然都是"道"的化生。万物都是按照"道"赋予它的秉性，有自然生存、发展的权利。人类没有权利、也没有任何理由去干扰它，更不应该随意对它进行伤害或杀戮。人类要对万物"利而不害"，辅助万物自然生长。只有这样，才能达到和谐共生的目的。所谓"道通万物"，是指道化生万物，自然与万物相通。人是道的中和之气所化生，是万物之中最有灵气、最有智慧的生物。人类负有管理和爱护万物的责任。人的行为要符合"天道"，人应该"助天生物"，"助地养形"。使自然更加完美，人与自然更加和谐。所谓"道贵中和"，是指人类社会与自然要维持一种和谐的平衡。《太平经》说："夫人命乃在天地，欲安者，乃当先安其天地，然后可得长安也。"[1] 这里所谓的"安天地"，就是要认识和掌握自然规律，按照自然规律去办事，达到与自然和谐。道教认为人安身立命的天地间，要想得到好的生存和发展，必须使我们赖以生存的地球得到和谐安宁，然后人类才能长久安宁。

（二）天人合一的生态伦理思想

所谓"天人合一"，就是指人类社会与自然世界之间的协调统一关系。这里的"天"，可以理解为世界万物、自然规律。"合一"既指人与自然是一个整体，也指人与自然界遵循着同样的法则。在中国传统文化中，人们对于"天"总是敬畏的，人与天是相生相应的。这与前面所说过的"道法自然"是一脉相承的，效法自然即是天道，效法天

---

〔1〕 王明：《太平经合校》，中华书局，1960年，第124页。

道即是人道。天之道则是万物运行的规律，人之道则是人类社会的规律。只有人道对应了天道，才符合自然发展之道。在人与自然关系问题上，道教主张并倡导"天人合一"说，指出人与天地万物本来就是合一的，而且也是应该合一的。《庄子·齐物论》说："天地与我并生，而万物与我为一。"〔1〕万物与人是同一的。天人合一就是要求人和天都必须遵守自然规律原则，按照自然规律办事。《洞玄灵宝中和经》又说："天地合和，万物萌芽"；"天地不和，阴阳失度"。〔2〕讲的就是一种天、地、人和谐共生的理念。道教天人合一的生态观认为，人的一切都不是独立于自然界的，而是与自然万物相互依存的，所谓"一荣俱荣，一损俱损"。人与自然万物是平等的，人类应当认识自然，尊重自然，保护自然，而不能破坏自然。明确反对一味地向自然界索取，反对过度地利用自然与征服自然。道教认为，人与自然是相互感应、相互影响的。维护整个自然界的和谐与安宁，是人类社会生存和发展的必然要求。

天人合一是一种充满"和谐智慧"的生态伦理，强调的是"人"必须与"天"一致，相互和谐、相互协调。道教认为，天人是相互感应的，也是相互影响的，人必须顺天道而行，否则必将会遭到上天的惩罚。事实上，天人合一本身就是一种自然规律，是人类社会应该顺应与遵守的。其中，蕴涵着人与自然"和谐共生""和谐共存"与"和谐共处"的生态理念。所谓"和谐共生"，指的是一种人与自然共生共长的过程。《太平经》指出，人是自然万物的一部分，也是自然中和之气所生，即"天、地、人本同一元气，分为三体"。又说："天、地、人、万物，本共治一事，善则俱乐，凶则俱苦，故同尤也。"〔3〕也就是说，天、地、人同为自然界中一部分，本身就有着共生、共荣的关

<hr>

〔1〕《南华真经》卷一，《道藏》第11册，上海书店，1988年，570页，

〔2〕《太上洞玄灵宝中和经》，《道藏》第24册，上海书店，1988年，694页。

〔3〕 王明：《太平经合校》53卷，中华书局，1960年，第200页。

系。因此，必须要互相尊重、和谐共处。所谓"和谐共存"，指天地是人类赖以生存的基础，自然万物是人类的朋友，也是人类生存必须的条件，如果没有自然万物与人和谐共生，人类也不可能独立存在下去。这是自然万物生存和发展的客观规律，所谓"天地不和，阴阳错谬，灾及万民"。[1] 就是说自然生态的失衡，直接影响到人类世界的生存，自然环境的好坏直接关系到人类社会的生存与发展。所谓"和谐共处"，是指自然宇宙间没有孤立发生的现象，一切都处在相生相克、相互依赖、相互制约之中，一切都处在一个统一的整体背景的制约之下，一切都是整体关联的。这就是说，人与自然是互惠互利，彼此促进、共同生存的。道教"天人合一"的生态伦理思想，强调人与自然万物必须要和睦相处，才能共生共荣。人类社会要主张关心爱护万物生命，以谦下的精神与自然万物和谐共处，要求人类必须要尊重自然规律，并按照自然规律或利用自然规律去安排人类的生产和生活，从而达到与自然和谐共处的目的。

（三）重生贵德的生态伦理思想

道教是重视生命、关爱生命的宗教。所谓"仙道贵生，无量度人"[2] 就明确指出了道教的"贵生"思想。强调要尊重人类自身的生命，尊重动物的生命，尊重万物的生命，更要尊重人类和万物赖以生存的自然环境。《道德经》说"道生之，德蓄之，物形之，势成之。是以万物莫不尊道而贵德"，[3] 讲的就是一种"贵德"思想。即自然万物的生长皆由"道"和"德"而成，人类的一切活动必须遵守"道"和"德"的规律，万物的生存发展皆要"尊道贵德"，否则就要受到自然的惩罚。道教这种"重生贵德"的生态伦理，具有强烈的道德责任

〔1〕《太上洞玄灵宝中和经》，《道藏》第24册，上海书店，1988年，694页。

〔2〕《灵宝无量度人上品妙经》卷一，《道藏》第1册，第5页。

〔3〕《道德真经》卷上，《道藏》第11册，上海书店，1988年，478页。

意识，它要求人类主动关心和关爱自然界，自觉保护和维护自然生态环境，积极为自然界承担道德义务，从而树立起尊重生命、善待自然的生态观。

重生贵德是一种充满"生命智慧"的生态伦理，强调人类社会要尊重生命、提升道德素养。因为，一切生命皆有灵性，皆有道性，包括动物和植物，人类必须要给予尊重与爱护，对待自然生命要有好生之德。其中，蕴涵着"慈心于物"的生态情怀、"少私寡欲"的生态原则与"奉道而行"的生态方式。所谓"慈心于物"，就是指人类要善待万物、敬重生命。道教是贵生的宗教，《太平经》说"夫天道恶杀而好生，蠕动之属皆有知，无轻杀伤用之也"，[1] 即蠕动的小生命都有知觉，皆不能轻易杀伤。《感应篇》中也有不得"无故杀龟打蛇"的禁忌，有"昆虫草木犹不可伤"[2] 的规定。充分体现了道教对生命的尊重和关爱。从宇宙伦理的角度来看，人类凭借自己的强权，残杀众生，显然是不道德的，也是违背天道的。道教要求人类把慈悲之心扩大到自然界万物之中，不要随意杀戮众生，要自觉维护自然生态的平衡与和谐。所谓"少私寡欲"，就是要求为人心地纯洁，行事真诚朴实，少存私心和过分的欲望。"少私寡欲"是老子关于治国、修身的教诫和嘱托。"寡欲"是对物欲虚名的一种克制和超越，是从道德层面来关注自然生态环境的。事实上，生态环境的破坏与人类的贪欲密切相关。"人类若不尽快从欲望的魔掌中挣脱出来，并还身为人，等待人类的只能是一条不归之路。"[3] 为了维护个人、社会与自然的和谐，保持人类社会持续发展，人类必须抛弃消费型、掠夺型价值观，树立适度消费观念和健康的心态。所谓"奉道而行"，就是要求人类尊重万物之道

〔1〕 王明：《太平经合校》，中华书局，1960年，第174页。

〔2〕《太上感应篇》，《道藏》第27册，第41页。

〔3〕 曹孟勤：《人性与自然：生态伦理哲学基础反思》，南京师范大学出版社，2004年，第181页。

性，顺应物性而行。主张对自然进行最小的干涉，要充分尊重自然规律，最大限度地维护自然生态的和谐。《太平经》说："天地之性，万物各自有宜。当任其所长，所能为。所不能为者，而不可强也。"[1]要求人类要遵循"天道无为，任物自然"的原则，让宇宙万物"任性自在"，自然发展。一切万物，才能自然昌盛。可见，重生贵德的生态伦理思想，强调的是一种对生命的尊重和对道德的遵循，具有积极的时代价值。

（四）和合共生的生态伦理思想

和合文化的普世价值，不仅体现在人与人的和谐、人与身心的和谐，而且还体现在人与自然的和谐。和合共生是充满哲理的发展思想，"和"表示不同事物（生命）相互补充，是新事物（生命）生成的规律。和合互通，是相异相补、相反相成、协调统一、和谐共进的意思。和合共生是一种自然规律，也是一种生态法则，人与万物是相互依存的，只有"和合"才能共生，必须要珍视生物共同体。人与自然之间需要和合共生，只有和生才能共荣，否则只能是自我毁灭。《洞玄灵宝中和经》说："道以中和为德，以不和相克。是以天地合和，万物萌芽，华果熟成。"[2]这就是说，"道"的本性是"中和"的，是自然和谐的，只有天地自然的和谐，才会有万物的生长和成熟。《太平经》还说"自然者，乃万物之自然也"，[3]明确指出了大自然是万物众生的自然，是众生共享、共生的生存家园。人类历史发展的经验教训告诉我们，当代社会的人类既要关注和追求自身的生存和发展权利，也要尊重自然界其他生物的生存权利，在享有对自然的权利的同时，应主动承担起保护生态环境的责任。

---

〔1〕《太平经》第 54 卷，《道藏》第 24 册，上海书店（三家本），1988 年，438 页。

〔2〕《太上洞玄灵宝中和经》，《道藏》第 24 册，上海书店，1988 年，694 页。

〔3〕 王明：《太平经合校》，中华书局，1960 年版，第 16 页。

和合共生是一种充满"人文智慧"的生态伦理，阐述了人与自然和谐共生的人文思想，强调的是一种"和"文化。道教"和合"思想旨在寻求人与自然、社会和自身的内在平衡，具有丰富的生态伦理内涵。其中蕴涵着"和合万物""共生共荣"的生态伦理。所谓"和合万物"，就是指人与万物是一个不可分割的整体，相互影响，共同生长。道教认为"人与物类，皆禀一元之气而得生成"。[1]因此，"天地与我同根，万物与我同体"。[2]人与天地万物在本原上是同一的。世间万物互相依存，和谐共处，不可分离。生命与环境在共同进化过程中和睦共处，生命与环境相互影响、融为一体。《太平经》说："圣人亦当和合万物，成天心，顺阴阳而行。"[3]"和合万物"，"顺阴阳而行"，是一种天道法则，维持自然界的循环系统，恢复自然界应具有的生态环境美是人类的共同责任。所谓"共生共荣"，就是指天、地、人三气是相互协调、共生共长的整体。《太平经》说：天、地、人及万物不仅应合于自然之道，而且三者需要"相爱相通，无复有害者"，方能"并力同心，共生万物"。[4]现代生态学也明确告诉我们，在这个地球上，还"没有一种生物可以完全独立生存，所有生物都会受到周围环境和其他生物的影响"。[5]人必须依赖自然界以生存，自然界的每一个物种都是处在它特有的生物链中的一个环节上，破坏了其中的任何一个环节，这条链就会慢慢被瓦解，慢慢毁灭掉，最终影响到人类。尽管人们认为，大自然具有无上的威力，人们破坏了自然界的生态平衡，就会遭受大自然的严厉惩罚和报复，但是大自然的这种威力也是直接来自人类对自然界的破坏。因此，保护自然生态环境已经成为当代社

〔1〕《云笈七签》卷五十六，《道藏》第 22 册，第 383 页。

〔2〕《海琼白真人语录》卷三，《道藏》第 33 册，第 129 页。

〔3〕王明：《太平经合校》第 53 卷，中华书局，1960 年版，第 222 页。

〔4〕《太平经》第 48 卷，《道藏》第 24 册，上海书店，1988 年，419 页。

〔5〕陈霞主编：《道教生态思想研究》，巴蜀书社，2010 年，第 101 页。

会发展的必然选择。

二、道教生态伦理助力现代生态文明建设

近现代以来，随着人类对生态危机的认同，生态意识开始觉醒，生态文明开始受到人类社会的广泛关注，生态学也成为新时期的显学。面对当代社会环境的破坏和生态危机问题，人们开始意识到"生态危机的实质是人性危机"。[1] 人性危机"使人类文明失去了道德和智慧的指引"。[2] 人性危机所释放出来的贪欲，直接导致了人类对自然界的掠夺与破坏。这就是说，解决人性危机才是化解生态危机的有效途径。道教的生态伦理，是中华传统文化的瑰宝，是解决人性危机的良方，是化解生态危机的良药。因此，我们要善用道教的生态伦理，助力现代生态文明建设，要不断增强环境保护的责任意识，全力推进生态观念的根本转变，积极开展环境保护的自觉行动，努力化解全球范围的生态危机，这是时代赋予当代道教的使命与责任，也是道教中国化进程中的时代担当。

（一）善用道教生态伦理，助力增强环境保护的责任意识

现实告诉我们，生态文明最终是人的文明，生态文明建设关系到人类的生存与发展，这就要求我们人类为了共同的命运承担起自己的责任。道教认为，人与万物一样是天地的子嗣，但人又与万物不同，是万物之师长。人类必须要展现人之为人的本质，自觉承担起环境保护的责任意识。从道教的生态伦理出发，我们认为要保持人与自然的

---

〔1〕 曹孟勤：《人性与自然：生态伦理哲学基础反思》，南京师范大学出版社，2004 年，第 132 页。

〔2〕《清华大学年鉴 2001》，河北大学出版社，2002 年，第 36 页。

和谐发展，实现现代生态文明的有序推进，必须大力弘扬道教的生态伦理思想，不断增强环境保护的公民责任、道德责任和社会责任，从而更好地促进现代生态文明建设。

其一，助力增强环境保护的公民责任。所谓"公民责任"，就是指公民应当承担的法定责任，比如遵守宪法和法律的责任，等等。近年来，生态环境恶化的趋势未能从根本上得到遏制，一个深层次的原因，就是人类生态环保责任意识的严重缺失。这就是说，"生态危机的发生与人的生活方式、行为方式、精神追求密切相关"，[1]《太平经》说"人者，乃理万物之长也"，[2] 这种思想就赋予人更多的责任，包括对大自然的责任。要求人类必须履行"理万物之长"和"辅万物之自然"的职责，强调人类对自然保护的责任。《太平经》还说："天地，人之父母也，子反共害其父母而贼伤病之。非小罪也。"[3] 这里道教以神学方式提醒人类负有保护环境的责任。道教生态伦理告诉我们：人类只是宇宙中的一种生命体，人与自然界的一切生命体都是平等的，没有高低贵贱之分，人类没有任何理由，也没有任何权利来破坏自然环境。同时，人类本身就负有保护自然环境的职责，必须要主动担负起公民的责任。当代《环境保护法》也明确要求："公民应当增强环境保护意识，采取低碳、节俭的生活方式，自觉履行环境保护义务。"这就是说，现代社会公民应该有保护环境的责任和义务。

其二，助力增强环境保护的道德责任。当代社会"正是人类对自然生态环境缺乏责任意识，对自然存在物少有道德关怀，才导致了生态危机的发生"。[4] 全球性的生态危机所反映出来的人与自然的对立，

---

[1] 陈霞主编：《道教生态思想研究》，巴蜀书社，2021年版，第3页。
[2] 王明：《太平经合校》，中华书局，1960年版，第88页。
[3] 王明：《太平经合校》，中华书局，1960年版，第116页。
[4] 曹孟勤：《人性与自然：生态伦理哲学基础反思》，南京师范大学出版社，2004年，第130页。

145

"实际上是人类不同利益主体拼命争夺有限的自然资源和生存空间，只从经济效益考虑而不顾及生态效益所造成的恶果"。[1] 现代生态文明建设与人类的追求、理念、文化、道德、价值观相关。道教生态伦理告诉我们，人类应该把道德关怀扩展到自然界，对自然界或其他自然存在物承担起社会道德责任。一方面，要通过建构与弘扬生态伦理道德，唤醒人们的生态良知、生态道德自觉，增强人们的生态正义感和生态责任感，促进人与自然和谐相处。另一方面，要牢固树立"尊重自然、顺应自然、保护自然"的生态文明理念，树立"崇尚自然、热爱生态"的道德情操，唤起关爱生物、善待生命的道德良知，不断增强生态环境保护的道德责任和自觉行动。

其三，助力增强环境保护的社会责任。工业化引发了经济前所未有的发展，但同时也带来了经济和社会发展的不可持续的风险，其结果是"自然生态环境日趋萎缩、衰败和恶化，再生能力和平衡状态遭受巨大破坏"。[2] 党的十九大报告指出：要"完善生态环境管理制度，统一行使全民所有自然资源资产所有者职责"；要"坚决制止和惩罚破坏生态环境行为"。[3] 强调了环境保护的社会责任。事实上，道教自古以来就有治疗个人、社会、天地疾病的传统，它向往"天长地久"的人和自然的可持续性，反映了道教对生态环境的关注和强烈的社会责任。道教生态伦理告诉我们，要化解人类面临的生态危机，必须从思想上高度重视，从行动上落到实处，必须进一步强化环境保护的社会责任。一方面，要在全社会倡导适度消费、勤俭节约的生活方式，逐步形成以资源节约型、科技先导型、质量效益型为基础的可持续的

---

〔1〕 曹孟勤：《人性与自然：生态伦理哲学基础反思》，南京师范大学出版社，2004 年。第 44 页。

〔2〕 曹孟勤：《人性与自然：生态伦理哲学基础反思》，南京师范大学出版社，2004 年，第 178 页。

〔3〕《党的十九大报告学习辅导报告》，学习出版社，2017 年，第 41 页。

文明发展观。坚持可持续发展，就是要求我们既着眼当前，又考虑未来，实现经济社会和人口、资源、环境的协调发展。另一方面，要将生态文明的理念渗透到生产、生活各个层面，不断增强人们自觉维护生态环境的责任感和使命感，使环境保护成为公民个人的自觉行为，从而推动人与自然的和谐发展。当代《环境保护法》也明确规定：一切单位和个人都有保护环境的义务。地方各级人民政府应当对本行政区域的环境质量负责。企业事业单位和其他生产经营者应当防止、减少环境污染和生态破坏，对所造成的损害依法承担责任。明确要求全社会积极行动起来，共同来承担生态环境保护的责任。

（二）善用道教生态伦理，助力推进生态观念的根本转变

生态文明最终解决的是经济社会的发展问题，这就需要我们全面推进现代生态文明建设，正确处理好经济发展同环境保护的关系。道教认为，人的作用是帮助天地抚育万物，要做到"辅万物之自然而不敢为"。从道教的生态伦理出发，我们认为要保持人与自然的和谐发展，实现现代生态文明的有序推进，必须要坚持实现自然观念、价值观念、伦理观念和生产观念的根本转变。

其一，助力推进自然观念的根本转变。所谓"观念"，是指人类支配行为的主观意识。观念的产生与所处的客观环境关系密切，正确的观念就是人的大脑对客观环境的正确反映。人类的行为都是受行为执行者的观念支配的，观念正确与否直接影响到行为的结果。自然观念，则是人类对自然世界的一种主观意识，这种主观意识直接影响着人们对自然的态度和行为。传统的自然观念是建立在人类社会与自然界对抗的基础上，这种观念必然导致人类对自然无穷无尽的掠夺，使可利用资源日益枯竭，生态环境日趋恶化。这就是说，人对自然的观念直接影响着自然生态环境保护，道教认为人应当顺乎天道、和于自然。世间万物皆具有"道性"，都有其存在的价值和运行的规律。人并不是自然界的主宰，而是自然有机的一部分。人与自然之间并不是一种驾驭与被驾驭的关系，而应当是一种和谐共生的关系。道教生态伦理告诉我们，现代生态文明建设必须要实现自然观念的根本转变。既要达到人与自然的和谐相处，促进人与自然和谐发展，又要懂得尊重和保护自然，对自然的索取保持一种理性的节制和合理的需求。这就是说，人对自然界认识的基础是人所引起的自然界的变化。

其二，助力推进价值观念的根本转变。一般来说，个人价值观念是后天形成的，是通过社会化培养起来的。家庭、学校等群体对个人价值观念的形成起着关键的作用，其他社会环境也有重要的影响。个人的价值观念一旦确立，便具有相对的稳定性，形成一定的价值取向和行为定式，是不易改变的。在人与自然关系方面，不同的价值观念就会产生不同的社会行为，正确的价值观就会产生对自然环境的尊重与保护，不正确的价值观必然会产生对自然环境破坏与掠夺。在现代社会经济快速发展进程中，由于生产能力迅速提高，物质财富急剧增加，人类开始出现了消费主义和享乐主义的价值观，其结果自然是生态环境的严重破坏。道教生态伦理告诉我们，现代生态文明建设必须要实现价值观念的根本转变。即人类社会要树立正确的人生价值观，要用道德伦理去约束无限消费的欲望，就是将自身的幸福体现在和谐的、合理的消费之中，寻找消费行为与理性需要的平衡点，最终也将有利于人类更大利益的实现。

其三，助力推进伦理观念的根本转变。一般来说，任何社会形态都有与之相适应的伦理支持系统。传统伦理观念所指向的是人与人之间的关系、个人与社会之间的关系，其目的是维护社会秩序。生态伦理则是人们对生命存在与生态环境关系的道德观念、基本规范和道德实践。在伦理认识上，道教以其重视生命、关爱生命为特色，关注自我与自然的协调。在对自然生态和人的关系的认识上，表现出开发生命活力的自觉能动性、与自然对象的同一性以及伦理认识的整体系统性。道教伦理追求的是"顺乎自然之道"，强调"自然之道不可违"。《太平经》提出"天地中和同心，共生万物"，认为理想的太平世界是人与各个层次的自然事物和谐相处、共生共荣的世界。道教生态伦理告诉我们：现代生态文明建设必须要实现伦理观念的根本转变。即建设社会主义和谐社会、实现人与自然之间的和谐相处，要求我们把伦理的指向扩大到人与自然的关系上，把人与自然的关系确立为一种道德关系，要求人类尊重自然、爱护自然环境，确立人与自然之间和谐相处的新的伦理观念。

其四，助力推进生产观念的根本转变。在生产力极度低下的远古社会，人们往往畏惧自然界的变迁与灾害，于是，敬天、顺天，一切顺应自然，就成为这一时期的人们对待自然生态环境的基本态度。但是，随着现代科技的迅速发展，人类破坏自然的能力也快速提升，再加上人类中心主义的影响，以及对自然界的无限索取。所以，现代生产观念，就会把人类视为自然界的征服者和统治者，这种观念必然产生征服和统治自然界的态度和行为，而"人类的思想与行为活动，乃是影响自然生态秩序的关键因素"。[1] 道教提出"恬静无为，清心寡欲"的思想，要求人类的生产活动以不能破坏自然环境为原则，其生活方式要以简约、不争为目标，做到尊重自然、顺应自然和保护自然。道教生态伦理告诉我们，现代生态文明建设必须要实现生产观念的根本转变，即人类要在认识自然、尊重自然、保护自然和关爱万物的前提下合理利用自然，要正确处理好经济发展同环境保护的关系，牢固树立保护生态环境就是保护生产力，改善生态环境就是发展生产力的理念，更加自觉地推动绿色发展、循环发展、低碳发展，最终实现人类与整个自然生态系统的和谐发展。

---

〔1〕 蔡林波：《助天生物—道教生态观与现代文明》，上海辞书出版社，2007年，第52页。

（三）善用道教生态伦理，助力开展环境保护的自觉行动

所谓"自觉行动"，是一种发自内心的、主动作为的过程。像所有的认知过程一样，人们对环境保护和生态建设的认识，也有一个由表及里、由浅入深、由自然自发到自觉自为的过程。现实社会中，只要经济，只重发展，不考虑环境，不考虑长远，"吃了祖宗饭，断了子孙路"而不自知的人很多。正因为如此，生态危机依然存在，生态环境问题并没有得到根本解决。面对环境污染、生态系统恶化的严峻形势，如何推动开展环境保护的自觉行动就成了当前重要而紧迫的任务。这就需要我们善用道教生态伦理，助力现代生态建设，要努力使广大人民群众从被动到主动，从自发到自觉，主动担当起应尽的责任，齐心协力走可持续发展之路。

其一，助力开展生态道观建设的自觉行动。自 1995 年开始，中国道教协会参加在英国召开的世界与环境保护会议，发表了《中国道教协会关于生态环境保护的宣言》。2003 年，中国道教协会在甘肃省民勤县建立"中国道教生态林建设基地"。2006 年至 2008 年，中国道教协会先后召开三次"中国道教宫观生态保护论坛"，提出了"生态道观"项目，此举得到联合国开发署的关注，并得到有关国际环境组织的支持。2009 年，中国道教协会专门制定了《中国道教界保护环境的八年规划（2010—2017）纲要意见》，要求将生态保护纳入创建和谐宫观目标。[1] 然而，这么多年过去了，生态道观建设依然是进展缓慢，成绩并不明显，其主要原因还是没有引起真正重视，没有成为道教界的自觉行动。道教生态伦理告知我们：建设生态道观，保护好我们赖以生存的自然环境，既是道教生态伦理的传承发展，也是道教精神风貌的当代展现。因此，我们当代道教徒必须要遵循"道法自然"的思想宗

---

[1]《中国道教》2009 年第 6 期，第 5 页。

旨，以追求天人和谐为己任。从我做起，从一言一行做起，努力推进"生态道观"建设。各地道教组织与道观要建立健全生态保护和宣传教育的规章制度，全面提升住观道众的生态环保意识，使生态道观建设真正成为广大道教徒的一种自觉行动。

其二，助力开展生态环保建设的自觉行动。当代社会，经济的快速发展，给人类生活带来了极大的改善，物质生活也得到快速提高。但是，人类社会在享受物质生活的同时，也造成了对自然环境的破坏。究其原因，主要是人类过度的"欲望"所造成的。道经称："欲者，凶害之根；无者，天地之源。"道教追求宇宙、身心、自然的和谐有序，认为欲望是扰乱生态秩序之源，是引起生态混乱之端。道教生态伦理告诉我们，必须要积极倡导"少私寡欲"的生活理念，节制过度的消费欲望。在加快物质生活改善的同时，必须要严格控制好以破坏自然环境为代价的过度消费问题，加强对生态环境污染的治理和对生态文明的保护。从环保角度来看"人类不节制欲望，环境就不可能从根本上得到改善"。[1] 现代生态学强调的是一种生态自觉意识与自觉行动。人类社会只有真正认识到生态问题无边界，认识到人类只有一个地球，地球是我们的共同家园，保护环境是全人类的共同责任，生态建设才能成为一种自觉行动。

其三，助力开展美丽中国建设的自觉行动。党的十九大报告指出"加快生态文明体制改革，建设美丽中国"，强调"必须坚持节约优先、保护优先、自然恢复为主的方针，形成节约资源和保护环境的空间格局、产业结构、生产方式、生活方式，还自然以宁静、和谐、美丽"。[2] 这是建设美丽中国的基本路径和重要任务。道教生态伦理告诉我们，人因自然而生，人与自然是一种共生关系，对于自然的尊重就是对人类

〔1〕 尹志华：《道教与环保》，香港青松出版社，2010 年，第 39 页。
〔2〕 《党的十九大报告学习辅导报告》，学习出版社，2017 年，第 40 页。

自身的尊重，自然的和谐也会影响到人类自身的和谐。因此，建设美丽中国既是对生态文明建设的高度重视，也是对人类自身的一种关爱。根据道教生态伦理与建设美丽中国的要求，一是要坚持做到尊重自然、顺应自然、保护自然，保护自然生态系统，维护人与自然之间形成的生命共同体；二是要树立和践行绿水青山就是金山银山的理念；三是要坚持节约资源和保护环境的基本国策，实行最严格的生态环境保护制度。建设美丽中国，努力开创社会主义生态文明新时代。

（四）善用道教生态伦理，助力化解全球范围的生态危机

近现代以来，由于世界人口的快速增长，工业革命的高速发展，加上战争和社会动乱，人类干预自然界的规模和强度不断地扩大和深化，全球多处出现森林覆盖面积缩小、草原退化、水土流失、沙漠扩大、水源枯竭、环境污染、环境质量恶化、气候异常、生态平衡失调等现象。生态环境的破坏，已经直接引起环境质量下降、生态秩序紊乱、生命维持系统瓦解，从而危害人的利益、威胁人类生存和发展。道教生态伦理告诉我们，人类应该正确处理人与自然的关系，在发展生产和提高生活水平的同时，注重保持生态系统结构和功能的稳定与平衡，促进人与自然的和谐发展。要善用道教的生态伦理智慧，助力化解全球范围的生态危机，从而实现人类社会的可持续发展。

其一，助力改善人类社会的生活方式。生活方式是人类对美好生活共同的追求，是人类社会进步与发展的标志。从人与自然的关系看，人类的生活与自然环境密切相关，人类的生活方式决定着生态文明，这就表明我们每个人都是生态文明建设的主体。如果我们一直秉承落后的、不文明的，甚至是愚昧的生活方式，我们必然会受到生态环境的惩罚；如果我们每个人对生活方式的选择和参与，都是先进的、文明的、科学的，那么我们就能够直接影响或推动生态文明建设的进程。道教生态伦理的规范、准则，把"清虚自守"作为人生价值追求，在

生活方式上力求"返朴归真"，保持人与自然的和谐相处。道教的生态伦理告诉我们：为了从根本上保护自然生态环境，人类必须要改变自身的生活方式，建立起节约资源、人与自然和谐相处的新的生活方式。要化解全球生态危机问题，就必须要正确处理好人与环境的关系，积极"倡导简约适度、绿色低碳的生活方式"。[1]因为，生态危机的始作俑者是人类自己，只有建立起人与自然和谐相处的、健康的、文明的生活方式，人类社会才能真正美好，生态危机才能真正化解。

其二，助力推进生态环境的补偿制度。生态补偿机制是以保护生态环境、促进人与自然和谐为目的，根据生态系统服务价值、生态保护成本、发展机会成本，综合运用行政和市场手段，调整生态环境保护和建设相关各方之间利益关系的一种制度安排。建立生态补偿机制是贯彻落实科学发展观的重要举措，有利于推动环境保护工作实现从以行政手段为主向综合运用法律、经济、技术和行政手段的转变，有利于推进资源的可持续利用，加快环境友好型社会建设，实现不同地区、不同利益群体的和谐发展。党的十九大报告指出，要"建立市场化、多元化生态补偿机制"；[2]党的十九届四中全会又进一步提出，要"严明生态环境保护责任制度"，落实生态补偿和生态环境损害赔偿制度，实行生态环境损害责任终身追究制。[3]从制度层面进行了严格规范。道教生态伦理告诉我们：人与自然是生命共同体，人类必须尊重自然、顺应自然、保护自然。人类只有遵循自然规律，才能有效防止在开放利用自然上走弯路，人类对自然的伤害最终会伤及人类自身，这是无法抗拒的规律。这就要求我们人类要在大力发展经济、利用自然资源的过程中，坚决摒弃所谓的"人类中心主义"思想，决不能采

〔1〕《党的十九大报告学习辅导百问》学习出版社，2017年，第164页。
〔2〕《党的十九大报告学习辅导报告》，学习出版社，2017年，第40页。
〔3〕《中共中央关于坚持和完善中国特色社会主义制度，推进国家治理体系和治理能力现代化若干重大问题的决定》，2019年11月5日，央视网新闻。

取耗竭资源、破坏生态和污染环境的生产方式，而是应当合理利用自然资源，及时修复由于人为或自然原因造成的对自然环境的破坏，共同维护自然生态的和谐发展。

其三，助力推进生态环境可持续发展。可持续发展是人类社会发展的必然要求，也是人类赖以生存和传承的基本条件。现实社会中，人的生活方式决定着人的消费模式，消费模式又影响着自然环境，而非理性的消费行为模式是导致环境恶化、生态破坏和不可持续的一个重要原因。面对资源约束趋紧、环境污染严重、生态系统退化的严峻形势，我国政府高度重视生态环保工作，强调必须要树立尊重自然、顺应自然、保护自然的生态文明理念，努力建设美丽中国，实现中华民族永续发展。事实上，道教历来就以节俭为荣，以攀比奢侈为耻，明确主张"见素抱朴、少私寡欲"，不让永无止境的物质欲望来扰乱个人内心的安宁。道教在生活上采取"少私寡欲"、"知足常乐"的态度，要求道教徒始终保持一种"安时而处顺"的高尚情操，对于促进自然资源可持续发展具有重要的意义。道教生态伦理告诉我们，要化解全球生态危机问题，就必须要正确处理好人与自然环境的关系，坚持可持续发展的消费模式。因此，我们要通过生活方式的转变来协调人与自然的关系，在充分考虑环境承载力的前提下，追求人与自然和谐的可持续的生存方式，建立资源节约型、环境保护型、生活简约型的消费模式，实现消费、生活与生态的平衡，促进经济社会和生态文明的持续发展。

其四，助力推进化解全球性生态危机。当今社会，倡导以人为本，这是社会的发展与进步，但是我们必须要清楚地认识到"以人为本"并非"人类中心主义"，而"传统的人类中心主义"观念，"已经造成了当今的严重生态危机"。[1] 道教在审视人与自然环境的关系时，表

---

〔1〕 曹孟勤：《人性与自然：生态伦理哲学基础反思》，南京师范大学出版社，2004年，第28页。

现出深邃的生态智慧，成为现代生态文明建设宝贵的文化资源，是中华文化对世界文明的一大贡献。面对全球生态危机，道教的生态伦理受到世界的广泛关注。人们纷纷到中国传统文化中去寻找"智慧"，用传统道教的"生态智慧"来化解全球性"生态危机"。美国环境伦理学家霍尔姆斯·罗尔斯顿（Holmes Rolston）认为："西方人也许应该到东方去寻求人与自然协调发展的模式。"[1]美国科学家卡普拉（F. Capra）则认为："在伟大的宗教传统中，道教提供了最深刻和最美妙的生态智慧的表达之一。"[2]法国著名道教学者索安（Anna Seidel）也指出：今天的生态学家知道，作为东方传统之一的道教，可以帮助我们找到一种生存方式，使我们被毁坏的星球更加和谐。[3]因此，我们要大力弘扬道教优秀文化，积极倡导道教生态伦理，助力化解全球性生态危机，共同维护世界人类与自然环境的和谐与安宁。

综上所述，道教文化中蕴含着丰富的生态伦理思想，是当代社会环境保护重要的文化资源。在人与自然的关系方面，道教认识到万物的价值以及人和环境的相互依赖关系，从而确立了人有保护环境的职责。当代社会，我们有责任将道教的生态伦理思想，转变成人们践行生态文明实践的行动指南。道教的生态伦理，强调的是一种自然之道、和谐之道，是一种人与自然和合共生的生存之道。这种生态伦理思想，是道教助力生态文明建设的重要内容，也是人类社会必须要大力提倡和加以推广的。当代道教，我们要积极传扬道教的生态伦理思想，充分发挥道教生态伦理的时代价值，关注社会生态和谐与人类美丽家园建设，促进人与社会、人与自然的和谐发展，不断开创社会主义生态文明建设的新境界。

---

〔1〕 霍尔姆斯·罗尔斯顿：《环境伦理学—大自然的价值以及人对大自然的义务》，杨通进译，中国社会科学出版社，2000年，第7页。

〔2〕 卡普拉：《转折点》，中国人民大学出版社，1989年，第310页。

〔3〕 索安：《西方道教研究编年史》，吕鹏志、陈平等译，中华书局，2002年，第125页。

第四节 道教文化在当代的传承与发展

道教是中华民族土生土长的传统宗教，历史源远流长，文化博大精深，是中国传统文化的重要组成部分。"在长期的发展过程中，道教对我国古代的思想文化和社会生活的各个领域都产生过巨大而复杂的辐射作用，留下深刻影响。直到今天，道教依然在中国人的生活方式和文化构成中显示出独特的生命力。"[1]鲁迅先生曾说过："中国根柢全在道教，……以此读史，有多种问题可以迎刃而解。"[2]这就表明，道教在中华传统文化中占有极其重要的地位，是中华传统文化主要的支柱之一，在一定程度上影响着中国文化发展的方向。同时"在中华民族多元一体格局中，道教还和儒学、佛教一起，流传到各民族地区，与当地的民族文化相结合，成为沟通多民族文化的重要精神纽带"[3]不仅如此，道教还传播海外，在世界许多国家和地区发生影响，道教文化也备受世界关注。

可是，清代以后，道教逐渐走向衰微，道教的社会影响也逐步下降。究其原因，主要是"道教界缺乏一流人才，义理上抱残守缺，人员又混杂不纯，遂下降为衣食之教和法术之教，不复有大教气象，难

---

〔1〕 卿希泰主编：《中国道教思想史》"导论"，人民出版社，2009 年，第 1 页。
〔2〕《鲁迅全集》第 11 卷，人民出版社，1981 年，第 353 页。
〔3〕 牟钟鉴主编：《当代中国宗教研究精选丛书·道教卷》序，民族出版社，2008 年，第 1 页。

以其精神导向作用，逐渐被边缘化，也难以引起学界的高度重视"。[1]
道教人才的缺乏失去了道教的社会影响力，道教文化的缺失直接影响
到道教事业的健康发展，这种现状至今都没有得到根本改变。改革开
放以来，虽然道教得到快速发展，道教宫观得到恢复开放，道教接班
人得到培养，但是道教"人才缺乏、文化缺失"现象依然存在，尤其
是"重内轻外、重术轻文"问题仍然制约着道教的发展。道教历史表
明，凡是道教文化繁荣时期，必定是道教发展隆盛之时，反之亦然。
有人说：过去就有一种说法，叫"神仙有术、黄老不彰"，直到现在仍
有人认为，道教无非就是打打卦、算算命。要消除这种误解或者偏见，
光靠写几篇文章进行辩解是办不到的，就是把大部头的《道藏》堆在
那里也无济于事，道教界需要探寻道教与现代社会的结合点和生长点，
用实际行动来证明道教的思想深度和文化魅力。[2] 这就是说，推进道
教文化建设，既是道教健康发展的强劲推动力，也是道教发挥积极作
用的重要突破口。当代道教界，要与时俱进、顺应时代进步和社会发
展要求，大力加强道教文化建设，弘扬道教优秀文化，彰显道教文化
的时代价值，让道教优秀传统文化得到更好的传承与发展。

一、道教神职教徒要自觉传承道教优秀文化

　　道教历史表明，道教的存在归根结底是依靠道教徒的存在，道教
的发展也取决于道教徒素质的提高，道教人才的多寡。同样，道教文
化的传承也离不开道教人才的培育。所谓"人能弘道，非道弘人"，实
现道教文化传承的核心因素关键是人，是道教神职教徒，尤其是道教

---

　　[1]　牟钟鉴主编：《当代中国宗教研究精选丛书·道教卷》"序"，民族出版社，2008年，
第2页。
　　[2]　《中国道教》2012年第2期，第4页。

领袖、代表人物。作为道教文化的传承者,除了要具备较高的道学素养和品德修养外,还必须要有道教文化的传承自觉,这种自觉就是要确保道教文化在传承过程中主动与社会的适应。道教文化不是一成不变的体系,而是在改变人们社会生活的同时,又受社会生活改变的动态开放的体系。道教文化与时代具有天然的无法割断的联系,只有结合时代特点和需要,道教文化才能在时代进程中得到传承与发展,这就需要当代神职教徒,必须成为道教文化的守护者和传承者。

(一)道教神职教徒要成为道教文化的守护者

所谓"守护者",就是指看守保护的人,守护自己认为重要的人或事。对于道教神职教徒来说,保护好道教优秀文化,就是守护自己的精神家园,也是守护道教赖以生存的文化基因。道教文化是道教的命脉,是广大道教徒生活的宝贵精神食粮,不同时期、不同教派的文化相互交替与交融互补,推动道教历史跌宕起伏绵绵发展。历史经验告诉我们,道教文化的传承需要有一大批虔诚信仰的神职教徒,需要他们对道教文化的自觉认同和自觉守护,这是当前道门自身共同关注的时代课题。

其一,神职教徒要善于学习道教文化。文化需要通过学习来传承,学习是人类传承文明和培养年轻一代的根本途径。道教文化的传承,同样需要通过道教徒的学习来传承。道教文化博大精深,经典文献包罗宏富,"涉及天文、历法、地学、古生物学、古药物学、历史、政治、哲学、文学、艺术等诸多领域的内容"。[1] 道教文化的影响是广泛而久远的,已经渗透到社会民众日常生活和心理结构之中,成为塑造中国人民性格的文化要素。一方面,道教徒要认真学习道教文化、深入了解道教文化。使道教徒真正认识到道教文化的博大精深,以及

---

〔1〕 詹石窗:《道教文化十五讲》第一讲,北京大学出版社,2003年,第19页。

在中华文化史上不可替代的时代价值。比如，在中国美术史上，道教美术思想独具特色，堪称中华艺术之宝库；在中国音乐史上，道教音乐也是独具风格，其"迎神的庄严场面，步虚的缥缈境界，都可以从道乐中得到体现"；[1] 在中国养生学上，道教医药养生更是成果丰硕，成为人类生命科学探索的先驱。还有在中国科技史上，道教外丹术促进了中国古代科学技术的发展，其贡献在世界文化史上可谓绝无仅有。另一方面，道教徒要通过对历代祖师的经典著作进行学习，深刻领悟历代祖师的思想和智慧。千百年来，历代道教祖师通过学道、修道、悟道，积累了十分丰富的修道体验和道学智慧，他们著书立说，传承道教文化。比如，"成玄英、司马承祯和李筌的哲学精论，孙思邈的医学大著，王重阳和全真七子的宏论集粹，林灵真、王契真和金允中的仪规大成，雷思齐的引易入道，张宇初的博学精深，正统万历的《道藏》编纂等等"。[2] 这些蕴含丰富道教文化的著作，都是历代高道大德对道教文化传承的贡献，成为后世道教徒学习的宝贵资料。通过对道教文化的学习，进一步增强广大道教徒的文化自豪感，提升道教徒的道教文化情怀，自觉成为传承道教文化的守护者。

其二，神职教徒要善于保护道教文化。道教文化历经数千年的兴衰更替，在动荡起伏的社会中不断传承与发展，主要得益于道教徒的自觉保护。流传至今的《道藏》就是历代道教徒保护道教文化的重要成果。事实上，在《道藏》编撰整理之前，已有道教徒收集道书，最著名的就是东晋的"郑隐藏书"，共收集道书261种，1299卷。南北朝时期道书的汇集整理十分频繁，刘宋时期著名道士陆修静，广罗各地道经，编纂《三洞经书目录》，收集道书1228卷左右，为道教史上的第一部经书目录。唐代时玄宗下令搜访天下道经，汇编成《一切道

---

〔1〕 熊铁基、刘固盛主编：《道教文化十二讲》第一讲，安徽教育出版社，2004年，第25—26页。

〔2〕 陈莲笙：《道风集》增订本，上海辞书出版社，2006年，第4页。

经》，即《开元道藏》，共收入道书 5300 卷。宋代曾先后五次收集整理道经，以唐代残存《道藏》3700 多卷为基础，编修《大宋天宫宝藏》，共 5481 卷，并首次在福州闽县刻版印刷。元朝时又编刻《大元玄都宝藏》，共计 7800 余卷。现存《道藏》共收入各类道书 1476 种，5485卷。如此庞大的道经收集整理，一方面是依靠朝廷官方的支持，另一方面就是道教徒自身的努力，这就是对道教文化最好的保护。近代以来，中国道协也开始重视对道书的收集、整理和保护。最有代表性的工作就是编纂《中华续道藏》。2018 年 12 月，《中华续道藏》编纂出版工程正式启动，该工程"重点对海内外道经进行系统的调查编目、研究评估、整理编纂、影印和点校出版，以缩微技术、数字技术、影像技术等方式实现道教经典和活态文化的保护传承，完善我国道经入藏体系，最终使之成为弘扬中华优秀传统文化、增强我国文化软实力、保护道学经典，促进道教健康传承发展的重大文化项目"。[1] 这是新时代道教徒对道教文化保护的重要举措，也是道教文化建设的重大工程。

（二）道教神职教徒要成为道教文化的传承者

党的十八大以来，党中央高度重视中华优秀传统文化的传承发展，始终从中华民族最深沉精神追求的深度看待优秀传统文化，从国家战略资源的高度继承优秀传统文化，从推动中华民族现代化进程的角度创新发展优秀传统文化。道教文化是中华传统文化的重要组成部分，自然也必须高度重视其传承问题。从道教内部传承来看，张宇初天师《道门十规》中"道法传绪"，讲的就是道法传承，以及道门应该如何传承道法的问题。这种传承道法的规定对于道教文化的传承具有一定的启示作用。当代道教徒，要顺应时代发展潮流，融入中华文化繁荣

---

〔1〕《中华续道藏》编纂出版工程正式启动，《中国道教》2018 年第 6 期，第 13 页。

发展之中，要以主人翁的精神、敢于担当的勇气，挑起道教文化复兴和发展之重任，在各自的工作岗位上，坚定道教文化信仰，关心、重视道教文化建设，自觉成为当代道教文化的传承者。

其一，神职教徒要积极传播道教文化。道教创立之后，在全国范围内广为传播且绵延不绝，与其学说的"杂而多端"有很大的关系。正因为道教吸收了各家的学说、融合了各个地区的区域文化，所以它才能适应不同地区、不同层次的人们的需要，从而得以广泛传播。传统道教主要是通过"随方设教、历劫度人"的传播方式，传播道教文化，教化信教群众。随方设教就成为道教在传播发展中最宝贵的精神与方式，这一精神不但体现在道教经典之中，更是在道教的传播发展中予以充分的实践。这种传播方式至今仍然具有重要的启示作用。当代社会，随着互联网时代的普及，为道教文化的传播创造了有利条件、提供了诸多便利。我们要充分借助互联网强大的传播功能，深入挖掘、系统梳理道教文化，最重要的是要"变被动为主动"，借助新媒体进行广泛的互动和传播。同时，我们还要清醒地认识到，道教文化要依靠年轻人来代代相传，互联网时代下，可以尝试采取年轻人所喜闻乐见的方式，比如道教人物卡通化、严肃形象可爱化、繁杂教义口语化等，在道教历史故事的创造性发挥上多做文章，依靠年轻一代，培养后继之人。但是，无论什么传播方式，其中最关键的还是神职教徒，神职教徒才是道教文化的推动者、传播者。当代道教，要传承好传统的"随方设教"的传播方式，通过开坛传戒度化众生，通过大型文化讲座普及道教知识、传播道教文化。同时，还要充分利用好现代传媒平台，面向社会各类人群，广泛传播道教文化，让更多的中国人了解中华民族固有的传统道教文化。

其二，神职教徒要积极弘扬道教文化。道教历来就有重视文化、弘扬文化的传统。《灵宝无量度人上品妙经》称"无文不光，无文不明，无文不立，无文不成，无文不度，无文不生"〔1〕，强调了文化源于自然，是"无上大道"的显现。道教文化构成了独具特色的探索人生、社会和宇宙奥秘的文化体系，并对传统文化的各个方面都产生了重大影响。当代社会，要积极弘扬道教文化，必须要有文化自觉的精神。一方面，要以适应社会为抓手弘扬道教优秀文化。要把握好道教在现代社会、现代文明中的生长点，适应社会发展进步，把握时代发展契机，根据道教生存和发展的现代社会基础，大力弘扬道教优秀文化，满足现代人的文化意识和精神需求。另一方面，要以服务社会为目标弘扬道教优秀文化。要不断完善道教文化体系，丰富道教教义思想中蕴含的丰富的、深邃的思想智慧，需要我们今天努力挖掘和大力弘扬。只有将道教的文化精髓和思想智慧融于生活，成为民众日常生活的行为准则，才能更好地实现道教济世利人的社会教化责任。道教千古流传的传统文化，正是当代道教振兴的软实力。道教界人士肩负着弘道兴教的历史责任，需要勇于担当，有所作为，需要积极传承弘扬道教优秀文化，从而促进道教事业在当今时代的健康发展。

二、道教宫观组织要积极践行道教优秀文化

历代以来，道教宫观就是传承道教文化的重要载体，是信教群众了解道教文化的平台与窗口。比如，宫观建筑、绘画、雕塑、服饰等艺术文化，宫观抱对、楹联、匾额、碑刻等殿堂文化，宫观所收藏的道教经书、文物、音乐等历史文化，都是道教宫观文化的重要内容，当然也是道教文化的重要组成部分。在文化建设方面，对于道教经书的收藏始终是宫观文化建设的重要内容，历史上许多宫观都建有藏经楼，收藏历代道教经书和文化典籍，成为道教文化最为集中展现的地

---

〔1〕《灵宝无上度人上品妙经》卷一，《道藏》第1册，第3页。

方，当然也成为信教群众和专家学者学习道教文化的重要场所。只是近现代以来，多数宫观不注重文化建设，也不注重道教经书的收藏，致使道教宫观基本没有文化传承，其教化作用也难以发挥。因此，当代道教宫观必须要高度重视道教文化建设，传承宫观的文化传统，努力打造"文化型"型道观，积极践行道教传统文化，发挥道教宫观传承发展道教文化的特殊功能。

（一）道教宫观要倡导"一庙一文化"活动

与其他宗教相比，道教是有主神信仰的多神教，各宫观所供奉的神仙众多，主要是满足不同信徒的信仰需求。但是，每一个宫观又都有主神信仰，围绕主神信仰所形成的文化就是宫观的主要信仰文化。比如，山西永乐宫三清殿，围绕所供奉的"三清"尊神，绘有大型壁画《朝元仙仗图》，气势宏伟，造型生动；纯阳殿所绘钟离权度化吕洞宾的故事，人物造型极其传神。所有这些内容，都是围绕宫观主神的信仰文化来宣传的。这种生动的艺术形象中蕴含着深刻的教理，通过宫观建制和艺术形象得以体现，营造出宫观文化的鲜明特色。当代道教，要积极倡导"一庙一文化"活动，传播宫观信仰文化，践行弘扬道教传统文化。

其一，要注重形成道观文化品牌意识。打造道观文化品牌是新时代弘扬道教文化的重要举措，也是道教文化与时俱进发展的重要标志。道教宫观要围绕主供神信仰文化，形成宫观的文化品牌特点，以达到更好地弘扬道教文化的目的。具体可以从以下三个方面推进：一是要统一思想、提高认识。宫观负责人要高度重视，深入挖掘研究本道观信仰文化内涵，围绕主供神文化、宫观文化、地区文化等。通过挖掘文化内涵，开展系列活动，形成道观文化的品牌特色。比如，福建石竹山的"祈梦"文化，就成了石竹山的品牌文化，不仅信仰广泛，而且也影响深远，既有丰富的信仰内容，又有深厚的文化内涵。二是要注重文化、选好内容。根据各宫观主供神的信仰特点，来确定其信仰文化。比如，财神庙的财神文化，药王庙的药王文化，文昌宫的文昌文化，天后宫的妈祖文化，关帝庙的关帝文化，城隍庙的城隍文化，龙王庙的龙王文化等，这些都是道教信仰文化的重要内容。三是要制定计划、稳步推进。有计划地编撰出版"道观文化大观"。比如道教财神文化大观、道教城隍文化大观、道教文昌文化大观、道教妈祖文化大观、道教东岳文化大观等，通过不懈努力，久久为功。通过宫观文化品牌意识的提升，可以进一步扩大宫观的社会影响，丰富宫观文化的信仰内涵。这是一项开拓创新的、有时代价值的、更有现实意义的文化工程，既可以为道教的神仙和信仰文化正名，又可以通过雅俗共赏的方式传承、践行道教传统文化。

其二，要注重开展道观品牌文化的研究与弘扬。当代道教宫观，由于自身不注重信仰文化建设，更不注重道教文化的研究工作，道教文化讲不清、宫观文化道不明的现象普遍存在，严重制约着道教文化的有效传播。与其他宗教相比，佛教的寺院文化做得就非常成功。比如，佛教精心打造的"四大名山"道场，分别为五台山、普陀山、峨眉山、九华山，影响深远，各具特色，蕴含着十分丰富的名山文化。其中，五台山为文殊菩萨道场，以其"历史悠久、规模宏大"而著称，成为全国佛教四大名山之首。普陀山为观音道场，素有"海天佛国""南海圣境"之称。峨眉山为普贤菩萨的道场，山势雄伟，隘谷深幽，飞瀑如帘，云海翻涌，林木葱茏，有"峨眉天下秀"之称。九华山为地藏菩萨的道场，素有"莲花佛国"之称。在佛教四大名山中，九华山独领风骚，以"香火甲天下""东南第一山"的双重桂冠而闻名于海内外。上述四大名山的打造，都是经过精心谋划、深入研究、广泛宣传、扎实推进的发展历程，这种名山文化的形成也是经历了一个很漫长的文化积累过程。当代道教，要学习佛教名山文化的成功经验，努力打造道教宫观的品牌文化。一方面，要认真开展宫观品牌文化研究。

比如，在市场经济体制下，道教的财神文化，就有很深厚的民众信仰基础，需要宫观对财神文化进行深入研究，既要研究财神信仰文化，满足信众的信仰需要，又要挖掘财神文化的社会功能，引导信众树立正确的财富观。另一方面，要宣传弘扬宫观品牌文化。通过对宫观品牌文化的深入研究，形成宫观的特色文化。具体可以召开专题研讨会的形式，对道观品牌文化进行探索、研讨与交流。比如，对于道教城隍文化的研讨，就是要深入研究城隍信仰的历史、形成过程和文化内涵等，客观分析城隍信仰的现状和未来展望，深入挖掘城隍文化的社会功能。也可以出版"城隍文化研究丛书"，从社会学、人类学、经济学等不同角度进行研究、形成专著，使古老的城隍文化与现代社会有机结合，发挥出城隍文化在当代社会中不可替代的积极作用。

（二）道教宫观要开展讲经讲道活动

道教历来就有讲经的传统，自祖天师创立教团组织之始，就以"讲经传道"教化民众，常教民诵习《道德经》，并有《老子想尔注》传世。此后，道教正一派就继承了"开坛说法"的讲经传统，全真派以"开坛传戒"的方式，广收道教信徒，扩大了道教的社会影响。2008年10月，中国道协在青岛崂山举办了全国性的"首届玄门讲经"活动，传承发展了道教界"讲经讲道"的优良传统。通过此次讲经活动，要求地方各级道教团体和宫观负责人，从思想上重视，从行动上落实，大家共同努力，在全国道教界形成学经、讲经的良好风气。[1]此后，中国道协每年举办一次全国性的玄门讲经活动，有力地推动了全国道教宫观讲经工作的开展。道教举行"玄门讲经"活动，既可以教化引导信教群众，树立正信正行，又可以传承、弘扬道教优秀文化。

其一，要在道门兴起读经、学经之风。当代道教，如何更好地传

---

〔1〕《中国道教》第5期，2008年，第4—6页。

承先辈祖师的修真悟真、阐扬大道、教化信众的精神，如何结合时代发展进步要求，满足信教群众信仰需要，很重要一条就是要兴起读经、学经的良好学风。太上立教，以经典传播于世。学经以入道，讲经以传教，据经以授法，是道教在长期的历史发展过程中所形成的优良传统。当代道教徒，要广泛阅读道教经典、学习道教经典，深入体悟经典中的道理，提高自身的修行。我们要清楚地认识到："只有潜心学经明道，熟读经典，尊道贵德，内外清静，才能使心灵回归本真，生命的境界得以升华。"[1]通过读经、学经活动，营造清静和谐氛围，推动道教讲经人才培养。道教思想的阐释、道教文化的弘扬、道教事业的发展，都需要培养大批"发清静心、行清静行、弘清静法"的经学人才。各地道教院校和宫观组织要大兴"读经、学经"之风，制定读经、学经制度，形成良好的学习氛围。一方面，要把读经、学经纳入道观日常学习之中，成为道教徒修行的内容之一。道教经典是天尊传授，经历代祖师阐释，蕴含着丰富的道学思想和人生智慧，对道教徒和信教群众有着诸多启示。另一方面，要开展读经、辩经比赛活动，激发大家学习经典的热情。宫观组织要通过读经、辩经比赛活动，在道门内形成自觉学经的热潮，努力培养更多的经学人才。道教之所以能够传承至今，与先辈祖师重视经典、讲经弘道密不可分。我们要有高度的责任心、使命感，把先辈祖师的思想精髓传承下来，把道教的优秀文化弘扬出来，为教化引导信教群众发挥不可替代的重要作用。

其二，要定期举办讲经讲道活动。道教历史表明，讲经讲道历来就是道教的优良传统，是道教组织薪火相传的重要方式。如果没有历代高道的讲经传道，就没有道教的自我传承和健康发展。讲经可以教化信教群众，讲经可以传播道教思想，讲经可以弘扬道教文化。因此，讲经讲道应该贯穿于道教徒学道、修道生活的全过程，成为道教徒安

---

[1]《中国宗教》2011年第11期，第9页。

身立命的根本所在。一方面，要充分认识到讲经讲道的重要性。道教徒要通过对道教经典的学习，感悟先辈祖师的传教思想与弘道心愿，明白自身所肩负的弘道兴教的历史责任，明白在宫观开坛讲经的重要意义。我们要"通过开展玄门讲经活动，为信众解疑释惑，提高信仰水平，引导信众正确对待现实生活，积极投身全面建设小康社会的伟大事业，发挥道教文化教化信众、服务社会的功能。"[1] 开展玄门讲经是服务社会、教化信众的时代需要，也是弘扬道教优秀文化的重要内容。另一方面，要积极开展讲经讲道活动。与其他宗教相比，当代道教是最不注重讲经的宗教，这是道教发展落后于其他宗教的重要原因之一，必须引起道门自身的高度重视。这就要求全国各地宫观组织制定讲经工作制度，设立讲经堂，为信教群众提供讲经服务，把讲经工作纳入宫观日常工作之中，形成长效机制。根据中国道协要求，要坚持道教界学经讲经传统，选好经典主题，鼓励教职人员持诵经典、研究经典、宣讲经典，对道教经典作出符合当代中国发展进步要求、符合中华优秀传统文化的阐释。[2] 这就是说，道教宫观组织要切实抓好讲经工作，不断创新讲经活动形式和提高讲经水平。同时，通过定期讲经活动，可以进一步弘扬道教尊道贵德、济世利人、天人和谐、道法自然等思想，促进人与自然、人与社会、人身心之间的和谐，丰富信教群众的精神生活，满足其精神文化需求，助推道教文化的传承与发展。

三、道教团体组织要创新发展道教优秀文化

《中国道教协会章程》明确规定：道教团体要"开展道教思想建

---

[1]《中国宗教》2011 年第 11 期，第 9 页。

[2]《坚持道教中国化方向五年工作规划纲要》，《中国道教》2019 年第 6 期，第 14 页。

设，阐释道教教义教规，开展道教文化艺术交流活动，进行道教学术与典籍研究，协助做好道教文物古迹与非物质文化遗产保护工作"。[1] 这就是说，道教团体有加强道教文化建设的责任，有传承与发展道教优秀文化的使命。道教文化是中华传统文化的重要组成部分，也是民族文化的基本元素之一，道教界作为道教文化的传承人和守护者，对于挖掘和阐发道教文化的思想价值责无旁贷。[2] 道教团体作为道教界人士和信教群众的联合组织，自然要团结带领道教界人士大力加强道教文化研究，宣传、弘扬、创新与发展道教优秀文化，发挥道教文化在促进社会主义文化繁荣发展中的积极作用。

（一）道教团体要探索开展道教文化研究

道教团体历来就十分重视道教文化研究工作，这是道教界的优良传统。早在 1961 年召开的中国道协第二届全国代表会议上，就提出开展道教学术研究和培养道教知识分子的决定。改革开放后，中国道协又明确提出，要进一步开展道教文化研究，并把道教文化研究作为一项重要工作来抓。此后，各地方道教团体也积极开展道教文化研究，在弘扬道教文化方面取得了显著成绩，在社会上也产生了良好影响。

其一，要组织成立道教文化研究机构。在全国第二届道教代表会议后，中国道协就率先成立了道教文化研究室，创办了《道协会刊》，开始了道教文化研究工作。1989 年，中国道协又正式成立道教文化研究所，成为改革开放后首家道教文化研究机构。与此同时，上海市道教协会也成立上海道教文化研究室，道教文化研究工作由此进入了一个新时代。随后，中国道教文化研究所创办了《中国道教》杂志，上海市道教文化研究室创办了《上海道教》杂志，有力推动了道教文

---

〔1〕《中国道教协会章程》，《中国道教》2020 年第 6 期，第 50 页。
〔2〕《中国宗教》2011 年第 11 期，第 9 页。

化研究工作的开展。但是，这么多年过去了，各地道教文化研究机构的成立并不是很多，即使成立了也很少正常开展研究工作，也就是说，道教文化研究工作仍然严重滞后，与时代进步要求、道教自身发展需要还相差甚远，必须要引起高度重视。一方面，要摆正位置，从思想上高度重视道教文化研究工作。我们广大道教徒要清楚地认识到，道教文化是人类文明的宝贵财富，道教文化对于推动科学发展、促进社会和谐具有积极意义，弘扬道教文化是当代道教徒的时代担当。我们还要清楚地认识到，道教文化的发展与道教事业的发展关系紧密，道教文化是古老道教赖以生存的根基，如果没有道教文化的繁荣就不可能有道教的复兴。道教团体是道教文化研究工作的组织者，道教徒则是开展道教文化研究的推动者，我们责无旁贷，必须要有所作为。另一方面，要制定规划，推动各地团体成立道教文化研究机构。从目前情况来看，除中国道教文化研究所、上海道教文化研究室之外，部分地区也先后成立了道教文化研究组织，如茅山道教文化研究中心、龙虎山道教文化研究室、上海浦东道教文化研究所等。目前为止，全国多数地区还没有道教文化研究组织，更没有专门的研究人员，道教文化研究工作还没有引起团体组织的真正重视。这就需要中国道协进行顶层设计，出台关于开展道教文化研究工作的意见，制定分层级、分课题、分阶段的研究工作计划，倡导各地有条件的团体和宫观成立道教文化研究组织，配备专门的研究人员，在中国道教文化研究所的统一协调安排下，选定研究课题，制定研究方案，落实研究部门。各地道教团体组织要把研究任务作为一项重要工作来抓，坚持常抓不懈，抓出成效、抓出成果，为推进道教文化的传承与发展打好坚实基础。

其二，要持续推进道教文化研究工程。各地道教团体研究机构成立后，可以接受中国道教文化研究所安排的研究课题，特别是对于一些大型道教文化研究工程，必须要由中国道协研究所统一布置安排，形成整体合力，协调稳步推进。比如，《中华续道藏》的编纂出版工程，就需要集全国教界、学界之力来共同完成。目前，该项工程已经正式启动，具体由"中国道教协会组织实施，委托具备实力的学术科研机构、专家学者组成专业团队开展工作"。[1] 这是弘扬中华优秀传统文化、增强我国文化软实力、保护道教经学、促进道教健康传承发展的重大文化项目，也是当代道教保护古籍文献、加强道教文化建设的一项重要举措。还有，中国道协启动的"道教教义体系的现代建构"课题，也是一项具有重大现实意义的道教文化工程。据悉，该课题由中国道教协会主办，中国社科院、北京大学、清华大学、北京师范大学、四川大学、山东大学、华东师范大学、陕西社科院等科研院校的多位专家学者共同实施编撰。[2] 其目的在于重新整合道教教义，明晰教义体系，是现代道教教义思想建设的重要举措。上述这两项课题，都是由中国道教协会组织推动实施的，但是从目前情况来看，道教界参与的力量严重不足，所发挥的作用也非常有限，这是一个不可回避的现实问题。究其原因，主要还是道教自身的人才缺乏，能够参与重大课题研究的人才更是匮乏。当然，各地道教文化研究组织也可以独立开展自选课题的研究。比如，浦东道教文化研究所的成立，主要立足于当代道教研究，探讨当代道教建设与发展问题。重点是组织编修《当代道教研究》丛书，计划出版 10 册，每册选定一个主题，旨在加强道教自身建设、探寻道教与当代社会关系、探索道教未来发展，助推道教中国化进程。目前，已经先后出版《道教转型中的机遇与应对》《道教中国化研究》《道教戒律的调适与发展》《道教文化自信与道德重建》《道教宫观管理与团体建设》等，取得了一定成绩，也获得教内外的好评。但是，对于"当代道教"的研究问题，还需要进行深入的探

---

〔1〕《中华续道藏》编纂出版工程启动，《中国民族报》2019 年 1 月 1 日，第 5 版。

〔2〕《道教教义体系的现代建构》课题启动，载《中国道教》2018 年第 4 期，第 8 页。

讨和研究，提出具有前瞻性、建设性的思考建议，提出解决当代道教发展中所遇到的困难问题，回答广大道教徒和社会关注的热点问题。这些都是当代道教研究机构，必须要深入思考解决的问题，是传承与发展道教文化的重要内容。

（二）道教团体组织要策划开展道教文化研讨活动

近年来，道教团体积极开展道教学术研讨活动，大力弘扬道教优秀文化，取得了显著成绩。自 2002 年开始，中国道协先后在上海、福建、湖南、江西召开四次"道教思想与中国社会发展进步"研讨会，取得丰硕成果。还分别与地方道协举办了成都道教文化节、鹰潭道教文化节、广东道教文化节、湖南道教文化节等，在吉林市举办了首届道教文化艺术周活动，探索全方位展示道教文化魅力的新方式。同时，中国道协与中华宗教文化交流协会联合，先后在西安、中国香港，湖南南岳衡山、江西鹰潭龙虎山、湖北十堰武当山、江苏茅山举办了五届国际道教论坛。这些文化研讨、文化节和道教论坛，都是道教团体组织精心策划的文化研讨交流活动，提升了道教的社会影响，弘扬了道教优秀文化。

其一，要精心策划道教文化研究课题。历史告知我们，任何一种文化的创新与发展，都必须要与时俱进。这种文化能够推动社会的发展，能够适应所在的时代，它就能延续发展下去，否则就会被历史淘汰。道教文化作为中华文化的重要组成部分，也必须要与时俱进、跟上时代发展的步伐。道教文化研究工作要在适应时代中不断前行，要在服务社会发展中有所作为。这就需要道教团体精心策划道教文化研究课题。一方面，要积极探索与时代发展相适应的道教文化课题进行研究。二千多年来，道教思想源远流长，经久不衰，其中很重要的一点，就在于它深深地扎根于中华民族文化古老而不断更新的土壤之中，既保留了中华文化的精髓，又能随着时代的变化发展而不断与时俱进。

当代道教文化研究，必须要与时代发展同步，选择社会民众关注的课题进行研究。比如，道教的医药学、养生学、环境科学、自然科学、古化学、天文学、气功学等，都是道教留给人类宝贵的文化遗产，需要道教界人士和专家学者进行深入的探索研究。尤其是道教养生学，是人类社会最受欢迎的学科，必须要花大力气进行研究，在继承传统的基础上创新发展，力争拿出具有时代价值的研究成果，为人类的身心健康发挥不可替代的积极作用。另一方面，要充分发挥道教文化研究课题的时代价值。中国共产党十七届六中全会，全面规划了我国文化发展战略，强调要大力弘扬中华优秀传统文化，提出要发挥宗教界人士和信教群众在促进文化繁荣发展中的积极作用。这就为推进道教文化建设提供了难得的历史机遇，我们道教界要顺应时代进步和社会发展要求，积极开展道教文化研究，努力探索道教文化的时代价值。传统道教倡导的"天人合一、道法自然、身国共治、修己安人"的智慧一直为国人所崇尚。随着历史发展，道教形成了具有独特内涵的思想文化体系。对中国哲学、政治、艺术、医药学、养生学、古化学、天文历算、自然保护等方面产生了深刻影响。当代道教，唯有挖掘自身潜力，积极开展道教文化研究，努力服务于社会主义文化的繁荣发展，发挥道教文化应有的时代价值。

其二，要定期举办道教文化研讨交流。道教文化研究是一项长期的、系统的、艰苦的工作，需要道教徒对道教文化的高度自信和高度自觉。所谓"高度自信"，就是要充分认识到道教文化的丰富内涵，充分认识到道教文化的时代价值，并发自内心地认同、崇拜和信奉道教文化。所谓"高度自觉"，就是在对道教文化信奉的基础上，主动去做任何弘扬道教文化的工作，甚至愿意为道教文化建设奉献毕生。大家都知道，搞道教文化研究是一项苦差事，如果没有"高度自觉"是很难做好的。可喜的是，当代道教徒注重道教文化建设的人越来越多，各地举办道教文化研讨活动也十分频繁。但是，从目前情况来看，道教界主办的道教文化研讨会总体质量不高，计划性也不强，有时往往缺少统筹考虑，随意性较大，不利于文化研讨活动的成果。近年来，常州市道教协会举办的"横山论坛"，已经连续举办了八届，每一届都选定一个主题进行研讨，研讨会的成果也及时转化成文集出版，这种研讨会主题明确、目标清晰、持续坚持，是目前道教文化研讨交流比较好的做法，是值得坚持下去的。还有，上海财神庙确定每两年举办一次财神文化论坛，主题就是"财神文化研究"，目前已经连续举办了二届，如果持续坚持下去，一定会掌握财神文化研究的话语权，对于道教财神文化的弘扬意义重大。对于道教文化研讨活动，要精心谋划、统筹安排、稳步推进。一方面，认真选题，专题研讨。比如，道教的城隍文化、道教的关帝文化、道教的真武文化、道教的东岳文化、道教的文昌文化等，还有道教的养生文化、道教的生态文化、道教的建筑文化、道教的艺术文化等，都是专题研究的内容，各地道教团体或宫观可以结合地方民众信仰，召开研讨会，进行专题研究，力争取得成效。另一方面，定期召开，持续坚持。道教研讨会的召开要有一定的连续性，可以每年召开一次，或者二年召开一次，也可以三年召开一次。但是，每次召开都必须要认真选好主题（或专题）内容，然后精心谋划，制定工作方案，组织实施落实，确保每一场研讨会的高质量，同时还要及时进行成果转化，并持续努力，一定会成为弘扬道教文化的重要平台，也一定会取得意想不到的成效。

综上所述，道教文化的传承与传播是道教自身发展的需要，道教文化的创新与发展是道教服务社会、服务信众的必然要求。道教神职教徒要积极传承道教优秀文化，自觉成为道教文化的守护者与传承者；道教宫观组织要积极践行道教优秀文化，大力倡导"一庙一文化"活动，树立道教文化品牌意识，注重开展讲经讲道活动，培养道教人才，传播道教文化；道教团体组织要创新发展道教优秀文化，探索开展道教文化研究，策划组织道教文化研讨交流活动。同时，还要进一步加强与海内外道教界人士、专家学者的相互交流、学习、切磋，使道教文化得到更好的传承与发展，为社会和谐与人类文明进步，发挥出道教文化应有的时代价值。

第三章

自身建设

第一节　大力加强道教人才队伍建设

当代社会，以先进的科学技术为支撑，以经济的全球一体化运动为先导，人类进入了一个全球化的新时代。特别是改革开放以来，伴随着中国经济的高速发展，以及中国社会的迅猛崛起，中国本土道教也迎来了难得的历史发展新机遇，取得了近半个世纪以来快速发展的新成果。然而，面对新时代与新要求，面对新机遇与新挑战，当代道教也面临一个十分严峻的问题，那就是道教人才队伍的严重缺乏。虽然，近年来道教界通过自身努力培养了一大批道教接班人，缓解了道教后继乏人的局面；但是，高素质的道教人才队伍仍然严重缺乏，道教人才培养工作仍然是任重而道远。中国道协第十次全国代表会议指出："道教人才培养工作滞后，道教教职人员队伍整体素质不高，道教院校建设不能满足需要，各方面人才缺乏，特别是缺乏高素质代表人士。"[1] 这就是说，道教人才的缺乏已经成为道教发展的重要瓶颈，必须要引起我们道门中人的高度重视。当代道教，必须要大力加强道教人才队伍建设，特别是要注重加强道教管理人才和弘道人才的培养。在道教人才培养路径上，要采用"自身培养与社会引进"相结合的方法，既要充分发挥道教院校培养人才的主渠道作用，又要积极探索引进人才的有效途径。同时，还要建立起人才使用的保障机制，确保道

---

〔1〕《中国道教》2020 年第 6 期，第 6 页。

教人才队伍的健康成长，为推进道教中国化和道教事业发展奠定坚实的人才基础。

一、加强道教人才队伍建设已成当务之急

习近平主席指出："国家发展靠人才，民族振兴靠人才。我们必须增强忧患意识，更加重视人才自主培养，加快建立人才资源竞争优势。"[1] 同样，道教发展的关键也是靠人才。当前，随着道教事业的快速发展，道教人才培养工作明显滞后。据初步统计，到目前为止，各类道教院校培养的青年道士在 2000 人左右，全国批准开放的道教宫观有 9000 余所，在观道士有 50000 余人。这就是说，道教院校培养的道士只占在观道士的 4%，这个数字比例告诉我们，培养道教人才的任务繁重而迫切。中国道协也曾极力呼吁："道教正处在历史发展的大好时期，培养人才是当务之急。"[2] 这就是说，加强道教人才队伍建设是道教自身建设的需要，也是道教适应时代发展的必然要求。

（一）道教人才队伍建设是道教自身建设的根本保证

改革开放后，中国道教得到全面恢复，呈现出快速发展的新气象。但是，从道教内部来看，自身建设还不能适应道教事业发展的需要，特别是道教人才的严重滞后，直接影响到道教事业的健康发展。当代道教，人才缺乏，素质不高，是当前道教事业健康发展的最大制约因素。[3] 这就是说，道教人才队伍建设已经关系到道教的生存与发展，已经成为道教自身建设必须要解决的重大问题。从道教现状看，道教

---

〔1〕《解放日报》2021 年 9 月 29 日，第 1 版。
〔2〕《中国道教》1998 年第 4 期，第 17 页。
〔3〕《中国道教》2020 年第 6 期，第 8 页。

人才队伍建设与道教自身建设紧密相连，主要包括道教的信仰建设、戒律建设和教风建设。

其一，要以信仰建设为抓手推进道教人才队伍建设。道教历史表明，历代高道大德都是信仰虔诚的道教徒，他们的奉道精神始终是后辈道友学习的榜样。道教信仰主要是指道教徒对道教极度崇拜和尊重的一种表现形式，特别是对于道教神职教徒来说，信仰则是一种至高无上的信念和追求。道教信仰主要强调的是道教徒对道教神灵的崇拜、对道教经典的敬重、对道教教义思想的奉行、对道教规戒的持守以及对道教文化的继承与弘扬等。道教的信仰建设，是道教加强自身建设的重要内容，也是道教赖以传承和发展的重要条件。我们可以想象，如果没有一代又一代虔诚的道教徒，就不可能有道教的代代传承，更不可能有道教的振兴与发展。道教现状告诉我们，当代道教的"信仰"问题，仍然影响和困扰着道教事业的发展。这就需要我们在人才队伍建设的进程中，不断强化信仰、纯洁信仰，全面提升道教徒的信仰素质。

其二，要以戒律建设为抓手推进道教人才队伍建设。道教历史表明，历代高道大德都是遵规守戒的楷模，他们的弘道精神始终是后辈道友学习的榜样。明代张宇初天师掌教后，很快意识到道教所面临的危机，意图整顿革新。他针对道教戒律松弛、道风不正问题，撰《道门十规》以"激励流世，昭宣圣制，永为奕世绳规"。[1] 清代王常月祖师有感于"玄风颓敝，邪说流行"，以振兴宗教、光复全真祖风为己任，以清整戒律为中兴龙门的主要措施。王常月祖师通过清整戒律、公开传戒等措施，有力地推动了全真龙门的振兴发展，并由此成为"中兴龙门之祖"。这就是说：道教戒律是历代祖师关注的重要问题，也是道教健康发展的重要条件。中国道协第六届代表会议《工作报告》

---

〔1〕《道藏》第 32 册，上海书店，1988 年，第 147 页。

就曾明确提出："要整理和完善道教规戒制度。正一、全真要在中国道教协会的统一组织下，对传统的规戒仪范进行梳理，结合当今社会发展的实际，制定一套实际可行的规戒仪范。"[1] 因此，当代道教必须要大力培养道教戒律学人才，制定适应现代社会发展的新的道教规戒制度。

其三，要以教风建设为抓手推进道教人才队伍建设。道教历史表明，历代高道大德都是道教社会形象的捍卫者，他们的护教精神始终是后辈道友学习的榜样。教风是道教徒外在形象的体现，是道教徒素质和精神面貌的凝结。加强教风建设，就是要改善道教的社会形象，促进道教的健康发展。2013 年国家宗教局提出：指导宗教界以"教风"为主题开展和谐寺观教堂创建活动，营造"遵规守戒"的良好风尚，开展"教风年"主题创建活动。同时，中国道协还发出关于加强道风建设创建和谐宫观的《倡议书》，要求从道教组织、道教宫观和道教徒三个层面入手，全面推进教风建设，对于道教教风建设起到了重要的积极作用。中国道协第十届代表会议《工作报告》也明确指出，要"以道风建设为抓手，树立道教良好形象"。同时，还告诫"道教教职人员要以戒为师、端正教风、潜心修行"。[2] 这就是说，端正教风是道教徒自身形象的客观要求，也是道教人才培养的重要内容。唯有如此，道教人才培养制度才能不断完善，道教自身建设才能不断加强。

（二）道教人才队伍建设是道教适应时代的必然要求

在人类历史上，曾经出现过许多宗教。其中，有的生存至今，有的夭折消逝，有的从一个地区或者一种民族的宗教演变为世界宗教，有的却仅是残留在史籍记载或者考古遗迹之中。究其原因，其中最重

---

[1]《中国道教》1998 年第 4 期，第 16 页。
[2]《中国道教》2020 年第 6 期，第 38 页。

要的一条就是宗教本身能否适应社会发展的要求，能否随着社会的不断变化而不断调整其教义、组织和仪式等内容，能否继续发挥其宗教在社会生活中的积极作用。历史经验告诉我们，当代道教必须要与当代社会相适应，必须培养与时代相适应的道教人才，而这个适应必须是主动的而不是被动的，是积极的而不是消极的。这就要求，当代道教必须与时俱进、适应时代发展的需要，继续发挥出新时代应有的价值。

其一，道教人才队伍建设是道教与时俱进发展的需要。道教虽然是中国本土宗教，从中华传统文化中孕育产生，是中华传统文化的重要组成部分，但是如果故步自封，因循守旧，不能主动适应时代发展，仍然会成为时代的落伍者，成为现代社会中被逐步边缘化的宗教。道教历史表明，道教的发展同道教人才的涌现、道教徒素质的提高有着密切的关系。东汉末期，因为有张陵祖师，道教才有了自己的组织正一盟微道。魏晋南北朝时期，因为有了葛洪、寇谦之、陆修静、陶弘景等高道，道教教义才系统精密起来，其仪式才得以恢宏大观。唐宋金元明等朝代，道教中人才辈出，道教发展也呈现出隆盛之势。可是，清代以后，道教出现了衰势，其中一个很重要的原因就是道教缺乏人才、道教徒的素质低。[1] 缺乏人才的道教，已经不能担负起弘道兴教的历史责任。当代道教，要树立忧患意识，激发内在动力，立足当代中国实际，紧跟时代前进步伐，以革故鼎新、与时俱进的精神推进中国化，把优良传统转化为现实优势，促进教义思想、教规制度、文化艺术、礼仪习俗等方面的现代转型。[2] 可见，当代道教有大量的工作需要去做，而大量的工作又需要大量的人才去做，时代的发展需要大力加强道教人才队伍建设，唯有如此才能推进道教的现代转型与创新

---

〔1〕 陈莲笙：《道风集》，上海辞书出版，2006 年，第 4 页。
〔2〕 《中国道教》2020 年第 6 期，第 7 页。

发展。

其二，道教人才队伍建设是发挥道教时代价值的需要。近现代以来，由于道教人才的严重缺乏，直接导致道教文化难以弘扬，道教事业难以发展，道教社会作用难以发挥，道教时代价值难以彰显。与此同时，道教声誉日低，影响日微，与民渐远，缺乏创新活力的道教，正在逐渐失去它本有的积极利世功能。所谓"道由人显"，道教的存在主要是依靠道教徒的存在，道教的发展关键是取决于道教人才的多寡。当代道教，我们遇到了难得的历史发展新机遇，但同时也面临着诸多新挑战。面对新时代，我们道教徒必须要有所作为，要有使命担当，要顺势而为，紧跟时代步伐，适应社会要求，服务社会，造福人类。当代道教要深入挖掘道教思想文化中有利于社会和谐、时代进步、健康文明的内容，对教义教规做出通俗易懂、与时俱进的阐释，深化和拓展玄门讲经活动，回应道教面临的现实问题，满足信教群众信仰需求，彰显道教的传统优势和当代价值。[1] 因此，当代道教要积极回应社会关切的问题，积极帮助信教群众解疑释惑。面对前进道路上的困难要有战胜困难的决心，面对工作中的问题要有解决问题的办法，面对发展中的挑战要有迎接挑战的勇气。我们要大力培养道教优秀人才，积极弘扬道教优秀文化，继续发挥出道教在当代社会中应有的时代价值。

二、道教人才队伍建设的关键是培养管理型人才

现代社会中，管理是非常重要的，也是不可或缺的。对于企业来说，管理可以产生经济效益，促进企业健康发展；对于事业机关来说，管理可以提高工作成效，促进事业有序发展。所谓"管理"，就是指在

---

〔1〕《中国道教》2020 年第 6 期，第 7 页。

特定的环境条件下，对组织所拥有的人力、物力、财力、信息等资源进行有效的决策、计划、组织、领导、控制，以期高效地达到既定组织目标的过程。当然，管理的目标主要还是依靠管理者来实现，这其中管理人才的培养就显得尤为重要。道教是一种社会组织，同样也面临着管理问题，同样也需要管理人才的培养。道教现状表明，道教管理人才培养严重滞后，各级组织管理人才严重缺乏，直接影响到道教组织各项工作的正常开展。因此，当代道教要大力加强道教团体和道教宫观管理人才的培养，从而促进道教组织管理健康有序发展。

（一）要大力加强道教团体管理人才培养

国家宗教事务局公布的《宗教团体管理办法》[1]明确规定："宗教团体是中国共产党和人民政府团结、联系宗教界人士和广大信教公民的桥梁和纽带。"对于宗教组织来说，团体建设尤为重要。就目前道教团体建设来看，由于管理人才的严重不足，道教团体缺乏规范管理和自身建设，在场所和信众中凝聚力逐渐下降。甚至有些地方道教团体名存实亡，积极作用难以发挥，严重影响道教自身建设与发展。中国道协第十届代表会议《工作报告》明确指出，要"加强道教团体领导班子建设，努力建设政治上可信、作风上民主、工作上高效的高素质领导班子"。[2]应该说是很有远见的，也是抓住了道教团体组织建设的关键。这就是说，只有大力培养"德才兼备"的道教团体管理人才，才能促进道教团体的健康发展。

其一，要注重培养具有较高管理能力的道教团体管理人才。尽管多年来道教团体在后备人才培养方面十分重视，但是真正合格的道教团体负责人仍然严重缺乏。全国宗教工作会议指出："宗教团体是党和

---

〔1〕 2019 年 11 月 1 日经国家宗教事务局公布，2020 年 2 月 1 日起施行。
〔2〕《中国道教》2020 年第 6 期，第 38 页。

政府团结、联系宗教界人士和广大信教群众的桥梁和纽带，要为他们开展工作提供必要的支持和帮助，尊重和发挥他们在宗教内部事务中的作用，努力建设政治上可信、作风上民主、工作上高效的高素质领导班子。要坚持政治上靠得住、宗教上有造诣、品德上能服众、关键时起作用的标准，支持宗教界搞好人才队伍建设。"[1]这是党和政府对宗教团体工作的高度重视，也是对新时期宗教团体工作提出的新要求。当前，团体管理人才是道教领域十分突出的问题，团体管理者的管理能力还不能适应时代发展的需要。这就需要我们大力培养道教团体管理人才。根据时代发展要求，道教团体负责人必须有较强的行政管理能力和现代管理意识。一方面，我们要通过道教院校的培养，在道教院校开设管理专业课程，或者开设管理学专业的培训班，接受系统的管理学知识的学习和教育，培养既懂道教专业知识，又懂团体管理的专业人才。另一方面，还要全面提升道教团体负责人的现代管理意识，要善于吸收引进现代社会管理新理念和新方法，用于道教团体的规范管理。同时，还要尽快建立道教团体内部人才培养机制，在岗位实践中锻炼培养，不断增强他们的管理意识与管理能力。

其二，要注重培养具有较高品德修养的道教团体管理人才。所谓"品德修养"，就是指个人为实现一定的理想人格而在意识和行为方面进行的道德上的自我锻炼，以及由此达到的道德境界。管理学告诉我们，品德修养对于一位管理者来说是非常重要的，特别是对于宗教团体管理者来说就更为重要。党和政府提出培养宗教界人才的标准：政治上靠得住、宗教上有造诣、品德上能服众、关键时起作用。这其中"品德上能服众"就是强调个人的品德修养，指出宗教人才应该是以德为先，以学为本，以能为要。有才无德、有德无才都不完备。从道教的修行角度讲，真正的"高道"必定是"大德"，而真正的"大德"必

---

[1] 2016年4月23日，来源：新华社（人民网）。

然造诣高深、品德高尚。现实道教团体管理中，严重缺乏管理型人才，更缺乏"品德高尚"的管理人才。为此，要求中国道协"新一届理事会成员要率先垂范，以戒为师、以戒修行，靠学修、持戒成就功德，靠德行、人格赢得尊重，自觉接受教内外监督"。[1] 这就是说，道教团体作用的发挥，关键是靠较高品德修养的管理人才，只有品德上能服众的道教人才，才能管理好道教团体，才能凝聚好人心、团结好大众。道教团体组织不是少数人的"小团体"，更不是少数人"作秀"的舞台，而应该是实实在在为道教事业谋发展的重要平台。因此，道教团体组织人才培养，必须要注重个人的品德修养教育，要以"德才兼备"的要求来选拔和培养道教团体的管理者。

（二）要大力加强道教宫观管理人才培养

道教宫观是祭祀和举行宗教活动的场所，是道教徒自身修持的场所，也是道教联系、引导信教群众的重要窗口。宫观是道教最基层的组织，也是最为重要的组织，在道教组织管理中占有十分重要的地位。据国家宗教局网站 2014 年公布的《中国宗教概况》中提到：目前，全国有道教宫观共 9000 余座，乾道、坤道 5 万余人。道教场所的修复与开放，为道教的管理工作提出了更高的要求。正如，陈莲笙大师所言，"一座座道观正在修建、恢复和开放，一批批年轻的道士正在走上神职、执掌大权。现在，正是我们要重视管理的时候了"。[2] 然而，由于近现代以来，道门自身不注重戒律建设、信仰建设，也不注重自身修持，宫观管理开始出现不同程度的"世俗化"倾向，宫观管理人才的缺乏严重制约了宫观组织的管理。这就需要我们大力加强自身建设，努力培养道教宫观管理人才，勇于肩负起道观管理的时代责任。

---

[1]《中国道教》2020 年第 6 期，第 7 页。
[2] 陈莲笙：《道风集》，上海辞书出版社，2006 年，第 81 页。

其一，要注重培养具有戒律修持的道观管理人才。道教戒律，历来就是规范道教徒宗教行为的警戒条文，也是道门自身建设和宫观管理的重要内容。然而，自明清以后，道教日趋衰微，道教戒律也日渐松弛，曾经纷繁、复杂、苛刻的道门戒律渐不为人知，失去了它的约束力、影响力和宗教意义。传统的道观管理是以信仰和戒律为基础的，重点强调的是戒律建设，而戒律的松弛自然会影响道观的传统管理。现代道观管理告诉我们，道观的管理关系到道教的自身形象与积极作用的发挥，更关系到道教的生存与发展问题，在管理模式上，必须采用传统管理与现代管理的有机结合，二者缺一不可。从管理学角度来看，传统管理强调的是一种"自律"行为，现代管理注重的是一种"他律"行为。对于道教徒来说，"自律"一般要高于"他律"，戒律管理始终是道教宫观管理的重要内容。当前，道门中还有人对戒律缺乏一种正确的认识，有人认为戒律已经过时了，没有什么实际意义，也有人认为现代管理制度就是现代戒律，再谈戒律建设已经没有必要了。显然，这些看法都是不正确的，这种错误的观点既阻碍了道教戒律的继承与发展，又严重影响着现代道教宫观的管理。因此，当前在加强现代道观管理过程中，特别要重视培养一批精通戒律的人才，具体培养途径：一方面，要在道教院校内开设道教戒律专业课，旨在培养精通戒律的道教人才，坚持不懈，抓出成效。另一方面，要在道观内进一步强调戒律建设，建立适应时代和道观管理需要的《清规榜》，并纳入道观日常管理之中，使"遵规守戒"成为道教徒的一种自觉行为。

其二，要注重培养具有创新理念的道观管理人才。从理论上讲，理念创新是指革除旧有的既定看法和思维模式，以新的视角、新的方法和新的思维模式，形成新的结论或思想观点，进而用于指导新的实践的过程。理念创新具有两个鲜明特点：一是理念创新的前提是继承，继承是基础，创新是结果。对于道教宫观管理来说，就是要在继承传统戒律管理的基础上，在现代宫观管理过程中进行调适与发展。二是理念创新的本质在于超越，在于对原有观念的突破。人类的进步和发展就是一个不断超越既成现实，追求和实现理想的过程，是一个超越创新的过程。现代道观管理，同样需要这种超越创新的过程。从目前道观管理来看，有的是延续传统管理方式，有的是采用现代管理模式。而对于传统管理方式的使用，既没有继承好，又没有进行适时的调适，传承的"不伦不类"，管理得也很不到位。对于现代管理模式的使用，既没有很好的吸收引进现代管理的新思路，又没有真正形成适应道观管理的新方法，管理工作混乱，管理制度滞后。创新的道观管理，就是要在继承传统管理的基础上，吸收现代社会管理先进理论和经验，用以加强对道观的有效管理。因此，在道教教育中要大力培养具有创新理念的管理人才。一方面，要加强道教院校管理专业人才的培养，注重培育创新的思想理念、与时俱进的工作态度和好学上进的求知欲望。另一方面，要在管理工作岗位上锻炼提高，不断增强其自身的管理能力与创新意识，促进道观管理的创新发展。

其三，要注重培养具有奉献精神的道观管理人才。奉献精神是社会责任感的集中表现，是对自己事业的不求回报的爱和全身心的付出。对个人而言，就是要在这份爱的召唤之下，把本职工作当成一项事业来热爱和完成。奉献是一种态度，是一种行动，也是一种信念。当代道教，在推进道观管理中，就特别需要管理者的奉献精神，要以不辱使命的崇高追求、昂扬向上的精神状态、舍身忘我的拼搏精神，以及常在状态的自我加压，努力创先争优。但是，现实告诉我们，具有这种奉献精神的道观管理者并不多，工作中"大事做不来，小事不肯做"的现象依然存在，管理工作"怕"字当先，优柔寡断，胸中无大志，心中无忧愁，问题藏抽屉，有的甚至还假公济私，损害道观利用，管理者更缺乏责任与担当，严重影响并制约了道观的发展。因此，现代道观管理者的奉献精神尤为重要，这就需要通过院校教育和自身修持来不断提升，通过信仰建设和戒律建设来逐步培育。同时，管理者的奉献精神强调更多的是使命与责任，使命是指对自身所肩负的重大责任，责任就是担当，就是付出，更是奉献。责任是分内应当做的事情，是承担应当承担的任务，完成应当完成的使命。现代道观管理者要始终明白有职务就有责任，责任就是一种职责和任务，同时还要与时俱进，开拓创新，有使命，有担当，有作为，讲奉献，认真做好道观各项管理工作，促进道教管理工作规范有序。

三、道教人才队伍建设的核心是培养弘道型人才

改革开放以来，道教得到全面恢复与发展，正如许多前辈道长所言，道教遇到了发展史上的黄金时期。与此同时，道教的发展也面临一个严峻问题，那就是缺乏一批有信仰的有道之士，特别是缺乏有学识、有能力、有影响的高道。虽然，各地道教院校在培养道教人才方面进行了积极努力，也取得了一定成绩。但是，就目前道教院校办学情况来看，存在办学定位不明、办学思路不清等问题，直接影响到道教院校合格人才的培养。为此，当代道教要重视办好宗教院校，坚持正确办学方针，加强师资和教材建设，提高办学质量，培养更多合格宗教人才。[1] 这就为道教院校培养人才指明了方向。根据上述要求，结合道教实际，我们认为作为一名合格的道教人才，还必须要在道教文化研究上有所成就，要在讲经讲道方面有所作为，要始终坚持以弘道兴教为己任，为道教事业的振兴发展作贡献。

（一）要大力加强道教研究型人才的培养

从理论上讲，所谓"研究型人才"，主要是指有硕士学位以上的教育水平，具有坚实的基础知识、系统的研究方法、高水平的研究能力

---

〔1〕《人民日报》2016年8月7日，第5版。

和创新能力，在社会各个领域从事研究工作和创新工作的人才。道教是中华传统文化的重要组成部分，蕴含着优秀的传统文化，历代高道大德都是道教文化的研究者和道教思想的传播者，他们推动了道教教义思想的时代阐释与不断前行，促进了传统道教的与时俱进和创新发展。当代道教，文化研究严重滞后，教义思想停滞不前，严重制约了道教的传播与发展。因此，必须要大力培养道教研究型人才，重点做好"道教教义思想"和"当代道教"研究人才的培养，因为这是弘道兴教的必由之路。

其一，要注重加强对道教教义思想研究人才的培养。在长期的历史发展进程中，道教逐步形成了独特的教义思想、仪式行为和组织系统，其教义思想的核心就是"道"和"德"。从东汉到隋唐五代，道教思想体系逐渐完善，以"道"和"德"为核心的教义思想结构也渐趋完整。此后，道教的一切教理教义都是围绕"道"和"德"展开的，其教义思想几乎贯穿于道教徒的信仰、修炼和社会生活的各个方面，形成了一个完整的思想体系，推动了道教的时代发展。近现代以来，道教教义思想基本没有什么新发展，道门自身也没有人去研究与阐释，教义思想的滞后严重制约了道教弘道工作的开展。当代道教，必须要大力培养精通道教教义思想的专业人才，积极开展对于道教教义思想的研究与阐释。一方面，我们要在道教院校开设"道教教义思想"专业课，系统学习梳理传统道教教义思想，在客观分析道教教义思想的形成过程中，传承与发展道教教义思想。道教学院要统一思想，提高认识，明确目标，探索培养精通道教教义人才的有效途径，并逐渐成为道教院校教育的自觉行动。唯有如此，道教教义学人才才能不断涌现出来。另一方面，我们要组织开展对于道教教义思想的研究，对传统道教教义思想作出适应时代发展的新阐释。在道教院校培养的基础上，选拔精通道教教义学的优秀人才，成立道教教义思想研究组织，开展对传统道教教义思想的研究，总结道教教义发展的成功经验，探索新时代道教教义思想的建构问题。道教历史表明，道教教义思想的建构，必须是教界与学界的有机结合，因为道教的教义思想包含着神学信仰的内容，这就特别需要精通道教教义思想的优秀人才的参与，发挥不可替代的积极作用，以此来推进道教教义思想建构工作的顺利开展。

其二，要注重加强对当代道教问题研究人才的培养。改革开放以来，道教文化建设不断加强，除各地定期召开道教文化研讨会之外，还出版了专门的道教刊物，对于宣传与弘扬道教文化起到了积极作用。在道教文化研究方面，全国一些有条件的地方也相继成立了道教文化研究室，开展道教文化研究，出版道教书籍，道教文化研究工作取得了一定成绩。然而，随着现代社会的快速发展，道教文化研究工作明显滞后，特别是对于当代道教的研究更是缺少关注，无论是教界还是学界都不够重视，严重影响了当代道教的转型与发展。可喜的是，上海浦东道教文化研究所于 2018 年正式成立，该所主要致力于当代道教研究，出版当代道教研究丛刊，以加强道教自身建设为基础，探索研究道教与当代社会的关系以及道教未来发展之路。目前，该丛刊已经正式出版五辑，得到教内外的充分肯定，并取得了良好的社会效果。但是，由于道门自身缺乏对"当代道教"问题的关注，或者对于自身存在的问题也不愿意去面对，更不会主动探索思考解决问题的办法，这是目前开展当代道教研究工作的难点问题。究其原因，主要还是缺乏道教研究型人才，缺乏敏锐的智慧与独特的眼光，致使当代道教研究工作严重滞后。因此，必须要大力培养当代道教研究人才队伍，开展当代道教问题的研究。一方面，要在道教院校开设"当代道教学"课程，请教内外专业教师进行授课，开展"当代道教"的学习与研讨，从推进道教"与时俱进"发展的新高度，进一步增强对于当代道教研究重要性的认识，为培养当代道教研究人才打好坚实基础。另一方面，要在道教宫观开展"当代道教"问题的大讨论，客观分析当代道教存在的问题，找出存在问题的主要原因，探索解决问题的有效办法。对于当代道教的研究，要做到研究纵向有深度，对道教的未来发展方向有深入的思考和准确把握；要做到研究横向有广度，对其他各宗教要彼此尊重，学习借鉴，汲取营养。要以道教中国化为契机，顺势而为，大力加强自身建设，助力弘道兴教的历史使命，促进当代道教研究工作顺利开展。

（二）要大力加强道教传道型人才的培养

所谓"传道"，古时指传授圣贤之道，后也指传教。在世界各大宗教中，基督教是最善于传道的宗教。一般来说，基督教的传道途径主要有两种：一是通过讲台来传道。即在教堂讲台上的传讲福音的信息与内容，包含牧师、长老、传道人所传讲的道。二是对外的传道。宣教是在本国、本地区、本家以外对耶稣所颁布使命的遵从，向未闻福音的地区宣教。基督教的"传道员"，就是指"在牧师指导下从事传道，或向愿意入教或新入教者讲解经文教义的人"。[1] 历史上的道教，也有"以医传道"的传统。只是近现代以来，道教的这一传统已经失去了传道的优势。与基督教相比，其传道即为传"福音"，原意为"传报佳音"，后用来"专指有关基督教的生死及其言行的宣讲"。[2] 这种"在教言教"的传道方式就具有持久的生命力。因此，当代道教要大力加强道教传道型人才的培养，借鉴基督教的传道经验，探索培养自己的经学人才，积极开展讲经讲道活动，稳步推进道教传道工作的有序开展。

其一，要注重加强对道教经学人才的培养。所谓"经学"，原本是指研究儒家经典，解释字词含义，阐发其义理的学问。汉代以来，儒

---

〔1〕 任继愈主编：《宗教大辞典》，上海辞书出版社，1998年，第131页。
〔2〕 任继愈主编：《宗教大辞典》，上海辞书出版社，1998年，第150页。

家学说占统治地位，所以经学影响了中国人的政治、经济、文学、哲学、法律、社会生活等各个领域两千多年。当然，这里的经学，主要是指儒家的经典的学问，其影响之大可见一斑。以此类推，道教经学就是指研究道教经典，解释字词含义，阐发其义理的学问。从道教历史看，历代高道都是精通道教经学的大师，他们通过对道教经典的学习、研究与感悟，全面阐释了道教经典的思想义理，给信教群众以开示与教化。明清以后，道教日趋衰微，社会影响日渐衰落，其经学研究更是无人问津。中国道协曾明确指出：要倡导读经学经之风，培养道教经学人才。这是很有远见的，是针对道教现状与未来发展需要所提出来的。当代道教，要大力加强对道教经学人才的培养，以适应道教弘道兴教的需要。一方面，要在思想上高度重视，把道教经学人才的培养与弘道兴教的使命紧密相连，要在道教院校内开设"道教经学"课程，精选历代道教重要经典，作为院校学生必读经典，并纳入严格考核内容，对于考核不合格者不予毕业。唯有如此，才能培养出合格的道教经学人才。另一方面，要在道观内兴起读经、学经与辩经之风，可以每年指定一部经典，请教内外专家学者进行辅导，要求神职教徒学习和研读，并纳入年度考核计划，进一步提升神职教徒的经学水平，以期培养更多优秀的道教经学人才。

其二，要注重加强对道教讲经人才的培养。道教历来就有讲经传统，古代道观内往往设有讲堂。道经称"凡法堂，说法教化之所，宜在天尊殿后安置，务在容众多为美，或于他处建立，皆任其所宜也"，[1] 强调了讲经的教化功能。因此，有人说，宗教教职人员不讲经讲道，宗教学识就得不到提高，信教群众也得不到引导，宗教就会出问题，就很难安身立命。这就是说，讲经讲道是当前道教工作的重要任务，应该引起我们道门自身的高度重视。中国道协自 2008 年开

---

〔1〕《洞玄灵宝三洞奉道科戒营始·置观品四》，《道藏》第 24 册，第 745 页。

始，每年举行一次全国性的"玄门讲经"活动，对于培养道门讲经人才、促进道教讲经工作的开展起到了积极作用。但是，由于"玄门讲经"缺少规范的、科学的顶层设计，所取得的成效并不明显，并没有真正实现全国各地道观开坛讲经的目的，道教讲经人才的培养仍然任重而道远。因此，当代道教要大力加强对道教讲经人才的培养，探索培养讲经人才的有效途径。一方面，要学习基督教的成功经验，在道教院校开设讲经专业课，并作为主要课程贯穿于道教院校教育的全过程，对于讲经考核不合格者不予毕业。根据讲经人才的成长规律，道教院校才是培养讲经人才的摇篮。在具体教学过程中，必须把握好两个原则：一是要熟读道教经典，博采众长，融会贯通；二是要反复训练，不断提高讲经水平。讲经人才是靠训练出来的，积极登坛讲经才是培养的有效途径。另一方面，要充分发挥全国道教"玄门讲经"的作用，在做好顶层设计的基础上，每年选定一部经典，提炼若干讲经选题，精心组织讲经文稿，通过"玄门讲经"的审阅修改，印刷成册，分发到各地道观，推进各地道观开坛讲经。同时，各地道观也要注重讲经人才的培养，把讲经工作作为弘扬道教文化和教化引领信教群众的重要内容，定期安排神职人员讲经，通过规范制度，反复训练，道教讲经人才自然会不断涌现出来。

其三，要注重加强对道教养生学人才的培育。道教是"贵生"的宗教，在长期的历史进程中，形成了许多健康养生思想与养生方法，成为人类社会宝贵的文化遗产。历史上的道教，素有"十道九医"之说，许多高道都是精通中医的专家，他们在"悬壶济世"治病救人的同时，也传播着道教的思想，对于道教的"传道"工作起到了积极作用。近现代以来，由于道教专业人才的缺乏，严重制约了道教养生文化的有效传播。当代社会，看病难、看病贵已经成为一个社会问题，健康养生备受世人关注，这就为道教的发展提供了难得的机遇。因此，我们要大力培养精通道教养生学的专业人才，为社会民众的健康养生提供积极指导。一方面，我们要对传统的道教养生理论进行梳理和研究，特别是组织专业团队、专业人员，把道教传统的食疗方、药疗方整理出来，经过科学、临床试验，成为民众健康养生的良方。另一方面，我们要在道教院校中开设道教医学养生课，聘请教内外专业人士授课，使学员接受系统的道教养生理论教育，成为道教养生文化的传承者与发展者。同时，还要重视道教养生学的精英人才，培养新时代的"道医"，传承道教济世利人的优良传统，服务社会，造福人类。当代道教，必须要在发挥时代价值上下功夫，要在服务社会上有作为。健康养生正是道教服务社会的有效途径，也是道教通向社会的重要桥梁，我们要充分利用好道教这一独特优势，积极做好弘道兴教工作，使道教的健康养生文化发扬光大。

四、道教人才队伍建设需要注意的几个问题

在人类社会发展进程中，人才始终是社会文明进步、人民富裕幸福、国家繁荣昌盛的重要推动力量。当今世界正处在大发展大变革大调整时期。世界多极化、经济全球化深入发展，科技进步日新月异，知识经济方兴未艾，加快人才发展是在激烈的国际竞争中赢得主动的重大战略选择。同样，道教也是如此，人才也是道教事业发展的推动力量，道教人才直接关系到道教的前途和命运，关系到道教事业发展的兴衰与成败。当代道教，必须要培养出一批高素质、高质量的人才队伍，肩负起弘道兴教的历史重任，这是时代发展的客观要求。但是，新时代道教人才的培育，必须要发挥道教院校培养人才的主渠道作用，采取自主培养与社会引进相结合的人才培养模式，同时还要建立起合理使用道教人才的保障机制，促进道教人才培养工作的健康发展。

（一）要注重发挥道教院校培养人才的主渠道作用

从道教历史看，传统型的人才培养模式，主要是依靠"师徒相授，口口相传"，这是道教的特殊性决定的。现代社会进程中，传统的人才培养模式已经落后于时代步伐，不能适应道教事业发展的需要。道门有识之士经过积极探索，开创了现代道教人才培养的新模式，逐步实现从传统向现代的转型，各地相继开办了10余所道教学院，教育理念不断提升，教育方案不断完善，教育内容不断扩展，教育方式不断创新，道教学院已经成为培养道教人才的摇篮，发挥着不可替代的积极作用。但是，就目前道教学院的办学情况来看，还存在诸多亟待解决的问题，特别是与现代院校的办学要求还有很大差距，这就需要大力加强道教院校的建设，为培养道教合格人才发挥主渠道作用。但是，如何办好道教院校，如何培养合格的道教人才？除了应该具有的校舍、师资、教材、经费等基本条件外，还必须要注重做好以下几方面工作：

其一，要准确把握道教院校的办学目标问题。有人认为，现代道教院校的办学目标主要是培养文化型人才、科仪型人才、管理型人才、艺术型人才、养生型人才等。从理论上讲，这些办学定位都是有道理的，也是十分重要的。但是，历史经验告诉我们，判断一个道教院校办学成功与否，关键是看其毕业的学生是否有信仰，如果没有信仰，或者有信仰的学生不多，那就是失败的。无论其教学水平多高，学生文化成绩多么优秀，都是不成功的。因此，道教院校的办学就是注重培养有学识、有信仰的道教人才队伍，这才是道教院校必须思考解决的重要问题。

其二，要准确把握道教院校的办学特色问题。众所周知，在我国高等学府里，清华以理科闻名，北大以文科见长，很多大学都有自己的特色专业。对于道教院校教育同样如此，如果说"质量"是道教院校的优势，那么"特色"才是道教院校的生命力所在。从目前情况来看，各地道教院校基本没有什么特色专业，办学模式几乎也是千篇一律，培养什么样的人才也没有明确目标。这就需要道教院校要有"敢为天下先"的创新精神，不断进行教育创新，才能使道教院校逐步形成自己鲜明的办学特色。因循守旧，故步自封都是教育创新的禁忌，只有创新才能闯出一条特色教育之路。

其三，要准确把握道教院校的办学生源问题。从目前道教院校招生情况来看，主要存在两个方面问题：面向社会招生，自然会影响生源的信仰教育；而生源严重不足，自然又会影响教育的质量。这就需要道教院校的招生调整思路、探索新路，才能找到出路。一方面，要改变面向社会招生为面向道观招生的模式。对于一位神职教徒的培养，必须要经过道观三年以上的信仰熏陶，经过考察合格后才能推荐进入道教院校深造，道教院校还需要继续加强信仰教育，这样才能培养出具有虔诚信仰的合格的道教人才。另一方面，生源的问题可以从三个方面考虑。首先，培养专职的道教神职教徒，可以直接面向道观招生，生源应该是有保障的。其次，对于道观在职神职教徒进行再教育，主要也是面向道观招生，根据协会制定的相关制度要求，生源也是没有问题的。再次，是对于社会一般信徒的教育培训，可以直接面向社会招生，或者直接面向皈依信徒招生，其生源的数量也是可以预见的。

（二）要积极探索引进道教人才的有效途径

道教人才的培养是一个系统性工程，需要思想重视、精心谋划、积极探索和稳步推进。道教现状告诉我们，对于当代道教人才的培养，特别是道教优秀人才的培育，除了道教院校作为人才培养的主渠道之外，还需要积极探索引进道教人才的有效途径，具体工作路径可以从以下三个方面考虑：

其一，要大力加强基本信徒队伍建设，培养选拔优秀道教信徒。

道教历史表明，信徒是道教赖以生存的根基，信徒数量的多寡，往往也是衡量本宗教兴衰的重要指标。就目前全国各大宗教来看，道教信徒的数量相对较少，自然就标志着道教的社会影响不大，其发展速度比较缓慢。这就需要大力培养道教基本信徒，促进道教信徒队伍的不断扩大。根据历史规律，道教宫观应该是信徒队伍建设的主阵地，可以通过定期举办信徒皈依活动，吸收更多的基本信徒进入道教队伍。然后，通过举办各类培训班，对皈依信徒进行培养教育，引导他们正信正行，自觉参与到道教事业的建设与发展中来。

其二，要大力加强道教居士信徒队伍建设，培养选拔优秀道教居士。道教历史告诉我们，任何一个历史时期，都需要有一大批高端信徒的护教，当代道教自然也是如此。现代社会，特别是随着社会经济的快速发展，道教的健康发展更离不开居士信徒的功德善缘。与一般信徒相比，居士信徒一般都有着比较好的经济条件和社会影响，对于推进道教的建设与发展具有积极的作用，特别是对于提升道观的自养经济显得尤为重要。这就需要大力加强高端信徒的队伍建设，通过宗教服务、解疑释惑、联情联谊等活动，团结凝聚广大高端信徒，培育他们对于道教神仙的信仰，并通过培养选拔部分居士信徒进入道门，成为道教信仰虔诚的居士人才，发挥他们在弘道兴教方面不可替代的积极作用。

其三，要加强道教文人信徒队伍建设，团结凝聚优秀道教学者。这里所说的"文人"信徒，主要是指研究道教方面的专家学者，道教的发展离不开道教文化的传承，更离不开专家学者的研究与弘扬。当代道教，不仅要精心培养教内研究道教的专家，而且还要注重团结教外的专家学者，培养他们的道教感情，掌握好道教的话语权。同时，还可以选拔部分专家学者进入道门，为道教文化的研究与弘扬服务，重建所谓的"文人道教"，助力道教的健康发展与时代价值的发挥。

（三）要尽快建立合理使用道教人才的保障机制

当代社会，要注重宗教人才的培养，更要注重宗教人才的使用，努力使宗教人才队伍有序、健康成长。政府宗教部门提出，我们要鼓励和支持宗教团体和宗教活动场所，在现有年轻宗教教职人员中物色一批具有潜力的人选，在实践中进行考察、培养，锻炼他们的实际工作能力，增长他们的才干。道教人才不同于社会一般人才，有道教人才自身的特殊性，其培养方法必须要按照道教人才成长的规律，即认真选拔、使用考察、持续培养。其中，第一步是"选拔"德才兼备的好苗子，这一步非常重要，要有独特的眼光。第二步是"考察"，要在使用中监督考察并进行正确引导，发现问题要及时纠正，对于不合格的坚决更换，千万不能迁就与放纵，更不能感情用事。第三步是"培养"，要在选拔、考察合格的基础上，进行持续性的培养，不能中途随意更换。特别是对于道教界代表人士的培养，必须是一以贯之地、持续不断地培养，唯有如此才能培养出真正的道教人才。但是，要培养出大批道教人才，除遵循上述人才成长规律外，还必须要建立合理使用道教人才的保障机制。

其一，要营造适应道教人才成长的法治环境。近年来，国家相关部门连续颁布了各类相关法律、法规和规章制度。如新修订的《宗教事务条例》[1]，新颁布的《宗教院校学位授予办法（试行）》[2]《宗

---

〔1〕 2004 年 11 月 30 日，国务院令第 426 号公布，2017 年 6 月 14 日国务院第 176 次常务会议修订，2017 年 8 月 26 日，国务院令第 686 号，公布修订后的《宗教事务条例》，2018年 2 月 1 日施行。《宗教事务条例》分总则、宗教团体、宗教院校、宗教活动场所、宗教教职人员、宗教活动、宗教财产、法律责任、附则九章，共七十七条。

〔2〕 2012 年 10 月 16 日，国家宗教事务局令第 11 号，公布了《宗教院校学位授予办法（试行）》，自 2013 年 1 月 1 日起施行。办法共五章，二十五条。分总则、条件、授予、法律责任和附则五章。

教院校教师资格认定和职称评审聘任办法（试行）》〔1〕《宗教团体管理办法》〔2〕等，都从不同方面对宗教人才培养作出了明确规定。其中，《学位授予办法》规定：宗教院校本科以上毕业生，可以按照本办法规定申请相应的学位，具体学位分学士、硕士、博士三级。《职称评定办法》规定：宗教院校教师职称实行评审聘任制度，具体分为助教、讲师、副教授、教授。《团体管理办法》规定：要支持宗教院校改善办学条件，帮助解决办学中遇到的困难和问题，保障宗教院校有稳定的办学经费。可见，办学经费的保障、宗教教师职称的评定，自然有利于师资队伍的培育；宗教院校学位的授予，自然也有利于人才的培养。还有，各地方也有针对性地出台相关政策和地方性法规，都为道教人才的成长提供了良好的法治保障。

其二，要建立合理使用道教人才的制度保障。在大力培养道教人才的同时，还要大胆地使用人才，要把人才放到合适的岗位去锻炼，在岗位的锻炼中健康成长。道教现状表明，目前道门自身在使用人才方面仍然存在诸多问题，嫉贤妒能者有之，欺上瞒下者有之，打击报复者也有之，这些问题的存在严重影响了道教人才的成长。这就需要全国道教团体组织和各地道教组织，尽快制定出台《关于合理使用道教人才的管理办法》，为道教人才的成长提供良好的制度环境。有人说"培养人才靠智慧，使用人才靠心胸"。对于道教团体和宫观负责人来说，要有宽阔的胸怀，在使用人才上要任人唯贤，不能任人唯亲。同时，道教团体的民主管理制度，也有利于道教人才的选拔和任用。道教内外的监督评价机制，对于道教人才的自我约束、自我管理、自我

---

〔1〕 2012 年 10 月 16 日，国家宗教局令第 10 号，公布了《宗教院校教师资格认定和职称评审聘任办法（试行）》，自 2013 年 1 月 1 日起施行。办法共五章，三十七条。分总则、资格认定、职称评审聘任、法律责任和附则五章。

〔2〕 国家宗教事务局令 13 号，2019 年 11 月 1 日经国家宗教事务局审议通过，2020 年 2 月 1 日起施行。

反省和自我提升也是至关重要。我们不但需要培养人才、发现人才，也需要关爱人才、使用人才、评估人才、监督人才，逐步形成道教人才使用、成长的良性机制。

综上所述，道教人才队伍建设已成当务之急，这是道教自身建设的需要，也是道教中国化和时代发展的需要。当代道教，要大力培养管理型人才，特别是要培养道教团体和宫观管理人才，发挥好道教团体和宫观管理组织的积极作用。同时，还要大力培养道教的弘道型人才，这是道教弘道兴教的需要，也是道教人才培养的主要目标。我们要善于培养人才，更要善于使用人才，建立道教人才成长的环境机制和制度保障，确保道教人才队伍建设的有序健康发展，稳步推进当代道教中国化的历史进程。

第二节 注重加强道教团体组织建设

道教历史表明，道教历来就是以宫观、名山为单位，或在宗派内部组织活动。道教团体组织只是近现代社会历史发展的产物。1912 年，道门有识之士在北京白云观发起成立中华民国道教会。[1] 此后，部分地区道教团体组织相继成立，特别是在上海先后组织成立了多家道教团体，其目的就是为了规范道教管理，维护道教权益。但是，由于当时社会的动荡与经济的萧条，道教团体组织维持时间都不长，发挥作用也不大。直至 1957 年，道教界在北京举行第一次全国代表会议，正式宣布成立中国道教协会。[2] 从此，中国道教界开始有了正式的全国性组织，各省市也开始筹备成立道教团体组织。

改革开放以后，各地道教宫观修复开放，各级道教团体组织也相继成立并开展工作，发挥着团结、联系广大道教信徒的桥梁纽带作用，成为道教徒联合的爱国宗教团体和教务组织。到目前为止，全国已有 20 多个省（市、区）成立了省级道教协会，各地区还成立了数量众多的市、县级道教协会。道教团体组织的建立，对于规范道教自身管理、培养道教人才和促进道教对外交流等方面发挥了积极作用。但是，就目前道教团体现状来看，还存在诸多亟待解决的问题，主要表现为：

---

〔1〕 阮仁泽、高振农主编：《上海宗教史》，上海人民出版社，1992 年，第 429 页。

〔2〕 卿希泰主编：《中国道教史》第四卷，四川人民出版社，1996 年，第 668 页。

一是道教团体发展不平衡，部分道教团体长期处于瘫痪状态，有名无实。二是道教团体领导班子成员素质不高，缺乏工作能力和管理水平，难以适应社会发展的需要。三是道教团体内部管理制度不健全，有章不依现象严重，民主决策意识淡薄。四是道教团体自身定位不清，工作职责不明，作用难以发挥。这些问题的存在，严重制约了道教团体积极作用的发挥。

道教现状表明：道教组织很不健全，宫观管理体制不顺，道风建设力度不强，与时代的要求和社会的期待还有相当距离，与道教自身所肩负的使命还很不适应。[1] 究其原因，主要还是道教团体的规范和管理问题。这就需要我们道门高度重视，必须要大力加强道教团体建设，明确团体发展方向，找准团体主要问题，采取切实有效措施，稳步推进道教团体组织的健康发展。这是时代发展的需要，也是道教自身发展的必然要求。

一、注重人才培养是加强道教团体建设的关键所在

当前，就道教自身建设而言，人才培养仍然是重中之重，人才是兴道之基，弘道之本，道教的发展关键是靠人才的支撑。道教团体是道教徒联合的爱国爱教宗教团体和教务组织，道教团体建设同样需要加强人才培养，而且还必须要培养高素质的领导型、领袖型人才，培养道教研究人才和专业人才。具体要求：就是要努力建设政治上可信、作风上民主、工作上高效的高素质领导班子。这就是说，道教团体的人才必须是高素质的、领导型的。我们要通过加强道教团体的人才培养，进一步强化道教团体的班子建设，不断提高班子成员的综合素质，全面提升道教团体的管理能力。

---

〔1〕《中国道教》2010年第3期，第7页。

（一）注重人才培养，强化道教团体的班子建设

人才培养是道教团体建设的关键，也是强化道教团体班子建设的核心内容。就目前道教团体班子情况来看，高素质人才严重缺乏，重要工作难以开展，班子建设严重滞后。除省级以上道教团体之外，多数地方道教团体只是"一块牌子，一个班子"，班子成员基本都是兼职或者挂名，专职人员严重缺乏，或者素质不高，难以胜任其工作。多数道教团体的工作，基本还是停留在"被动型"、"应付型"和"上传下达"的模式中，道教团体班子很不健全，团体组织作用难以发挥。人才问题已经成为道教团体班子建设的瓶颈。

其一，要大力加强道教团体优秀人才的选拔。道教团体班子建设的关键是人才，选拔优秀人才是重要的基础工作。一方面，我们要注重加强对道教代表人士的选拔。按照中央提出的"政治上靠得住，宗教上有造诣，品德上能服众，关键时起作用"的总体要求，有计划地培养爱国的教职人员，造就一支政治上爱国、信仰上爱教，拥护中国共产党的领导及社会主义制度，保证道教团体组织在党的领导下，拥有一批按照正确方向可持续发展的人才队伍。要坚持有组织、有计划地培养和选拔道教优秀人才，把有一定宗教学识的年轻教职人员和在信教群众中有一定威望的中青年充实到团体组织中来，增强道教团体组织活力，提高道教团体组织的号召力和影响力。另一方面，要注重加强对道教领袖人物的选拔。所谓"千军易得，一将难求"，领袖人物在道教发展和道教团体中的地位是十分重要的。作为道教团体的领袖人物，必须要有很高的政治素质，始终高举爱国主义的伟大旗帜，使道教团体的领导权牢牢掌握在爱国爱教的教职人员手中；作为道教团体的领袖人物，必须要有较高的学识造诣，能够正确引领道教与社会主义社会相适应，实现道教的现代转型与创新发展；作为道教团体的领袖人物，还必须要有较高的品德修养，具有道教领袖风范，在道教

界内部具有较高的威望和影响力，能够成为道教徒修行的楷模、学习的榜样。要严格按照这个标准来考察和选拔道教团体的领袖人物，为道教界人士树立一面旗帜，引领道教团体和道教事业的健康发展。

其二，要大力加强道教团体优秀人才的培养。道教团体班子建设的关键是人才，培养优秀人才要坚持传统与现代结合的途径。一方面，要有计划、有组织、有针对性地进行选拔和培养。道教优秀人才的培养，并不是一朝一夕、一蹴而就的事情，必须要经历一个较长的考察培养过程。根据道教工作特点和现代教育要求，选拔培养优秀人才，一般可以从以下两个方面着手：一是通过道教学院的系统培养。在学习过程中发现好苗子，然后进行跟踪引导、教育和培养。这种通过院校途径的培养，具有知识性、专业性和系统性的特点，有利于高端人才的培养，这是现代道教院校教育的优势。二是通过对社会优秀人才的引进。社会上道教信徒众多，人才也很多，这是一个很好的基础，要通过推荐、选拔和培养，把在信徒队伍中信仰虔诚、文化素质高、宗教造诣好的人才吸收到道教队伍中来，充实道教团体班子力量。我们要以宽阔的胸怀，以对道教事业负责的精神，大胆使用优秀人才。另一方面，要立足传统，通过师徒相传、相授的培养方式来培养道教优秀人才。所谓"名师出高徒"，这种"传、帮、带"式的培养方式，正是传统道教人才培养的重要途径。历代以来，名师高道都是德高望重的长者，无论是个人修行，还是道学造诣，都是道门中的楷模，这样的名师自然可以通过言传身教的方式培养出优秀人才。当然，现代道教优秀人才的培养，还是要坚持"传统与现代"的结合，即通过道教院校的系统教育后，再跟随名师学习修行、言传身教，这种"学修并进"的培养模式，应该成为现代道教优秀人才培养的重要途径。

（二）注重人才培养，提升道教团体的管理能力

人才培养是道教团体建设的关键，也是提升道教团体管理能力的

重要抓手。就目前道教团体情况来看，人才缺乏几乎已经成为普遍现象，除全国性道教团体组织外，地方道教团体存在招聘人才难、留住人才更难的困境，其主要原因还是待遇和晋升问题。即使能够留在道教团体工作的人员，大多是整体素质不高，缺乏现代管理意识和管理水平，直接影响道教团体组织作用的发挥。因此，道教团体组织必须要注重培养道教专业人才，全面提升班子成员的管理水平，有效指导基层组织开展工作。

其一，要努力提升道教团体班子成员的专业水平。道教团体是一个专业性比较强的组织，专业人才的培养尤为重要。一方面，要注重加强道教研究型人才的培养。道教团体是联系道教界人士和信教群众的桥梁和纽带，具有一定的指导和引领作用，需要加强各类研究人才的培养。比如，对政策法规的学习，团体成员就要率先学习研究，深入理解、准确把握其精神实质，以便指导基层宫观组织学习，确保道教工作依法依规开展。对于道教文化的研究，是道教团体的职责所在，团体组织要有研究道教的专门人才，有组织、有计划开展道教文化研究，尤其是对于道教徒和社会关系的问题进行研究，有效指导宫观教职人员为信徒解疑释惑。还有对道教档案工作的管理，对于道教网络工作的管理，对于道教财务工作的管理，对于道教场所基建工作的管理等，都需要一定的专业人才，这都是道教团体建设需要考虑的问题。另一方面，要注重加强道教教务人才的培养。根据道教团体组织的特点，道教团体有一项十分重要的工作，那就是教务指导工作。在实际工作中，道教团体有责任对基层团体和场所的教务进行指导，这就要求道教团体教务工作人员要有较高的道学造诣，也就是所谓的道教专业知识，而且还要对相关教务内容进行研究，用以指导道教教务工作。比如，中国道教协会教务部要对全真派传戒和正一派授箓工作进行研究，对道教的教制建设进行研究，形成规范的、统一的范本，指导和推动道教教务工作的有序开展。

其二，要不断提高道教团体班子成员的管理能力。道教团体是一个社会团体组织，班子成员的管理水平至关重要。一方面，要进一步强化班子成员的管理意识。所谓"管理意识"，是指管理者能够自觉运用科学管理的思想方法和原理原则去认识、分析和解决管理问题。管理意识是一种主动的、积极的自觉行为，这是道教团体管理成员必须具备的基本素质。这就需要团体管理人员，要主动关心团体工作，积极思考解决团体所出现的有关问题。根据道教团体自身特点，强化管理意识必须要注重二个加强：一是要注重加强团体作风建设，进一步增强服务意识。道教团体本身就是一个服务型组织，所有岗位都是服务岗位，所有工作人员都是服务人员。必须进一步强化服务意识，切实转变工作作风，提高服务质量和服务成效。二是要注重加强团体队伍的教育、监督和管理。队伍建设是团体工作的保证，没有一支坚强的队伍，自然就很难出色完成各项工作任务。要进一步健全教育监督机制，坚持不懈抓好廉政教育，健全完善监督制约机制，确保不出现任何违法违规问题。另一方面，要进一步提升团体班子成员的管理水平。道教团体班子成员必须要有较高的管理水平，才能适应新时代道教团体建设与发展的需要。根据这个要求，提升班子成员管理水平必须增强三个意识：一是要强化学习意识，努力打造"学习型"团体。无志不能怀远、无才不能博见。道教团体成员只有不断加强学习，提高自身素质，才能与时俱进、创造性地开展道教工作。二是强化团结协作意识，增强团体凝聚力。团结出力量，团结出智慧，团结出成绩，团结是做好各项工作的基础和保证，特别是道教团体组织，尤其要讲团结、讲大局、讲民主，团体主要负责人要率先垂范，防止个人独裁，切忌搞小团体和拉帮结派。否则，会影响团体作用的发挥。三是要强化"自律"意识，规范自身言行。自律是加强自身思想品德修养的重要方式，其核心是通过对自己严格要求，不断增强遵纪守法的自觉性。只有不断增强道教团体成员的管理意识和管理水平，才能全面提升道教团体的管理能力，促进道教团体组织的健康发展。

二、规范管理制度是加强道教团体
建设的根本保证

根据有关规定，各级宗教团体的地位都是平等的，都是平等的民事主体。但是，作为全国性宗教团体制定的教务方面的规章制度，同一宗教的地方性宗教团体、宗教活动场所和宗教教职人员应当遵守和履行。[1] 依法制定规章制度，是道教团体内部的"立法"，是保证道教团体规范运行的基本保证。俗话说"没有规矩，不成方圆"，成功的团体必定会有健全的管理制度，反之亦然。制定道教团体规章制度，是现代道教团体制度建设的需要，也是规范团体内部工作、提高部门工作效率的需要。当代道教团体，必须要大力加强内部管理制度建设，促进道教团体的规范管理，形成道教团体的自律机制。

（一）规范管理制度，促进道教团体规范管理

制度建设是团体建设的重要内容，是促进道教团体规范管理的重要抓手。近年来，道教团体管理开始得到重视，无论是政府宗教部门，还是道教团体自身，都开始抓道教团体的制度建设，规范团体的有效管理。但是，由于种种原因，道教团体现状表明，制度建设仍然是严重滞后，除全国和部分省级团体相对比较规范之外，多数基层道教团体根本就没有完善的内部管理制度，即使有制度也大多流于形式，工作随意性大，人员流动性大，管理松散混乱，正常工作难以开展。有些道教团体的《章程》规定都不能执行，要么不作为，要么乱作为。

---

〔1〕 国家宗教局政策法规司编《宗教工作法律知识答问》，宗教文化出版社，2008年，第57页。

这种现状，显然已经不能适应时代和道教自身发展的需要，也严重影响着道教团体作用的发挥，必须要花大力气健全道教团体规章制度，并坚持抓落实，而且要抓出成效。

其一，要建立健全道教团体各项规章制度。建立健全各项规章制度，对于规范道教团体管理非常重要。一方面，要建立团体组织的规章制度。道教团体"要加强规范化建设，建立规章制度，健全工作机制，形成按制度、按程序办事的习惯，真正实现民主办教"。特别是"对于管理混乱、软弱涣散、争权夺利的道教协会，要协助政府部门进行治理整顿"。[1]道教团体现状表明，规范道教团体制度建设已成当务之急。根据道教团体组织特点，规章制度建设主要包括以下两大类：一是团体规章类，是对道教界有关重要事项和重大教务活动的具体办理、实施提出切实可行的措施，要求全国道教界和道教组织贯彻执行。比如，《关于全真派道士传戒的规定》是为了继承全真派传戒仪轨，规范传戒活动而制定的。[2]《关于道教散居正一派道士管理暂行办法》是为了加强对道教散居正一派道士的管理，维护散居正一派道士的合法权益而制定的。《关于正一派道士授箓的规定》是为了继承正一派授箓传统，规范授箓活动，健全教制仪规而制定的。[3]《道教教职人员认定办法》是规范道教教务管理，维护道教教职人员合法权益的规定。《道教宫观管理办法》就是为了加强道教宫观管理，维护道教界合法权益，保障道教活动正常进行，更好地服务信教群众而制定的。[4]《道教宫观主要教职任职办法》是为了加强道教教制建设、促进宫观管理而制定的。[5]《道教全真派冠巾活动管理办法》是为了加强冠巾活动

〔1〕《中国道教》2015 年第 3 期，第 8 页。
〔2〕《中国道教》2015 年第 3 期，第 51—52 页。
〔3〕《中国道教》2015 年第 3 期，第 51—54 页。
〔4〕2015 年修订的《道教宫观管理办法》，《中国道教》2015 年第 3 期，第 46—48 页。
〔5〕2015 年修订的《道教宫观主要教职任职法》，《中国道教》2015 年第 3 期，第 49—50 页。

管理，规范冠巾仪式而制定的。[1] 上述这些办法和规定，都是道教团体的规章类制度，具有较强的规范性、严肃性和权威性。二是团体章程类。章程是道教团体用以说明该组织的宗旨、性质、组织原则、机构设置、职责范围等的纲领性文件，具有准则性与约束性的作用。《中国道教协会章程》就明确要求各地道教协会、道教宫观、道教院校和其他道教组织都要遵照执行。[2] 另一方面，要建立团体部门规章制度。根据团体岗位工作要求，团体内部必须要制定相关管理制度，用以规范部门工作。国家宗教事务局公布的《宗教团体管理办法》明确规定："宗教团体应当建立健全内部管理相关制度，加强自身管理。"[3] 根据道教团体组织特点，部门规章制度主要应该有：《人事管理制度》主要是用于团体内部教职员工的行动、办事方法、规定工作流程等一切活动的制度。《财务管理制度》主要是为了规范道教团体组织的财务行为，加强道教团体的财务管理，保障道教团体健康发展等制定的一系列规则。《教务工作管理制度》主要是为了规范道教教务工作，开展对于道教教务活动的研究，加强对道教团体和场所教务工作的指导。还有《研究工作制度》《外事工作制度》等，都是道教团体部门重要的规章制度，是保证道教团体内部工作正常运转的重要保证。但是，由于诸多原因，目前所制定的规章制度中，还有部分存在一些不足之处，有些条文还不够完善和规范，缺乏理论性、权威性和可操作性，难以发挥其教务工作的指导作用，还有待于进一步修改、补充和完善。

其二，要贯彻落实道教团体各项规章制度。贯彻落实各项规章制度，对于规范道教团体管理十分重要。一方面，要全面贯彻落实各类宗教政策法规。近二十多年来，全国各省（市）都陆续制定出台了地

---

〔1〕 2015 年修订的《道教全真派冠巾活动管理办法》，《中国道教》2015 年第 3 期，第 54—55 页。

〔2〕 2015 年修订的《中国道教协会章程》，《中国道教》2015 年第 3 期，第 43—45 页。

〔3〕 国家宗教事务局令，第 13 号，2019 年 11 月 1 日审议通过，2020 年 2 月 1 日起施行。

方《宗教事务条例》，成为我国地方性的宗教法规。2005年3月1日，国家层面也制定出台了全国性的《宗教事务条例》，成为我国第一部宗教法规。其间，又经2017年6月修订，2018年2月1日起施行。其内容包括：总则，宗教团体，宗教院校，宗教活动场所，宗教教职人员，宗教活动，宗教财产，法律责任，附则等共九章内容。其目的就是保障公民宗教信仰自由，维护宗教和睦与社会和谐，规范宗教事务管理，提高宗教工作法治化水平。[1] 还有2020年2月1日，国家宗教事务局出台并施行的《宗教团体管理办法》，是为了规范宗教团体管理，促进宗教团体健康发展，积极引导宗教与社会主义社会相适应，根据国家社会团体管理和宗教事务管理有关规定而制定的法规。上述这些宗教政策法规，是目前宗教领域内最全面、最权威的宗教方面的法规，是规范宗教活动，保护宗教合法权益，促进宗教事业健康发展的行动指南。道教团体必须要认真组织学习，深入领会其精神实质，在工作中全面贯彻落实。同时，还要积极组织道教宫观和教职人员认真学习贯彻，实现宗教政策法规贯彻落实常态化，使之贯穿于日常工作与生活之中，成为广大道教徒自觉遵守的行为准则。另一方面，要贯彻落实团体《章程》和规章制度。道教团体的《章程》是经全体代表会议讨论通过的，它就是团体组织内部的法律，是各级道教组织和道教徒必须遵照执行的。团体的《章程》必须要组织学习，使广大道教徒都能够熟悉和知晓，便于在日常工作中自觉遵守。对于道教团体组织来说，更应该严格按照《章程》规定开展工作，《章程》对于团体宗旨和工作任务都有明确规定，对于团体班子成员的权利、义务也有明确要求，班子成员在享受权利的同时，必须要承担相应的义务，完成《章程》规定的工作任务，否则就是不称职、不作为。当然，对于《章程》没有规定的也不要乱作为。为保证团体《章程》的贯彻落实，应该考虑

---

[1] 新修订《宗教事务条例》释义，第177—197页，宗教文化出版社，2018年。

设立团体的监事组织，全程监督团体成员的工作情况，对于不称职、不作为的成员要给予批评、警告、撤职等处罚。同时，团体成员还要自觉遵守团体内部规章制度，积极带头，以身作则，成为遵规守法的模范，在团体内树立正气，在道教界树立榜样，从而引领宫观组织和道教徒自觉贯彻落实各项规章制度。

（二）规范管理制度，促进道教团体自我管理

制度建设是团体建设的重要内容，是促进道教团体自我管理的重要抓手。政府宗教部门"要支持和推动宗教团体建立健全各项规章制度，搞好自我管理"。[1] 自我管理是一种现代管理的有效途径，是时代发展进步的标志。然而，自我管理必须建立在高度自觉的基础上，需要管理者具有较高的人格魅力和管理能力，否则自我管理就难以实现。道教团体是一个有宗教信仰的团体组织，本身就应该有自我管理的基础。但是，道教现状表明，道教的自身建设明显滞后，道教团体的制度建设明显缺乏，团体组织官僚作风严重、高高在上，脱离信教群众，缺乏凝聚力、向心力，导致道教团体自我管理能力不足。这就需要努力提高自身修持，培育团体组织成员的道教情感和奉献精神，需要大力加强戒律建设，重建新时代道教团体的规戒制度，促进和完善道教团体的自我管理。

其一，要努力提高道教团体成员自身修持。提高团体成员的自身修持，对于促进团体自我管理意义重大。一方面，要努力培育道教团体组织成员的道教情感。道教情感是指对自己所从事的道教工作所具有的稳定的态度和体验。有强烈道教情感的人，能够从内心产生一种对道教事业的无比崇拜和敬仰，表现出强烈的责任心和积极的工作态度，从而更加激发出自身的工作潜能，更加热爱自己所从事的道教事

---

〔1〕《中国的宗教问题和宗教政策》，宗教文化出版社，2012 年第 4 版，第 315 页。

业和工作岗位。而有消极道教情感的人，往往较多地考虑个人得失和物质待遇，对工作怀着消极的态度，表现为混日子，得过且过，缺乏上进心和责任心。消极的道教情感无疑会对道教工作产生负面影响，严重制约着道教团队建设，影响着团体成员的积极性，必须要果断纠正这种不健康的心理情感。因此，我们要在道教团体组织中大力培养道教情感，而培养道教情感必须要从深入学习道教历史文化开始。道教文化博大精深，是中华文化的重要组成部分，老子《道德经》被誉为东方文化的智慧宝库，被世人所崇敬和重视。优秀的文化吸引着优秀的人才，道教团体需要不断引进对道教有情感的社会精英，充实团体班子力量，不断提高团体成员的自身素养。另一方面，要努力提高道教团体组织成员的奉献精神。奉献是一种无私的给予和呈献，奉献精神是一种爱，是对自己事业的不求回报的爱和全身心的付出。历史上，基督教传教士不远万里来到中国，传播基督宗教信仰，他们以传教工作为天职，不顾过个人得失，不顾生命安危，全身心投入到传教工作中，甚至把一生都奉献给教会，为的就是一种信仰和一个目标，这就是基督徒的奉献精神。倪文君于 2011 年翻译出版的《来华基督教传教士传记丛书》，就记录了 1867 年前所有来华传教士的传记资料，共收录来华基督教传教士 338 位。[1] 他们历经坎坷，为的就是完成传教使命，这种责任和担当是值得我们道门中人学习的。道教虽然没有公开传教的做法，但是有"随方设教，历劫度人"的传统，作为道教团体班子成员必须要有一种奉献精神，要本着对道教事业高度负责的态度，认真做好道教团体的各项工作。因为，奉献精神就是一种力量，是促进道教团体自主管理的力量源泉。

其二，要大力加强道教团体规戒制度建设。加强规戒制度建设是

---

〔1〕〔英〕伟烈亚立：《来华基督教传教士传教丛书》，倪文君译，广西师范大学出版社，2011 年。

促进道教团体自我管理的重要抓手。一方面，要注重对传统道教戒律的学习和研究。戒律是道士修真必须遵守的戒条和法规。奉戒的目的是禁制"恶心邪欲"，不令放逸。[1] 戒律是道教内部的法律，对于道教徒来说具有绝对的权威性。现代道教团体组织所制定的民主管理制度，更多强调的是一种被动式的管理，缺少自主的、自觉的管理意识，是一种"他律"行为。而戒律则不同，虽然也有管理的内容，但是却往往与信仰紧密联系，具有很强的"自律"意识。道教团体要实现自我管理，就必须要加强对传统戒律的学习和研究，不断提升团体成员的道教信仰和戒律修持，实现道教团体的管理从"他律"向"自律"发展，最终实现道教团体组织的自我管理。另一方面，要重建新时代道教团体的规戒制度。道教团体的自主管理，是一种自觉的意识行为，必须通过重建新时代道教团体的规戒制度来完成。道教历史表明，道教戒律的建设与教团的兴衰紧密相连。明代时期，道教曾一度出现衰微之象，四十三代天师张宇初很快意识到道教所面临的危机，试图整顿革新。他针对当时道教戒律松弛，道风不正的问题，撰成《道门十规》，以"激励流世，昭宣圣制，永为奕世绳规"。[2] 他从加强教内规戒入手，继承全真教风，清整戒律清规。针对当时道教组织松散、戒律松弛之弊，张宇初提倡初期全真派教风，强调恪守清规戒律，戒律自然就成了明代道教振兴与发展的重要抓手。近年来，中国道教协会也开始重视戒律修持，并积极探索开展教风建设，专门制定了《关于道教协会和宫观负责人带头加强道风建设的若干意见》，从虔诚奉道、学修并进、持守规戒、道相庄严、如法如仪、规范管理、生活简朴、服务信众、率先垂范等方面做了规定，强调要求"发挥道教协会和宫

---

〔1〕 任继愈主编：《宗教大辞典》第385页，上海辞书出版社，1998年。
〔2〕 《道藏》第32册，第147页，上海书店（三家本），1988年。

观负责人在加强教风建设方面的表率和示范作用"。[1] 同时，还制定了《道教宫观规约》，共计二十条，类似于传统的清规榜。"为阐扬道范，丕振玄风，使务道之士知所依止，中国道教协会商诸山大德，特制订《道教宫观规约》。"[2] 上述规约制度的制定，应该是现代道教戒律建设的良好开端，道教团体班子成员要率先垂范，严格遵照执行。当然，随着时代的快速发展，重建道教团体的规戒制度也必须要提上议事日程，这是新时代道教团体自我管理的迫切需要。

三、明确职能定位是加强道教团体建设的前提条件

职能定位是决定一个组织的职权与工作任务的重要依据。所谓职能，是指需要完成的任务、工作和责任，以及为完成这些任务所拥有的权力。《宗教事务条例》第二章（第八条）规定，宗教团体具有下列职能：一是协助人民政府贯彻落实法律、法规、规章和政策，维护信教公民的合法权益。二是指导宗教教务，制定规章制度并督促落实。三是从事宗教文化研究，阐释宗教教义教规，开展宗教思想建设。四是开展宗教教育培训，培养宗教教职人员，认定、管理宗教教职人员。五是法律、法规、规章和宗教团体章程规定的其他职能。[3] 以上宗教团体的职能自然也是道教团体的职能定位，自然也是道教团体需要完成的工作任务和责任，以及为完成这些任务所拥有的权力。因此，在具体工作中必须要明确道教团体的职能定位，准确把握道教团体的性质、宗旨和目标任务。

---

[1] 《关于道教协会和宫观负责人带头加强道风建设的若干意见》，《中国道教》2015年第3期，第58页。

[2] 《道教宫观规约》，《中国道教》2015年第3期，第57页。

[3] 新修订《宗教事务条例》释义，宗教文化出版社，2018年，第30—31页。

（一）明确职能定位，把握道教团体的性质和宗旨

职能定位是道教团体建设的重要内容，也是准确把握道教团体性质和宗旨的有效途径。就目前道教团体来看，少数团体组织仍然是"官僚化严重，服务意识淡薄"，有些团体更是"有名无实"，一块牌子，一套班子，工作自主性差，年初没有计划，年终没有总结，团体负责人缺乏工作思考，班子成员更是无所作为。究其原因，主要是没有准确把握道教团体的性质和宗旨，造成工作方向不明、工作思路不清，有时还会出现"该作为时不作为，不该作为时乱作为"的怪现象，严重影响着道教团体工作的正常开展。

其一，要认真研究道教团体基本性质。所谓"性质"，是指事物本身所具有的与其他事物不同的根本属性。比如，企业的性质有国有企业、集体企业、私营企业、个体工商户、合伙企业、联营企业、股份合作制企业、有限责任公司、股份有限公司等。同样，宗教团体也有道教团体、佛教团体、天主教团体、基督教团体、伊斯兰教团体等。道教团体是宗教团体的一种，从道教性质与道教职能的关系来看，道教性质决定于道教职能，道教职能又反映道教性质，二者是既相互影响又相互关联的。关于道教团体的性质，中国道教协会《章程》有明确规定，就是说"道教协会是道教徒联合的爱国宗教团体和教务组织"。从道教团体组织的性质来看，至少包含三个方面内容：一是强调道教团体必须是爱国的，必须始终坚持道教中国化方向。道教团体有一个十分重要的任务，就是要教化引导信徒自觉走爱国爱教道路，自觉与中国特色社会主义社会相适应。具体可以通过举办"讲经讲道"和"读经班"来进行教化引导，通过阐述道教经典，弘扬道教优秀文化，以此来激励道教信徒爱国守法，自觉做一个好公民。近年来，中国道教协会每年举办一次全国性的玄门讲经交流活动，有效地推动全国道教界的积极参与，但是至今还没有真正形成道门讲经的热潮，尤

其是基层道教团体和宫观并没有引起真正重视，讲经工作仍然任重道远，仍然是道教团体工作的重要内容。二是强调道教团体的宗教组织特点，必须要为广大道教信徒做好服务工作。道教团体虽然不是直接服务于信徒的组织，但是要通过制定相关规章制度，指导、监督道教宫观做好"服务信徒"的工作。但是，就目前中国道教协会《章程》在第二章"业务范围"中并没有"服务信徒"的任何条文，既然道教团体是"道教徒联合的爱国宗教团体"，那么道教徒就是道教团体的主体，就应该是服务的重要对象。同时，在中国道教协会制定的《道教宫观管理办法》中也找不到"服务信徒"的内容。这不是工作的疏漏，而是职能定位不清所造成的。三是强调道教团体是一个教务组织，这就决定了道教教务工作在道教团体工作中的重要地位。在目前中国宗教中，中国基督教协会《章程》就明确规定："本会为中国基督教全国性教务组织。"全国各级地方基督教、天主教都有专门的"教务委员会"，是独立的宗教团体组织，其主要职能就是做好各地教会的教务工作。道教协会《章程》虽然也明确了"教务组织"这一职能，但是在"业务范围"中仅有"加强对地方道教团体、宫观和道教院校的教务指导"的表述，显然是道教教务工作的重要性没有得到彰显。在实际工作中，诸多道教团体的教务工作并没有得到重视，团体负责人也没有意识到教务工作的重要性。我曾经了解过几个道教团体教务部门的工作人员，多数告知是没有什么事可做，即使有事也是临时指派的，完成任务就行。究其原因，我认为这还是团体的职能定位问题。当然，有些地区的道教团体负责人热衷于跟风、赶时髦，喜欢做表面文章，根本不去研究团体的本职工作，更不去重视团体的教务工作。这种职能定位的错误，严重损害了道教团体的影响力，阻碍了团体积极作用的发挥，需要引起政府宗教部门的高度重视。

其二，要始终坚持道教团体根本宗旨。所谓"宗旨"，就是指（组织）主要目的和意图。比如，企业的宗旨就是要回答"我们的企业将成为什么样的企业"问题。企业宗旨不但涉及企业的长远目标、具体业务，同时更重要的是涉及企业文化、企业精神、经营理念。企业在任何一个发展阶段，都不能偏离企业的宗旨，宗旨实质上就是一个企业的根本思想与发展方向，它影响企业订立各项制度与决策。由此观之，道教团体的宗旨就是要回答"道教团体将成为什么样的团体"，决定着道教团体的长远目标和工作任务。根据中国道教协会《章程》规定：本会宗旨是团结、带领全国道教徒爱国爱教，拥护中国共产党的领导和社会主义制度，遵守国家宪法和法律法规，培养和践行社会主义核心价值观，积极与社会主义社会相适应；兴办道教事业，弘扬道教教义，维护道教界合法权益；发扬道教优良传统，传扬道教文化，为促进经济社会发展，为维护宗教和睦、民族团结、社会和谐、祖国统一、世界和平作贡献，为实现中华民族伟大复兴的中国梦发挥积极作用。[1] 这一宗旨明确了道教团体的主要目的和工作要求，至少包含三个方面内容：一是要坚定正确的政治方向，发挥积极引领作用。道教团体要始终高举爱国主义伟大旗帜，团结带领广大道教徒走爱国爱教道路，自觉促进道教与社会主义社会相适应。二是要大力发展道教事业，做好自身本职工作。注重开展道教文化研究，弘扬道教教义思想，维护道教合法权益，促进道教健康发展。三是要发挥道教时代价值，彰显道教服务社会功能。道教有没有时代价值，道教能否发挥时代价值，这都是道教团体必须思考解决的问题，当然也是道教团体的重要工作内容。因此，当代道教必须要明确道教团体的职能定位，坚持道教团体的性质和宗旨，明确工作任务，把握工作方向，以务实的工作作风，创新的工作精神，确保道教团体各项工作稳步推进。

---

〔1〕《中国道教协会章程》，《中国道教》2015 年第 3 期，第 43 页。

（二）明确职能定位，把握道教团体的目标和任务

职能定位是道教团体建设的重要内容，也是准确把握道教团体目标和任务的有效途径。就目前道教团体情况来看，由于缺乏对团体自身组织的思考和研究，诸多团体组织对自身的目标和任务并不清楚。甚至有少数团体负责人整天吃喝玩乐，热衷于虚词奉承，溜须拍马，场面上风光无限，工作上一事无成。这些问题的存在，是当前道教团体工作的短板，也是制约道教团体工作的重要瓶颈。因此，必须要明确道教团体的职能定位，准确把握道教团体的工作目标，认真落实道教团体的各项工作任务。

其一，要准确把握道教团体工作目标。所谓目标，其实就是方向，是一个人工作和生活的方向。明确的目标会为生活和工作引导方向，没有目标的人，就好像一艘没有舵的船，漂流不定，只会搁浅在失望的泥滩中。人生成功与否，关键是看有没有明确的奋斗目标，没有人生目标就没有远大的志向，没有远大的志向，也只能停留在原地，听天由命。因此，目标是成功的基础，有了目标做事才有计划性，有了目标做事才有效率，有了目标做事才会更积极。一个人如此，一个组织更是如此。因此，道教团体的工作也必须要有明确的目标，有目标才有努力的方向，才能激励先进奋力前行，鞭策后进迎头赶超。中国道教协会《章程》和道教性质告诉我们，新时代道教团体组织的目标应该是：建设团结友爱、清净庄严、开放包容、充满活力、具有国际影响力的中国道教，使道教更加健康地传承发展，更加充分地发挥积极作用，更好地与社会主义社会相适应，更好地为中华民族伟大复兴的中国梦贡献力量。根据这一目标要求，道教团体的工作目标主要包含三个层面：一是要建设具有国际影响力的中国道教，这是世界层面的工作目标。道教是中国本土宗教，在漫长的历史发展过程中，不仅神州大地到处都留有道教的胜迹，而且随着中外文化交流和华人移居

海外，道教也传播到了海外。[1] 改革开放后，中国道教得到快速发展，特别是近年来中国道教协会倡导的"道行天下"活动取得了一定成绩，这些都提升了道教的社会影响力。但是，道教要走上国际舞台，真正成为有国际影响力的宗教，还有很多事情要做，还有很多问题需要解决。作为未来道教工作努力的目标，道教团体组织必须要团结带领广大道教徒，为建设具有国际影响力的中国道教而努力奋斗。二是充分发挥道教应有的时代价值，这是社会层面的工作目标。在长期的发展过程中，道教对我国古代的思想文化和社会生活的各个领域都产生过巨大而复杂的影响，当今道教依然在中国人的生活方式和文化构成中显示出独有的生命力。[2] 从社会层面来看，道教有一项重要工作就是"服务社会"，道教能否健康发展，关键是看其服务社会的能力。发挥道教的时代价值，就是要挖掘道教服务社会的积极功能。道教团体要做好道教传承与发展的工作，尤其要做好道教文化的传承与发展，只有传承好优秀的道教文化，才能更好地发挥道教的积极作用，才能更好地做好服务社会的工作。三是为中华民族伟大复兴的中国梦贡献力量，这是国家层面的工作目标。全国宗教工作会议指出：宗教界要积极"投身改革开放和社会主义现代化建设，为实现中华民族伟大复兴的中国梦贡献力量"。[3] 这就要求我们道教团体组织必须要服从服务于国家最高利益和中华民族整体利益，团结带领广大道教徒为国家的富强、民族的振兴而努力奋斗。明确道教团体的职能定位，就必须要把握好道教团体的工作目标，稳步推进，不断前行。

其二，要全面落实道教团体工作任务。工作任务是指团体组织或个人的工作范围，或者职责范围。清晰的工作任务，是团体组织做好

---

〔1〕 卿希泰、詹石窗主编：《中国道教通史》第五卷，北京人民出版社，2019 年，第395 页。

〔2〕 卿希泰主编：《中国道教思想史》第一卷，北京人民出版社，2009 年，第 1 页。

〔3〕 新华网，2016 年 4 月 23 日。

工作的基本条件，也是该团体领导能力强的表现；如果工作任务模糊不清，自然会影响团体工作的顺利开展，当然也是团体领导能力弱的标志。由此观之，团体组织主要领导的水平，直接关系到团体工作任务制定的好坏，一位没有思路、没有思想、没有能力的领导，就不可能提出优秀的工作思路，制定出规范清晰的工作任务，也不可能引领团体组织有所作为。根据中国道教协会《章程》第二章规定，本会的工作任务主要有：一是团结、带领全国道教徒遵守宪法、法律、法规和国家政策。二是协助政府贯彻落实宗教信仰自由政策，依法维护道教界的合法权益，深入调查研究，反映道教组织、道教界人士和信教群众的意见和要求，充分发挥桥梁纽带作用。三是大力弘扬道教优秀文化，为传承中华文明和建设中华民族共有精神家园做贡献。四是建立健全道教有关规章制度，加强信仰建设、道风建设和教制建设，严肃戒律，纯正道风。五是加强对地方道教团体、宫观和道教院校的教务指导，协调关系，促进团结，支持地方道教团体依法依规办好教务。督导道教团体、宫观搞好管理和自身建设，提高道教徒整体素质，树立道教良好形象，促进道教事业健康发展。六是兴办道教教育事业，办好道教院校，培养道教人才。七是主办传戒、授箓等重大教务活动，做好直属宫观的管理工作。八是开展道教文化艺术交流活动，加强学术研究，整理编印道教书刊，协助做好道教文物古迹与非物质文化遗产保护工作。九是开展社会公益慈善活动，弘扬道教生态环保理念，服务社会，利益人群。十是开展同香港特别行政区、澳门特别行政区和台湾地区道教组织及海外道教界侨胞的交往与联谊工作，增进了解，团结合作。十一是加强与国外道教组织、道教界人士及国际宗教和平组织的友好往来，促进中外道教文化交流，开展道教的国际联谊工作。[1] 通过对以上工作任务的分析，我们认为内容是全

---

〔1〕《中国道教协会章程》，《中国道教》2015 年第 3 期，第 43 页。

面的、定位也是准确的，是道教团体比较完备的工作任务清单。但是，作为全国性道教团体组织，除上述工作任务外，还要注重加强二项工作：一是道教教务工作任务要进一步加强。道教团体对于重大的教务活动要直接开展研究，要在尊重传统的基础上，拿出权威的、肯定性的文本，用以指导各地道教教务工作的开展。二是道教文化研究工作任务要进一步加强。道教团体要特别注重加强对于当代道教问题的研究，旨在加强道门自身建设，探索道教与当代社会关系，探寻道教未来发展，助推道教中国化进程。开展当代道教研究应该成为当前道教团体一项重要的工作任务来抓，这是关系到当代道教能否健康发展的大事，必须要高度重视，坚持常抓不懈，道教的未来发展才会迎来希望的曙光。

四、理顺权责关系是加强道教团体
建设的重要环节

理顺关系是各级道教团体的权责定位，也是发挥各级道教团体组织作用的有效途径。所谓"权责"，意思为权力与职责。理顺权责关系，就是指将权力与责任的界限明确，不能混淆不清。依照《社会团体登记管理条例》规定：社会团体分别由各级人民政府民政部门和相应的业务主管单位进行监督管理。宗教团体作为一个类别的社会团体，各级团体的地位都是平等的，相互之间无隶属关系，无领导与被领导的关系。[1] 当然，宗教团体也有其特殊性，在同一宗教中，全国性宗教团体与地方性宗教团体之间具有一定的教务指导关系。对于道教团体来说，虽然只有上下级的教务指导关系，但是其各自的权责也必须

---

〔1〕 国家宗教局政策法规司编《宗教工作法律知识答问》，宗教文化出版社，2008 年，第 57 页。

要清晰，否则就会影响正常工作的开展。因此，必须要尽快理顺道教团体的权责关系，强化上级道教团体的教务指导，发挥基层道教团体的积极作用。

（一）理顺权责关系，强化上级道教团体的教务指导

理顺权责关系是各级道教团体组织的准确定位，必须要强化上级道教团体组织的教务指导。这里所说的上级道教团体主要是指中国道教协会和省级道教协会。道教现状表明，目前多数道教团体权责关系不清，对于团体工作重点把握不准，或者根本就不知道做什么、怎么做？甚至还出现"只想要权不想干事"的怪现象，不仅不利于团体积极性的调动，而且还严重制约了团体的建设与发展。究其原因，主要还是自身工作定位不清、权责关系没有理顺。因此，强化上级团体的教务指导，必须要准确把握自身的工作定位，认真务实完成自身的工作任务。

其一，要准确把握道教团体的工作定位。一方面，要明确各级道教团体组织的工作定位。根据各级道教团体组织的职能差异不同，其各自的工作定位也有所不同，必须要准确把握。对于全国性道教团体而言，工作应侧重于引导道教的发展方向，组织开展道教教义思想研究，建立完善道教规戒制度，办好中国道教学院，出版道教思想建设方面的书籍，举办大型国际道教论坛，引领道教事业健康发展。对于省级（自治区、直辖市）道教团体而言，应侧重制定针对全国性道教团体所制定的各类规章制度和实施细则并推动落实，组织道教教义思想研究并组织落实，办好区域性道教院校，组织和推动道教社会服务，做好基层道教团体与全国性道教团体之间的桥梁。对于地区、市、县级道教团体而言，应侧重制定针对全国性道教团体所定规章制度的实施细则并推动落实，侧重于场所、教职人员、信教群众的联系，反映其利益诉求、帮助其解决实际困难，发挥场所之间沟通平台的作用，

指导场所教务工作，推动道教思想建设成果的转化。[1]另一方面，要处理好各级道教团体之间的关系。从法律层面讲，每个道教团体都是独立的法人，不同层级的道教团体没有上下级关系。但是，道教工作有其特殊性，基层道教团体要接受上级团体的教务指导。中国道教协会《章程》规定，全国道教团体与地方道教团体的关系是教务指导关系。[2]当然，这种指导也包含了一定程度的管理成分，只是宏观管理而已。所谓"宏观"是指大范围的或涉及整体的，或者理解为一种站在范围较大的角度去思考一些问题。简单说，宏观管理就指抓大放小，关注大问题，把握大方向。同样，上级道教团体组织的自身工作定位，就是对基层团体进行教务指导、宏观管理，具体工作职能主要是负责监督指导。监督指导的本义是指即对现场或某一特定环节、过程进行监视、督促和指导，使其结果能达到预定的目标。而上级团体对下级团体的监督指导，主要是从宏观上把握上级道教团体的意图，督促指导有关制度性工作的贯彻落实。当然，在上级团体准确把握自身的工作定位后，能否发挥出积极的宏观指导作用，这是对上级团体组织成员的基本素质考验。作为一名合格的团体负责人，必须要有较高的政治素质、有较高的文化素养、有较高的宗教造诣和较高的管理水平，才能做到整体把握、宏观指导。如果上级团体负责人素质不高、专业水平不强，所发出的指导意见和工作要求就缺乏权威性和可操作性，有的甚至在基层难以推行，这样自然就会削弱上级团体的指导作用。这就要求上级道教团体在宏观指导过程中，必须要强化其专业性和权威性，必须要深入开展调查研究，必须要广泛听取基层团体的意见建议，力争做到求真务实，准确定位，精准指导，坚持做到"到位不越位"、"帮忙不添乱"，更不要随意拍脑袋、瞎指挥，要始终保持正确的

---

〔1〕《宗教与世界》2014年第1期，第11页。
〔2〕《中国道教》2005年第3期，第43页。

方向和工作定位，稳步推进道教团体各项工作的有序开展。

其二，要务实完成道教团体工作任务。根据道教团体的性质特点，团体组织的工作定位及主要工作任务应该包含以下三个方面内容：一是准确把握上级道教团体的工作定位。中国道教协会是全国性道教团体，是全国道教的掌门人，省级道教协会是各省道教的掌门人，上级道教团体主要应该是出思想、出智慧、出方向的，对于全国或全省道教工作进行统筹规划、精准指导。省级道教团体组织既要贯彻落实好全国道教团体的旨意，又要根据各省具体情况制定新的事关全省道教发展的大政方针，认真完成自身的工作任务，同时对基层道教负有协调、指导责任。时任国家宗教局局长王作安在与中国道教协会驻会领导班子谈话时指出：中国道协要多做打基础、管长远的工作，切实推动道教事业健康发展。[1]这个定位是非常准确的，"打基础、管长远"就是大问题、大方向，这就要求中国道协的工作定位要站得高、看得远，统筹规划、宏观指导，引领中国道教事业健康发展。省级道教团体也应参照中国道协工作要求，并协助做好"打基础、管长远"的工作。二是认真负责做好"打基础、管长远"的工作，不断加强自身建设。打基础的工作，主要是强调"固本强基"，这是道教赖以生存与发展的根基。比如，抓好道风建设、教制建设、文化建设和人才培养等，这些都是道教的基础工作，如果基础没有打好，道教就很难发展。管长远的工作，就是要制定道教团体的中长期规划，要从战略高度谋划道教的未来发展问题。比如，我们要学习借鉴基督教的成功经验，组织编修一本"道教圣经"，通过阐述老子《道德经》、融入道教思想，建构道教教义思想体系，以讲好道教故事为主线，成为具有"通俗性、思想性、理论性、智慧性"的权威的道教经典，作为中华传统文化的软实力向世界传播，从而提升道教的国际影响力。这项工程需要中国

---

〔1〕《中国道教》2016年第2期，第17页。

道协牵头，组织教内外专家学者来共同完成。这些都是上级道教团体的工作任务，必须要精心谋划、组织落实、认真完成。三是要制定有全局性、指导性和权威性的规章制度，引领道教事业健康发展。比如，2015年中国道协第九届代表会议修订通过的《道教宫观管理办法》《道教宫观主要教职任职办法》《关于全真派道士传戒的规定》《关于正一派道士授箓的规定》《道教全真派冠巾活动管理办法》《道教正一派传度活动管理办法》《道教宫观规约》[1]等，都是指导全国性道教工作的纲领性文件。省级道教团体负责贯彻落实全国道教团体的文件精神，并结合本省实际工作情况进行补充完善。当然，这里有一个原则是必须要掌握好的，那就是上级道教团体在制定制度性文件时，首先应该考虑是否有利于道教事业发展，凡是不利于道教发展的坚决不做，严格禁止搞形象工程，这样才有利于道教事业的健康发展。

（二）理顺权责关系，发挥基层道教团体的积极作用

理顺关系是各级道教团体的准确定位，必须要发挥基层道教团体组织的积极作用。这里所说的基层道教团体是指省级道教团体以下的道教组织，这类道教团体组织最多，也是最接近宫观和信教群众的，基层道教团体的作用是非常重要的，可以说道教团体工作落实的关键还是在基层。道教现状表明，基层道教团体并没有真正发挥作用，普遍存在领导体系、组织体系和保障体系不健全等问题，构成了基层团体建设的瓶颈短板。当前道教协会自身建设总体向好，但管理不善、软弱涣散的现象在相当程度上存在，特别是基层道教协会组织有名无实的现象依然突出。[2] 这就是说，多数基层团体还只是一个摆设，其作用充其量也就是"上传下达"而已。对于基层宫观组织的指导与协

---

〔1〕《中国道教》2015年第3期，第46—57页。
〔2〕《中国道教》2015年第3期，第8页。

调管理，只有少数基层道教团体做得比较好，而多数基层团体却放任不管，无所事事。其主要原因，还是权责关系没有理顺，组织机构不健全，工作相互推诿，想做事的整天忙不完，不想做事的整天没事干，在这样"宽松"的环境下，加上缺乏责任担当，团体工作自然就无所作为了。因此，基层道教团体也要理顺权责关系，要充分尊重基层道教团体组织，全力支持基层道教团体工作，这样才有利于基层道教组织作用的发挥。

其一，要充分尊重基层道教团体组织。从目前全国各级道教团体组织来看，主要可分为四个层面：第一个层面，是指全国性道教团体组织，就是中国道教协会。第二个层面，是指省级道教团体组织，就是各省（市）成立的道教协会，比如江苏省道教协会、上海市道教协会等。第三个层面，是指地区级道教团体组织，比如江苏苏州市道教协会、上海浦东新区道教协会等。第四个层面，是指县级道教团体组织，比如江苏昆山市（县级）道教协会，浙江省永嘉县道教协会等。在上述四个层面中，第三、四层面都属于基层道教团体组织。可见，道教基层组织数量众多，发挥基层道教组织的作用尤为重要。根据目前道教团体现状，要发挥基层道教团体的积极作用，必须做好以下三个方面工作：一是要充分尊重基层道教团体组织，必须明确其工作职能。一般来说，基层道教团体的上级组织对下级组织进行教务指导，只有该地区最基层的道教团体，可以直接指导、协调宫观的事务工作，也就是说对于宫观的指导、协调责任应该赋予最基层的道教组织。二是要充分尊重基层道教团体组织，必须明确其工作权力。根据有关规定：宗教团体是党和政府联系宗教教职人员和信教群众的桥梁和纽带，因而对本宗教的教务活动（包括宗教活动场所的教务活动）具有一定的指导、协调责任。[1] 基

---

〔1〕 国家宗教局政策法规司编《宗教工作法律知识答问》，宗教文化出版社，2008 年，第 58 页。

层道教团体负责对宫观教务进行指导，负责对宫观事务进行监督管理，负责对宫观人事进行任免等，这些权利必须通过团体组织制度进行明确规定。三是要充分尊重基层道教团体组织，必须明确其工作责任。基层道教团体对宫观负有直接的教务指导权，但必须要承担相应的责任。比如，对宫观管理制度的制定进行规范指导，对宫观的教务活动进行协调指导，对教职人员的道风、道貌进行监督指导，对宫观的财务、人事等进行监督管理，确保宫观规范管理，各项工作规范有序。当然，对于宫观工作中所出现的问题，基层道教团体要真正负起责任。这样就能做到权责明确，工作落到实处，也杜绝了工作推诿或错位现象的发生，这样既尊重了基层道教团体组织，又充分发挥了基层道教团体的积极作用。

其二，要全力支持基层道教团体工作。基层道教团体是联系宫观与信徒的重要窗口，是党和政府联系信教群众的重要平台。我国宗教法规明确规定："宗教团体是党和政府团结、联系宗教界人士和广大信教群众的桥梁和纽带。"[1] 多年的工作实践表明，宗教团体的桥梁和纽带作用要真正发挥出来，必须从基层团体抓起。就道教而言，如果各地道教基层团体组织工作都做好了，管理都规范了，作用都发挥出来了，那么道教团体的工作也就没问题了。但是，要做好基层道教团体工作，就必须要重视和支持基层道教组织工作的开展。根据目前道教团体现状，我们认为要发挥基层道教团体的积极作用，必须做好以下三个方面工作：一是要帮助基层道教团体组建一支强有力的工作班子。相对上级道教团体而言，基层道教团体组织工作要更加务实，班子成员必须要有实干精神，要坚持理论联系实际，踏踏实实地做好每一项工作。地方政府宗教部门在协商基层道教组织负责人时，必须要考察其实干精神，也就是说要"想干事、会干事、干成事"，要建立一

---

〔1〕 新修订《宗教事务条例》释义，宗教文化出版社，2018年第4版，第31页。

套务实能干的工作班子，坚决守好道教团体的一线阵地，这是做好基层道教团体工作的根本保证。二是要推动基层道教团体建立一套规范完善的工作制度，制度建设是做好基层道教团体工作的基础。一方面，要建立一套符合基层团体自身组织规范完善的规则制度，用以规范团体自身工作。同时，还要积极贯彻落实上级团体制定的有关制度文件，并结合地方实际制定有地区特色的相关制度，有针对性、实效性、创新性地开展指导工作。另一方面，要监督指导道教宫观制定有关规章制度，指导宫观依法开展宗教活动，依法实行"自我管理、民主管理"。对于宫观的财务、人事和重大基建工作等，必须由基层道教团体实行统一监督指导，确保道教宫观管理规范有序。三是要切实为基层道教团体组织解决工作中遇到的实际困难问题。基层道教团体是直接面对宫观和信徒的窗口，在具体工作中会遇到许多困难问题，有些困难并不是自身能够解决的，这就需要地方政府宗教部门和上级道教团体的帮助。一方面，地方政府宗教部门要给予积极的关心支持。比如，基层道教团体的年度工作计划，需要政府宗教部门帮助把关，确保团体工作更加务实；基层道教团体的教产动拆迁问题，需要政府宗教部门协调帮助，切实维护道教的合法权益；道教宫观负责人的考察和任免，需要政府宗教部门协同参与，对于不合格的宫观负责人要通过程序及时免除或更换，确保基层组织健康发展。另一方面，上级道教团体也要给予积极的关心和指导。比如，宫观计划举行的重大教务活动，需要上级道教团体帮助指导；基层道教团体和宫观人才培养，需要上级道教团体帮助支持；宫观的重大基建项目需要上级道教团体帮助把关等。当然，作为基层道教团体还是要独立开展工作，严格按照团体《章程》规定制定有关工作计划，稳步推进各项工作的有序开展，真正发挥出基层道教团体组织的积极作用。

五、完善办公条件是加强道教团体
建设的基本保障

办公条件是道教团体建设的基础工作，也是道教团体有效开展工作的后勤保障。作为道教团体组织工作的硬件条件，当然是不可缺失的，必须要引起高度重视。所谓"硬件条件"，简单说就是物质条件。但是，硬件是软件赖以工作的物质基础，如果一个单位或组织没有良好的硬件条件，自然就会影响该单位或组织工作的正常开展，道教团体组织也是如此。一般来说，道教团体组织的硬件条件主要是指办公场所和办公经费，这二者缺一不可。从目前基层道教团体组织来看，完善办公场所、解决办公经费已经成为团体建设的重要内容。

（一）完善办公条件，解决各级道教团体的办公场所

解决道教团体的办公场所，必须得到地方政府的高度重视，以及各地道教团体组织自身的积极努力。就目前道教团体办公情况分析，上级道教团体组织办公场所基本得到解决。全国性的道教团体（中国道教协会）办公场所，在中央领导的关心支持下，已由中央财政拨款重新修建，可谓是功能齐全、设备完善、环境优美。省级道教团体的办公场所，也在各省级人民政府的关心帮助下，多数省级道教协会得到有效解决。而数量众多的基层道教团体，还有多数地区办公场所没有得到解决，仍然存在办公场所缺乏、办公条件简陋的问题，严重影响着道教团体工作的正常开展。

其一，地方政府要给予一定的关心和支持。全国宗教工作会议：宗教团体是党和政府团结、联系宗教界人士和广大信教群众的桥梁和

纽带，要为他们开展工作提供必要的支持和帮助。[1] 表明党和政府对宗教团体积极作用的充分肯定，也表明党和政府对宗教团体建设给予的极大关心，这是我国宗教界的福音。从目前道教团体情况来看，确实有多数基层道教团体存在办公场所困难，多数道教团体还是挤在道观狭小的空间办公，办公设备老化破旧，接待空间拥挤不堪，严重影响了道教团体的整体形象，也制约了团体组织正常工作的开展。这就需要地方政府部门给予更多的关心和支持，为此提出建议如下：一是地方政府要把解决道教团体办公场所列入工作计划，纳入年度财政预算，作为帮助道教界解决实事工程来推进。当然，事先要做一些调查研究工作，充分听取道教团体的意见建议，对于没有办公场所的道教团体要想办法给予推动解决，对于办公条件较差的道教团体给予资助改善，以确保道教团体的基本办公条件为标准积极推动落实解决。二是可以参照目前部分省市宗教团体采用的"五教联合办公"模式，具体由政府出资选购办公场所，各宗教团体分楼层集中办公，各教团体又有共用的区域空间，这样就从根本上解决了团体的办公问题。这种办公模式既有利于各宗教之间的工作交流，起到相互学习借鉴作用，又有利于政府宗教部门依法进行规范管理，促进宗教之间的和睦相处。各地方政府可以根据各地方道教团体的实际情况，因地制宜地、积极务实地推动基层道教团体办公场所的落实和解决。

其二，道教团体组织自身要积极努力。道教团体的办公场所，既有政府关心支持的责任，又有团体自身努力的责任。对于有条件的道教团体，自身也要积极努力，通过创造条件来加以解决。事实上，政府部门对宗教团体工作历来十分重视。《宗教事务条例》第七章（五十条）规定："宗教团体、宗教院校、宗教活动场所合法使用的土地，合法所有或者使用的房屋、构筑物、设施，以及其他合法财产、收益，

---

〔1〕 2016 年 4 月 23 日，新华社网。

受法律保护。"〔1〕这就是说，宗教团体的财产受法律保护，任何人都不能非法占有，这是对道教团体自养经济的保护。同时，有关政策还明确指出，要继续认真落实宗教团体的房产政策，解决好这方面的遗留问题。〔2〕这对于城市宗教团体来说是有利的，这种继续落实宗教团体房产政策，其目的也是为了更好地改善宗教团体的条件。因此，对于解决道教团体办公场所问题，道教组织要通过以下途径来推动解决：一是要积极做好道教团体房产的落实工作，并进行合理开发利用。有的教产可以修复后直接作为团体的办公场所，有的教产可以直接出租用以改善团体的办公条件。二是由基层团体组织指导的道观提供办公场所。对于有条件、房子比较宽裕的道观，可以提供团体的办公用房，其接待室、会议室等还可以与道观共用，这也是实现双赢的一种办法。三是有条件的道教团体可以自购房产作为办公用房。特别是对于大城市的道教团体，如果房产工作做得比较好的话，是完全有条件自行解决的。这就是说，只要道教团体组织自身积极努力，要解决团体办公场所也不是一件难事。

（二）完善办公条件，解决各级道教团体的办公经费

解决道教团体的办公经费，必须要得到地方财政的基本保证，以及道教宫观组织的积极支持。就目前道教团体办公经费来看，只有中国道教协会是享受国家拨款，并解决国家事业编制，各省级道教团体基本享受政府财政资助，资助数量各省不等，部分工作人员安排事业编制，其余基层道教团体组织基本没有享受上述任何待遇，主要还是依靠自筹来解决，依靠自身努力来维持。据说目前有部分地区基层团体在争取解决之中，但也有一定难度。还有在省级道教团体任职的所

---

〔1〕 新修订《宗教事务条例》释义，宗教文化出版社，2018年，第189页。
〔2〕 《中国的宗教问题和宗教政策》，宗教文化出版社，2012年，第317页。

谓代表性人士，也不能享受事业编制待遇，最终只能按照企业工人待遇退休。这些问题的存在，一定程度上影响了团体组织成员工作的积极性，也制约了团体积极作用的发挥。

其一，地方政府财政要给予基本保证。国家宗教局曾明确指出："在宗教团体经济上还不能完全自养的情况下，要采取措施帮助他们解决好办公用房、经费以及一些地方宗教教职人员生活方面存在的困难，为他们开展工作创造必要的条件。"[1] 这就是说，地方政府要为自养经济困难的道教团体解决办公经费和生活方面的困难。同时，根据2016年国务院颁发的《社会团体登记管理条例》第二十六条规定："社会团体专职工作人员的工资和保险福利待遇，参照国家对事业单位的有关规定执行。"道教团体属于社会团体，其专职工作人员待遇也应该参照事业编制。当然，这也要看各地方政府的经济条件和重视程度，如果经济条件比较困难的地区就很难参照执行。因此，要解决团体办公经费问题，建议通过以下办法来推动落实：一是地方政府要给予高度重视，要充分认识到道教团体组织的积极作用。因为，宗教问题始终是我们党治国理政必须处理好的重大问题，宗教工作在党和国家工作全局中具有特殊重要性。作为地方政府宗教部门要积极努力推动落实。二是地方政府要把道教团体办公经费，纳入年度政府财政预算。财政预算是由政府编制、经立法机关审批、反映政府一个财政年度内的收支状况的计划。道教团体的办公经费，只有列入财政预算才有保障。根据地方政府经济情况，可以全额拨款，也可以给予一定资助。目前，部分地方政府大多采取资助的办法，每年给予道教团体一定的办公经费，这是一个可喜的变化，也反映了地方政府对道教工作的重视。

其二，道教宫观组织要给予积极支持。道教团体的办公经费，一方面需要依靠政府的财政资助，另一方面也需要道教宫观的积极支持。

---

〔1〕《中国的宗教问题和宗教政策》，宗教文化出版社，2012年，第317—318页。

道教宫观是道教最基层的组织，是道教徒举行宗教活动的场所，本身就有一定的自养经济来源，而且自养经济也是独立核算，自我经营和管理。基层道教团体负有对宫观的直接指导和监督责任，道观给予一定的经济资助也是合理的，具体建议从以下两个方面进行落实：一是道教宫观可以通过上交会费的形式，向团体组织交纳一定的费用，专款用于团体的自养经费。目前，基层道教团体《章程》都有规定，要求宫观每年交纳一定比例的会费。但是，在具体执行过程中，有时会出现一些不正常的情况：一种情况是不能保证按时、按比例上交，主要原因是宫观经济困难，或者宫观负责人积极性不高；一种是团体组织越级收费，也就是说基层团体的上级团体直接到宫观收取会费，这是一种畸形的收费模式，主要是因为没有理顺团体之间的关系，或者是上级团体利益的驱动，这种违背常规的做法必须要进行纠正，否则就会影响基层团体的积极性。二是道教宫观可以通过每年固定交纳费用的办法，根据宫观的大小和条件，确定每年应交纳的数额。一方面，道教团体要为宫观组织做好服务指导工作，进一步规范道观管理制度，促进道观自养经济的提升。同时，还要协助道观开展道教文化工作，推进"一庙一品""一庙一文化"建设，不断扩大道观的社会影响。另一方面，道观自身要努力做好服务信徒的工作，不断提升自养经济能力，积极支持道教团体开展工作，按时缴纳道教团体费用，确保道教团体组织工作的顺利开展。只有基层道教团体组织和宫观思想上高度认同，工作上团结协作，始终以道教事业发展大局为重，诸多问题都会得到圆满解决。

六、实现现代转型是加强道教团体建设的发展方向

所谓转型，是指事物的结构形态、运转模式和人们观念的根本性

转变过程。简单说，就是一个创新的过程。比如，企业转型就是指企业长期经营方向、运营模式及其相应的组织方式、资源配置方式的整体性转变，是企业重塑竞争优势、提升社会价值，达到新的企业形态的过程。当前，随着现代化社会的高速发展，道教团体组织也要紧跟时代步伐，适应社会进步的要求，促进传统道教团体向现代社团组织的转型发展。道教团体要主动预见未来，实行战略转型，这是明智之举，但从另一角度看，也是无奈之策。时代的快速发展和社会进步要求，已经开始倒逼着道教团体的转型发展。因此，实现道教团体的现代转型，必须要建立道教团体管理的评估机制，建立道教团体建设的长效机制。

（一）实现现代转型，建立道教团体管理的评估机制

所谓"评估"，是指评价估量。对于工作的评估，则是根据工作分析的结果，按照一定的标准，对工作性质、强度、责任、复杂性以及所需的任职资格等因素的差异程度，进行综合评估的活动。比如，教育评估机制就是指各级教育行政部门或者经过教育行政部门认可的社会组织，对学校及其他教育机构的办学情况、办学质量、办学条件等方面，进行综合的或者单项的考核和评定的制度。可见，评估机制本身就是一种监督机制，其目的就是为了不断提高自身的工作水平和工作成效。道教团体同样需要评估机制，同样需要有主管部门的考核和评定。就目前道教团体来看，由于缺乏自身的监督机制，团体内部"组织松散、制度不严、作风不实、效率不高"的现象长期存在，工作中还出现"拉帮结派，勾心斗角，以权谋私、任人唯亲"等不良现象。为此，国家宗教局曾明确要求：坚决整顿长期内争、软弱涣散的领导班子，共同抵制不良风气。[1] 这些问题的存在，严重制约了团体的自

---

[1]《中国道教》2010 年第 3 期，第 7—8 页。

身建设，影响了团体成员的积极性。因此，建立道教团体管理的评估机制，必须要借鉴社会团体管理先进经验，建立符合团体自身的评估办法。

其一，要借鉴社会团体管理先进经验。充分借鉴社会团体管理先进经验，是建立团体管理评估机制的重要依据。道教团体属于社会团体组织，是依据《社会团体登记管理条例》进行登记的，该条例明确规定了社会团体登记管理机关（政府民政部门）和业务主管单位（政府宗教部门）对社会团体监督管理的职责。[1] 道教团体应该主动接受民政部门和宗教事务部门的监督管理。就目前道教团体来看，还不是一个现代社团组织，或者说还不符合现代社团组织的要求，在内部管理体系、会员权利义务、法人治理结构、社会服务规范等方面尚未实现现代转型，难以担负起在道教治理体系的核心地位和重要功能。因此，借鉴社会团体管理先进经验很有必要，具体可以从以下二个方面开展：一是要严格遵守《社会团体登记管理条例》，按照条例有关规定开展道教工作，依法维护道教团体的合法权益。社团条例规定，社会团体的定性为"非营利性社会组织"。这就是说，包括道教团体在内的所有社会团体都不得从事营利性经营活动，但这里的营利性经营活动主要是指"不得以社会团体自身的名义进行经营活动"。同时，还规定道教团体应在其章程规定的业务范围内进行活动，而不能超越其经核准的章程，擅自扩大业务活动范围，这是依法管理道教团体的根本要求。二是要学习借鉴社会团体管理经验，规范道教团体的内部管理。现代社会团体管理具有系统性、民主性、科学性、法制性、人本性、效率性等特征，道教团体可以借鉴学习。其中，系统化是指管理是一个系统工程，道教团体管理者必须要提高管理工作的系统意识，具备

---

〔1〕 国家宗教局政策法规司编：《宗教工作法律知识答问》，宗教文化出版社，2008年，第56页。

系统的管理科学知识，提升整体把握和系统分析的能力。民主化是指在道教团体管理中，管理者需要适应社会发展的趋势，贯彻现代民主思想，杜绝团体个人的专断行为，使道教团体管理民主化，有利于发挥组织成员的积极性和创造性。科学化就是要求道教团体管理必须走科学化道路，要以科学的理论和方法为指导，运用科学的技术手段来进行管理，以提高道教团体管理的效率。法制化是强调道教团体的管理要运用完善的法律制度来进行，道教团体与其他社会团体组织具有同等的法律地位，依法管理已经成为道教团体管理的必然趋势。人本化是强调管理中人的重要性，道教团体的管理在本质上是要发挥人的积极性，根据人的特性和需要进行管理就成为道教团体管理能否成功的关键。效率化是现代管理活动的基本要求，提高效率也是改进道教团体管理的一项重要任务，要通过提升效率来改变道教团体工作效率低下的弊端。可见，现代社会团体有着丰富的管理经验，道教团体组织必须要认真学习、积极吸取，充分运用到道教组织实际管理工作中来，只有充分吸收现代社会团体组织先进的管理理念和经验，实行对道教团体组织的规范管理，才能很好的建立起道教团体管理的评估机制，促进现代道教团体管理的新发展。

其二，形成道教团体自身的评估办法。逐步形成符合团体自身的评估办法，是建立道教团体管理评估机制的有效途径。对于道教团体工作的评估，还是一个新事物，这是现代社会发展的产物，还需要道门中人的高度重视，统一思想，形成共识。当前，我们道门中人要有忧患意识、大局意识，以等不起的紧迫感、慢不得的危机感、坐不住的责任感，自觉想事、干事，齐心协力，不断提高工作质量和工作水平，着力形成思想统一、目标明确、务实高效的工作新格局。为此，要建立符合团体自身的评估办法，重点做好以下三个方面工作：一是由政府民宗部门牵头，建立定期评估机制。根据评估办法和指标体系，以专业评估机构第三方评估为主，结合"道教团体、道教宫观、信教群众"的内部评估，加权平均后确定综合分数以确定相应等级，在此基础上建立道教团体专题数据库和绩效检测系统。二是建立团体评估内容要求，形成书面评估等级。根据道教团体特点，主要从"思想意识、责任意识、工作能力、工作成效"等方面来进行评估。其中，思想意识方面，重点考评"思想统一、目标明确、进取精神、工作定位"等内容，要增强使命感和责任感，强化大局意识、忧患意识、争先意识，做到思想上与时俱进、工作上加压奋进，努力在新起点上实现新突破；责任意识方面，重点考评"负责任、有作为、有担当"等内容，责任是分内应做的事情，也就是承担应当承担的责任，完成应当完成的使命，做好应当做好的工作；工作能力方面，主要考评"执行能力、执行标准、执行速度、执行力度"等内容，要树立积极正确的工作态度，提高主动、积极、高效的工作能力；工作成效方面，重点考评"任务完成情况、完成质量、完成时间"等内容。同时，还要确立清晰的测评内容、测评要素和标准、测评程序等，确保考核评估机制公正合理。三是要将评估结果向社会公开，接受社会和信徒的监督。政府宗教部门可以在每年的年底发布道教团体自身建设工作情况报告，对于团体所做的工作进行客观分析评估，在肯定成绩的基础上，指出工作中存在的不足之处，以接受社会监督的方式来促进道教团体的转型发展。

（二）实现现代转型，形成道教团体建设的长效机制

所谓"长效机制"，是指能长期保证制度正常运行并发挥预期功能的制度体系。长效机制不是一劳永逸、一成不变的，它必须随着时间、条件的变化而不断丰富、发展和完善。同样，只有建立道教团体组织的长效机制，才能保证道教团体长期、健康、有序发展。由于历史等诸多原因，道教团体建设与社会发展严重脱节，自身建设和管理工作严重滞后，其管理理念和管理水平，已经不能适应时代与道教自身发

展的需要，与社会团体和其他宗教团体相比，更是差距甚多。道教团体组织结构不合理、管理机制混乱等问题还没有得到根本解决。更令人担忧的是，道教团体组织成员还没有意识到问题的严重性，仍然是自我感觉良好，小富即安、得过且过，既无长远规划，又无现实策略。因此，建立道教团体建设长效机制已成当务之急，必须要大力加强团体新型人才队伍建设，建立道教团体发展的共同愿景。

其一，加强道教团体新型人才队伍建设。加强团体新型人才队伍建设及其梯队建设，是形成道教团体建设长效机制的重要基础。根据道教团体转型发展的组织定位，比对当前道教团体的人才断档困境，必须以制度化、规范化、专业化为目标，着力加强道教团体新型人才队伍及其梯队建设，才能更好地发挥道教团体的功能作用。根据道教团体组织特点，具体建议如下：一是要建立科学的培育体系，全面优化新型人才队伍结构。道教团体要注重培养四支队伍：一支有战略眼光、运筹帷幄、驾驭全局的决策队伍；一支贯彻团体组织重大决策，精通管理的骨干队伍；一支有敬业精神、一专多能的专业人员队伍；一支兢兢业业、务实能干的工作人员队伍。同时，还要针对各类人才的不同特点和成长规律，进行分类指导和培养。在团体组织中形成尊重知识、尊重人才的环境氛围，要吸引高素质、高层次人才进入团体队伍。还要按照管理型人才、教务型人才、研究型人才培养机制和晋升渠道，确保人才队伍的相对稳定。二是建立合理的用人体系，创造有利于人才成长的良好环境。一方面，要创造人才有所值的新环境。大力改善人才的生活、工作条件，重视解决人才待遇问题。鼓励大胆创新，实施对突出人才的特殊奖励办法。另一方面，是创造事业留人的新环境。团体负责人要从道教事业发展大局出发，甘做引路人，勇当铺路石，做人才成就事业的导师。同时，还要创造感情留人的新环境。团体负责人要把稳定人才队伍作为工作的重点来抓，要与人才队伍加强沟通，架起感情桥梁，凝结起感情纽带，创造留人拴心的良好环境。三是建立绩效考评体系，强化对人才的激励措施。要注重人才使用的激励机制和约束机制，增强人才"有作为才有地位"的观念。要根据道教团体实际、制定完善绩效考核制度，建立有效的晋升制度与灵活的激励机制，体现公平公正原则，使奖励、晋升发挥应有的激励作用。因此，加强团体组织新型人才队伍建设，归根结底就是为了道教事业的发展，为了提升道教团体组织的管理能力和水平，形成道教团体建设的长效机制。

其二，建立道教团体发展的共同愿景。建立道教团体班子成员的共同愿景，是形成道教团体建设长效机制重要手段。共同愿景是美国学者彼得·圣吉提出来的，就是指组织中所有成员共同愿望、理想或目标，并且这种愿望、理想或目标表现为具体生动的景象。[1]来源于成员个人的愿景而又高于个人愿景。建立在共同价值观基础上，是对组织发展的共同愿望，并且这个愿望不是被命令的，而是全体成员发自内心想要争取、追求的，它使不同个性的人聚在一起，朝着共同的目标前进。道教的团体组织也需要这样的共同愿景，需要团体班子成员真心地、自愿地、积极地朝着一个共同的目标前进，具体可以从以下几方面推进：一是要确立道教现代发展的共同愿景，努力使中国道教成为具有国际影响力的道教。道教组织的这个愿景，具有一定的气魄和诱人的特性，它给人以希望，给人以激励。但是，共同愿景不是商品，不可能是我付出，你获得。而是组织成员"心中觉得必须为愿景的实现负完全责任"的一种奉献。[2]也正是如此，具有国际影响力的道教才能够成为全体成员发自内心的共同愿望。二是确立道教国际影响力的价值观，明确团体成员努力奋斗的方向。价值观对人的动机有导向作用，人们行为的动机受价值观的支配和制约。能够实现道教

---

〔1〕 张声雄主编：《第五项修炼》"导读"，上海三联书店，2001年，第115—116页。
〔2〕 张声雄主编：《第五项修炼》"导读"，上海三联书店，2001年，第115页。

愿景的价值观，自然可以助推团体班子成员去努力实现。价值观与愿景有很大相关性。从某种意义上说价值观不同，追求的愿景就会不同或至少具体实现这种愿景的方式途径会不同。团体负责人为感召大家投入到愿景中去，必须要动员班子成员为实现价值目标而全身心地奉献。三是确立道教国际化是当代道教徒的使命，明确团体成员的责任与担当。只有具有使命感的团体成员才可能创造出巨大效率和效益，才可能有持续的内在动力。为完成这一神圣使命，作为团体负责人需要身体力行，以自己的言行实践为大家树立榜样，以此激励团体组织来共同完成。四是推动实现道教国际化的最终目标，明确制定相关实施方案。目标是人们期望在一定期限内所达到的里程碑，这一目标就是为了实现道教国际化的共同愿景。要实现这一愿景，就必须大力加强道教自身建设，全力推进道教的现代转型与创新发展，为实现道教团体共同愿景打好坚实基础。在团体班子成员中，要把众多具有共同愿景的人结合起来，才能发挥出巨大的创造力，并为努力实现团体组织的共同愿景而努力。我们要把理想变成愿景，把愿景变成现实，通过不懈努力来实现这一共同目标。可见，道教的愿景是道教徒希望共同创建的未来景象，道教的目的或使命是道教组织存在的根源。只有建立起道教组织的共同愿景，使之与道教事业的发展融为一体，才能有效地解决道教团体建设的长效机制，激励道教团体组织和广大道教徒为之努力奋斗。

综上所述，加强道教团体组织建设，是我们道教界人士的历史责任，也是做好当前道教组织工作的重要任务。当代道教，我们要以"问题"为导向，以"创新"为动力，以"发展"为目标，稳步推进道教团体组织建设。一方面，要大力加强团体人才培养，努力建设"政治上可信、作风上民主、工作上高效"的高素质领导班子。要规范道教团体管理制度，实现自我教育、自我管理，建立自我约束、自我监督机制。另一方面，要明确道教团体职能定位，积极开展道教教务指导，开展道教文化研究，开展道教人才培养。要理顺道教团体权责关系，发挥上级团体组织的指导作用，力争做到求真务实，准确定位，精准指导。要完善道教团体办公条件，创造良好的工作环境，提供有力的经费保障。要建立道教团体管理的评估机制，形成道教团体建设的长效机制，建立道教发展的共同愿景，加快推进道教团体组织的现代转型。只有这样，才能有利于道教团体组织的规范管理与健康发展，有利于道教团体组织发挥出应有的积极作用。

第三节　切实加强道教的道风建设

　　改革开放以来，我国道教工作开始迈入了一个崭新的时代。道教界始终坚持与时俱进，积极促进道教与社会主义社会相适应，在加强自身建设、规范教务活动、培养道教人才、弘扬道教文化、开展公益慈善活动等方面都取得了显著成绩。但是，在市场经济大潮的冲击影响下，社会问题也不断出现，一些人的个人主义、拜金主义和享乐主义思想得以滋生和膨胀。这些思想腐蚀着人们的灵魂，败坏了人们的道德品质，污染了社会风气，影响了社会主义市场经济的健康发展与社会和谐。这些问题的存在，也不同程度地影响着道门中的神职教徒，这是外在因素，是世俗社会对道门的影响。当然，其根本原因还是内在因素，主要是由于"道门不注重戒律建设、信仰建设，也不注重自身修持，道门内部开始出现严重的'世俗化'倾向，具体表现为'戒律松弛'和'教风不正'，严重影响了道教的自身形象"。[1] 这种严重的"世俗化"倾向，已经直接影响到道教的社会形象与道风问题，必须要引起道门自身的高度重视，要花大力气来认真研究并加以解决。因为，"道风关乎道教命运，解决道风问题是新一届中国道教协会理事会的一项重大任务。作为'关键少数'，新一届理事会成员要率先垂范、以戒为师、以戒修行，靠学修、持戒成就功德，靠德行、人格赢

---

〔1〕　丁常云：《道教与当代社会》，中西书局，2018 年，246 页。

得尊重，自觉接受教内外监督。"〔1〕强调了道教道风建设的重要性，并为当前道教界加强道风建设提出了要求、明确了方向。因此，当代道教必须要全面加强道门道风建设，既要探索加强神职教徒和道教宫观的道风建设，又要探索加强道教团体的道风建设，从而更好地坚持道教中国化方向，树立道教良好的社会形象，促进道教事业的有序健康发展。

一、道教道风建设的现状分析

道风是道教徒整体形象的外在表现，是道教徒自身修养与综合素质的内在要求。如果从深层次来看"道教教风建设是保持道教真精神、维护道教清静庄严的根本，是推动道教事业健康发展的根本，也是充分发挥道教积极作用的根本"。〔2〕可见，加强道教道风建设的重要性是不言而喻的。但是，现状告诉我们，当代道教的道风建设严重滞后，道教徒的内在素质与外在形象都需要全面提升。加强道风建设不仅是道教自身发展的需要，而且也是改善道教社会形象与促进道教健康发展的必然要求。这就需要我们对道教道风建设现状进行分析，全面总结成功经验与失败教训，认真查找自身工作中存在的问题，探索思考道教道风建设的新思路和新举措。

（一）道风建设工作回顾

近年来，道门自身已经开始关注并重视道风建设问题，从中国道教协会到省级道教协会都进行了积极的探索与思考，各地方道协与宫观也进行了积极的努力与践行，并取得了一定成绩。1998年开始，中

---

〔1〕《中国道教》第6期，2020年，第7页。
〔2〕《中国道教》第6期，2020年，第77页。

国道协就明确指出："进一步提高道教徒素养，树立良好道风，是推动当代道教事业健康发展的重要措施。"〔1〕这是中国道协首次提出关于道风建设问题，并把道风建设上升到道教事业健康发展的高度，应该是非常重视的，也是很有远见的。当然，道门中出现的一些问题依然存在，具体表现为："目前少数道教徒信仰淡化、戒律松弛、衣冠不整、道不像道。有的追名逐利、见利忘义，为贪图钱财大搞看相算命一类的迷信活动，败坏道教声誉。有的拉帮结派，乱传戒、乱收徒、乱授箓。有的竟然置国家法律与道教教义教规于不顾，违法乱纪。因此，道协、宫观有必要从建立健全各项规章制度、严格管理入手，抓一抓道风建设。"〔2〕指出这些问题的存在，关键是管理不严、道风不正所造成的，需要引起道教团体组织的高度重视，必须要花大力气加以解决。

2009年，中国道教协会专门起草了《关于推动做好"创建和谐宫观"活动的通知》，并经中国道协会长扩大会议审议通过，要求全国各级道教团体和各宫观积极参加创建活动。强调指出"要把创建和谐宫观与加强道教自身建设、提高素养、增进修持、服务信众、服务社会结合起来"。〔3〕通过推动"创建和谐宫观"的活动，极大地提高了道门自身对"道风"建设重要性的认识。随后，在2013年新一轮"和谐寺观教堂创建"活动中，国家宗教局明确提出：指导宗教界开展以'教风'为主题的和谐寺观教堂创建活动，营造遵规守戒的良好风尚。并专门印发了《关于2013年以"教风"为主题开展和谐寺观教堂创建活动的通知》，提倡在全国范围内开展"教风年"主题创建活动。根据《通知》要求，中国道协召开了八届八次会长会议，专题研究贯彻落实创建活动，并发出了《关于落实"道风年"要求加强道风建设的意

---

〔1〕 中国道协六届全国代表会议工作报告，《中国道教》第4期，1998年，第16页。

〔2〕《中国道教》第4期，1988年，第10页。

〔3〕《中国道教》第5期，2009年，第13—14页。

见》，号召全国道教界大力加强道风建设，推动创建和谐宫观活动进一步持续深入开展。各地道教组织积极响应，探索开展"教风年"创建活动。比如，上海市道教协会就专门召开"2013年推进'教风'主题创建活动动员会"。提出以道教的教义思想为依据，以《上海道教清规榜》为抓手，教育和引导道教活动场所和全市教职人员"纯正信仰、持守规戒"，树立良好的道教风范，全面推进全市道教界道风建设的有序开展。与此同时，上海钦赐仰殿道观还专门制定了《道风建设公约》，"尊道贵德，持守戒律；注重修持，奉道行事；信仰虔诚，遵守清规；敬奉神灵，多行善功；宫观殿堂，素食斋戒；法事坛场，荤口禁忌；科仪规范，严肃认真；法坛内外，清静庄严；住观道长，统一道装；行仪法服，恭敬威仪；品行端正，言语谦和；团结道友，服务信众；同道学修，诚信为先；相互帮助，共同进步；研读经典，精通教义；讲经布道，弘教立德；端正教风，树立形象；奉献社会，共建和谐。"把道风建设纳入到道观日常管理工作之中，并接受信教群众监督，逐步形成道风建设的常态化管理机制。

2015年6月，中国道协九届一次常务理事会议，审议通过了《关于道教协会和宫观负责人带头加强道风建设的若干意见》，要求各地宫观积极行动起来，根据"教风年"的主题创建活动，结合实际工作制定相关计划，稳步推进创建工作的开展，既注重解决目前存在的道风问题，又注重以素质提升、机制完善为抓手，有力地推进了道教道风建设，从根本上提升了道教界人士的精神面貌。2020年11月，中国道协第十届全国代表会议在茅山召开，会议又对原《意见》进行了修订，审议通过了《道教协会、道教院校和宫观负责人在加强道风建设中发挥带头作用的若干意见》，并增加了"道教院校负责人"的要求，具体从"爱国爱教、守法遵规、虔诚奉道、学修并进、道相庄严、如法如仪、规范管理、生活俭朴、服务信众、率先垂范"等方面提出要求。明确指出"道教协会、道教院校和宫观负责人作为道教事业的带头人和骨干力量，是道教社会形象的标杆，其道风好坏直接影响着道教的健康传承"。[1] 强调了道教各部门负责人的榜样作用。并明确要求"道教协会、宫观和道教院校负责人要以身作则，带头纯正信仰、加强修持，树立正信正行的榜样。道教教职人员要以戒为师、端正道风、潜心修行"。[2] 同时，中国道协还通过了《关于规范道教教职人员着装的意见》和《道教教职人员行为准则》等。[3] 都是为了进一步加强道风建设、教制建设，规范教职人员的言行举止，提升内在素养，重树道教良好的社会形象。

（二）存在主要问题分析

道风建设历来就是道教自身建设的重要内容，是道教树立良好社会形象和保持健康发展的关键所在。历史上，道风建设与道教发展关系紧密，凡道教兴盛之日，必定是道风端正、戒律精严之时，反之亦然。如果没有良好的道风，道教将失去生存的根基，甚至有亡教的危险。为此，中国道协曾明确提出要"加强道风监督检查，组建治理监管巡查机构，设立监督举报平台，建立黑名单制度，对违反戒律的道教教职人员要坚决清除出道教队伍，树立道教良好形象"。[4] 在中国道协的重视推动下，各地方道协和宫观也积极探索推进道风建设工作，并取得了一些成绩，得到社会信众的肯定。但是，由于道教自身建设等诸多原因，道风建设工作仍然是相对滞后，存在问题依然很多，主要表现为神职教徒的世俗化、道教宫观的商业化和道教团体的机关化等方面，需要道门自身的高度重视。

其一，神职教徒的世俗化。从宗教社会学来看，宗教作为一种社

〔1〕《中国道教》第 6 期，2020 年，第 77—78 页。
〔2〕《中国道教》第 6 期，2020 年，第 38 页。
〔3〕《中国道教》第 6 期，2020 年，第 75—76 页。
〔4〕《中国道教》第 6 期，3020 年，第 38 页。

会意识是由社会存在所决定的，当代社会的现代化和科学技术的发展是宗教世俗化的重要原因。这是因为"随着社会本身的变迁，处于社会中、受制于社会并且试图以自己的理想形塑社会的宗教也必然会随之发生变化。……因此，各种宗教之受到世俗世界的变化的规定，乃是势所必然、理所当然的事"。[1] 指出了宗教世俗化是受世俗社会影响而适应世俗社会发展的一种表现。从这个层面上说，宗教世俗化似乎是有一定道理的。但是，宗教作为一个特殊群体，这里有两个问题必须要搞清楚：第一，宗教是一种神圣的、至上的信仰，是不同于一般社会世俗的，我们既要处理好"神圣"与"世俗"的关系，又要把二者严格区分开来。第二，宗教适当的世俗化是适应社会发展的需要，这个"度"必须要把握好，如果一旦过了就会失去宗教的神圣性，自然会给宗教带来很多负面影响，这是不利于宗教健康发展的。从当前道教现状来看，这种世俗化显然是超过这个"度"了，已经给道教带来诸多不良影响。一方面，少数神职教徒出现严重的信仰淡化问题。他们不注重经典学习，不注重自身修持，更缺乏责任担当与奉献精神，工作不思进取，整天混日子，无所事事。有的甚至还专门经营小团伙，拉帮结派，欺上瞒下，打击报复，独断独行，严重影响了道教组织内部生态，败坏了道教的声誉。另一方面，少数神职教徒出现严重的世俗化倾向。既不遵守制度，又不持守规戒，整天吃喝玩乐，溜须拍马，争名逐利。有的甚至还以权谋私，贪污腐败，严重影响了道教的社会形象。因此，我们必须要看到，宗教教职人员队伍中也出现了一些值得注意的问题，比如信仰淡薄、戒律松弛、不重修行、贪图享乐、借教敛财、争名逐利、自我吹嘘、弄虚作假等现象，在各个宗教中都不同程度地存在。"[2] 这就是说，世俗化的问题各宗教都有存在，只是

〔1〕 孙尚扬：《宗教社会学》，北京大学出版社，2007年，第165页。

〔2〕 《中国宗教》第9期，2010年，第7页。

轻重而已，相比之下，道教可能还更为严重。

其二，道教宫观的商业化。所谓"商业化"，即市场化，是指以营利为基本要义的行为。从社会发展看，商业化是促进生产社会化，解放和发展生产力，充分调动社会资源，满足人们日益增长及不断差异化的物质文化需求。一般来说，企业是走市场化道路，以追求利润最大化为目标，而宗教则是非营利组织，以服务社会、服务信徒为目标追求，二者所追求的目标明显不同。但是，宗教也是一个社会组织，也需要解决自养问题，宗教事业的发展同样需要一定的经济来支撑。这就要求在经济社会发展进程中，必须要找准位置，正确处理好自养经济与市场经济的关系。近年来，在市场经济的影响下，部分道教宫观开始出现不同程度的商业化问题。有少数道教徒把道观当成家庙，经常借教敛财，有的把道观当成商场，大搞出租经营，有的还把道观当成公司，追求营利最大化，等等。甚至还有少数道教徒套用"让一部分人先富起来"的名言，来规避其商业化行为，明显背离了道教的教义思想，也是道教信众所不能接受的。中国道协第七次全国代表会议指出："在当前市场经济发展的新环境下，少数道教徒信仰淡化、戒律松弛，衣冠不整、道不像道。有的追名逐利、见利忘义，损害道教形象。"[1] 这些问题的存在，归根结底还是道教"商业化"的影响。事实也是如此，"商业化问题和道风问题，是目前我国道教领域存在的突出问题，不仅影响道教健康传承发展，也在社会上产生了不良影响"。[2] 为此，国家宗教局于 2017 年 11 月，联合中宣部等 12 个部门发布了《关于进一步治理佛教道教商业化问题的若干意见》，这是针对目前佛教道教中出现的商业化问题所提出的。该《意见》明确规定："严禁商业资本介入佛教道教，任何组织或者个人都不得投资或承包经

---

〔1〕《中国道教》第 4 期，2005 年，第 11 页。
〔2〕《中国道教》第 4 期，2017 年，第 16 页。

营佛教道教活动场所，不得以股份制、中外合资、租赁承包、分红提成等方式对佛教道教活动场所进行商业运作并获取经济收益，禁止将佛教道教活动场所作为企业资产打包上市或进行资本运作。"〔1〕明确规定了道教商业化的界定问题，对于治理道教宫观商业化提供了政策依据。中国道协也专门发出《关于加强治理、坚决抵制道教商业化问题的通知》，为道教治理商业化问题提出了具体要求，明确了工作思路、目标任务和努力方向。

其三，道教团体的机关化。近年来，党和政府高度重视宗教团体工作。全国宗教工作会议指出：要推动宗教团体加强自我管理，健全规章制度，加强思想建设、组织建设、作风建设，努力建设政治上可信、作风上民主、工作上高效的高素质领导班子。要为宗教团体开展工作提供必要的支持，帮助他们解决实际困难，为顺利开展工作创造条件。道教团体是党和政府团结、联系道教界人士和广大信教群众的桥梁和纽带，是做好信教群众工作、服务信教群众的重要力量。道教团体要明确工作定位，加强责任担当，在服务信教群众、服务经济社会发展中有所作为。从目前情况看，由于道教团体管理人才缺乏，自身建设工作相对弱化，道教团体工作明显滞后，机关化倾向比较严重，严重影响了道教的社会形象与积极作用的发挥。国家宗教局曾明确指出："许多宗教团体职能定位不明确、规章制度不健全、内部管理不规范、领导班子不团结，有的只是挂块牌子，无工作经费、无工作人员、无办公场所，空壳化现象严重，越到基层这个问题就越突出。"〔2〕这种现象各宗教团体都有存在，道教团体也不例外，可能还更为严重。据统计，道教基层团体多数只是"一块牌子"或者"一个班子"，空壳化现象非常严重。究其原因，主要是对基层道教团体重要性认识不足。

---

〔1〕《关于进一步治理佛教道教商业化问题的若干意见》，2017 年 11 月 3 日，国宗发〔2017〕88 号。

〔2〕《宗教与世界》第 5 期，2017 年，第 10 页。

当然，道教团体自身也不重视，更没有摆正好自己的位置。一方面，少数道教团体负责人缺乏管理能力，更缺少责任担当。管理上没有制度，组织上没有纪律，工作上没有计划，总是随心所欲，要么不作为，要么乱作为。有的还热衷于搞形式主义，做表面文章，整天弄虚作假、欺上瞒下，正常工作难以开展。另一方面，少数道教团体组织官僚作风严重，脱离信教群众。总是高高在上，基层情况不了解，实际困难不解决。有的还自以为是，目空一切，处处以领导自居，严重脱离基层组织与信教群众，桥梁与纽带作用难以发挥。这样的团体就是典型的机关化，背离了道教团体的初衷，与信教群众的需求相差甚远。为此，国家宗教局曾强调指出，道教团体"要切实改变工作作风，走出办公室，深入宫观、教职人员和信教群众中去，了解他们的真实想法，反映他们的意见建议，协调解决矛盾纠纷，维护道教界的合法权益，从而赢得教职人员和信教群众的信赖。"[1] 这就要求，道教团体组织成员要放下"架子"，摆正"位置"，负起"责任"，绝不能做"岸上的鱼、无根的树"，要紧密联系基层组织与信教群众，增强道教团体对信教群众的凝聚力和感召力。

二、切实加强道教神职教徒的道风建设

道教的发展需要道教人才的涌现，道教的形象则需要道教徒精神面貌的展现。道教神职教徒要始终保持学识渊博、道相庄严，以良好的形象展现在信众和世人面前。中国道协曾明确指出："道教教职人员要努力学习道教教理教义、戒律戒规、斋醮科仪等，坚定正信，纯正道风，奉持规戒，潜心修行，树立良好的道风道貌。"[2] 这就是说，

---

〔1〕《中国道教》2015 年，第 3 期，第 8 页。
〔2〕《中国道教》第 5 期，2009 年，第 13 页。

道教神职教徒要不断提高自身的道学素养与品德修持。要通过内强素质、外树形象，不断改善道教徒的社会形象，要以提升信仰、强化戒律、自我修行为抓手，来推进神职教徒的道风建设，展示当代道教徒良好的精神风貌。

（一）以提升信仰为抓手，加强神职教徒的道风建设

所谓"信仰"，是指民众对某宗教的一种信奉与敬仰。信仰是个人的私事，是发自内心的和由内而外的表现。通常情况下"一种宗教中的主流神学会系统地为信徒提供对世俗与人生的指南或世界观，表达他们对政治、经济等各种人间制度的理解与态度，从而影响信徒与社会秩序之间的互动"。[1] 可见，神职教徒有对普通信徒教化引导的责任，其自身的学识、品德、形象至关重要。道教是中国人信仰最为广泛的传统宗教，民众对道教神职教徒的要求自然会更高。道教的道风问题，虽然是道教的一种外在表象，但却是道教神职教徒内心信仰的真情流露。道教现状表明，道教的道风建设需要全面提升，信仰建设需要进一步加强。"己欲立而立人，欲正人先正己，无欲而心自正，加强道教内部团结，是践行信徒、提振道风的客观要求。"[2] 这就是说，神职教徒的榜样作用非常重要，信仰建设与道风建设关系紧密，凡是有虔诚信仰的神职教徒的道观，一定是道风端正、信徒向往的道观，反之亦然。因此，当代道教必须要积极行动起来，以提升信仰为抓手来推进神职教徒的道风建设。

其一，要倡导学经、读经之风，提升当代道教神职教徒的信仰修持。道教重"术"不重"学"的现象普遍存在，严重影响了神职教徒的学识修持。道教团体和宫观要积极组织道教徒学习道教经典，增强

---

〔1〕 孙尚扬：《宗教社会学》，北京大学出版社，2007 年，第 76 页。

〔2〕 《中国宗教》第 7 期，2010 年，第 9 页。

他们对道教的敬仰与崇拜。因为，道教经典是历代祖师学道、修道历程的记录，是历代祖师道学思想与智慧的结晶。道教经典的内容包罗万象，不仅记录了道教的教理教义、教规教戒、修炼方术、斋醮科仪，还保留了中国古代哲学、文学、医药学、养生学、化学、音乐、地理等多种学科的珍贵资料。道教经典堪称中国传统文化的一大宝库。神职教徒可以从中学到很多知识，从而极大地提升自己的道德修养与道学智慧。从道教经典内容来看，其中有一个最为核心的内容就是道教神仙信仰。道教具有一整套的神学理论体系与信仰目标，神职教徒可以通过努力修行而达到与道合真的境界，这是道教徒提升信仰修持的重要途径，更是道教徒学道、修道的毕生追求。

其二，要建立健全相关制度，保持道教神职教徒信仰的纯洁性。俗话说"没有规矩，不成方圆"。规矩就是规章制度，是我们应该遵守的，用来规范我们行为的规则、条文，它可以维护良好的秩序，是各项事业成功的重要保证。道教是一个有管理组织的单位实体，同样需要有相应的规章制度，对于神职教徒来说，除了现代管理制度之外，还应该有传统的规戒制度。近代以来，道门自身高度重视制度建设，中国道协和各地方道协都制订了相关管理制度，促进了道教宫观的规范管理。与此同时，也有一些地方道教团体先后制定了《道教清规榜》，从戒律制度方面来规范神职教徒的言行举止。上海浦东新区道教协会制定了《浦东道教清规榜》，湖南南岳道教协会制定了《南岳道教清规榜》，江西龙虎山道教协会制定了《龙虎山道教清规榜》，陕西咸阳道教协会制定了《咸阳道教清规榜》等，还有许多地方道协也制定了《清规榜》，都是旨在提升神职教徒的信仰修持，树立良好的道教风貌，对于道教道风建设起到了积极的促进作用。总之，神职教徒的道风建设关系到道教的精神风貌与社会形象。这就需要当代道教徒严格遵守道门规章制度，通过自己的修行，淡泊名利，纯洁心灵，与人为善，坚持正信，树立良好的信仰风范和高尚的道德情操。

（二）以强化戒律为抓手，加强神职教徒的道风建设

面对高速发展的社会，道门神职教徒必须要抓好信仰建设与道风建设，这关系到道教的生存与发展问题。无论是信仰建设，还是道风建设，其关键抓手则是戒律建设。因为，戒律是规范道教徒宗教行为的警戒条文，是道风建设的重要抓手。道教历史表明"道教的戒律是伴随着道教的兴起而问世的，可以说，从道教诞生之日起，就有了道教戒律。同时，道教戒律的发展又是与这一时期的道教盛衰有着密切关系"。[1]可见，戒律建设不仅是道风建设的重要内容，而且也是道教生存与发展的根本保证。陈莲笙大师曾明确指出："道戒要严，就是要严格遵守戒规纪律，不论是衣着饮食、殿堂作业、早晚功课或者出入宫观等等，都要照规矩办事。青年道友特别要处理好家庭和事业、自由和规戒、世俗生活和宗教生活之间的关系，决不能做出对不起道教、对不起祖师爷、对不起师长的事情来，玷污'有道之士'的称号。"[2]强调在市场经济社会，思想观念要跟上时代发展的步伐，但行为举止要符合道教传统、遵守道教规戒，在信教群众中树立良好形象，以戒律建设为抓手推进神职教徒的道风建设。

其一，要认真组织学习传统戒律制度，发挥道教戒律经典在道风建设中的作用。道教传统戒律经典历史悠久，内容丰富，是历代道教徒学道、修道所遵循的行为准则。根据明代《正统道藏》记载，三洞部戒律类共收录道教戒律类经典29种，其中洞真部戒律类12种，洞玄部戒律类11种，洞神部戒律类6种。四辅（太玄、太平、太清、正一）没有分类，其中所涉及道教戒律的经典也是很多。这些戒律经典就是传统道教的戒律制度，涉及到道教徒学道、修道以及生活的各个方面。

---

〔1〕 丁常云：《道教与当代社会》，中西书局，2018 年，第 250 页。
〔2〕 陈莲笙：《道风集》，上海辞书出版社，2006 年，第 41 页。

当代道教徒，必须要认真学习传统戒律经典。一方面，在道教院校开设戒律经典课程，编制道教戒律经典教材，聘请教内研究型道长授课，使学生时代的道教徒就系统学习戒律经典的历史和内容，增强他们对道教戒律建设重要性的认识，为日后的持戒修行打下坚实基础。另一方面，在道教宫观内要定期组织道教徒学习戒律经典，学习方法可以个人自学、集中授课、讨论交流，可以请戒律研究专家进行讲解，选择重点的、实用的道教戒律经典进行深入学习，然后在道观内开展持戒修行活动。中国道协也指出："组织所在的道教协会、道教院校和宫观建立学修制度，安排固定的学修时间和明确的学修任务。"[1] 强调神职教徒要坚持学修并进，通过自身的学习与修行，提高其道教学识、道德修养和戒律修持，从而达到坚定信仰、端正道风的目的。

其二，要创新建立现代道教戒律制度，发挥现代道教戒律在道风建设中的作用。加强现代道教戒律建设，是道教自身发展的需要，也是时代发展的必然要求。道教现状表明，当代道教徒的信仰淡化、戒律松弛，已经严重影响到道教的社会形象，制约了道教的自身建设，出现了诸多不良的社会影响。建立现代规戒制度、端正道风已成当务之急，必须引起道门自身的高度重视。为此，我们"要进一步加强教风建设，在坚持传统的基础上，建立符合当代社会的清规戒律体系，引导教职人员持守戒律、依戒修行。要以规范冠巾、传度、传戒、授箓等重大教务活动为抓手，从源头上严格道风，端正道风"。[2] 强调要通过现代道教戒律制度建设来端正道风，重塑道教良好的社会形象，应该说是抓住了问题的关键。随后，中国道协就把戒律建设工作提上了议事日程，提出"构建新时代道教戒律体系"的规划："整理道教传统教规戒律，修改、删除与时代不符的条文，增加符合时代特点的行

---

〔1〕《中国道教》第 6 期，2020 年，第 77 页。
〔2〕《中国道教》第 4 期，2017 年，第 16 页。

为准则，将时代精神、法治思维和社会主义核心价值观融入其中，形成尊重传统、符合教派特征、具体可行的新时代教规戒律体系，使之成为道教教职人员必须遵守的行为规范。"〔1〕这就为现代道教戒律建设提出了思路、明确了目标、制定了方案，并已经列入工作规划之中。我们期盼不久的将来，中国道协将会制定出一套适应时代发展的道教戒律制度，用以提升道教徒的信仰修持，促进道门道风建设的健康发展。

（三）以自我修行为抓手，加强神职教徒的道风建设

所谓"修行"，是指提升道学造诣与品德修养。具体讲，修行是一种持续时间较长的活动，包括：思维活动、心理活动、行为活动、社会活动，旨在达到与现阶段相比境界更高、胸怀更广、视野更宽的个人修养水平。道教徒皈依道门后，首要任务就是要持戒修行，所谓"学道不持戒，无缘登真箓"，讲的就是"修行"必须要持守规戒。事实上，道教历代祖师都非常重视修行，重视道风建设，王重阳祖师撰写《重阳立教十五论》、张宇初天师制定《道门十规》、王常月祖师公开传戒，其目的都是为了强化修持、端正道风，为后世道教徒树立了榜样。但是，现代道教徒并没有很好的学习与传承，反而"出现了信仰淡薄、戒律松弛、追名逐利、以教敛财等问题，对内侵蚀了风气，对外损害了形象"。〔2〕现代道观中学道的道教徒很多，但真正修行的却很少。有人说，为什么现在有些道观不灵，主要原因是修行的道教徒太少，自然就无法感应神仙降临。因此，道教徒的自我修行问题尤为重要，如果道观中没有真正修行的道教徒，那么道观只能是一座供人参观的古建筑而已。这就是说，当代道教必须要认真做好神职教徒

---

〔1〕 坚持道教中国化方向五年工作规划纲要，《中国道教》第 6 期，2019 年，第 13 页。
〔2〕 《中国道教》2015 年第 3 期，第 7 页。

的自我修持工作，道教团体与宫观组织中的神职教徒要以身作则，为一般神职教徒与信众作出表率，模范遵守中国道教协会制定的《道教宫观规约》和《关于道教协会和宫观负责人带头加强道风建设的若干意见》，努力精进修行，不断提升道学造诣、品德修养，切实推进神职教徒的道风建设。

其一，要加强自我学习，不断提升道学造诣，稳步推进神职教徒的道风建设。道教文化博大精深，道教经典蕴含着深邃的智慧，是历代道教徒学道、修道的重要内容。对于神职教徒来说，除了道教院校的系统学习外，主要是依靠自我学习来完成的。一般来说，自我学习主要来源于两个方面：一方面，是通过道教宫观的组织学习来提高道学造诣。宫观是道教神职教徒修道与举行宗教活动的主要场所，是联系信教群众的重要窗口，也是完成传统的师徒传承的重要处所。通过宫观的组织学习与宗教生活，神职教徒可以进一步提升自己的道学知识和道教素养。所谓"学识上有造诣"，就是要在学识上刻苦学习道教学问，不论是道教知识、科仪修持或者宫观管理等，都要学精学通。要使道教神职教徒真正成为博学多才、道学高深者，才能正确引领信教群众，展现良好的道教风貌。另一方面，是通过自身的努力学习来提高道学造诣。当代道教神职教徒要养成良好的学习习惯，不断提高自己的道学造诣。一是要通过博览群书来学习。无论是文学、艺术、哲学、科技等方面的书籍，无论是中外各大宗教的书籍都要浏览学习，对于道教历史、教义思想、戒律经典、神仙信仰、斋醮科仪等书籍要力求做到精读。二是要通过研读道教经典来学习。吸取历代祖师的修道经验与道学智慧，提升自己的道学造诣。三是要通过参与讲经讲道来学习。讲经讲道是提高神职教徒道学素养的重要平台，更是培养弘道阐教人才的有效途径。只有不断提升神职教徒的道学造诣，才能稳步推进当代道门的道风建设。

其二，要强化自我修持，不断提升品德修养，稳步推进神职教徒的道风建设。对于道教神职教徒来说，自身的道教学识与品德修养是非常重要的，这既是社会对神职教徒的要求，也是信教群众心中的期盼，具体反映在神职教徒的言行举止和精神风貌上，体现在他们的外在形象之中。比如，社会对司法公正的期盼，主要是通过法官的素质和形象来展现。一名法官内在素养深厚，外在形象威严，办事严谨认真，那一定是值得信赖的。法官的形象从某种意义上讲代表着司法公正的形象，代表着法治的形象。同样，道教神职教徒的形象，在某种程度上也代表着道教的形象，代表着广大信教群众对道教所寄予的良好愿望。"在信教群众的心目中，道教神职教徒是道教文化的传播者，道教神圣信仰的捍卫者，信教群众的开示者。"[1] 这就要求，神职教徒必须要通过自我修持来提升品德修养。一方面，要以高道大德为榜样，不断提升自己的内在素养。历代高道大德都是学识渊博、品德高尚者，他们的思想与智慧可以启迪后辈不断前行。现代神职教徒要以高道大德为榜样，学习他们高雅的内在气质和丰富的道教学识，努力使自己成为有虔诚信仰和具有高尚品德的玄门弟子。另一方面，要以持戒修行为目标，不断提升自己的外在形象。持戒修行是神职教徒的基本要求，只有通过学道、修道，最终才能得道。所谓"修道"，那一定是要"真修"的，否则是不会"得道"的。全真派提出"苦志修行"之法门，倡导"真功真行"之精神，是值得后世道教徒学习的。神职教徒必须要通过自身的不断修行，才能展现出仪态端庄、仙风道骨、慈悲济世的良好形象。

三、切实加强道教宫观的道风建设

道教宫观是信教群众信仰皈依的场所，是展示、传播道教文化的

---

[1] 丁常云：《道教与当代社会》，中西书局，2018年，第249页。

窗口与平台，是道门神职教徒清修之地。作为"清修之地"的道观，应该就是它最初的主要功能，道教徒皈依道门的目的就是为了"修道"，其追求的终极目标就是"得道"。只是现在有点变味了，有些地方的宫观成了企业，殿堂成了商场，失去了原有的神圣与庄严，道风建设也随之一蹶不振。这就要求，宫观神职教徒要始终坚持"奉道行事"的原则。正如，陈莲笙大师所说："做道士的人，要有信仰，追随道，按道的内容身体力行，奉道办事。不然就不能称为道士。"[1] 这些话说起来简单，但是做起来也是不容易的，必须要通过纯洁信仰、提升修养来完成。因此，我认为作为神职教徒应该有的必要的修养，是一名修道者必须具备的基本条件，只有通过完善制度、规范管理来推进道教宫观的道风建设。

（一）以完善制度为抓手，加强道教宫观的道风建设

所谓"制度"，也称规章制度，其使用范围极其广泛，大至国家机关、社会团体、各行业、各系统，小至单位、部门、班组。它是国家法律、法令、政策的具体化，是人们行动的准则和依据。道教宫观也是如此，必须要有完善的制度，才能保证各项工作的有序开展。陈莲笙大师指出："制度是宫观事务活动规律的反映。制订制度，执行制度，检查制度，这就是抓住了宫观管理的关键。"[2] 宫观作为道教徒居住修行的道场，代表了道教在社会中的形象，也是传播道教文化和体现道教精神的载体，宫观的清静庄严和健全的管理制度就成了道风建设的重要环节，成为神职教徒自我修行的重要场所。

其一，要完善宫观修建制度，建立庄严朴素的修炼道场。道教宫观是道士用以祀神、修炼、传教以及举行斋醮仪式的重要场所，它是

---

[1] 陈莲笙：《道风集》，上海辞书出版社，2006 年，第 34 页。
[2] 陈莲笙：《道风集》，上海辞书出版社，2006 年，第 106 页。

258

伴随着道教的产生与发展而兴建与演变的。道教初创时，即开始有祀神的"治"和静修的"靖"（靖室）。南北朝时演变为"馆"或"观"。唐、宋两朝，道教隆盛，其建筑规格进一步提高，由馆演变为宫观。宋、元以后，全真道兴起，又建立起丛林之制，其建筑也更加规范。近现代以来，传统宫观的建制规范没有很好的继承，现代道观修建制度也不够完善，致使道观布局过于随意，殿堂设计五花八门，严重影响了道观的神圣与庄严。这就需要进一步完善宫观修建制度，建立庄严朴素的修炼道场。一方面，要在传统宫观建制的基础上，根据现代宫观实际做好规划与修建工作。宫观建筑要求布局上符合传统、风格上庄严朴素、环境上生态自然、设施上齐全方便，这些是道教宫观建设最基本的要求。这样的宫观不仅有利于修道者净化心灵、纯洁信仰与增长智慧，而且还有利于吸引更多志同道合的修道者来此修道，使清静朴素的道场更加庄严神圣。另一方面，要根据道教传统建筑特点和道教教义思想，增添现代宫观的文化内涵。宫观建筑规格，可分为帝王宫城式、宫殿式和庭院式。其中，宫城式规格最高，适合举办大型法会；庭院式较小，适合道士静修。现在多数宫观都采用四合院的建筑风格，保持左右对称，符合中国古建筑传统。在建筑装饰上更多地体现道教的长生久视、羽化登仙思想，综合运用雕塑、绘画、书法于建筑之中，还有采用壁画、雕塑、书法、碑刻、匾联、题词等，构成道教建筑艺术的重要内容。这样的宫观修建，自然古朴庄严，既有利于神职教徒修道，又可以规范宫观的道风建设。

其二，要完善宫观管理制度，建立切实可行的工作方案。要管理就要有管理制度，只有有了规范、有效的制度，才能保证各部门工作正常运转。现代宫观制度要有实用性、可操作性。比如，宫观民主管理委员会的制度和规章、经忏法务管理制度、财务制度、消防制度、门卫制度和接待制度等。有了这些制度，严格按照制度执行，管理工作就有章可循、有规可依，自然就会进入良性循环的轨道。但是，现代宫观管理"制度不全，水平不高，责任不强"的现象依然存在，这就需要宫观管理组织的高度重视。一方面，要进一步完善宫观管理制度。现实告诉我们，任何一个与社会相悖现象的出现，其终极原因都应该从制度本身存在的缺陷去找原因，而不应该仅仅从个人行为去寻找。邓小平同志也说过，制度好可以使坏人无法任意横行，制度不好可以使好人无法充分做好事，甚至会走向反面。完善的制度设计可以鼓励人们"抑恶扬善"，而不健全的制度则可能为"从恶"提供方便。因此，为了道教宫观的规范管理，必须要建立完善的管理制度。另一方面，要建立切实可行的工作计划。宫观的制度可以保证管理工作的正常运转，保证各项工作的有序开展。但是，作为宫观的管理组织必须要制定切实可行的工作计划，才能有效推动宫观各项工作的贯彻落实。一般来说，工作计划是提高工作效率的有效手段，制定计划一定要切实可行，不能脱离实际。计划的内容远比形式来得重要，不需要华丽的辞藻，简单、清楚、可操作是工作计划的基本要求。作为一个制度完善、管理规范的宫观，再加上切实可行的工作计划，那么宫观管理自然就会健康有序，宫观的道风建设也会得到有效改善。

（二）以规范管理为抓手，加强道教宫观的道风建设

所谓"规范管理"，就是制度化管理。道教宫观建立健全规范制度，严格按照制度来进行管理。现代管理强调的是制度管人，而不是人管人。现代宫观的管理，涉及内容广泛，新的领域管理也不断出现。比如，道教的商业化问题，就是市场经济发展的产物，需要进行认真的探索研究，形成规范的管理制度。针对道教出现的商业化问题，中国道协曾明确指出："积极配合党和政府治理商业化问题工作，开展经常性的自查自纠，正确区分合法自养与商业化问题，严防商业资本进入道教场所，增强抵制和解决商业化问题的能力。各地道教协会、宫观要严格执行财务制度，坚持非营利属性，切断商业资本入侵道教领

域的链条。"〔1〕这就为宫观的商业化管理提出了要求，也明确了方向。但是，要从根本上解决宫观的规范管理问题，必须要建立符合规范的管理班子，从组织建设和内部管理两个方面进行规范管理，并由此推进宫观的道风建设。

其一，要规范宫观组织建设，成立符合规范的管理班子。道教宫观组织建设，要全面推行组织建设规范化、队伍建设规范化、制度运行规范化、任务落实规范化。其中，组织建设规范化，就是要健全完善宫观组织管理体系，建立健全宫观管理班子，为规范宫观管理打好坚实基础。中国道协制定的《宫观管理办法》明确规定："宫观应当在所在地道教协会指导下，民主协商产生管理组织成员，设立管理组织，实行民主管理。"〔2〕这就是说，道教宫观管理必须要成立管理组织，只有健康的、强有力的领导班子，才能规范管理好宫观，确保宫观各项工作有序开展。一方面，要选拔优秀的道教徒进入宫观管理组织，有利于提高管理组织的能力与水平。根据有关规定，宫观管理组织必须由三人以上成员组成。并要求"民主管理组织成员，应当由拥护中国共产党的领导、拥护社会主义制度，爱国守法，道风纯正，办事公道，身心健康，有管理能力和道教学识的常住教职人员担任"。〔3〕根据上述规定分析，主要强调了三个方面要求：一是政治方面要求，二是道风方面要求，三是能力方面要求。现代宫观管理组织成员，必须要根据这三个要求来培养与选拔，确保宫观组织的领导能力与管理水平。另一方面，还要选好宫观负责人，团结带领大家做好宫观的各项工作。俗话说"火车跑得快，全靠车头带"。在道观管理中，这个"车头"，就是宫观管理组织负责人。中国道协第九次全国代表会议通过的《关于道教协会和宫观负责人带头加强道风建设的若干意见》，从虔诚

---

〔1〕 坚持道教中国化方向五年工作规划纲要，《中国道教》第 6 期，2019 年，第 13 页。
〔2〕《道教宫观管理办法》，载《中国道教》第 6 期，2020 年，第 55 页。
〔3〕《道教宫观管理办法》，载《中国道教》第 6 期，2020 年，第 55 页。

奉道、学修并进、持守规戒、道相庄严、如法如仪、规范管理、生活俭朴、服务信众、率先垂范等九个方面作出了规定。这就为选拔好宫观负责人提出要求、明确目标。事实上，作为宫观主要负责人已经开始进入公众视野，开始受到社会与信众的广泛关注。面对这种情况，宫观负责人不仅要不断加强学习，更加注意自律与自我管理，还要增强社会责任意识，维护良好的道风、道貌和道教形象。

其二，要规范宫观内部管理，发挥神职教徒的表率作用。当前，由于道教宫观不注重自身建设，管理组织放任自流，导致少数道教徒追名逐利，信仰淡化，戒律松弛。有的还热衷于求签算卦，谋取私利。在宫观内部管理方面，也是制度流于形式，"有法不依，执法不严"的现象依然存在，一些宫观疏于管理，财务制度、人事制度不健全，个别道士纪律涣散，这些都极大地损害了道教的形象和声誉。因此，加强道教宫观管理，必须要规范宫观内部管理，建立民主管理制度，严格按制度办事。严禁将宫观商业化、世俗化和家族化，严格规范教务活动和法物管理。同时，道观的神职教徒是信教群众的精神导师，负有对信徒的教化引导责任，必须要带头遵规守戒，为信教群众树立修道的榜样。在宫观日常生活中，神职教徒要举止端庄、讲究仪表、谈吐有道、勤俭精进、如法如仪。宫观的负责人要建立学修制度，努力提高精神境界和社会责任感，带头提高宗教修养、道德修养和学识造诣。正如马克思所说：世界上有许多事情必须做，但你不一定喜欢做，这就是责任的含义。作为确定的人，现实的人，你就有规定、就有使命、就有任务，至于你是否意识到这一点，那是无所谓的。因此，作为宫观负责人的主要责任，就是要团结带领好道众建设好、管理好宫观，教化引导好信教群众，引领宫观道众端正道风、树立良好的道风道貌。

（三）以文明创建为抓手，加强道教宫观的道风建设

国家宗教局在 2009 年工作中，明确提出在全国范围内开展创建

"和谐寺观教堂"活动，并颁发了《关于开展创建"和谐寺观教堂"活动的意见》，并强调指出"深入开展创建活动，有利于切实增强宗教活动场所和宗教团体自我管理、自我服务的能力，有利于进一步提高宗教教职人员队伍自身素质"。[1] 其创建基本标准为"爱国爱教、知法守法、团结稳定、活动有序、教风端正、管理规范、安全整洁、服务社会"[2] 八个方面。在这里就明确提出了"教风端正"问题，要求宗教教职人员模范遵守教义教规，品德良好、仪态端庄，潜心修持、持守职分。应该说是非常及时的，也是很有针对性的。

其一，要重视文明创建工作，建立创建工作领导班子。当前，全国各级道教团体对道风建设都十分重视，道教道风总体上是好的。但是，我们也要看到，少数神职教徒存在信仰淡化、戒律松弛、道德失范、贪图享乐、借教敛财等诸多问题，严重侵害了道教的肌体，必须要引起道教组织的高度重视。既要充分认识到加强道风建设的必要性、紧迫性和长期性，又要在"和谐道观"创建活动中认真加以解决。一方面，要高度重视"和谐道观"的创建工作。根据国家宗教局"和谐寺观教堂"创建工作要求，道教团体和宫观组织必须要高度重视，认真组织宫观教职员工学习领会创建工作的重要性，坚持在日常工作中贯彻落实。因此，我们要将"和谐道观"的创建工作，不断创新、不断提高、不断取得新成效。通过创建活动，使道教界自身素质更高，宫观管理更加规范有序，道风建设更加稳步推进。另一方面，要建立"和谐道观"创建领导班子。创建工作虽然十分重要，但是必须要有强有力的领导班子来组织落实。各级道教团体组织要真正做到认识到位、领导到位、措施到位、落实到位，确保创建活动取得实效。道教宫观要成立以负责人为组长的创建工作领导班子，把创建工作摆上议事日

---

〔1〕 国家宗教局编：《宗教政策法规文件选编》，宗教文化出版社，2012年，第405页。
〔2〕 国家宗教局编：《宗教政策法规文件选编》，宗教文化出版社，2012年，第407页。

程，认真研究，精心谋划，周密部署，常抓不懈，扎实推进。要进一步加强对创建工作的领导，明确工作责任，形成长效机制，全面规范道观管理和提升道风建设。

其二，要制定文明创建规划，推进创建工作有序开展。根据中国道协《关于推动做好"创建和谐宫观"活动的通知》精神，各级地方道教团体或宫观组织要制定创建工作规划，旨在进一步加强道教自身建设，规范道教宫观管理，提升道观的管理水平，提高教职人员的整体素质。以"和谐宫观"建设为抓手，不断加强道教徒教风建设和信仰建设，促进道教事业健康发展。根据创建标准和创建项目基本要求，围绕以下六项工作，即制度建设、人员管理、财务管理、安全管理、教务管理、基建管理等主题开展创建活动。其中，制度建设方面，重点制订《道观道风建设公约》和道观道风建设管理制度，把道风建设纳入到道观日常管理工作之中，逐步形成道风建设的长效机制。人员管理方面，主要加强教职人员队伍建设，培养宫观管理人才；强化民主管理意识，推动道观民主管理规范化等。财务管理方面，主要是进一步规范道观财务管理制度，提升道观财务管理水平。安全管理方面，主要抓好消防安全管理，增强道观教职员工的消防安全意识。教务管理方面，主要抓好道教科仪的培训学习，完善和规范宗教活动常用科仪，提升科仪神圣性、行仪规范性、坛场庄严性。基建管理方面，主要做好道观基建工作，严格把好质量关和资金使用关，所有工程皆按照规定进行审计，确保修建工程规范有序。通过以上创建规划，推进"和谐道观"创建工作有序开展，促进道观进一步规范管理。

四、切实加强道教团体的道风建设

习近平总书记指出：宗教团体是党和政府团结、联系宗教界人士和广大信教群众的桥梁和纽带。要推动宗教团体加强自我管理，健全规章制度，加强思想建设、组织建设、作风建设，努力建设政治上靠得住、作风上民主、工作上高效的高素质领导班子。要为宗教团体开展工作提供必要的支持，帮助他们解决实际困难，为顺利开展工作创造基本条件。充分体现了党和政府对宗教团体建设的高度重视，以及对宗教团体开展工作的关心与支持。近年来，道教团体建设方面取得了一定成绩，各项工作也有序开展。但是，道教团体"内部不团结、工作不作为、责任不担当"现象依然存在，严重影响了道教团体自身建设和积极作用的发挥。因此，必须要"坚决整顿长期内争、软弱涣散的领导班子，共同抵制拉帮结派、勾心斗角、以权谋私、任人唯亲的不良风气"。[1] 这些问题的存在，必须要引起道教团体组织的高度重视，要以道风建设为抓手，不断加强道教团体的自身建设，促进道教团体组织的健康发展。

（一）以教务指导为抓手，加强道教团体的道风建设

中国道教协会《章程》规定，本会的业务范围包括："联系服务道教教职人员和信教群众，反映道教界意见和合理诉求，依法维护道教教职人员和信教群众的合法权益，引导道教教职人员和信教群众履行公民义务；加强对地方道教团体、道教院校、道教活动场所的教务指导，建立健全道教有关规章制度并督促落实。"[2] 明确指出了道教团体的三大功能，即联系服务功能、维护权益功能、教务指导功能。其中，教务指导功能是道教团体组织最为重要的功能之一。中国道协作为全国道教团体的最高组织，通过制定有关规范性文件和规章制度，指导全国各级地方道教团体和宫观组织开展工作。当然，对于一些重

---

〔1〕《中国宗教》第 7 期，2010 年，第 9 页。
〔2〕《中国道教协会章程》，载《中国道教》第 6 期，2020 年，第 50 页。

要工作决定及安排，还需要通过省级道教团体组织来贯彻落实，指导基层道教团体和宫观组织开展工作。因此，道教团体组织必须要加强自身建设、强化工作责任，充分发挥团体组织的教务指导功能。

其一，要注重加强自身建设，增强团体组织管理能力。加强道教团体自身建设的核心内容，就是要培养团体组织的管理型人才。培养一批合格的管理型人才队伍，关系到道教团体组织健康发展的大问题，关系到中国道教未来的发展走向与整体面貌。近年来，道门自身虽然培养了一批爱国爱教、有道教学识、年富力强的中青年教职人员，初步解决了道教教职人员严重匮乏、青黄不接的局面。但是，就目前道教人才培养现状来看，与道教事业的发展、民众信仰的需求还有很大差距，道教人才的缺乏仍然是道教发展的重要瓶颈。与此同时，道教教职人员的培养与管理还存在诸多突出问题，具体表现为"整体素质不高、培养体系不健全、管理体制不完善，特别是缺少综合素质优秀的代表人士。有的教职人员沉浸于个人修行，不愿意更多地履行社会责任；有的教职人员热衷于追名逐利，修为难以精进"。[1] 因此，加强团体自身建设、培养管理型人才至关重要。一方面，要培养有道教学识的团体组织人才。道教团体组织是团结、联系道教教职人员和信教群众的桥梁与纽带。团体组织成员必须要有较高的道教学识，才能引领道教文化的弘扬与道教事业的发展。如果团体组织成员整体素质不高，道教学识不够，就很难发挥正常的、积极的引领作用。因此，团体组织要善于发现有道教学识、品学兼优的中青年代表人士，建立后备队伍悉心加以培养，适时选送到道教团体组织任职，在工作岗位中锻炼成长。另一方面，要培养有管理能力的团体组织人才。所谓"管理型人才"，就是指具有广博知识和社会经验的人才，是深刻了解人的行为及其人际关系的人才，是具有很强组织能力和交际能力的人

---

〔1〕《宗教与世界》第 5 期，2017 年，第 11 页。

才。作为道教团体组织的管理人才，必须要精通道教学识，具有一定的管理能力与管理水平。道教团体组织要积极培养人才、尊重人才、包容人才，又要向社会吸收人才、引进人才，为人才的成长创造良好的生活条件与工作环境。只有这样，才能不断团结、凝聚道教管理型人才，提升道教团体的组织管理能力。

其二，要注重强化工作职责，发挥团体组织指导功能。根据《道教协会章程》等有关规定，道教团体的主要工作职责是协助党和政府贯彻落实宗教信仰自由政策，依法维护道教界合法权益；深入调查研究，反映道教组织、道教界人士和信教群众的意见和要求，向有关部门提出建议和意见，充分发挥桥梁纽带作用。要充分发挥道教团体对宫观的教务指导，支持道教宫观开展自我管理，指导宫观开展正常的教务活动。这就是说，道教团体要继续强化自身的工作职责，充分发挥道教团体组织的教务指导作用，更好地发挥道教组织服务社会、服务信众的积极功能。一方面，要强化道教团体组织的工作职责。道教团体要积极引导道教与社会主义社会相适应，积极践行社会主义核心价值观，始终坚持道教中国化方向，团结带领广大信教群众，遵守国家宪法、法律、法规和政策，在社会主义现代化建设中发挥积极作用。因此，道教团体要增强责任意识，强化责任担当，在服务信教群众、服务经济社会发展中作出新贡献。另一方面，充分发挥道教团体组织的教务指导作用。对宫观进行教务指导是道教团体的重要职责之一，主要内容包括：宫观的信仰建设、道风建设、教制建设、人才建设、组织建设，树立良好的道风，开展正常的法务活动，增强道众的整体素质。道教团体要尊重宫观独立开展工作，主动搞好服务，帮助解决困难，实现良性互动，形成工作合作，共同把道教的工作做好。

（二）以爱国爱教为抓手，加强道教团体的道风建设

道教历史表明，爱国始终是道教组织的优良传统。《老君音诵诚

经》说："老君曰，吾汉安元年，以道授陵，立为系天师之位，佐国扶命。"[1] 其中，所谓"道"即正一盟威道，而"佐"即辅佐，"佐国"就是辅佐国家治理，"扶命"即扶持国家命脉的延续。《灵宝无量度人上品妙经》还说"齐同慈爱，异骨成亲，国安民丰，欣乐太平"，[2]《太上无极总真文昌大洞仙经》也说"佐天行化，助国救民"[3] 等。可见，早期道教经典中就蕴含着强烈的爱国思想，这种爱国思想传统被后世道教所传承并发展。金元之际，丘处机祖师"一言止杀"的助国救民情怀，泽被华夏民族。中华人民共和国成立以来，道教徒和信教群众主动把爱国传统转化为对中国共产党的拥护和对社会主义制度的热爱，积极投身中国特色社会主义建设，为中华民族伟大复兴贡献积极力量。这就是说，爱国爱教是道教组织建设的重要内容。当代社会，只能加强，不能削弱，必须要与时俱进、创新发展，才能稳步推进道教团体的道风建设。

其一，要加强爱国主义教育，提高团体组织政治意识。道教团体是"爱国"宗教团体。那么，当代道教团体如何坚持"爱国"呢？陈莲笙大师说，所谓"爱国"，就是热爱我们伟大的祖国。一是要拥护中国共产党的领导，拥护社会主义制度，拥护宗教信仰自由政策。二是要遵守国家的法律法规。三是积极投身祖国四化建设的伟大事业。[4] 当代道教，要以社会主义核心价值观为引领，把爱国主义精神贯穿于新时代的道教思想体系建设中，引导和教育道教界和信教群众增强对伟大祖国的认同、对中国共产党的认同、对中国特色社会主义的认同，更好地服务于当代中国发展进步，不断提高道教团体组织的政治意识。一方面，要加强道教团体组织的爱国主义教育。坚持爱国主义教育，

〔1〕《老君音诵诫经》，《道藏》第18册，2010年版，第210页。
〔2〕《灵宝无量度人上品妙经》卷一，《道藏》第1册，2010年，第2页。
〔3〕《太上无极总真文昌大洞仙经》，《道藏》第1册，2010年，第496页。
〔4〕陈莲笙：《道风集》增订本，上海辞书出版社，2006年，第41页。

就是要教化引导信教群众爱国爱教，热爱社会主义祖国，拥护中国共产党的领导，自觉走与社会主义社会相适应道路，激励广大道教徒在各自的工作岗位上努力工作，奋发有为，为社会主义现代化建设贡献力量。同时，道教团体组织还要积极引领道教信徒树立正确的人生观，鼓励道教徒在日常工作和生活中，恪守道教伦理规范，建立和谐的家庭关系、人际关系和社会关系，坚持诚信友爱、诚实劳动、无私奉献，积极投身于经济社会建设。另一方面，要全面提高道教团体组织的政治意识。道教团体作为党和政府团结、联系教职人员和信教群众的桥梁纽带，必须要有坚定的、正确的政治站位，那就是要继续高举爱国爱教的伟大旗帜，努力提高道众的爱国主义和社会主义觉悟，认真贯彻党的宗教政策和宗教工作基本方针，热爱祖国，遵纪守法，纯正信仰，践行教义，积极引导道教界人士和信教群众为经济社会发展作贡献。

其二，要加强爱教思想引领，培育团体组织道教情怀。道教团体也是"爱教"的教务组织。那么，当代道教团体如何坚持"爱教"呢？陈莲笙大师说：所谓"爱教"，就是要热爱自己所信奉的道教。具体要求：一是道心坚定，就是要有坚定的道教信仰。二是道术要精，就是要学习道教学问，不论是道教知识、科仪修持或者宫观管理等，都要学精学通。三是道戒要严，就是要严格遵守戒规纪律，不论是衣着饮食、殿堂作业、早晚功课或者出入宫观等，都要按照规矩办事。[1] 这些内容，就是道教团体组织成员"爱教"的基本要求。当代道教徒，肩负着弘道兴教的历史重任，弘扬道教文化是道教团体义不容辞的责任。道教文化是中华文化的重要组成部分，道教文化的弘扬与"爱教"精神紧密相连，传承道教优秀传统文化，是当代道教团体组织应有的职责，要继续举办丰富多彩、各具特色的道教文化活动，创新道教文

---

〔1〕 陈莲笙：《道风集》增订本，上海辞书出版社，2006年，第41—42页。

化弘扬路径，打造道教文化品牌，增强团体组织成员对道教的认同感和自豪感，从而更好地培育道教团体组织的道教情怀。一方面，要积极加强道教团体组织爱教思想的引领。对于道教团体组织来说，加强爱教思想的引领关键是提升信徒建设，信仰建设对道教神职教徒来说是至关重要的。道教团体组织是一个有信仰的特殊群体，肩负着教化引导教职人员和信教群众的责任与使命，团体组织成员必须要努力提高自身信仰素质，以良好的精神风貌赢得信众，用严格的戒律修持影响信众，努力成为道教徒爱教思想的引领者。另一方面，要积极培育道教团体组织的道教情怀。道教团体要组织教职人员和信教群众学习道教经典，感悟历代高道大德的爱教情怀，汲取他们的道学智慧与爱教思想。比如，祖天师张陵历经千辛万苦创立道教，成为中华民族的传统宗教；葛洪、寇谦之、陶弘景，毕生研究道学，为道教文化的传承与弘扬作出杰出贡献；孙思邈研究道教医学，成为中国医学的集大成者；张宇初天师主持编修《道藏》，使道教文化宝藏世代传承；王常月祖师跋山涉水、开坛传戒，成为龙门中兴之祖。这些高道大德在道教的各个领域中都取得辉煌成就，在中国道教历史上留下了不可磨灭的伟大功绩。他们的这些爱教思想都是当代道教徒学习的典范，对于当代道教团体组织的爱教思想教育具有积极的引领作用。

（三）以遵纪守法为抓手，加强道教团体的道风建设

在社会主义制度下，遵纪守法是每个公民的义务，提高遵纪守法的自觉性，养成遵纪守法的好习惯，保证社会的正常秩序，对于加快我国社会主义物质文明和精神文明的建设具有重要意义。道教徒也是社会公民，同样有遵纪守法的责任与义务。因此，道教团体要组织、教育、引导道教教职人员和信教群众，学习、遵守宪法和国家有关法律法规，坚决抵御境外势力利用宗教进行的渗透，自觉抵御和反对邪教。同时，道教团体还要积极加强与引导教职人员和信教群众自觉维

护法律尊严，自觉遵守国家法律法规，自觉遵守团体内部规章制度，从而起到积极推进道教团体组织道风建设的作用。

其一，要严格遵守道教团体规章，加强团体组织自身建设。道教协会的《章程》是道教团体组织最为重要的规章，主要包括总则、业务范围、组织结构及负责人的产生和罢免、资产管理与使用原则、章程的修改程序、终止程序及终止后的财产处理、附则[1]等内容。道教团体的主要职能是：协助人民政府贯彻落实法律、法规、规章和政策，维护信教群众的合法权益；指导道教教务，制定规章制度并督促落实；从事道教文化研究，阐释道教教义教规，开展道教思想建设；开展道教教育培训，培养道教教职人员，认定、管理道教教职人员等。道教协会的《章程》是保证道教团体组织活动正常运行和全体道教徒共同遵守的重要文件，这是一种具有法律意义的文件，是道教团体的行为准则和行动指南。一方面，要认真组织学习道教团体的规章制度。宫观和教职人员要认真组织学习道教团体《章程》，把握《章程》的精神实质和主要内容，为全面贯彻执行《章程》营造良好氛围。除此之外，中国道协还先后制定了《道教宫观管理办法》《道教宫观主要教职任职办法》《道教教职人员认定管理办法》《道教宫观规约》等制度性文件。其中《道教宫观管理办法》主要包括：总则、管理组织、道众管理、道教活动管理、财产管理、安全和消防管理、文物和环境管理、自养产业管理、附则等内容。《道教宫观主要教职任职办法》主要包括：名称、任职条件、履行职责、选任程序、任职时间、离职规定等内容。《道教教职人员认定管理办法》主要包括：认定条件、认定程序、年检规定、管理要求、处罚措施等内容。所有这些内容，都是宫观组织和教职人员必须认真学习的，以便在日常工作中贯彻执行。另一方面，要在日常工作中自觉遵守道教团体的规章制度。通过对道教团体规章

---

[1]《中国道教协会章程》，载《中国道教》第6期，2020年，第50—54页。

制度的学习，宫观组织和教职人员必须要认识到，制定规章制度的主要目的就是"为加强道教宫观管理，维护道教合法权益，保障道教活动正常进行，更好地造福社会、服务信众"。[1] 这就要求我们在具体工作中准确把握、贯彻执行，形成自觉遵守规章制度的良好习惯，确保道教各项工作规范有序开展。

其二，要严格遵守国家法律法规，加强团体组织自我管理。《宗教事务条例》第二十六条规定：宗教活动场所应当加强内部管理，依照有关法律、法规、规章的规定，建立健全人员、财务、资产、会记、治安、消防、文物保护、卫生防疫等管理制度，接受当地人民政府有关部门的指导、监督、检查。[2] 这是对宗教场所提出的法治要求，也是依法管理宗教场所的重要内容。《条例》还规定"宗教团体按照章程开展活动，受法律保护"。否则，就会受到相应处罚。因此，加强道教团体组织的自我管理，必须要健全规章制度，加强自身建设，严格遵守国家法律法规。一方面，要认真组织学习国家法律法规。道教团体要通过形式多样的学习培训，带领道教教职人员和信教群众，认真学习贯彻《宪法》和法律法规，将法治精神贯彻到道教制度建设、组织建设、教风建设、宫观管理等各个方面，提高自我管理的现代化、规范化水平。通过对国家法律法规的学习，使广大教职人员和信教群众成为知法、守法的模范，从而树立道教良好的道风道貌。另一方面，要依法开展各类教务活动。《宗教事务条例》第四条规定："国家依法保护正常的宗教活动，积极引导宗教与社会主义社会相适应，维护宗教团体、宗教院校、宗教活动场所和信教公民的合法权益。"[3] 这就是说，道教团体和教职人员以及信教群众必须要在国家有关法律、法规和政策范围内，按照道教教的教义、教规和传统习惯，在道教宫观

---

〔1〕《道教宫观管理办法》，载《中国道教》第6期，2020年，第55页。
〔2〕《新修订〈宗教事务条例〉释义》，宗教文化出版社，2018年，第183页。
〔3〕《新修订〈宗教事务条例〉释义》，宗教文化出版社，2018年，第178页。

内举行宗教活动，这些都属于正常的宗教活动，是受法律保护的。因此，道教团体组织要深入开展法制宣传教育，积极引导教职人员和信教群众自觉遵守宪法、法律、法规和规章，正确认识和处理好国法和教规的关系，进一步增强道教团体组织的法治观念，从而使当代道教徒逐步形成端正道风、遵规守法的新风尚。

综上所述，加强道教道风建设已成当务之急，这是时代发展的需求，也是道教自身建设与发展的必然要求。面对当前道风方面存在的诸多问题，必须要引起道门自身的高度重视，必须要深入研究、精心谋划、强化责任，全力推进道教道风建设工作的有序开展。各级道教团体和宫观组织要充分认识到道风建设是一项长期性、系统性的工作，要坚持在抓细、抓实上下功夫，持续发力，久久为功。要注重以提升信仰、强化戒律、自我修行为抓手，不断加强道教神职教徒的道风建设；要注重以完善制度、规范管理、文明创建为抓手，不断加强道教宫观的道风建设；要注重以教务指导、爱国爱教、遵纪守法为抓手，不断加强道教团体的道风建设。只有这样，才能进一步强化道门自身建设，树立良好的道风道貌，促进道教事业的健康发展。

第四节　稳步推进道教教义思想建设

宗教历史表明，任何宗教思想的形成与发展都是以其信仰为核心的，这种信仰始终贯穿于宗教历史发展的全部过程之中。道教作为中国固有的传统宗教，道教思想的形成与发展也是如此。那么，道教思想的根本是什么呢？"概况而言，就是以'道'作为最高信仰，以'长生成仙'作为它所追求的最终目标。道教的教理教义正是以此为核心而建立起来的。围绕这个核心，道教从修道成仙的理论和方法两个方面展开探索和阐述，从而形成了独具特色的修道思想体系。"[1] 道教教义思想内容十分丰富，影响也非常广泛，几乎涉及宇宙观、生命观、人生观、神仙观、道德观、价值观、社会观、历史观、发展观等许多方面。据有关史料研究，"道教教义、教理最初出现在早期道书《太平经》中，汉末早期道教的道首就是根据《太平经》中周穷救贫、治病去灾、铲除不平、求太平的教理创教的"。[2]《太平经》的教义、教理虽然比较原始，但已经较为系统，具有中华民族传统文化的特色，对后世道教的传承与发展影响很大。南北朝以后，随着教会式宫观道教的形成，道教经书对道教神仙信仰、戒律规范、斋醮科仪、伦理道德等有了许多成文的规定，标志着道教教义思想开始走向成熟。据《云笈七签》

---

〔1〕　卿希泰主编：《中国道教思想史》第一卷，人民出版社，2009年，第8页。
〔2〕　胡孚琛主编：《中华道教大辞典》，中国社会科学院出版社，1995年，第434页。

称："教者，告也，有言有理有义，有授有传。言则宣，教则告。因言而悟教明理，理明则忘言。"〔1〕这就是说，"道教之道"有"理"有"义"，且教理、教义之间既相互区别又紧密联系。修道之人因言教也，即教义而悟教明理，明乎教理、达于大道为本，言教之义则为末。宋金元时期，道教教义思想得到较大发展，各道派基本都有自己各具特色的教义思想体系，道教教义思想出现了空前的繁荣与发展。

自明清以后，道教日趋衰微，道教理论停滞不前，道教教义少有建树，加上传统的道教教义思想没有跟上时代发展的步伐，缺少应有的时代精神，其影响力也逐渐减退，这种现状延续了很长一段历史。直至改革开放后，在党和政府的关心重视下，道教得到快速发展，各项工作都取得显著成绩，呈现出半个世纪以来复兴发展的新景象。但是，由于历史等诸多原因，道教高端人才的严重缺乏，道教教义思想建设严重滞后，在一定程度上制约了道教的健康发展。全国宗教工作会议指出：要用社会主义核心价值观来引领和教育宗教界人士和信教群众，弘扬中华民族优良传统，用团结进步、和平宽容等观念引导广大信教群众，支持各宗教在保持基本信仰、核心教义、礼仪制度的同时，深入挖掘教义教规中有利于社会和谐、时代进步、健康文明的内容，对教规、教义作出符合当代中国发展进步要求，符合中华优秀传统文化的阐释。〔2〕这是党和政府在新时期对道教工作提出的新要求，也为当代道教教义思想建设与发展指明了方向。为此，中国道协在工作规划中明确提出："对道教思想文化、体系结构进行系统整理，从道教主要经书、教理、历史、戒律、修持等方面，对包罗万象的道教教义进行体系化的整合阐释，对教义体系进行现代化建构，增强道教文化发展创新的内源动力。"〔3〕强调指出了积极开展道教教义体系现代

---

〔1〕《云笈七签》卷三，《道藏》第 22 册，上海书店，1988 年，第 12 页。

〔2〕2016 年 4 月 23 日，新华网。

〔3〕《坚持道教中国化方向五年工作规划纲要》，《中国道教》2019 年，第 6 期，第 14 页。

建构的工作思路与计划安排，标志着道教教义思想建设工作被提上了议事日程。这是道教顺势而为、适应时代发展的需要，当然也是确保当代道教事业健康发展的必然要求。

一、关于道教教义思想建设的现状分析

改革开放之后，中国宗教学术研究得到了空前发展。1979 年，中国宗教学会在昆明成立，标志着中国大陆宗教学的正式兴起。1995 年，北京大学率先成立宗教学系，在国内外引起强烈反响，国外媒体把这一举动称为中国改革开放的成果之一。[1] 与此同时，道教学术研究工作也开始恢复。1980 年，中国道协三届一次常务理事会议，就讨论通过了《中国道协研究室工作三年规划》，并提出重新出版《道协会刊》的计划，道教各项工作得到有序开展。1989 年 9 月，中国道教文化研究所正式成立，从此道教界有了自己专门的研究机构。1998 年 8 月，中国道协第六届全国代表会议在北京召开，时任全国政协主席李瑞环在接见新一届班子成员时指出："我国宗教文化中有许多的东西迄今仍有进步的意义，特别是一些主张、格言、规定，同我们现在所提倡的精神文明建设的有关思想和作法并不矛盾，希望宗教界的朋友们能够对此加以挖掘，进行整理，以便在现实生活中更好地发挥积极作用。"[2] 明确提出要弘扬宗教优秀文化、服务精神文明建设的要求。当然，这里自然也包括道教教理、教义思想在内的所有优秀文化。2005 年 6 月，在中国道协第七届全国代表会议上，时任中央统战部部长刘延东指出："我国各宗教的教义中都包含着有益于构建和谐社会的

---

〔1〕 宗教学术研究三十年的历程与辉煌，《中国宗教》2008 年，第 10 期，第 37 页。
〔2〕 李瑞环与中国道协第六届领导班子成员座谈时的讲话，《中国道教》1998 年，第 4 期，第 4 页。

丰富的思想资源，宗教界为构建社会主义和谐社会服务，一项重要的任务，就是要挖掘和弘扬宗教教义中的这些有益内容，使之在现实社会生活中发挥积极作用。"并进一步指出，道教中有许多优秀的教义思想，"希望道教界要充分发挥优势，大力挖掘、弘扬教理教义中有利于构建和谐社会的积极内容，积极参与捐资助学、扶危济困、社会慈善等社会公益事业，更好地服务社会、造福人群，为构建社会主义和谐社会作出贡献"。[1] 明确提出弘扬道教教义思想、服务和谐社会建设的要求，并为当代道教教义思想建设指明了方向。

（一）道教教义思想建设工作回顾

近三十年来，道教学研究工作快速兴起，并得到蓬勃发展。经过道教界、学术界的共同努力，各地道教研究机构的成立，道教刊物的出版发行，重大道教文化工程的推进，道教书籍的出版，道教文化研讨会的召开，道教音乐的会演，等等，可谓成绩显著，成果丰硕。正如牟钟鉴教授所说，"改革开放30年来，道教研究后来居上，人才日聚，硕果累累，交流频繁，思想活跃，道教学成为一门独立学科，它的影响辐射到社会各个文化领域，并走向世界"。[2] 但是，就目前研究成果情况来看，比较偏重道教历史、文献、人物、养生、艺术等方面研究，对于道教音乐、科仪也有所涉及，但是对于道教教义及其思想方面的研究却很少，只是最近几年来才开始重视起来，在中国道教文化研究所的推动下，开展了一系列的研讨交流活动，教界、学界也积极开展研究，发表了一些有价值的研究文章。

自20世纪90年代开始，学术界的专家学者就开始关注并研究道教的教理教义思想。1992年，陈耀庭教授在《学术月刊》上发表《论道

---

〔1〕 刘延东在中国道协第七届全国代表会议上的讲话，《中国宗教》2005年，第7期，第12—13页。

〔2〕 牟钟鉴《宗教学奋进的三十年》，载《中国宗教》2008年，第10期，第38页。

教教义思想的结构》一文，全面阐述了道教教义的核心、教义结构的要素、教义要素的结构关系和教义体系形成的历史过程等，成为道教教义系统研究的开山之作。此后，陈耀庭教授又陆续发表了《道教教义创建和发展过程的四次变化》《加强道教教义思想研究，适应迅速发展变化的时代》《新时代下道教教义创新与时代适应问题》等论文。还有，李远国教授发表的《试论道教教义思想中的三大特性》；盖建民教授发表的《道教传统教义思想的现代诠释》《道教"我命在我不在天"教义思想的现代诠释》；尹志华教授发表的《道教之"道"——关于道教教义基石的阐释》；祝逸雯博士发表的《路漫漫其修远兮——道教教义现代转型的回顾与展望》等，当然还有其他专家学者的许多研究论文，这些都是学界对道教教义思想的关注、探索和研究成果。与此同时，道教界人士也积极思考道教教义思想建设问题，开始撰写相关研究论文。比如，张继禹道长发表的《道教教义思想在当代的继承和弘扬》《道教思想五论——关于道教教义现代化阐释的思考》等；袁志鸿道长发表的《革新教义，推动道教健康传承发展的必然途径》；杨世华道长发表的《当代道教教义思想建设的几点思考》；李纪道长发表的《"以人为本"建构当代道教教义》；还有笔者发表的《以"与时俱进"的精神，推进道教教义思想建设》《关于道教神学思想建设问题的三点思考》等，以及其他道长研究发表的有关论文，这些都是道教界人士对道教教义思想建设的关心、思考和研究的成果。

进入 21 世纪后，道教界联合学术界先后召开了五次关于"道教教义"方面的研讨会，有力地推动了道教教义思想研究工作的开展。2002 年 1 月，在香港召开"道教教义与现代社会"国际学术研讨会，由香港道教学院主办，会议首次围绕道教教义问题展开讨论，涉及道教如何在现代社会中获得发展，开辟了道教研究的新领域，在道教发展史上有着十分重要的现实意义。会后还出版了《道教教义与现代社会国际学术研讨会论文集》，取得了丰硕的研究成果。同年 11 月，在上海召开"道教思想与中国社会发展进步"研讨会，由中国道教文化研究所、上海市道教协会共同主办，出版《道教教义的现代阐释》的论文集。2003年11月，在福建泉州召开"第二次道教思想与中国社会发展进步"研讨会，由中国道教文化研究所、福建省宗教研究会、福建省道教协会联合主办，研讨主题是"道教与神仙信仰"，出版《道教与神仙信仰》论文集。2004年11月，在湖南南岳衡山召开"第三次道教思想与中国社会发展进步"研讨会，由中国道教文化研究所、湖南省道教协会、中南大学应用伦理学研究中心联合主办，研讨主题是"道教与伦理道德建设"，出版《道教与伦理道德建设》论文集。2008年11月，在江西南昌召开"第四次道教思想与中国社会发展进步"研讨会，由中国道教协会主办，南昌万寿宫、西山万寿宫承办，研讨主题是"道教与经济社会发展"，会议规模之大，参加人数之多，都是盛况空前。通过对上述五次道教学术研讨会的分析，主要有三个鲜明特点：一是研讨主题都是围绕"道教教义思想"来展开，与一般道教学术研讨会明显不同，开辟了道教研究的新领域。二是由学术界和道教界人士共同参加，是道教文化研究领域的新气象，标志着道教界人才培养已经达到一定的高度。三是研讨会取得丰硕成果，不仅参会人员多、提交论文多，而且会议质量也很高，汇编论文集公开出版，在道教史上有重要意义。

　　道教历史表明，道教教义的兴衰与道教的发展关系紧密。历史上，凡道教教义体系完备之时，必定是道教兴盛之日，反之亦然。因此，当代道教的教义思想建设问题，已经引起道门自身的高度重视。中国道协九届全国代表会议《工作报告》提出："要积极投身到以'教风'为主题的和谐宫观创建活动中去，学习经典，纯正信仰，以戒为师，加强修持，以良好的道风道貌赢得信众，用严格的宗教操守影响信众，用适应时代要求的教义教理去教化和引导信众。"[1] 强调了道教教义

---

〔1〕 中国道协第九届全国代表会议工作报告，《中国道教》2015年，第3期，第22页。

思想在道风建设中的重要性，以及在教化引导信教群众中的积极作用。随后不久，中国道协就正式启动了"道教教义体系的现代建构"的课题研究，具体由中国道教协会主办，中国社科院、清华大学、北京大学、北京师范大学、四川大学、山东大学、华东师范大学、陕西社科院等科研院校的专家学者共同实施编撰。[1] 该课题研究的目的主要在于重新梳理道教的教义体系，明晰道教信仰的核心内容，理顺道教教义与时代发展的关系，弘扬道教教义的时代精神。中国道协第十届全国代表会议《工作报告》又再次强调"深入挖掘教义教规中有利于社会和谐、时代进步、健康文明的内容，对教义教规作出符合当代中国发展进步要求、符合中华优秀传统文化的阐释"，[2] 对"道教教义体系的现代建构"工作提出了具体要求，强调必须要适应时代发展，发挥出应有的时代价值，从而推动道教事业的健康发展。

（二）存在主要问题分析

如今，道教教义思想已经成为道门自身建设的重要内容之一，道教团体组织和诸多有识之士都开始积极行动起来，为推进道教教义思想建设工作而努力探索，在教界、学界的通力合作下，已经取得了阶段性成果。但是，就目前研究工作情况来看，道教教义思想建设仍然进展缓慢，与其他宗教相比也是显得落后，在道教事业发展进程中更是相对滞后。必须要引起道门自身的高度重视，需要花大力气、下大决心来加以解决。

其一，思想认识缺乏，责任意识不强。近现代以来，由于道门不注重自身修持，不注重道教理论学习，不注重道教教义研究，致使道教教义思想建设工作严重滞后。从道教现状来看，多数道教徒都不知

---

〔1〕 "道教教义体系的现代建构"课题启动，《中国道教》2018年，第4期，第8页。

〔2〕 中国道协第十届全国代表会议工作报告，《中国道教》2020年，第6期，第39页。

道什么是"道教教义"，不知道"道教教义"思想的具体内容，更不知道"道教教义"的重要作用。在道教教义思想建设方面，道门自身的思想认识严重缺乏，责任担当意识不强，至今还没有引起真正重视。笔者就曾听一位学者告知，有一位道教领袖、代表人士向他请教，"道教教义"到底有什么作用？包含哪些主要内容？我们都搞不清楚。这位学者听了之后，感到非常吃惊和担忧，作为一位道门领袖竟然都不知道道教教义是什么，真是不可思议。每当这位学者与我谈及此事时，他都深有感慨地说：道门自身必须要强化学习，全面提升道学素养，尤其是要重视对道教教义的学习和研究。否则，道教的前途堪忧。事实也是如此，由于道门自身对道教教义的认识缺少高度，或者根本就不了解，或者知之甚少，自然就不会主动去关心道教教义思想建设。笔者曾查阅中国道协历届全国代表会议《工作报告》，居然在九届前的《工作报告》中都没有找到"道教教义"建设方面的内容，直至 2020 年召开的第十届全国道教代表会议《工作报告》中，才正式提出"道教教义思想建设"问题，并开始启动"道教教义体系的现代建构"的课题研究，这是当前道门自身建设中的一项重大文化工程。但是，从目前情况来看，还存在诸多有待进一步完善的地方，需要教界与学界的共同努力才能完成。从道教整体发展来看，道教教义思想建设工作虽然起步较晚，启动道教教义思想建设的工作也是姗姗来迟，但是这仍然是一个良好的开端，道教界盼望已久的教义思想建设工作终于有了实质性的开展。

其二，高端人才缺乏，难以参与研究。近现代以来，道教人才的缺乏，始终是道教发展的瓶颈，这是当前道门自身必须要认真思考并加以解决的重大问题。当前，在道教教义思想建设进程中，道教文化型、研究型人才更是严重缺乏。一方面，从对道教教义研究情况来看，关注道教教义的道长很少，能够撰写道教教义研究文章的更少。特别是现在网上流传的有关介绍"道教教义"的内容，多数都很不规范，有的甚至还会误导信教群众，这是一个不容置疑的现实问题。在目前出版的道教著作中，陈莲笙大师撰写的《道教常识问答》中就有关于"道教教义"的介绍，虽然内容不多，但是比较规范，是值得道门推广学习的。另一方面，从近年来开展的重点道教文化工程来看，多数都是依靠学术界的力量来完成，道门自身的力量相对薄弱，所发挥的作用也非常有限。比如，目前启动的《中华续道藏》编纂工程，主要是由四川大学等国内相关高校、科研机构，组成的专门工作团队。通俗讲就是完全由学术界来帮助做的，道门自身还没有能力来真正参与此项文化工程。还有，目前启动的"道教教义体系的现代建构"课题研究，仍然是由学术界学者担纲，部分高校及科研机构人员组成工作团队。在这样二项道教重大文化工程中，由于道门自身缺乏高端人才，难以参与其中的研究、编纂工作。特别是"道教教义思想建构"课题的研究，其中包含着诸多道教信仰建设的内容，需要很好的传承、创新与发展，更需要教界与学界的通力合作。同时，在道教教义体系建构的过程中，要注意尊重道教徒的宗教感情，要把道教信仰贯穿于整个教义体系建构之中，道门自身也要多努力提高，要积极参与道教教义体系的研究工作。因此，道门高端人才缺乏问题已成当务之急，需要道门自身努力加以解决。

其三，顶层设计缺乏，难以形成合力。近年来，道教界在"道教教义思想"建设方面，由于缺乏顶层设计，各地道教难以形成合力，工作有时很难顺利推进。早在1988年，时任全国政协主席李瑞环在接见中国道协第六届班子成员时就明确指出：我国各大宗教教义中的许多内容，比如在伦理方面的一些要求，与现时代社会发展的趋势、与我们提倡的精神文明是一致的。宗教界对这些有益于社会、有益于人群的内容，要加以挖掘，加以整理。这也为道教界开展教义思想的探索研究提出了要求。但是，多年过去了，并没有引起道门中人的重视，中国道协历届工作报告中也很少涉及道教教义方面的工作安排，道教教义建设工作也就很难开展。一方面，道门自身缺少对道教教义建设工作的整体规划。主要是全国道教团体组织和各省级团体组织，缺乏对道教教义思想建设的思考，也没有推进道教教义思想建设的计划和安排，基层团体组织和宫观也就没有了方向，即是有少数道门中人想做，也不知道怎么做，更不敢随便去做。另一方面，道门内部缺少对道教教义思想建设的领军人物。对于道教教义思想的建设工作，关系到道教的自身建设与发展问题，涉及到道门的革故鼎新与创新发展问题，自然是一项十分神圣而严谨的工作，需要有一位德高望重、学识渊博的道门领袖来担纲，来主持推动这些工作的有序开展。问题是现在道门中还少有这样的领袖型领军人物，道教教义思想建设工作就很难圆满完成。面对今天的道教教义思想，还没有跟上时代发展的步伐、适应社会进步的要求，我们这一代道教徒是有责任的，也是愧对几千年道教文化的传承与发展。因此，身为道门中人就必须要为推动道教教义思想建设努力奋斗，迎难而上，坚持不懈，这是当代道教徒的责任和使命。

二、充分认识加强道教教义思想建设的重要性

2001 年召开的全国宗教工作会议，全面阐述了积极引导宗教与社会主义社会相适应的内涵，概括起来，主要就是"两个要求"和"两个支持"。其中，"两个支持"为：一是支持宗教界人士和信教群众努力对宗教教义作出符合社会进步要求的阐释。二是支持宗教界人士和信教群众与全国人民一道反对一切利用宗教进行危害社会主义祖国和人民利益的非法活动，为民族团结、社会发展和祖国统一多做贡献。[1] 明确提出了对宗教教义作出现代阐释，其目的就是为了更好地促进宗教与社会主义社会相适应，发挥宗教应有的时代价值。当然，

---

〔1〕《中国的宗教问题和宗教政策》，宗教文化出版社，2012 年，第 159 页。

这也是对道教教义思想建设提出的新要求。当代道教徒，必须要充分认识到加强道教教义思想建设的重要性，必须要对道教教义作出符合社会进步要求的新阐释，这是道教与时俱进、适应时代发展的需要，也是提升道教信仰和促进道教健康发展的必然要求。

（一）加强教义思想建设是提升道教信仰的根本保证

道教的教理教义是在漫长的历史进程中逐步形成的，它既具有世界上其他宗教的一般特征，又包含着中国传统文化丰富多彩的道德伦理思想，成为中华民族精神信仰的重要组成部分。传统道教中行善助人、忍让不争、蔑视权贵、超脱世俗的价值观念和热爱和平、珍爱生命、回归自然、清静无为的思想，至今仍然有补正时弊和教化人心的社会意义。[1] 道教中这些价值观念和思想都是道教教义思想的重要内容，是值得当代社会弘扬与发展的优秀文化。因此，加强当代道教教义思想建设，对于进一步提升道教信仰建设意义重大。

其一，加强道教教义思想建设，可以进一步丰富道教的信仰思想内容。宗教是人的精神追求之表现，反映出人在神圣与世俗之间的徘徊，在永恒与现实之间的纠结，在超然与自然之间的徜徉。中国人的宗教信仰亦是对"神圣化"的生活之向往和追求，相信"举头三尺有神明"的神律，希望通过宗教修行而达到自我心灵的净化与纯洁。[2] 道教信仰是中国人精神信仰的重要组成部分，道教中包含的"道法自然""少私寡欲""济世利人"的思想，是传统道教教义思想的重要内容之一。当代道教，加强道教教义思想建设，就是要在继承传统教义的基础上进行创新发展，这就要求道门自身对传统的道教教义思想进行梳理，删除那些不适应时代发展要求的内容，增添符合时代进步要

---

〔1〕 胡孚琛主编：《中华道教大辞典》，中国社会科学出版社，1995年，第434页。

〔2〕 卓新平：《中国人的宗教信仰》，中国社会科学出版社，2015年，第17—18页。

求的新的教义思想内容，在对道教教义作出符合时代进步要求的阐释的基础上，进一步丰富和发展道教的信仰思想内容。

其二，加强道教教义思想建设，可以进一步提升道教徒的信仰修持。一般来说，道教教义就是指有关道教基本信仰内容的成文规定，道教教理是指论述道教教义的理论体系。道教教义思想与道教徒的信仰紧密相连，相互促进，又相互影响。在道教的教义思想中，"道"是一种超然本体，同样也是人所向往、追求的境界。从其本原、超然意义上讲，"道者何也，虚无之系，造化之根，神明之本，天地之源"。[1] 而人在"观天之道，执天之行"时则需遵循"立人之道"。这里的"立人之道"强调的就是要遵守道教的教义思想，道教徒学道、修道必须在遵守教义的基础上持戒修行。正如，陈莲笙大师所说，"我们学道之人，就是要学习天道的创造和无私，把自己暂时而短暂的生命融化到永恒和不息之中，使自己的胸怀宽广得如同山谷，如同大海。[2] 这就是说，学道之人要以信仰为根本，要学习天道的无私，奉行道教的教义思想，不断提升自己的信仰修持。

（二）加强教义思想建设是促进道教健康发展的关键所在

中国道教协会第九次全国代表会议指出："要用社会主义核心价值观引领，重视教理教义研究，深入挖掘道教优秀思想文化资源，探寻道教与现代社会的结合点和生长点，阐释道教古老智慧的当代价值，实现创新性转化和创新性发展，努力构建当代道教教义思想。"[3] 这就是说，道教教义必须要随着时代的发展而不断变化与发展，以适应不同时代道教发展的需要。在道教史上，每逢道教革新和创立新道派的时期，道教的教义和教理都会有相应的发展。比如，道教全真派的

---

〔1〕《宗玄先生玄纲论》，《道藏》第23册，上海书店（三家本），1988年，第674页。
〔2〕陈莲笙：《道风集》增订本，上海辞书出版社，2006年，第134页。
〔3〕《中国道教》2015年第7期，第7页。

创立，正逢三教融合之风盛行，其教义思想就以道为宗，兼采儒、释，以适应时代发展需要。当代道教，必须要大力加强道教教义思想建设，建立有影响的、适应时代发展的教义思想体系，从而更好的促进道教事业健康发展。

其一，加强道教教义思想建设，可以促进道教与时俱进、创新发展。历史发展表明，道教是适应时代发展的宗教。张鲁据汉中，以鬼道教民，以符咒治病消灾，适应当时底层民众的信仰需要。《太平经》指出，人间的财物，是天地中和所共有，是用以共同养育人的生命，反对少数人独自占有。这种"均贫富"的思想，是符合当时社会现状的，故受到民众的普遍认同。当代道教的教义思想建设，必须要紧跟时代步伐，丰富发展道教的信仰思想内涵。正如陈莲笙大师所说：必须要"在教理教义上丰富和发展对于'道'的认识。'道'是我们道教的基本信仰，信道、崇道那是不能变化的，但是'道'的内容是应该随着时代而丰富发展的"。[1] 现代社会高速发展，科学技术日新月异，极大地拓展了人们对"道"的认识，这就需要当代道教徒对"道"作出新的解释，并由此促进道教与时俱进、创新发展。

其二，加强道教教义思想建设，可以更好的发挥道教的时代价值。道教教义思想内容丰富，影响广泛而深远。在个人修持方面，强调"尊道贵德、唯道是从"。道教徒为了求道，必须保持恬淡无欲、清静朴素的思想，教人"抑情养性""贵生养生"，不追求外在的功名利禄和荣华富贵，不为个人的私欲而心神不安，始终保持一种"安时而处顺""知足常乐"的高尚情操。在社会生活方面，强调要遵守社会公共准则，友善对待他人，要"悯人之凶，乐人之善，济人之急、救人之危"。[2] 有财物应当"周穷救急"，多帮助他人。反对智者欺负愚者，

〔1〕 陈莲笙：《道风集》增订本，上海辞书出版社，2006 年，第 71 页。
〔2〕 《藏外道书》第 12 册，巴蜀书社，1994 年，第 273 页。

强者欺负弱者，少者欺负老者。倡导人与人、人与社会之间的和谐，自然有利于社会的积极向善。加强道教教义思想建设，既要传承好优秀的传统文化，又要增添时代发展需要的教义内容，对于更好的发挥道教的时代价值、促进道教的健康发展意义重大。

三、探索开展当代道教教义思想建设

中国道教协会第十次全国代表会议指出："要以社会主义核心价值观为引领，深入挖掘道教思想文化中有利于社会和谐、时代进步、健康文明的内容，对教义教规做出通俗易懂、与时俱进的阐释，深化和拓展玄门讲经活动，回应道教面临的现实问题，满足信教群众信仰需求，彰显道教的传统优势和当代价值，推动构建当代中国道教的教义思想体系。"[1] 这就为当代道教教义思想建设提出了要求、指明了方向。加强道教教义思想建设，关键是要正确处理好传统与现代、继承与发展的关系。在社会主义现代化进程中，要立足当前道教实际，紧跟时代发展步伐，以革故鼎新、与时俱进的精神推进道教教义思想建设，把道教的优良传统转化为现实优势，把道教的优秀文化融入到现实社会之中，促进道教教义思想的现代转型与创新发展。

（一）推进道教教义体系的现代建设

任何一种宗教，在其形成与发展过程中，都必须要建立起独特的、权威的信仰体系，树立宗教自身的神圣性，满足信教群众精神信仰的需求性，无论从天上到地下、从神圣到世俗、从社会到人生、从此岸到彼岸，都需要有一套教义思想体系。道教是关注现实人生的宗教，其教义思想涉及到自然宇宙、社会人生、生态环境、道德伦理等各个

---

〔1〕《中国道教》2020 年，第 6 期，第 7 页。

方面，既有有形世界的领域，又有无形世界的领域，成为道教教义的重要思想内容。因此，推进道教教义体系的现代建设，必须要准确把握道教教义体系的基本思想、核心信仰、主要特点和结构要素，在继承传统道教教义体系的基础上创新发展。

其一，道教教义体系的核心信仰。道教以"道"名教，就标志着"道"是道教的最高信仰。中国道教协会前会长闵智亭道长指出：道教的根本教理及核心信仰，即宗教化了的老子所讲之道，就是太上老君所降授的"道"和"德"。[1]也就是说，道教信仰的核心内容就是"道"和"德"，道教的所有教义思想都是围绕"道"和"德"来展开的。陈耀庭教授也认为：道教教义的核心就是"道"和"德"。从东汉到隋唐五代，道教教义思想体系逐渐完善，以"道"和"德"为核心的教义思想结构渐趋完整。[2]

道教教义体系的核心信仰之一"道"。道教认为，一切道经无不以"道"为根本。《道德经》称："有物混成，先天地生。寂兮寥兮，独立而不改，周行而不殆，可以为天下母，吾不知其名，强字之曰道。"[3]道与一切具体事物不同，不能用语言来表达，却是宇宙的本原，万物生成的根本。《老子想尔注》称：道散形为气，聚形为太上老君。就确立了"道"在道教教义思想中的核心地位。当代道教，加强教义思想体系建设，就是要在保持对"道"的根本信仰不变的基础上，对"道"的内容作出适应时代进步要求的新阐释。正如陈莲笙大师所说："现代科学技术的飞速发展，信息时代经济的突飞猛进，丰富和扩展了我们对'道'的认识，我们当代道教徒应该对'道'作出新的解释。要从弘扬根本教义出发，进一步丰富发展其教理教义，从而建立起切合社

〔1〕《中国宗教》2003年，第4期，第48页。
〔2〕《陈耀庭道教研究文集》上卷，上海书店出版社，2015年，第4—5页。
〔3〕安伦：《老子指真》，社会科学文献出版社，2016年，第36页。

会文明的教义体系，裨益于人类的文明进步。"〔1〕比如，我们可以通过对"道"的阐释，演绎出工作之道、生活之道、家庭之道、养老之道、生态之道、人际关系之道等等，这是道教教义与时俱进发展的必然要求。

道教教义体系的核心信仰之二"德"。道教以"德"为道士宗教修行的目标，是"道"在人身及万物中的体现。《道德经》第五十一章称：道生之，德蓄之，物形之，势成之。即"道"为最初的宇宙本原，赋万物以生命，积累显现为德，德规范万物本性，物体现万物形状，势成就万物功用。道为体，德为用，道因德而显现为物的世界，德是道的存在形式。《老子想尔注》则主张"道德一体"，认为"常德"就是"道德常在"，"玄德"就是天德，一直按道行事。《庄子》也说"至德者，要存形穷生，立德明道"，后世道教徒就以"明道立德"作为自己信仰的基本内容。这种以"道"和"德"为核心信仰的教义体系被后世所传承。当代道教，加强教义思想建设，就是要在保持原有"德"的信仰基础上，丰富与发展"德"的思想内涵。必须对道教传统的道德伦理进行梳理，增加道教对于人类社会各个领域的伦理关怀。因此，保持道教教义思想与时俱进发展，是道教适应时代发展的需要，也是道教教义思想建设的时代要求。

其二，道教教义体系的基本思想。道教是十分重视生命的宗教，也是道教不同于其他宗教的主要特征之一。《道德经》说："出生入死，生之徒十有三，死之徒十有三，人之生，动之死地亦十有三。"说明人的生命非常有限，而且时刻处于一个危险的状态之中，所以要求人们"深根固蒂"，追求"长生久视之道"。道教经典《度人经》称"仙道贵生，无量度人"，强调道教在重视生命、关爱生命的同时，还有度化众生、关爱人类社会的思想内容。《度人经》被明代《正统道藏》列为开

---

〔1〕 陈莲笙：《道风集》增订本，上海辞书出版社，2006年，第28页。

篇经典，号称群经之首、万法之宗、一切法界之源头，蕴含着丰富的宇宙生成论思想，是一种积极的生命伦理。《度人经》所述的"仙道贵生，无量度人"思想，几乎贯穿于全部道教历史和道教思想之中，成为道教教义体系的基本思想。

道教教义体系的基本思想之一"仙道贵生"。仙道贵生强调的主要是"贵生"思想。"仙道"即为道教追求的成仙之道。道教信奉神仙的可学和实有，神仙生活是逍遥无碍、长存不亡的，他们都是得道的真人。早期道教经典《太平经》就把神仙分为六等：一为神人，二为真人，三为仙人，四为道人，五为圣人，六为贤人。并称"神人主天，真人主地，仙人主风雨，道人主教化吉凶，圣人主治百姓，贤人辅助圣人，理万民录也，给助六合之不足也"。[1] 历代高道在"仙道"信仰的追求中，积极探索生命修炼的途径，总结了丰富的修仙学说和炼养方法。从寻求"不死之药"到"炼丹服食"，从"白日飞升"到"尸解成仙"等，以至于发展道教内丹术，使"长生不死"和"得道成仙"的内容更加丰富多彩。为人类社会实现"仙道贵生"的目标作出了积极的努力。《抱朴子·内篇》讲"我命在我不在天"，《西升经》也讲"我命在我，不属天地"，强调自己掌握生命的主动权。道教反对儒家所提出的"生死有命，富贵在天"的观点，为追求长生与自然进行顽强的抗争，鼓舞历代道教徒为延长自己和人类的生命不懈努力。养生家们试图通过内修外养来延长自己的生命，术数家又想以占卜来预知自己的命运来趋吉避凶。历代以来，道教"仙道贵生"都是道教信仰思想的重要内容，并且成为道教教义思想中最具特点的基本信仰。当代道教，在加强教义思想建设进程中，除了继续保持道教信仰所追求的"得到成仙"之外，必须要对"仙道贵生"作出符合时代进步要求的新阐释。比如，增加仙道养生、仙道医学、仙道人生、仙道自然、

---

〔1〕 王明：《太平经合校》，中华书局，1960年，第89页。

仙道可学等教义思想内容，发挥道教服务人类社会的积极功能。

道教教义体系的基本思想之二"无量度人"。无量度人强调的主要是"度人"思想。在汉字中，"度"原来就有渡河的意思，从河水的此岸渡到彼岸去。人生就像一条大河，一边是善，一边是恶；一边是光明，一边是黑暗。这里说的"度人"，就是要帮助不学道的人学道，帮助学道的人成道，帮助落后的人进步，帮助愚昧的人增长智慧，使人从恶变善，从差变好，从平庸变聪明。道教的无量度人，就是要度化一切众生。唐代高道成玄英说"无量度人者，凡于劫劫之中，度人成道，非可算数"，对于道教徒来说，目光要看着众生，要看着社会上各种各样、形形色色的人，要以自己的功德修为来普度众生。《度人经集注》称："度人凡有四种，一者白日升天，即身而度。二者尸解，变易而度。三者死而不朽，后更起生。四者魂神暂灭，即升南宫。"[1] 指出度人成仙或者长生的四种类型，体现了道教度化众生的鲜明特征。明代张宇初天师在《道门十规》中，提出"立观度人"的戒规，主要是讲建立道观、度化教徒的意思，是对"无量度人"的传承与发展。当代道教，在加强教育思想建设进程中，应该对"无量度人"作出符合时代进步要求的阐释，比如，增加对社会民众的教化、对世俗的化导、对误入歧途者的转化、对愚昧者的开悟、对道教接班人的培育等教义内容，为净化人类心灵、促进道教发展发挥积极作用。

其三，道教教义体系的主要特点。一般认为，道教教义主要由《道德经》思想阐发而来，倡导尊道贵德、重生贵和、见素抱朴、清静无为、慈俭不争等。道教认为"道"是宇宙的本体，万物的本原，万物运行的规律以及人间伦理道德准则。道教供奉的神仙皆为"道"的化身，是人类社会的道德楷模。道教提倡尊道贵德，主张重道、重生、重德，成为道教教义体系的主要特点。

---

〔1〕《元始无量度人上品妙经四注》卷一，《道藏》第2册，第196页。

道教教义体系的主要特点之一"重道"。重道是指道教对所信奉"道"的高度重视。在道教主要经典《道德经》中，"道"基本都是指宇宙万物的创造者和根源者。比如，《道德经》第一章就说："道可道，非常道；名可名，非常名。无名天地之始，有名万物之母"。在这里，"道"被视为"天地之始"，说明它先于天地而存在，从而确立了"道"对于万物的优先性。同时，"道"又被视为"万物之母"，就是说天地万物都是由"道"所化生的，显示了"道"对于万物的本源性。因此，道教认为，"道"不仅是一种自然之道，而且还是一种充满着生机的生命之道。《道德经》还说："谷神不死，是谓玄牝。玄牝之门，是谓天地根。绵绵若存，用之不勤。"这里的"谷神"就是形容"道"虽空虚却变化无穷，"不死"是指"道"具有的永恒性，这个永恒、无限的"道"就是宇宙万物一切生命的来源。可见，"道"的重要性得到彰显。当代道教，加强教义思想建设，必须对"道"作出符合时代发展的新阐释。正如陈莲笙大师所说："要在教理教义上丰富和发展对于'道'的认识。'道'是我们道教的基本信仰，信道崇道那是不能变化的。但是，'道'的内容是应该随着时代进步而向前发展的。现代社会飞速发展，它同五十年前的世界已有很大差别，前辈道长对于道德理解和认识，也应该由我们当代道教徒作出补充、修改和发展，以丰富道教的教理教义。"[1]

　　道教教义体系的主要特点之二"重生"。重生是指道教对"生命"的高度重视。老子重生，强调根深固蒂、长生久视之道。《老子想尔注》认为：生乃道之别体也，生是道的一种表现形式。生道合一，即为得道。《太平经》说"天道恶杀好生"，这是天道自然属性，人类社会是不可违背的。葛洪《抱朴子·内篇》也说"天地之大德曰生，生

---

　　〔1〕　陈莲笙：《道风集》增订本，上海辞书出版社，2006年，第215页。

好物者也。是以道家之所至秘而重者，莫过乎长生之方也"，〔1〕这就是说，重生是天地间的最高德行，天道具有生生之德的功能，获得长生之方法是道教的终极目标。《太上老君内观经》称："道不可见，因生而明之；生不可常，用道以守之。若生亡则道废，道废则生亡。"〔2〕若生道相守，则可长存不亡，只有生道合一，才能达到长生久视的状态。出于"重生"的考虑，道教徒采用"服食"与"炼丹"的方法，以达到追求长生的目的。《庄子·逍遥游》中就有"不食五谷，吸风饮露"的仙人描述。道教认为，修炼者可以通过服用一些有益健康的药物（包括金丹类）以成神仙，故有《神仙服食经》《神仙服食方》等数十种专著传世。可见，道教对于生命的重视，以及对于长生的追求，彰显了道教不同于其他宗教的鲜明特点。当代道教，加强道教教义思想建设，要注重对道教"重生"思想的梳理，结合现代社会发展增添新的内容、作出新的阐释，弘扬道教的"重生"思想，助力社会和谐、世界和平，促进人类社会形成尊重生命、和谐共生、反对霸权的天道自然观。

道教教义体系的主要特点之三"重德"。重德是指道教对"道德"的高度重视。道教是注重"道德"的宗教。《云笈七签》以《道德部》为第一部，《道教义枢》以《道德义》为明宗第一义，《玄纲论》则以"道德"为道教纲要。表明道教对"道德"的重视和推崇。道教的"道德"伦理，既有世俗道德伦理的内容，又有神仙信仰的道德伦理思想。卿希泰教授指出："道教继承了上天能赏善惩恶的说法，并加以发挥和发展，形成了自己独具特色的伦理道德体系。"〔3〕道教以"尊道贵德"为学道修仙的重要途径。"欲求天仙者，要当以忠孝和顺仁信为本。若

---

〔1〕《抱朴子·内篇》卷十四，《道藏》第 28 册，第 222 页。

〔2〕《太上老君内观经》，《道藏》第 11 册，第 397 页。

〔3〕《道教文化研究》第 7 辑，上海古籍出版社，1995 年，第 19 页。

德行不修，而但务方术，皆不得长生也。"〔1〕道教将积德、行善、忠孝、仁信等道德原则神圣化，其中既包含对世俗社会道德准则的认定与遵守，也体现了希望通过弘扬道教文化来提升人类道德境界的愿望。神圣化的道德就构成了神圣化的道德伦理。一般来说，宗教性伦理道德要比世俗性伦理来得严格，要求也高。正如李泽厚所说，"宗教性道德是自己选择的终极关怀和安身立命，它是个体追求的最高价值，常与信仰相联系，好像是在执行神的意志"〔2〕。在道教教义中，有德即是品行高尚。道教教义将德分为阴德和阳德二种，阴德是指个人的不为人知的德行，阳德是指为人所知的德行。对于广大道教徒来说，修道的先决条件就是立德，立德就要在日常中不断积累功德。道教教义要求道教徒通过"重德修行"，才能得道成仙。当代道教，加强教义思想建设，必须要对道教"重德"思想进行梳理，增加适应时代发展需要的教义内容。比如，增加"尊道贵德"的德治思想，增加"济世利人"的奉献精神，增加"无为不争"的宽容意识，增加"少私寡欲"的品德修养，等等。把"学道修仙"与"行善积德"紧密结合，把神圣道德与世俗道德有机结合，促进人与人、人与社会、人与自然的和谐，为维护社会秩序、促进社会和谐稳定发挥积极作用。

其四，道教教义体系的结构要素。中国宗教在远古传统中就已被理解为"对神道的信仰"，这是对"道"之形而上意义和神圣意义的宗教性理解，《易经》早就论及"观天之神道""圣人以神道设教"。作为中国本土道教，以"道"为最根本信仰，"道"作为"神道"，实际就体现在"天道""地道"和"人道"之中。杜光庭在《道德真经广圣义》说："昔葛玄仙公谓吴王孙权曰：《道德经》乃天地之至妙，有天道焉，有人道焉，有神道焉。大无不包，细无不入。"〔3〕这里的"天、

---

〔1〕 王明：《抱朴子·内篇》校释，中华书局，1985年，第53页。
〔2〕 李泽厚：《世纪新梦》，安徽文艺出版社，1998年，第19页。
〔3〕 《道藏》第14册，上海书店（三家本），1988年，第314页。

地、人"观念，实质上就是靠"道"来贯通的，道在宇宙万物之中有着绝对本体地位。道教是有主神信仰的多神宗教，其教义思想体系非常庞大，几乎贯穿道教信仰体系的全部内容之中。根据陈耀庭教授研究，道教教义结构主要由"天道、地道、人道和鬼道"[1]组成，构成道教教义体系结构的四个要素。

道教教义体系的结构要素之一"天道"。天道是指道教对天尊上神的信仰体系。在古代，"天道"即"天帝之道"，为最高主宰之神的意志。"天"具有至高无上的地位，它有意志，有感觉，知人事，能赏罚。《春秋繁露》称："天者，百神之大君也。"古代统治者一般都称为"天子"，自命代天统治人间。但是，统治者的言行也要受到上天的管理，天道有赏善罚恶的功能。《尚书·汤诰》称："天道福善祸淫，降灾于夏。"周公更明确提出"皇天无亲，唯德是辅"的意思，认为帝王"以德配天"，敬德而受天之命。天道与人事休戚相关。同时，天道也是一种自然规律。《庄子》就强调"天道自然"观，指出"天道运而无所积，故万物成"。[2]人与自然万物的运行都必须要符合天道，人无力违背天道，也不能违背天道，否则必然会遭到天道的惩罚。道教在继承中国古代天道观念的同时，也提出了自己的神仙信仰体系。道教把神和仙区分为两个不同概念，认为神是先天自然之神，出于天地未分之前，因此亦称先天尊神。而仙是在世俗社会中修炼得道之人，属于后天得道者，因此亦称仙人、真人、后天仙真。道教的"天道"信仰体系，主要是指先天自然之神，包括"三清"神系，是三位尊神的合称，即元始天尊、灵宝天尊、道德天尊，分别居清微天玉清境、禹余天上清境、大赤天太清境。三清是道教神系中的至上神。"四御"神系，是四位尊神的合称，又称"四极大帝"，分别为北方北极紫微大

〔1〕《陈耀庭道教研究文集》上卷，上海辞书出版社，2015年，第5页。
〔2〕《南华真经》天道第十三，《道藏》11册，第589页。

帝、南方南极长生大帝、西方太极天皇大帝、东方东极青华大帝。四极大帝总御万星、万灵、万神、万类。"三皇"神系，是三位尊神的总称，即天皇、地皇、人皇。《传授三洞经戒法箓略说》称："三皇者，则三洞之尊神，大有之祖焉。天皇主炁，地皇主神，人皇主生，三合成德，万物化焉。"〔1〕三皇先天而生，后改化治世。"三官"神系，亦称"三官大帝"，分别为天官赐福大帝、地官赦罪大帝、水官解厄大帝。另外，还有三十二天帝、五灵五老天君、十方灵宝天尊、五岳大帝等神系，管辖天界各方仙山圣境，形成一个庞大的天尊上神的信仰体系。当代道教，加强教义思想建设，要进一步梳理道教"天道"的神仙谱系与信仰思想，结合现代社会发展实际，阐释"天道"的时代内涵及其社会功能，阐释"天道"的起源与进化过程，阐释"天道"与人类世界的关系问题，阐释"天道"与仙界神仙的关系问题，阐释"天道"与人类关注的神仙可学的问题，等等，所有这些都是今天道教教义思想建设需要关注解决的重要问题。

道教教义体系的结构要素之二"地道"。地道是指道教对地祇仙真的信仰体系。自古至今，土地都是人类居住生活的场所，是人类获取生活、生存物资最重要的地方。对人们赖以生存的自然物质进行崇拜是原始崇拜的重要内容，我国先民早就有对土地神的崇敬和膜拜。古代把土地神和祭祀土地神的地方都叫"社"，尊土地神为"社神"。按照我国民间的传统习俗，每到播种或收获的季节，农民们都要立社祭祀，祈求或酬报土地神，请土地神保佑粮食丰收。古人认为土生万物，所以土地神是民众广为敬奉的神灵之一。《礼记》说："地载万物，天垂象，取材于地，取法于天，是以尊天而亲地也。"包括中华民族在内，世界上所有的先民最早崇拜的对象都是天地。道教继承上古时代对"地"的奉祀传统，并以"道"的思想贯穿于地以及与地有关的山

---

〔1〕《传授三洞经戒法箓略说》卷上，《道藏》32 册，第 186 页。

川之中，形成道教教义的"地道"信仰体系。比如，在早期道教"三官"神系中，就有地官和水官。分别称为"中元二品，赦罪地官，清虚大帝；下元三品，解厄水官，洞阴大帝"。[1] 地官之职主阴，主管人和万物之死，为死者赦罪。水官之职主中和，为人消灾。魏晋南北朝时期，道教逐渐将传统山川崇拜的神祇，纳入自己的神谱，并称各司其职，分担了"地官"主死的部分功能。[2] 道教的"五岳"神系，就是主管五岳的五位尊神，分别为东岳天齐仁圣帝、南岳司天昭圣帝、西岳金天顺圣帝、北岳安天元圣帝、中岳中天崇圣帝。五岳之中，以东岳泰山为尊。还有"五湖大神"，主管五大湖的水神，分别为洞庭湖大神、彭蠡湖大神、丹阳湖大神、鄱阳湖大神、太湖大神等，都是主管山川水域的各路神灵。另外，与土地有关的神灵，还有影响广泛的城隍神，是管理和保护城邦、扶正祛恶的地方保护神。道教的山川、水域、社稷、司厨及酆都地府等各有神灵，形成了一个相当庞大的"地道"信仰体系。当代道教，加强道教教义思想建设，必须要对传统的"地道"信仰体系进行梳理，增加适应时代进步要求的内容。比如，需要阐释"地道"与山川神灵的社会功能，阐释"地道"与人类的生、死问题，阐释"地道"与灵魂转世问题，阐释"地道"与"长生不死"的修炼问题，阐释"地道"与自然环境保护问题，阐释"地道"与斋醮科仪的时代价值问题，等等，所有这些都是今天道教教义思想建设需要关注解决的重要问题。

道教教义体系的结构要素之三"人道"。人道是指道教对人间修行的信仰体系。在我国古代社会中，"人道"主要有两种含义：一是指社会和人的行为规范。《礼记》称："亲亲、尊尊、长长，男女之有别，人道之大者也。"人道亦即人伦纲常，是儒家哲学的重要范畴。二是指

〔1〕《元始天尊说三官宝号经》，《道藏》第2册，第36页。
〔2〕《陈耀庭道教研究文集》上卷，上海书店出版社，2015年，第8页。

人事，与"天道"相对，属于"天人之辨"范畴，是中国传统哲学贯穿始终的主题。道教吸收、综合了道家和儒家对人道的观点，形成自己特色的人道观。一方面，道教的"人道"观，强调了人的生命伦理价值。道经说"一切万物，人最为贵"，就是明确指出了人的生命的重要性。《太平经》也说："天道万端，在人可为"，指出人是可以认识和运用"天道"的。对于人来说，最重要的天道就是生命之道。葛洪在《抱朴子·内篇》中还提出"我命在我不在天"的主张，表明道教徒为了追求长生，与自然、生命相抗争，这是道教教义不同于其他宗教的重要思想。另一方面，道教将"人道"理解为人伦规范，指出人道、天道和仙道是统一的、是相互影响的。人道是仙道的基础，只有打好了人道的基础，才有可能修成仙道。葛洪《抱朴子·内篇》称："欲求仙者，要当以忠孝、和顺、仁信为本。若德行不修，而但务方术，皆不得长生也。"〔1〕强调了修仙与个人品德修养的关系，这里的品德修养就是指人道所规定的个人行为规范。清代王常月《碧苑坛经》也称："欲修仙道，先修人道。人道未修，仙道远矣。"此处的人道，主要就是社会的伦理规范和人的社会责任。历史上，道教有许多仙真都是通过"积功累德"而成神的。最典型的就是"城隍神"，所有的"城隍神"都是"有功于民"的人做的。事实上，道教的后天仙真，绝大多数都是由人成神的。比如，关圣帝君就是关羽，天妃娘娘是林默娘，保生大帝是吴夲，临水夫人是陈进姑，黄大仙是黄初平，等等。还有，通过自身修炼而成神的。比如，祖天师张陵，三茅真君、重阳祖师、许逊真君、道教"八仙"，等等。可见，道教"功德成神"的教义思想具有积极的现实意义。当代道教，加强教义思想建设，必须要进一步梳理道教"人道"方面的哲学思想和神学信仰体系，增加适应时代发展需要的教义思想。比如，阐释"人道"的时代价值问题，阐释"人

---

〔1〕《抱朴子·内篇》卷三，《道藏》第28册，第180页。

道"与家庭和睦问题，阐释"人道"与社会和谐问题，阐释"人道"与世界和平问题，阐释"人道"与社会诚信问题，阐释"人道"与现代社会"功德成神观"问题，阐释"人道"与人类命运共同体问题，阐释"人道"与生态环境保护问题，等等。所有这些都是今天道教教义思想建设需要关注解决的重要问题。

道教教义体系的结构要素之四"鬼道"。鬼道是指道教对祖辈先贤崇拜的信仰体系。"鬼"的本义，是指人死后的灵魂。古人认为"鬼，归也"，人死为鬼，指人回到原来的地方。后来把鬼看作人的异化，如屈原《九歌·国殇》"魂魄毅兮为鬼雄"，为赞美之辞。道教继承了古代鬼的观念和崇拜仪式，以"道"贯穿其中，形成了"鬼道"，包括人死后归宿的设想、鬼的形成和分类、鬼和人的关系等内容。早期道教经典《太平经》说："天道以死气为鬼，为物凶咎。"鬼也有善鬼和恶鬼之分。所谓"有道之家，其去者得封，为鬼之尊者，名为地灵祇"。[1]有道之人死后被封为善鬼，并享有地下官舍。鬼的种类很多，且各有不同职能。《天师纪百鬼姓名谱》称：太上百鬼，主要有高天万丈鬼、南乡三老鬼，主诸死人录籍，考计生人罪。五斗煞鬼、五方凶鬼，主煞人。五方直符鬼，常煞人六畜，主作光怪死鬼。甲子六十日直煞逆鬼，与人身无异，赤毛无衣，有耳无目，飞行千里，其身三。凶逆不孝，煞害天民。鬼给人的形象一般都是比较凶恶的，百姓有怕鬼不怕神之说。《女青鬼律》称："天道以鬼助神施炁，人畏鬼，而不畏神，诡托名于彼，自号其位。人闻鬼存元神，百其语言，故制阴阳，清身和心，无有邪淫，可以制鬼。"[2]有时，常有恶鬼来人间作祟。《汉天师世家》称：青城山"有鬼城鬼市，鬼众分为八部，日为民害，各有鬼帅领之"。祖天师张陵受命降鬼，"鬼物哀号乞命，请受约

---

〔1〕《太平经》卷一百十一，《道藏》第24册，第555页。
〔2〕《女青鬼律》卷一，《道藏》第18册，第242页。

束"。〔1〕道教教义思想中，人和鬼是有密切关系的，它不仅体现在鬼是人死后的归宿，而且也表现在人的生前行为对其死后成鬼类型有决定影响。通俗讲，就是"善人成善鬼，恶人成恶鬼"。同样，鬼也有升迁的机会。如果经过超度，再加上积功累德，可以使"鬼"脱离苦海，升登仙界，成为鬼仙。〔2〕当然，要想成为鬼仙也不是一件容易的事情，需要有善根、善缘和自身的功德修行。道教有"敬天祭祖"的传统。其中，祭祖就是对祖先的祭祀和崇拜。每年的清明、冬至，道观都要举行盛大的祭祀活动，民众慎终追远、怀念亲人、祭拜祖先成为传统，这就是道教对祖先的祭祀与崇拜，更是中华民族孝道的传承与发展，至今仍然有着十分重要的现实意义。当代道教，加强教义思想建设，要进一步梳理道教关于"鬼道"方面的信仰体系，增加适应时代发展需要的教义思想。比如，阐释"鬼道"与人的灵魂问题，阐释"鬼道"与人的转世问题，阐释"鬼道"与人的终极关怀问题，阐释"鬼道"与祖先崇拜问题，阐释"鬼道"与善、恶的关系问题，阐释"鬼道"与"鬼仙"的关系问题，阐释"鬼道"的社会教化功能，等等。所有这些都是今天道教教义思想建设需要关注解决的重要问题。

（二）坚持道教教义思想的中国化方向

2016 年召开的全国宗教工作会议指出：积极引导宗教与社会主义社会相适应，一个重要任务就是支持我国宗教坚持中国化方向。强调要发挥宗教界的积极性和主动性，使宗教界自觉推进宗教中国化。这就是说，坚持宗教中国化方向，是引导宗教与社会主义社会相适应的重要内容，也是宗教与时俱进发展的必然要求。同样，在加强当代道教教义思想建设的进程中，必须要跟上时代发展步伐、适应社会进步

---

〔1〕《道藏要籍选刊》第 6 册，上海古籍出版社，1989 年，第 610—611 页。
〔2〕《陈耀庭道教研究文集》上卷，上海书店出版社，2015 年，第 12—13 页。

要求，要始终坚持道教教义思想的中国化方向，充分发挥出道教教义思想应有的时代价值。

其一，坚持与社会主义社会相适应。1993 年召开的全国宗教工作会议就明确提出：贯彻党的宗教信仰自由政策也好，依法加强对宗教事务的管理也好，目的都是要引导宗教与社会主义社会相适应。这就把引导宗教与社会主义社会相适应作为一项长期的、战略性目标规定下来，指明了正确处理我国社会主义历史条件下宗教问题的大方向。[1] 历史也告诉我们，在道教和时代的关系上，只能是道教去主动适应时代，而绝不是相反。在当代社会主义社会新中国，道教在政治上要坚持爱国主义的立场，拥护中国共产党的领导和社会主义制度，拥护我国改革开放的政策。在经济上也要适应社会主义市场经济的体制，服务社会，利益人群。准确把握这些都是道教适应时代发展的重要内容。但是，要保持道教与社会主义社会相适应，就必须要大力加强道教的教义思想建设，用教义思想来引导道教与社会主义社会相适应。

坚持与社会主义社会相适应，要充分认识道教与社会主义社会相适应的内容和要求。根据 2001 年全国宗教工作会议精神，概括起来，主要就是"两个要求"和"两个支持"。其中，"两个要求"为：一是要求宗教界人士和信教群众热爱祖国，拥护社会主义制度，拥护中国共产党领导，遵守国家的法律、法规和方针政策。二是要求宗教界人士和信教群众从事的宗教活动要服从和服务于国家的最高利益和民族的整体利益。"两个支持"为：一是支持宗教界人士和信教群众努力对宗教教义作出符合社会进步要求的阐释；二是支持宗教界人士和信教群众与全国人民一道反对一切利用宗教进行危害社会主义祖国和人民

---

〔1〕《中国的宗教问题和宗教政策》，宗教文化出版社，2012 年，第 155—156 页。

利益的非法活动，为民族团结、社会发展和祖国统一多做贡献。[1] 根据这一要求，我们认为道教与社会主义社会相适应的内容主要有：一是要坚持爱国主义传统。在每个时代，爱国都是有特定内容的，今天讲爱国，就是要热爱中国共产党领导下的社会主义祖国。我们要鼓励广大道教徒爱国爱教，使他们认识到做个热爱社会主义祖国的好公民，才能成为一个好教徒。二是要遵守国家法律法规。道教徒也是公民，在享有公民基本权利的同时，必须要依法履行公民的义务，自觉遵守国家宪法和法律法规。三是要继承和发扬道教的优良传统，改革和调整不适应社会进步的内容，跟上时代的发展和社会的进步。这就是说，当代道教教义思想建设必须要坚持与社会主义社会相适应。

坚持与社会主义社会相适应，要对道教与社会主义社会相适应的教义内容作出新阐释。陈莲笙大师指出：教义思想必须增加新内容，要"将道教信仰和当代社会生活相结合，在宇宙观、社会观、善恶观和神仙观等方面回答当代道教徒关心的问题，对道教如何适应社会主义社会作出教义的解释"。[2] 道教传统伦理以"众善奉行、天人合一、众生平等"为基本理论，以"积善成仙"为终极理想。道教的社会人生观，是积极向善的，也是社会需要积极倡导的。道教传统文化特别是道教的劝善思想，通过其特有的伦理神学的形式，阐述了天人感应的善恶报应观，道教的戒律规范要求人们行善积德、遵守传统的伦理道德，对促进人心向善和加强社会主义精神文明建设具有一定的积极作用。[3] 因此，在传统道教思想中，要提倡和发扬道教的优良传统，对那些不适应社会进步要求的内容作出取舍，以使道教教义思想更好的适应当今社会，适应当前中国特色社会主义新时代。

其二，坚持与社会主义核心价值观相融合。党的十八大明确提出，

---

〔1〕《中国的宗教问题和宗教政策》，宗教文化出版社，2012年，第159页。

〔2〕陈莲笙：《道风集》增订本，上海辞书出版社，2006年，第9页。

〔3〕丁常云：《道教与当代社会》，中西书局，2018年，第185页。

倡导富强、民主、文明、和谐，倡导自由、平等、公正、法治，倡导爱国、敬业、诚信、友善，积极培育和践行社会主义核心价值观。此后，国家宗教事务局专门发布了《关于在宗教界深入开展培育和践行社会主义核心价值观活动的意见》，要求通过宣传教育、制度保障、实践养成、示范引领，使社会主义核心价值观融入宗教思想和教规教义，成为宗教界人士和信教群众的价值追求和自觉行动。当代道教，在加强教义思想建设的进程中，必须要以社会主义核心价值观为引领，对道教教义作出符合时代进步要求的阐释。

坚持与社会主义核心价值观相融合，要充分认识道教与社会主义核心价值观相融合的内容和要求。中华优秀传统文化是中华民族的精神命脉，是涵养社会主义核心价值观的重要源泉。要"深入挖掘中华优秀传统文化蕴含的思想观念、人文精神、道德规范，结合时代要求继承创新，让中华文化展现出永久魅力和时代风采"。[1] 道教是中华传统文化的重要组成部分，必须要继承和发扬道教的优良传统，促进道教与社会主义核心价值观相融合，自觉跟上时代的发展和社会的进步。比如，道教历来就有爱国的优良传统，要继续发扬光大。道教崇尚和谐、褒扬和平的思想，值得当代社会弘扬。道教倡导的齐同慈爱、济世利人的慈善思想，体现的就是一种奉献社会的时代精神。道教主张的尊重自然、保护环境的生态思想，与社会主义生态文明建设是相融通的。道教的这些优良传统，都是践行社会主义核心价值观的积极内容。道教界要自觉担当起历史的责任，紧跟时代发展的步伐，继承、丰富、发展道教优良传统，全力推进道教教义思想与社会主义核心价值观相融合。

坚持与社会主义核心价值观相融合，要对道教与社会主义核心价值观相融合的教义内容作出新阐释。社会主义核心价值观从国家、社

---

[1] 《党的十九大报告》辅导教材，人民出版社，2017年，第327页。

会、公民三个层面分别阐述了价值目标、价值取向和价值准则，正确理解社会主义核心价值观的基本内涵，可以更好的促进道教教义与社会主义核心价值观相融合的现代阐释。比如，"富强"是从经济层面对国家价值目标的规定。《度人经》提出"国安民丰，欣乐太平"的主张，就是表达道教对赖以生存的国土的热爱，以及对国富民强的向往与追求。"民主"是从政治层面对国家价值目标的规定。道教提倡"无为而治"的思想，就是一种政治清明、社会和谐的美好状态，其中就蕴含着自由的民主思想意识。"文明"是从文化层面对国家价值目标的规定。道教强调"道法自然"，要求人们在天道自然规律中遵循人类生存的文明之道。"和谐"是从社会和生态层面对国家价值目标的规定。道教倡导"人与人、人与社会、人与自然"的和谐，把和谐作为道教徒修行的目标追求。"自由"是人的本质属性。道经说"人法地，地法天，天法道，道法自然"，[1] 指的就是无人强求的、自由自在的存在与发展，是一种回归本真的自由境界。"平等"是人的最基本权利。道经说"道生一，一生二，二生三，三生万物"，指出宇宙万物皆从大道化育，因而一切皆是平等，这是由"道"的属性所决定的。"公正"是国家、社会应然的根本价值理念。道经说，"天道无亲，常与善人"，体现了道教特有的公正思想。"法治"是治国理政的基本方式。道教文化中包含着诸多法治思想，曾一度成为我国法制制度的指导思想。"爱国"是国家和民族对公民的基本道德要求。道教历来主张"佐国扶命""忠孝神仙"的爱国思想。道经称："惟知忠孝，可以学道。"强调了道教所特有的爱国情怀。[2] "敬业"是职业道德的基本要求。道教提出"我命在我不在天"的思想，就是的一种强烈的"敬业"精神，是道教对于生命伦理的不懈追求。"诚信"是社会和谐稳定的基石。道教强调

---

〔1〕 安伦：《老子指真》，社会科学文献出版社，2016年，第36页。
〔2〕《太上灵宝净明洞神上品经》卷上，《道藏》第24册，第602页。

天地至诚守信，化生万物，是自然之道。"友善"是人们和谐、团结与合作的重要基础。道教讲"上善若水，水善利万物而不争"。"水"是最高境界的"友善"，是我们人类学习的榜样。加强道教教义思想建设，必须要积极主动与社会主义核心价值观相融合，勇于担当起道教践行社会主义核心价值观的时代责任。

（三）关注时代发展提出的社会问题

加强道教教义思想建设，就是要注重传承与发展道教教义思想，关注时代发展提出的有关自然、社会、人生等诸多方面的问题，作出积极的回应与解答，解决信教群众的精神生活和信仰需求。对于道教自身发展来说，就是要通过道教教义思想的教化引导，树立道教良好的社会形象，发挥道教服务社会的积极功能。因此，道教的教义思想，就是道教关注解决社会发展过程中所产生的各种社会问题的理论体系。

其一，贫富差距问题。贫富差距是指一个群体里面每个人之间的经济资产（财富）及收入的分配不均等，一般是指一个社会里面个人或群体之间的收入差距。改革开放以来，我国经济实现了快速发展，人民收入水平有了很大的提高。但是，我们也应注意到，在经济快速增长的同时，社会的贫富差距依然停留在较高的位置，这是一个严峻的现实问题，必须要引起政府和社会的高度重视。道教是倡导"财富均等"的宗教，对于抑制"贫富差距"有一定的启示作用。《道德经》说："天之道，其犹张弓欤？高者抑之，下者举之；有余者损之，不足者补之。天之道，损有余而补不足。"[1] 强调的是，自然的法则是减少有余的（财富）而添补不足的（财富）。这种"损有余而补不足"的（财富观）做法是符合天道的，这其中就蕴含着朴素的"财富均等"思想。《太平经》还进一步指出："若积财亿万，不肯救穷周急，使人饥

---

〔1〕 安伦：《老子指真》，社会科学文献出版社，2016年，第71—72页。

寒而死，罪不除也。"〔1〕明确提出了天下财富为天下人所共有，以满足民众基本生活需求，如果一个人过度占有，必然会受到上天的惩罚。这种利益分配均等的思想，对于缩短社会贫富差距具有积极的促进作用。当代道教，加强道教教义思想建设，必须要大力弘扬道教关于减少"贫富差距"方面的思想。将道教信仰思想与时代发展要求相结合，关注社会发展进程中所出现的"贫富差距"问题，并作出教义思想的时代阐释。

其二，生态环境问题。近现代以来，由于人类对自然的过度索取，生态平衡遭到破坏，导致生态系统的结构和功能的严重失调。生态环境的破坏使生态系统的结构和功能失调，致使环境质量下降，甚至造成生态危机，直接威胁到人类的生存，制约着经济和社会的可持续发展。道教是重视"生态环境"的宗教，在其传统的思想信仰中，就包含着道教徒对于作为福地洞天的山川大地的无限崇拜，也包含着道教热爱生命、重视保护自然环境的思想，这些精神和思想对保护生态环境是有用的，也是值得大力提倡的。《道德经》称："人法地，地法天，天法道，道法自然。"道的本性是自然而然，以"无为"为法则。道化生万物，皆自然无为而生，不受任何外物所制约。所以，"道法自然"说就是一种主张天、地、人三者之间自然共生，共同遵循"自然"法则的天人和谐，是道教传统的生态环保思想。〔2〕当代社会，我们要对道教的宇宙观、自然观和神仙观作出新的解释，对道教教义思想中的环境保护意识进行探索和总结，对道教与环境科学的关系作出正面的应答。《道法自然与环境保护》一书，就很好地回答了这个问题，该书中全面地阐述了道教思想信仰与环境保护的关系、作用及其影响，是一个开拓性的探索之作。但是，随着社会的高速发展，环境问题所引

---

〔1〕《太平经》卷六十七，《道藏》第 24 册，第 447 页。
〔2〕丁常云：《道教与当代社会》，中西书局，2018 年，第 148 页。

发的社会问题将会日渐显化，对人类造成的威胁也会逐渐表露出来，形成无法挽回的损失。这就需要高度重视环境保护的思想意识，要站在服务人类社会的高度，探索和开拓道教保护自然环境的新思路，为世界环境保护事业，为人类未来发展的模式，为人类新世纪的生活方式与思想文化建构，提供一些有价值的思想和方法。[1] 当代道教，加强道教教义思想建设，必须要大力弘扬道教关于保护"生态环境"方面的思想。将道教信仰思想与时代发展要求相结合，关注社会发展进程中所出现的"生态环境"问题，并作出教义思想的时代阐释。

其三，伦理道德问题。在人类社会中，伦理道德问题是一个颇为普遍的问题，它和社会、人生的许多方面都有联系，且层次极为丰富。凡社会人生的权利、义务、责任、财富、情感等所有涉及人际关系的问题，都摆脱不了和伦理道德问题的关联。伦理道德的要求对人没有直接的约束力，但它在社会的运行中却起着重要的作用。改革开放以来，随着市场经济的发展，社会上"拜金主义、享乐主义"思潮抬头，特别是"以我为中心"的自私功利思想，严重影响着社会道德伦理，开始出现严重的道德危机问题，这就需要社会和政府的高度重视。事实上，中国传统文化很早就以强烈的伦理倾向为特色，在中华传统文化中长期居于主导地位的儒家学说，就是以伦理思想为核心的。人类社会，除了法律、法规和各种制度之外，主要就是依靠着传统伦理来维系着社会秩序。这里的传统伦理，自然也包括道教的伦理思想。历史表明，道教在创立之后就充满了强烈的道德伦理。可以说，"一部道教史，就是一部伦理史"。[2] 道教继承了上天能赏善罚恶的神学思想，并加以发挥和发展，形成了自己独具特色的伦理道德体系。比如，《道德经》说："我有三宝，一曰慈，二曰俭，三曰不敢为天下先。"成为

〔1〕 丁常云：《道教与当代社会》，中西书局，2018 年，第 331 页。
〔2〕 姜生：《汉魏两晋南北朝道教伦理论稿》，四川大学出版社，1995 年，第 6 页。

道教徒品德修养的三大法宝。《抱朴子》说"非积善阴德，不足以感神明"，[1] 强调了积善与修仙的关系。《太上感应篇》还说"祸福无门，唯人自召；善恶之报，如影随形"，[2] 强调了个人的积善立德思想。道教的伦理道德内容非常丰富，对于现代社会伦理道德建设仍然具有重要的借鉴作用。当代道教，加强道教教义思想建设，必须要大力弘扬道教关于"伦理道德"方面的思想。将道教信仰思想与时代发展要求相结合，关注社会发展进程中所出现的"伦理道德"问题，并作出教义思想的时代阐释。

其四，老龄社会问题。老龄社会是指人口生育率降低和人均寿命延长，所导致的总人口中因年轻人口数量减少、年老人口数量增加，从而出现的老年人口比例相应增长的一种社会现象。老龄社会问题主要是指人口老龄化所带来的诸多社会问题。从目前情况来看，我国多数地区开始进入老龄化社会，随之而来的就是社会与家庭负担加重，养老和健康服务供需矛盾更加突出。为此，2019 年 11 月，中共中央、国务院专门印发了《国家积极应对人口老龄化中长期规划》，成为我国积极应对人口老龄化的战略性、综合性、指导性文件。人口老龄化所带来的最大问题就是养老问题，或者称为"老龄社会问题"。要解决这一严峻的社会问题，不仅需要政府的统筹考虑，构建养老、孝老、敬老的政策体系和社会环境，而且还需要社会和家庭的共同努力。比如，传统道教历来就对"孝道"给予了极大的关注。早期道教经典《太平经》就说："天下之事，孝为第一。"[3] 指出了孝道的重要性。《太平经》还进一步说"生为第一"的思想，并把"寿"与"孝"紧密联系起来，认为"寿者长生，与天同精；孝者，下承顺其上，与地同

---

〔1〕《抱朴子·内篇》，《道藏》第 28 册，第 192 页。
〔2〕《太上感应篇》，《道藏》第 27 册，第 6 页。
〔3〕 王明：《太平经合校》，中华书局，1960 年，第 593 页。

声"。〔1〕为人子尽孝要设法使父母健康长寿,从家庭角度来关心、帮助和照顾老人,使他们有尊严、有一定生活质量地安度晚年。道教的孝道思想内容非常丰富,对于现代家庭道德建设具有积极的借鉴作用。当代道教,加强道教教义思想建设,必须要大力弘扬道教关于"老龄社会"方面的思想。将道教信仰思想与时代发展要求相结合,关注社会发展进程中所出现的"老龄社会"问题,并作出教义思想的时代阐释。

其五,社会诚信问题。诚信是中华民族的传统美德。社会诚信是指在整个社会生活中逐渐形成的诚实守信的社会风气。社会诚信的形成不仅包括个人诚信,还包括在社会生活中被广泛认可的道德及规则。改革开放以来,我国社会诚信建设总体是好的。但是,随着社会经济发展的加快,拜金主义、实用主义、功利主义等不良思想也不断冲击着社会各个阶层,对物欲的追求而弄虚作假、欺诈舞弊等现象在社会上蔓延滋长,当代社会诚信的缺失已经到了比较严重的地步。这就需要社会民众树立良好的"诚信"观念,充分认识到不讲"诚信"的负面影响与社会危害。特别是要充分挖掘我国传统文化中的"诚信"资源,继承和发扬"诚信"思想的精髓,提升社会民众的诚信修养。道教文化中就包含着许多"诚信"思想,倡导"诚信俭朴"的处事原则,是社会诚信建设宝贵的文化资源。比如,《太平经》说:"一言为百言,百言为千言,千言为万言,供往供来,口舌云乱,无有真实。"指出了诚实守信在日常生活中的重要性。要求做的"动作言顺,无失诚信"。《抱朴子·内篇》也说"天下之事,不可尽知,而一臆断之,不可任也",强调诚信才是信任的基础。《太上感应篇》还说"不履邪径,不欺暗室",就是告诫世人要以"诚信"为本。道教的诚信思想内容非常丰富,对于现代社会诚信建设具有一定的借鉴作用。当代道教,加强

---

〔1〕 王明:《太平经合校》,中华书局,1960 年,第 310 页。

道教教义思想建设，必须要大力弘扬道教关于"社会诚信"方面的思想。将道教信仰思想与时代发展要求相结合，关注社会发展进程中所出现的"社会诚信"问题，并作出教义思想的时代阐释。

（四）回应信教群众关切的生活问题

加强道教教义思想建设，就是要注重传承与发展道教教义思想，面对信教群众生活中所遇到的诸多生活问题。比如，工作就业、婚姻家庭、子女教育、人际关系、临终关怀等方面的问题，当代道教要作出积极的回应，帮助他们解疑释惑，解决其精神信仰需求。对于道教自身发展来说，就是要通过道教教义思想的熏陶，吸引更多的信教群众皈依道门，从而扩大道教的社会影响，发挥道教应有的时代价值。因此，道教的教义思想，就是道教回应解决人们思想中、生活中各种问题的理论体系。

其一，工作就业问题。工作就业是民生之本，实现充分就业是我国宏观调控的四大目标之一。党中央、国务院历来就高度重视就业问题。近年来，更是提出稳增长就是为了保就业的要求，把稳增长、保就业作为经济运行合理区间的下限。十二届全国人大三次会议《政府工作报告》指出"坚持就业优先，以创业带动就业"，[1] 充分体现了党和政府对就业工作的高度重视。但是，随着市场经济的快速发展，工作就业问题依然比较严峻，特别是就业的结构性矛盾更加突出，最直观的表现就是"就业难"与"招工难"并存，"有人没事干"与"有事没人干"同在。这就需要制定实施更有针对性的政策措施，以缓和劳动力供求结构的错位。当然，这也需要就业者转变思想观念，主动去适应就业市场的需求。因此，要大力弘扬传统优秀文化，用传统文

---

〔1〕 国务院研究室编《十二届全国人大三次会议政府工作报告》，人民出版社，2015年，第27页。

化来进行教育和引导，从而树立正确的人生观、价值观和就业观。比如，道教经典《阴符经》就明确提出："观天之道，执天之行，尽矣。"〔1〕这就是说，认识自然界的运行规律，掌握自然界的运行法则，按照自然规律办事，才是符合天道的。道教的"观天之道"与"执天之行"，就充分彰显了一种合理的"就业"观。面对当前劳动力供给与需求错位的结构性问题，需要就业者转变观念、准确定位，主动适应市场与企业发展的需要。当代道教，加强道教教义思想建设，必须要大力弘扬道教关于"工作就业"方面的思想理念。将道教信仰思想与时代发展要求相结合，关注民众生活中所出现的"就业"结构性问题，并作出教义思想的时代阐释。

其二，婚姻家庭问题。婚姻就是指男女双方在平等自愿的基础上建立的长期契约关系，婚姻本质是婚龄男女以夫妻名义在经济生活、精神物质等方面的平等自愿结合，形成人际间亲属关系的社会结合或法律约束。家庭是社会的细胞，社会的文明要依靠所有家庭来共同维护。但是，在社会改革和现代化冲击下，传统婚姻家庭格局开始瓦解，新的婚姻家庭格局尚未形成，出现了一系列的婚姻家庭问题，离婚率居高不下，严重影响着婚姻家庭的稳定。这就需要我们到传统文化中寻找和谐的文化基因，来促进婚姻家庭的和睦。中华传统文化应用于家庭，则父慈子孝、夫义妇顺、兄友弟恭，家庭和睦、幸福安康。《礼记·大学》讲：修身、齐家、治国、平天下。其中，"齐家"就是家庭价值追求的重要目标之一，也是实现自身修身、修心、工作、创业以及其他重大价值目标的前提与基础。还有，传统文化中的"家训"也是家庭教育的一大特色。南北朝时期的《颜氏家训》被认为是开家训之先河，其中"子女教育、兄弟关系、家庭治理、读书学习、文章伦理、音韵识别、考据训诂、琴棋书画、医学养生等各个方面，阐述了

---

〔1〕《黄帝阴符经》，载《道藏》第1册，821页。

家庭教育的一系列规范"。〔1〕这些都是维系婚姻家庭的重要思想内容。同样，在传统道教文化中也包含着一些关于"婚姻家庭"的思想，是现代和谐家庭建设的宝贵资源。《道德经》说："万物负阴而抱阳，冲气以为和。"〔2〕意思是万物都是背负阴而怀抱阳，阴阳二气交冲而达至和谐。《太平经》也说："阴阳不交，乃绝灭无世类也。"如果没有婚姻关系，就会导致天地次序的破坏。充分肯定了婚姻家庭的和谐关系。在道教传统戒律中，还有保护婚姻家庭的戒条。比如，《老君说一百八十戒》第二十八戒："不得破人婚姻事"。〔3〕《思微定志经十戒》第二戒："不淫犯人妇"。〔4〕这些戒条都明确提出对婚姻家庭的尊重和保护。当代道教，加强道教教义思想建设，必须要大力弘扬道教关于"婚姻家庭"方面的思想理念。将道教信仰思想与时代发展要求相结合，关注民众生活中所出现的"婚姻家庭"问题，并作出教义思想的时代阐释。

其三，子女教育问题。当今社会，由于社会、家庭、教育等诸多因素，子女教育问题、家庭关系问题层出不穷，许多家庭处在一种无形的焦虑之中。近年来，青少年犯罪问题，时刻困扰着社会和家庭。据不完全统计，青少年犯罪总数已占全国刑事犯罪总数的70%以上，其中，十五六岁的青少年犯罪案件又占青少年犯罪案件总数的70%以上。究其原因，主要还是青少年思想道德的滑坡直接导致的，关键问题还是出在教育方面。当前，子女教育问题已经成为一个严峻的社会问题，如果得不到有效解决，将会影响到家庭的和睦与社会的稳定。这就需要我们到传统文化中去寻找智慧，化解当前出现的子女教育问题。在中国古代文献中，教育一词最早见于《孟子·尽心上》："得天

---

〔1〕 蒋海：《重塑中国人文秩序》，北京人民出版社，2019年，第71页。
〔2〕 安伦：《老子指真》，社会科学文献出版社，2016年，第51页。
〔3〕《云笈七签》卷三十九，《道藏》第22册，第271页。
〔4〕《云笈七签》卷三十八，《道藏》第22册，第267页。

下英才而教育之"。《说文解字》释"教，上所施下所效"；"育，养子使作善也"，教育就是教诲培育的意思。道教是中国固有的传统宗教，历来就重视人伦教化作用。《泰清宝诰》称：道祖老子"假名易号，立天之道、地之道、人之道"。这其中就蕴含着十分重要的人伦教化思想，道祖老子也成为人类思想教育的奠基者。特别是他传授的《道德经》，就是对社会人伦的一种教化，故称"执古之道，以御今之有"。意思就是"执掌古来的大道，以驾驭现在的有形事物"，[1] 强调运用传统文化的智慧，来化解当今社会民众关切的生活问题。当代道教，加强道教教义思想建设，必须要大力弘扬道教关于"子女教育"方面的思想理念。将道教信仰思想与时代发展要求相结合，关注民众生活中所出现的"子女教育"问题，并作出教义思想的时代阐释。

其四，人际关系问题。人际关系是人与人之间在活动过程中直接的心理上的关系或心理上的距离。人际关系反映了个人或群体寻求满足其社会需要的心理状态，因此，人际关系的变化与发展决定于双方社会需要满足的程度。人在社会中不是孤立的，人的存在是各种关系发生作用的结果，人正是通过和别人发生作用而发展自己，实现自己的价值。现实社会中，由于社会诚信和教育的缺乏，严重影响了人际关系问题。许多人在市场经济的大潮中迷失了自己，急功近利，言而无信，客观上导致了人与人之间相互不信任，相互欺骗，扭曲了人与人之间的真诚友谊，使正常的人际关系陷入了一个非常尴尬的境地。这就需要大力弘扬中华传统优秀文化，化解当前所出现的人际关系问题。中国传统文化中就有如何处理人际关系的描述。比如，《论语·里仁》说："事君数，斯辱矣；朋友数，斯疏矣。"这句话所表达的意思是，不管是君臣之间还是朋友之间的关系，都不能太过紧密，而应该保持适当的距离，这是处理人际关系的一个重要准则。同样，道教文

---

〔1〕 安伦：《老子指真》，社会科学文献出版社，2016年，第26—27页。

化中也有关于处理人际关系方面的要求。比如,《道德经》说:"太上,下知有之;其次,亲而誉之;其次,畏之;其次,侮之。"意思是说最高明的执政者,百姓只知道有他存在;次一等的执政者,百姓亲近并赞誉他;再次一等的执政者,百姓畏惧他;更次一等的执政者,百姓轻侮他。[1] 强调要保持一种宽松、自然、信任的关系,才是最和谐的人际关系。《庄子·山木》说"君子之交淡如水",指出君子之间的交往不含任何功利之心,他们的交往纯属友谊,却能长久而亲切。这些人际关系交往原则都值得当今社会学习借鉴。当代道教,加强道教教义思想建设,必须要大力弘扬道教关于"人际关系"方面的思想理念。将道教信仰思想与时代发展要求相结合,关注民众生活中所出现的"人际关系"问题,并作出教义思想的时代阐释。

其五,临终关怀问题。所谓"临终关怀",并非是一种治愈疗法,而是一种专注于患者在将要逝世前的几个星期甚至几个月的时间内,减轻其疾病的症状、延缓疾病发展的医疗护理。临终关怀是社会文明的标志,每一个人都希望生得顺利、死得安详。临终关怀正是为让患者有尊严、舒适地到达人生彼岸而开展的一项社会公共事业,它是社会文明的标志。可见,现代社会的"临终关怀",只是医学领域中新兴的一门边缘性交叉学科,主要是侧重从医学护理角度来达到减少病人痛苦的目的,是一种对人的生命的尊重与关怀。事实上,在中国传统社会中,早就有对生命的尊重、敬畏和关怀的思想内容。比如,中医经典《黄帝内经》就把个体与自然的和谐作为理论的出发点,把医疗与预防、养护结合起来,形成了独特的"养生"医学。[2] 这里不仅已经有了医学护理的知识内容,而且还有了健康养生的保健思想,堪称古代社会"临终关怀"的典范。道教继承中国传统医学养生后,与学

---

[1] 安伦:《老子指真》,社会科学文献出版社,2016年,第29页。
[2] 李似珍:《养性延命——道教养生观与人类健康》,上海辞书出版社,2006年,第1页。

道修仙紧密结合，形成具有鲜明特色的道教医学养生体系。《老子想尔注》把"生"与"道"合而为一，称"生，道之别体也。"表明道教对于生命和生存的高度重视。《太上老君开天经》说："万物之中，人最为贵"，[1] 强调了人之生命的重要性。在"临终关怀"方面，道教还有一部专门的《灵宝归空诀》，该诀揭示了死亡的真相，消除人们对死亡的恐惧，不为一切境象所迷乱，性定如山，心明如镜，自然而去。同时，道教还有专门为"临终"准备的"开路"仪式。道教的"临终关怀"内容很多，对于现代社会的"临终关怀"仍然具有积极的启示作用。当代道教，加强道教教义思想建设，必须要大力弘扬道教关于"临终关怀"方面的思想理念。将道教信仰思想与时代发展要求相结合，关注民众生活中所出现的"临终关怀"问题，并作出教义思想的时代阐释。

综上所述，加强道教教义思想建设已成当务之急，这是社会进步与时代发展的需要，也是道教自身建设和与时俱进发展的必然要求。当代道教，必须要充分认识到加强教义思想建设的重要性和必要性，探索推进道教教义体系的现代建构，对传统道教教义思想作出符合时代进步要求的新阐释，坚持道教教义思想的中国化方向，关注时代发展提出的社会问题，回应信教群众关切的生活问题。只有这样，才能更好地促进道教与社会主义社会相适应，促进道教与社会主义核心价值观相融合，发挥道教应有的时代价值，稳步推进事业与时俱进、健康有序发展。

---

〔1〕《云笈七签》卷十六，《道藏》第 22 册，第 123 页。

第四章

创新发展

第一节　加强和创新道教宫观管理

　　道教宫观是道教徒举行宗教活动的重要载体和平台，也是与道教信众关系最直接、联系最紧密的社会实体。加强道教宫观建设与管理，是满足道教信徒过好宗教生活的需要，也是团结引导道教信众的重要途径。同时，我们也要清楚地认识到"宫观是道教信众信仰皈依的场所，是展示道教文化的窗口，是道众清修之地。道教的固本培元重在宫观管理，道教的持续发展重在宫观建设"。[1] 这是道教宫观管理的重要性。改革开放后，随着我国宗教信仰自由政策的贯彻落实，道教团体组织开始恢复工作，道教宫观得到重新开放，宫观的数量也越来越多，其影响也越来越大。据有关数据统计，到 2015 年止，全国 31 个省（区、市）依法登记的道教活动场所共计 8269 处。[2] 道教宫观的修复开放，极大地满足了广大道教徒的信仰需求，但与此同时，道教宫观管理方面出现的问题也越来越多，对于道教宫观管理的要求也越来越高。国务院颁布的《宗教事务条例》规定：宗教活动场所应当加强内部管理，依照有关法律、法规、规章的规定，建立健全人员、财务、资产、会计、治安、消防、文物保护、卫生防疫等管理

---

〔1〕《中国道教》第 3 期，2010 年，第 7 页。
〔2〕参见《国家宗教局召开佛教道教活动场所基本信息公布工作座谈会》，国家宗教事务局网站，2015 年 12 月 18 日报道。

制度。[1] 在推进道教中国化进程中，在现代网络信息高度发达的环境下，加强和创新道教宫观管理具有十分重要的现实意义，它不仅能够推动道教宫观管理的科学化和规范化，而且更能够树立道教良好的社会形象，展示新时代道教的精神风貌，为促进道教中国化进程和道教事业健康发展打下坚实基础。

一、道教宫观管理的现状分析

道教的管理工作，重点在基层，关键在宫观。宫观是道教联系信教群众的重要窗口，也是道教最基层、最复杂、最重要的组织，道教宫观管理尤为重要。因为，道教的固本培元重在宫观管理，道教的持续发展重在宫观建设。要通过开展创建和谐宫观活动，推动宫观的制度化、规范化管理。[2] 这就是说，宫观的管理是道教工作的重要基础，是道教持续健康发展的根本保证。近年来，道教宫观管理工作开始得到重视，组织不断健全，制度逐步完善，活动日趋规范，各项工作取得成绩，这是一个十分可喜的现象。但是，随着经济社会的快速发展，特别是在市场经济大潮的冲击下，道教也出现了一些严峻的问题，具体表现为"拜金主义、享乐主义、极端个人主义在腐蚀我们的肌体，影响我们的道风。道教界少数人追名逐利，信仰淡化，戒律松弛。在组织建设方面，一些宫观疏于管理，财务制度、人事制度不健全，个别道士纪律涣散、违法乱纪，这些都极大地损害了道教的形象和声誉"。[3] 这些问题的存在，虽然已经过去多年了，但至今还没有从根本上得到解决，严重影响着道教的形象与发展，影响着道教宫观

---

[1] 国家宗教事务局政策法规司编：《宗教工作法律知识答问》，宗教文化出版社，2008年版，第489页。

[2] 《中国道教》2010年第3期，第7页

[3] 《中国道教协会第六届理事会工作报告》，《中国道教》2005年第4期，第16页。

的建设与管理，必须要引起高度重视，对于道观管理中存在的问题要进行客观分析，找出问题的主要根源，并采取有力措施加以解决。现就道观管理现状分析如下：

其一，关于道观"规划布局缺陷"问题。改革开放以后，道教宫观开始得到恢复开放。1982年，根据国务院颁发的《关于汉族地区佛教道教寺观管理试行办法》，中国道教协会提出了《拟作为宗教活动场所的全国重点宫观名单》，经国务院宗教事务局批准同意开放21所重点宫观，分别为北京白云观、泰山碧霞祠、崂山太清宫、茅山道院、杭州抱朴道院、龙虎山天师府、武当山紫霄宫、武当山太和宫、武汉长春观、罗浮山冲虚古观、青城山常道观、青城山祖师殿、成都青羊宫、陕西楼观台、西安八仙宫、华山玉泉道院、华山九天宫、华山镇岳宫、千山无量观、沈阳太清宫、嵩山中岳庙等。[1] 在各级政府的关心支持下，这21所道教宫观逐步得到恢复开放。此后，随着党的宗教信仰自由政策的进一步贯彻落实，全国各地其他一些宫观也逐步恢复开放，在"文化大革命"中被遣散的道士也陆续返回宫观，道教宫观的恢复工作进入了常态化，经过近三十年的快速发展，道教宫观得到全面恢复开放。但是，由于诸多原因，道教宫观的整体布局还存在诸多问题，全国还有许多地区存在宫观空白点，同一个地区也有许多宫观空白点。特别是在社会城市化快速发展进程中，如果不及时进行合理规划布局，问题就会越来越严重，也很难满足信教群众的信仰需求。笔者曾多次通过政协提案呼吁，建议参照修建学校、医院等公共设施来规划道教宫观，即在一定的人口比例中或一定的区域范围内来规划布局。此项工作，虽然得到有关部门的重视与关注，并已经在个别地区试点，但是要顺利开展仍然是困难重重。另外，还有文物部门、旅游部门占用道观问题依然存在，一定程度上影响着道教宫观的

---

〔1〕 卿希泰主编：《中国道教史》第四卷，四川人民出版社，1996年，第506页。

合理布局。这些问题的存在，严重影响着党的宗教信仰自由政策的贯彻落实，破坏了我国宗教的生态平衡，也不利于中国本土宗教的健康发展。

其二，关于道观管理"人才匮乏"问题。随着道教宫观的恢复开放，道门有识之士就发现培养道教接班人的重要性。中国道教协会先后举办了多期"道教知识专修班"，培养了一批道教宫观管理人才。1990年中国道教协会创办了"中国道教学院"。与此同时，上海、四川、湖南、湖北、浙江、广东、福建等地也先后创办了道教学校，为培养道教接班人打下了基础。如今，道教接班人问题基本得到缓解，道教宫观管理人才也得到加强。但是，从目前道教人才整体情况来看，问题依然严峻，特别是管理型、专业型人才仍然严重缺乏。中国道协第九届代表会议指出"道教事业的健康发展，关键在于培养人才"。"这些年来尽管做了很大努力，但人才匮乏的现象依然突出，已经成为道教事业发展的最大制约因素。如果现在不下决心来抓这件事情，道教事业前景堪忧。"[1] 这就是说，在新形势下培养道教人才仍然是一项重要工作。从目前道教宫观管理情况来看，道观人才培养主要存在三个方面问题：一是道教宫观教职人员严重不足。据有关数据统计，全国各类道教学校培养的道教教职人员总数在2000人左右，而全国登记开放的宫观已有9000所，从这个数字比例来看，一个正规道教学校毕业的道士要管理几所道观，从理论上讲这是不可能做到的。但是，由于道教宫观的特殊性，师徒相授的方式培养了许多道士，从而解决了这一历史性难题。加上道观之间有时相互帮助，有宗教活动可以互相支持，基本能勉强维持道观的正常开放。这种道士数量严重不足和素质不高的问题，自然不利于道观的正常管理。二是道教宫观教职人员整体素质不高。主要原因是正规道教学校培养的教职人员数量太少。

---

〔1〕《中国道教》2015年第3期，第7页。

根据道教传统，全真派道士出家住观，可以通过师徒相授培养道士，也可以接受外来道士挂单或常住。正一派道观的道士来源，主要是依靠散居道士，无论是道观常住还是宗教活动，都可以聘请散居道士。社会上有一定数量的散居道士，关键时就可以解决道观的人员紧缺问题。但是，这种模式只能解决人员数量，但却不能解决教职人员的整体素质问题。三是道教宫观管理组织不够完善。道观现状表明，目前仍有大量道观缺少教职人员，尤其是缺少正规道教学校毕业的教职人员，许多道观只能向社会大量招聘，组织临时培训后就直接上岗，对于正一派道士来说，只要懂科仪（多数为家传）就行，不需要过多的文化知识。这种现状，造成多数道观人员参差不齐，宫观管理组织不够完善，直接影响着道观的规范管理。

其三，关于道观管理"能力缺乏"问题。所谓"能力"，是指完成一项计划或者任务所体现出来的综合素质。道观的管理主要取决于负责人的能力，能力决定着道观的管理成效。国家《宗教事务条例》规定："宗教活动场所应当成立管理组织，实行民主管理。"〔1〕近年来，道教宫观管理得到重视，管理组织日趋规范，管理制度不断完善，民主管理意识逐步增强，道观各项工作有序开展。但是，由于道观组织自身缺乏管理意识和管理水平，教风不正、规戒不严、执行不力的现象依然存在。甚至"有的道门中人禁不住各种诱惑，出现了信仰淡薄、戒律松弛、追名逐利、以教敛财等问题，对内侵蚀了风气，对外损害了形象"。〔2〕中国道协也明确指出："一些宫观存在着与商业化挂钩、借教敛财、伤害信众感情及世俗化、家族化等不良现象。"〔3〕这些问

---

〔1〕 国家宗教局政策法规司编：《宗教工作法律知识答问》，宗教文化出版社，2008 年版，第 73 页。

〔2〕《中国道教》2010 年第 3 期，第 7 页。

〔3〕《中国道教协会第九次代表会议上的工作报告》，《中国道教》2015 年第 3 期，第 20 页。

题的存在，主要原因还是道观的管理问题，具体表现为两个方面：一是道观管理组织成员的管理意识淡薄。根据目前道观管理组织成员管理意识分析，主要呈现出以下三种类型：一类是自由管理型。基本没有管理原则，管理者想管就管，不想管就放任自流。教职员工凭自己的觉悟与本能在工作，主动性高的会自己找事情做，被动性高的往往就没有事情做。说得严重点，这种管理就是一盘散沙。一类是被动应付型。开始有了一些管理原则，但要看管理者的喜好和上级部门的监管情况，有时会去完成一下任务，工作没有计划，也没有安排，只是被动应付而已。工作相互推诿，大多热衷于做表面文章，工作很难取得成效。一类是完成任务型。管理上虽然有了制度，但是并不能真正执行。教职员工的工作基本会按照计划来进行，但由于管理者意识淡薄，工作中缺乏监管，做好做坏一个样，教职员工的积极性难以调动，所以制度只能是纸上谈兵。这些问题的存在，主要就是管理者的管理意识淡薄，缺乏主动的、积极的管理意识，必须要采取切实可行的办法加以解决，对于多次教育不改的管理人员要进行批评、整改或撤销其职务，以树立正气、起到警示作用。二是道观管理组织成员的管理水平不高。近年来，通过各类道教学校的培养，已经有一批管理人才充实到道观管理组织中，增强了道观组织的管理力量，目前道观管理情况总体是好的。但是，有一个普遍现象依然存在，那就是道观管理组织成员的管理水平问题，具体表现为以下三种类型：一类是工作目标模糊型。道观管理者不能制定出清晰的年度工作计划和目标，或者根本就没有工作计划，更没有明确的工作目标，岗位工作目标不清，教职员工没有努力的方向，工作能力和成果都无法展现。一类是工作沟通困难型。在具体工作中，由于道观管理者自身的水平不高，难以给下属教职员工正确的指导，下属有问题也难以得到解决，只能根据自己的理解去做，有时难以符合道观的整体工作要求。长此以往，关系复杂，管理混乱。一类是团结凝聚缺乏型。就是道观管理者缺少人品修养或管理能力，在道观内很难树立起自己的威信，这种缺乏权威性的领导，自然就不能团结凝聚大家，往往会出现人心背离、工作松散，诸多工作难以开展。这就是说，道观管理工作中管理者的能力是很重要的，但是一个人的管理能力也不是仅仅依靠培训就能解决的，有时培训提升的速度永远是赶不上工作要求的速度。因此，作为管理者首要应该是注意选好人才，称职的管理者选对了，道观工作成绩才能得到全面提升。

其四，关于道观管理"制度失效"问题。制度建设是道观管理的重要抓手，也是管理组织推进各项工作落实的基本保证。所谓"制度失效"，就是我们通常所说的"有法不依，执法不严，违法不究"，或者"有令不行，有禁不止"。简单说，就是在日常管理中，制度形同虚实，具体难以落实。近年来，道教宫观的管理备受关注，中国道教协会先后制定了《道教宫观管理办法》《道教宫观主要教职任职办法》《道教宫观规约》[1]等制度性文件，其目的就是更好地规范道观管理，促进道观工作的正常开展。与此同时，国家宗教局也通过开展创建"和谐寺观教堂"活动，推动了道教宫观的制度化、规范化管理。通过上述规章制度和道教组织自身的努力，道教宫观管理工作取得了一定成绩。但是，由于道教自身等原因，宫观制度建设仍然存在一些突出问题，具体表现为以下三种类型：一类是制度建设缺陷型。制度建设是道观管理工作的重要内容，也是道观各项工作有效正常开展的基础。现代道观实现民主管理，反而出现了制度淡化问题，甚至有人提出有事大家讨论，就不需要建立太多的制度，直接导致制度缺陷问题。这种认识严重制约了制度建设的完善性，自然就影响了道观的规范管理。二类是戒律制度缺失型。戒律建设应该是道观管理中特有的、不可或缺的制度，由于道观管理者的认识不到位，甚至错误地认为现代管理

---

〔1〕《中国道教》2015年第3期，第46、49、57页。

制度就可以替代规戒制度，严重影响了道观规戒制度的建设。三类是制度执行缺位型。现在多数道观都制定了相关规章制度，但是在具体执行过程中，有时存在执行不到位的问题，影响到制度的有效落实。主要原因是管理组织思想认识不到位，把制度建设和制度执行分开，即制度归制度，执行归执行，导致制度执行不力的现象时有发生。还有管理组织工作责任心、忧患意识不强，有时会出现以信任代替制度，造成现有制度难以落实。还有检查监督不到位，处罚措施不得力，导致道观制度不能严格执行。这些问题的存在，需要管理者的高度重视，不仅要大力加强道观制度和戒律建设，而且还要积极推动各项制度的真正落实，并力争取得成效。

二、加强宫观管理是道教自身建设的重要抓手

所谓管理，是指管理者通过一定的方式，协调各种关系，发挥组织成员的积极作用，有效地使用人力、物力、财力、知力（文化知识力量）等组织资源，实现组织目标所进行的决策、计划、组织、领导、控制、协调等活动过程。宗教管理也是如此，就是为了保障社会宗教生活的正常进行，促进社会宗教事业的健康发展，实现社会宗教生活的目标，而对宗教组织与宗教活动所进行的决策、计划、组织、领导、控制、协调等一系列活动。[1] 道教宫观是道教最基层的组织，也是道教管理的一个重要分支，宫观管理的好坏直接影响着道教的对外形象，关系到道教组织的自身建设问题。现代经济社会的快速发展，给道教宫观发展带来了难得的历史机遇，但是又对宫观的管理提出了更高的要求。当代社会，道教宫观管理严重滞后，与道门自身建设的需要和社会发展的期盼还有很大距离，与其他宗教的场所管理相比也是明显

---

[1] 杨玉辉主编：《宗教管理学》，北京人民出版社，2008 年 9 月，第 3 页。

落后，必须要引起道门中人的高度重视，需要大家共同努力、花大力气来加以解决。

其一，加强道观管理是强化教风建设的重要抓手。教风建设是道教徒信仰思想和戒律修持的外在表现，更是道教宫观组织外在形象和精神面貌的凝结。近年来，国家宗教局提出："指导宗教界开展以教风为主题的和谐寺观教堂创建活动，营造遵规守戒的良好风尚。"倡导在全国范围内开展"教风年"主题创建活动。随后，中国道教协会第九次代表会议通过的《关于道教协会和宫观负责人带头加强道风建设的若干意见》，从虔诚奉道、学修并进、持守规戒、道相庄严、如法如仪、规范管理、生活俭朴、服务信众、率先垂范等九个方面作出了规定。[1] 要求协会和宫观负责人在加强道风建设方面发挥表率和示范作用，对于道教宫观教风建设起到了积极的推动作用。但是，道教教风建设是一个常态化工作，并不是短时期内就能够解决的，必须通过加强宫观管理来逐步推进，具体可以从以下两个方面来开展：首先，是要大力提高道观内道教徒的信仰修持。教风问题是道教徒的一种外在表象，却是道教徒内心信仰的真情流露，教风与信仰紧密相连、又相互影响。当代道教徒，要通过自己的修行，淡泊名利，纯洁心灵，与人为善，坚持正信，树立良好的信仰风范。道经称"人行大道，号曰道士"，道教徒要严格按照"道"的内容身体力行，不断提升对于道教神灵的信奉和尊崇，对于神灵的崇拜和敬畏，就是道教神圣信仰重要内容。[2] 要通过提升道教徒的信仰修持，促进道教教风建设，规范道教宫观管理。其次，是要尽快建立道观管理规戒制度。道教戒律是规范道教徒宗教行为的警戒条文，是道教教风建设的重要抓手。这就需要尽快"制定既要继承传统，又适应当今道教发展的清规戒律，规范

---

〔1〕《中国道教》2015年第3期，第58页。

〔2〕 丁常云：《道教与当代社会》，中西书局，2018年，第251页。

道众言行，整顿道风道貌，树立良好形象"。[1] 当代道教，要积极开展对道教传统戒律经典的研究，从完善道门规戒制度入手，建立一套适应时代发展和道教自身需要的清规戒律，用以规范道教宫观管理，强化道教教风建设。

其二，加强道观管理是提升"两个服务"的基本保证。道观作为道教的最基层组织，其主要功能就是做好"两个服务"，即服务社会，服务信徒。现实工作中，许多道观并没有认识到此项工作的重要性，没有准确把握好"两个服务"的功能定位，自然就缺少主动服务的意识。在服务社会方面，多数道观是无所作为，或者是被动应付，缺乏统筹考虑，更缺乏责任与担当。在服务信徒方面，多数道观缺少主动服务意识，道观教职人员高高在上，但又无所事事，对于信徒的提问，要么是不愿回答，要么就是回答不了，更谈不上为信徒解疑释惑了。还有部分教职人员，面对有钱的信徒笑脸相迎，面对普通信众爱理不理。这些问题的存在，严重影响了道观的对外形象。首先，服务社会是道教的优良传统。道教主张"齐同慈爱，济世利人"，体现了道教服务社会的鲜明特色。服务社会也是道教传承的内在要求，道教源于社会、扎根于社会，自然也必须始终服务社会，既要服务和谐社会，又要服务经济社会，只有在服务社会中，才能体现出道教的时代价值，实现道教自身的发展。服务社会更是道教适应时代发展的客观要求。在宗教与精神领袖世界和平千年大会上，通过的《和平宣言》提出："积极服务社会，担当时代责任"，已经成为世界宗教界的普遍共识和自觉行动，这是时代对中国道教提出的新要求，必须要积极面对，有所作为。当今时代，道教界要担当好服务社会的历史责任，着力推动破解困扰和威胁人类生存的重大问题，面对环境污染、生态失衡、人口爆炸、贫富分化、恐怖主义、局部战争以及自然灾害等问题，道教

---

[1]《中国道教》2010 年第 3 期，第 7 页。

界要主动发挥自身优势，为服务人类社会作出积极贡献。其次，是服务信徒。服务信徒是道观的本职工作，也是道观管理中一项十分重要的工作。但是如何做好服务信徒的工作，则是一个值得研究的大课题。服务信徒必须要教化引导信徒爱国爱教，引导信徒热爱社会主义祖国，拥护中国共产党的领导，自觉走与社会主义社会相适应道路，激励广大道教徒在各自的工作岗位上努力工作，奋发有为，为社会主义现代化建设贡献力量。服务信徒必须要引领道教信徒树立正确的人生观，鼓励道教徒在日常工作和生活中，恪守道教伦理规范，建立和谐的家庭关系、人际关系和社会关系，坚持诚信友爱、诚实劳动、无私奉献，积极投身于经济社会建设。服务信徒必须为信徒解疑释惑、排忧解难。现代社会的高速发展，许多信徒会遇到一些社会、家庭和精神生活方面的问题，需要道观道长帮助指点。还有信徒的信仰需求，比如参拜神灵、举办斋醮科仪等，都需要道观道长的帮助，这些都是道观服务信徒的重要内容。当然，道教宫观的"两个服务"，必须要通过强化道观管理，提高自身的服务能力，才能更好地做好服务社会、服务信徒的工作，发挥出道教应有的时代价值。

其三，加强道观管理是推动道教发展的原动力。加强道教宫观管理，是做好道教工作的重要内容，也是促进道教发展的重要基础。当代道教徒，必须要有强烈的管理意识和责任意识，这是管理者必须具备的一种态度，这种态度自然就决定着道教管理者的行动。就目前道教宫观管理而言，由于道观是相对独立的道教组织，加上道教团体缺乏对道观的监督指导，直接影响了道观组织成员管理的积极性，少数道观组织"安于现状，不思进取"，自养经济过得去就行，年初没计划，年终没结余，甚至还有道观年年超支，道观长期破旧不堪，无心也无钱去修理。这样的道观不要说发展事业了，就是维持下去都有困难。究其原因，主要是道观负责人不称职，缺乏事业心、责任心和竞争意识。当代道教，必须要大力加强道观管理，使道观管理成为推动道教事业发展源动力，具体可以从以下三个方面推进：一是道观负责人必须要提升管理能力和经营能力。管理者的管理能力从根本上说就是提高组织效率的能力，具体包括决断能力、应变能力、承受压力能力、激励能力、领导风格等。道观是一个实体组织，负责人必须要有一定的管理能力。俗话说"管理出效益"，管理工作做得好，就能为道观创造更多的自养经济。当然，道观的管理主要还是一种服务型的管理，应该在服务信徒上下功夫，如果服务信徒工作做好了，那么道观的自养经济也就解决了。历史经验告诉我们，凡是道观负责人管理能力强的，那么自养经济一定是好的，反之亦然。同时，道观负责人还要有一定的经营能力，道观虽然不是企业，但是同样需要经营管理，经营管理可以让道观有明确的发展方向，可以充分发挥每一位教职员工的潜能，可以增强服务信徒的质量与成效，当然也可以产生意想不到的自养经济。二是道观负责人必须要摆正自身的工作定位。在具体岗位工作中，一个人的工作定位很重要，如果定位不准就会严重影响本职工作。作为一名道观负责人，其工作定位尤其重要，俗话说"一个好的当家能把庙兴起来，一个不好的当家可以把庙败掉"，这话是很有道理的。现实工作中，有些道观负责人整天无所事事，或者整天忙于私事，出现严重的工作错位问题。因此，作为一名道观管理者，其工作定位就是要带领教职员工管理好道观，重点是要明确道观的发展方向，制定年度工作计划并推动贯彻落实，管理好道观的"人、财、物"三大任务，要注重开源节流、量入而出，不断增强道观的经济自养能力。这些工作内容与任务，就是道观管理者的工作定位，更是一位称职当家的本职工作。三是道观负责人必须要有使命意识与责任担当。使命意识是指对于自身所肩负着的重大责任的意识。责任就是担当，就是付出，责任是分内应做的事情，也就是承担应当承担的任务，完成应当完成的使命。作为一位道观负责人，必须要有明确的使命意识与责任担当。但是，现实告诉我们，这种称职的道观负责人并不是很多，"大事做不来，小事不肯做"的现象依然存在，道观工作"怕"字当先，优柔寡断，"胸中无大志，心中无忧愁"，严重影响和制约了道观的发展。这是目前道观管理中比较突出的问题，主要原因就是道观负责人缺乏责任担当。作为一位称职的道观负责人，要始终明白有职务就要有责任，有责任就要有担当，责任就是一种职责和任务，这是道观负责人的本职工作。道观负责人不仅要善于做好本职工作，而且还要善于开拓创新，要以与时俱进的精神做好道观管理工作，为道教事业健康发展注入原动力。

三、创新宫观管理是道教适应时代的必然要求

创新管理是社会组织为达到科技进步的目的，适应外部环境和内部条件的发展变化而实施的管理活动。简单说，创新管理就是一种能够与时俱进、促进自身发展的管理模式，这是社会组织适应时代发展的明智之举。在当代社会信仰市场竞争的环境下，注重创新道教宫观的管理，无论对于道教宫观本身，还是对于道教的发展都具有重要的意义和价值。因此，当代道教必须要"制订完善各项学习制度、清修规戒，探索丛林制度和民主管理制度相结合的宫观管理新途径"。[1]这就是说，创新管理是道教宫观管理的发展之路。根据道观管理的性质特点，我们要始终坚持道教中国化方向，积极探索现代道观管理的新途径，促进道教事业的健康发展。

其一，探索传统规戒管理与现代民主制度管理相融合。道教的规戒制度，是规范道教徒言行举止的警戒条文，是道教内部的法律文件。道教传统管理主要是依靠规戒制度的管理，这是传统道教管理的重要方式，其特点是一种绝对服从和绝对权威的管理。但是，随着时代的

---

〔1〕《中国道教》2010 年第 3 期，第 7 页

快速发展，传统道教的管理方式也必须要与时俱进，作出适应社会进步要求的新探索。当代道教，必须要整理道教传统规戒制度，修改、增加符合时代特点的行为准则，将时代精神、法制思维和社会主义核心价值观融入其中，形成尊重传统、符合道教特征、具体可行的新时代教规戒律体系，使之成为道观教职人员必须遵守的行为规范。其次，现代民主管理，是指管理者在"民主、公平、公开"的原则下，科学的将管理思想进行传播，协调各组织、各种行为达到管理目的的一种管理方法。因此，民主管理是符合人们的心理要求或"以人为本"的管理思想。民主管理制度就是一种现代管理制度，是时代发展的必然产物。由此观之，创新道观管理，就是要继承发展传统规戒制度，建立符合现代社会发展和道教自身管理需要的道门规戒。这就需要尽快"制定继承传统、又适应当今道教发展的清规戒律，规范道众言行，整顿道风道貌，树立道门良好形象"。[1] 同时，还要吸收现代民主管理制度，建立一种新的管理艺术，唤醒人的主体意识，弘扬人的主体精神，发挥人的主体能力。通过创新道教传统规戒制度、吸收现代民主管理制度，把二者管理制度有机融合，成为优势互补、共同发挥作用的道观管理新途径。

其二，探索信徒服务管理与宗教服务管理相融合。信徒是道观服务的主要对象，也是道观的衣食父母，做好信徒的服务工作应该是道观的本职工作。当代道教，我们要积极探索信徒服务工作的新思路。一方面，道观要主动提高服务信徒的自觉意识。要从小事做起，从身边的事做起，积极主动为信徒提供力所能及的服务工作。比如，信徒有咨询认真回答、有疑惑耐心解答、有问题积极解决、有困难主动帮助，信徒生日送祝贺、过年送慰问、生病去看望等，这些关爱活动看似小事，却是实实在在的暖心工程。我们要学习基督教的"博爱"胸

---

〔1〕《中国道教》2010 年第 3 期，第 7 页

怀，给信徒主动关爱、及时关爱、更多关爱。另一方面，道观要成为真正的"信徒之家"。道观是信徒的家，信徒有困难主动找道观帮助，信徒有喜悦主动找道观分享。信徒遇到难事、烦心事会求助于道观，信徒工作、生活中的困难琐事，道观会给予无私的帮助。信徒的困难得到解决，在感恩道祖的同时，更加坚定了信仰，自然就会把道观当成家。道观是信徒的精神家园，在这里信徒的信仰得到满足，心灵有了寄托，特别是对于中老年信徒，来道观参加活动，结交朋友，增长知识，精神愉悦，满心欢喜，道观自然就成了信徒心目中的神圣殿堂和向往之所。其次，宗教服务是道观服务信徒的重要内容，也是道观自养经济的主要来源之一。道观举行各类斋醮科仪，满足不同道教信徒的信仰需求，这就是道观的宗教服务功能。对于信徒来说，希望通过斋醮科仪祈求神灵护佑，以达到祈福、消灾、保平安的功效，或者通过度亡科仪，超度历代祖先和过世的长辈，以达到尽孝道、积功德的功用。道观的道长在举行宗教活动过程中，必须做到坛场清静、法像庄严，始终保持道教科仪的神圣性。张宇初天师指出：如果只是追求钟鼓热闹、殿堂华丽，又在殿坛喜笑，举动轻浮，这样的道士不仅不能感召神明，带来吉祥，而且还会增加自身的罪业。事实上，很多道观的宗教活动管理都不规范，坛场的神圣性、庄严性还有待于提高，宗教服务工作与信徒的要求还有很大差距。由此观之，创新道观管理，就是要创新信徒服务管理，传承道教的"慈爱"精神，以"慈悲济世"的传统做好信徒服务工作。在管理中突出"服务至上"的原则，在服务中体现"众生平等"的情怀，赋予服务信徒的新理念，不断追求卓越的服务，为建立道观服务型团队而努力。同时，还要积极创新道观的宗教服务管理，突出"信仰至上"的原则，教职人员要以虔诚心、恭敬心举行宗教活动，通过宗教活动使信徒心灵得到慰藉、精神得到升华。通过创新信徒服务、宗教服务理念，从道德与灵性方面来提升服务内涵，把二者的管理有机融合，突出道教信仰特点，不断提升管理成效，发挥道教服务信徒的特殊作用。

其三，探索阶段目标管理与终极目标管理相融合。阶段目标是指通往终极目标的一个个中间目标。在具体工作中，阶段目标就是每一个阶段或每一个时期建立的一个短期目标，目的是在这个特定的阶段或者时期中，在这个阶段目标的指引下，更好地迈向长期目标。道观的发展必须要制定阶段目标，主要可分为三个阶段：一是初创阶段，是指道观的恢复开放阶段。这一阶段主要是制定方案、规划设计，重点要考虑道观的整体定位，这是道观未来发展的基础性工作。二是成长阶段，是指道观内部制度建设和管理提升阶段。这个阶段道观组织建设、制度建设开始完善，重点工作是抓道观内部管理。三是发展阶段，是指道观管理基本实现规范化阶段。这个阶段道观进入持续稳定发展，重点工作是抓人才培养，抓住人才就是抓住发展机遇。其次，终极目标是指一个单位或组织的使命，使大家朝着共同的使命去努力。但是，终极目标的确立也要科学合理，要具有前瞻性、发展性和可持续性。比如，过去有人认为企业以营利为终极目标，但如果一味追求营利，最终会迷失方向，反而失去长期营利的可能性。那么，道观的终极目标是什么呢？那就是实现道观管理的规范化、信仰的虔诚化、服务的人性化、发展的常态化，道观的生命力主要在于服务，其终极目标就是要高标准、高要求做好服务社会、服务信徒的工作，实现道教宫观的现代转型与创新发展。由此观之，创新道观管理，就是要科学合理地制定阶段性目标，确立道观的中、长期发展规划，通过进行规范管理、创新服务，推进道观各项工作的稳步发展。同时，还要确立道观发展的终极目标，形成道观发展的共同愿景，把目标、使命感和价值观融为一体，通过全体教职员工的共同努力，推动道观终极目标的实现。通过制定道观阶段目标，建立道观终极目标愿景，把二者管理有机融合，从而实现道观的创新性发展。

其四，探索个体价值管理与团队价值管理相融合。个体价值是以个体本位为中心，发挥其个人自身的价值。这种以个体为中心的模式，有时会产生所谓的学科领军人物，其作用也是不可小视的。但是，必须立足本职，实现所在团队的价值，才能最终实现个体的价值。比如，你让公司业绩提高了，壮大发展了，你的价值就出来了。宗教与企业不同，一般比较注重领袖人物的人格魅力和影响。道观管理中的个体价值也是因人而异，有影响力的道观负责人自然会发挥出极高的价值。所以，探索个人价值管理也是道观管理的重要内容。其次，团队的价值就是共同奉献，所谓"人心齐，泰山移"。团队价值管理，是福特公司2003年开始大规模推广的一套流程管理系统。这一系统的主要内容，是将工程、采购、生产、财务等部门集合起来，与供应商一起讨论如何提高产品价值，优化产品质量。团队价值要具有"四种精神"，即奋力拼搏的创业精神，追求一流的进取精神，一丝不苟的求实精神，团结互助的协助精神。道教宫观管理中，要大力发扬团队协作精神，树立大局意识，敢于承担责任。由此观之，创新道观管理，就是要加强个体价值管理，充分发挥个体主观作用，要不断超越自我，努力追求卓越，要用力、用心、用智，脚踏实地、锲而不舍，简单、重复出现的事，努力做到极致；复杂、艰难的事，努力用新的思路去探求解决的办法。还要积极探索团队价值管理，就是要突出团队意识，内抓凝聚力，外塑亲和力，形成战斗力。要发挥道观组织的团队精神，体现人生价值，大胆探索，勇于实践，使想做事、敢做事、会做事、做成事成为道观工作的行为取向。从道观管理来看，个体价值观以个体为本位但并不排除团队，团队价值观以集体为本位但也不排除个体，二者可以优势互补，实现个人价值与团队价值共生、共荣、共同发展。通过探索个人价值管理和团队价值管理，把二者管理有机融合，创造出新时代的道观价值管理体系。

其五，探索讲经弘道管理与网络宣传管理相融合。讲经弘道是道观教化引导信徒的重要渠道，也是道观传播道教文化的重要方式。近年来，道观讲经弘道工作备受关注，中国道协自 2008 年开始举办首届玄门讲经后，每年举办一次全国性的讲经比赛交流活动，促进了道观讲经工作的开展。但是，讲经弘道工作至今还没有引起道观的真正重视，各地举办的讲经活动，大多是形式大于内容，没有真正取得实际成效，其主要原因还是人才的匮乏。这就需要进一步加强重视，尤其是要重视培养道门讲经弘道人才。其次，现代社会网络科技高速发展，道观要充分利用现代网络媒体来做好弘道工作。但与此同时，网络宗教管理是一个新的时代课题，给道观管理工作提出了新要求。但是，从目前情况来看，多数道观还跟不上网络科技时代，有些道观根本就不注重网络科技，有的甚至还排斥网络科技，严重影响了道观网络信息的传播工作。这就要求道观尽快培养网络宣传方面的人才，加强网络宗教信息的管理，在国家法律法规允许范围内开展弘道工作。由此观之，创新道观管理，就是要积极探索讲经弘道管理，把讲经工作作为新时代道观弘道工作的重要抓手，勇于实践，开拓创新，为培养道教经学人才、造就新时代讲经弘道大师打下坚实的基础。创新道观管理，还要加强网络宣传的管理。互联网时代的道教宣传工作发生了巨大的变化，我们要充分利用网络资源优势，创新网络宣传理念，拓展网络宣传渠道。比如，当前比较火的抖音小视频，或者其他播放软件，我们都可以当成一种宣传方式，也会收到意想不到的效果。还有道教文化的视频直播，集体道教活动的网上登记，以及道教内部的电算化管理，都是新时代下道观网络信息化管理的新思考。通过道观讲经弘道管理，传播道教传统的弘道方式，加强道观网络信息管理，探索新时代道教的弘道方式，把二者管理有机融合，实现传统弘道方式与现代弘道方式的优势互补，不断开创道观弘道管理的新途径。

综上所述，道教宫观管理是道教自身建设的需要，也是道教与时俱进和坚持中国化的时代要求。加强道教宫观管理，必须要不断加强道门自身建设，特别是要大力加强道观组织人才培养，同时还要努力提升道观的"两个服务"功能，发挥道教应有的时代价值。创新道教宫观管理，必须要探索传统规戒与现代民主制度相融合，探索信徒服务与宗教服务相融合，探索阶段目标与终极目标相融合，探索个体价值与团队价值相融合，探索讲经弘道与网络宣传相融合。只有不断创新道观管理新理念，坚持道教中国化方向新发展，才能更好地加强和创新道观管理，促进道教宫观组织和管理的健康发展。

第二节　深入开展道教信徒队伍建设

我国《宪法》第三十六条规定："中华人民共和国公民有宗教信仰自由。任何国家机关、社会团体和个人不得强制公民信仰宗教或者不信仰宗教，不得歧视信仰宗教的公民和不信仰宗教的公民。"[1] 这里所讲的"信仰宗教的公民"就是指"信徒"或"信教群众"。党的十八大以来，党和政府高度重视我国宗教工作，高度重视做好信教群众工作。明确指出，党的宗教工作的本质是群众工作。信教群众和不信教群众在政治上、经济上的根本利益是一致的，都是党执政的群众基础。既要保护信教群众宗教信仰自由权利，最大限度团结信教群众，也要耐心细致做信教群众工作。这就为当代宗教做好信教群众工作提出了要求、指明了方向。同时，在网络信息高速发展的社会里，特别是随着宗教多元化的趋势，信教群众将会理性选择自己的宗教信仰，各大宗教都在积极做好信教群众的服务工作，探索做好信徒队伍建设的工作，并以此寻求本宗教的生存与发展空间。根据这一要求，我们认为做好当前道教信众工作同样非常重要，这既是党和政府提出的基本要求，也是道教自身发展的客观需要。所谓"信徒"，又称信教群众，是指对信仰某一宗教的人的称呼。从道教现状来看，道教徒的概念有广义、狭义之分，广义的道教徒是指所有信仰道教的人，包括神职教徒（即道士）和普通

---

〔1〕《中华人民共和国宪法》，中国民主法治出版社，2016年，第26页。

信徒二部分，狭义的道教徒就是指普通信徒。[1] 本文所探讨的"道教徒"就是指除道士之外的普通信徒。[2] 他们同样是道教自身建设的重要内容，也是道教生存与发展的根本保证。

当今世界各大宗教，都拥有相当数量的信教群众。据外国一些机构统计，现在世界上信仰宗教的人大约有 48 亿，占世界总人口的 80%，也是就是，我们现在的这个世界，还是一个信教的人占多数的世界。一般来说，基督教是最善于做信教群众工作的宗教，因此它的信徒最多、影响最大，信仰市场的占有率也是最高。"面对多元宗教的现实，人们再也不能不理会其他宗教了。"[3] 这就是说，各宗教之间也有一个竞争与发展的问题。与之相比，近现代以来作为中国固有的传统道教，在信徒队伍建设方面就显得比较滞后，或者说道教根本就不注重、不善于做普通信徒的工作，道教组织、神职教徒与普通信徒之间的关系基本是松散的、自由的。长此以往，道教将失去本有的凝聚力与吸引力，随之而来的则是信徒减少、社会影响力下降，其应有的、积极的社会功能就难以发挥出来。面对道教现状，我们要"深入挖掘道教思想文化中有利于社会和谐、时代进步、健康文明的内容，对教义教规做出通俗易懂、与时俱进的阐释，深化和拓展玄门讲经活动，回应道教面临的现实问题，满足信教群众信仰需求，彰显道教的传统优势和当代价值"。[4] 这就是道教服务信众的方法、途径与要求。因此，当代道教必须要大力加强道教信徒队伍建设，要积极回应和满足广大道教信众的信仰需求，坚持创新发展理念，努力探索新时代道教服务信徒的新思想、新思路与新举措，不断谱写道教信徒队伍建设

---

[1] 神职教徒与普通信徒的主要区别是，神职教徒具有沟通神灵的神性，而普通信徒却没有。

[2] 根据道教现状，我们可以把普通信徒分为基本信徒、居士信徒、文人信徒三个部分。

[3] 王有成：《和平的渴望—当代宗教对话理论》，宗教文化出版社，2003 年，第 412 页。

[4] 《中国道教》2020 年第 6 期，第 7 页。

的新篇章。

一、道教信徒队伍建设的现状分析

宗教历史表明，"任何宗教思想的形成与发展都是以信仰为核心的，道教思想的形成与发展也不例外"。[1] 道教是以"道"为最高信仰，以健康长寿乃至得道成仙为追求目标。历代以来，道教就十分注重信徒队伍建设。据有关研究分析"如果说汉末的道教主要以下层信众为主体，那么魏晋时期的道教则逐步向上层社会渗透。这个时期，许多高官以及上层知识分子也信奉道教，并且积极参与道教思想建设"。[2] 这就是说，道教在正式创立后，就开始关注信徒队伍建设，并很快从下层向上层发展，吸引了一批上层道教信徒。比如，葛洪、寇谦之、陆修静等，都是出生于官宦之家或名门望族，他们的奉道有力地促进了道教的快速发展。此后，道教在各个朝代，都比较注重信徒队伍建设，使得道教长期兴盛与发展。明清以后，道教开始由盛而衰，教义思想无人问津，文化建设停滞不前，从而失去了吸引信徒的土壤，尤其是上层信徒逐渐离开道门，这种现状一直延续至今。这些问题的存在，严重制约了道教的发展，当代道教必须要深刻反思，认真总结历史经验与教训，积极推进新时期道教信徒队伍建设。

（一）道教信徒队伍建设工作回顾

近现代以来，道教信徒队伍建设开始受到有识之士的关注。自20世纪40年代初，陈撄宁先生就在《复兴道教计划书》中提出开办"道教讲经坛"的设想，认为"凡是正式宗教，无不首重讲经者。……唯

---

〔1〕 卿希泰主编：《中国道教思想史》（第一卷），人民出版社，2009年，第8页。
〔2〕 卿希泰主编：《中国道教思想史》（第一卷），人民出版社，2009年，第321页。

独道教，历年以来未闻有讲经之事，人皆争先，我独落后"。[1] 明确指出了道教讲经远落后于其他宗教。陈撄宁先生提出开办讲经坛的目的，主要是为了弘扬道教优秀文化，教化并培育道教信徒，应该说是非常有远见的。但是，由于当时历史条件所限，这一愿望未能赋予实施，也没有引起道门中人的真正重视。改革开放后，中国道协也曾提出"举办专题性讲座，讲经阐道"[2] 的要求，只是在少数地区开展过一些道教知识性讲座，并没有在全国范围内实行。直至 2008 年开始，中国道教协会在青岛举办"首届玄门讲经"[3] 活动，开创了当代道教讲经讲道之先河。此后，中国道教协会每年举办一次全国性的"玄门讲经"活动，至今已连续举办了十五届，有力地推动了道门经学人才的培养，传播了道教的教理教义思想，扩大了道教的社会影响。虽然玄门讲经还不是真正意义上的信徒队伍建设，但是却为推进道教信徒队伍建设起到了积极的引领作用。

除此之外，各地道教团体和宫观组织也先后举办各种不同类型的道教夏令营。比如，全国大学生道文化夏令营[4]、龙虎山研学夏令营、武当山武术夏令营、茅山道文化夏令营、河南鹿邑《道德经》经典游学夏令营，以及茅山乾元观体道班等。开设道教文化知识课，开展各类修道体验活动，举办道教医学、养生实践活动等。这些夏令营、体道班的举办，都是旨在传播道教优秀文化，满足道教文化爱好者的学道及体验需求，对于培育社会民众的道教情感有一定的积极作用，应该说这也是培养道教信徒的有效途径。同时，道教信徒的皈依活动也得到积极有益的探索。特别值得一提的是，上海市道教协会率先恢

---

〔1〕 吴亚魁：《生命的追求—陈撄宁与近现代中国道教》，上海辞书出版社，2005 年，第333 页。

〔2〕 中国道教协会第五届理事会工作报告，《中国道教》1998 年第 4 期，第 17 页。

〔3〕 《首届崂山论道暨玄门讲经活动在青岛举行》，《上海道教》2008 年第 4 期，第56 页。

〔4〕 《全国大学生首届道文化夏令营侧记》，载《中国道教》2014 年第 4 期，第 39 页。

复传统的信徒皈依活动，并于 2015 年在上海城隍庙举行了皈依信徒字谱"启告师真"仪式，确定皈依信徒的字谱传承，分别为"道德澄清泰，玄妙静虚云。云中闻鸣鹤，海上见蓬莱"〔1〕二十字。标志着上海道教以弘扬天尊之正法、传承祖师之正教为己任，广开山门、接纳信道弟子，招收道教皈依信徒。随即，上海太清宫（钦赐仰殿道观）率先举行首届三皈依法会，来自本市及周边省市的 56 名信徒参加了首届皈依仪式。按道教传统仪轨，分"师堂启请、法堂正授、焚简送师"三部分内容。教戒师宣说三皈五戒，要求皈依弟子"宗奉礼敬，永不退转"。皈依法会，庄严殊胜，信众虔心礼拜，悉心聆听，虔诚皈依。〔2〕此次皈依法会的举行，开创了当代上海道教信徒队伍建设之先河。随后，上海城隍庙、白云观、三元宫坤道院、上海财神庙、浦东崇福道院、松江东岳庙等多家道观，也先后举行皈依法会，道教信徒队伍建设工作由此拉开序幕。与此同时，全国部分名山宫观也开始举办各类道教信徒培训班，开始做信徒队伍建设的基础工作。比如，湖北省道教协会在武当山举行皈依弟子培训班，重庆市道教协会举办全市教职人员暨骨干信众培训活动，徐州市道教协会举办青年道教徒和部分信徒培训班，浦东新区道教协会举办道教居士培训班等。上述这些活动的举办，既传播了道教优秀文化，扩大了道教的社会影响，又极大地满足了广大道教信徒的信仰需求，为进一步加强道教信徒队伍建设打下了坚实基础。

（二）存在主要问题分析

改革开放后，道教各项工作皆取得显著成绩，道教事业也得到快速发展，但是道教信徒队伍建设还没有真正引起道门自身的重视，与

---

〔1〕《市道协举行皈依弟子字谱"启告师真"典礼》，《上海道教》2015 年第 3 期，第 71 页。
〔2〕《上海太清宫隆重举行首届三皈依法会》，《上海道教》2015 年第 3 期，第 76—77 页。

社会和信徒的要求还相差甚远。究其原因，主要存在以下三个方面问题：

其一，道教团体组织缺少顶层设计，致使信徒队伍建设工作目标不明。所谓"顶层设计"，其本义是指运用系统论的方法，从全局的角度，对某项任务或者某个项目的各方面、各层次、各要素统筹规划，以集中有效资源，高效快捷地实现目标。这就是说，做任何事情都需要顶层设计，以明确目标、拟定指标、给出举措、拿出规范。这样才会在有愿景、有制度、有保障的框架下做好事情。同样，做好道教信徒队伍建设工作也需要顶层设计，这里的顶层设计必须要由中国道协来制定完成，用以指导全国各地道教团体和宫观开展信徒队伍建设工作。就目前中国道协顶层设计情况来看，主要工作重心都是放在神职教徒队伍建设上。近年来，先后制定出台了《道教宫观主要教职任职办法》《关于全真派道士传戒的规定》《关于正一派道士授箓规定》《道教全真派冠巾活动管理办法》《道教正一派传度活动管理办法》以及《道教教职人员认定办法》等相关文件，可谓是组织制度完善，工作思路清晰，目标任务明确，对于全国各地的神职教徒队伍建设起到了积极促进作用。但是，对于普通道教信徒队伍建设工作，至今还没有任何规范的制度性文件。同时，各省级道教团体组织也没有形成相关制度，更没有人去思考研究这项当前道教十分重要的工作，严重制约了道教信徒队伍建设工作的开展。《中国道教协会章程》明确规定："本会是全国道教徒联合的非营利性的爱国宗教团体和教务组织。"[1] 这里的道教徒自然也包括"普通信徒"在内。因为，普通信徒是道教赖以生存的根基，也是道教提升社会地位和扩大社会影响的关键所在，加强普通信徒队伍建设是当代道教必须认真解决的时代课题。这就需要中国道协对信徒队伍建设工作进行深入研究，总结历代道教在信徒

---

[1] 《中国道教》2020年第6期，第50页。

队伍建设方面的成功经验，结合当代道教实际情况，出台关于道教信徒队伍建设的试行办法以及实施方案，用以指导全国各地道教团体和宫观开展信徒队伍建设工作。

其二，道教宫观组织缺少优秀人才，致使信徒队伍建设工作难以开展。历史经验告诉我们，早期道教就已经开始重视对信徒的教化功能。《太平经》称："夫师者，乃天地凡事教化之本也。"[1]这里将"师"的地位放到了教化之本的地位。魏晋时期，道教开始建立馆舍，成为道教徒修道、传道和教化信徒的活动场所。"隋唐至宋时期，道教馆舍不断增加，规模扩大，多称宫观。宫观的功能也逐渐扩大，但其传道和教化信徒的功能依旧。"[2]至清代王常月三次开坛传戒，度化弟子一千余人，出现龙门"中兴"之象。可见，道教人才是道教兴盛的关键。近现代以来，由于道教人才的匮乏，致使道教发展缓慢，成为目前全国五大宗教中的弱者。道教信徒队伍建设也因为缺少优秀人才而没有任何作为，道观组织也失去了对信徒的吸引力。一方面，道观缺乏讲经人才，失去了道观对信徒的教化引导功能。历代以来，讲经讲道都是道教传播优秀文化的重要方式，也是道教教化引导信徒最直接、最有效的途径。当今道教，由于道门自身不注重培养讲经人才，也没有兴起学经、研经之风，致使讲经人才严重缺乏。虽然中国道协每年举办一次全国性的讲经比赛，但是对于推动全国道教宫观开坛讲经的成效不大，没有达到预期的目的。另一方面，道观缺乏管理人才，信徒队伍建设组织工作难以开展。从目前道观现状来看，各地道教宫观都严重缺乏管理型人才，多数道观组织的管理意识、管理能力和管理水平都跟不上时代步伐，尤其是在加强信徒队伍建设方面，更是显得力不从心，这是道观管理工作中的难点问题。

---

[1]《太平经合校》，中华书局，1960年，第517页。
[2]《陈耀庭道教研究文集》（下卷），上海书店出版社，2015年，第412页。

其三，道观神职教徒缺少责任担当，致使信徒队伍建设工作严重滞后。从传统来看，道教神职教徒应该是教化信徒的主体，神职教徒的威望越高、影响越大，其教化和凝聚信徒的能力就越强。笔者曾经在高雄佛光山参访时问及陪同的博士佛教徒，是什么原因皈依佛门的，回答很简单，是大师的智慧把我吸引过来的。这里的大师是指星云大师，信徒经常来听大师讲经，最后就皈依佛门了，这就是高僧的智慧与责任担当。当前，道教就缺少这样有责任担当、有智慧的神职教徒。有的整天无所事事、混混沌沌过日子，根本就没有认识到做好信徒队伍建设工作的重要性；有的不愿做、也不会做信徒队伍建设工作。加上部分道教组织也缺少责任意识，没有发挥出应有的组织和引领作用，直接导致道教信徒队伍建设的严重滞后。虽然，上海等地区已经在推进道教信徒的皈依工作，并在皈依的基础上组织信徒培训学习，探索开展道教信徒队伍建设，并取得了一定成绩。但是，道教信徒皈依工作还没有得到全国各地道观的响应，道教信徒队伍建设工作仍然是进展缓慢，与其他宗教相比更是差距甚大。因此，我们要从思想层面上进行反思，从实践层面上进行探索，不断增强道教组织和神职教徒的责任意识，要以开拓创新的精神、敢于担当的勇气，在与时俱进中探索开展道教信徒队伍建设新思路和新途径。

二、探索加强道教基本信徒队伍建设

据国家宗教局 2015 年统计，全国 31 个省（区、市）公布佛教、道教活动场所共计 41921 处，其中佛教 33652 处，道教 8269 处。[1] 在信教群众数量方面，一般认为佛教信徒人数相对较多。其次，是基督教信徒发展迅猛，有与佛教抗衡之势，有些地区甚至已经超过佛教。在

---

[1] 《我国公布佛教道教活动场所共计 41921 处》，载《人民政协报》2015 年 12 月 19 日。

中国社会中，道教信徒有时很难统计。究其原因，主要是道教的本土性所决定的。道教是中国本土宗教，道教的信仰早已融入中华文化之中，多数民众生活在道教文化习俗之中并不知晓。比如，中国的传统节日基本都与道教有关，其中都包含着道教信仰的基因。因此，我们完全可以说中国人的生活都离不开道教，中国人的习俗和信仰都与道教有关。鲁迅先生曾说过"中国根柢全在道教"，[1] 这就表明道教与中国人之间的紧密关系。但是，如果从宗教信仰角度看，要想真正成为一名道教信徒，必须要参加传统的皈依仪式。因此，现在经常来道观的敬香者，如果没有参加过皈依仪式，就不能称为真正意义上的道教信徒。这就是说，道教的基本信徒人数还不是很多，道教信徒队伍建设还有待于进一步加强。

（一）道教基本信徒队伍基本概述

道教基本信徒是道教信仰的主体，一般是指有一定信仰并且经常来道观敬香拜神的人。道教是一种宽容的宗教，对于信徒一般没有什么特别要求，只要信奉神灵，有事愿意来道观祈求神仙保佑，这就是道教的基本信徒。改革开放以来，道教基本信徒队伍开始发生变化，笔者曾记得 20 世纪 80 年代初，来道观进香拜神的信徒几乎都是年纪大的老人，尤其是以老太太居多，进入 90 年代后，来道观进香的信徒逐步年轻化，进入 21 世纪后，来道观进香的信徒文化层次也越来越高，而且这个变化是非常明显的。根据目前道教基本信徒情况，主要可以分为三种类型：

其一，虔诚信仰型。所谓"虔诚信仰"，是指对某种思想或宗教及对某人某物的信奉和敬仰，并把它奉为自己的行为准则，建立起牢不可破的信仰。这类信徒一般都是非常虔诚的道教徒，这种信仰往往是

---

〔1〕《鲁迅全集》第 11 卷，人民文学出版社，1981 年，第 353 页。

与生俱来的，也是先天"道缘"所致。正如《道德经》所言："上士闻道，勤而行之；中士闻道，若存若亡；下士闻道，大笑之"。[1] 这里的"上士"，就是指与"道"有缘之人，闻道后就会信奉大道、虔心修持。他们已经与"道"融为一体，认为宗教就是一种生活，是一种"人与神亲近的生活，充满友谊与爱的生活"。[2] 来道观进香拜神本身就是他们生活中不可或缺的一部分。因此，每逢朔、望日和神仙圣诞日，他们都会来道观过宗教生活，充分满足其宗教信仰需求。这类信徒就是道教最核心的、最忠实的信徒，当然也是道教赖以生存的重要根基，如果没有这样一大批虔诚的道教信徒，道教是很难传承与发展的。

其二，家庭信仰型。这类信徒一般都是受家庭影响而信奉道教的。历史上，就有许多奉道家庭，受其影响家庭成员多数会信奉道教。比如，东晋著名书法家王羲之信奉道教，就有着深厚的家庭背景。王氏家族是东晋时最有代表的文化士族，从上到下都信奉黄老学说，都是虔诚的道教信奉者。道教的家庭信教完全是自愿的，没有带任何强制性要求。现实生活中，我们经常发现来道观进香人群中，以家庭为单位的也很多，有的是父母带着子女来进香，有的是子女陪着父母来拜神，这种言传身教的影响往往都是自然而然的，是一种家庭信仰的传承。这类信仰者人群，自然也是道教基本信徒的重要群体。

其三，多元信仰型。这类信徒一般是没有固定信仰某一个宗教，进庙烧香也往往是随缘的，所谓"见佛拜佛、见神拜神"，即所谓的多元信仰。中国传统信仰中，经常是道、佛不分的，主要原因是佛教传入中国后，大量融入了道教内容，形成所谓的"道、佛一家"的现象，这种信仰至今仍然影响着中国人的信仰行为。我们有时会发现，有些

---

〔1〕 安伦：《老子指真》，社会科学文献出版社，2016年，第49页。
〔2〕 王进：《论宗教生活质量》，载《宗教研究》2016年第3期，第268页。

信徒既到道观进香，又去寺院拜佛，甚至有的信徒在同一天可以同时去道观、寺院进香。这类信徒我们很难讲清楚是真正的道教徒还是佛教徒，但是他们仍然是道教信徒的重要组成部分，如果教化引导得好也会成为真正的道教信徒。

（二）道教基本信徒队伍与道教社会影响

据有关资料统计，截至 2018 年 4 月，中国现有信教公民近 2 亿人，宗教教职人员 38 万余人。其中，道教和佛教信徒众多，但普通信徒没有严格的入教程序，在家信教人数难以统计。[1] 从传统意义上讲，中国人的生活习俗一般都离不开道教，几乎所有传统节日都与道教有关，应该说道教信徒的数量是很多的，但是由于道教自身不注重传教，更不注重做信徒队伍建设的工作，严重影响了道教信徒的数量。同时，中国人的宗教信仰具有明显的功利主义倾向，如果没有事一般是不来道观进香的。从目前春节香讯来道观进香人数看，凡是服务工作做得好的道观信徒就比较多，反之信徒就比较少。事实上，相关部门在衡量一个宗教的社会影响时，关键还是看该宗教的信教人数，佛教、基督教之所以社会影响大，主要就是基本信徒人数多。过去曾经有学者提出质疑，道教社会影响小、信徒人数少，是否有必要继续存在下去。这些问题的存在，不能不引起我们道门的警示，必须要大力加强道教基本信徒队伍建设，不断扩大道教的社会影响。一般来说，道教基本信徒队伍对社会的影响，主要表现为以下三个方面：

其一，基本信徒队伍助力道教信仰市场。现代社会中，有人提出宗教市场论，把信徒当作信仰需求者，把社会当作宗教市场或潜在市场。就宗教信仰的神圣性而言，这种比喻虽然不是很恰当，但是却反映了一种宗教在社会的影响。"宗教经济学之市场现象，……促使信仰

---

〔1〕《中国保障宗教信仰自由的政策和实践》，中国政府网，2018 年 4 月 3 日。

者个人在教会和教派之间发生重新的选择，促使教会和教派的变化之间建构出一种类似于市场般的自由变迁。"[1] 从目前道教基本信徒队伍情况来看，人数少，影响小，信仰市场的占有率自然也不高。特别是基督教、佛教的快速发展，信教人数的快速增加，其宗教市场占有率也快速提高，这对传统道教来说则是一个无形的压力，如果再不引起重视，道教的生存空间将会越来越小，甚至会被逐步边缘化。因此，当代道教必须要有忧患意识，必须要大力加强道教基本信徒队伍建设。只有这样，才能在宗教市场竞争中找准位置、寻找道教的生存空间。

其二，基本信徒队伍助力道教信仰传承。陈莲笙大师曾说过："几千年的历史说明，道教的发展同道教人才的涌现、道教徒素质的提高有密切的关系。"[2] 同样，道教基本信徒的素质和多寡，也是直接关系到道教的生存与发展问题。如果说道教神职教徒是道教发展的组织者、引领者，那么道教基本信徒队伍就是道教信仰传承的中坚力量。历史告诉我们，任何一种宗教的存在，都是以大量的信教群众为前提，信徒的减少，意味着宗教的衰落，一种宗教如果没有人信奉，就意味着已经消亡。正所谓："有人需要，有人信奉，是宗教得以存在的前提。没有信教群众，宗教问题就只是个抽象的哲学问题。"[3] 因为没有信徒，就没有宗教信仰的传承。世界上影响大的宗教，都有很大数量的信徒队伍，只有大量信徒信仰的宗教，才会有其自身的力量和强大的社会影响。因此，加强道教基本信徒队伍建设是道教自身建设的需要，是道教信仰传承的需要，也是道教生存与发展的必然要求。

其三，基本信徒队伍助力经济社会发展。当前，我国社会正处在深刻变革时期，人们的思想观念和价值取向日益呈现复杂和多元的变化趋势。受各种因素的影响，信仰宗教的人数持续增加，信教群众已

---

〔1〕 高艳华：《宗教市场论在中国》，载《当代宗教研究》第 2 期，2007 年，第 51 页。
〔2〕《陈莲笙文集》上册，上海辞书出版社，2009 年，第 9 页。
〔3〕《宗教与世界》2017 年第 5 期，第 7 页。

经成为一支重要的社会力量，其社会影响力也不断增强。为此，2016年《政府工作报告》明确指出：我们要全面贯彻党的宗教工作基本方针，坚持依法管理宗教事务，促进宗教关系和谐，发挥宗教界人士和信教群众在促进经济社会发展中的积极作用。这就充分肯定了宗教界人士和信教群众是我国经济社会发展中的积极力量。道教信徒也是公民，是社会主义现代化建设的重要力量，他们工作在不同行业、不同岗位，发挥着各自的聪明才智，同样在为国家建设和经济社会发展作贡献。当代道教，加强基本信徒队伍建设，就是要深入挖掘道教教义教规中有利于社会和谐、时代进步、健康文明的内容，引导广大道教信徒积极践行社会主义核心价值观，坚持正信正行，努力为经济社会发展做出积极贡献。

（三）注重加强道教基本信徒队伍建设

据 21 世纪初国外对各教教众数量的不完全统计，中国道教的信徒根本就是微乎其微，甚至可以被忽略不计。但是，用西方宗教模式来看待东方宗教那是严重错误的。事实上，道教是有主神信仰的多神教，道教的信徒也是很多的。据说，20 世纪 80 年代，联合国将一位中国女性授予"和平女神"的称号，这就是风靡全球的"妈祖"。据统计，妈祖信仰遍及全世界 45 个国家，妈祖庙超过 5000 座，信众超过 3 亿人，成为东南沿海、港澳台和东南亚主要信仰之一。还有，真武信仰、关帝信仰、财神信仰、药王信仰、文昌信仰等，也是信徒众多，难以统计。可见，道教是不缺信徒的，只是道教的信徒队伍建设没有做好，缺少规范性、制度性和组织性，需要进一步规范和完善。根据目前道教现状分析，主要应该从以下三个方面来推进道教基本信徒队伍建设：

其一，通过组织皈依来规范道教基本信徒队伍。所谓"皈依"，是指道教信徒的一种入教仪式，即对道、经、师三宝的归顺和依附。按照道教传统，只有正式参加皈依后，才能真正成为道门的基本信徒。

事实上，各大宗教都有自己的信徒入教仪式。比如，基督教信徒的入教仪式是受洗礼或圣洗，佛教的入教仪式也是皈依。与其他宗教相比，道教的入教仪式并没有得到重视，道教信徒队伍建设工作也明显滞后。为此，中国道协曾指出"宫观应规范接纳和管理皈依弟子"，[1]明确提出了宫观应该主动招收皈依弟子，以此来扩大道教信徒队伍。近年来，虽然全国有部分道观开始恢复传统皈依活动，但是还没有得到全面开展，更没有得到全国道教界的积极响应。究其原因，主要是对信徒队伍建设工作重要性认识不够，必须要引起道门自身的高度重视。一方面，要充分认识做好"皈依"工作的重要性。各宫观组织要统一思想、提高认识，准确把握做好信徒皈依工作的现实意义，这既是道教自身建设的需要，也是当代道教事业传承与发展的根本保证。另一方面，要认真组织、统筹规划，稳步推进"皈依"工作的有序开展。我们要立足道教皈依传统，结合当代道教实际，借鉴其他宗教成功经验，制定出台道教信徒皈依管理办法，并形成具体实施方案，要求各地宫观贯彻执行。同时，还要明确道教宫观的责任主体，根据中国道协规定要求，把信徒皈依活动纳入道观日常管理工作之中，道教团体组织要做好监督指导工作，从而使道教皈依工作成为道门信徒队伍建设的应有之义。

其二，通过道教科仪来服务道教基本信徒。道教信徒一般都有来道观进香拜神的传统，无论是每月的朔、望或者神仙圣诞日，他们都会来到道观进上一炷香，并告诉神灵心中的愿望，希望得到神灵的护佑，有的祈求身体健康、出入平安，有的祈求事业顺利、家庭幸福，有的祈求生意兴隆、财运亨通，有的祈求学业进步、仕途顺畅等。但是，也有信徒需要通过举行清微科仪，来完成祈福、消灾、保平安的目的，也有信徒通过举行度亡科仪，来完成对先祖超度的目的。但是，

---

〔1〕《中国道教》2020 年第 6 期，第 57 页。

无论是祈福消灾的科仪，还是超度先祖的科仪，其中都蕴含着丰富的伦理思想，这些思想对信徒的心灵有着强烈的教化功能。道教科仪一般都是由神职教徒来完成的，普通信徒在参与仪式的过程中，就会体会到科仪经文的内容，并且从中得到教义思想和伦理内容的教育。比如，道教科仪中的"忏悔文"，就是指行仪道士替信徒为自己言行过错向神灵表示忏悔之意。在科仪中的忏悔，无论是为了消灾求福，还是为了拔度幽魂，都是需要信徒对今世行为过错的检讨，忏悔的本身就是一般接受道德伦理教化的过程。因此，道教神职教徒通过科仪来服务信徒，既是满足信徒的信仰需求，解决他们心中的困惑，也是对信徒心灵的一次洗礼，自然有利于提升一般信徒的信仰内涵，从而增强他们对道教信仰的思想情感。

其三，通过讲经讲道来教化引导道教基本信徒。当代道教，我们要注重做好讲经讲道工作，特别是"要弘扬中华民族优良传统，用团结进步、和平宽容等观念引导广大信教群众"。[1] 为此，中国道协自2008 年开始，恢复道教学经、讲经的良好传统，开展"玄门讲经"活动，对于促进道教讲经弘道工作的开展起到了积极作用。中国道协十届全国代表会议《工作报告》又强调指出："深化对道教经典研究，办好玄门讲经活动。"[2] 充分体现了中国道协对玄门讲经工作的高度重视。事实上，玄门讲经历来就是道教的传统，是道教神职教徒传经布道的本职工作。清代时期的王常月祖师，就是通过讲经讲道来传教和度化信徒的，他的传教方式很值得研究。当代道教的玄门讲经更具有新的时代内涵。一方面，通过讲经讲道可以最直接、最有效的传播道教优秀文化，推动道教界对道教教义思想作出符合社会进步和时代要求的阐释，促进道教与社会主义社会相适应。这是时代发展的新要

---

〔1〕《宗教与世界》2017 年第 6 期，第 2 页。
〔2〕《中国道教》2020 年第 6 期，第 39 页。

求，也是道教与时俱进发展的新举措。另一方面，通过讲经讲道可以更好的教化引导道教基本信徒，为他们解疑释惑、树立正信正行，并以此度化更多的道教信徒。基督教就是通过讲经布道来传"福音"的，星云大师也是通过讲经讲道来传播佛教的，这些成功的经验都值得当代道门学习与研究。因此，当代道教必须要把讲经讲道作为一项重要工作来抓，各地道观要注重讲经人才的培养，把讲经工作作为弘扬道教文化和度化信教群众的重要内容，坚持不懈，抓出成绩，抓出成果。

三、探索加强道教居士信徒队伍建设

中国传统道教的精神追求，是"以一种淡泊、宁静的心境而让人体会其一直在寻思、追求的那种摄万物、通千古之道。在道教的理解中，道是超自然本体，同样也是人所向往、追求的境界"。[1] 中国人相信"举头三尺有神明"，希望通过宗教修行来达到自我心灵的净化与纯洁。历史上，就曾出现过一批自我修行的隐士，他们有的在家修行，有的则隐居山林之中，这批人又被称为居士或隐士。后来泛称有道之处士为居士。唐宋时期，道教把在家修行之人称为居士。比如，笃信道教的李白就自称青莲居士，白居易自称香山居士，苏轼自称东坡居士等。佛教传入中国后，特别是禅宗、净土宗的传播，吸引了大量的居士信徒。近现代以来，佛教的居士队伍发展迅速，居士林团体组织不断建立，居士信徒队伍稳步发展。与之相比，道教的居士队伍建设就明显滞后，既没有成立专门的居士组织，也没有专人从事此项工作，道教组织也失去了对居士的吸引力。当代道教，随着经济社会的快速发展，居士信徒也开始寻找信仰依托，如何抓住机遇、顺势而为，探

---

[1] 卓新平：《中国人的宗教信仰》，中国社会科学出版社，2015年，第18页。

索开展新时代道教居士信徒队伍建设，就成为道门自身必须要认真思考并加以解决的重要问题。

（一）道教居士信徒队伍基本概述

当代社会，随着道教的复兴与发展，开始出现一批新的居士信徒群体，一般以企业界人士和新的社会阶层人士居多，他们都是改革开放后成长起来的一个新群体，其中有相当一部分是有信仰需求的，他们在创业过程中，在事业发展中，或者在家庭生活中，都会遇到诸多意想不到的或者难以解决的问题，有时会"反映出人在神圣与世俗之间的徘徊，在永恒与现实之间的纠结，在超然与自然之间的徜徉"。[1]这就需要道教神职教徒的开示与指导。根据目前道教居士信徒情况分析，主要可以分为以下三种类型：

其一，虔诚信仰型。著名宗教学者卓新平教授指出："中国人有着悠久的宗教历史，丰富的信仰生活，以及多彩的宗教文化传承。宗教是中国社会结构的重要组成部分之一，也是中国传统文化的核心内容，这种传统延续至今，上下五千年一脉相承，而在当代又有新的发展及呈现，给人以鲜活之感。"[2]这就是说，中国人的宗教信仰与中国传统文化是一脉相承的，至今仍然影响着中国民众。当代社会，在企业界人士中，出现了一批道教居士信徒，他们熟悉中国传统文化，深知中国文化的核心内容与宗教精神，在潜意识中就对传统道教有着虔诚的信仰。企业界的成功人士，大多是社会精英阶层，一旦确立了自己内心的信仰，一般都是会持久不变的。他们知道在这个世界上，唯有"道"才是最永久的东西。"道"化身天地万物，又体现在天地万物之中，"道"是无所不包、无所不为、无所不能的。这类信仰虔诚的居士

---

〔1〕 卓新平：《中国人的宗教信仰》，中国社会科学出版社，2015年，第17页。
〔2〕 卓新平：《中国人的宗教信仰》"引言"，中国社会科学出版社，2015年，第1页。

信徒，在工作或者生活中，自然就会按"道"的规律去办事，他们明白按道行事，就是"得道"，不按道行事，就是"失道"，这是天道之规律。

其二，因事信仰型。信仰是个人的私事，自然就有自由选择的权利。这种类型的居士信徒，原本并不相信，也没有信仰，只是在遇到事情之后，突然感悟而信教的。笔者身边就有这样一个案例，有一位做文化产业的老板告诉我，他做企业好像没有什么规律可循，这是他最为困惑的问题。因为有的时候，企业做得很好，也没有什么原因可以解释，但是有的时候，突然又做得很差，同样也没有什么原因可以解释，他有时百思不得其解。于是，他只能相信宗教、相信神灵，是神灵在冥冥之中给予安排的。从此之后，他就经常来道观进香拜神，企业也办得一直很顺利。道教认为，"道"是超然本体，人在"观天之道，执天之行"时则需遵循"立人之道"。人生的追求就在于信守"天道"和"人道"。也就是说，只有遵守"天道"和"人道"者，神灵自然就会保佑。人们常说，有人"运气"好，办事总能成。从信仰来讲，这种"运气"并不是凭空而来的，是来源于个体的福报，福报则是靠"修"来的。所谓"积善之家，必有余庆"，讲的就是这个道理。这类居士信徒，一旦感悟后，其信仰也是比较虔诚的，一般都可以成为居士信徒队伍中坚定信仰的成员。

其三，被动信仰型。在中国传统社会中，宗教与人们的生活有着密切关系，中国传统的"敬天祭祖"就是一种典型的宗教信仰，中国人是比较注重祭祀的，并称祭祀是教化的根本。这就是说，在中国人的血液中就流淌着宗教信仰的基因，平时受环境等因素的影响，无法得到自由表露，机缘到了自然就会彰显出来。对于被动信仰的居士信徒，一般是没有明确信仰的，或者在公开场合表明自己是没有信仰的，但是一旦受到信教环境的影响，或者受到信教朋友的感染，其内心的信仰基因就会被激发出来。这种类型的居士常常处于信教与不信教的尴尬境地，一方面，是自己根本就不懂道教，更不知道教文化的博大精深，或者是没有信教的环境和需要，或者是受某种因素的影响不方便信教。另一方面，中国人的生活习俗很多与道教有关，如果在家庭环境或者朋友的影响下，很快就会跟随着来道观进香拜神。对于这类居士信徒，道观神职教徒要主动担负起导师的责任，给予积极的引导与开示，使其在道教文化的熏陶下成为居士信徒。

（二）道教居士信徒队伍与道教自身建设

改革开放以来，道教及其组织建设得到快速发展，但是在居士信徒队伍建设方面却很少受到关注。究其原因，主要是道门自身人才缺乏，没有认识到加强居士信徒队伍建设的重要性，或者缺少责任意识而不愿意去做，或者有心想做却没有能力去做。这些问题的存在，都是道教居士信徒队伍建设的瓶颈。道教现状告诉我们，目前有很多居士信徒希望皈依道教，因为他们知道唯有道教才是中国本土宗教，信奉道教就是对中国文化的认同，他们也知道道教是很有哲理的宗教，信奉道教就等于找到了人生的归宿，这是社会民众的信仰需求。同时，我们也深知道教居士信徒是道教重要的信仰群体，做好居士信徒的服务工作也是当代神职教徒的责任。因此，做好居士信徒队伍建设意义重大而深远，这既是道教适应时代发展、服务居士信徒的需要，也是道教自身建设与发展的根本要求。

其一，居士信徒队伍助力道教自养经济。当今社会，道教居士信徒是一个特殊的社会群体，他们大多是一些事业成功人士，有一定的经济基础，也有做功德的能力，做好居士信徒队伍建设可以有效提升道教的自养经济。当前，道教自养经济仍然相对薄弱，在一定程度上制约了道教事业的发展。据不完全统计，从全国范围来看，自养经济相对较好（自养后还有一定结余）的道观仅占三分之一，自养经济一般（自养后很少有结余）的道观占三分之一，自养经济困难（自养难以维持）的道观占三分之一。这就是说，道教的自养经济是不容乐观的，甚至在上海这样的大城市中，也有一些道观自养困难，这是一个严峻的现实问题。究其原因，主要有两个方面：一方面，道教宫观自身努力不够。宫观组织没有很好的去思考解决自养问题，少数神职教徒工作马马虎虎、得过且过，整天无所事事、不思进取。另一方面，神职教徒服务信徒的工作没有做好。少数神职教徒对信徒爱理不理，缺乏主动服务意识。这些问题的存在，是道观自养困难的主要原因。笔者记得，多年前有一位学者曾经说过一句话，"庙里最不缺的就是钱"。我当时还不太理解，后来想想是很有道理的。因为，宗教场所主要有两大功能，即服务社会，服务信徒。如果信徒服务工作做好了，自养经济还有困难吗！经济虽然不是道观追求的目标，但是道观的自养却离不开经济。陈莲笙大师说："只有有了一定的经济基础，才能解决道教的自养问题，才能有利于道教队伍的稳定，才能更好地弘扬道教文化，发展道教事业，才能更好地为改革开放服务，为社会主义市场经济服务"。[1] 这就是说，经济是道教事业发展的基础，做好道教居士信徒队伍建设可以有效增强道教的自养能力。

其二，居士信徒队伍助力道教宫观管理。当代道教，宫观管理是道教组织管理的重要内容。《道教宫观管理办法》第二章称："宫观应当在所在地道教协会指导下，民主协商产生管理组织成员，设立管理组织，实行民主管理。"[2] 这就是说，加强道教宫观管理是道教事业发展的需要。但是，就目前道观管理情况来看，管理组织不健全、管理制度不完善、管理体制不顺畅的现象依然存在，严重制约了现代道教宫观的管理工作。究其原因，主要是道观管理人才的严重缺乏，这就需要道教团体组织注重引进居士信徒参与道观管理，以解决道观管

〔1〕《陈莲笙文集》上册，上海辞书出版社，2009年，第24页。
〔2〕《道教宫观管理办法》，《中国道教》2020年第6期，第55页。

理人才缺乏问题。道教居士信徒队伍中多数是企业界精英人士，其中有很多管理方面的人才，可以吸收引进部分人才参与道观管理。佛教就有很多寺院，聘请居士信徒参与管理，发挥了很多的积极作用。基督教也有居士信徒参与教堂管理工作，形成了很好的管理模式。居士信徒既懂道教专业知识，又有管理水平与管理经验，特别是一些刚退休的居士信徒，他们也有来道观帮忙的意愿，有的可以进入义工团队，有的可以直接进入道观管理组织，参与道观的组织管理和教务活动策划，以更好地促进道观规范管理、提高道观管理水平。因此，居士信徒队伍既是道教信徒的骨干力量，也是吸收引进道观管理型人才的主要渠道之一。

其三，居士信徒队伍助力道教团体建设。2016 年全国宗教工作会议指出：宗教团体是党和政府团结、联系宗教界人士和广大信教群众的桥梁和纽带，要为他们开展工作提供必要的支持和帮助，尊重和发挥他们在宗教内部事务中的作用，努力建设政治上可信、作风上民主、工作上高效的高素质领导班子。这是对宗教团体积极作用的充分肯定，是对新时期宗教团体建设提出的新要求。道教团体作为党和政府联系道教界人士和信教群众的桥梁和纽带，如何更好地加强自身建设、规范组织管理，是当前道教工作十分重要的任务。一方面，要进一步提高道教团体的自我管理能力，充分发挥其管理、教育、协调、服务和引导等职能，实现自我教育、自我管理，建立自我约束、自我监督机制。另一方面，要充分发挥道教团体的积极作用，不断提高道教服务社会的能力。道教团体要充分发挥自身优势，以道观活动为纽带，教化、引导广大信教群众，化解社会矛盾、净化人类心灵、促进社会稳定，为社会主义和谐社会建设作贡献。无论在自我管理，还是服务社会方面，居士信徒中都有许多优秀人才，他们是道教团体管理宝贵的人力资源，要在加强道教居士信徒队伍建设的同时，注重吸收引进管理型人才参与道教团体组织管理，发挥道教居士信徒在道教团体管理中的积极作用。

（三）注重加强道教居士信徒队伍建设

通过以上居士信徒队伍与道教自身建设的分析，我们认为居士信徒队伍建设非常重要，这不仅关系到道观的自养经济问题，关系到道观管理和道教团体建设问题，而且还关系到道教事业的健康发展问题。宗教发展表明，除了本宗教神职教徒的培养外，谁抓住了居士信徒队伍，谁就抓住了本宗教事业的发展，佛教如此，基督教如此，伊斯兰教也是如此，他们已经与居士信徒融为一体，居士信徒也成为所信奉宗教组织的成员，在各教的组织建设中发挥着积极作用。因此，当代道教必须要借鉴其他宗教的成功经验，认真做好道教居士信徒队伍建设的工作。

其一，通过道学智慧为居士信徒解疑释惑。所谓"解疑释惑"，就是指解答疑难问题，消除困惑情绪。现代社会中，市场经济的快速发展，社会矛盾的不断出现，时刻影响着民众的生活。道教居士信徒在社会交往、事业发展、家庭生活中，自然会遇到一些困惑问题，有时会影响工作，有时会影响家庭，有时也会影响自己情绪等。对于事业比较繁忙的居士信徒们，每当遇到困惑时，就希望能够有人指点或开示。于是，居士信徒有时会经常来道观，一方面是进香拜神，祈求神灵保佑，另一方面就是寻找神职教徒给予开示。比如，有人遇到工作问题时，包括投资决策、企业声誉、内部矛盾等，有时自己把握不准，就会来道观请教道长指点。有人遇到家庭问题时，包括矛盾纠纷、子女学业、工作就业等，也会来道观请道长开示。因为，他们相信神职教徒是有道学智慧的，是修道的高人，可以成为他们的人生导师。如果道观的神职教徒，是有学识、有智慧的贤者，一定能给居士信徒指点开示，反之就不能做到。因此，道教神职教徒的自身素质非常重要，真正的高道大德能够为居士信徒解疑释惑，自然就能吸引大批居士信徒。实践证明，凡有高道大德的道观一定会聚集诸多居士信徒，凡有真正修行者的道观一定是居士信徒向往之地。反之，只能是门庭冷落、信徒稀少。

其二，通过组织培训来提升居士信徒自身修持。居士信徒正式皈依入教后，道教宫观组织要加强与信徒联系，积极做好教化引导工作。中国道协制定的《道教宫观管理办法》称：宫观"要加强皈依弟子管理，引导其爱国爱教、正信正行，遵守道教规戒、禁忌和宫观管理制度"。[1] 这就是说，教化引导皈依信徒是宫观组织的重要工作之一，是神职教徒义不容辞的责任。一方面，宫观组织要定期举办居士信徒培训班，学习道教知识、礼仪，提升道学修持。培训班可以分初级、中级、高级三个层次，根据不同层次安排相关课程。比如，初级班课程包括：道门礼仪、道教基础、静坐修行、殿堂诵经等内容。通过神职教徒的言传身教，使广大居士信徒通过系统学习与体验，提高知识，提升福德，增长智慧，道学修持也不断精进。另一方面，宫观组织要定期组织居士信徒学习道教经典，吸收道门先贤的道学智慧。因为"道教经典是历代高道学道、行道事迹的记载，也是历代祖师阐扬道学的智慧结晶，是我们学习的宝贵资料"。[2] 比如《道德经》称："我有三宝，持而保之。一曰慈，二曰俭，三曰不敢为天下先。"[3] 这就是老子所说的"人生三宝"，要求世人要仁慈、节俭、不敢为天下先。简明扼要，却意义深远。我们要在居士信徒队伍中兴起"读经、学经"之风，在神职教徒的引领下，学习道教经典中的伦理思想与道学智慧，学习历代高道的高尚情操与道德风范，引导居士信徒提高自身的信仰修持。因此，道教宫观要把居士信徒的培训工作纳入年度工作计划，作为道教居士队伍建设的重要工作来抓，统筹规划，精心准备，稳步

---

〔1〕《中国道教》2020 年第 6 期，第 57 页。
〔2〕 丁常云：《道教与当代社会》，中西书局，2018 年，第 243 页。
〔3〕 安伦：《老子指真》，社会科学文献出版社，2016 年，第 66 页。

推进此项工作的有序开展。

其三，通过成立居士信徒组织来强化队伍建设。在道教传承与发展过程中，道教神职教徒和居士信徒同样重要。其中，神职教徒是旗帜，居士信徒为护法，二者缺一不可。真正的神职教徒，必须要有良好的道学修养，方能利益众生，担负起弘扬道法的责任。同样，真正的居士信徒，也应具有良好的道学素养，以起到承上启下、护教利生的作用。在居士信徒队伍建设中，除了举办各类培训班和体道班外，还必须要通过成立居士信徒组织来强化队伍建设。一方面，道教宫观要成立居士信徒慈爱功德会，搭建功德平台，发挥服务社会功能。慈爱功德会本着"慈爱、平等、和谐、共生"理念，践行"学道为人、行善修德、慈爱众生、济世利人"思想，遵守宪法、法律、法规和国家政策，坚持爱国爱教，遵守社会道德风尚，组织参与社会慈善救助项目，造福社会和民众，实现行善修德的目标追求。慈爱功德是居士信徒修行的重要内容，既要广积善缘、服务现实社会，为社会公益慈善作贡献，又要注重修行、服务道教宫观，为维护道教合法权益、促进道教事业发展作贡献。另一方面，道教宫观要成立居士信徒联谊会，搭建交流平台，发挥护教功能。联谊会以"沟通、结缘、互助"为目的，广泛联系居士信徒，通过内部联谊、交流活动，加强联系，增进友谊，促进合作。具体工作中，注重弘扬道教精神，深化道教界高道大德和居士信徒之间的互动交流。组织道教居士信徒聚会联谊，举办研讨会、培训班、讲经班，推动道教文化交流，培养道教居士人才，探讨道教发展之路。

四、探索加强道教文人信徒队伍建设

道教是中国固有的传统宗教，在中华传统文化中占有极其重要地位，对中国社会影响广泛而深远，几乎渗透到中国民众生活的各个方面。不仅如此，道教还流布海外，在世界许多国家和地区发生影响，道教信仰已经走向世界。[1] 这就是说，道教对人类社会的影响是广泛而深远的。道教文化的传播与发展，主要是依靠神职教徒和文人信徒来完成。一方面，神职教徒是道教文化传播的一支重要力量，他们肩负着"学道、修道、传道"的责任。历史上的很多高道大德，如张道陵、张宇初、王重阳、邱处机、王常月等，他们都是推动道教传承与发展的脊梁，是后世道教徒学习的榜样。另一方面，道教文人信徒也是道教文化传播的一支重要力量，他们肩负着研究、传承道教文化的使命。当代道教，由于道门自身高端人才的严重匮乏，在文化传承方面只能依靠文人信徒来完成，他们是当代道教文化传承的脊梁，加强文人信徒队伍建设就成了新的时代要求。

（一）道教文人信徒队伍基本概述

道教文化博大精深、源远流长。虽历经磨难却不断更新，并以其"海纳百川"的胸襟来博采众长、充实自我，从而形成了多元性、包容性的文化体系。一方面，中国的文化信仰是追求一种开放包容、和谐共存、和平共处的和合文化，凝聚着中华民族历代文人所特有的文化情感。另一方面，他们深知道教信仰是中国人精神生活与安身立命的根基，道教有慈悲济世、服务人类的精神，道教有襟怀广大、超脱尘世的精神。历代以来，对道教文化的敬仰与信守，就成了中国文人信徒的精神追求。比如，老子《道德经》是道教的主要经典，吸引了历代文人的诠释。比如，葛玄、成玄英、杜光庭、苏辙、王安石等，甚至还有唐玄宗、宋徽宗、明太祖等，赵孟頫还写成小楷书法，传承至今。这其中，就有文人信徒参与诠释，对于道教文化的传承作出重要

---

[1] 卿希泰主编：《中国道教思想史》第一卷，人民出版社，2009年，第1页。

贡献。这类信徒是道教文化传承与发展的重要力量，也是当代道教文化建设的主力军。根据目前道教文人信徒情况，主要可以分为以下三种类型：

其一，虔诚信仰型。卓新平教授指出："中国人有着悠久的宗教历史，丰富的信仰生活，以及多姿多彩的宗教文化传承"。[1]这就是说，中国文人历来就受传统道教的影响，隐于盛世、舍身救乱世，成为中国文人勇于担当的真实写照。对于虔诚信仰的文人信徒来说，他们深知中国人的道教信仰与中国人的文化精神、民族气质有着丰富而复杂的交织，在其内心深处就蕴藏着中国道教文化及其信仰的基因。历代以来，就有许多文人入道，成为文人信徒，为道教的文化建设努力耕耘、默默奉献。比如，东晋时的葛洪，北魏时的寇谦之，南朝时的陆修静等，他们入道后，潜心研究道教文化，著书立说，弘扬道法，成为真正的学者型道教徒，把全部身心都奉献给了道教事业。这类虔诚的文人信徒，用自己的实际行动诠释着无私的奉献精神，他们为了信仰、为了文化、为了道教事业作出了不可磨灭的功绩。

其二，文化信仰型。这类信徒多数是因"道文化"而信教的，他们因博大精深的道教文化而震撼，或者被充满智慧的道教文化所折服，从内心崇拜道教，进而信奉道教。近年来，从部分道观的皈依信徒情况来看，凡是高学历的信徒，其皈依的原因主要是对道教文化的敬仰，或者是对道教玄学的喜爱。一方面，文人信徒在学生时代，就表现出对道文化的浓厚兴趣，经常会向父母提出一些玄学的东西，父母总感觉很奇怪，自己又解答不了，只能领着孩子来道观请道长指点。笔者在道观就曾接待过这样的父母，经了解后他们孩子提出的问题基本都是玄学的内容，这些孩子思考的问题往往超出一般常人，相对而言他们都是高智商的，这种玄学根基就为他们日后成为文人信徒打下了基

---

〔1〕 卓新平：《中国人的宗教信仰》"引言"，中国社会科学出版社，2015年，第1页。

础。另一方面，文人信徒与他所学专业有密切关系，有时候在大学所学专业会影响其一生。一般认为，道教文化深奥难学，平时又很少接触，而一旦入门之后，又感觉道教文化很有内涵。笔者就认识一位文人信徒，他说从读大学时就开始迷上道教文化，然后几乎用其一生来研究道教。他还告诉笔者，对世界各大宗教都研究过，最后还是觉得道教"真的有东西"。目前，他已经退休多年，还在继续研究老子《道德经》，并已经把研究成果翻译成外文，他希望把道教经典向世界传播，其精神实在令人钦佩。

其三，情感信仰型。作为人类历史上一种具有深远影响的信仰文化，道教的内容丰富多彩，影响深远。从传统来看，道教是中国人精神生活中的宝贵遗产，文人信徒对道教有着深厚的文化情感。一方面，是对中华文化的认同。历史发展表明"道教对我国古代的思想文化和社会生活的各个领域都产生过巨大而复杂的辐射作用，留下深刻影响。直到当今，道教依然在中国人的生活方式和文化构成中显示出独特的生命力"。[1] 道教在中国人心目中具有很高的地位，文人信徒在深入研究中华文化的基础上，对道教文化及其信仰产生了情感，引领着他们去学习道教文化、研究道教文化，乃至传承道教文化。另一方面，是对伟大祖国的认同。道教是中国本土宗教，现在西方世界许多国家都建有道观，像加拿大、澳大利亚、美国、法国等地都可以看到道教宫观的新风采。笔者常听海外华人说"信仰道教就是爱自己的祖国"，这是有一定道理的。文人信徒同样认为，信奉中国本土宗教，也是热爱中国文化，热爱自己的祖国。笔者也经常听到，有文人信徒对道教的现状表示忧虑，对道教未来的发展更是担忧。关键是道教人才的严重缺乏，道教发展的基础薄弱。他们希望中国本土道教能够发扬光大，这是文人信徒对道教发自内心的情感认同，更是对伟大祖国

---

〔1〕 卿希泰主编：《中国道教思想史》（第一卷）导论，人民出版社，2009年，第1页。

的认同。

（二）道教文人信徒队伍与道教文化弘扬

道教文化的弘扬需要道门自身的努力，更需要文人信徒的关心与帮助。从道教历史看，道门自身历来就重视道教文化建设。从东晋开始，道教就辑集道书，整理成册。唐玄宗时，道书正式编藏，名曰《三洞琼纲》，此后历代皆重视修藏，至明代天师张宇初主持编修《正统道藏》传世，推动了道教文化的传承与弘扬。当然，这其中也有文人信徒的参与，可以说这是教界与学界的共同成果。从道教现状看，道教的发展与道教文化建设是紧密相连的，是一个不可分割的统一体，道教文化是道教赖以传承与发展的重要载体。当前，由中国道协主持编修的《中华续道藏》[1]，可谓是道教文化建设的盛世工程。但是，从参与编修的人员来看，文人信徒是修藏的主力军，或者说完全是由文人信徒与专家学者来负责编修。这就是说，道教文化的传承与弘扬离不开文人信徒，过去是、现在是、将来也是。因此，加强文人信徒队伍建设是推动道教文化建设与弘扬的重要抓手，也是道教人才队伍建设的重要内容。

其一，文人信徒队伍助力道教话语权。所谓"道教话语权"，就是指道教讲话的权利以及所产生的社会影响。道教话语权的巩固与提升，既取决于道教的社会地位，又直接体现为道教话语的成熟和话语体系的完善。当代道教，由于自身等多种因素，总体发展比较缓慢，与时代发展需要相差较大。加上道教不注重自身建设、不注重对外宣传，其社会影响力就相对微弱，道教的话语权自然就无法彰显。这是制约

---

〔1〕 2018年12月20日，中国道教协会在北京举行《中华续道藏》编纂出版工程启动仪式。该工程由中央统战部推进实施，文化和旅游部协调指导，中国道教协会组织实施，委托具备实力的学术研究机构、专家学者组成专业团队开展工作，重点对海内外道经进行系统的调查编目、研究评估、整理编纂、影印和点校出版。

道教传播与发展的重要因素之一，必须引起高度重视。一方面，要大力加强道教人才队伍建设，提升道教的社会地位。所谓"弱国无外交"，国家不够强大就没有话语权，这是一个亘古不变的真理。同样，道教自身的实力不够，自然也没有话语权。当前，由于道教人才的缺乏，无法在社会上发声，即使发声也很少有人关注。这就要求大力加强道教人才队伍建设，尤其是要培养一批杰出的代表人士，只有一批真正的高道大德成长起来，道教的社会地位才能不断提升，道教的话语权才能不断提高。另一方面，要大力加强文人信徒队伍建设，提升文人信徒话语权的分量。道教有无话语权、话语权的大小，主要取决于文人信徒的智慧、学识和实力。这里的实力不仅指道教自身的影响，而且也指掌握话语权人的影响，如果这个人是有威望、有影响的人物，那么他讲话的份量就比较重。文人信徒中有社会精英，也有行业或学科带头人，他们本身就是有影响的社会群体，话语权自然会更高。比如，佛教的赵朴初居士，既是文人信徒，又是社会活动家，同时也是德高望重的佛教领袖人物，话语权的分量自然不一样。道教的陈撄宁居士，也是文人信徒、道门领袖，其威望也是极高，只可惜他生不逢时。当代道教，需要大力加强文人信徒队伍建设，不断提升道教的话语权，进一步扩大道教的社会影响。

其二，文人信徒队伍助力道教文化研究。道教是中华文化的重要组成部分，道教的生命力也就包含在中华文化的生命力之中。面对新时代，道教如何在中华传统文化的发展中找准自己的位置，以保持道教的持续健康发展，这是当代道教徒必须要思考解决的重要问题。从道教历史发展看，道教的传承主要是依靠文化的传承，道教的发展也取决于文化的发展。因此，当代道教必须要大力加强文人信徒队伍建设，积极开展道教文化研究，促进道教事业有序传承与健康发展。一方面，要积极推进道门自身的道教文化研究工作。近年来，道门中人也开始注重对道教文化的学习与研究，有些道长撰写了具有一定质量的论文，也有道长出版了自己的专著，在道教文化研究方面取得了可喜成绩。但是，从整体情况看，道教研究人才匮乏、道教文化研究氛围不浓的现象依然存在，道教文化研究工作任重道远、举步维艰，需要引起高度重视并加以解决。另一方面，要积极推进文人信徒的道教文化研究工作。从目前情况来看，文人信徒仍然是道教文化研究的主力军，道教很多大的文化工程都是依靠文人信徒和专家学者来完成，即是各地创办的道教刊物、出版道教书籍，也都离不开文人信徒的帮助。因此，当代道教要大力加强文人信徒队伍建设，广泛团结一大批文人信徒，充分发挥他们在道教文化研究领域的优势，通过道教团体组织的顶层设计，统筹规划，精心谋划，稳步推进道教文化研究工作的有序开展。

其三，文人信徒队伍助力道教中国化进程。全国宗教工作会议指出：积极引导宗教与社会主义社会相适应，一个重要任务就是支持我国宗教坚持中国化方向。根据这一要求，道教同样也需要坚持中国化，这是原则问题，也是方向问题。"道教中国化主要解决的应该是与时俱进问题，是如何发挥道教应有时代价值问题。"[1] 这是一个新的时代课题，需要包括文人信徒在内的道门中人的共同努力，才能稳步推进道教中国化进程。一方面，道门神职教徒要高度重视、深刻领会、准备把握，要将道教中国化作为当前道教界的重要工作来抓，坚持与时俱进、创新发展和稳步推进。这里值得一提的是，上海市浦东道教文化研究所，通过教界与学界的通力合作，开展对道教中国化问题的研究，并于2020年出版了《道教中国化研究》专辑，成为道教界研究中国化问题的重要成果，得到社会的关注与好评。另一方面，要充分发挥文人信徒在推进道教中国化中的积极作用。对于道教中国化的研究，文人信徒已经做了大量卓有成效的工作。但是，道教中国化是一个系

---

〔1〕 丁常云主编：《道教中国化研究》序言，上海三联书店，2020年，第6页。

统工程，关系到道教未来发展问题，需要神职教徒和文人信徒的通力合作来共同完成。文人信徒要利用自身优势，系统梳理道教中国化的历史经验与教训，从学理上论证道教只有坚持中国化，才能长久健康地发展下去。同时，文人信徒研究道教中国化要做好顶层设计，按照道教中国化的意义、内容、路径等系统框架有序推进，要进行深入调研，充分吸纳道教界人士、信教群众的想法和意见，更加客观、务实地推进道教中国化发展进程。

（三）注重加强道教文人信徒队伍建设

道教历史表明，文人信徒队伍建设始终是道教信徒的骨干力量，他们肩负着道教文化探索、研究与传播的重任，他们既积极帮助道教组织和神职教徒开展道教文化研究，又积极主动弘扬道教优秀文化，掌握道教话语权，传播道教正能量。特别是在社会转型发展过程中，民众对宗教信仰的选择更趋理性，他们会通过网络、媒体和宗教书刊获得更多宗教信息，如果道门自身没有掌握好话语权，就会被少数别有用心者钻了空子，产生出错误信息而误导社会民众。因此，任何时候都需要掌握好道教话语权，除了神职教徒外，文人信徒就是最为重要的一支队伍，他们在社会上有影响，在研究领域中有权威，能够很好地掌控道教的话语权，维护道教良好的社会现象，助推道教事业健康发展。近代的陈撄宁先生就是一位文人信徒，在当时国难深重的岁月里，道教文化既不被主流社会所重视，又面临多种外来文化的无情挤压，他率先提出并高举"仙学"的大旗，在推广普及道教养生理论与方法、改革和发展传统内丹学方面做了开拓性工作。在担任中国道协会长时，他又主动担负起研究道教学术、弘扬道教文化、培养道教人才、继承道教传统的历史重任，对于推动近现代道教发展作出了不可磨灭的功绩。陈撄宁先生可谓是道教文人信徒的表率，被誉为"近代仙道养生学的泰斗"。〔1〕因此，当代道教要大力加强文人信徒队伍建设，发挥他们在推进道教文化建设中不可替代的重要作用。

其一，通过爱心助学基金来资助培养道教文人信徒。历史经验告诉我们，文人信徒也是需要培养的。一方面，要培养他们对中国文化的情感。比如，通过举办各类国学班等，使他们从小就接受国学的教育，从而使"中国人对自己文化的博大精深、源远流长深有体会，亦充满感情"。〔2〕由此，形成对中国文化的敬仰与信守，就成为中华民族的文化信仰。另一方面，道教团体或宫观组织可以设立"爱心助学基金"，来资助困难家庭的在校学生，可以是中学生、大学生，培养他们的文化情感，助力他们早日成才。特别是要资助"宗教学"专业的大学生，培养他们的宗教文化情怀。上海钦赐仰殿道观就专门在街道设立了爱心助学基金，十多年来每年都举办一至二次爱心助学活动，从初中生、高中生到大学生，至今已经累计捐助 150 多人，取得良好的社会影响。还有，全国部分道教团体也曾资助过许多宗教学专业的大学生，其中也有毕业后来道教工作的，有的还成为道教文化爱好者。多年后，他们其中的道教文化爱好者自然就会成为真正的文人信徒，成为推动弘扬道教文化建设与发展的主力军。同时，还要积极支持宗教学专业的学生出版研究成果或者书籍。根据目前出版界的不成文规定，多数书籍的出版，尤其是宗教书籍的出版，都需要作者自费，这对于学者来说是很不公平的，也不利于调动学者研究的积极性。特别是对于经济困难的学者，道教团体或宫观组织要积极给予资助出版，使其研究内容及时进行成果转化。这些宗教学专业的学生，都是当代道教非常紧缺的弘道人才，需要道门内外共同努力、坚持不懈，来推动道教文人信徒的队伍建设。

---

〔1〕 牟钟鉴主编：《当代中国宗教研究精选丛书》（道教卷），民族出版社，2008 年，第260 页。

〔2〕 卓新平：《中国人的宗教信仰》，中国社会科学出版社，2015 年，第 7 页。

其二，通过成立道教文化研究机构来团结文人信徒。改革开放后，道教界自身就开始重视文化研究工作和出版道教刊物，在团结文人信徒方面做了大量工作。一方面，各地道教组织成立道教文化研究机构，广泛团结道教文人信徒。比如，1988年上海道协成立了"上海道教文化研究室"，1989年中国道协在"研究室"[1]的基础上成立了"中国道教文化研究所"，2018年上海市浦东新区道协与钦赐仰殿道观联合成立"浦东道教文化研究所"，茅山还成立的"茅山道教音乐研究院"和"茅山道教文化研究中心"，以及各地部分宫观成立的道教文化研究室等。这些研究机构的成立，旨在开展道教研究、弘扬道教文化。其中，浦东道教文化研究所的成立，主要致力于推进三大文化工程：其一，是编撰"当代道教研究"丛书（计划完成10本），主要研究道教自身建设、道教与当代社会关系以及道教未来发展等问题；其二，是组织编撰《历代高道传》，填补道教史料和研究的空白；其三，是组织整理《申报》中的道教史料。上述三大文化工程，都是由教内外专家学者共同完成，自然可以团结一大批道教学者与文人信徒。另一方面，各地道教组织创办道教刊物，广泛团结道教文人信徒。1987年中国道协在《道协会刊》的基础上创办了《中国道教》杂志，1988年上海道协创办了《上海道教》杂志。此后，各地多家道教组织也先后创办了不同类型的道教刊物，旨在探索、研究和传播道教文化。道教刊物的创办有力地推动了教界与学界的合作，团结了道教学者与文人信徒。其中，《上海道教》杂志的创刊，就是在文人信徒的帮助下完成的，首任主编是华东师范大学的潘雨庭教授，他还担任上海市道教协会副会长和道教文化研究室主任，为上海道教文化建设做了大量工作。通过各地道教刊物的创办与发行，自然也培养了大批的道教学者或者道教文化爱

---

〔1〕　全称为中国道教协会研究室。1961年11月在北京成立，首任研究室主任为著名道教学者陈撄宁先生。研究室成立后，制定了《研究工作五年规划》，以编写《中国道教史》为中心工作。

好者，这其中就有一定数量的文人信徒。

其三，通过举办道教学术研讨交流来凝聚文人信徒。近年来，全国各地道教组织开始重视开展道教文化研究工作，举办各种类型的道教文化研讨活动。自 2002 年起，中国道协先后组织在上海、福建、湖南、江西召开四次"道教思想与中国社会发展进步研讨会"，取得丰硕成果。自 2007 年开始，中国道教又先后组织在陕西西安、湖南衡山、江西龙虎山、湖北武当山、江苏茅山召开了五次"国际道教论坛"，为世界道教徒搭建一个交流、合作、对话的高层次平台，是弘扬道教文化、搭建文明交流互鉴、维护世界和平的重要平台。还有，各地道教组织举办的各类研讨会也很多，影响也很大。比如，常州市道协组织召开的"衡山论坛"，已经连续举办了七届，取得了良好的学术成果。北京东岳庙连续召开了三届"东岳文化论坛"，使道教东岳文化得到很好的探索与传承。上海财神庙连续召开了二届"财神文化论坛"，扩大了道教财神文化的社会影响。从目前道教研讨会情况来看，道教神职教徒参加人数虽然在逐年增加，但是主要力量还是研究道教的专家学者。这些专家学者中大多数是对道教有感情的，他们在会上交流自己研究成果的同时，也会为道教的未来发展建言献策，当然也有专家学者会指出道教存在的不足，提出中肯的意见。对此，道门中人要有宽广的胸怀，吸收并采纳其中合理的建议，并付诸于实实在在的有效行动。道教组织要及时出版研讨会的论文集，使大家的研究成果得到有效传播。同时，道教组织还要多关心和帮助道教学者或文人信徒专著的出版工作，充分调动他们研究道教文化的热情。因此，道教界组织召开的各类研讨会、出版的各类书籍，既传承了道教文化、扩大了道教影响，又团结凝聚了一大批道教学者和文人信徒，同样是加强道教文人信徒队伍建设的重要抓手。

综上所述，加强信徒队伍建设不仅关系到道教的自身建设、社会影响，而且也直接关系到道教的生存与发展问题，必须要引起道门自身的高度重视。当代道教，必须要把信徒队伍建设作为当前一项重要工作来抓，各级道教组织和神职教徒要充分认识信徒队伍建设的重要性与紧迫性，要客观分析当前道教信徒队伍建设中存在的问题，深入探索道教信徒队伍建设的新思路、新方法与有效途径，稳步推进道教信徒队伍建设工作的有序开展，从而促进当代道教持续健康发展。

第三节　创新推进当代道教戒律建设

　　道教戒律，是道教内部的法律，主要是为了约束道士的言行举止，规范道士的自我修行。其中"戒是戒条，主要以防范为目的；律是律文，主要以惩罚为手段"。[1]《要修科仪戒律钞》称："经以检恶，戒以防非。"《大戒》云："有经而无戒，犹欲涉海而无舟楫，有口而无舌，何缘度兆身邪。夫学者，不知寻经戒，是未悟真要之根，长梦而不觉，可为痛心矣。"[2] 都从不同角度强调了"戒律"建设的重要性。因此，加强道教戒律建设，是道教教制建设的重要内容，也是加强道门自身建设和提高信仰水平的有效手段。一方面，戒律从信仰的角度，可以最大限度地维护道教教义、道教经借、道教科仪、道教活动场所、道士和道教组织等宗教要素的神圣、尊严和崇高，也可以最大限度地肯定道教的信仰与价值，肯定道德的神圣性，进而肯定道教徒的信仰追求和价值选择。另一方面，戒律也可以极力维系道门内部的严肃性、清静性和纯洁性，有助于逐步实现道教徒的人生理想，从而切实体现道教的真正价值。但是，就目前道教的现状来看，道教戒律建设严重滞后，具体表现为"戒律松弛"和"教风不正"，已经直接影响和制约道教事业的健康发展。这就需要"对道教传统戒律进行全面梳理，在

---

〔1〕　胡孚琛主编：《中华道教大辞典》，中国社会科学出版社，第564页。
〔2〕　《要修科仪戒律钞》卷四，《道藏》第6册，第936页。

传承优良传统基础上，根据社会发展进步要求，化繁就简，统一规范，构建当代道教教规制度体系，使道教界一体遵循"。[1] 因此，加强新时代道教戒律建设已成当务之急，这是当前道教界必须要认真研究并加以解决的重要问题。创新推进当代道教戒律建设，不仅是加强道教自身建设、重树道教自身形象的需要，而且也是时代进步和社会发展的必然要求，特别是在推进道教中国化进程和促进道教与时俱进发展的今天，创新推进道教戒律建设就显得尤为重要，其现实意义也更加深远。

一、创新推进道教戒律建设必须
遵循国家法律法规

法律是国家制定或认可，并由国家强制力保证实施的行为规范总和。戒律是伴随着宗教的形成而逐步产生的，当然也是宗教形成与发展的根本保证，被称为宗教内部的法律。在长期历史发展中，道教戒律与法律关系紧密，相互影响，相互吸收，形成具有中国特色的戒律体系。现存的传统道教戒律，就包含有科、戒、律、清规等多种形式，对于社会民众的思想信仰、日常生活、斋醮科仪、修炼养生等诸多方面都进行了详尽的规定，是信教人士遵守奉行的行为规范。但是，近现代以来，由于道门自身不注重戒律修持，道教戒律失去了它的神圣与庄严，创新推进道教戒律建设已经成为新的时代课题，当代道教必须要在继承传统戒律的基础上创新发展，必须要在遵循国家法律法规的前提下稳步推进。

---

[1]《中国道教》2020 年第 6 期，第 7 页。

（一）以法治规范推进"杀伤戒"建设

自古以来，杀伤之事都是人类社会所反对的，也是道教戒律所禁止的。所谓"杀伤戒"，就是指禁止一切杀害、伤害生命的戒律，这是道教戒律中最为重要的戒条。道教是一个贵生的宗教，《度人经》提出"仙道贵生，无量度人"，[1] 以贵生为人类社会的美德，就是要人们尊重生命，保护生命。道教以慈悲为怀，戒杀伤不单是指不能杀人，也指防止杀伤一切有情生命。凡是对于生命有害的事情都应制止，对生命有利的事情多加提倡。道教传统戒律中就明确规定反对泛杀物，如："生为大德之王，仁为儒道之尊，慈为福端，杀为罪首，立功树德，莫如去害，故济生之苦，皆由慈心于物"；[2] 还有"不得杀生"；"戒杀"；"不杀，慈救众生"；"不得杀生屠害，割截物命"；"不得好杀物命"；还有"不得劝人杀"；"不得因恨杀人"[3] 等戒条都强调了戒杀。道教在强调"戒杀"的同时，还指出不能伤害任何生命，包括自然界动物的生命。所谓"慈心于物"，乃万善之根本。道教认为，不伤害生命才是最大的福报。

在现行的国家法律中，杀伤之事也是法律所禁止的。其中，杀人罪是最大的罪行，一般都要重判。《中华人民共和国刑法》规定，故意杀人的，处死刑、无期徒刑或者十年以上有期徒刑。因为生命权利是公民人身权利中最基本、最重要的权利，不管被害人是否实际被杀，不管杀人行为处于故意犯罪的预备、未遂、中止等哪个阶段，都构成犯罪，应当立案追究。同样，伤害他人也是严重违法的。我国《刑法》明确规定：故意伤害他人身体的，处三年以下有期徒刑、拘役或者管制。这就是说，不论出于何种原因或者何种理由，杀伤他人生命都是

---

〔1〕《灵宝无量度人上品妙经》卷1，《道藏》第1册，5页。
〔2〕《太上洞玄灵宝法身制论》，《道藏》第6册，921页。
〔3〕《云笈七签》卷三十九，《道藏》第22册，271页。

要受到法律严惩的。现实社会中，虽然法律是明确规定的，处罚措施也是十分严厉的，但是各种犯罪现象仍然时有发生，每年的犯罪数量统计仍然居高不下，究其原因，主要是传统文化教育的缺失，直接影响到公民对社会缺少感恩之心，对法律缺乏敬畏之心，这是一个不容忽视的社会问题。因此，加强当代道教戒律建设，必须要把"杀伤戒"作为重要戒条之一，并增添适应新时代发展的思想内涵。比如，要有人道主义的精神，要有见义勇为的行动，要有关爱生命的情怀，要有对社会的感恩之心等。从源头上来约束道教徒和社会民众的言行举止，不断增强对于国家法律的敬畏之心，使道教戒律成为维护国家法律尊严的应有之义。

（二）以法治规范推进"偷盗戒"建设

所谓"偷盗"，就是指擅自或强行拿走他人物品、财产的行为。偷盗戒就是指禁止偷盗的戒律。人类社会，无论古今，无论中外，也无论道俗，偷盗之事总是不能容忍的恶行。中国社会历代王朝，对于偷盗行为都是重罚的。从秦简的片段规定中可以看出，偷盗罪所侵犯的直接客体既包括私有土地，也包括牛、马、猪、羊、金钱、珠玉、衣服和玉器等。秦律严格维护法定的地界，不允许擅自移动，否则即以盗论，都要处以极刑。为了保护私有权，秦律对于轻微的偷盗罪，也处以刑罚。汉承秦制，汉律规定"盗马者死，盗牛者加，所以重本而绝轻疾之资也"。对盗牛马者施加死刑，这虽然是为了包含当时最重要的生产资料，恢复社会元气，但由此也可以看出汉律对偷盗罪处刑之重。后世各个朝代之法律虽各有更张，多沿袭汉法，对于偷盗罪都处以重罚。道教传统戒律中，有关反对偷盗的戒律条文也很多。如《老君五戒》第四戒：不得偷盗。《积功归根五戒》第二戒：戒盗。《闭塞六情戒》第五戒：手无犯恶，不窃人物，贪利入己，祸不自觉。《受持八戒》第三戒：不得盗他以自供。《女真九戒》第九戒："不得窃取人物"。《九真妙戒》第五戒："不盗，推义损己"。《无上十戒》第三戒："不得取非义财"。《洞玄智慧十戒》第三戒："守贞推让，不淫不盗，常行善念，损己济物"。《妙林经二十七戒》第一戒："不得盗窃人物"；第二戒："不得妄取人物"等戒条都严禁偷盗。以上诸多戒条，明确告诉我们，偷盗之事不仅违法，而且也是严重违反戒规的，对于道教徒来说是绝对禁止的，否则将会受到戒律的严厉惩罚。

在现行的国家法律中，偷盗之事也是一种刑事犯罪行为。《中华人民共和国刑法》第二百六十四条规定，盗窃罪是指盗窃公私财物，数额较大的，或者多次盗窃、入户盗窃、携带凶器盗窃、扒窃的，处三年以下有期徒刑、拘役或者管制，并处或者单处罚金；数额巨大或者有其他严重情节的，处三年以上十年以下有期徒刑，并处罚金；数额特别巨大或者有其他特别严重情节的，处十年以上有期徒刑或者无期徒刑，并处罚金或者没收财产。盗窃罪虽然算不上大罪，但其社会影响是极坏的。盗窃行为一旦发生，往往是一人被盗或多人被盗，使单位、邻居人心惶惶，纷纷抱怨失去了安全感，有的因此还造成上下级、人与人之间互相猜疑，彼此戒备，使原来比较团结、和谐的气氛，顿时变得紧张，甚至从无端猜疑发展到大打出手。同时，盗窃行为还直接影响当地群众、单位及家庭的生活秩序，其破坏性后果是十分严重的。因此，古代社会尤其是明代对盗窃犯一般都是严惩的。因此，加强当代道教戒律建设，必须要把"戒偷盗"作为重要戒条之一，并增添新的时代内涵。比如，要注重个人品德教育，形成偷盗为耻的观念，建立互帮互助的平台，共同营造良好的社会氛围等。从源头上来约束道教徒和社会民众的偷盗行为，使道教戒律成为维护国家法律尊严的应有之义。

（三）以法治规范推进"贪污戒"建设

所谓"贪污"，就是指利用职务上的便利，侵吞、窃取、骗取或者以其他手段非法占有公共财物的行为。贪污戒就是指禁止贪污的戒律。自古以来，贪污都是为人类社会所不齿的。据说，歙县古城徽州府衙正厅有一副著名的戒贪对联：为政戒贪，贪利贪，贪名亦贪，勿骛声华忘政事；养廉惟俭，俭己俭，俭人非俭，还从宽大保廉隅。此联大意为：从政做官的人要戒除贪污的念头。贪求财利固然是贪，贪图名声、沽名钓誉也是贪，切莫倾心竭力去追逐浮华虚名，而忘却了当政的事务根本，须勤谨从政，务实担当。滋养清廉的心性、培养廉洁的作风，唯有持续俭朴才能做到。自己行为节俭是俭，一味要求别人和百姓节俭则不是俭，还要律己从严、待人宽容大度，这样便可以持节操，保全守廉品行的端正。这副对联告诫世人，要始终保持清正廉洁，切勿贪求财物，这是做人和为官的根本。在道教传统戒律中就有戒贪污的戒条，告诫道门弟子不得侵占公共财物。比如，《老君说一百八十戒》第五戒："不得妄取人一钱以上物"。第二十二戒："不得贪惜财物"。[1] 第一百五戒："不得积聚财宝，以招凶祸"。第一百三十八戒："不得广求宝物"。第一百五十六戒："常时无事，不得妄受人礼敬"。[2]《化胡经十二戒》第五戒："勿为盗，见利当莫取。所利为赃罪，贪利更相害"。[3] 这些戒条，明确规定，不义之财不可取，随便接受他人财物是绝对不允许的。这就是说，贪污是道教戒律条文所禁止的，道教的戒贪条文与传统的戒贪思想是一脉相承的。

在现行的国家法律中，非法占有公共财物一般都被定为贪污罪。《中华人民共和国刑法》第三百八十三条规定，对犯贪污罪的，根据情节轻重，分别处以罚金、拘役、判刑，直至处无期徒刑或者死刑。可见，国家法律对于贪污罪的惩罚是非常严厉的。近年来，随着经济社会的快速发展，贪污犯罪的人越来越多，数量也越来越大，给社会稳

---

〔1〕《云笈七签》卷三十九，《道藏》第 22 册，第 270—271 页。
〔2〕《云笈七签》卷三十九，《道藏》第 22 册，第 272—273 页。
〔3〕《云笈七签》卷三十九，《道藏》第 22 册，第 275 页

定和经济发展带来许多负面影响，成为社会发展中的一颗毒瘤。从社会角度看，贪污受贿、权钱交易等极大扰乱了社会正常秩序，败坏了社会良好风气，挥霍了大量社会财富。当前许多重大事故背后往往都有腐败的影子，造成了重大财产损失和人员伤亡，人民群众对此深恶痛绝，成为目前社会矛盾激化、群体事件不断发生的一个重要诱因。从个人角度看，则葬送了个人前途和家庭幸福。贪污受贿者一旦锒铛入狱，不仅自己身败名裂，大好前途瞬间化为乌有，甚至还牵连妻子儿女，落得家破人亡的悲惨结局。因此，当代道教在加强戒律建设时，必须要把"戒贪污"作为重要戒条之一，并增添新的时代内涵。比如，禁止利用职务之便侵吞财物，禁止利用工作之便窃取财物，禁止利用亲情关系骗取财物等。通过创新推进当代道教戒律建设，培养"寡欲不争"的思想品德，增强人类社会的敬畏之心，从源头上来约束道教徒和社会民众的贪污行为，形成清正廉洁的社会氛围，使道教戒律成为维护国家法律尊严的应有之义。

（四）以法治规范推进"诈骗戒"建设

所谓"诈骗"，是指以非法占有为目的，用虚构事实或者隐瞒真相的方法，骗取数额较大的公私财物的行为。诈骗戒就是指禁止诈骗的戒律。自古以来，中国人都讲求以诚信为本，对于欺骗的行为更是深恶痛绝。早在《礼记·月令》中就有了"黑黄仓赤，莫不质良，毋敢诈伪"的记载。这里的诈伪，就是欺瞒之意，说的是给周天子上缴的各类布匹，不可以次充好，要谨慎为之。所以历代王朝，对于诈伪一事，都是编入刑律之中，犯者严惩不贷。在道教传统戒律中，也有明确反对"诈骗"的戒条。比如，《老君一百八十戒》第九十四戒："不得强取人物"。[1]《化胡经十二戒》第四戒："勿欺诈，言当有成契，

---

〔1〕《云笈七签》卷三十九，《道藏》第22册，第272页。

欺人为自欺，华词为负誓"。〔1〕《老君说百病》还称："忘义取利是一病"〔2〕等。道教传统戒律中的这些戒条，强调的就是做人要讲本分、守底线，违背道德良心的事坚决不做，并严格禁止坑蒙拐骗等不法行为。道教的这些戒律条文，具有重要的时代价值，特别是对于现代社会制止诈骗犯罪有着重要的警示作用。

现实社会中，诈骗活动仍然十分猖獗，无论是经济诈骗还是电信诈骗都让人防不胜防。究其原因，主要有两个方面：一是诈骗犯罪的成本太低，对他们的惩罚力度太轻，才让他们肆无忌惮。另一方面，诈骗行为的形式虽然多种多样，但是受骗的主要原因还是出于受害人本身。一般说来，受害人具有一些不良或幼稚的心理意识，是诈骗分子之所以能轻易得手的关键。比如，虚荣心理，不作分析的同情、怜悯心，爱贪占小便宜等。事实上，诈骗就是一种欺骗行为，严重影响着社会的安全与稳定。人与人之间的相互欺骗，往往会让社会氛围丧失声誉，让人际关系没有信任，让正常交往产生戒心，让治安环境变得复杂。从根本上讲，这是违反法律基本原则和商业道德的，即使未造成任何人的实际损害，也扰乱了正常的竞争秩序和社会经济秩序，具有严重的社会危害性。因此，当代道教在加强戒律建设时，必须要把"戒诈骗"作为重要戒条之一，并增添新的时代内涵。比如，保持积极健康的心态，倡导公民勤劳致富，树立正确的财富观，制止好逸恶劳、想入非非，制止轻率、轻信、麻痹、缺乏责任感等。通过创新推进当代道教戒律建设，传播积极向上的社会正能量，戒除民众的虚荣心和贪欲心等。从源头上来约束道教徒和社会民众的诈骗行为，树立正确的人生观和社会诚信观，使道教戒律成为维护国家法律尊严的应有之义。

---

〔1〕《云笈七签》卷三十九，《道藏》第 22 册，第 275 页。
〔2〕《云笈七签》卷三十九，《道藏》第 22 册，第 276 页

（五）以法治规范推进"贪欲戒"建设

所谓"贪欲"，是指无休止的索取，贪得无厌的欲望，过分的要求。贪欲戒就是指禁止贪欲的戒律。古往今来，仁人贤士对贪欲之人都是非常鄙视的。孔子说："中人之情，有余则侈，不足则俭，无禁则淫，无度则失，纵欲则败"。意思是说，就一般人的性情而言，手里的钱多了，就会奢侈挥霍，不足时就会节俭，没有禁令就会放纵，没有节度就会逸乐，放纵欲望就会败亡。中国古代，自古以来都甚为看重为政清廉的品德。宋代清官包拯说："廉者，民之表也；贪者，民之贼也"。这就是对贪官的一种鄙视。如果为官者贪得无厌，必定会给自己带来灾祸的，而这种灾祸有时是身败名裂的或者是致命的结果，需要引起世人的警醒。事实上，贪欲本身就是一种身心不健康的表现，是道教学道修仙的禁忌内容，传统戒律中有许多戒条规定。《要修科仪戒律钞》卷一以贪欲、嫉妒、诽谤三者为不畏之事。经称："末世人民有三可畏，宜善详焉。一者道义嫉妒可畏，二者诽谤可畏，三者贪欲可畏。"〔1〕道经以杀害、嫉妒、淫、盗、贪欲、憎媚为学仙六忌，其中就有贪欲。十恶之中也有贪欲。所以，道经称其"可畏"，并在道教戒律中作了明确规定。关于贪欲的戒条，如"不得贪利财货"；"杀生贪味，口是心非"；"不得贪求无厌"；"戒贪"；"不得贪嗔痴恨"；"不得贪惜珍宝，弗肯施散"。还有《初真十戒》第七戒："不得贪求无厌，积财不散，当行节俭，惠恤贫穷"。〔2〕等。可见，道教的戒贪是指反对一切过分的欲望，要求人们通过自身修持、克制过度的欲望，保持清净自然心态，这些都是当代社会应该加以提倡的。

现实社会中，贪欲是一切烦恼的根源，也是所有罪恶的诱因。我

---

〔1〕《要修科仪戒律钞》卷一，《道藏》第6册，922页。

〔2〕《云笈七签》卷四十，《道藏》第22册，第279页。

们看那些欲望过多、永不知足的人的结果，往往都是悲惨的。古往今来，因贪欲过度而身败名裂，甚至招来杀身之祸的人不胜枚举。因为，一个人的贪欲一旦占了上风，就会不顾一切，忘乎所以，就会做出不可思议的事情来，最终一步步走向犯罪深渊。所以，有人说"贪欲"是魔鬼，它一点一点吞噬着人们善良的心灵，等人们醒悟时，为时已晚。贪欲是万恶之根，带来的是妒忌、争执与痛苦。贪欲是人类社会一切苦难的根源，对他人、对社会都将会造成极大的危害。正因为如此，《道德经》第四十六章说："罪莫大于多欲，咎莫大于欲得，祸莫大于不知足。"意思是，最大的罪行莫过于欲望太多，最大的过失莫过于贪得无厌，最大的灾祸莫过于不知满足。告诫世人，要珍惜现在所拥有的一切，不要等到失去了才知道后悔。这就要求，无论什么情况下都要把握住自己，洁身自好，清廉自律，不要干出"一失足成千古恨"的蠢事。可见，贪欲是一切烦恼的根源，也是人类走向毁灭的桥梁。但是，贪欲并非遗传所致，而是个人在后天社会环境中受病态文化的影响，形成自私、攫取、不满足的价值观而出现的不正常的行为表现。因此，当代道教在加强戒律建设时，必须要把"贪欲戒"作为重要戒条之一，增添新的时代内涵，引导社会民众坚持正信、正行。比如，增加戒贪欲的警示戒条，制止个人的私欲膨胀，制止为官者以权谋私，倡导清正廉洁的社会风气，树立积极向善的人生价值观，保持知足常乐的良好心态等。通过创新推进当代道教戒律建设，从源头上来约束道教徒和社会民众的贪欲行为，助力提升社会正能量，形成风清气正的社会氛围，使道教戒律成为维护国家法律尊严的应有之义。

（六）以法治规范推进"纷争戒"建设

所谓"纷争"，多指争执与纠纷。纷争戒就是指禁止纷争的戒律。就传统道教而言，不争执、不纠纷，则是道教徒的处世准则之一，亦可通行于世俗社会。《太上洞玄灵宝法身制论》称："人为道性，以忍辱为上，礼之为用，唯和为贵；入道之法，宜忌纷争"。[1]这里的所谓"忍"、"礼"、"和"等，都体现了道教"为而不争"的处世风范，也是中华民族的传统美德。《道德经》第二十三章称："夫唯不争，故天下莫能与之争。"强调指出，正因为（圣人）与世无争，所以天下无人能与他相争。同样，心中没有太多的欲望，自然就不会有纷争。道教戒律把戒纷争作为重要戒条之一，在今天看来仍有一定现实意义。比如，《太上洞真智慧上品大诫》第七戒："不得嫉人胜己，争竞功名，每事逊让，退身度人"。[2]《太上洞玄灵宝智慧罪根上品大戒经》第七戒："退身护义，不争功名，抱素守朴，行应自然"。[3]还有，《修斋求道当奉十戒》第五戒："口无恶言，言不华绮，内外忠直，不犯口过"。[4]等。告诫民众，在工作和生活当中，心态要放平和，做到得之坦然，失之淡然，争其必然，顺其自然。不争、退让、谦和、礼让，应该成为现代竞争社会里的一种处世之道。

中国古代战火纷争的年代并不少见，其中典型的代表就有诸侯纷争的战国时期和群雄割据的三国时代。当然，纷争也经常会出现在家庭、单位以及人与人之间的争执。纷争不仅影响人与人之间的关系，影响家庭和睦与社会和谐，而且还会成为犯罪的诱因与根源。现实社会中，民事纠纷作为法律纠纷的一种，一般来说，是因为违反了民事法律规范而引起的。民事主体违反了民事法律义务规范而侵害了他人的民事权利，由此而产生以民事权利义务为内容的民事争议。明代杰出的思想家王阳明告诉我们，真正聪明的人，一生"三不争"：一不争面子。真正厉害的人是不会指望用面子来证明自己，即使别人讥笑诽谤自己也荣辱不惊，只靠实力说话。二不争口舌。无论在什么情况下，

---

[1]《太上洞玄灵宝法身制论》，《道藏》第 6 册，921 页。
[2]《太上洞真智慧上品大诫》，《道藏》第 3 册，第 391 页。
[3]《太上洞玄灵宝智慧罪根上品大戒经》卷上，《道藏》第 6 册，第 886 页。
[4]《修斋求道当奉十戒》，《道藏》第 22 册，275 页。

都能控制住自己口舌的人，才是真正的勇士。三不争虚名。权利和地位，总是让人向往。很多人为了虚名不惜一切代价，去破坏别人利益的同时不惜伤害自己。而那些真正聪明的人，总是脚踏实地地走自己的路，心里始终有一把标杆，秉持着自己的原则。因此，当代道教在加强戒律建设时，必须要把"纷争戒"作为重要戒条之一，用以引导社会民众坚持正信、正行。比如，增加适应新时代的纷争戒条文，禁止一切任性冲动行为，倡导清心寡欲的修持方法，提高自身调节情绪的能力，增强理解、体谅和包容别人的心态等。通过创新推进当代道教戒律建设，强化新时代道德伦理培育，提升社会正能量，从源头上来约束道教徒和社会民众的纷争行为，助力社会的和谐建设，使道教戒律成为维护国家法律尊严的应有之义。

二、创新推进道教戒律建设必须
融入社会道德规范

社会道德规范是一种道德层面的规则，无法律约束意义，只有舆论约束。是社会用来约束人们的行为的一些规则，不具有强制性。当代社会，在加强社会主义法治建设、依法治国的同时，必须要切实加强社会主义道德建设、以德治国，把法治建设与道德建设、依法治国与以德治国紧密结合起来，通过公民道德建设的不断深化和拓展，逐步形成与社会主义市场经济发展相适应的社会道德规范。在通常的世俗社会中，要维持社会的稳定、和谐与安宁，最主要是靠法律，但法律不能解决所有问题。维持社会的善良风俗，还需要通过道德来约束，道德比法律管得更宽泛。法律和道德同是维持社会正常运行的规范，法律是他律，属于强制性，道德是自律，属于自觉性。在世俗的法律和道德之上，还有更为神圣的宗教。宗教能维持社会的安定，提升社

会的善良风俗，主要是靠戒律。戒律以社会的法律、道德作为基础，同时又高于法律、道德。道教戒律中就包含着诸多道德伦理思想。比如，尽孝道、守法律、讲诚信、行善举、重感恩、知廉耻等，道教戒律中都有涉及，对于传统社会的伦理规范起到重要的促进作用。但是，近现代以来，道教戒律失去了它的神圣与庄严，创新推进道教戒律建设已经成为新的时代课题，当代道教必须要在继承传统戒律的基础上创新发展，必须要在融入社会道德规范的基础上稳步推进。

（一）以道德规范推进"孝道戒"建设

尽孝道是我国宗法社会中最一般也最重要的道德规范。孝道戒就是关于倡导孝道的戒律。早期儒家就有"孝悌为先，其为仁之本欤"的著名论断。西汉社会上流传着一部《孝经》，宣扬"夫孝，德之本也，教之所由生也"；"夫孝，始于事亲，忠于事君，终于立身"。所谓"百善孝为先"，孝道是人类社会最基本的伦理道德。道教对此是坚决拥护和赞同的。《太平经》称："天者主生，称父；地者主养，称母；人者为治，称子。子者，受命于父，恩养于母。为子，乃敬事父、爱其母"，[1] 强调对父母的尽孝，是符合天道的。在传统道教戒律中就有许多规定。比如，《太上经戒》述元始天尊所述十戒，将"不得违戾父母、师长，反逆不孝"[2] 作为戒律的第一条，表现了道教是重孝道的宗教。《虚皇天尊初真十戒文》称："按《传》曰：仙经万卷，忠孝为先。盖致身事君，勤劳主事，所以答覆庇之恩也；修身慎行，善事父母，所以答生育之恩也；事师如事父母，所以答教诲之恩也。民生于三，事之如一，乃报本之大者，加以仰不愧于天，俯不怍于人，敬信神明，所以答造化之恩也。并前三事，谓之四恩。"[3] 报恩崇本，

---

〔1〕 王明编：《太平经合校》上册，中华书局，1997年，第113—114页。
〔2〕《太上经戒》，《道藏》第18册，222页。
〔3〕《虚皇天尊初真十戒文》，《道藏》第3册，403页。

是中华民族绵延不息的精神支柱。道教的"四恩"〔1〕思想在现代社会仍有其光大的空间。《初真十戒》第九戒称:"不得不忠不孝,不仁不信"。〔2〕这些孝道思想,仍然是现代家庭伦理和社会道德建设的重要内容。

现代社会表明,孝道作为中华民族美德的核心,在当代社会却没有得到很好的继承。加上现代大多是独生子女,很多问题上往往是以自我为中心,较少去考虑别人的感受,不懂得去照顾别人、关心他人。主要表现为比较自私、缺乏感恩之心。特别是随着社会老年化的不断加剧,老年人越来越多,但是老年人的很多权益没有得到相应保障。"空巢"老人现象日趋严重,留守老人得不到应有的赡养和精神的慰藉,社会转型时期的孝道遭到了严重冲击与破坏。为此,我国《刑法》规定:不赡养老人情节严重的话是要构成遗弃罪的,是要判刑的。《老年人权益保障法》第十三条明确规定:老年人养老以居家为基础,家庭成员应当尊重、关心和照料老年人。第十四条还规定:赡养人应当履行对老年人经济上供养、生活上照料和精神上慰藉的义务。这就是说,现代社会中,要大力弘扬孝道文化,积极传承人类社会美德。因此,当代道教在加强戒律建设时,必须要把"尽孝道"作为重要戒条之一,并增添新的时代内涵,用以引导社会民众关注孝道、重视孝道,自觉成为孝文化的传播者与践行者。比如,增加适应时代发展需要的戒律条文,倡导人类要有感恩之心,自觉奉行孝道,规定行孝道就是要奉养父母长辈,严格禁止做出违背孝道的事情,并对孝道内容作出相应规定等。通过创新推进道教戒律建设,全面提升社会孝道文化,从源头上来约束道教徒和社会民众的不孝行为,使道教戒律成为维护社会道德规范的应有之义。

---

〔1〕 道教的"四恩",是指世人当报的四种恩情,分别为天地恩、君王国土恩、父母恩和师长恩。

〔2〕《初真十戒》,《道藏》第22册,第279页。

（二）以道德规范推进"守法戒"建设

法律是由享有立法权的立法机关行使国家立法权，依照法定程序制定、修改并颁布，并由国家强制力保证实施的基本法律和普通法律总称。法律是法典和律法的统称，分别规定公民在社会生活中可进行的事务和不可进行的事务。守法戒就是关于倡导守法的戒律。历史上，宗教戒律主要是规范宗教徒的言行举止，是促进宗教自身健康发展的根本保证。从信仰角度看，戒律可以引导人们"止恶扬善"，对于促进社会"向善"有着积极的作用。而法律则是伴随着社会发展的需要而产生的，是人类社会用以规范行为的共同准则。在原始时代的社会中，并无法律的特别标准存在，人类依靠的是一种社会习俗，包括宗教、道德、礼仪等。宗教戒律和法律的出发点是一致的，只不过法律是一种他律，而戒律是一种自律。这就是说宗教戒律的要求要高于法律，包括其所涉及的内容也更加宽广。传统道教戒律在发展进程中，也吸收了法律的相关内容。比如，"科""格"等。其中，"科"就是东汉魏晋南北朝时期极为重要的法律规范。早期道教就制定了"科"，到了东晋南北朝时期的天师道正一派、上清、灵宝等派进一步制定了诸多科文。现存《道藏》中有《太真玉帝四极明科经》《太上九真明科》《洞玄灵宝长夜之府九幽玉匮明真科》《三洞法服科戒文》等，大都属于此类。"格"是由"科"发展而来，魏时以格代科，格成为一种新的法律形式。"隋以后，律、令、格、式并行"，"元初的《至元新格》实即元律"。[1] 这自然也影响到道教的戒律规范。宋以后出现的新道派，如净明道就借用了"格"的形式，内容同于科律。金代的《太微仙君功过格》则开明清各种功过格之先河，反映出道教戒律与法律之间的关系。

---

〔1〕《辞海》，上海辞书出版社，2003年，第325页。

当代社会，我们不仅需要加强法治建设，强调"法治"的重要性，还必须要加强道德建设，强调"德治"的必要性。加强公民道德建设，有利于"以德治国"的实施，是"以德治国"的一个重要组成部分。对于一个国家来说，法律的作用无疑是十分重要的，没有法律就没有社会的繁荣稳定。但是，没有广大人民群众道德水平的提高，没有社会道德风尚的改善，仍然会影响着社会的稳定，也不可能从根本上杜绝犯罪的思想根源。道教的传统戒律，在一定程度上改善了社会道德风尚，促进了社会道德伦理建设，是推进社会法治建设的积极力量。但是，自《全真清规》之后，戒律的严厉程度不断提升，虽然在一定程度上维护了道门的神圣与庄严，但是有些戒条内容已经明显超出法律范围。比如，清咸丰六年（1856 年）北京白云观《清规榜》规定：违犯国法，好盗邪淫，坏教败宗，顶清规火化示众。道光二十三年（1843 年）陕西张良庙《清规榜》规定：违犯国法，按清规重责四十，炙断眉毛逐出。这里所讲的"炙断眉毛"和"火化示众"，都是一种违法行为，必须要加以废除。因此，当代道教在加强戒律建设时，必须要把"守法律"作为重要戒条之一。因为"守法"不仅是法律层面的要求，也是道德层面的要求。创新推进道教戒律建设，必须出于对法律的自觉认同，增加有利于"以德治国"的戒律内容，用以引导广大道教徒自觉遵纪守法，自觉成为守法的好公民。比如，增加维护法律尊严的戒条，明确国法大于教法的规定，要求道教徒要敬畏法律、遵守法律，强调守法也是一种道德要求等。通过道教戒律来规范和践行道教徒和社会民众自觉守法，使其成为内化于心、外化于行的自觉行动，使道教戒律成为维护社会道德规范的应有之义。

（三）以道德规范推进"诚信戒"建设

诚信作为公民的道德规范，基本内容是诚实、诚恳、信用、信任，也就是忠诚老实，诚恳待人，以信用取信于人，对他人给予信任。诚信戒就是关于倡导诚信的戒律。诚信道德既是市场经济领域中基础性的行为规范，也是个人与社会、个人与个人之间的相互关系的基础性道德规范。历代以来，诚信都是中华民族的传统美德，诚信问题始终受到关注和重视。孔子曾说"民无信不立"，把诚信摆到了关系国家兴亡的重要位置，认为国家的朝政得不到人民的信任是立不住脚的。《礼记·祭统》说：是故贤者之祭也，致其诚信，与其忠敬。《北齐书·尧雄传》说：雄虽武将，而性质宽厚，治民颇有诚信。《新唐书·曹华传》也说：华虽出戎伍，而动必由礼，爱重士大夫，不以贵倨人，至厮竖必待以诚信，人以为难。这些记载，都从不同的方面强调指出了诚信的重要性。道教以诚信教化民众，以"忠孝诚信"为天下大事。《太平经》称："夫天道不欺人也，常当务至诚。"[1] 天地之道，自然无私，真实无妄，实实在在。还有"教以诚信不欺诈，有病自首其过"，"置义米肉，悬于义舍，行路者量腹取足；若过多，鬼道辄病之"。[2] 这里的"诚信不欺"，就可以很好地规范信徒的社会道德。在长期的历史发展进程中，道教的诚信思想又通过诸多戒律条文进行规范，赋予了道教的神学思想内容，形成道教所特有的道德规范。《老君说一百八十戒》第一百一十一戒："不得多言弄口舌"。[3]《化胡经十二戒》第四戒："勿欺诈，言当有成契，欺人为自欺，华词为负誓"。[4]《虚皇天尊初真十戒文》称："盖诚为入道之门。语者，心之声也。语之妄，由心之不诚也。心既不诚而谓之道，是谓背道求道，无由是处。"[5] 还有《受持八戒》第四戒："不得妄语以为能"。[6]《老君五戒》第三戒："不得口是心非"等。这些戒条内容，都是道教戒律中的

〔1〕《太平经》卷一百十七卷，《道藏》24 册，第 591 页。

〔2〕《三国志》卷八，《张鲁传》第 1 册，263 页。

〔3〕《老君说一百八十戒》，《道藏》第 22 册，第 272 页。

〔4〕《化胡经十二戒》，《道藏》第 22 册，第 275 页。

〔5〕《虚皇天尊初真十戒文》，《道藏》第 3 册，第 405 页。

〔6〕《受持八戒》，《道藏》第 22 册，第 281 页。

诚信思想，对于现代社会的诚信建设仍然具有积极的启示作用。

当代社会，特别是在建立和发展社会主义市场经济的今天，更需要大力倡导诚实和守信。对于企业而言，诚信是信誉，更是生命。1999年5月，联合国发表《信誉宣言》指出："信誉是对商业契约的有效履行，信誉是评判诚实品德的重要标准，信义是承担社会道义的集中表现。守信用、讲信誉、重信义是中华民族的传统美德，是经济生活、社会活动应遵循的准则。"这就是说，一个企业只有重质量、重服务、重信誉，才能在激烈的社会竞争中占据优势，成为经济社会发展中的赢家。反之，只能以失败而告终。但是，现实社会中，人与人之间的诚信缺失，以及社会诚信机制的缺位依然存在，严重影响着社会秩序和社会经济的快速发展，必须要引起全社会的高度重视。国务院原总理朱镕基在2002年所作的《政府工作报告》中指出，切实加强社会信用建设，逐步在全社会形成"诚信为本、操守为重"的良好风尚，使有不良记录者付出代价，名誉扫地，甚至绳之以法。这段话明确告诉我们：政府将强化以"诚信"为核心的社会主义市场经济体制的道德规范，建立规范的社会信用体系和失信约束惩罚体制。因此，当代道教在加强戒律建设时，必须要把"讲诚信"作为重要戒条。因为"诚信"不仅是做人的基本准则，也是社会道德和职业道德的一个基本规范。因此，创新推进道教戒律建设，必须增加有利于社会诚信建设的戒律内容，用以引导广大道教徒自觉诚实守信，自觉维护社会道德规范。比如，增加规范现代社会诚信的戒律条文，强调诚实守信是公民基本的道德规范，形成鼓励守信、惩罚失信的戒律等。通过道教戒律来规范道教徒和社会民众自觉守信，使其成为人们日常生活中的一种自觉行为，使道教戒律成为维护社会道德规范的应有之义。

（四）以道德规范推进"行善戒"建设

所谓"行善"，是指一种慈善的行为或事情。行善戒就是关于倡导行善的戒律。一般来说，行善是一种发自内心的表达方法，是一种自然的本能。当一个人有同情心时，善举就被激发出来，它既像一口火山，随时就会爆发，又像一泓清泉，无时无刻不在流动，人人崇敬它，因为它会给人带来快乐。当你看见老人摔倒时，就会主动去搀扶，看到老人生活困难时，就会主动去帮助，而且这种主动完全是自愿的，是发自内心的慈善行动。在中国古代，慈善作为政府"仁政"德治的一种形式，主要表现为国家的赈灾济困的惠民行为。这一形式最早出于西周的"敬德保民"的治国理念，具体体现为行政的德政措施。这种以政府为主体的"仁政"德治的慈善形式，成为后世社会极力推崇的慈善传统。道教继承并发展了中华传统慈善文化，形成具有道教特色的劝善思想与慈善理念。早期道教经典《太平经》指出："积财亿万，不肯救穷周急，使人饥寒而死，罪不除也。"[1]这就明确要求人们要"救穷周急"和"乐善好施"。在倡导行善的基础上，道教还把行善与修仙紧密结合起来。《抱朴子·内篇》说："欲求长生者，必欲积善立功，慈心于物，恕己及人，仁逮昆虫，乐人之吉，愍人之苦，赒人之急，救人之穷，手不伤生，口不劝祸，见人之得如己之得，见人之失如己之失……如此乃为有德，受福于天，所作必成，求仙可翼也。"[2]《要修科仪戒律钞》还明确指出："人有十善，必生福子；人有二十善，神明护己；人有三十善，辟除恶鬼；人有四十善，应死不死；人有五十善，终身无罪；人有六十善，道君自存；人有七十善，得与五岳相连；人有八十善，得脱死名；人有九十善，必为神仙；人有百十善，必升九天。"又称："学升仙之道，当立千二百善功，立功三千，白日升天。"[3]直接把行善数字与功德福报相连，具有很强的诱惑力。同时，《抱朴子·内篇》还强调指出，行善必须是连续的，

〔1〕 王明：《太平经合校》，中华书局，1960年版。第242页。
〔2〕《抱朴子·内篇》卷六，《道藏》第28册，第193页。
〔3〕《要修科仪戒律钞》卷十二，《道藏》第6册，982页。

"若有千一百九十九善，而忽复中行一恶，则尽失千善，乃复更起善数耳"；若"积善事未满，虽服仙药，亦无益也"。[1] 强调了行善去恶的重要性。在传统道教戒律中，就有明显的劝善、行善思想。《太上洞真智慧上品大诫》称："宁守善而死，不为恶而生。"[2] 《初真十戒》第七戒称："不得贪求无厌，积财不散，当行节俭，惠恤贫穷。"[3] 《化胡经十二戒》第二戒称："守仁不煞，悯济群生，慈爱广救，润及一切。"[4] 道教戒律中的这些劝善、行善思想，对于促进现代社会公益事业的发展仍然具有十分重要的启示作用。

当代社会，慈善事业是中国特色社会主义事业的重要组成部分。国富民强、国泰民安是中华儿女的不懈追求，人人慈善、爱心惠民是慈善事业发展的使命。慈善行为所包含的爱心、同情、怜悯、移情等道德情感，为社会道德建设注入了生机和活力，成为弘扬中华传统美德、践行社会主义核心价值观的重要载体。全国人大通过的《中华人民共和国慈善法》中第五条规定，国家鼓励和支持自然人、法人和其他组织践行社会主义核心价值观，弘扬中华民族传统美德，依法开展慈善活动。可见，《慈善法》将中国人民存善念、行善举的朴素意识上升为统一的国家意志，为弘扬中华民族传统美德，践行社会主义核心价值观提供了坚实的法律支撑。但是，就目前我国慈善事业而言，仍然存在诸多突出问题，主要表现为：一是慈善组织和机构数量较少，募捐能力较弱。二是慈善专项法律法规尚不健全，社会捐赠相关配套政策还不完善。三是部分慈善组织缺乏公信力，难以吸引和调动广大民众参与的积极性。这就需要我们在新的历史条件下，要大力弘扬慈善文化，着力培养慈善组织，为慈善事业营造出良好的社会环境和舆

---

〔1〕《抱朴子·内篇》卷三，《道藏》第 28 册，第 181 页。
〔2〕《太上洞真智慧上品大诫》，《道藏》第 3 册，391 页。
〔3〕《云笈七签》卷四十《初真十戒》，《道藏》第 22 册，279 页。
〔4〕《云笈七签》卷三十九《化胡经十二戒》，《道藏》第 22 册。第 275 页。

论氛围。因此，当代道教在加强戒律建设时，必须要把"行善举"作为重要戒条之一。因为"行善举"不仅是鼓励先富帮未富，实现社会互助与政府救助对接的有效措施，更是培育形成"尊重人、关心人、理解人、帮助人"的慈善意识的主要途径。创新推进道教戒律建设，必须增加有利于"行善举"的戒律内容，用以引导广大道教徒积极主动行善，自觉践行社会主义公益慈善事业。比如，增加适应时代发展需要的慈善戒条，增强全社会民众的慈善意识，鼓励民众积极参与社会慈善事业，提高慈善组织的社会公信力，形成互帮互助的良好慈善氛围等。通过道教戒律来规范道教徒和社会民众自觉行善，使社会慈善工作成为人们日常生活中的一种自觉行动，使道教戒律成为维护社会道德规范的应有之义。

（五）以道德规范推进"感恩戒"建设

所谓"感恩"，是指对别人所给的恩惠表示感激。感恩戒就是关于倡导感恩的戒律。中国人历来就有"感恩"之心和"报恩"之情。《三国志·吴志·骆统传》称："飨赐之日，可人人别进，问其燥湿，加以密意，诱谕使言，察其志趣，令皆感恩戴义，怀欲报之心。"意思是在飨宴赏赐的日子，可以让人人都分别进见，询问他们生活寒暖，给予亲密情意，诱导晓谕让他们言说，考察他们的志趣，让他们都感恩戴德，怀着想要报恩的心情。中华感恩文化源远流长，已然成为中华民族宝贵的精神财富。报父母养育之恩叫做"孝"，孟子说"孝子之至，莫大乎尊亲"。报知遇之恩叫作"忠"，司马光说"尽心于人曰忠"。报朋友之恩叫作"义"，陶渊明诗说"落地为兄弟，何必骨肉亲"。道教作为中国传统文化的重要组成部分，自然也是"感恩"文化的传承者和践行者。道教历来就有报"四恩"的传统，具体内容为：一是报天地恩。道教认为，世间万物皆由天地所生、所养，天地就像我们的父母一样，我们在生活中要顺应自然、融入自然、回报自然。二是报国土恩。祖国为我们创造了美好的生活环境，我们更应该热爱自己的国土，保护自己的国家。三是报父母恩。父母对我们有养育之恩，遵守孝道、赡养父母是人类应尽的本分。四是报师长恩。俗话说"一日为师，终生为父"，我们要像爱戴父母一样爱戴师父。道教以报恩为重，天地、父母、国家、师长养育自己，皆宜回向以报之。道教戒律中也有"感恩"方面的戒条。如"克勤，忠于君王"；"不得叛逆君王，谋害家国"；"不得不忠不孝，不仁不信，当尽节君亲，推诚万物"等。道教的这种感恩、报恩思想，在当代社会中仍然有着重要的现实意义，特别是对于践行社会主义核心价值观具有积极的促进作用。

当代社会，感恩已经成为社会发展与时代进步的最强音。感恩是一种品德，感恩是发自内心的对别人的感激，感恩是做人基本的礼貌，感恩是人生最大的学问。当一个人懂得感恩时，便会将感恩化作一种充满爱意的行动，实践于生活中。一颗感恩的心，就是一个和平的种子，因为感恩不是简单的报恩，它是一种责任、自立、自尊和追求一种阳光人生的精神境界。在现实生活中，我们或多或少都会得到别人的帮助，不管是父母、同事、朋友还是邻居。心存感恩之心，这样才能使关系更加牢固。俗话说"远亲不如近邻"，虽然这句话表达的并不是感恩，但是从另外一方面我们能看出也是存在感恩的。互帮互助是邻里之间最基本的关系体现。如果是单方面的付出，或者是单方面的接收都会使关系僵硬。所以说，不管你的关系多好，也要懂得感恩。但是，现实社会中，感恩之心缺乏，甚至出现了严重的感恩危机，究其原因，主要是感恩教育的缺失，尤其是独生子女家庭，许多孩子缺乏感恩意识，在家里由骄而横，唯我独尊，一切以自我为中心，这些孩子走上社会后，自然就很少有感恩之心，这是一个严重的社会问题，如果得不到很好的解决，必然会影响到和谐社会的建设。因此，当代道教在加强戒律建设时，必须要把"重感恩"作为重要戒条之一。因为"感恩"不仅仅是中华民族的传统美德，而且也是人类社会应该坚守的基本道德准则。创新推进道教戒律建设，必须要增加重视"感恩"的戒律内容，用以引导广大道教徒和民众自觉培育"感恩"之心，自觉践行人类社会的传统美德。比如，增加适应时代发展需要的感恩戒律，加强社会民众的感恩教育，倡导全社会的感恩意识，把感恩与行善紧密结合，把感恩与社会道德紧密结合，营造社会良好的感恩环境等。通过道教戒律来助力道教徒和社会民众感恩之心，使重感恩成为人们日常生活中的一种自觉行为，使道教戒律成为维护社会道德规范的应有之义。

（六）以道德规范推进"廉耻戒"建设

所谓"廉耻"，是指廉洁的操守和羞耻的感觉。廉耻戒就是指关于倡导廉洁和反对耻辱的戒律。中国古代，把"孝、悌、忠、信、礼、义、廉、耻"作为人生八德。其中，"孝"是孝顺，指报答父母养育之恩。"悌"是悌敬，指兄弟友爱、相互帮助。"忠"是尽忠，尽忠国家是公民的责任。"信"是信用，对朋友要言而有信。"礼"是礼节，指待人要有礼貌。"义"是义气，指做人要有正义感。"廉"是廉洁，指做人要大公无私。"耻"是羞耻，指不做不合道理、违背良心之事。古人认为，"礼"定贵贱尊卑，"义"为行动准绳，"廉"为廉洁方正，"耻"为有知耻之心。一般来说，贫能见廉，临大利能见廉，面对稀世财宝和金钱的诱惑能克制贪欲，这才是真正的廉洁。同样，所谓"知耻"，就是指当其行为不符合"仁义道德"，不符合人的"良知德性"时，自然产生的羞耻、羞愧之情。[1]千百年来，这些道德思想始终成为中国传统的道德标准和行为规范。道教继承了中国传统的道德思想，成为道教徒学道、修道德重要内容。在廉洁方面，道教戒律就强调不

---

〔1〕 裘沛然：《人学散墨》，上海辞书出版社，2009年，第190页。

得贪恋财物。《初真十戒》第七戒称："不得贪求无厌，积财不散，当行节俭，惠恤贫穷。"〔1〕《老君说一百八十戒》第二十二戒称："不得贪惜财物。"〔2〕第一百五十六戒称："常时无事，不得妄受人礼敬。"〔3〕要求道教徒和社会民众不贪污、不损害国家和集体的利益。在守耻方面，道教戒律强调要有知耻之心，不做违背良心之事。《修斋十戒》第三戒称："守真让义，不淫不盗，常行善念，损己济物。"第四戒又称："不色不欲，心无放荡，贞洁守慎，行无玷污。"〔4〕《三百大戒》还称："不得口善心坏，阴恶。"〔5〕强调人要有知耻之心，这是人内心的善恶、荣辱的标准。道教戒律明确告诉世人，知廉耻是人的本性，守廉耻是基本的社会道德规范，当然也是当代社会践行社会主义核心价值观的重要内容。

当代社会，知廉耻已经成为时代发展的呼唤，成为社会道德规范的要求。知廉耻是做人的道德底线，知敬畏是思维的言行准则；知廉耻才能有敬畏，有底线才能有言行准则。习近平总书记曾多次强调，严于律己，就是要心存敬畏、手握戒尺，慎独慎微、勤于自省，遵守党纪国法，做到为政清廉。人无敬畏，必然无耻。廉耻之心虽然是个人的德行，但是它关联的不仅仅是个人，更关乎着社会的和谐、国家的兴衰。人存敬畏之心，知廉耻之道，自然会正义流行，社会和谐稳定。而人无敬畏，行无廉耻，就会无法无天，什么坏事都敢做，不正之风自然就会大行其道。正所谓：每个时代都有每个时代的精神，每个时代都有每个时代的价值观念。国有四维，礼义廉耻，"四维不张，国乃灭亡"。这是中国先人对当时核心价值观的认识。中华民族历来就

〔1〕《云笈七签》卷四十，《道藏》第 22 册，第 279 页。
〔2〕《云笈七签》卷三十九，《道藏》第 22 册，第 271 页。
〔3〕《云笈七签》卷三十九，《道藏》第 22 册，第 273 页。
〔4〕《云笈七签》卷三十九，《道藏》第 22 册，第 275 页。
〔5〕《要修科仪戒律钞》卷六，《道藏》第 6 册，第 947 页。

是一个礼仪之邦，讲文明、重礼仪，是我们的优良传统，也是做人的基本品德。然而，现实社会告诉我们，有人现在似乎淡忘或丢失了礼义廉耻，社会上出现了太多无耻之徒与不知耻的现象。有人崇尚金钱、名声和地位，有人羡慕达官贵人和金玉满堂，为达到目的不择手段，是非善恶标准混乱，无耻之徒盛行。[1] 因此，当代道教在加强戒律建设时，必须要把"知廉耻"作为重要戒条之一。因为"知廉耻"不仅是中华民族的传统美德和中国文化的精髓，而且也是"国之四维"和后世治国救世的法宝。创新推进道教戒律建设，必须要增加重视"知廉耻"的戒律内容，用以引导广大道教徒和民众自觉培育有"廉耻"之心，自觉践行人类社会的传统美德。比如，增加当代社会需要的知廉耻戒条，加强社会公民的廉耻教育，增加"八荣八耻"的内容，增强社会民众的廉耻意识，把廉耻和社会道德、国家法律相结合，自觉践行礼义廉耻的价值观等。通过道教戒律来强化道教徒和社会民众的廉耻之心，使"知廉耻"成为内化于心、外化于行的自觉行为，使道教戒律成为维护社会道德规范的应有之义。

三、创新推进道教戒律必须要注重维护道门规范

道教戒律，不仅是规范道教徒宗教行为的警戒条文，是道门中人必须遵守奉行的行为准则，而且也是道教信仰的重要思想内容，是道教徒坚定信仰、实现信仰的一种有效途径。[2] 所谓"学道不持戒，无缘登真箓"，就是说持戒是修仙的必然要求。因此，道教戒律在广大道教徒心目中具有崇高的地位，并被历代道教徒所重视。明清以后，道教日渐衰微，道教戒律也日趋松弛。改革开放以来，道教得到重新恢

---

〔1〕 裴沛然：《人学散墨》，上海辞书出版社，2009年，第192页。
〔2〕 丁常云：《道教与当代社会》，中西书局，2018年，第262页。

复与发展，道门自身教制建设也开始受到关注。中国道协就曾明确指出：要进一步加强教风建设，规范和完善道教的教制建设。根据传统戒律和目前道教现状，我认为作为规范道门内部行为准则的戒条，必须包含：皈依戒、修持戒、斋仪戒、坛场戒、礼神戒、传度戒等内容，这是创新推进道教戒律建设的重要内容，也是维护道门神圣庄严与健康发展的必然要求。

（一）以道门规范推进"皈依戒"建设

所谓"皈依"，是指道教信徒的一种入教仪式。因对道、经、师三宝表示归顺和依附，故亦称"三皈依"。皈依戒就是指道门入道皈依的戒律。从传统道教戒律来讲，皈依戒本身就是皈依道教、表达信仰的一种标志。俗话说：九层之台，起于累土；千里之行，始于足下。入道修真，最重要的一步就是受戒，受戒就表明对于道的认同和皈依。唐代道士张万福《三洞众戒文·序》称：戒律"自浅之深，非无优劣；从凡入圣，各有等差"。具体来说，就是"始起心入道，受三归戒，箓生五戒、八戒，在俗男女无上十戒，新出家者初真戒，正一弟子七十二戒"。[1] 三皈依戒是道教最根本的戒律，具体条文为："第一戒者归身，太上无极大道；第二戒者归神，三十六部真经；第三戒者归命，玄中大法师。"[2] 简单地说，就是皈依"道、经、师"三宝。此"三宝"对于初入道门的道教徒来说是十分重要的。《三洞众戒文》称："三归戒者，天地之枢纽，神仙之根柢，发行之初门，建心之元兆。"[3] 清代王常月著《初真戒律》称："凡初入太上正宗法门，不问道俗，必先遵依太上金科玉律，三洞戒文，供养大道尊像，表通都天

---

〔1〕《三洞众戒文》序，《道藏》第3册，396页。
〔2〕《三洞众戒文》卷一，《道藏》第3册，397页。
〔3〕《三洞众戒文》卷一，《道藏》第3册，397页。

纠察王灵官天君，请祈盟证，受三皈依戒。"〔1〕 这就是说，凡是初入道门的信徒，不论是普通信徒还是神职教徒，都必须要先受三皈依戒，因为这是入道之门，对于普通道教信徒来说，就标志着受戒者真正成为道教信徒或居士。道教还要求，皈依三宝后，必须要持戒修行。《龙门心法》称："身不邪淫，则师宝可感；心不昧灵，则经宝可悟；意不二用，则道宝可明。"〔2〕 可见，皈依戒在道门戒律中的重要地位，三皈依仍然是当代道门信徒入道的主要方式。

历史上，各宗教信徒都有自己的入教仪式，只是称呼不同而已。比如，基督教信徒的入教仪式是受洗礼或圣洗。洗礼分注水洗礼和浸礼两种。该教认为这是耶稣立定的圣事，可赦免入教者的"原罪"和"本罪"，并赋予"恩宠"和"印号"，使其成为教徒，此后有权领受其他"圣事"。〔3〕 基督教的入教仪式，既简单又神圣，有效推进了基督教信徒的快速发展。天主教的入教仪式也是"圣洗"，与基督教基本相同。而佛教的入教仪式与道教基本相近，主要是三皈依。具体内容为"佛教徒在入教时必须先于师前三皈依，即皈依佛，皈依法，皈依僧，意为对佛、法、僧的归顺依附"。〔4〕 佛教信徒皈依时，也需要举行一个简单的皈依仪式。从传统来看，佛教比较注重信徒的队伍建设，几乎每个寺院都会定期举行皈依法会，广泛接纳佛教信徒，其信徒队伍也不断得到发展。相比之下，道教的入教仪式虽然也是称"皈依"，但是并没有引起道门中人的真正重视。长期以来，道教组织与信徒之间的关系是比较松散的，道门中人很少主动传教，也很少主动去发展信徒。特别是近现代以来，各大宗教都在探寻与发展信徒队伍，并以此来扩大本教的社会影响。与其他宗教相比，道教的信徒队伍建设明显

〔1〕 《道藏辑要》张集七《初真戒》，清光绪丙午年重刊版，第 34 页。
〔2〕 尹志华点校《龙门心法》卷上，辽宁千山无量观，2005 年印，第 3 页。
〔3〕 任继愈主编《宗教大辞典》，上海辞书出版社，1998 年，第 893 页。
〔4〕 任继愈主编《宗教大辞典》，上海辞书出版社，1998 年，第 652 页。

滞后，严重制约了道教事业的发展，必须要引起道门自身的高度重视。近年来，虽然上海道教部分道观开始恢复传统的信徒皈依活动，这是加强道教信徒队伍建设的良好开端，但是还没有得到全面展开，更没有得到全国道教界的积极响应。究其原因，主要是对道教信徒队伍建设不够重视，对传统的皈依法会缺乏研究。因此，当代道教在加强戒律建设时，必须要把"皈依戒"作为重要戒条之一。因为"皈依"不仅关系到道教的信徒队伍建设问题，而且也是道教事业传承与发展的根本保证。创新推进道教戒律建设，必须要增加重视"皈依戒"的相关内容，并在原基础上修改、补充和完善，用以引导和推进道教宫观开展皈依活动，探索加强信徒队伍建设的有效途径。比如，增加皈依活动的相关戒律，明确宫观举行皈依法会的主体责任，规定神职教徒必须做好传教工作，把信徒队伍建设纳入道教组织日常工作之中等。通过道教戒律来增强道教组织和道教徒的责任心，使皈依与传教工作成为道教徒修道的一部分，从而更好地加强道教信徒队伍建设，使道教戒律成为维护道门规范的应有之义。

（二）以道门规范推进"修持戒"建设

所谓"修持"，是指道教徒自身修行的过程，是持之以恒地修正行为与心性。修持就是修正错误、坚持正确的实践过程。修持戒就是指导与规范道教徒修行的戒律。具体而言，道教徒依道法修正自己因妄念而产生的种种错误，持戒以止恶扬善，通过持之以恒的实践，而达到与道合真的目的。根据道经记载，道教修持的法门很多，其中最方便的法门就是太乙救苦天尊的东方长乐净土法门。《太乙救苦护身妙经》称："若有男子女子慕道求仙，在家出家，养性养命。但当存思念诵圣号，看转此经，便得功行圆满，白日升天。"[1] 这是因为，太一

---

〔1〕《太一救苦护身妙经》，《道藏》第 6 册，第 183 页。

救苦天尊"化身如恒沙数，物随声应，或住天宫，或降人间，或居地狱，……神通无量，功行无穷，寻声救苦，应物随机"。[1] 这就是说，只要念诵太一救苦天尊圣号，虔诚礼拜，天尊自然就会应化现身，救度众生。还有，念诵三官宝号经可以消灾解厄。该经称："天尊言，得道神仙，皆从三官保举，下方生人，但持三官宝号，能除厄难，悉皆消灭。吾今授汝，下世流传人间，看诵者得福无量，消一切厄。"[2] 对于道教徒来说，修持的法门虽多，但还需要戒律的护持，否则将难以圆满。传统戒律就十分注重道教徒的修持。也有一些专门的"做人""治身"的戒条。《十四持身戒》称："与人君言则惠于国，与人父言则慈于子，与人师言则爱于众，与人兄言则悌于行，与人臣言则忠于上，与人子言则孝于亲，与人友言则信于交，与人妇言则贞于夫，与人夫言则和于室，与人弟子言则恭于礼，与野人言则劝于农，于道士言则正于道，与异国人言则各守其域，与奴婢言则慎于事。"[3] 此为十四治身之法，即十四种做人、治身之纲要。《太清九戒》则对道士的身、心、口、手、目、耳、鼻等，[4] 进行了更为详细的规定。可以说是道教徒自身修持的规范戒条，至今仍然有着重要的启示作用。

历代以来，道教徒始终注重自身的修持，以求达到与道合真的目的。《龙门心法》称："既已皈依三宝，必须遵修妙行。"[5] 事实上，道教宫观有一个重要功能就是道士持戒修行的场所，修道的首要任务就是要提升信仰和提高品德修养。"道教学道修持，讲求清静无为、少思寡欲、淡泊名利、积功累德和济世度人。"[6] 这是对于修道者信仰与道德层面的要求，信仰是修道者的内在根基，即内功；养德则是修

〔1〕《太一救苦护身妙经》，《道藏》第6册，第182页。
〔2〕《元始天尊说三官宝号经》，《道藏》第2册，第36页。
〔3〕《要修科仪戒律钞》卷五，《道藏》第6册，940页。
〔4〕见《要修科仪戒律钞》卷五，《道藏》第6册，938—939页。
〔5〕尹志华点校《龙门心法》卷上，辽宁千山无量观，2005年印，第7页。
〔6〕朱越利主编：《当代中国宗教禁忌》，民族出版社，2001年，第115页。

道的外在行持，即外行。二者相辅相成，缺一不可。信仰的虔诚，能够提高个人的道德修养；高尚的德行，同样也会带来修持的精进。其次，修道者还需要按一定操作程序来进行修炼。刘一明《修真辨难》称："故大修行人，炼先天元精，而交感之精自不泄露；炼先天元气，而呼吸之气自然调和；炼先天元神，而思虑之神自然静定。先天成，后天化。学者努力修持，方能有验。"这就是说，修持既要掌握修炼的程序，又要有坚持不懈的努力。正如《了明篇》所说："道在身中莫外寻，修功全是自家心"，还说"真人本是凡人做，悟者何难，名利如山，隔断神仙路"。[1]明确告诉我们，名利才是修持的最大障碍。近现代以来，由于道门中人不注重自身修持，也不注重戒律建设，致使真正修行者越来越少，严重影响了道教的社会形象。具体表现为："一些宫观戒律松弛，违规破戒现象时有发生，有的教职人员不重修持，有的热衷于算卦、看风水，有的从事个人经营牟利。"[2]这些问题的存在，严重影响了道门修行的质量与数量，必须要引起高度重视并加以解决。因此，当代道教在加强戒律建设时，必须要把"修持戒"作为重要戒条。因为"修持"不仅关系到道门的自身建设问题，而且也是提升道教社会形象的重要抓手。创新推进道教戒律建设，必须要增加重视"修持戒"的相关内容，并在原基础上修改、补充和完善，用以引导和推进道教宫观开展道教徒的修持活动。比如，增加道教徒修持的相关戒律，明确修持是道教徒学道的本分，把修持与信仰、教风建设紧密结合等。通过道教戒律来增强道观和道教徒的修持责任，使修持成为道教徒修道的重要内容。当代道教徒，要以戒为师、依戒修行，靠学修、持戒成就功德，靠德行、人格赢得尊重。从而使道教戒律成为维护道门规范的应有之义。

---

〔1〕《了明篇》，《道藏》第4册，第924页。
〔2〕《中国道教》2020年第6期，第6页。

（三）以道门规范推进"斋仪戒"建设

所谓"斋仪"，是指道教的斋醮科仪。斋仪戒就是指道教斋醮科仪方面的戒律。一般来说，斋醮科仪是道教徒表达信仰的一种方式，也是道教服务信徒重要的宗教活动。因此，行仪道士必须要严肃认真，遵守相关斋仪戒律。传统道教戒律就十分重视斋法行仪，南朝刘宋时陆修静《洞玄灵宝斋说光浊戒罚灯祝愿仪》称："夫斋者，正。以清虚为体，恬静为业，谦卑为本，恭敬为事。战战兢兢，如履冰谷，肃肃栗栗，如对严君。至经句辄起，礼拜当一心称善，随意随念，唯令丹苦，必有感应。太上道眼恒洞观诸天下之善恶，无有毫遗也。"〔1〕也就是说，道士在行仪时，要小心谨慎，思想上保持清虚、恬静，行动上要谦卑、恭敬。《道门十规》也称："凡遇行持，必须斋明盛服，洁已清心。……必斋戒以通神明。"〔2〕强调了斋仪与持戒的重要关系。因此，陈耀庭先生认为："视神如君，谦卑恭敬，是道士行仪过程中人神理论关系的基本点。"〔3〕与此同时，陆修静还对违反斋仪规戒作出了处罚的规定。如"语言戏笑，罚朱一两"；"唱声不齐，罚油二升"；"不注念清虚，心想意倦，为众所觉，罚油二升"；"行香不洗手、漱口，罚油二升"〔4〕等。此后，随着道教科仪的不断完备和发展，其科仪戒律的内容也逐步增加。根据陈耀庭先生研究，就以唐代道士朱法满《要修科仪戒律钞》中有关科仪的规戒为例，其内容大致包括：洁身净口规戒；诵经规戒；诵经时饮水和休息的规戒；科仪法服的规戒；科仪礼拜的规戒；科仪香火的规戒；科仪灯烛的规戒；科仪座次的规

---

〔1〕《洞玄灵宝斋说光浊戒罚灯祝愿仪》，《道藏》第 9 册，826 页。
〔2〕《道门十规》斋法行持，《道藏》32 册，第 149 页。
〔3〕《道教礼仪》，宗教文化出版社，2003 年版，第 301 页。
〔4〕《洞玄灵宝斋说光浊戒罚灯祝愿仪》，《道藏》第 9 册，825 页。

戒；科仪饮食的规戒；科仪文检的规戒。〔1〕等，还有信徒参与科仪的规戒。可谓是戒条内容繁多，戒律目的明确。这些斋仪戒律，至今仍然具有重要的积极作用。

从现代道教宫观来看，特别是南方地区，道教科仪较多，参与信徒广泛，斋仪戒律建设就显得尤为重要，这就需要道门自身的高度重视。一方面，要深入开展对于传统斋仪戒律的学习研究。相比较而言，正一派道观比较重视斋醮科仪，仪式内容也是丰富多彩。但是，由于很多年轻道长，长期不重视经典的研读，不重视自身戒律修持，致使对传统斋仪戒律知之甚少，对现代斋仪戒律建设又缺乏关注。斋醮科仪本身就是神圣、庄严的宗教活动，如果一旦失去戒律的约束，很快就会变成世俗的商业化模式，从而失去其神圣的思想内涵。开展对于传统斋仪戒律的学习，就是要全面提升道教徒的信仰修持，提升道教斋仪的神圣性，实现其消灾解厄、济世度幽的社会功能。另一方面，要进一步加强现代道教斋仪戒律的建设。现代社会的发展与历史上的社会情况有很多不同之处，传统的斋仪戒律也不能完全适应现代社会，这就需要道门自身在学习、继承传统斋仪戒律的基础上，加强现代道教斋仪的戒律建设。现实告诉我们，斋仪戒律建设的严重滞后，直接影响着道门的教风建设和道士修持，这是当前道教必须要面对并加以解决的问题。《云笈七签》说"夫入靖修真，要资斋戒，检口慎过，其道渐阶"，〔2〕强调了持守斋仪戒，有助于道士的修行。因此，当代道教在加强戒律建设时，必须要把"斋仪戒"作为重要戒条。因为"斋仪"不仅关系到道教服务信徒的有效途径，而且也关系到道门的信仰建设和社会形象问题。创新推进道教戒律建设，必须要增加重视"斋仪戒"的相关内容，并在原基础上修改、补充和完善，用以提升道教

---

〔1〕《道教礼仪》，宗教文化出版社，2003年，第302—306页。
〔2〕《云笈七签》卷三十七，《道藏》第22册，第257页。

科仪的神圣性和有效性。比如，增加现代斋仪的相关戒律，明确斋法行持与道士修持的关系，明确斋仪的重要性及其社会功能，把斋仪与信仰紧密结合等。通过道教戒律来增强道士斋仪的责任心与使命感，使斋法行持成为道士修道的重要内容，从而使道教戒律成为维护道门规范的应有之义。

（四）以道门规范推进"坛场戒"建设

所谓"坛场"，古代指设坛举行祭祀、继位、盟会、拜将等大典的场所。《汉书·高帝纪上》称："汉王斋戒设坛场，拜信（韩信）为大将军。"这里的坛场是指拜将的地方。道教的坛场，主要是指举行斋醮科仪的地方，一般设在道观或殿堂内。坛场戒，就是关于道教坛场方面的戒律。道教举行斋醮科仪，皆需要设立坛场，延请神灵降坛，以求赐福消灾。因此，坛场是十分神圣的地方，所谓：道教坛场、威禁至重，庄严道场、神圣之域，任何对"道"的轻慢、毁污都是决断不可的。根据道教规定，坛场必须要设于道教宫观内。坛场的布置，须"香花灯烛，依法供养"。道教传统戒律中就有明确规定。如"凡大醮，大忌生死、吊丧、问病诸般污秽"。凡建黄箓，则就宫观最好，……不尤有秽"。[1] 坛场为清静之地，一切污秽皆不得入内。据《醮三洞真文五法正一盟威箓立成仪》称："夫所以洁坛者，荡涤故气，芳泽真灵，使内外清通，人神俱感。凡启醮悉皆如之。"[2] 另外，对于坛场道士，也有要求：勿饮酒，勿食五辛，勿与别人同坐，勿视死看生，勿嗔怒，勿悲哀，勿见血等。[3] 可见，坛场戒规的精神主要是：清静、庄严、污秽莫入。这些规定是符合道教神学思想的，对于现代坛场戒律建设仍然具有借鉴作用。

---

〔1〕《藏外道书》第17册，巴蜀书社，1999年，第625页。
〔2〕《醮三洞真文五法正一盟威箓立成仪》洁坛解秽第二，《道藏》第28册，492页。
〔3〕《醮三洞真文五法正一盟威箓立成仪》醮后诸忌第十三，《道藏》第28册，500页。

历代以来，道教对于坛场庄严都非常重视。《上清灵宝济度大成经书》卷二十五称："夫斋醮之设，动天地，感鬼神，通真达灵，体元妙用，可不建坛以奏告哉。坛之为制，庸可忽诸。"[1] 这段话就说明了道教重视坛场的原因。建坛是因为道士要在坛场内奏告天地，沟通鬼神，所以坛场的设置决不可草率。历史上，坛场可分为斋坛和醮坛两种。其中，斋坛是道教举行金箓斋、玉箓斋和黄箓斋的坛场。醮坛原来是指金箓斋、玉箓斋和黄箓斋等斋仪结束以后，供奉筵品，拜谢众神的坛场。后来随着斋仪和醮仪的合流，斋坛和醮坛的设置也逐渐合流。现代道教坛场的设置，一般分为三个部分，即经坛、灵坛和神殿。经坛指的是道士诵经礼忏、举行法事的场所。灵堂指的是信众安放亡魂的灵位，叩拜亡魂的地方。神殿指的是道士在行仪前叩拜神灵的地方。[2] 可见，坛场的布置是神圣而庄严的，这就要求行仪道士必须要持守坛场戒律。但是，就目前坛场现状来看，坛场戒律相对滞后，一定程度影响着坛场的神圣性。一方面，传统的坛场戒律没有很好的继承，直接导致坛场戒律松弛的现实问题。另一方面，现代坛场戒律也没有得到很好的建构，坛场戒律并没有引起道门的真正重视。随之而来的就是"戒律松弛，教风不正"，严重影响着道教的社会形象。因此，当代道教在加强戒律建设时，必须要把"坛场戒"作为重要戒条之一。因为"坛场"不仅关系到道教科仪神圣庄严，而且也直接关系到道教科仪的社会教化功能。创新推进道教戒律建设，必须要增加重视"坛场戒"的相关内容，并在原基础上修改、补充和完善。比如，增加现代坛场需要的相关戒律，强化道教科仪的教化功能，把坛场威仪与道教信仰结合起来，把坛场持戒与道士修行结合起来等。通过道教戒律来规范坛场的清静庄严，使遵守坛场规戒成为道士修道的重要

---

〔1〕《藏外道书》第 17 册，巴蜀书社，1999 年，第 71 页。
〔2〕 陈耀庭著《道教礼仪》，宗教文化出版社，2003 年，第 184—186 页。

内容，从而使道教戒律成为维护道门规范的应有之义。

（五）以道门规范推进"礼神戒"建设

古代的"礼神"，就是指祭神的意思。《文选·扬雄》称："集乎礼神之囿，登乎颂祇之堂。"这里的礼神，是指祭天的意思。道教所讲的"礼神"，是指道教徒对于所信奉神仙的祭祀与礼拜，属道教信仰的思想内容。道教徒对于神仙的敬畏和崇拜是必须的，也是应该的。道教历来就十分重视对神仙的礼拜。《要修科仪戒律钞》指出：礼拜有四"一稽首，二作礼，三尊科，四心礼。夫入道修真，朝谒为本，登斋逊谢，礼拜为先。整肃一心，虔恭五体。从粗入妙，仰赖于斯，历下登高，必资于此"。[1] 这里的"稽首"，原是中国古代拜礼的一种。道教沿用其为斋醮中的常用拜礼形式。《要修科仪戒律钞》称："稽，开也。开两手，将头首稽留至地，故云稽首。经言五体投地者，四支并头为五体也。"道教行"稽首"礼有三意："一则激令大众，使有回向；二则示有宗仰，非为专擅；三则法有珍贵，令其宝重。"[2] 作礼就是拜礼，分一次或三次。遵科是按科仪对礼拜的规定去做。心礼是不必动作，心念口言，即可感动神灵。可见，道教对礼拜神仙的要求是很高的，而且也有严格规定。礼拜是道教信仰的一种表达，也是道教徒敬奉神灵的主要方法之一，礼拜时必须要严守戒规。否则，就不能表示自己对于神灵的敬意和虔诚之心。传统戒律中，就有强调礼拜神仙的戒律。《玄都律》规定："若男女官不朝拜，决杖二十，罚算一记。配仙灵箓童子不朝拜，决杖一十，罚算百日。箓生道民不朝拜，考病一年。……礼拜腰不申，来生得背伛报。"[3] 可见，对于违反戒规的惩罚也是十分严格的。

---

〔1〕《要修科仪戒律钞》卷九，《道藏》第6册，961页。
〔2〕《要修科仪戒律钞》卷九，《道藏》第6册，961页。
〔3〕《要修科仪戒律钞》卷九，《道藏》第6册，962页。

现代道教的礼神方式，主要有"三跪九叩""三启三礼""三拜"等。其中，三跪九叩是拜神最大的礼节。具体来讲，三跪九叩就是三跪九拜，拜时头要碰地，表示内心对神仙极度的信奉与崇拜。从道教神学思想看，三跪象征人之三宝精气神、道之三宝道经师、天之三宝日月星，象征三才。九叩象征纯阳之数。三跪九叩能使阴阳平衡，调七情，去六欲，使心态自然保持平和。"三启三礼"是指连续三次跪述行礼，这是道教仪式中的一项礼拜内容，是法师向神仙的跪拜陈述。对于来道观敬香祈福的信徒来说，也有向神仙跪拜陈述的习惯，他们往往会把心中的愿望报告给神仙，希望得到神仙的护佑。"三拜"则是一般的拜神礼节。可以跪拜，也可以立拜，俯首至手为拜，重复三次，谓之三拜。道教规定，不论是道士，或者是信众，在道教宫观内外，面对神像，都要礼拜。另外，道教还有"礼三师""礼十方""礼四极"[1]等礼拜仪式，都是道教徒必须要传承和践行的。然而，道教现状表明，神圣的礼神仪式并没有得到很好的传承，当然更没有得到与时俱进的创新发展。对于道教的礼拜传统，多数年轻道长知之甚少，有的甚至就没有礼神的习惯，斋醮科仪中也只是被动应付而已，根本就没有虔诚的敬畏之心。因此，当代道教在加强戒律建设时，必须要把"礼神戒"作为重要戒条之一。因为"礼神"不仅关系到道教的礼仪传承问题，而且也直接关系到道教徒的信仰问题。创新推进道教戒律建设，必须要增加重视"礼神戒"的相关内容，并在原基础上修改、补充和完善。比如，增加现代礼神的相关戒律，强调礼神是道教徒入道的首要和根本，把礼神与信仰结合起来，把礼神与修行结合起来等。同时，我们还要积极传播道教的拜神礼仪，弘扬道教的礼拜传统。通过道教戒律来规范道教徒的礼神习惯，提升道教徒对于神仙的敬畏与崇拜，使遵守礼神规戒成为道士修道的重要内容，从而使道教戒律成

---

〔1〕 胡孚琛主编：《中华道教大辞典》，中国社会科学出版社，1995年，第535—536页。

为维护道门规范的应有之义。

（六）以道门规范推进"传度戒"建设

所谓"传度"，是指奉道者（神职教徒）正式入道的仪范。"传"是传承，"度"是度化。凡入道为道士者，必须有师传授，经严格考察后，方可传度为正式道士。道教对于传授弟子的秘法，一般都很慎重，历来都是师徒口授，即口口相传。不论任何宗派，均以妄传妄泄为戒。故受师承时，必立誓戒，然后方可传授度世之法，谓之传度。道教历来就十分重视师承关系，接受师承时，度师说戒，弟子必须立誓守戒，不二法门。《太上太霄琅书》称："天地布气，师教之真，真仙登圣，非师不成，心不可师，师心必败。"《龙门心法》也称"自古圣贤仙佛，证果成真，无师不度"，强调了传度的重要性和神圣性。经过传度后，即取得了由凡入圣的第一级阶梯，就有了师承、道名、字辈，也就是说，终生有了信仰的依靠。传度之后，再经过若干年的修炼，积功累德，才能取得授箓的资格。法箓是道士应持之典，也是对修道者功行修持的认定，故升授、加授均有严格的考核程序。同时法箓又是道士行法的凭证，只有授过箓后，才能召唤箓上神兵将吏护法显灵。因此，授箓也是道门传度的延续，更是道教传承与发展的根基。同样，全真派也有严格的传度仪式。根据《太上出家传度仪》规定，其仪式为：一是弟子礼拜上香，诉说出家因缘。二是弟子于庭下北向礼帝王，次谢先祖、辞父母、辞亲知朋友。三是三皈依。度师请教戒，保举师与脱俗衣，先著履，取千里之行始于足下之意。次系裙，取"群于道友，统一清静"之意。次着云袖，披道服。次知磬举道衣，顶簪冠，执简。以上仪式，均有度师念赞颂之词。四是度师为说十戒，要求弟子严格遵守。五是礼拜经、籍、度三师。六是诵念十二愿，学仙颂，回向念善，礼大道功德等。最后，再次礼拜度师结束。整个传度仪，结构严谨，规范有序。道门传度的目的，主要是传承道教法脉，弘扬道教正统，严格持守规戒，纯正信仰教风，提高道学素养，培养教内人才，确保道教事业有序健康发展。

历代以来，道门对于"传度"工作都非常重视，为保证道门传度的有序开展，还专门制定了相关的传度戒律。《太上出家传度仪》中"度师说十戒"称："夫戒者，止恶防非，护正摧邪，无令傲忽，弗敢轻悔。今受汝十戒，以护身心，谛听受持，不可懈怠。"〔1〕其十戒分别为："第一戒者，心不恶妒，无生阴贼，检口慎过，想念在法。第二戒者，守仁不杀，悯济群生，慈爱广救，润及一切。第三戒者，守正让义，不欺不盗，常行善念，损己济物。第四戒者，不贪不欲，心无放荡，清洁守慎，行无点污。第五戒者，口无恶言，言不华绮，内外中直，不犯口过。第六戒者，不得嗔怒，调和气性，神无所伤，不犯众恶。第七戒者，不嫉人胜己，争竞功名，每事逊让，退身度人。第八戒者，不得评论经教，訾毁圣文，躬心奉法，常如对神。第九戒者，不得争竞是非，评论四辈，天人咎恨，损伤神气。第十戒者，举动施为，每合天心，常行大慈，普度厄难。"〔2〕此十戒就是传度戒，要求道门弟子必须要严格遵守，不得违反。同时，道教还规定，受度弟子必须要发愿，其内容为："一愿不杀生命，断圣种故；二愿永不饮酒，败习性故；三愿永不血味，与体同故；四愿不食五辛，障生天故；五愿不犯淫欲，自乱心故；六愿不说他过，人恶闻故；七愿不贪财货，为妨道故；八愿勤修功德，自庄严故；九愿不恼乱人，成怨业故；十愿利人不舍，不异我故；十一愿永不妄语，人不信故；十二愿永不懈怠，退道心故；十三愿修学一切方便，成种智故；十四愿永不盗一切物，必倍偿故；十五愿长内修斋，得齐心故；十六愿常照诸法空静，速进道故；十七愿常敦默如愚，自安静故。"〔3〕这就是说，凡请求入

〔1〕《太上出家传度仪》，《道藏》第32册，163页。
〔2〕《太上出家传度仪》，《道藏》第32册，163—164页。
〔3〕《道门通教必用集》卷一，《道藏》第32册，第3—4页。

道者必须要发十七愿念，这是对入道受持者的基本要求，也是作为一名道士必须要持守的戒律。与传统道教传度相比，当代道门传度就比较混乱，失去了原有传度的神圣性。有的地区仅仅为了一点经济利益，甚至还对一般信徒进行传度，严重影响了道门内部的有序传承。因此，当代道教在加强戒律建设时，必须要把"传度戒"作为重要戒条之一。因为"传度"不仅关系到道门自身接班人的培育问题，而且也直接关系到道教的法脉传承与健康发展问题。创新推进道教戒律建设，必须要增加重视"传度戒"的相关内容，并在原基础上修改、补充和完善。比如，增加与现代社会相适应的传度戒内容，明确传度戒是道教徒入道的根本，严格规范道门的法脉传承，严禁道门传度的乱象问题等。通过道教戒律来规范道教徒的传度活动，通过持守传度戒律来培育道门合格的接班人，从而使道教戒律成为维护道门规范的应有之义。

四、创新推进道教戒律必须要增添新的时代内涵

当前，我国社会繁荣稳定，经济持续发展，人民生活水平得到了极大的提高，中国人民多年来憧憬的国富民安的景象，已经成为现实。但是，我们也注意到，在改革开放、实行市场经济给社会带来经济繁荣和思想解放的新局面的同时，由于我国从计划经济到市场经济体制的转轨，引起人们的思想观念、组织体制、生活方式、人际关系、道德意识等多方面的变化。社会上有些人，逐渐滋长了拜金主义、享乐主义、极端名利思想。这些社会消极因素不仅影响和破坏了社会的稳定，干扰了社会主义现代化建设，而且也直接影响着道观中的道教徒。因此，创新推进道教戒律建设，必须要增加现代社会发展所需要的戒律条文，为新的道教戒律增添新的时代内涵，发挥新时代道教戒律应有的时代价值。

（一）增添新时代"忠于祖国"的戒条

所谓"祖国"，就是指自己的国家。简单来说，祖国是祖先开辟的生存之地，人们崇拜、爱惜和捍卫这片生生不息、世代相传的土地。忠于祖国，是指对祖国的热爱和深切的眷恋，充满着深厚的情感。这种感情包括对国家主权、大好河山、灿烂文化以及骨肉同胞的感情。事实上，忠于祖国的实质内涵就是一种爱国行为。爱国是一种深厚的民族情感，是一个国家的民族意识和人民觉悟的集中反映，是一种巨大的精神力量，是一个民族前进的动力。中华民族，自古以来就有悠久的爱国传统。东汉时期的《汉纪》中就提到："亲民如子，爱国如家"。班固所作《汉书》里也说："爱国如饥渴"。可见，爱国主义精神历史悠久，并且世代相传。忠于祖国在古代还表现在维护祖国统一、抵御外敌入侵。中华民族是一个酷爱自由，勇于反抗侵略的民族。岳飞的《满江红》就向世人发出正义的呼唤："怒发冲冠，凭栏处，潇潇雨歇。抬望眼，仰天长啸，壮怀激烈。三十功名尘与土，八千里路云和月。莫等闲，白了少年头，空悲切！靖康耻，犹未雪。臣子恨，何时灭？驾长车，踏破贺兰山缺！壮志饥餐胡虏肉，笑谈渴饮匈奴血。待从头，收拾旧山河，朝天阙！"这种大无畏的英雄气概，就是对国家的忠诚，对于维护祖国统一的满腔热情。还有，睁眼看世界的第一人林则徐，主张严禁鸦片，抵抗西方侵略势力，坚持维护中国主权完整和民族利益，更是一种可歌可泣的爱国行动。现代社会中，把忠于祖国（爱国）作为公民的道德规范。其"基本要求主要包括两个方面：一是牢固树立中华民族的意识和国家利益至上的意识，自觉维护祖国独立、统一、尊严和利益；二是为把中国建设成为富强、民主、文明的社会主义国家作力所能及的贡献"。[1] 在北京大学师生座谈会上，

---

[1]《公民道德建设实施纲要》学习读本，学习出版社，2001年，第48页。

习近平总书记指出："我们常讲，做人要有气节、要有人格。气节也好，人格也好，爱国是第一位的。……爱国，不能停留在口号上，而是要把自己的理想同祖国的前途、把自己的人生同民族的命运紧密联系在一起，扎根人民，奉献国家"。[1] 这就是说，爱国就是要为国奉献、为国尽忠，表现出对自己祖国的一种深厚感情。

道教是爱国的宗教，热爱祖国、忠于祖国是与生俱来的思想传统。早期道教《太平经》就说："三人相通，并力同心，共治一家。君臣民相通，并力同心，共成一国。"[2] 提出家与国的概念，表达了道教徒的家国情怀。同时，还指出：修道者当"助国得天心"，而"天下莫不尽忠信"。[3] 强调了得天心与尽忠的关系。《太平经》还说"天乃与德君独厚，故为其制作，可以自安而保国者也"。[4] 以上所说的"助国""保国"主张，皆蕴含着道教徒朴素的爱国主义情怀。《灵宝无量度人上品妙经》提出"国安民丰，欣乐太平"[5] 的主张，表达了道教对赖以生存的国土的热爱。此后的《老君音诵诫经》也说"老君曰：吾汉安元年，以道授陵，立为系天师之位，佐国扶命"，[6] 蕴含着强烈的爱国情怀。还有，北宋时期的《太上助国救民总真秘要》，就是集救世治病秘法口诀及符印步纲蹑斗法术的经书，以道教特有的方式来助国救民。同时，在传统道教戒律中也彰显着道教徒的爱国思想。《说十戒》第三戒："不得叛逆君王，谋害家国。"[7]《虚皇天尊初真十戒文》第一戒："不得不忠不孝，不仁不信，当尽节君亲，推诚万物。"并称：

---

〔1〕 习近平：《在北京大学师生座谈会上的讲话》，《人民日报》2018 年 5 月 3 日。
〔2〕 王明编：《太平经合校》上册，中华书局，1997 年，第 149 页。
〔3〕 王明编：《太平经合校》上册，中华书局，1997 年，第 153 页。
〔4〕 王明编：《太平经合校》上册，中华书局，1997 年，第 359 页。
〔5〕《灵宝无量度人上品妙经》卷一，《道藏》第 1 册，第 2 页。
〔6〕《老君音诵诫经》，载《道藏》第 18 册，第 210 页。
〔7〕《云笈七签》卷三十八，《道藏》第 22 册，第 264 页。

"仙经万卷，忠孝为先。"[1] 明确诫诫道教徒要忠于自己的祖国。《老君说一百八十戒》第一百二十八戒还明确规定："不得求密谋之书读之。"[2] 要求从根本上杜绝背叛自己的祖国，这就是防患于未然。可见，道教的这些戒律条文，无不彰显着道教徒的爱国精神和情怀。但是，近现代以来，由于道教戒律松弛等原因，道教的爱国传统没有得到很好的彰显，其积极作用也没有得到很好的发挥。这就需要我们在推进道教中国化进程中，高扬其爱国主义传统，弘扬其爱国主义精神，教化引导广大道教徒自觉热爱伟大的社会主义祖国。因此，当代道教在加强戒律建设时，必须要把道教徒"忠于祖国"作为重要戒条之一。因为"忠于祖国"不仅关系到道门坚持爱国传统的问题，而且也直接关系到道教坚持中国化方向与健康发展问题。创新推进道教戒律建设，必须要增加重视"忠于祖国"的相关内容，并在原基础上修改、补充和完善。比如，增加热爱新时代社会主义祖国的戒律，增加坚持道教中国化方向的戒律，增加促进祖国和平统一的戒律，规范道教徒忠于祖国的言行等。通过道教戒律来提升道教徒的爱国情怀，增强道教徒对伟大祖国的认同，从而使道教戒律成为服务社会主义新时代的应有之义。

（二）增添新时代"重视环保"的戒条

所谓"环保"，即环境保护，是指人类为解决现实的或潜在的环境问题，协调人类与环境的关系，保障经济、社会的持续发展而采取的各种行动的总称。其方法和手段有工程技术的、行政管理的、创新研发的，也有法律的、经济的、宣传教育的等。环境保护与人类的生存、经济的发展密切相关，中国古人很早就意识到了人与环境的关系，甚

---

[1]《虚皇天尊初真十戒文》，《道藏》第 3 册，第 403 页。
[2]《云笈七签》卷三十九，《道藏》第 22 册，第 272 页。

至将重视环境保护上升到法治高度。中国古代的环保立法，可以追溯到上古夏代大禹时期。《逸周书·大聚篇》记载："春三月，山林不登斧斤，以成草木之长。夏三月，川泽不入纲罟，以成鱼鳖之长。"秦国时出现了真正意义的"环保条款"，其内容发现于 1975 年 12 月，当时在湖北省云梦县城关睡虎地 11 号秦墓中，出土了一批秦简，其中一部分竹简上记录的是秦国的法律，后整理出了《秦律十八种》。"环保条款"记录在其中的《田律》上，这部法律因此被看成是中国最早的"环保法"。此后，赵国著名思想家荀子率先提出了"环保治国"理念。他在《荀子·王制》中说"草木荣华滋硕之时，则斧斤不入山林，不夭其生，不绝其长也"。意思是说，在草木开花结果的时候，不能砍伐山林，践踏和破坏草木的生长。这就是中国古代原始的、朴素的生态环保理念，也是对自然环境的一种特别保护。近现代以来，随着社会科技的不断发展，特别是人类对于大自然资源无休止的掠夺，严重破坏了自然环境的生态平衡，随之而来的就是环境的严重污染，自然灾害连绵不断。据有关报道：目前在全球空气污染最严重的 50 个城市中，中国就有 31 个城市。在此影响下，中国已经成为仅次于欧洲和北美的世界第三大酸雨区。环境污染不仅对人们当前生活和工作造成重大损失，对今后的净化和治理造成重大的经济负担，而且还对人们的身心健康带来潜在的威胁。[1] 环境科学家们早就提出，人类不仅仅是享用地球所赋予的丰富的自然资源和优美环境，而且更重要的是人类还应该保护地球、保护环境。因为，这是人类社会生存与发展的必然要求。

环境保护是当今世界所面临的重大问题。如今，环境问题所引发的社会问题将日渐显现，对人们身心造成的潜在威胁也会逐渐表露出来，形成无法挽回的损失。道教是重视环保的宗教，在传统道教经典

---

〔1〕《南方周报》1999 年 4 月 9 日，第 13 版。

中就包含着诸多环保理念。《道德经》二十五章称："人法地，地法天，天法道，道法自然。"意思是人效法地，地效法天，天效法道，道的运行法则是自然而然。这就是说，违背自然规律人为创造的许多事物都是破坏生态环境，有害人类根本利益的，故而应当顺应事物的自然本性，效法自然，回归自然，与自然环境和谐相处。《太平经》还称："天者养人命，地者养人形。今凡共贼害其父母。四时之匼，天之按行也，而人逆之，则贼害其父；以地为母，得衣食养育，不共爱利之，反贼害之。"[1] 这里把天地比喻为人的父母，指出人破坏自然、违背自然规律，就像子女不孝顺父母一样，告诫世人要像爱护父母一样保护自然环境。在道教传统戒律中，就有诸多重视环保的戒条。《老君说一百八十戒》规定：不得在平地燃火，不得以毒药投渊池江海中，不得妄凿地、毁山川，不得竭水泽，不得以污秽之物投井中，不得塞池井，不得便溺生草上及人所食之水中，不得妄入江河洗浴等。这些戒律条文，都表达了道教徒对于环境保护的重视。但是，面对当前经济社会发展所带来的生态环境危机，已经直接危害到人类的生存安全，直接影响到社会经济的健康发展，需要人类社会的高度重视并加以解决。因此，当代道教在加强戒律建设时，必须要把"重视环保"的思想理念作为重要戒条之一。因为"重视环保"不仅关系到社会可持续发展问题，而且还直接关系到人类社会的生活和生命安全问题。创新推进道教戒律建设，必须要增加重视"保护环境"的相关内容，并在原基础上修改、补充和完善。比如，增加新时代重视环保的戒律条文，注重传承好道教传统戒律中优秀的环保思想，严格规范道教徒重视环保的引领作用，把重视环保与道门修持结合起来等。要"积极地倡导和宣传道教的'天人合一'观，'道法自然'观和'返朴归真'的人生

---

〔1〕 王明编：《太平经合校》上册，中华书局，1997年，第115页。

观，从根本上来改善、优化社会环境和自然环境"。[1] 通过道教戒律来增强道教徒的环保意识，倡导全社会都来关心重视环境保护，共同营造优美的人类生存空间，从而使道教戒律成为服务社会主义新时代的应有之义。

（三）增添新时代"反对黄赌毒"的戒条

所谓"黄赌毒"，就是指卖淫嫖娼，贩卖或者传播黄色信息、赌博、买卖或吸食毒品的违法犯罪现象。在中国，黄赌毒是法律严令禁止的活动，是政府主要打击的对象。因为，黄赌毒具有极大的社会危害性。其中，"黄"会导致社会风气败坏，引起各种各样的社会犯罪，严重损害人的身心健康，滋生一系列社会道德问题。"赌博"则会助长不劳而获的习气，久而久之会使人们的人生观、价值观发生扭曲；赌博还会产生好逸恶劳、尔虞我诈、投机侥幸等不良的心态。所谓"十赌九输"，最终都会导致倾家荡产、家破人亡的悲剧，严重影响着家庭和社会的健康发展。"毒品"会使人的生理功能发生紊乱，出现一系列严重反应，使人感到非常痛苦，一旦上瘾，往往就会生不如死。吸毒不仅造成家庭破裂，而且还会给社会安定带来巨大威胁。所以说"黄赌毒"是现代社会中的"毒瘤"，人人得而诛之。因此，我们应该主动学习有关法律法规，提高拒防"黄赌毒"的意识，增强明辨是非、抵制诱惑的能力，树立正确的世界观、人生观和价值观，构筑抵御"黄赌毒"侵害的牢固思想防线。要深刻认识到"黄赌毒"的社会危害性，从我做起，坚决做到不参与、不纵容、不包庇。大力宣传"黄赌毒"的危害性，自觉抵制和远离"黄赌毒"，用实际行动影响和带动身边人做守法的好公民，培养高尚的生活情趣，共同营造幸福美满的社会氛围。我们每个人都应从自我做起，摒弃陋习，弘扬健康的生活方式，

---

[1] 《新世纪道教所面临社会关系问题的思考》，《上海道教》1999 年第 4 期，38 页。

从而营造良好的社会风气，构建和谐稳定的社会治安环境。

　　道教是注重养生的宗教，对于那些有损生命健康的东西是明确反对的。《太平经》指出："人最善者，莫若常欲乐生，汲汲若渴，乃后可也。"〔1〕"何者最善？三万六千天地之间，寿最为善。"〔2〕把长寿乐生视为天地之至善，强调生命的重要意义。《太平经》还指出："天者养人命，地者养人形。"〔3〕"天地之性，万二千物，人命最重。"〔4〕人有责任保护好自己的生命，使能各尽天年。同时，《太平经》还强调指出："人积道无极，不肯教人开蒙求生，罪不除也。或身即坐，或流后生。所以然者，断天生道，与天为怨。"〔5〕强调得道之人，在度己之余，也须度他人、度世俗，更有义务传授民众以真道、消弭人间苦难。倘若不然，必将遭受上天的严厉惩罚。《太平经》倡导的"恶死乐生"观念，对后世道教产生了深远影响。在传统道教戒律中，也有诸多重视生命的戒条。《太上洞玄灵宝智慧罪根上品大戒经》第一戒："当恤死护生，救度厄难，命得其寿，不有夭伤。"〔6〕《修斋求道当奉十戒》第四戒："不色不欲，心无放荡，真洁守慎行无玷污。"〔7〕《化胡经十二戒》第六戒："戒之勿淫泆，常当与色绝。阴形相感动，子命为夭折。"〔8〕以上这些戒条，都明确告诫我们，要珍爱生命，远离色欲。然而，现实社会中，危害人类身心健康的"黄赌毒"现象依然存在。20世纪80年代，性越轨活动在中国大陆死灰复燃。〔9〕同样，基本禁

〔1〕　王明编：《太平经合校》上册，中华书局，第80页。
〔2〕　王明编：《太平经合校》上册，中华书局，第222页。
〔3〕　王明编：《太平经合校》上册，中华书局，第114页。
〔4〕　王明编：《太平经合校》上册，中华书局，第34页。
〔5〕　王明编：《太平经合校》上册，中华书局，第241—242页。
〔6〕　《太上洞玄灵宝智慧罪根上品大戒经》，《道藏》第6册，第886页。
〔7〕　《云笈七签》卷三十九，《道藏》第22册，第275页。
〔8〕　《云笈七签》卷三十九，《道藏》第22册，第275页。
〔9〕　朱力：《当代中国社会问题》，社会科学文献出版社，2008年，第191页。

绝了的毒品在中国又卷土重来，成为一个新的社会问题。[1] 对于当代社会这些越轨行为问题，必须要进行教育、引导和严厉惩处，从源头上杜绝这一社会丑恶现象的发生。虽然，近年来在国家法律严惩的高压态势下，"黄赌毒"正在慢慢地离我们远去，渐渐地淡出我们的生活。但是有人的地方就有欲望需求，"黄赌毒"肯定不能完全终结，我们依然不能掉以轻心，要时刻提醒自己，约束自己，管住自己。因此，当代道教在加强戒律建设时，必须要把"反对黄赌毒"作为重要戒条之一。因为"黄赌毒"不仅关系到人类的身心健康问题，而且也直接关系到个体家庭和睦与社会稳定问题。创新推进道教戒律建设，必须要增加"反对黄赌毒"的相关戒律内容。比如，增加禁止黄赌毒的戒律条文，倡导积极健康的生活方式，把道教的贵生思想与反对黄赌毒结合起来，从信仰上严格要求道教徒远离"黄赌毒"等。通过道教戒律来强化道教徒的"贵生"思想，增强道教徒对"黄赌毒"危害性的认识，从而使道教戒律成为服务社会主义新时代的应有之义。

（四）增添新时代"制止网骗"的戒条

所谓"网骗"，全称网络诈骗，是指以非法占有为目的，利用互联网采用虚构事实或者隐瞒真相的方法，骗取他人财物的行为。其花样繁多，行骗手法日新月异，常用手段有假冒好友、网络钓鱼、网银升级诈骗等，主要特点有空间虚拟化、行为隐蔽化等。网络诈骗严重危害人民群众财产安全，扰乱正常社会生产生活秩序，影响社会稳定。尽管司法机关一直坚持着严厉制裁网络诈骗的刑事政策，但是网络诈骗犯罪并没有出现明显的减少迹象，反而不断上演"道高一尺，魔高一丈"的把戏，诈骗手段不断推陈出新、更新换代。严厉制裁网络诈骗犯罪这种社会公众的"身边"犯罪现象，形成对于网络诈骗犯罪的

---

〔1〕 朱力：《当代中国社会问题》，社会科学文献出版社，2008年，第168页。

高压制裁态势，树立司法机关的威信，实现社会的公平正义，显得日益迫切。防止网络诈骗问题，不仅需要国家法律法规的严厉打击，而且还需要社会民众的高度警觉和共同防范，把网络诈骗行径扼杀于萌芽之中，愿网络世界拥有美好的明天。

现实告诉我们，网络诈骗是一种现代社会的诈骗行为，与历史上的诈骗行为相比，技术更加先进，手段更加高明，往往是让人防不胜防。究其原因：一是信息化的快速发展和普及，以及网购潮流的兴起，在给社会带来巨大发展的同时，也给许多不法分子开辟违法犯罪的新土壤。其利用网络的虚拟性和匿名性，大肆进行违法犯罪活动，且辐射范围越来越大。据统计，网络诈骗发案率逐年大幅度递增，涉案金额也成倍增长，网络诈骗已成为典型的多发性侵财犯罪，严重影响了群众的安全感。二是网络诈骗花样繁多，给群众造成较大的经济损失，成为新的社会矛盾导火线。有时受害人及其亲友因被骗而怨恨社会，有的甚至产生对社会的极端报复心理，滋生了社会不安定因素。在传统道教戒律中，防止网络诈骗的戒条还没有，这是传统道教戒律的空白点。因为，网络诈骗是现代社会的产物，这就需要当代道教戒律建设的高度重视。因此，当代道教在加强戒律建设时，必须要把"制止网骗"作为重要戒条之一。因为"网络诈骗"不仅关系到民众的财产安全问题，而且还直接影响到当前的社会稳定问题。创新推进道教戒律建设，必须要增加"制止网骗"的相关戒律内容。比如，增加明确禁止网络诈骗的戒律条文，正确引导道教徒树立正信、正行，把制止网骗与道教徒的修持结合起来，把制止网骗与戒除贪欲结合起来，倡导以预防为主、惩罚为辅的治理办法等。通过道教戒律来树立正确的人生观，增强道教徒对网络诈骗危害性的认识，防止参与任何形式的网络诈骗活动，共同营造预防网络诈骗的防火墙，从而使道教戒律成为服务社会主义新时代的应有之义。

（五）增添新时代"抵御邪教"的戒条

所谓"邪教"，是指利用科学、宗教或治病为幌子，掩盖其对信徒的权力、精神控制和盘剥，以最终获取其信徒无条件效忠和服从、并使之放弃社会共同价值观（包括伦理、科学、公民、教育等），从而对社会、个人自由、健康、教育和民主体制造成危害。简单说，"邪教"就是怪力乱神，甚至假借宗教之名，意图达到敛财、图利、骗色、求名等目的。从世界范围看，邪教活动十分猖獗，经常制造一些骇人听闻的事件，成为国际社会共同关注的问题：1978 年 11 月，"人民圣殿教"创始人琼斯，带领 900 多名追随者在圭亚那的一个小镇集体自杀。1993 年 4 月，美国"大卫教"武装对抗政府，86 人与困守的山庄同时化为灰烬。1995 年 3 月，日本东京地铁发生"奥姆真理教"用沙林毒气致 12 人死亡，5000 多人中毒的恐怖事件，等等。这些光怪陆离、耸人听闻的事件，就是一种危害人类社会的邪教行径。与此同时，"改革开放后，中国现代化建设骤然加速，社会迅速转型，使一部分人一时无所适从，从而出现了许多社会问题，加剧了社会的矛盾和动荡，使邪教有了可乘之机"。[1] 20 世纪 90 年代初在我国发展起来的"法轮功"，就是一个典型的邪教。其头目李洪志以"强身健体"为诱饵，欺骗一些人加入法轮功，然后又用"世界末日""升天圆满"等邪说对练习者实行精神控制，致使 1700 多人因练习"法轮功"而死亡。为此，根据"法轮功"的违法事实和广大公众的要求，1999 年 7 月，中国政府依法取缔了"法轮功"。但是，时至今日，"法轮功"所产生的流毒仍然没有完全消除，这就需要全社会的高度重视，形成自觉抵御邪教的天然屏障。

现实告诉我们，邪教组织非法敛财、扰乱社会秩序、奸淫妇女、戕害生命，进而危害国家安全。凡此种种违法犯罪活动，对社会和民

---

〔1〕《弘扬科学精神》100 题，上海科学普及出版社，2003 年，第 181 页。

众构成极大的危害，严重破坏了正常的社会秩序，违背了社会伦理和道德规范，亦为我国法律所不容。在惩治邪教的斗争中，我国也适时加强了相关法律法规的建设与完善。1997年，我国《刑法》就明确规定了"组织利用会道门、邪教组织、利用迷信破坏法律实施罪"和"组织利用会道门、邪教组织、利用迷信蒙骗他人，致人死亡罪""组织利用会道门、邪教组织、利用迷信奸淫妇女、诈骗财物罪"等法律条文。1999年10月，全国人大常委会又通过《关于取缔邪教组织、防范和惩治邪教活动的决定》，其中指出"邪教组织冒用宗教、气功或者其他名义，采用各种手段扰乱社会秩序，危害人民群众生命财产安全和经济发展，必须依法取缔，坚决惩治"。这些法律的先后出台，对邪教活动形成了高压态势，并给予了严厉打击。但是，邪教组织实施的是一种精神控制法，具有很强的隐蔽性，有时很难及时发现。这就需要我们发挥传统道教在防范和抵制邪教中的作用，具体可以从以下三个方面进行：一是发挥好"识别器"作用，坚持用正统的宗教教义教育引导广大信众正言、正行、正信，帮助他们认清邪教组织的真实面目。二是发挥好"防火墙"作用，通过对传统宗教的宣传来增强人们认识宗教和识别邪教的判断能力，保障宗教信众免受邪教渗透侵害。三是发挥好破解邪教的"宣讲员"作用，做好误入邪教者的挽救工作。只有提高对邪教的判辨能力，才能有助于我们在当今改革开放新形势下，加强对国内外各种"邪教"组织的防范与警惕，才能保证在任何形式的"邪教"势力冒头之际，立即予以最严厉的打击。在传统道教戒律中，虽然没有明确"抵御邪教"的戒律条文，但是却有坚持正信、正念的要求。《化胡经十二戒》称："勿淫祀，邪鬼能乱真，但当存正念，道气自扶身。"〔1〕《十善劝助戒》称："不得杀生祠，祭六天鬼

---

〔1〕《云笈七签》卷三十九，《道藏》第22册，第275页。

422

神。"〔1〕这些戒律条文，都明确告诫道教徒要坚持正信、扶正祛邪。而对于比较清晰的"抵御邪教"的戒律还是空白点，这就需要当代道教有识之士的高度重视。因此，当代道教在加强戒律建设时，必须要把"抵御邪教"作为重要戒条之一。因为"邪教"，不仅关系到践踏人权、残害生命的问题，而且还直接关系到国家的政治稳定、经济秩序稳定和社会秩序稳定的大问题。创新推进当代道教戒律建设，必须要增加"抵御邪教"的相关戒律内容。比如，增加明确禁止邪教的戒律条文，增加禁止道教徒参与邪教的戒律条文，增加传播正教、抵御邪教的戒律条文等。通过道教戒律来引导信徒坚持正信宗教，树立正确的、积极向上的人生观，增强自觉抵御邪教的能力，制止参与任何行为、任何方式的邪教活动，从而使道教戒律成为服务社会主义新时代的应有之义。

综上所述，创新推进当代道教戒律建设，是道教与时俱进、适应时代发展的需要，是加强道教自身建设和促进道教健康发展的必然要求。道教历史表明，当代道教必须要固本强身，必须要加强自身建设，尤其是要全面提升广大道教徒的信仰修持，增强道教信仰的神圣性。我们要始终把"坚定信仰"作为提高道教徒自身素养的首要任务，把"持守规戒"作为道教徒巩固信仰的重要手段。但是，创新推进道教戒律建设必须遵循国家法律法规、必须要融入社会道德规范、必须要注重维护道门规范、必须要增添新的时代内涵。只有遵循时代和道教发展规律，才能建立适应新时代发展需要的道教戒律。只有这样，才能更好地促进道教在今天的社会中有序健康发展，才能更好的发挥道教在当代社会中应有的时代价值。

---

〔1〕《要修科仪戒律钞》卷五，《道藏》第 6 册，第 940 页。

第四节　道教的现代转型与创新发展

　　道教是中华民族的传统宗教，在其长期发展过程中，对我国的政治、经济、哲学、文学、艺术、音乐、天文、地理、化学、医学、药物学、养生学、气功学以及民族习俗、民族心理、民族性格和民族凝聚力的形成与发展等各个方面，都曾产生过深刻而久远的影响。道教历史表明，古老的道教对人类社会的贡献是巨大的，影响也是深远的，甚至在世界文明史上也留下了光辉的业绩。然而，清代之后，道教渐趋衰微，近代"新文化"运动又彻底动摇了道教赖以生存的根基，再加上"文革"的浩劫，中国道教更是雪上加霜，几乎是荡然无存。改革开放之后，道教重新得到恢复发展，取得了显著成绩。但是，由于历史等诸多原因，道教的现状不容乐观，道教的发展仍然严重滞后，与社会的期待和民众的要求还有很大差距，与其他宗教相比更是显得力量薄弱，道教日趋边缘化的状况并没有得到根本遏制，这种现状的存在严重制约了道教的生存与发展，这是当代道教必须思考和解决的重大问题，也是当代道教徒的责任与使命。

　　面对新时代和新要求，古老的道教遇上了前所未有的发展新机遇。道教中国化问题的提出，给当代道教提出了新要求，当然也为道教的发展指明了方向。当代道教徒必须要有所作为，有所担当，要奋力拼搏，不断前行。必须要以开拓创新的精神，敢于担当的勇气，主动肩负起道教振兴发展的历史使命。一方面，我们要认真研究道教历史发展之经验，客观分析当前道教发展之现状，主动借鉴其他宗教成功之模式，积极探索当代道教发展之路。另一方面，我们要积极推进当代道教的现代转型，促进道教事业的创新发展。当前，所倡导的"坚持道教中国化方向"，实际上就是要求当代道教要在与时俱进的基础上实现现代转型与创新发展。所谓"现代转型"，就是要积极主动处理好道教与现代社会发展的各种关系问题，更好地促进道教与现代社会相适应，全面推进道教中国化进程，充分发挥出道教应有的时代价值。所谓"创新发展"，就是要积极实现道教的自我完善与自我转型，以开拓创新的时代精神，以弘道兴教的历史责任，不断推进道教各项事业的有序健康发展。因此，当代道教必须要始终坚持道教中国化方向，要在不断加强自身建设中推进现代转型，要在不断适应时代进程中推进创新发展，这是道教自身建设与弘道兴教的需要，是道教积极融入社会与健康发展的需要，当然也是道教坚持中国化方向的必然选择。

一、道教的现代转型是道教中国化的时代要求

坚持道教中国化，就是要更好地促进道教与时俱进发展，不断提高道教服务社会的能力。当代社会，随着我国改革开放的不断深化和社会主义市场经济的快速发展，整个社会生活也开始发生各种新的变化，在人们的思想意识中对宗教信仰的需求也随之发生了新的变化，从过去的盲目信仰到现在的理性信仰，从过去的单一信仰到现在的多元信仰，民众对宗教信仰的要求也越来越高，而对于宗教界自身来说如何实现转型发展就成了一个新的时代课题。因此，现代转型自然就成了当前道教发展的一项重要而紧迫的任务，这是道教适应时代发展的需要，更是道教中国化的必然要求，意义重大而深远。

其一，现代转型是加强道教自身建设的重要内容。自身建设是一个组织、一个团体健康发展的基本条件，也是促进各项事业发展的首要任务。宗教的发展也如此，只有不断加强宗教的自身建设，才能始终保持宗教组织的活力和生命力。当代社会，随着我国经济、文化的高速发展，中华传统文化开始全面复兴，中国道教遇到了前所未有的发展新机遇，如何抓住这个新机遇，促进道教事业的全面健康发展，这就需要我们积极推进当代道教的现代转型，因为实现道教的现代转型也是加强道教自身建设的重要内容。一方面，面对高速发展的社会，古老的道教要以更加开放、包容的姿态，适应社会现代化的发展。特别是在高科技快速发展的今天，我们的道教，是对立的、矛盾的，还是适应发展的，答案肯定是后者，我们不仅要更好地适应新时代高科技的发展，而且还要积极服务于现代科技的发展，发挥出道教应有的时代价值。另一方面，要固本强身，不断提高道教适应现代化社会的能力。我们要"内强素质"，不断提高道教徒的道学造诣和品德修养，通过纯正信仰、持守规戒，使广大道教教职人员真正成为有道之士，这是道教现代转型的内在要求。我们还要"外树形象"，不断加强教风建设，改善道教的社会形象，这是道教现代转型的外在需要。当然，在推进道教现代转型进程中，要始终保持道教信仰的纯洁性和神圣性，这是道教的信仰问题，只能加强，不能削弱。我们要始终坚持道教中国化方向，坚持将道教的现代转型作为加强道门自身建设的重要内容来抓，要通过道教的现代转型来全面提升道门的自身建设，从而不断增强道教在现代化社会进程中的生存与发展能力。

其二，现代转型是道教适应时代发展的客观需要。宗教是人类社会一种重要的文化现象，也是人类社会生活和信仰的重要内容，几乎是伴随着人类社会的发展而发展。在人类历史上，曾经产生过无数种宗教，可能已经难以统计，但是只有极少数宗教能够流传至今，究其原因，主要是在于宗教本身能否适应时代的发展。能否主动实现自我转型，即宗教是否能够通过自我形态的不断调整以适应变化了的社会现实。事实上，每一种宗教只有适应不断变化的社会现实才能求得自身生存和发展的空间，否则只能是人类历史中的匆匆过客，保留在历史的遗迹之中。当代道教，如何更好地实现现代转型，这是道教适应时代发展的客观需要。一方面，道教必须要跟上时代发展的步伐。我们广大道教徒要学习、了解新科技，摆正道教与科学的关系。我们要以主人翁的姿态去迎接知识经济时代的机遇与挑战，促进科技与经济的紧密结合，使我国经济建设真正转移到依靠科技进步和提高劳动者素质的轨道上来，激励、引导广大道教徒积极投身于科教兴国的伟大实践，探讨道教在新时代科技经济发展中的作用，以更好地促进人类科技进步与经济发展。另一方面，我们广大道教徒不仅要充分利用现代科技为弘扬道教服务，而且还要充分发挥道教的独特优势服务当代社会。英国著名学者李约瑟曾指出："道教是唯一不反对科学的宗教。"在某些领域，如原始化学领域，甚至占有重要地位。道教内、外丹术，则构成了中国科技史上独特篇章。因此，我们要充分发挥道教的人体、心理、养生等科学，积极服务社会，服务科学，造福人类，从而不断增强道教适应社会发展的能力。

其三，现代转型是提升道教服务社会能力的现实需要。一般来说，宗教的社会功能主要体现在两个方面：一是服务社会，就是要为人类社会的发展作贡献；二是服务信众，就是要为广大信教群众提供各种信仰服务，满足其精神生活的需求。一个宗教能否得到健康发展，其关键也是看其服务社会、服务信众的工作做得如何，看其服务社会的能力和影响有多大。这就是说，宗教必须要融入社会、服务社会，只有在积极服务社会的进程中，才能有所作为，有所发展。当代道教，如何更好地服务社会，发挥出应有的时代价值，这就需要尽快实现道教的现代转型。一方面，要不断增强道教服务社会的能力。近现代以来，由于道教不注重自身建设，导致"世俗化"程度的不断加重，道教服务社会的能力开始下降，道教积极作用的发挥也有所减弱，这是一个严峻的现实问题。因此，当代道教必须要注重加强自身建设，不断扩大自身的社会影响，才能进一步增强道教服务社会的能力。另一方面，要积极发挥道教服务社会的积极功能，努力助推道教中国化进程。我们要在宫观开展讲经讲道活动，积极传播道教正能量，引导人类，净化社会，提升人格，建设和谐社会。同时，还要积极倡导道教的道德伦理，担当起理顺情绪，化解矛盾，促进和睦，维护稳定的责任，从而不断提高道教服务社会的能力，发挥出道教应有的时代价值。

二、当代道教要在加强自身建设中推进现代转型

坚持道教中国化，就是要更好地加强道教自身建设，促进当代道教的现代转型。改革开放以来，我国宗教社会化程度不断加深，各个宗教的面貌都发生了巨大变化。但是，宗教问题也不断出现，具体表现为：信仰淡化、戒律松弛，教风不正。一些宗教团体机关化倾向严重，脱离信教群众，内部不团结，甚至还拉帮结派。相当数量的宗教界人士素质不高，难以承担正确引领信教群众的责任。道教也是如此，甚至还更为严重。这就需要当代道教要以高度的历史使命感和社会责任感，从组织建设、宫观管理、人才培养等方面大力加强道门的自身建设，以成功实现当代道教由传统向现代的转型。

其一，要在加强道教团体建设中推进现代转型。道教团体是信教群众的联合组织，是信教群众参与公共事务的社会实体，是促进道教事业健康发展的重要力量，当然也是坚持道教中国化方向的主体。但

是，随着社会现代化进程的不断加快，道教团体组织建设明显滞后，一些地方道教团体由于缺乏规范管理和自身建设等原因，在道教场所和信教群众中的凝聚力逐渐下降，有些地方道教团体基本是一块牌子、一套班子，无办公场地、无办公人员、无办公经费，基本就是名存实亡，道教团体积极作用的发挥难以为继，严重影响了道教的自身建设与发展。因此，当代道教必须要大力加强团体自身建设，不断提高道教组织的自我管理能力和积极作用的发挥。一方面，要大力加强道教团体组织的自身建设，不断提高道教团体组织的自我管理能力。当前，许多道教团体组织独立开展工作的能力不强，主动适应社会发展的意识不够。这就需要进行规范管理，对人事、财务、培训等工作建章立制，对团体工作加强监督，建立目标考核机制和奖励机制，不断提高道教组织的现代管理能力。另一方面，要充分发挥道教团体组织的积极作用，促进道教事业的健康发展。道教团体组织积极作用的发挥关键是靠人才，这就要求道教团体的负责人要有较高的品德修养和人格魅力，有较强的行政管理能力和现代管理意识，还要有较高的道教学识和深厚的信教群众基础。只有具备了上述这些条件，才能发挥其引领道教团体发展、化解道教内部矛盾的能力。尽管多年来道教团体在后备人才培养方面十分重视，但是真正合格的道教团体负责人仍然严重缺乏，这就需要尽快建立道教团体内部人才培养机制，在岗位实践中锻炼培养，同时还要以开放、包容的心态，吸收、引进社会优秀人才，参与道教团体组织管理。因此，当代道教要在不断加强团体组织自身建设的过程中，实现团体组织建设的现代转型，从而更好的促进道教团体组织的健康发展。

其二，要在加强道教宫观管理中推进现代转型。改革开放以来，我国道教宫观得到恢复发展，取得了显著成绩。但是，就目前道教宫观管理情况来看是明显滞后的，道观的管理水平、管理制度和管理体制等都跟不上时代，不能适应现代社会发展的需要。这就需要大力加强道教宫观的现代管理，实现道教宫观管理的现代转型。一方面，要积极加强道观的制度建设，促进道教宫观的规范管理。制度建设是道观管理的基础，也是根本保证。中国道协曾明确指出：要求各地宫观要制定和建立一套适应时代特色、符合当地实际情况的规章制度。因此，现代道观管理首先必须要建立、健全各项规章制度，各项制度又必须要建立在实用性和可操作性的基础上，从而形成以"客观的、公正的、科学的"管理制度，用来促进道观的有效管理。当然，现代道观的管理还必须要建立先进的管理制度，所谓"先进的管理制度"，就是要通过吸收现代社会和现代企业管理的某些先进的理论和经验，获得一个更好的管理道观的手段，使道观管理制度更好地适应道观的发展，更好地适应现代社会的发展，更好地适应社会进步的要求。另一方面，要积极引进现代社会管理新理念，促进道教宫观管理的创新发展。现代道观的管理必须要从观念上进行转变，从体制上进行改变，要在继承传统管理的基础上有所创新。根据现代社会发展和道教自身特点，我们认为现代道观的管理必须要引进和借鉴现代社会管理的新理念，这是道观管理的新发展，也是道观管理适应社会进步的新举措。当然，在引进和借鉴现代社会管理理念的同时，也要特别注重和加强道教的信仰建设。我们既要使道教宫观得到规范有效管理，又不能过于现代化而失去了神圣性的内涵，这也是道教宫观管理实现现代转型需要注意的问题。此外，道教宫观还应该主动承担起弘扬道教文化的责任，要为信众提供多样的道教文化活动及讲经教化，使宫观成为信众学习道教文化的场所，这也是现代宫观管理中必须要解决的重要问题。

其三，要在加强道教人才培养中推进现代转型。当代社会，道教人才培养是我们道门中人普遍关心的重大问题，当然也是坚持道教中国化方向的关键所在。近年来，中国道协和各地道教团体组织，都在积极为道教接班人培养献计出力，各地道教学院的相继创办，为道教人才的培养打下了坚实的基础，经过十多年的努力，道教人才培养也取得了显著成绩。然而，随着道教事业的快速发展，道教人才的需求量不断增加，道教的教育工作明显滞后，再加上道教院校的办学面临诸多困难，道教人才培养工作始终步履维艰。因此，当代道教必须要积极探索道教人才培养的新体制，以更好地适应道教事业发展的需要。一方面，要集中力量解决道教办学中的困难问题，促进道教人才培养工作的健康发展。当务之急，是要解决师资队伍、统编教材、生源队伍以及办学条件、办学质量、办学规模、办学理念等问题。我们要从思想层面上进行反思，不断增强道教人才培养工作的责任意识，要齐心合力办教育，聚精会神抓落实，集中精力攻难关，认真解决道教教育中存在的一些实际困难问题，为道教人才培养创造良好的条件。另一方面，要积极探索道教教育的新体制，促进道教人才培养的现代转型。现代社会的发展日新月异，经济快速发展，科技不断创新，知识不断更新，文化不断繁荣，出现了前所未有的大好局面。道教教育也要跟上时代的步伐，在办学方式上要逐步实现传统向现代的转变，促进道教教育思想现代化、教育目标现代化、教育制度现代化和教育管理现代化，不断培养新时期合格的道教事业接班人。当然，我们在实现道教人才培养现代转型的过程中，要特别注重道教信仰的建设，这是道教院校的首要任务。作为新时代合格的道教人才，必须要在道教信仰和戒律修持上树立表率，必须要在道教学识和讲经讲道方面有所作为，要始终以弘道立德作为自己努力奋斗的目标。除此之外，当代道教还必须要重建道教的文人传统，吸收社会精英阶层进入道教，提升道教的社会地位，扩大道教文化的影响力，使道教尽快融入现代化发展的社会，顺利实现道教的现代转型，助推道教中国化进程，从而发挥出道教应有的时代价值。

三、当代道教要在适应时代进程中推进创新发展

坚持道教中国化，就是要更好地促进道教与时代相适应。从历史的角度看，世界任何宗教都处于不断变化发展之中，在变化中求生存，在变化中促发展，这是社会发展的客观规律。佛教在中国的发展就是一个比较成功的例子，值得我们学习和借鉴。据史料记载，创立于古印度的佛教，在13世纪初时的印度就基本消亡了，而只有北传至中国的佛教，通过依附于道家黄老之学逐渐被中国社会所接受。魏晋时期，佛教又通过依附道教玄学而逐步完成了中国化进程，并开始得到快速发展。宋代以后，佛教自身虽然已经逐渐衰微，但是对社会的影响仍然很大，通过对民众生活和文化领域的渗透，使佛教融入中国民众的日常生活之中，成为中国社会民众广泛信仰的一种宗教。这就表明，佛教在中国的传播与发展，是通过吸收道教的思想、融入中国社会而逐渐发展起来的，当然这也是适应时代进步和社会发展的过程，也是佛教自身不断实现自我转型与创新发展的过程。因此，当代道教必须要紧跟时代发展的步伐，坚持中国化方向，适应社会进步的要求，要在不断适应时代发展的进程中推进道教的创新发展。

其一，要在推进道教文化适应时代进程中创新发展。道教文化是中华传统文化的重要组成部分，历史上曾对中国社会和民众生活产生过深刻而久远的影响。但是，近代以来，道教文化开始从精英文化滑落至社会边缘，道教文化也失去了原有的影响力和向心力，道教的社会地位也日渐下降。究其原因，主要是道教文化的时代价值没有得到彰显，道教传统文化缺乏创新发展。这就要求："道教界需要探寻道教与现代社会的结合点和生长点，用实际行动来证明道教的思想深度和

文化魅力。"〔1〕这就需要我们大力弘扬道教文化，促进道教文化建设的创新发展。当代道教，要大力加强道教文化建设，推进道教文化与当今时代的融合，促进道教文化的创新发展。一方面，要我们大力弘扬道教优秀文化，积极服务当代社会。近年来，中国道协组织编纂的《中华道藏》《老子集成》等重大道教文化工程，各地道协开展的道教文化研讨活动、出版的道教刊物等，都是旨在弘扬道教优秀文化，取得了良好效果。特别是近十多年来，道教界开展"玄门讲经"活动，倡导读经、学经、讲经之风，进一步推动了道教文化的弘扬，发挥着道教文化的社会教化功能。当代道教，我们要顺应时代进步和社会发展的要求，大力推进道教文化建设，积极弘扬道教优秀文化，进一步彰显道教文化的时代价值。另一方面，要对传统道教文化作出符合时代进步要求的新阐述，促进道教文化的重建与创新发展。我们要在继承传统道教文化的基础上，对道教传统文化与信仰进行重新提炼，发掘对当代社会积极的、有益的内容，为当代社会发展与精神文明建设作贡献。我们还要积极阐扬道教思想精华，赋予时代精神，增添时代价值，为实现道教文化的创新发展打下坚实的基础。我们还要以开放、包容的胸怀，积极地与现代文化潮流保持互动，接受现代文化精神的影响与引导，吸取现代文化思想和科学思维方式，为道教文化的重建与创新发展提供有益的借鉴。从而为当代道教的发展注入强劲的推动力，为道教积极作用的发挥寻找重要的突破口，更为道教事业的健康发展创造新的机遇。

其二，要在推进道教戒律适应时代进程中创新发展。从道教历史来看，唐代是道教发展的鼎盛时期，道教戒律在这一时期走向系统化、规范化、成熟化。在不断建设与创新发展进程中，道教戒律完成了自我构建，形成了独特的体系，从而为道教的发展繁荣提供了强有力的

---

〔1〕《中国宗教》2012 年第 3 期，第 8 页。

保障，对后世道教也产生了极其深远的影响。但是，明清以后，道教日趋衰微，道教戒律也日渐松弛，曾经纷繁、复杂、苛酷的道门戒律渐不为人知，失去了它的约束力、影响力和宗教意义。道教戒律的衰退，严重影响了道教徒的信仰与修持，制约了道教的健康发展。因此，当代道教必须要大力加强戒律建设，促进道教戒律建设的创新发展。一方面，要大力加强对传统道教戒律的研究，要在继承传统戒律的基础上创新发展。传统道教戒律中，有许多至今仍有其积极作用，有的甚至直接影响着当代道教戒律。如明代四十三代天师张宇初撰写的《道门十规》，则是明初清整道教问题的纲领性文献。他在正一道中推广初期全真道的真功实行以及教制和教风，以惩治教团腐败和力教戒律松弛之弊，是有一定积极作用的，即是在今天看来，仍有其借鉴意义。因此，我们要对历史的、传统的道教戒律进行整理、研究，梳理其中适应当今时代发展的内容，为制定当代道教戒律提供借鉴。同时，我们还要根据现代社会民众的生活方式，对道教戒律进行适应时代性的创新发展，要在坚持信仰的基础上，使道教戒律逐渐融入社会生活之中，成为道教徒的一种生活准则和自觉行为。另一方面，要在创新发展的基础上，不断推进当代道教戒律建设。当代社会，是一个信息化、商业化、物质化的社会，在这样一个瞬息万变、高速发展的社会中，道教应该考虑的是如何更好地有所作为，发挥道教净化社会、清静人心的教化功能，而不是被商业化、物质化所牵制，这就需要在传统戒律的基础上，建立现代道教的规戒制度。因此，现代道教规戒制度必须要在创新发展过程中完成，我们要把戒律建设与社会发展联系起来，把戒律建设与道教现状联系起来，把戒律建设与信仰修持联系起来，把道教戒律用于团体组织与宫观管理之中，使道教戒律更具有时代性、现实性和可操作性，从而更好地促进道教戒律建设的创新发展。

其三，要在推进道教教义适应时代进程中创新发展。纵观道教发展历史，我们清楚地看到，道教教义思想是随着道教的建立而逐渐形成的，并且随着时代的发展而不断发展变化的，这是一个客观的历史事实。之所以如此，这是因为人的思想信仰是由社会存在所决定的。对于道教来说，这个发展和变化是自然而然的，因为道教信仰的"道"，本身就是不断发展变化的。当然，这种发展变化也是需要社会和道教自身来推动的，否则就失去了道教教义发展的原动力。当代道教的教义建设，必须要与现代社会发展相适应，道教的基本教义需要对现代科技及其所引发的社会问题做出正面的、积极的回应，才能更好地体现道教的时代价值。因此，当代道教必须要大力加强教义思想建设，不断推进道教教义思想的创新发展。一方面，要大力加强对传统道教教义的研究，传承和弘扬符合时代发展要求的道教教义思想，积极服务当代社会。道教自创立以来，就逐步形成了独特的教义思想、仪式行为和组织系统，其教义思想的核心就是"道"和"德"。从东汉到隋唐五代，道教思想体系逐渐完善，以"道"和"德"为核心的教义思想结构也渐趋完整。此后，道教的一切教理教义都是围绕"道"和"德"而展开的，其教义思想几乎贯穿于道教徒的信仰、修炼和社会生活的各个方面，形成了一个完整的思想体系。当然，现代社会的高速发展，也需要道教教义思想的与时俱进，适应时代发展的需要。因此，对于传统的道教教义思想，我们必须要很好地加以继承，不仅要对历史的、传统的道教教义思想进行整理、研究，而且还要很好地利用优秀的教义思想为当代社会发展服务。另一方面，要对传统道教教义思想作出符合时代进步要求的新阐述，不断推进当代道教教义的创新发展。现代科学技术的发展对于物质本原、宇宙起源以及生命奥秘等都有许多新的发现，这些新发现大大扩展了我们对"道"的认识。因此，我们要在继承传统道教教义思想的基础上，丰富和发展前辈道长们对于"道"的阐述。我们要把教义建设与道门信仰、神学思想结合起来，把教义建设与时代发展、信众需求结合起来，还要把教义建设与道教自身发展结合起来，只有这样才能不断丰富道教的教义思想内容，才能更好地促进道教教义思想的创新发展。

其四，要在推进道教弘教方式适应时代进程中创新发展。历代以来，弘道兴教都是道教徒应尽的责任，是道教徒虔诚信仰的外在体现。为了弘扬道教，历代诸多高道大德，都为之付出了艰辛的努力，他们毕生的弘道经历，谱写了道教发展历史的光辉篇章。东汉时期，祖天师张道陵为了创立道教，跋山涉水，不辞辛劳，前往巴蜀地区教化民众，开宗立教。北魏道士寇谦之，以弘道兴教为己任，适时改革天师道，促进道教在北方广泛传播。南朝刘宋道士陆修静，整顿道教组织，整编道教经籍，弘扬道教文化，出现了"道教之兴，于斯为盛"的新气象。金代时期，全真派祖师王重阳，悟道出家后，历尽艰辛，前往山东传道度人，创立全真教派。金代元初道士丘处机，为了弘道兴教，不远万里前往西域雪山，告以太祖敬天爱民为本、清心寡欲为要，留下了"一言止杀"的千古传奇。明代天师张宇初，为振兴发展道教，撰写《道门十规》，成为整顿明代道教的纲领性文件。还有明末清初道士王常月，通过"开坛传戒，讲经弘法"等举措，广泛传播道教，成为龙门派中兴之祖。近现代以来，由于道门自身不注重传道弘教，或者说还没有引起我们教内的重视，致使道教的社会地位和影响日趋衰微。当代道教，必须要积极做好弘道兴教工作，要尽快实现弘教方式在适应时代进程中创新发展。一方面，要积极开展讲经讲道活动，进一步做好道教的弘教工作。讲经讲道是道教徒的本职工作，是做好当前道教工作的一项重要任务。传统道教素有"道不言道，道不外传"之说，这里所说的是指"道法"不得轻易外传，这是正确的。但是，现在有许多年轻道长，常常以此为借口，已经影响到道教的弘教工作，这是不对的，也是认识上的错误。当然，讲经讲道还需要我们从思想上高度重视，从行动上落到实处。在思想上高度重视，就是对于讲经人才的培养，要从道教学院开始抓起，要把"讲经讲道"作为主要课程，贯穿于学习的全过程，并将讲经讲道作为学生能否毕业的前提条件。在行动上落到实处，就是要在道教宫观内定期开展讲经活动，并以此作为宫观日常工作的一项重要任务，使其成为教化引导信徒的一个重要途径，成为道教弘教工作的一项重要内容。另一方面，要积极开展弘教活动，探索道教弘教方式的新思路。所谓弘教工作，就是要积极传播道教，扩大道教的社会影响，扩大道教的信徒队伍，这是道教赖以生存的根基。清代王常月祖师的弘教工作就很成功，其中有许多经验值得借鉴。还有基督教把传教与信仰紧密结合，是值得我们道门中人深思的。当前，我们要在道教界开展"弘教"工作的大讨论，统一思想，形成共识，要以勇于担当的责任，乐于奉献的精神，积极推进道教弘教工作的全面开展。同时，还要积极开展弘教工作的研究，不断探索信徒队伍建设的新途径、新方法。要把弘教工作作为道教徒修道的重要内容，把弘教与道教的教义结合起来，把弘教与信仰结合起来，把弘教与"广种福田"结合起来，成为道教徒"内化于心，外化于行"的一种自觉行为，从而不断推进道教弘教工作的创新发展。

综上所述，坚持道教中国化方向，就必须要实现道教的现代转型与创新发展，这是道教适应时代发展的需要，也是道教自身发展的必然。古老的道教之所以能不断延续发展，其关键也是在于道教随着社会的变化不断进行自我转型，在不断转型的进程中寻求发展机遇。当代道教，也只有在坚持道教中国化进程中，才能抓住道教发展的历史机遇，实现道教的现代转型与创新发展。

第五章

时代价值

第一节　道教教育与社会伦理建设

　　宗教教育是西方学校教育的一部分。广义的宗教教育是指一切与宗教有关的教育制度和活动，狭义的宗教教育指直接由宗教组织承办、以培养宗教神职人员为目的、以宗教神学知识为内容的教育制度。在人类社会的历史发展进程中，宗教的影响始终是广泛而深远的，宗教的积极作用也主要在于它的道德教化。《西方文化史》说："宗教在中世纪社会占据的主导地位，使得中世纪的文学以教会为主体成为自然。文学的作者以基督教的教士居多。教会文学的宗旨单一且明确：普及宗教教义和教化民众道德。"〔1〕这种道德教化正是宗教所特有的一种社会伦理功能，是宗教教育服务社会伦理建设的重要途径。

　　道教是中国固有的传统宗教，"在长期的发展过程中，道教对我国古代的思想文化和社会生活的各个领域都产生过巨大而复杂的辐射作用，留下了深刻的影响。直到今天，道教依然在中国人的生活方式和文化构成中显示出独特的生命力"〔2〕道教教育是一种有别于学校教育和家庭教育的社会教育，这种教育又与学校教育、家庭教育并行，共同影响着民众个体的人生观、世界观和身心发展。当前，我国社会繁荣稳定，经济持续发展，人民生活水平得到了极大的提高，中国人

---

〔1〕　徐新编著：《西方文化史》，北京大学出版社，2002年，第141页。
〔2〕　卿希泰主编：《中国道教思想史》第一卷，人民出版社，2009年，第1页。

民多年来憧憬的国富民安的景象，已经成为现实。但是，我们也要注意到，在改革开放、实行市场经济给社会带来经济繁荣和思想解放的新局面的同时，由于我国社会从计划经济到市场经济体制的转轨，引起人们的思想观念、组织体制、生活方式、人际关系、道德意识等多方面的变化。社会上有些人，逐渐滋长了拜金主义、享乐主义、极端名利思想。这些社会消极因素，不仅影响和破坏了社会的稳定，干扰着和谐社会建设，而且还直接影响着当代社会的健康发展。这就需要大力弘扬社会主义核心价值观，用社会主义核心价值观影响个人价值选择，引领社会风尚和社会发展方向，为中国特色社会主义事业提供强大的精神动力。同时，我们还要充分发挥当代中国道教教育的特殊优势和作用，教育广大道教徒牢固树立正确的人生观与世界观，自觉抵制各种错误思潮和腐朽思想的影响和侵腐，引导广大道教徒积极向上向善，向往和追求讲道德、遵法纪、讲诚信、有品行的生活，共同维护和谐的社会环境与和睦的家庭氛围，从而更好的促进社会繁荣稳定和健康发展。

一、道教传统教育及其现代教育的兴起

在中国古代文献中，教育一词最早见于《孟子·尽心上》，"得天下英才而教育之"。《说文解字》释"教，上所施下所效"；"育，养子使作善也"；"教育"就是教诲培育的意思。道教是中国传统文化的重要组成部分，不仅对我国社会影响深刻而久远，而且还传播到海外，受到国际汉学界的高度重视。道教之所以能广泛传播，这就说明道教本身就是十分重视教育工作的。

（一）道教传统教育的形成与发展

在传统道教教育中，统治阶层的推动是起主导作用的。当然，这种推动主要还是得益于统治者对道教的喜好。根据詹石窗教授的研究，道教教育的起源可以追溯到先秦时期的黄老学派教育。西汉初期，统治者推崇黄老，要求诵习黄老道家经典。东汉顺帝时，黄老之学大盛。《册府元龟·尚黄老》称，杨厚不愿做官，称病归家，修黄老秘学，教授门生，上名录者三千余人。这种私人创办的教育组织，无疑对后来的道教教育有很大影响。唐代帝王崇奉道教，自然也重视道教的文化教育。唐高宗在仪凤三年（678年）就昭示天下，"自今以后，《道德经》并为上经，贡举人皆须兼通"。[1] 明确规定，以《道德经》列为科举考试之"上经"。唐玄宗即位后，在玄元皇帝庙设立"崇玄学"，招生学生，学习道教经典，以"四子真经"[2] 开科取士。宋代时，开创对道士的学业考核，设置"教阶"，提倡学习道经，健全道学制度，并设立道学博士，还准许道士入州县学授课或学习，每年试经，依成绩授予道教职称。这些举措，使道教的文化教育快速形成与发展。

在传统道教教育中，道教自身发展所形成的道教教育，应该才是真正的道教教育。道教自东汉时期正式创立之后，开始有了自己的组织和信徒，有了组织之后便面临一个新的问题，那就是培养教徒的问题，也就是道教组织的接班人问题，同样，有了信徒之后也有一个新的问题，那就是如何把信徒组织起来，并对他们进行宗教化的教育。根据有关历史记载，早期道教虽然还没有什么完整的教育思想和教育体系，但对信徒进行一定的教育是客观存在的，主要是采用师徒问答、口口相传的形式进行教育、传播思想。当然，古代的道教信徒与教徒是很难区分的，对于教徒和信徒的教育基本都是采用这种形式进行的。除此之外，道教传统教育还有一种形式，那就是"讲经说戒"，并以此来传道收徒。清代王常月祖师曾率弟子詹椿、邵守善等人长途跋涉，

---

〔1〕《旧唐书》卷二十四《礼仪志》，中华书局，1977年，第918页。

〔2〕 唐代规定，道举考试测试《老子》《文子》《列子》《庄子》等道教经典。

南下至江苏的茅山、南山、浙江的杭州、湖州金盖山和湖北的武当山等地开坛说戒，收得了大批弟子。这种说戒方式其实也是一种道教教育，对于培养教徒和传承起到重要的积极作用。当然，在道教内部传承方面，大多还是以"师徒相授"的模式为主导，其教育活动多在道教宫观内部进行，且主要为师徒个体之间进行。这种教育模式，也有道教自身教育的特点，那就是道教诸多"法术"以及仪式中的"内秘"，一般不会随便外出，必须在师徒之间传承，这种教育模式一直延续至现代。

（二）道教现代教育的兴起与繁荣

相对传统道教教育而言，道教现代教育主要是院校式教育。道教院校式教育则是近现代社会发展的产物。特别是随着我国现代教育的兴起，道门有识之士也开始积极探索道教的教育问题。早在20世纪40年代初，著名道教学者陈撄宁先生在《复兴道教计划书》中，就提出举办"道学研究院"、培养道教知识分子的设想，开始了道教院校式教育的探索。由于当时条件所限，诸多计划未能付诸实施。但是，这种有益的探索与思考，却为当代道教院校式教育的创立与发展奠定了重要的思想基础。

中国道教协会正式成立后，在陈撄宁先生的积极倡导下，于1962年正式开办了"道教徒进修班"，打破了传统的师徒授受、口口相传的教学模式，采用现代教育新模式，在教学方式上跟上了时代的步伐。这是道教历史上第一次开办学校，为培养现代道教接班人积累了宝贵经验。此后，中国道教协会又相继举办了五期"道教知识进修班"，为道教培养了250余名实用型道教徒，对于做好道教恢复开放初期工作发挥了重要作用。但是，随着我国改革开放的进一步深化，随着党的宗教信仰自由政策的全面贯彻落实，特别是道教宫观的相继恢复与开放，培养道教接班人问题就成了当务之急。于是，地方道协也开始探索道教的办学问题。1986年，上海市道教协会创办了首届"上海道学班"，开创了地方道教办学的先河。道学班的办学宗旨和任务，就是培养爱国爱教的青年道教徒，要求既能通晓道教历史和文化、教理教义，又能诵经礼忏，从事斋醮仪范和参加庙观管理。[1] 上海道学班的创办及成功举办，为各地道教组织因地制宜培养自己所需要的道教人才作出了榜样，也为中国道协创办道教学院提供了可借鉴的经验。

1990年，中国道教协会正式成立了"中国道教学院"，道教教育和道教界的人才培养从此迈上了一个新台阶。时任国家宗教事务局局长任务之指出："办学院的目的是要培养出一批热爱祖国、拥护党的领导和社会主义制度，又有较高宗教造诣的中青年道教职业人员"。[2] 中国道教学院是道教教育的最高学府，它的正式成立，全面提升了道教教育的办学层次，有力地推动了道教教育工作的开展。此后，各地道协也积极行动起来，开始创造条件办学，培养各类道教人才。湖南南岳坤道院、四川青城山道教学院、湖北武当山道教学院、浙江道教学院、广东道教学院、海峡道教学院、陕西道教学院、江苏道教学院、龙虎山道教学院等相继开办。与此同时，中国道教学院也开始招收并培养研究生，到目前为止已经有五届学员毕业，并顺利通过论文答辩，为道教培养了高素质的教职人员，道教教育工作取得了可喜成绩，并呈现出繁荣发展的新气象。

二、道教教育对教职人员信仰伦理的培育

从当前道教教育情况来看，道教对于教职人员的信仰伦理教育，主要还是依靠道教院校和道教宫观来完成。相对一般社会人员而言，

---

〔1〕《弘道传法，后继有人》，载《中国道教》1989年第4期，第51页。
〔2〕《中国道教》1990年第3期，第9页。

宗教教职人员的身份比较特殊。一方面,宗教教职人员可以在宗教场所内主持正常宗教活动。同时,按我国某些宗教的传统习惯,宗教教职人员也可以到信教群众家里或者其他特定场所为信教群众举行传统宗教仪式。另一方面,宗教教职人员可以担任宗教活动场所主要教职,可以参与宗教团体和宗教场所的管理。可见,对于宗教教职人员的教育培养是非常重要的,尤其是信仰伦理的教育尤为重要。所谓信仰,就是道教徒对"道"的信奉和对"神"的敬畏。道教院校的教育,就是要注重培育教职人员的信仰修持和戒律修为。对于道教教职人员的信仰伦理教育,直接影响其自身的行为规范,直接影响其对信教群众的教化引导作用的发挥。

(一)道教院校教育对教职人员信仰伦理的培育

道教院校教育是现代道教教育的新模式,也是道教与时俱进发展的新方法。这种教育有别于传统的"师徒相授"的个体教育方式,使道教教育的受众面更加宽广,教学方法更加科学合理。道教学院对教职人员的教育,除了历史文化、道教知识的教育外,主要是信仰伦理的教育,这是道教院校教育的一个显著特点。道教院校教育就是要培养合格的道教教职人员,而合格教职人员的重要标志就是要有虔诚的信仰和坚定的戒律修持。当今的道教院校,都十分注重信仰伦理的教育,具体教育途径主要通过开设道教神学课程和道教戒律课程来完成。

道教神学课传授的就是一种有神论思想,强调的是对于道教神仙的信仰与崇拜。道教有神仙信仰,就说明道教有自己的教义思想。道教的教义思想,就是指从道教特有的有神论观念出发,对于宇宙、社会以及人际关系的理解、说明和感情。正因为是从有神论观念出发,因此道教教职人员对于世界和社会以及人际关系的理解、说明和感情,与一般持无神论的人的理解、说明和感情必然有所不同。道教的神学教育自然就确立了道教教职人员的人生观和世界观,以及对于社会、人生和世界的认识。道教教职人员都持有神论观点，相信神仙能主宰人间的生死祸福，是一种超自然的力量，使道教徒从内心产生对神仙的敬畏与崇拜。

道教戒律课传授的则是一种戒律思想，强调道教教职人员必须要持戒修行。历代以来，道教戒律都是约束道教教职人员的思想言行，防止"恶心邪欲"，"乖言戾行"的条规。简单说，道教戒律就是道教内部的法律，具有至上性、神圣性和权威性。现代道教学院大多会安排有一定修行的道长来讲解道教戒律，通过自身的言传身教和戒律内容的讲解，使教职人员明白道教戒律的历史发展过程，以及戒律在道教历史发展中的重要性，以更好地提高自身的戒律修持。道教戒律内容非常丰富，涉及到道士生活的各个方面，其目的是教诫、劝诫教徒们止恶从善、舍妄归真，道教一直将其视为修德立身之规范、积功累行之路径。通过道教院校的系统学习教育，促进道教徒从"无神"向"有神"的转变，从"无序"向"有序"的转变，从"他律"向"自律"的转变，全面提升道教教职人员的信仰伦理，规范教职人员的戒律修为，使广大道教徒自觉成为社会道德伦理建设的倡导者和引领者。

（二）道教宫观教育对教职人员信仰伦理的培育

道教宫观是道教教职人员学习、修道和举行宗教活动的主要场所，当然也是教职人员提升信仰伦理的重要场所，或者说是道教院校信仰伦理教育的延伸。道教宫观的教育对于教职人员信仰伦理的培育，主要是通过自身的戒律制度和授箓、传戒制度来完成。

加强道门自身戒律制度建设，是道观管理制度的重要内容，也是道观信仰伦理教育的重要抓手。一般来说，传统道观管理主要依靠规戒制度，比较注重信仰伦理建设，这是道门的优良传统。当代道教宫观管理强调民主管理制度，但是也不能离开戒律制度，道教徒同样需要遵守清规戒律。事实上，当代道教宫观教育已经开始重视自身戒律建设了，并希望通过戒律建设来提升信仰伦理。比如，上海太清宫、上海城隍庙、江西天师府、南岳大庙等组织学习传统戒律经典，提升道教徒的戒律理论水平。上海太清宫、湖南南岳大庙先后制定了《清规榜》，在道观内开始贯彻实施，对于规范道教徒的戒律修持起到了积极促进作用。

加强道教授箓、传戒制度，是道观信仰伦理教育的有效途径。授箓是正一派道士入道的重要标志，也是道门内部十分重要的传承制度。历史上，就有"三山符箓"的传承，即龙虎山正一符箓、阁皂山灵宝符箓、茅山上清符箓，成为影响深远的三大符箓道派。道教授箓规定必须要同时持戒，凡初授箓须持"九真妙戒"，升授、加授皆须持相应的规戒。所谓"学道不持戒，无缘登真箓"。规定初授箓后，要持戒修行、积功累德，方可升授。受戒是全真派道士入道的标志，按等级分为初真戒、中级戒、天仙戒。全真派传戒尤为注重戒律建设，以三皈、五戒、十戒、女真九戒为基础，戒律内容丰富而严格。正一派授箓、全真派传戒，都是道教宫观教育的重要内容。通过道教宫观延伸教育，进一步促进道教徒的持戒修行，有效提升道教教职人员的信仰伦理，使广大道教徒自觉成为践行社会主义核心价值观的倡导者与实践者。

三、道教教育对信教群众道德伦理的培育

当今社会，正处于一个剧变时代，人们的道德观念不断地受到社会剧变所产生的冲击。当今社会，又是一个信息爆炸的时代，信息时代也正深入地影响着中国社会。对于社会上产生的一些道德问题的影响，由于网络媒体的传播而不断放大。随着一个又一个与道德相关的事件曝光，引起社会各界的广泛关注。这种道德问题的无限放大，所释放出来的基本都是负能量，自然会影响社会主义道德体系建设，影

响社会的和谐发展，必须要引起高度重视。当前，在我国各大宗教中，信教群众数量众多，影响广泛。宗教教育完全可以发挥对信教群众的道德伦理教化作用，对于社会道德伦理建设发挥出积极作用。从目前情况来看，道教对于信教群众道德伦理的教育，已经开始得到道教界人士的高度重视，无论是道教院校教育，还是道教宫观教育，都把道德伦理教育作为一项重要工作内容来抓，并贯穿到院校教学和道观日常管理工作之中，成为道教教育的常态化工作。

（一）道教院校教育对信教群众道德伦理的培育

一般来说，道教院校的主要职责是培养教职人员，为道教团体、道教宫观培养合格的接班人。但是，随着社会多元文化的快速发展，以及民众信仰多元的需求，道教文化受到社会各界的关注，他们希望通过短期的培训班学习道教知识、了解道教文化。于是，道教院校教育居士学习班就应运而生。道教居士班在传播道教文化的同时，也发挥出道德伦理的教育引导功能。比如，我国香港道教学院就是以道教居士班为主的学校，其教学目的主要是开展道教信徒教育。1991年香港道教学院由香港青松观创办，该学院开办了各种居士课程班，举办了很多学术研讨会，出版了《弘道》《道家文化研究》两种刊物和百余种书籍，为培养道教居士人才、传播道教知识、弘扬道教文化作出了重要贡献。同样，新加坡道教学院也是以举办道教居士班为主的学校，该院于2008年正式创办，致力于弘扬道教，面向社会人士定期举办道教知识讲座及道教课程班，至今已成功举办70多期短期课程班和30余场"文化大讲堂"。目前，学院拥有学生500余人，全部为兼职修学。可见，道教居士班深受新加坡华人的喜爱。

近年来，我国大陆地区各道教学院也开始举办各类居士班，为培养道教高端信徒进行了有益的探索。比如，上海道教学院举办的道教居士班，主要是面向皈依道教的信徒招生，以普及道教文化知识为目的。学制为一年，主要研修：史籍仙传类、义理思想类、戒规术法类、医药养生类等诸多道经。教学方式为大众面授，暑假期间安排修学实践、云游参访、公益慈善等活动课程，受到广大道教信徒的欢迎。与此同时，中国道教学院还专门举办海外留学生进修班，招收国外道教信徒参加学习。有一位比利时学员深有感慨地说："我的一生花了很多时间去学习道教，但总是在迷茫的探索之中，不得要领，这些天学习的东西给了我很大触动，在内心占据了非常大的位置"。[1] 这就是说，道教教育对于信徒来说其影响是很大的，有时甚至会起到意想不到的效果。通过道教学院式的系统教育，虽然只是短期学习班，但却是道教信徒接受道教文化的重要平台，也是接受道教道德伦理教育的有效途径。

（二）道教宫观教育对信教群众道德伦理的培育

道教宫观是道士举行宗教活动的重要场所，也是道教联系信教群众的重要窗口。但是，道教宫观还有一项十分重要的职能，那就是对信徒的教化引导功能，这是道观道士的本职工作，也是道教服务信徒的重要内容。道观的道士要主动担负起对信教群众解疑释惑的工作责任，要主动对本教的教义思想作出符合时代进步要求的新阐释。在具体工作中，要主动解答信教群众所遇到的自身信仰问题、社会困惑问题，引领信教群众树立正确的人生观和世界观。信教群众是道教活动的主体，做好信教群众的教育引导工作，既是我们道教界人士的本职工作，也是当前道教工作的重要任务。从道教对信徒的教育现状来看，要实现对信教群众的常态化教育，主要还是依靠道教宫观式教育。道教院校教育主要是培养教职人员，道教教职人员分配到道观之后，自然就要担负起教育引导信教群众的责任。因此，道教院校的教育直接

---

〔1〕 玄墨：《道教学院里的西方求道者》，载《中国道教》2012 年第 6 期，第 45 页。

关系到道观的教育，也只有合格的教职人员才能做好信教群众的教育工作。

从目前道教宫观现状来看，道观对信教群众的教育主要是通过"讲经讲道"来引导，通过道教经典智慧和历代祖师的阐述来教化。从历史看，道教历来就有讲经布道的传统，只是明清以来日趋荒废。改革开放后，开始得到道门重视，特别是中国道教协会自 2008 年在崂山举办首次"玄门讲经"后，每年都要举办一次全国性的讲经交流活动，旨在推动全国道教宫观讲经工作的开展。目前，此项工作已经取得明显成绩，玄门讲经工作已经在全国各地道教宫观有序开展。教职人员在道观通过讲经讲道，传播道教优秀文化，阐扬道教教义思想，发挥着教化引导信教群众的积极功能。同时，许多道教宫观还定期举办各类道教学习班，传播道教文化知识，弘扬道教优秀文化，提升道德伦理思想，为促进社会繁荣稳定与构建和谐社会发挥积极作用。通过道教宫观的常态化教育，为广大信教群众提供普世的伦理价值观，为践行社会主义核心价值观提供有力保障。特别是在道教中国化进程中，重塑道教的普世精神和价值伦理体系，传承道教的历史责任与担当，发挥道教道德伦理在当代社会伦理建设中的积极作用。

四、道教形象教育对社会伦理秩序的影响

宗教作为一种人类社会历史现象，它始终对人类的历史进程和社会生活发挥着不可忽视的影响。《西方文化史》指出：中世纪的欧洲，"在规范人的思想、伦理、道德方面，基督教思想是当时无可替代的权威"。[1] 这就是宗教对人类社会所产生的重要影响。同样，道教是中国本土宗教，具有悠久的历史与文化，"在长期的发展过程中，对我国

---

〔1〕 徐新编著：《西方文化史》第 137 页，北京大学出版社，2002 年 8 月。

社会的政治、经济、哲学、文学、艺术、音乐、化学、医学、药物学、养生学、气功学、天文学以及社会习俗、民族心理、民族性格、民族关系和民族凝聚力等各个方面，都产生过深刻的影响"。[1] 清末以来，道教渐趋衰落，道教的社会影响力也逐步下降。改革开放以来，"随着宗教信仰自由政策的不断落实，随着道教新一代骨干人士的成长，道教已经走出低谷，恢复生气，逐渐兴盛，进入它近代以来最好的发展时期"。[2] 当代道教，随着自身建设的不断加强以及社会影响力的不断提高，道教自身的形象教育对社会伦理秩序的影响也将会不断彰显。

（一）道教自身形象教育对社会伦理秩序的影响

道教的形象教育主要表现在道教自身形象对社会伦理秩序的影响。道教自身的形象主要通过道教文化、思想、伦理等，对信教群众与社会民众产生"潜移默化"的影响，影响着他们在世俗社会中的道德伦理思想，这种悄无声息的影响则是道教教育的高境界。比如，道教"尊道贵德"的伦理思想对民众人格修养的培育。道教尊"道"为最高信仰，强调修道应以"德"为根基。对于广大道教信徒来说，修道的先决条件就是立德，立德就要在日常生活中不断积累功德，要求人们清净无为、淡泊名利，强调个人的道德品质和内在修养，是一种积极向善的社会人生观，自然有利于社会伦理秩序的建设。又比如，道教"少私寡欲"的伦理思想对民众健康心态的培育。少私寡欲是指保持纯洁朴实的本性，减少私欲杂念。语出《道德经·第十九章》："见素抱朴，少私寡欲"。要求世人少私欲、远贪欲，保持内心平静、阴阳平和，做到善待自然、善待人生，常怀感恩之心。倡导少私寡欲、见素抱朴的生活方式，全面提升社会民众感恩、宽容的健康心态，促进社

---

〔1〕 卿希泰主编：《中国道教史》第 1 卷，第 1 页，四川人民出版社，1996 年。
〔2〕 牟钟鉴：《道教要当社会发展的促进派》，载《宗教学研究》2014 年第 3 期，第 7 页。

会伦理秩序的健康发展。还比如，道教"济世利人"的伦理思想对民众社会道德的培育。济世利人的伦理思想，本身就是一种社会道德，它要求社会民众必须遵守"利益人群"的道德规范，奉行"乐于助人"的传统美德。这是当今社会值得大力提倡的，当然也是当今社会伦理秩序建设的重要内容。

（二）道教教职人员的形象教育对社会伦理秩序的影响

道教的形象教育还表现在道教教职人员对社会伦理秩序的影响。特别是随着宗教在社会生活中的影响有所扩大，一些宗教人士进入了公众视野，开始受到社会的广泛关注。面对这种情况，宗教教职人员不仅要不断加强学习，更加注意自律，还要增强社会责任意识，维护良好的社会形象。为此，宗教教职人员的外在形象是十分重要的。从某种意义上来说，教职人员的外在形象其实就是一种道风的显现，道风建设也直接关系到教职人员的品德修养。因此，道教教职人员的形象，在某种程度上就代表着道教的形象，代表着广大信教群众对道教的期盼。

道教教职人员的形象教育，在一定程度上可以直接影响着信教群众，尤其是对信教群众自身修持的影响。比如，道教教职人员有良好的品德修养，自然会成为社会道德伦理的引领者。道教教职人员要有超越自我的精神境界和清静无为的良好心态，坚持虔心奉道、利益人群，坚持持戒修行、淡泊名利，做到内强素质、外树形象。这样的教职人员就会在不知不觉中感染、影响着信教群众的思想与性格，进而也会使信教群众周围的人接受到教化。这种悄无声息、潜移默化的教育，就是教职人员的自身形象教育，从影响信教群众延伸到社会民众的伦理建设。又比如，道教教职人员有渊博的道教学识，自然会成为社会伦理文化的引领者。在信教群众的心目中，道教徒是道教文化的传播者，道教神圣信仰的捍卫者，信教群众的开示者。教职人员高雅的内在气质和丰富的道教学识，自然就成为信教群众的精神领袖，成为信教群众的追随者和崇拜者。信教群众有困难会找教职人员求帮助，信教群众有疑惑会找教职人员求解答。道教教职人员的这种特殊的榜样作用，就是一种无形的形象教育，对于当代社会伦理秩序建设具有不可替代的积极作用。

综上所述，道教教育是一种家庭教育和学校教育之外的教育领域，属于一种社会教育。这种教育又是一种不可替代的，并且会长期存在的社会教育，至今仍然影响着信教群众与中国社会，是中国社会教育中的一支积极力量。当代道教，我们要积极加强道教自身建设，努力提高广大教职人员的综合素质，充分发挥道教院校教育和道教宫观教育的优势，通过道教和道教徒潜移默化的形象教育，为践行社会主义核心价值观，引导健康和谐的社会伦理新秩序作出积极贡献。

第二节 道教道德伦理与社会法制建设

人类社会发展历史表明，宗教是伴随着人类社会的兴起而兴起，伴随着人类社会的发展而发展，宗教对人类社会的影响是广泛而深远的。究其原因，主要是"宗教作为社会的子系统，具有群众性和社会的适应性，它与社会存在有双向调适的关系，其再生机制使之能自我调整，以适应社会的发展变化，而其心理调适及补偿功能、社会整合及控制功能、个体社会化功能、群众认同功能以及文化和交往功能等则对社会有着直接的影响和不同程度的制约"。[1] 明确指出了宗教的社会作用与教化功能。事实上"在中国传统社会中，人与人之间的关系是由道德来界定、联结和维系的，道德准则无时无刻不在规范着人们的行为"。[2] 这就说明伦理道德对民众秩序和制度规范的影响是广泛而深远的。道教是中国固有的传统宗教，在漫长的历史发展进程中，道教在继承中国古代宗教和老庄伦理道德的基础上不断发展，以其博大的胸怀，吸取儒、佛诸家伦理精神，形成了自己独特而丰富的伦理思想体系，并通过其特定的戒律条文和道德规范，将道教伦理道德思想渗透到广大民众的心中，对中华民族的心理性格和传统伦理产生着潜移默化的作用。特别是传统道教的伦理道德思想，对于中国传统社

---

〔1〕 任继愈主编：《宗教大辞典》绪论，上海辞书出版社，1998年，第4页。
〔2〕 丁常云：《弘道扬善—道教伦理及其现代价值》，上海辞书出版社，2006年，第8页。

会的法治建设和法治精神产生了极其广泛而深远的影响，至今仍然是社会法治建设不可或缺的宝贵的文化资源。

一、道教道德伦理思想基本概述

所谓"伦理道德"，就是指做人、做事需要遵循的道理。其中，伦理是指处理人与人、人与社会相互关系时应遵循的道理和准则，道德是一种社会意识形态，是人们共同生活及其行为的准则和规范。伦理是客观法，是他律的，道德是主观法，是自律的。在现实生活中，伦理道德规范广泛地存在于社会的各个领域，约束和指导人们的行为。卿希泰教授认为，道教伦理道德的思想渊源，主要有"古代的宗教伦理道德思想、儒家的封建伦理道德学说、道家和佛教的有关思想等。其中，天人感应的神秘思想，对道教的伦理道德的影响特别明显。道教继承了上天能赏善惩恶的说法，并加以发挥和发展，形成了自己独具特色的伦理道德体系"。[1] 道教伦理道德就是以传统伦理为基础、以道教信仰为核心而构成的一种伦理道德体系，它既包含着传统伦理道德的基本内容，又具有强烈的神学思想成分，是传统伦理道德思想与道教神仙信仰结合的产物。道教的伦理道德主要体现在道教教义、道教戒律和道教劝善书中，成为传统社会伦理道德体系的重要组成部分。

（一）道教教义中的伦理道德

道教教义是指有关道教基本宗教信仰内容的成文规定。这种规定是在漫长的历史过程中，伴随着道教的兴起而逐渐形成的。"南北朝以后，教会式宫观道教形成，道教经书对道教神灵、戒律、斋醮程式、

---

〔1〕《道家文化研究》第七辑，上海古籍出版社，1995年，第19页。

道规等有了许多成文的规定，这标志着道教教义走向成熟"。[1] 道教的教义中的伦理道德内容十分丰富，但总的来说，主要有：道、德、玄、一、自然、无为、清静、寡欲、不争、无极、太极、虚无、重玄、承负，等等。道教教义中蕴含着丰富的伦理道德思想。其中，"道"和"德"是道教教义思想的核心，"道"是道教的最高教理，一切道经都宣称以"道"为根本信仰。所谓"德"，道经称"道之在我之谓德"。道经也有将"德"当作社会伦理规范。在道教教义中，将"玄"称为宇宙的本源实体，成为先天地而存在，产生万物的根本。无为则是道教对待社会人生的处世态度和基本法则。清静的含义为清心寡欲，无为和静。寡欲为道教徒修行和处世应该严格遵循的准则。在"寡欲"中，道教主张世俗的美色、厚味、丰衣、妙音等都是过分的物欲，伤气害性，为"凶害之根"，修道者应该断然加以摒弃。"不争"是道教徒对待社会人生的基本态度。《道德经》称："天之道，利而不害；圣人之道，为而不争。"并借喻水性赞颂说："上善若水，水善利万物而不争，处众人之所恶，故几于道。"[2] 认为圣人应效法于天道，长育万物，自然无为，而不去争名争利，如此才能"后其身而身先，外其身而身存"。道教吸收此概念作为宗教修行的重要准则。自古以来，道教徒都以"不争"作为其人生哲学的标志。[3] 这些都是道教最基本的教义，也是道教徒必须要遵守奉行的行为准则。

（二）道教戒律中的伦理道德

道教戒律是规范和约束道士言行的警戒条文，是指导道士生活和修炼的基本准则。道教在正式创立之后，就开始形成自己的戒律规范，而这种戒律条文中本身就包含着诸多伦理道德规范。刘仲宇教授指出：

---

〔1〕 胡孚琛主编：《中华道教大辞典》，中国社会科学出版社，1995 年，第 434 页。

〔2〕 安伦：《老子指真》，社会科学文献出版社，2016 年，第 22 页。

〔3〕 钟肇鹏主编：《道教小辞典》，上海辞书出版社，2001 年，第 70—71 页。

"这种规范既是与道教信仰联系着的，对道教徒就有相当强烈的约束力，而且其中相当一部分，就包含在道教戒律条文中，成为道教徒必须遵守的铁则"。[1] 这就是说，道教戒律条文中的伦理道德思想，自然也是道教徒必须遵守奉行的。

道教历史表明，先秦道家就提出"天道无亲，常与善人"的理念，把"天道"与"积善"紧密相连，成为道教伦理道德思想的主要来源。道教继承了这一思想，在《太平经》中多次提到"天道无亲，唯善是与"[2] 的主张，劝告世人要多行善积德。道教以人的言行是否合于"道"作为善恶的标准，只有符合天地之道的才是"善"，违背道的就是"恶"。《太上感应篇》就是以"善"与"恶"立论，劝人遵守道德规范，时刻止恶修善、自利利他。提出"积善之家，必有余庆；积不善之家，必有余殃"的著名论断。卿希泰教授指出："对于学道的人，道教从它创立之初就制定了严格的规戒制度。例如《老君想尔戒》、《老君说一百八十戒》等。金元以后，全真派还仿效佛教制定了十方丛林的《全真清规》，作为道教徒日常行为的准则以及违反规戒的处罚标准。"[3]

可见，道教的戒律主要是为了规范和约束道教徒的行为，其思想来源也是多方面的，但有一点是肯定的，那就是评判善、恶的道德标准，告诫世人"诸恶莫作，众善奉行"。[4] 如果我们从维护社会正常生活秩序的角度来看，道教戒律中的这些伦理道德标准，正是社会伦理道德的一个部分和一定范围内的补充，对于促进社会人心向善具有重要的积极作用。

---

〔1〕 刘仲宇：《中国道教文化透视》，学林出版社，1990 年，第 133 页。
〔2〕 王明编：《太平经合校》，中华书局，1960，第 4 页。
〔3〕 卿希泰主编：《中国道教》第 2 册，东方出版中心，1996 年，第 235 页。
〔4〕 《道藏》第 27 册，上海书店（三家本），1988 年，第 141 页。

（三）道教劝善书中的道德伦理

道教的劝善书，是宋代以后开始出现的，明末清初达到高潮。它的出现，使道教的伦理思想更集中、更系统和更通俗化了。卿希泰教授指出："道教的伦理思想，其内容是丰富多彩的，就其总体而言，不外乎教人为善，不要为恶，强调个人的积善立德。这种伦理道德思想，发展到宋代以后，便形成了专门以劝善惩恶为己任的道教劝善书。"[1]历代以来，道教劝善书内容丰富、流传广泛，对于社会伦理道德建设和民众教化影响深远。其中，最具代表性的道教善书有《太上感应篇》《文昌帝君阴骘文》和《太微仙君功过格》。

道教劝善书从道教的伦理道德出发，一方面劝告人们，要想长生成仙，首先必须广行善事。只要多行善功、积功累德，就会出现"人皆敬之，天道佑之，福禄随之，众邪远之，神灵卫之，所作必成，神仙可翼"[2]的奇迹；另一方面又告诫世人："祸福无门，唯人自召；善恶之报，如影随形。"[3]指出了善恶与因果之间的紧密关系。同时，道教在宣传善恶报应的同时，还提出了"承负"说。《太平经》指出："凡人之行，或有力行善，反常得恶，或有力行恶，反得善，因自言为贤者非也。力行善反得恶者，是承负先人之过，流灾前后积来害此人也。其行恶反得善者，是先人深有积蓄大功，来流及此人也。"[4]这就是说，今人受到的福祸归结为祖先行为的善恶，今人的善恶之行也会影响后代的福祸。今人因为祖先的恶果受到波及叫作"承"，前人的过失由其后代来承受叫作"负"。道教的"承负"观告诉我们，善恶之事总有报，只是时间早晚的问题。所谓"近报在身，远报子孙"。这种

---

〔1〕 陈霞：《道教劝善书研究》序，巴蜀书社 1999 年，第 1 页。

〔2〕《道藏》第 27 册，上海书店（三家本），1988 年，第 29—33 页。

〔3〕《道藏》27 册，上海书店（三家本）1988 年，第 6 页。

〔4〕 王明编：《太平经合校》（上），中华书局，1997 年，第 22 页。

"善恶报应"说，明显具有很强的影响力和威慑力。

对于道教徒自身来说，道教的善书还阐述了一些道德规戒，对于自身修善有积极的促进作用。这类善书中，最具代表性的就是《太微仙君功过格》，该书分过律三十九条，共有四门。过律有：一是不仁门。见病不治，见死不救，杀生等。二是不善门。毁坏寺庙设施，斋月及节令不朝真、食荤，章词记不熟，错念经典等。三是不义门。唯恐天下不乱而招摇生事，不师良师，不择良友。四是不轨门。传伪法与弟子，注撰言情小说，饮酒作乐等。陈霞认为："《太微格》的主要目的是使道士远恶近善，从而飞升成仙。"〔1〕道教以此作为道士自我约束言行、积功行善的方法，已经具备了道教伦理的性质和特点。因此，道教的这些劝善思想自然就成为道教的伦理道德规范了。

二、道教伦理道德中的法治精神

道教的伦理道德是一种宗教性的道德文化，它是在传统道德和世俗伦理的基础上逐渐形成和发展起来的。一般来说，道教的伦理道德要比世俗性伦理道德来得严格，要求也更高。道教的伦理道德主要强调的是"诸恶莫作，众善奉行"，集中体现在对于"尊道贵德"的倡导和对于"行善积德"的规劝。其中，"尊道贵德"强调的是对"道"的尊崇与信奉，是道教徒个人品德的一种内在修养。"行善积德"强调的是劝善伦理，是一种道德式的说教。但是，对于道教徒来说，这既是一种信仰伦理，又是一种道德式的制度要求，包含着明显的法治精神。所谓法治精神，一般而论，是指人们在对现实生活中法的关系理性认识的基础上，所形成的法治价值观念和精神追求，其核心要求是坚持法律至上和法律面前人人平等。这种法治精神，主要体现在道教的黄

---

〔1〕 陈霞：《道教劝善书研究》，巴蜀书社，1999 年，第 56 页。

老思想、生命伦理与清规戒律之中。

（一）黄老思想中的法治精神

在中国历史上，黄老思想既是对老子思想的继承和发扬，又兼收并蓄了儒、法等家的观点，它揭示了法律的起源、特征及法与道的内在关联，涉及到诸多法律方面的具体问题，黄老思想曾一度成为我国法制制度的指导思想。

在《黄帝四经》中就率先提出了"道生法"这一重要命题。其中《经法》称："道生法。法者，引得失以绳，而明曲直者也。故执道者，生法而弗敢犯也，法立而弗敢废也。故能自引以绳，然后见知天下而不惑矣。"[1] 明确地揭示了道与法的基本关系，法由道派生而来，法是道这一宇宙根本法则在社会领域的落实和体现。同时，还进一步指出："事督乎法，法出乎权，权出乎道。"这里的"权"有公认的权威性和公正性，来源于道并由道生发出来。黄老思想认为，道有"生而不有，为而不恃，长而不宰"之"玄德"，法是道在社会政治领域中的体现。道公正无私、公平自然等特性，理当成为法的内在规定性。

黄老思想还提出"唯公无私"的主张。指出"智者所以不得越法而肆谋，辩者不得越法而肆议，士不得背法而有名，臣不得背法而有功"。即使国君亦不能"自任"，只能"任法"。强调指出任何人都不得超越和蔑视法律，反对"人治"，主张"法治"。同时，还极力提倡"刑德并用"，但应先德后刑。要求司法官员倾心于公正，排除私心，才能使赏罚必信。

黄老思想中还对符合大道的"德、仁、义、礼、法"持一种推崇态度。如对"与善仁"的期待、"有德司契"的赞扬和"无德司彻"的抵制，等等。针对春秋时期"侯王"恣意妄为、恶法盛行、无法可依

---

〔1〕 陈鼓应注译：《黄帝四经今注今译》，商务印书馆，2007 年，第 2 页。

或有法不依的情况。《道德经》指出："民之饥，以其上食税之多，是以饥。民之难治，以其上之有为，是以难治。民之轻死，以其上求生之厚，是以轻死。"[1] 也就是说，统治者有法不依、恣意妄为是社会混乱的罪恶根源；恶法盛行，必然会给社会带来灾难性后果。《道德经》还强调："天下多忌讳，而民弥贫；人多利器，国家滋昏；人多伎巧，奇物滋起；法令滋彰，盗贼多有。"[2] 只有推行"良法"，才会有"天网恢恢，疏而不失"的效果，并使人们逐渐回归到自然的天性。黄老的这些思想，彰显出道教特有的法治精神。

（二）道教戒律中的法治精神

道教戒律是指约束道士的思想言行的条规，防止"恶心邪欲""乖言戾行"。简单说，戒律就是道教内部的法律制度。早期道教，就有"教以诚信、不欺诈，有病，自首其过"[3] 之说。其戒条相对比较简约，主旨为戒贪欲、守清静。魏晋南北朝时期，道教戒律逐渐繁复，戒律条文也不断丰富成熟。唐宋时期，伴随着道教的兴盛发展，道教戒律也达到鼎盛阶段。在漫长的历史发展进程中，道教戒律在通过建立神圣秩序来规范道教团体内部生活的同时，也对世俗社会的家族道德、经济伦理、法律制度等发生影响，深刻地参与到社会控制体系中来，成为影响传统社会秩序的重要因素之一。

从社会治理层面看，人类罪恶的根源皆源自于贪婪，贪婪使人堕落、使人迷失方向，甚至使人成为罪犯。道教戒律的出现，就是为了更好地解决人的"善恶"问题，制约人的"贪欲"之心，维护社会良好秩序。在传统道教戒律中，就有"戒贪"的内容。如《老君说一百

---

〔1〕 安伦：《老子指真》，社会科学文献出版社，2016年，第70页。
〔2〕 安伦：《老子指真》，社会科学文献出版社，2016年，第60页。
〔3〕 《三国志·张鲁传》，中华书局，1997年，第197页。

八十戒》称："常时无事，不得妄受人礼敬。"〔1〕明确反对收受他人贿赂，这与现代法律精神是相吻合的。《老君说一百八十戒》还称："不得积聚财宝，以招凶祸"。〔2〕"不得贪惜财物"〔3〕等。《初真十戒》称："不得贪求无厌，积财不散。"〔4〕都是明确反对"贪财"的戒条，自然有利于社会法治建设。在道教戒律中，还有规定反对偷盗的戒条。如《化胡经十二戒》称："戒之勿为盗，见利当莫取。所利为赃罪，贪利更相害。"〔5〕《老君说一百八十戒》称："不得盗窃人物。"〔6〕《妙林经二十七戒》称："不得妄取人财"〔7〕等。这些规定都是明确反对偷盗的戒律条文，是学道者必须要遵守奉行的行为准则。同时，道教戒律中，还用戒条的方式来劝人为善的。《化胡经十二戒》称："戒之勿悭吝，有物无过惜。富饶当施惠，悭贪后受厄。"〔8〕《智慧度生上品大诫》称："见人穷乏，饥寒困急，损身布施，令人富贵，福报万倍，世世欢乐。"〔9〕这就是说，扶贫帮困、助人为乐一定会有福报，当然这也是对贪恋财物者的一种告诫。所有这些戒条规定，都是传统的法治精神在道教戒律中的体现，并一直影响着中国社会的法治建设。

（三）道教生命伦理中的法治精神

道教是"贵生"的宗教，这是道教最具特色的生命伦理。从《道德经》所强调的"摄生""贵生"和"长生久视"，《庄子》所说的"保生""全生"，到《太平经》主张的"乐生""贵生"等，都贯穿着道教

〔1〕《云笈七签》卷三十九，《道藏》第 22 册，第 273 页。
〔2〕《云笈七签》卷三十九，《道藏》第 22 册，第 272 页。
〔3〕《云笈七签》卷三十九，《道藏》第 22 册，第 271 页。
〔4〕《云笈七签》卷四十，《道藏》第 22 册，第 279 页。
〔5〕《云笈七签》卷三十九，《道藏》第 22 册，第 275 页。
〔6〕《云笈七签》卷三十九，《道藏》第 22 册，第 270 页。
〔7〕《云笈七签》卷三十八，《道藏》第 22 册，第 269 页。
〔8〕《云笈七签》卷三十九，《道藏》第 22 册，第 275 页。
〔9〕《太上洞真智慧上品大诫》《道藏》第 3 册，第 393 页。

"贵生戒杀"的生命伦理传统。在这种"贵生戒杀"生命伦理中，本身就包含着诸多法治精神。

一方面，表现为对生命的无比尊重。道教认为"天地之大德曰生"，强调生命的重要，要求人们珍惜生命、重视生命的存在价值。道经称："当恤死护生，救度厄难，命得其寿，不有夭伤。"[1] 这就是说，人应当去保护生命，救死扶伤，使得一切生命能够终其天年，不至于中途受伤或夭折，就是强调对生命的尊重。道教还提出"仙道贵生，无量度人"[2] 的伦理思想，把道教的"贵生"理念上升到仙道信仰的高度，成为道教徒自觉遵守的行为准则。

另一方面，还表现为对残害生命的坚决反对。历代以来，残害生命都是法律所不允许的，道教生命伦理中最为重要的内容就是"禁止杀生"。道经明确提出"勿杀生"[3] 的主张，态度坚决，立场坚定。道经还告诫人们"不得自杀""不得劝人杀"和"不得因恨杀人"。[4] 并明确规定"不得杀伤一切物命"。[5] 这就是说，任何人都不能随意残害生命，当然也无权剥夺他人的生存权利，否则必然会受到法律的严厉惩罚。可见，道教的伦理道德与传统的法治精神是相融通的，是社会法治建设十分宝贵的文化资源。

三、发挥道教伦理道德在社会
法治建设中的作用

改革开放以来，中国社会迈入转型发展的新时代，传统的社会伦

---

〔1〕《太上洞玄灵宝智慧罪根上品大戒经》，《道藏》第 6 册，第 886 页
〔2〕《灵宝无量度人上品妙经》卷一，《道藏》第 1 册，5 页。
〔3〕《云笈七签》卷三十八，《道藏》第 22 册，第 269 页。
〔4〕《云笈七签》卷三十九，《道藏》第 22 册，第 271 页。
〔5〕《云笈七签》卷四十，《道藏》第 22 册，第 270 页。

理秩序处于加速崩溃的阶段，而新的社会伦理秩序尚未充分形成，社会伦理道德处于半真空状态，这就需要我们大力加强社会伦理道德建设，以伦理道德来助推社会法治建设。道教伦理是一种宗教性伦理道德，是在世俗伦理的基础上逐步形成和发展起来的。但是道教伦理道德要比世俗性伦理来得严格，要求也更高。这是因为"宗教性道德是自己选择的终极关怀和安身立命，它是个体追求的最高价值，常与信仰相联系，好像是在执行神的意志"。[1] 当代社会，提倡"以德治国"和"依法治国"相结合的法治方略，追求"司法平等、司法公正"的法治精神。因此，我们要大力弘扬道教的伦理道德思想，充分发挥其伦理道德在社会法治建设中的积极作用。

（一）发挥道教伦理在"以德治国"中的积极作用

中华民族是一个崇尚伦理道德的民族，在长期的历史发展进程中，孕育产生了中国特有的传统伦理道德体系，成为维系人类社会生存与发展最基本的、也是最为重要的思想内容。一般来说，传统伦理道德思想至少有这样两层含义：一是指被社会和人类所认可的、约定俗成的一种道德规范。二是指维护人类社会相互交往的行为准则。人类社会，除了法律、法规和各种制度之外，主要依靠传统伦理道德来维系着社会秩序。当前，全面推进依法治国，既要高度重视以宪法为核心的中国特色社会主义法律体系建设，充分发挥法律的规范作用，又要高度重视社会主义道德体系建设，充分发挥社会主义道德在滋养民族法治精神、弘扬法治文化方面的积极作用，实现法律和道德相辅相成、法治和德治相得益彰。"如果只依靠法律手段，甚至实行严刑峻法，而忽视道德教化，那只能使人畏惧，而不能使民心归顺"。[2]

---

〔1〕 李泽厚：《哲学探寻录》，《世纪新梦》，安徽文化出版社，1998 年，第 19 页。
〔2〕 《公民道德建设实施纲要》学习读本，第 209 页，学习出版社，2001 年。

道教伦理道德具有十分重要的教化功能，完全可以在"以德治国"中发挥不可替代的积极作用。比如，道教在自身修持方面，注重强调个人的伦理道德修养。法律是制度化的道德，道德是深藏于人们内心的法律。道德通过对人们内心的信念和思想活动动机的调整来保证人们对道德规范的遵守，进而影响人们的外部行为。《道德经》称："修之于身，其德乃真；修之于家，其德乃余；修之于乡，其德乃长；修之于国，其德乃丰；修之于天下，其德乃普"。[1] 就是强调自身主体伦理道德修养的重要性，是道教修身养德的重要途径。这种修身养德思想，对于社会民众道德修养具有十分重要的影响。又比如，道教从"尊道贵德"的思想出发，提出"忠孝为先"的伦理观。道教以"道"名教，就是以道作为它的基本信仰。《老子想尔注》称"道散形为气，聚形为太上老君"，[2] 从而确立了"道"的崇高地位。《道德经》称"道生之，德畜之，物形之，器成之。是以万物莫不尊道而贵德"，[3] 这就是说，道产生万物，德畜养万物，万物没有不尊奉道而崇尚德的。于是，尊道贵德就成了道教徒的基本信仰思想，成为道教伦理道德的重要内容。在尊道贵德的思想引领下，道教提出了"忠孝为先"的伦理道德。忠是对国家、民族尽义务，具有强烈的政治色彩、民族色彩；孝即为孝敬之道，指对于父母及长辈的孝顺。可见，无论是"尊道贵德"，还是"忠孝为先"，都彰显了道教特有的伦理道德思想，成为道教徒在人生旅途中的道德行为的楷模，当然对于社会民众的道德教化与引领同样具有重要的积极作用。只有不断加强社会伦理道德基础建设，全面提升社会民众道德素质，才能真正实现"以德治国"的理想目标。

---

〔1〕　安伦：《老子指真》第58页，社会科学文献出版社，2016年。
〔2〕　《老子想尔注》第33页，上海古籍出版社，1991年。
〔3〕　安伦：《老子指真》第56页，社会科学文献出版社，2016年。

（二）发挥道教伦理在"依法治国"中的积极作用

依法治国，就是依照宪法和法律来治理国家，这是中国共产党领导人民治理国家的基本方略，是发展社会主义市场经济的客观需要，是社会文明进步的显著标志，也是国家长治久安的必然要求。依法治国，建设社会主义法治国家，也是人民当家作主的根本保证。党的十八大以来，科学立法，让改革更加于法有据了；严格执法，让权力行使不再任性了；公正司法，让群众的法治获得感更强了；全民守法，让全社会的法治信仰更加坚定了。2017 年 10 月，十九大报告提出，"成立中央全面依法治国领导小组，加强对法治中国建设的统一领导，持续发力建设法治中国"，[1] 体现了党中央将全面依法治国向纵深推进的决心和勇气，标志着中国政府对建设法治中国的高度重视。但是，人类历史经验告诉我们，治国理政必须要充分发挥法律和道德的共同作用，把法律和道德紧密结合起来共同发力，才能实现最大的治理效应。

道教的伦理道德是中国传统伦理道德的重要组成部分，在依法治国的进程中可以发挥重要的积极作用。比如，道教提倡"无为而治"的伦理道德，为依法治国提供了可遵循的规律。"无为"是道教徒修道必须遵守的基本法则，本属于道教的伦理道德范畴。这里的"无为"，并非不作为，而是不要乱作为，是指按照事物特点和发展规律因势利导、循序渐进，不要进行刻意的干预，要将人的欲望、行为控制在适度的范围内，为而有度，为而有方。治国理政亦是如此，顺应自然，遵循客观规律，不求有所作为而使国家得到治理，进而达到"以德化民"的至上境界。又比如，道教倡导"寡欲不争"的伦理道德，为依法治国提供良好的社会环境。所谓"寡欲"，就是指对物欲虚名的一种

---

〔1〕 2017 年 10 月 22 日，《人民日报》，第 10 版。

克制与超越。《道德经》称："罪莫大于可欲，祸莫大于不知足。"这就是说，人类社会一切罪恶的根源皆来自于贪欲，去欲、去贪，社会自然清静。所谓"不争"，是指顺应天道而不强求，不争不仅是一种谦让，而且还是修道者的一种境界。在世俗物欲的社会中，"寡欲不争"的伦理道德正是一味"清醒汤"和一种"净化器"，自然有利于"依法治国"方略的顺利实施。再比如，道教还提出"身国同治"伦理思想，为依法治国提供了新的路径。《灵宝无量度人上品妙经注》称："人以身为国，以精为民，以气为主，以神为帅，山川林木，具在身中。"[1]这就是把身体当作国家来看待，依据国家的管理制度来修炼身心。同样，国家也可以反过来看作身体，以修炼身心之法来治理国家。《抱朴子内篇》说："一人之身，一国之象也。……神犹君也，气犹民也。故知治身，则能治国也。夫爱其民所以安其国，养其气所以全其身。"[2]这就是说，"治国"与"治身"是相通的，依法治国也需要遵循"治身"的规律。道教的这种"身国同治"伦理思想，对于促进"依法治国"方略实施具有积极的启示作用。

（三）发挥道教伦理在"司法公正"中的积极作用

所谓"司法公正"，是指司法权运作过程中各种因素达到的理想状态，是现代社会政治民主、进步的重要标志，也是现代国家经济发展和社会稳定的重要保证。司法公正是法律的自身要求，也是依法治国的要求。司法公正的原则，是指司法机关及其司法人员在司法活动的过程和结果中应坚持和体现公平和正义的原则。这就是说，司法公正的关键是司法人员，司法权威需要依靠清正廉洁的法官队伍来保证。

道教文化中有着优秀的伦理道德思想，对于提升司法人员的品德

---

[1]《道藏》第 2 册，第 396 页，上海书店（三家本），1988 年。
[2] 王明：《抱朴子内篇校释》第 326 页，中华书局，1985 年。

修养与司法廉洁有着重要的积极作用。比如，在道教伦理道德中就非常注重个人品德修养的提升。《道德经》称："我有三宝，持而保之。一曰慈，二曰俭，三曰不敢为天下先。慈故能勇，俭故能广，不敢为天下先，故能成器长。"[1] 这就是说，我持有三件法宝，第一件叫仁慈，第二件叫做节俭，第三件叫不敢争作天下之先。仁慈，所以能勇敢；节俭，所以能裕广；不敢争作天下之先，所以能成为万物之长。这是道教徒修道的"护身三宝"，对于司法人员来说同样适用。司法人员的"仁慈"，自然会以平常心对待他人，就能保持司法过程中的公平正义；司法人员的"节俭"，自然会减少执法中的腐败问题，确保司法廉洁、公正和不受外界的干扰；司法人员的"不争先"，自然会减少执法中的功利问题，提升法官的廉洁度与人格魅力，促进社会对司法公正的认同。

道教伦理道德中对"奖善罚恶"强调，则是对司法公正的一种告诫与警示。道教的劝善伦理在告诉人们如何"积善"的同时，也警告人们"作恶"的后果。《太上感应篇》称："祸福无门，唯人自召；善恶之报，如影随形。"就是把"积福"或"致祸"的选择权交给了人自己，同时告诫人们，无论作出何种选择，都要对自己的行为负责任，当然也逃脱不了神明的监督。《感应篇》还说"天地有司过之神，依人所犯轻重，以夺人算"，这就是说，人的任何行为，都处于神明的道德监察之下，让人不敢胡作非为。这种无形的道德监察，自然会有无比的威慑作用，对于掌管法律的司法人员同样有着警示作用，从而促进司法公正成为一种内在的道德自觉。事实上，司法人员的道德素养高，自然就能够确保司法公正，使法律真正成为社会的平衡器。因此，加强个人的思想道德建设，提高司法人员的道德素养、道德意志力和道德判断力，是规范司法人员行为、确保司法公正的根本保证。

---

〔1〕 安伦：《老子指真》第 66 页，社会科学文献出版社，2016 年。

综上所述，道教传统文化中所包含的伦理道德思想，已经渗透到社会民众生活的各个方面，影响着中国数千年的民风、民俗与社会伦理的发展。道教伦理道德中所蕴含的法治精神，是中华民族优秀传统文化的重要内容，当然也是现代社会法治建设的宝贵资源。当代社会，全面推进依法治国，促进国家治理体系和治理能力现代化，必须要正确把握道德和法律之间的关系及作用。只有不断完善社会主义道德体系建设，提升全民道德素质，增强公民守法的内在动力，强化道德对法治文化的支撑作用，夯实依法治国的道德基础，才能真正实现依法治国的历史进程。因此，我们要大力弘扬道教传统文化中的伦理道德思想，赋予新的时代内涵，阐扬新的时代精神，发挥新的时代价值。要深入挖掘道教伦理道德中的法治精神，充分发挥其在现代社会法治建设中的积极作用。

第三节　道教慈善思想及其时代价值

近年来，我国社会公益慈善工作得到高度重视，各类公益慈善事业得到快速发展，这是社会文明进步的标志，是人类爱心的生动展现，也是充满人道关怀的崇高事业。与此同时，宗教界人士和信教群众也积极参与公益慈善活动，得到社会的赞誉和肯定。但是，由于宗教界参与和开展的公益慈善活动管理还不够规范，优势和潜力有待于进一步调动和发挥。于是，国家宗教局会同中央统战部、国家发展改革委、民政部、财政部、税务总局等六部委，于2012年2月印发了《关于鼓励和规范宗教界从事公益慈善活动的意见》，充分肯定了宗教界从事公益慈善活动，有深刻的信仰基础、悠久的历史传统、较高的社会公信度。并在此基础上，明确了国家鼓励和支持宗教界从事公益慈善活动，贯彻保护、引导、管理、服务的宗教工作理念，规定了宗教界从事公益慈善活动的主要范围、基本形式、可享受的扶持和优惠政策以及应遵守的基本原则，还对各部门的职责和分工提出了要求，确保宗教界从事公益慈善活动的各项政策措施得到有效落实。[1]《意见》的提出，从政策层面解决了宗教界从事公益慈善活动的相关问题，有力地促进了宗教界开展公益慈善活动的制度化与规范化。

---

[1]《关于鼓励和规范宗教界从事公益慈善活动的意见》，载《中国宗教》2012年第2期，第13—17页。

随后，全国五大宗教团体根据中央六部门《关于鼓励和规范宗教界从事公益慈善活动的意见》要求，于 2012 年 9 月共同倡议，以"慈爱人间，五教同行"为主题，在全国开展"宗教慈善周"活动。呼吁"各宗教团体、宗教活动场所、宗教院校、宗教界人士和信教群众，迅速行动起来，以饱满的热情、真挚的感情，积极参与'宗教慈善周'活动，结合自身实际和社会需求，开展各具特色、行之有效的公益慈善活动，奉献爱心、贡献力量。"[1] 有力地推动了宗教公益慈善活动工作的全面开展。2015 年 12 月，中国道教协会也提出了《关于道教界开展公益慈善和社会服务活动的指导意见》，指出"开展公益慈善和社会服务活动，既是道教徒践行教义思想的具体表现，也是道教体现自身社会价值、树立良好社会形象的必然要求，对于道教事业健康发展意义重大。"[2] 2016 年 3 月，全国人大正式通过了《中华人民共和国慈善法》，[3] 这是我国首部《慈善法》，对慈善活动开展、组织设立、慈善服务等进行了规范，标志着我国慈善事业进入了法治化、规范化轨道。《慈善法》的颁布实施，充分体现了党和政府对社会公益慈善工作的高度重视，为宗教界开展公益慈善活动提供了更加有力、更加规范的法律保障。当然，也为道教界开展公益慈善工作提出了更高要求。当代道教，要积极开展对道教慈善思想的梳理和研究，在大力弘扬道教传统慈善思想的基础上，作出符合社会发展需要和适应时代进步要求的新阐释，充分发挥道教慈善思想在当代社会中应有的时代价值。

---

〔1〕 关于开展"宗教慈善周"活动的共同倡议，载《中国宗教》2012 年第 10 期，第 18—19 页。

〔2〕 关于道教界开展公益慈善和社会服务活动的指导意见，《中国道教》2015 年第 6 期，第 19 页。

〔3〕 2016 年 3 月 19 日，新华社发布，9 月 1 日正式施行，成为我国首部《慈善法》。

一、道教慈善思想基本概述

在中国历史上，慈善救助大致可分为三个方面：政府赈灾、宗教捐助、民间捐赠。这其中，就包括"宗教捐助"的慈善工作，而且在历代慈善救助中都发挥着重要作用，成为社会慈善工作中的一支积极力量。道教是中国固有的传统宗教，其中"修身行善、扶危济困"的思想，本身就是社会公益慈善的应有之义。在传统道教典籍中，就蕴涵着十分丰富的慈善思想。如"仙道贵生、无量度人"的济世伦理，"齐同慈爱，异骨成亲"慈爱思想，"济世利人、扶贫帮困"的济世情怀，等等，都是道教所特有的慈善思想，是道教关爱社会的一种功德善举，与当代社会所倡导的"公益慈善事业"是完全一致的，都是人类社会的"爱心"行动，是社会主义和谐社会建设的积极力量。

（一）道教慈善思想概念

道教是注重"慈善"的宗教，以"扶贫帮困"和"济世利人"为传统，践行着道教的慈善思想。《云笈七签》中就有"救灾解难，不如防之为易"之说。要求人们在灾害和困难尚未发生之前就要预防其出现，这是道教慈善的高境界，就如同医生治"未病"一样。当然，对于意外灾难发生后，也是要积极参与救灾解厄。《文昌帝君阴骘文》说："济急如济涸泽之鱼，救危如救密罗之雀。"[1] 强调指出了扶贫帮困的及时性和重要性。道教还提出"天道至诚"的慈善观，将"诚信"与"行善"紧密结合，以"诚信"作为"行善"的基本要求。道教通过倡导"诚信"来促进人们弃恶扬善，由此创造出一个"慈爱和亲"的道教理想社会。可见，道教的慈善思想就是仁德与善行的典范，使

---

[1] 《文昌帝君阴骘文》，《藏外道书》第 12 册，第 402 页。

慈善的价值和意义得到了更多更广大的延伸。

道教慈善思想，强调修身行善可以利他利己。《道德经》说："天地所以能长且久者，以其不自生，故能长生。是以圣人后其身而身先，外其身而身存。以其无私，故能成其私。"[1] 意思是：天地之所以能够长久存在，就是因为它们不为自己而生，所以能够长生。因此，圣人退让居后，反而能够占先；置之度外，反而能保全自身。因为他们没有私心，反而能成全自己。这就是说，道教慈善思想是一种利人利己的行为。正所谓"赠人玫瑰，手有余香"，你在帮助别人的同时自己也会受益。道教认为，直接给予困难人群的帮助，被称为"行善功"，暗地里帮助弱势群体，或者做了善事不为人所知，被称为"积阴德"，无论是"行善功"，还是"积阴德"，冥冥之中自有"福报"，而"积阴德"的福报会更大，延续时间也会更长，这是"天道福善"的自然规律。

道教慈善思想，强调修身行善可以提高自身品德修养。道教是"修身行善"的宗教，其伦理思想主要是"教人为善"，所以特别重视个人的积善立德。道教以"恬淡无欲，清静淳朴"为准则，认为人要积善立德，就要修身养性、不为名利物欲所累。于是，道教从"行善立德"的道德伦理出发，形成以"众善奉行"为基础的道教慈善思想。在日常修行中，要求道教徒努力提高自身的道德素养，使行善立德成为个人的自觉行为。同时，道教也是"慈悲济世"的宗教，这种思想几乎贯穿于全部的道教慈善思想之中。《道德经》说："上善若水，水善利万物而不争，故几于道。"这就是说，至上的善行像水一样利益众生而处下不争，这样的善行才是"道"的体现，具有这样善行的人才能得道成仙。因此，慈悲济世就成了道教徒修身行善的慈善内容，对于提升个人品德修养意义重大。

---

〔1〕 安论:《老子指真》，社会科学文献出版社，2016年，第22页。

道教慈善思想，强调修身行善可以得道成仙。学道之人要有慈爱之心，要多做善事、多行善功。葛洪《抱朴子·内篇》指出："人欲地仙，当立三百善；欲天仙，立千二百善"。[1] 同时，还进一步指出，学道之人"积善事未满，虽服仙药，亦无益也。若不服仙药，并行好事，虽未便得仙，亦可无卒死之祸也"。[2] 这就是说，对于学道修仙者来说，善事比仙药更为重要。张伯端《悟真篇》中也说，"德行修逾八百，阴功积满三千，均齐物我等亲冤，始合神仙本愿"。[3] 明代《三丰全书》也说，"只要素行阴德，仁慈悲悯，忠孝信诚，全于人道，仙道自然不远也。"[4] 都明确指出了"积善"与"修仙"的关系，道教在强调修仙道的同时，尤其重视对于修身行善的倡导，这种思想一直成为后世道教慈善思想的重要内容。

通过以上分析，笔者认为道教慈善的概念至少包含以下三个方面内容：第一，道教慈善是一种宗教性慈善，是以"道"为根本信仰，以"万物平等"为理论基础，以"神仙信仰"为核心的一种慈善思想。因此，道教慈善思想既是一种道德性伦理，又是一种宗教信仰修持。第二，道教慈善是在继承中国传统慈善思想的基础上形成的，其中既有中国传统慈善思想，又有儒家的"仁爱"思想，同时也吸收佛教的部分慈善内容，是融合众家、集多种传统美德于一体的宗教慈善思想。第三，道教慈善以"济世利人"为基本思想内涵，以"博爱"为最高境界，以人与人、人与社会、人与自然的和谐为主要目标，同时又将"行善积德"与"学道修仙"紧密结合，反映了道教慈善思想是神圣性与世俗性的有机统一。

简而言之，道教慈善思想是以传统慈善伦理为基础、以道教信仰

---

〔1〕《抱朴子·内篇》，《道藏》第28册，第181页。
〔2〕《抱朴子·内篇》，《道藏》第28册，第181页。
〔3〕《悟真篇注释》卷中，《道藏》第3册，第28页。
〔4〕《张三丰先生全集》大道论，《藏外道书》第5册，第466页。

思想为核心而构成的一种慈善伦理体系，它包含着传统慈善伦理的基本内容，又具有强烈的神学思想成分，是传统慈善伦理与道教神仙信仰相结合的产物。因此，从这种意义上说，道教慈善也是中国传统慈善的一个重要组成部分，是传统慈善思想大系统中的一个重要的子系统。

（二）传统慈善与道教慈善的关系

所谓"慈善"，慈是指是怀有仁爱之心，善是指广行济困之举。简单说，慈善就是指"对人关怀，富有同情心"。[1]慈善的特点就是仁慈而善良，是仁德与善行的统一。慈善事业是人们自愿地奉献爱心与援助的行为和从事扶弱济贫的一种社会事业。中国古代传统慈善思想，主要是以"仁"为中心的儒家思想，构筑了民本思想、大同社会等系统的核心价值理论体系。"仁"是孔子思想体系的核心，他的慈善思想是以"仁"为中心构建的，包括"泛爱众"、"惠民"、"均贫富"和"义利观"等内容，对历代以来中国慈善事业的发展具有深远的影响。可见，传统慈善思想至少有这样两层含义：一是指被社会和人类所认可、约定俗成的一种慈善伦理。二是指人类社会发自内心的、自愿奉献爱心的一种自觉行为。

其一，传统慈善与道教慈善思想基础的关系。传统慈善以"仁爱"为思想基础。所谓"仁爱"，是指宽仁慈爱，爱护、同情之意。《淮南子·修务训》称："尧立孝慈仁爱，使民如子弟。"强调的是一种友爱亲情。儒家提出"仁者爱人"的思想。强调更多的是人自身的价值。据说，孔子有一天从朝廷回来，有人告诉他，家里的马厩失火了。但孔子马上问，有没有人受伤。这就说明，在孔子心目中人的生命是非常珍贵的，这是对人的生命价值的肯定。《孟子》称："仁者爱人，有

---

〔1〕《现代汉语词典》，商务印书馆，1996 年，第 207 页。

礼者敬人。爱人者，人恒爱之。敬人者，人恒敬之。"意思是，仁慈的人爱人，有礼貌的人尊敬人。爱别人的人，别人也爱他。尊敬别人的人，别人也尊敬他。孟子强调指出，当有人遇到困难时，不要随便去责备别人，而是要去反思、去奉献，用"仁爱"去感化他人，这种行为过程，就是一种奉献，更是一种修行，蕴含着传统的、朴素的慈善思想。道教慈善以"慈爱"为思想基础。《道德经》说："我有三宝，持而宝之，一曰慈，二曰俭，三曰不敢为天下先。"强调的就是一种"慈爱"思想，要求人们要慈爱一切众生。与传统的慈善思想相比，儒家的"仁爱"是有等级之分的，而道教的"慈爱"讲的是众生平等。《太上感应篇图说》也指出："慈者，万善之根本。人欲积德累功，不独爱人，兼当爱物，物虽至微，亦系生命。人能慈心于物命之微，方便救护，则杀机自泯，仁心渐长矣，有不永享福寿者乎！"[1]这就是说，道教慈善不只是关爱人类本身，而是关爱自然万物，具有普世的、博爱的慈悲之心，充分体现了道教慈悲仁爱的慈善思想。

其二，传统慈善与道教慈善目标追求的关系。传统慈善以"均贫富"为目标追求。均贫富是中国历史上主张在社会财富的分配中既贫富有差，又不相悬殊的经济思想。《晏子春秋·内篇问上》称："其取财也，权有无，均贫富，不以养嗜欲。"认为国君应根据负担能力，对穷人与富人合理征收赋税，以保持民众财富的相对均等，这样的社会就会保持安定与和谐。《礼记·礼运篇》称："大道之行，天下为公。选贤与能，讲信修睦，故人不独亲其亲，不独子其子，使老有所终，壮有所用，幼有所长，鳏寡孤独废疾者，皆有所养；男有分，女有归。"这种"天下为公"的大同思想，就蕴含着"扶弱济贫"的慈善思想。虽然这种"均贫富"的思想很受民众欢迎，但是在当时的等级社会中也是很难实现的。道教慈善则以"济世利人"为目标追求，强调

---

〔1〕《太上感应篇图说》，《藏外道书》第 27 册，第 143 页。

的是真正的众生平等。《太平经》认为，财物乃天地中和之气，任何人都不能独自占有，应当行仁好施，周穷救急，"赐饥者以食，寒者以衣"。若"积财亿万，不肯救穷周急，使人饥寒而死，罪不除也"。[1]强调缩小贫富差距是"天道"的必然要求。道教"济世利人"的慈善思想，倡导的是社会救济和公益事业。如"矜孤恤贫，敬老怜贫"，救人急难。要求人们"惜衣食周道路之饥寒"，并且"点夜灯以照行人，造河船以济人渡"，"修数百里崎岖之路，造千万人来往之桥"，乃至舍药材、施茶水等种种善功德行。道教"济世利人"的慈善思想，强调的是社会普世的大爱精神。全真龙门派祖师长春真人万里赴诏，西行大雪山，教化成吉思汗"天道好生而恶杀；止杀保民，乃合天心"，并告"以敬天爱民为本"，以道德治理天下，留下了"一言止杀"的千古佳话，受到世人的敬仰。道教"济世利人"的慈善思想，强调只有善待人人，才能做到人人善待我，进而达到人与人之间互帮互助、诚信友爱和谐境界。

（三）道教慈善思想的主要特征

道教慈善是宗教慈善的一个重要组成部分，之所以称为道教慈善，是由其本质属性所决定的。当我们把道教慈善思想作为研究对象时，不论从哪个角度或层面出发，把握道教慈善思想的本质是至关重要的。而道教慈善思想的本质又是通过其外在的特征体现出来的。道教的慈善思想本身就是一种宗教性道德伦理，它不仅时刻约束和影响着道教徒的修身行善，而且也对人类社会的慈善事业产生了一定程度的影响。道教慈善思想的特征是与其教义思想、神仙信仰紧密相连的，也是与社会传统慈善思想不可分割的，它的存在是实实在在的，也是可以感知的。因此，我们在研究道教慈善思想时，就必须要对其主要特征进

---

[1] 王明：《太平经合校》，中华书局，1960年，第242页。

行一些探索和研究。

其一，道教慈善思想融入传统的"仙道"思想。所谓"仙道"，即为长生久视之道。《云笈七签》称："夫求仙道，绝粒为宗；绝粒之门，服气为本；服炁之理，斋戒为先。"[1]认为"仙道"必须要通过养生修炼来实现。当然，道教的"仙道"除了养生修炼外，还需要通过"修身行善"来完成，否则是不可能功德圆满的。因此，道教的"仙道"也特别强调"修身行善"和"积功累德"，并把个人行善积德作为长生成仙的必要条件。道教的慈善思想融入了传统的"仙道"思想，并且成为道教慈善思想的一个显著特征。葛洪《抱朴子·内篇》指出：学道之人要有慈悲心、仁爱心，要注重自我修行、多做善事。"如此乃为有德，受福于天，所作必成，求仙可冀也。"[2]把长生成仙与个人的积善立功联系起来。《太上感应篇》还指出："所谓善人，人皆敬之，天道佑之，福禄随之，众邪远之，神灵卫之，所作必成，神仙可冀。欲求天仙者，当立一千三百善；欲求地仙者，当立三百善。"[3]进一步强调了"修仙"与"行善"的紧密关系。同时，道教还提出"人道"与"仙道"并修的思想。所谓"人道"，就是要注重品德修养，做到淡泊名利、济世利人、行善立德。《龙门心法》称："欲修仙道，先修人道；人道不修，仙道远矣。"这里的"人道"就包含着道教特有的慈善思想，要求人们自觉遵守社会道德规范，自觉参与社会公益慈善事业，自觉奉行"济世利人"的慈善情怀，成为后世道教慈善思想的优良传统。

其二，道教慈善思想融入传统的"贵生"思想。道教是"贵生"的宗教，表现出对人类生命的无比尊重。《太上开天经》说："万物之

---

〔1〕《云笈七签》卷六十，《道藏》第22册，第418页。

〔2〕《抱朴子内篇·微旨》卷六，《道藏》第28册，第193页。

〔3〕《太上感应篇图说》，《藏外道书》第12册，第101页。

中，人最为贵。"〔1〕强调了人之生命的重要性。《道德经》也说："故道大，天大，地大，人亦大。域中有四大，而人居其一焉。"〔2〕意思是，所以说，道大，天大，地大，人也大。宇宙间有四大项，人是其中之一。把人上升到与道、天、地平等的重要地位。在"四大"学说中，"老子第一次将'人'作为一个类置于宇宙间伟大者的行列，第一次揭示了人类的存在价值，第一次高扬了人类生命存在的价值。"〔3〕正因为道教对生命的如此尊重，就很自然地把"贵生"融入到道教的慈善思想之中，并且成为道教慈善思想的又一个显著特征。道教认为，在天地万物中"人命"最重，一切善行中"寿"最为善。《三天内解经》指出："真道好生而恶杀。长生者道也，死坏者非道也，死亡乃不如生鼠。故圣人教化，使民慈心于众生，生可贵也。"〔4〕这种"好生而恶杀"的思想，正是道教对人类生命的一种尊重。还有"使民慈心于众生"的思想，也充分体现了道教慈善思想的"济世"情怀。同时，道教在关注"贵生"的同时，还提出了"众生平等"的思想。《道德经》还进一步指出："天道无亲，常与善人"。这种"天道与善"说，就充分体现了一种平等思想。可见，道教慈善所倡导的"贵生"思想，就是要求人们在尊重生命的同时，常怀慈爱之心，多关爱社会弱势群体，实现道教"众生平等"的慈善理念。

其三，道教慈善思想融入传统的"承负"思想。道教认为，天道有循环，善恶有承负。所谓"承负"，《太平经》说："承者为前，负者为后。承者，乃谓先人本承天心而行，小小失之，不自知，用日积久，相聚为多，今后生人，反无辜蒙其过谪，连传被其灾。……负者，乃

---

〔1〕《云笈七签》卷十六，《道藏》第 22 册，第 123 页。

〔2〕安伦著《老子指真》，社会科学文献出版社，2016 年，第 36 页。

〔3〕李霞著《生死智慧—道家生命管观研究》，人民出版社，2004 年，第 205 页。

〔4〕《三天内解经》，《道藏》第 28 册，第 416 页。

先人负于后生者也"。[1] 简单说，就是指今人受到的祸福都是自己祖先的行为恶善，今人的善恶行为也会使自己后代得到相应的福祸。劝告世人要多行善积德、多为后代子孙积福报。道教的慈善思想自然就融入了传统的"承负"思想，并且成为道教"劝善"思想的重要内容。《太平经合校》指出："为人先生祖父母不容易也，当为后生者计，可毋使子孙有承负之厄。"[2] 要求人们多为后世子孙着想而多行善积德，以消除来自先人积恶的厄运。《易经》还说："积善之家，必有余庆；积不善之家，必有余殃。"《道德经》也说："天道无亲，常与善人。"这些论述，都明确表达了"慈善"与"承负"之间的因果关系。一个人的"行善积德"未必能改善自己的处境，但一定会为他的后代积下"阴德"；一个人作恶多端，尽管目前处境还比较好，但他的债务将由其子孙偿还。《太平经》还指出："夫天地之性，自古到今，善者致善，恶者致恶，正者致正，邪者致邪，此自然之术，无可怪也。故人心端正清静，至诚感天，无有恶意，瑞应善物为其出。"[3] 这就是说，善有善报，恶有恶报，任何人都是无法违背的，这是"天道承负"的规律，也是道教慈善思想最为鲜明的特征。

其四，道教慈善思想融入传统的"孝道"思想。孝道是中华民族的传统美德，是人世间一种高尚、美好的情感。它的本质是亲情回报，它的作用是完善人的品格，提升人的思想境界，在家庭和社会中追求人际关系的和谐。道教继承和发展了中国传统的"孝道"思想，并与道教的神仙信仰相结合，从而形成了道教所特有的忠孝伦理思想。《太平经》指出："天下之事，孝为上第一。"[4] 极力推崇传统的孝道思想。南北朝时，陆修静以"使民内修慈孝，外行敬让"为立教宗旨，

---

〔1〕 王明《太平经合校·解师策书诀》卷三十九，中华书局，1997年，第70页。
〔2〕 王明《太平经合校·乐生得天心法》卷四十，中华书局，1997年，第80页。
〔3〕 王明《太平经合校》，中华书局，1960年，第512页。
〔4〕 王明《太平经合校》，中华书局，1960年，第593页。

表明道教对传统"父慈子孝"的极力推崇。在道教教派中，净明道就是提倡"孝道"的宗派。《太上灵宝净明洞神上品经》指出："唯知忠孝，可以学道。"[1] 把"孝道"作为学道、修道的必要条件。金元时期，全真派祖师王重阳传道时，就要求学道之人先读《孝经》，强调了"孝道"的重要性。同时，道教还进一步指出，对于"不守孝道"之人，会受到上天的严厉惩罚。《太平经》指出："子不孝，则不能尽力养其亲。……天地憎之，鬼神害之，人共恶之，死尚有余责于地下。"[2]《太上大道玉清经》也指出："不孝父母师长者，死入地狱，万劫不复。"[3] 这就是说，不孝之人必遭天地人神的惩罚。正是由于道教对"孝道"的重视，自然就在道教慈善思想中融入了传统的"孝道"思想，并成为道教慈善思想的重要内容。事实上，孝敬父母也是一种"积福报"的行为，并由此扩展为孝敬天下父母。可见，道教慈善中的"孝道"思想，对于促进社会公益慈善事业具有重要的现实意义。

二、道教慈善思想的主要来源

在中华民族传统文化中，慈善是一个古老的概念。"慈善"一词的出现，始于《北史·崔光传》称："光宽和慈善。"这里的"慈善"蕴含着自然、无私的思想。道教是中国传统宗教，历来就十分重视"慈善"文化，它以"道"为信仰核心，以"积善"和"修仙"为主要内容，形成具有宗教特色的慈善思想。《道德经》第七十九章说："天道无亲，常与善人。"在老子看来，"道"可以赏善罚恶，使善人得福，

---

〔1〕《太上灵宝净明洞神上品经》卷上，《道藏》第 24 册，第 602 页。
〔2〕王明：《太平经合校》，中华书局，1960 年，第 405—406 页。
〔3〕《太上大道玉清经》卷一，《道藏》第 33 册，第 284 页。

恶人遭祸，这是"天道"运行的规律。这种善、恶分明的思想，对于后世道教"修身行善"影响深远。《道德经》第四十九章还说："善者吾善之，不善者吾亦善之，德善。"意思是，对于善良的人我善待他，对于不善良的人我也善待他，使得其善良。这种"劝善去恶"的慈善观，成了道教慈善思想的重要理论基础。道教慈善思想内容丰富，主要来源于古代传统文化、道教经典文化和道教劝善书等，具有鲜明的宗教慈善思想特征，是中国传统慈善思想的重要组成部分。

（一）传统文化中的慈善思想

中华民族自古以来就有"乐善好施"的优良传统。儒家思想内核主要在于"仁"，主张"仁者爱人"，讲求由"仁"而趋"善"，它的慈善思想就是以"仁爱"为中心而展开的慈善思想体系。《韩非子·内储》称："王曰，慈惠，行善也。"即为魏惠王说：仁慈惠爱，是做仁爱善良的事。这里就包含着"以慈行善"的意思。汉代贾谊指出："恻隐怜人，谓之慈。"强调对人要有恻隐、同情之心，要把别人的痛苦当作自己的痛苦，把别人的危难当作自己的危难。这种"恻隐之心"对于我国古代民众"宽惠仁慈、互助共济"的道德品格的形成产生了积极作用。

其一，传统文化"民本主义"的慈善思想。所谓"民本主义"，是指以民为本的思想，后来成为儒家思想的核心，出自《尚书》"民惟邦本，本固邦宁"。中国历史上，民历来就是作为君、统治者相对立的群体概念而存在的。自从进入阶级社会以后，民的作用就渐为统治阶级所认识，因而采取利民、保民之策。商汤时即提出"夷境而积粟，饥者食之，寒者衣之，不资者振之，天下归汤欲流水"的利民思想。商汤的赈恤饥寒措施，大概可视为中国古代慈善事业的开端。然而，商代后期，商王失德，以致重蹈夏桀覆亡之辙。与之形成鲜明对比的是，周文王力行仁政，采取了惠民、保民政策，特别关爱"鳏寡孤独"之人，周文王因此得到民众的拥护。虽然，传统文化中的民本主义，大多是"治国安民"的措施，是一种治国理念，但是，这种民本思想中也折射出古代的慈善理念。正因为它与执政兴国的关系密切，这种理念也被历代统治者所重视。因此，在民本主义思想的影响下，中华民族自古以来就形成了"扶危济困、扶助弱小"的优良传统，以及"老吾老以及人之老，幼吾幼以及人之幼""出入相友，守望相助，疾病相扶持"等慈爱思想，成为中国古代慈善思想的重要内容。

其二，传统文化"大同世界"的慈善思想。所谓"大同"，是"仁"的最终归途。大同世界，是指人人有德、人人敬老、人人爱幼，无处不均匀，无人不饱暖的理想社会。源自《礼记·礼运》篇，其中有对大同世界的理想的描述："大道之行也，天下为公。选贤与能，讲信修睦，故人不独亲其亲，不独子其子，使老有所终，壮有所用，幼有所长，矜、寡、孤、独、废疾者皆有所养，男有分，女有归。"这种"天下为公"的大同思想促使后人自觉地投身于"扶弱济贫"的慈善活动，有力地推动了我国慈善事业的发展。与此同时，管子也提出了一种政治道德主张，称之为"九惠之教"，出自《管子·入国》篇，九惠即"一曰老老，二曰慈幼，三曰恤孤，四曰养疾，五曰合独，六曰问病，七曰通穷，八曰振困，九曰接绝"，这里的"九惠"涵盖了对老人、儿童、穷人、病者等弱势群体的救济思想，体现了中华民族自古以来的许多传统美德，以及对社会福利事业的重视。管子的"九惠之教"思想，糅杂着儒家的大同理想，构成一幅理想化的和谐社会蓝图。此后，唐代韩愈的"博爱"到宋代张载的"民胞物与"，都是与儒家的"仁爱"思想一脉相承。这些思想都是我国传统慈善的重要内容，也是后世道教慈善思想的重要源泉。

（二）道教经典中的慈善思想

道教经典是历代仙真、高道大德留下的思想著作，是后世道教徒学习、修行的宝贵财富。历代以来，高道大德通过自身修行，结合"修身行善"与"仙道信仰"的特点，形成具有鲜明宗教特征的慈善伦理。在道教文化经典中，就蕴涵了十分丰富的慈善思想。比如，"天道无常，常与善人"的善恶观，"积善有余庆，作恶有余殃"的承负观，"损有余而补不足"的均平观，等等，无不彰显着丰富的道教慈善伦理。道教经典中的慈善思想，主要集中体现在《道德经》、《太平经》、《度人经》和《玄门日诵早晚功课经》等主要经典之中，成为后世道教慈善思想的重要来源。

其一，在道教经典《道德经》中，提出了"天道自然"的慈善思想。认为"乐善好施"是天道自然之性，世人应效仿天道而行。《道德经》第七十七章说："天之道，其犹张弓乎？高者抑之，下者举之，有余者损之，不足者补之。天之道，损有余而补不足。"[1] 这就是说，大自然给予人类平等的生存和发展的权利，只不过是有人机会好一点，就先富裕起来了。对于富裕者来说，应该主动去关心贫苦之人，像天道那样给万物以生机，这就合于天道了。《道德经》第八十章还说："甘其食，美其服，安其居，乐其俗"。意思是，对自己的食物感到香甜，对自己的衣服感到美好，对自己的住所感到安逸，对自己的风俗感到快乐。这是老子所描绘的一种理想社会，在这样的社会里人人都感到非常满足，人人都感到生活无比幸福。这其中自然也蕴含着"天道自然"的慈善思想。《道德经》第二十七章说："故善人，不善人之师；不善人，善人之资"。意思是，善良的人是不善良人的老师，不善良的人是善良人的借鉴。表现出对"善"的极力推崇，通过"善"对"不善"的影响，促进不善的人成为善良之人。《道德经》第四十九章还指出："善者吾善之，不善者吾亦善之，德善。"要求人们自觉遵循"道"的规律，以慈悲之心来感化众生，从而促进人人向善、社会祥

---

〔1〕 安伦：《老子指真》，社会科学文献出版社，2016年，第71—72页。

和。《道德经》第八章还进一步指出："上善若水，水善利万物而不争。"意思是，上善的人就像水一样，水善于使万物获益而不与之相争。这里用水来作比喻，水为至善至柔，与人无争却又容纳万物。水又滋养万物，使万物得到它的利益，而不与万物发生矛盾。这种"上善若水"的精神，正是《道德经》所倡导的"天道自然"慈善思想的至上境界。

其二，在道教经典《太平经》中，提出了实现"太平社会"的慈善思想。太平社会的核心是强调和谐，君、臣、民三者要并力同心，和衷共济。社会和谐是太平社会的主要标志，财富共享、人人劳动、相爱互助是太平理想社会的主要特征。这其中就蕴含着高度的道德伦理的自觉，蕴含着和谐的、丰富的慈善思想资源。为实现太平社会理想，《太平经》要求道众敬奉天地，遵守"忠、孝、慈、仁"等宗教伦理道德，奉行"乐生"、"好善"等慈善思想。《太平经》说："天生人，使人有所知，好善而恶恶也。"[1] 明确指出，好善是上天赋予人的秉性，要求世人顺应天道、奉"善"而行。《太平经》还说："天地乃生凡财物，可以养人者，各当随力聚之，取足而不穷。"[2] 天地是公正、仁慈的，天地赐民众之财物，使其能够自由自在地生活。《太平经》还进一步指出："财物乃天地中和所有，以共养人也。此家但遇得其聚处，比若仓中之鼠，常独足食，此大仓之粟，本非独鼠有也。……不肯力以周穷救急，令使万家之绝，春无以种，秋无以收，其冤结悉仰呼天。"[3] 这就是说，对于聚财过多者，就像仓中老鼠，不能独自占有，必须要"周穷救急"，帮助贫困之人解决生活问题，否则就要受到上天的惩罚。同时，《太平经》还提出"积善余庆，积恶余殃"的"承负说"。认为人的善恶行为不仅影响自身，而且还会波及后代子孙。凡

〔1〕 王明：《太平经合校》，中华书局，1960年，第242页。
〔2〕 王明：《太平经合校》，中华书局，1960年，第243页。
〔3〕 王明：《太平经合校》，中华书局，1960年，第247页。

祖辈行善后人自然得福，凡祖辈作恶后人必然遭受恶报。指出世人如果自身能行大善、积大德，就可避免祖辈的余殃，并为后代子孙造福；如果从恶不改，神灵将依据其行为赏善罚恶。至于善恶相承负的范围，可以追溯前五代，流及后五代。"承负说"的提出，不仅推动历代道教徒"修身行善"的自觉实践，而且还促进社会民众"行善积德"的自觉行动。这些都是《太平经》所倡导的"太平社会"慈善观，对于历代社会公益慈善事业的发展影响深远。

其三，在《度人经》中，提出了"慈爱和同"的慈善思想。《度人经》以"普度天人"的思想立论，宣称"无量度人"的慈善伦理。所谓"度人"，在汉字中，度原来就有渡河之意，从河的此岸到彼岸去。人生就像一条大河：一边是善，一边是恶；一边是光明，一边是黑暗。我们说的度人，就是要帮助学道之人学道、成道，使人从恶变善，从差变好，从假变真，从丑变美。所以，道教的"度人"，就是要普度众生、慈爱万物，有着强烈的普世情怀和慈悲精神。为此，《度人经》提出："齐同慈爱，异骨成亲"的慈善思想，成为道教慈善伦理重要的思想内容。所谓"慈"，就是以慈爱之心对待他人，亦即"推己及人"。还进一步指出："慈者，万善之根本。心若不慈，善何以立。"明确指出了"慈"与"善"的关系，要求人类社会有"慈爱"之心，人与人之间要相互尊重、相互帮助、和睦相处，倡导一种慈爱和同的和谐社会。同时，《度人经》还提出："度人者，必先度己"。那么，如何度己？必须具有较高的品德修养，要坚持做到"不杀不害，不嫉不妒，不淫不盗，不贪不欲。"所谓"不杀不害"，就是要爱惜生命，不伤害生命。"不嫉不妒"，就是要宽以待人，严以律己，对于别人的成就要由衷地高兴，做到"乐人之善，济人之急，救人之危"。"不淫不盗"，就是要在人际关系中遵守社会公德。"不贪不欲"，就是要淡泊人生，不生贪欲，尤其要坚决抛弃不正当的私欲。如果人们都能按照这个标准来要求自己，那么自然就会生活美好、民众幸福、社会和谐。这就是《度人经》所讲的"国安民丰，欣乐太平"理想世界。在这个世界里，人与人之间都是亲兄弟、亲姐妹，彼此之间没有压迫，没有欺骗，没有嫉妒，没有仇恨，没有偷盗，没有邪淫，相互尊重，相互帮助，国家平安，人民富裕，生活幸福。[1] 这就是一种大公无私的"博爱"精神，是道教践行"修心向善"的慈善思想典范。

其四，在《玄门日诵早晚功课经》中，则提出了"慈悲济世"的慈善思想。这种慈善思想集中展示了道教的济世情怀。如，《功课经》开头即称"灵音到处，灭罪消愆；宝号宣时，扶危救难"。[2]《太清宝诰》称："随方设教，历劫度人。"[3]《太上洞玄灵宝救苦妙经》则称："救苦天尊，遍满十方界；常以威神力，救拔诸众生"又称："化形十方界，普济度天人。"[4] 这种"扶危救难"、"普度天人"的慈爱伦理，正是道教"悲天悯人"的慈善情怀，是道教慈善思想的重要内容。《太乙救苦天尊说拔罪酆都血湖妙经》还称："普救群生，救一切罪，度一切恶。"《救苦诰》称："十方化号，普度众生；亿亿劫中，度人无量；寻声赴感，太乙救苦天尊。"[5] 这就是说"太乙救苦天尊"无处不在、无时不在，民众有难皆可寻声救苦，这是一种大爱无疆的慈爱思想。《晚课·颂赞》还称："青华教主，太乙慈尊，玉清应化显金身，大开甘露门，接引众生，永出爱河津。"[6] 颂赞太乙救苦天尊，为大慈大悲、救苦救难的慈善之神。太乙天尊的慈善精神与境界，正是一种慈悲济世的慈善观，自然是道教慈善思想的重要来源。

---

〔1〕 陈莲笙：《道风集》，辞书出版社，2006 年，第 208—209 页。
〔2〕《太上玄门早坛功课经》，《藏外道书》第 29 册，第 467 页。
〔3〕《太上玄门早坛功课经》，《藏外道书》第 29 册，第 470 页。
〔4〕《清微宏范道门功课》，《藏外道书》第 29 册，第 463 页。
〔5〕《太上玄门早坛功课经》，《藏外道书》第 29 册，第 481 页。
〔6〕《太上玄门早坛功课经》，《藏外道书》第 29 册，第 479 页。

（三）道教劝善书中的慈善思想

在中国传统社会中，大约秦汉时期就有《孝经》《女戒》等具有劝善性质的伦理道德教化书。但是，作为一种特殊的、自成一家的"劝善书"却正式形成于宋代，以《太上感应篇》的出现为标志。《感应篇》既是第一部劝善书，也是第一部道教劝善书。此后，历代都有道教善书问世，在明清时期道教善书的制作达到高峰，广泛流传于社会各阶层。道教劝善书除《感应篇》外，比较有影响的还有《文昌帝君阴骘文》《太微仙君功过格》等，这些劝善书除了宣传"劝善""惩恶"的思想外，还包含着许多道教的慈善思想，也是后世道教慈善的重要思想来源。

其一，道教劝善书《太上感应篇》中的慈善思想。《感应篇》是说理性道教劝善书，它以"天人感应"和"因果报应"立论，以儒家道德规范和道教规戒为立身处世的准则，以"道"为伦理思想的最高标准，以劝善、行善为根本目标，阐述了诸多伦理思想，是一种典型的劝善型慈善思想。《感应篇》的慈善思想，主要表现在对"行善积德"的规劝。从"积善之家，必有余庆；积不善之家，必有余殃"的思想出发，指出"祸福无门，唯人自召；善恶之报，如影随形"。[1] 告诫世人，只有行善才能积福，行恶必成灾祸。《感应篇》还从"善恶之念"的"感应"出发，指出"夫心起于善，善虽未为，而吉神已随之，或心起于恶，恶虽未为，而凶神已随之。"[2] 这就是说，神灵无处不在，时刻监视着人们的言行，从源头上阻止了恶念的产生。《感应篇》还提出对那些作恶之人进行惩罚，指出"如是等罪，司命随其轻重，夺其纪算，算尽则死，死有余责，乃殃及子孙。"[3] 明确告诫世人，

---

〔1〕《太上感应篇注》，载《藏外道书》第 12 册，第 273 页。
〔2〕《太上感应篇注》，载《藏外道书》第 12 册，第 274 页。
〔3〕《道藏》第 27 册，上海书店（三家本），1988 年，第 135 页。

凡是作恶之人，司命神会缩减其寿命，对于恶行极大者，还要把恶报传给子孙，追究子孙的责任。这种"承负说"具有很强的威慑力，对于促进人们"修善""行善"有着重要的积极作用。《感应篇》还提出"积善"与"修仙"的关系，指出"所谓善人，人皆敬之，天道佑之，福禄随之，众邪远之，神灵卫之，所作必成，神仙可翼。"[1] 可见，《感应篇》旨在劝导人们"行善积福"和"远离灾祸"，其中就蕴含着丰富的慈善思想，是道教善书类慈善思想的源头。

其二，道教劝善书《太微仙君功过格》中的慈善思想。《功过格》是操作性道教劝善书，首次为具体行为规定了功过数量，把早期笼统的多少善得什么果具体化为做哪一件事值多少功或过，一目了然，操作起来更为方便。《功过格》序称："著斯功格三十六条，过律三十九条，各分四门，以明功过之数。付修真之士，明书日月，自记功过，一月一小比，一年一大比，自知功过多寡，与上天真司考校之数，昭然相契，悉无异焉。"[2] 告诫弟子，如果按照此功过逐日记录自己的功或过，每月进行一次比较，看功多或是过多，一年进行一次大的比较。而且这种比较是在神灵的监督下进行，确保功过数量的准确性。对于修道者来说，是一种自律行为，对于社会民众来说，则是一种行善的规劝。《功过格》还明确规定：凡"奉道"行善者为"功"，如布施钱财、救济贫困、修整道路、传授经教、修建庙宇神像、行斋度亡，等等。凡"违道"作恶者为"过"，如不救济贫困、毁坏庙宇神像、咒骂神圣、嫉贤妒能、挑起斗讼、取财不义、偷盗、杀生、酗酒、诲淫等等。并要求"不得明功隐过，至月终计功过总算。……一年则大比，自知罪福。"[3] 这种功过行为非常清晰明了，给世人修行明确了目标，具有很强的"劝善"功能。《功过格》还进一步指出：若"依此行持，

---

〔1〕《太上感应篇》，载《藏外道书》第27册，第942页。
〔2〕《太微仙君功过格》，《道藏》第3册，第449页。
〔3〕《太微仙君功过格》，《道藏》第3册，第449页。

远恶迁善，诚为真诚，去仙不远矣。"〔1〕告诉人们，如果以此功德坚持行善修持，可以通往积善成仙的道路。即是有人因修善未能成仙，神也会赐予许多世俗的好处，如福、禄、寿之类福报，对世俗社会仍然具有较大的影响力。从《功过格》的具体内容来看，主要目的就是劝人远恶近善，把善与恶作为功过估算的基本要素，对人们的善恶数量进行估算。通过计算，统计出善恶之间的数量对比，从而决定人的命运和是否升仙。这种可操作性的功过记录方法，对于道教劝善思想的发展具有重要的积极作用，自然也成为道教慈善思想的重要来源。

其三，道教劝善书《文昌帝君阴骘文》中的慈善思想。《阴骘文》是说理性与纪事性结合的道教善书，是以文昌帝君名义颁行的劝善书。所谓"阴骘"，原义为默定，后多理解成天虽不言，但能于冥冥中监察人之善恶功过而降赏罚。《阴骘文》强调做阴功、积阴德，即暗中施德于人，暗中做有德行的事。经称："欲广福田，须凭心地。行时时之方便，作种种之阴功。利物利人，修善修福。"〔2〕通过对"行善积德"的规劝，告诉世人要多积阴功、阴德，做了好事也不要到处张扬，只要悄悄去做，自然会得到神的护佑。这种"积阴德"的善行，是道教慈善思想的最高境界。《阴骘文》还在做人方面作了明确规定，成为道教慈善伦理的重要内容。比如："勿淫人之妻女，勿唆人之争讼。勿坏人之名利，勿破人之婚姻。勿因私仇，使人兄弟不和。勿因小利，使人父子不睦。勿倚权势而辱善良，勿恃富豪而欺穷困。善人则亲近之，助德行于身心。恶人则远避之，杜灾殃于眉睫。常须隐恶扬善，不可口是心非。"〔3〕如果人们都按照这个要求去做，遵守这样的社会准则，人与人之间相互尊重、相互帮助，那么这个社会自然就会和谐稳定。《阴骘文》还从"阴骘"的思想出发，强调"行善"必定会有"福报"。

---

〔1〕《太微仙君功过格》，《道藏》第 3 册，第 449 页。
〔2〕《文昌帝君阴骘文》，《藏外道书》第 12 册，第 402 页。
〔3〕《文昌帝君阴骘文》，《藏外道书》第 12 册，第 402 页。

经称：诸恶莫作，众善奉行。永无恶曜加临，常有吉神拥护。近报则在自己，远报则在儿孙。百福骈臻，千祥云集，岂不从阴骘中得来者哉。指出所有"福报"都是从"阴骘"而来，这是"天道"的福善。《阴骘文》还明确提出"积阴德"的具体措施。即为：济急如济涸泽之鱼，救危如救密罗之雀。矜孤恤寡，敬老怜贫。措衣食周道路之饥寒，施棺椁免尸骸之暴露。家富提携亲戚，岁饥赈济邻朋。舍药材以拯疾苦，施茶水以解渴烦。点夜灯以照人行，造河船以济人渡。修数百年崎岖之路，造千万人来往之桥，等等。这种"积阴德"的善举，具有超越一般"善行"的福报，对于后世道教慈善思想影响很大。

三、发挥道教慈善思想的时代价值

道教是中华传统文化的重要组成部分，道教文化中蕴含着丰富的慈善思想，是现代社会慈善建设宝贵的文化资源。如"齐同慈爱，异骨成亲"的慈爱伦理，"济世利人，扶贫帮困"的济世伦理，"诸恶莫作，众善奉行"的劝善伦理，"积善之家必有余庆，积不善之家必有余殃"的承负伦理等，都是具有道教鲜明特色的慈善思想文化，与现代社会所倡导的"慈善事业"是完全一致的，都是人类社会"文明进步"的标志，是和谐社会建设中不可或缺的道德伦理资源。近年来，中国道教界发扬道教"济世利人"的优良传统，参与和开展各类社会慈善活动，弘扬道教慈善文化，践行道教公益慈善事业，产生了良好的社会影响。但是，随着现代社会的快速发展，道教慈善思想也要跟上时代发展的步伐、适应社会进步的要求，作出适应现代社会发展要求的新阐释，发挥出道教慈善思想在当代社会中应有的时代价值。

（一）道教慈善思想助力提升个人道德修养

道德修养是指个人为实现一定的理想人格而在意识和行为方面进

行的道德上的自我锻炼，以及由此达到的道德境界。道德修养从表面上看好像是个人的私事，但是从深层次看则是关系到社会进步与发展问题，是社会主义市场经济的要求和原则。改革开放以来，我国社会主义精神文明建设呈现出积极健康向上的良好态势，公民道德建设迈出了新的步伐，社会道德风尚发生了可喜的变化。但是，近年来"我国公民道德建设方面，仍然存在着不少问题。社会的一些领域和一些地方道德失范，是非、善恶、美丑界线混淆，拜金主义、享乐主义、极端个人主义有所滋长，见利忘义、损公肥私行为时有发生，不讲信用、欺骗欺诈成为社会公害，以权谋私、腐化堕落现象严重存在。"〔1〕这些问题如果得不到及时有效解决，必然会影响到社会民众的整体素质，影响到正常的社会秩序。道教慈善思想的基础是强调"修身行善"，自然有利于提升民众个人的道德修养。

其一，道教的慈善思想有利于提高个人的道德认知。道德认知是指对现实道德关系和道德规范的认识，它对道德情感、道德意志和道德行为起着指导、调节和控制作用。道教的慈善思想总体而言，不外乎教人为善，不要为恶，强调个人的积善立德。《太上感应篇》明确告诉我们，凡是符合"道"的行为就是"善"。比如"不履邪径，不欺暗室；积德累功，慈心于物；忠孝友悌，正己化人；矜孤恤寡，敬老怀幼；昆虫草木，犹不可伤。宜悯人之凶，乐人之善，济人之急，救人之危。见人之得，如己之得；见人之失，如己之失。不彰人短，不炫己长，遏恶扬善，推多取少。受辱不怨，受宠若惊，施恩不求报，与人不追悔。"〔2〕凡是违背"道"的行为就是"恶"。比如"射飞逐走，发蛰惊栖；填穴覆巢，伤胎破卵；愿人有失，毁人成功；危人自安，减人自益；以恶易好，以私废公；窃人之能，蔽人之善；形人之丑，

〔1〕《公民道德建设实施纲要》学习读本，学习出版社，2001年，第4页。
〔2〕《太上感应篇直讲》，《藏外道书》第12册，第373页。

讦人之私；耗人货财，离人骨肉；侵人所爱，助人为非；逞志作威，辱人求胜；败人苗稼，破人婚姻。"[1]等等。以上所举"善""恶"内容清晰，为人们"行善去恶"提供参照。对于"善"的、符合社会规范的事情要积极去做，在人们的内心深处形成"行善"的意识和道德认知。《感应篇》还说："所谓善人，人皆敬之，天道佑之，福禄随之，众邪远之，神灵卫之，所作必成，神仙可冀。"这是对"行善"之人的护佑，福报就会随之而来的。同时，对于违背社会规范的事情要严格禁止，否则一定会有恶报相随的。《感应篇》说："如是等罪，司命随其轻重，夺其纪算，算尽则死。死有余责，乃殃及子孙。"这就是说，凡人所作恶事，近报在自身，远报在子孙，这是对"作恶"之人的严厉惩罚。这种善恶分明、因果昭彰的说教，对于促进人心向善和提升民众的道德认知皆具有积极的启示作用。

其二，道教的慈善思想有利于规范个人的道德行为。所谓"道德行为"，是指在一定的道德意识支配下，所表现出来的有利或有害于他人和社会的行为，包括道德行为和不道德行为。前者指符合一定的道德原则和规范，被人们肯定的道德行为；后者指违背一定的道德原则和规范，被人们否定的道德行为。在道教慈善伦理思想中，就有强调遵守符合道德原则规范的内容。道教注重"慈爱"思想，强调尊重生命的行为。《赤松子中诫经》说："人为天地之本，当为善。"[2]《感应篇图说》也说："慈者，万善之根本。人欲积德累功，不独爱人，兼当爱物，物虽至微，亦系生命。人能慈心于物命之微，方便救护，则杀机自泯，仁心渐长矣，有不永享福寿者乎。"[3]充分体现了道教"慈悲仁爱"的思想，自然有利于个人道德行为的规范。道教强调"寡欲"思想，有利于正心去欲。寡欲，就是指去掉一切私心杂念，不被外物

---

〔1〕《太上感应篇直讲》，《藏外道书》第12册，第374页。
〔2〕《赤松子中诫经》，《道藏》第3册，第447页。
〔3〕《感应篇图说》，《藏外道书》第27册，第143页。

所累。《净明忠孝全书》说："欲治其外，先正其内；欲正其内，先去其欲；无欲而心自正。心正则言行举止无一不善。"〔1〕这就是说，人只有做到少私寡欲，才能保持心中的善念，其行为也会符合"道"的规律。可见，道教的慈善伦理有着强烈的"劝善"思想和教化内容，对于提高个人的道德认知、规范个人的道德行为皆具有积极的促进作用。

（二）道教慈善思想助力维护家庭和睦幸福

家庭和睦是指由婚姻、血缘关系所组成的社会组织的基本单位中的每个成员之间相处融洽、夫妻互爱、长幼互亲，给家庭带来欢乐、祥和的氛围。现实社会中，家庭问题很多，严重影响着家庭的和睦幸福。根据现状分析，大致可以分为子女教育、婆媳关系、婚外恋情、家庭暴力、性格缺陷、人格障碍、文化差异，等等。有关统计数字表明，有75％的家庭存在这样或那样的问题，有15％的家庭处于濒临破碎的边缘或已经离婚，只有不到10％的家庭相对和睦幸福，这个数字充分表明现代家庭的生活质量不容乐观。这就需要"大力倡导以尊老爱幼、男女平等、夫妻和睦、勤俭持家、邻里团结为主要内容的家庭美德，鼓励人们在家庭里做一个好成员。"〔2〕家庭问题不仅关系到每一位家庭成员的生活质量，也关系到每个家庭的和睦幸福，这就需要道教慈善思想来助力化解家庭矛盾问题、维护家庭和睦幸福。

其一，道教慈善思想有利于促进家庭和睦。家庭是社会的细胞，家庭和睦是社会文明进步的标志。但是，家庭和睦需要家庭成员的真心投入，彼此互相鼓励，互相欣赏，互相支持，互相关爱，互相体谅，有福同享，有难同当，家庭凝聚力与亲和力的作用得到充分的释放。首先，是家庭成员之间要互相信任，尤其是夫妻关系要做到诚信友爱。

---

〔1〕《净明忠孝全书》卷二，《道藏》第24册，第634页。
〔2〕《公民道德建设实施纲要》学习读本，学习出版社，2001年，第8—9页。

道教认为，诚信是学道修道的基础，也是做人做事的根本。《太平经》要求人们"动作言行，无失诚信"。家庭成员之间要诚实守信，这是家庭和睦的基本条件。《太平经》还说："天与道者主修正，凡事为其长。故能和阴阳、调风雨、正昼夜、列行伍。天地之间，莫不被恩受命，各得其所者。"[1]家庭成员要像"天道"一样，至诚至善，自然无私，自然就会和睦相处。其次，从家庭成员自身来说，最重要的"和睦"基础是"亲情关系"，亲情才是凝聚家庭关系的桥梁和纽带。《太平经》说："天地中和同心，共生万物；男女同心而生子；父母子三人同心，共成一家。"[2]也就是说，天地万物只有和谐相处，才能共生共长，这是亘古不变的自然规律。同样，家庭成员也只有和谐相处，才能保持家庭和睦、共同成长。第三，家庭成员之间还要互相尊重，尤其是年轻人要孝顺长辈、尊重长辈。《太平经》指出"天下之事，孝为上第一。"还指出"子不孝，则不能尽力养其亲；弟子不顺，则不能尽力修明其师道；臣不忠，则不能尽力共敬其君。为此三行而不善，罪名不可除也。"[3]强调"尽孝"就是"行善"，是人世间最大的福报。可见，道教慈善中的诸多思想，实际上就是一种人际关系方面的伦理，自然有利于促进家庭成员之间的和睦相处。

其二，道教慈善思想有利于营造幸福家庭。当今社会，家庭生活与社会生活有着密切的联系，正确对待和处理家庭问题，共同培养和发展夫妻爱情、长幼亲情、邻里友情，直接关系到每个家庭的幸福美满。现实社会中，真正幸福的家庭并不多，主要原因还是家庭成员之间缺少应有的尊重、包容和亲情，缺少知足常乐的良好心态。道教慈善思想中许多道德伦理内容，就是营造幸福家庭的伦理资源。首先，道教慈善思想中蕴含着"关爱众生"的普世伦理。《道德经》说："上

---

[1] 王明：《太平经合校》，中华书局，1960年，第662页。

[2] 《太平经》卷三，《道藏》第24册，第324页。

[3] 王明：《太平经合校》，中华书局，1960年，第405—406页。

善若水，水善利万物而不争。"要求人们拥有像水一样的胸怀，主动帮助别人而不求任何回报。《度人经》说："齐同慈爱，异骨成亲。"强调要对普天下之人有"慈爱"之心，无论是恩人，还是仇人，都要像亲人一样，主动去关心和帮助他们。这样的心胸和境界，自然有利于家庭成员之间的相互尊重、和睦相处。因为幸福的家庭未必多富有，但一定是和睦的、团结的，一家人聚在一起能够享受天伦之乐，家中充满欢声笑语。其次，道教慈善思想中还蕴含着"知足常乐"的乐观心态。《道德经》说："持而盈之，不如其已；揣而锐之，不可长保。金玉满堂，莫之能守；富贵而骄，自遗其咎。"[1]告诫世人，过于执持以求盈满，不如适可而止。人一旦显露了锋芒，就难以长久保全。金玉财富堆满厅堂，无人能够保守。富贵而致骄横，自己招惹灾祸。《道德经》说："故知足不辱，知止不殆，可以长久。"[2]这就是说，知道自我满足就不会受到屈辱，知道适可而止就不会陷入危险，这样才可以保持长久。《道德经》还说："罪莫大于多欲，咎莫大于欲得，祸莫大于不知足。"[3]明确指出，最大的罪过莫过于欲望太多，最大的过失莫过于贪得无厌，最大的灾难莫过于不知满足。对于一个家庭来说也是如此，一旦家庭成员过于贪婪，就会出现家庭矛盾，直接影响到原本幸福的家庭。因此，我们要从道教慈善思想中寻找伦理智慧，指导家庭生活，夫妻之间，要相敬如宾；儿女之间，要团结友爱，成员之间，要知足常乐，相互尊重和礼让。知足常乐就是要始终保持良好的心态，因为这是和睦幸福家庭的根本保证。

（三）道教慈善思想助力维护社会和谐稳定

实现社会和谐稳定，建设美好社会，始终是人类孜孜以求的一个

〔1〕 安伦：《老子指真》，社会科学文献出版社，2016年，第23页。
〔2〕 安伦：《老子指真》，社会科学文献出版社，2016年，第52页。
〔3〕 安伦：《老子指真》，社会科学文献出版社，2016年，第53页。

社会理想。社会主义和谐社会，是中国共产党提出的一种社会发展战略目标，指的是一种和睦、融洽并且各阶层齐心协力的社会状态。目前，我国社会总体上是和谐的，也是稳定的。但是，也存在一些影响社会和谐稳定的矛盾和问题，主要是城乡、区域、经济社会发展还不平衡，人口资源环境压力加大，就业、社会保障、收入分配、教育、医疗、住房、安全生产、社会治安等方面，关系群众切身利益的问题还比较突出，一些社会成员诚信缺失、道德失范，一些领导干部的素质、能力和作风与新形势新任务的要求还不适应。这些问题的存在，严重影响了社会的和谐稳定与健康发展。因为，构建社会主义和谐社会，是中国特色社会主义事业的有机组成部分，是推进全面建设小康社会的重大战略举措，需要全社会的高度关注和重视。在中国传统文化中，道教慈善伦理就蕴含着许多和谐文化资源，要充分发挥道教慈善思想来助力维护社会和谐，促进社会健康稳定发展。

其一，道教慈善思想有利于维护社会和谐。所谓"和谐社会"，就是指民主法治、公平正义、诚信友爱、充满活力、安定有序、人与自然和谐相处的社会。从传统道教文化来看，道教慈善思想中就包含着"公平正义"的思想内容。《道德经》称："天道无亲，常与善人。"这种天道与善说，就充分体现了一种公平正义思想。道教自东汉创立之后，就将"公平正义"的思想纳入登仙之途。《老子想尔注》称："积善成功，积精成神，神成仙寿。"《太上感应篇》则将"行善"与"修仙"直接联系起来，即所谓功德成神观，在修仙的路途上总是"公平正义"的，没有任何捷径可走，人可以修炼成仙，自然界一切生物皆可修炼成仙。这就充分体现了道教的"公平正义"观。道教慈善思想中还包含着"诚信友爱"的思想内容。《太平经》反复强调"诚信"的教化作用，在其道德观念中，以"孝忠诚信"为天下大事。诚信作为公民道德规范，基本内容是诚实、诚恳、信用、信任，也就是忠诚老实，诚恳待人，以信用取信于人，对他人给予信任。《太平经》还说：

"天者，至道之真也，不欺人也，万物所当亲爱，其用心意，当积诚且信，但常欲利不害，不负一物，故为天也。"[1] 在自然宇宙之中，天地是自然无为的，对待万物也是至真至诚的。天道至诚不欺，诚信可以感动天地，至诚为善自有善报，诚信是维系社会和谐的基础。道教还把"诚信"与"行善"紧密相连，以"诚信"作为"行善"的重要内容。《太上感应篇》提出"不履邪径，不欺暗室"，就是告诫世人要诚实守信，不要自欺欺人。因此，积极倡导道教的"诚信"思想，助力人们"友爱"相处，反对搬弄是非、说谎等社会不良行为，可以很好地促进社会积极向善，促进人们弃恶扬善、弘扬正气，促进社会和谐发展。

其二，道教慈善思想有利于维护社会稳定。社会稳定是指全社会大多数成员都能够遵守共同的社会规范，维护现行的社会秩序，从而保障社会整体上的协调有序。简而言之，维护社会稳定主要是依靠遵守"社会规范"和"维护社会秩序"。其中，所说的"社会规范"就是指"社会公德"，是一种社会道德伦理思想，是维护人们最基本的生活秩序、保证社会稳定最起码的道德要求。道教慈善思想中就有许多"社会公德"内容。比如，道教提出"尊道贵德"、"积善阴德"的慈善思想，要求人们遵守传统的伦理道德，遵循社会伦理规范，做到弃恶扬善。道教从"积善阴德"的慈善思想出发，强调人人崇尚道德、人人诚信不欺、人人众善奉行，这种劝善型的慈善思想就是社会公德的重要内容。事实上，道教是最注重社会"道德"建设的宗教，《道德经》就是一部推崇"道德至上"的重要经典，其所阐扬的思想核心就是"道德"二字。道教继承和发展了中国传统文化中的伦理思想，以《道德经》为主要经典，极力推崇道德观念，以崇尚道德为人类社会的传统美德。另外，还有维护"社会秩序"问题。一般认为，维护社会

---

〔1〕 王明：《太平经合校》，中华书局，1960 年，第 219 页。

秩序的手段主要有两种：一是道德，二是法律。维护公共秩序，既要依靠道德规范的保障，也需要法律规范的制约。在道教慈善伦理中也有关于"法律"的内容。《道德经》提出"道法自然"的主张，形成了我国古代最早的自然主义法律观。道教认为，最理想的社会是"天下有道"的社会，而判断是否"有道"，关键在于是否合乎"自然"。《道德经》主张："人法地，地法天，天法道，道法自然。"[1]"法"是效法、遵从的意思。也就是说，一切事物都要顺应自然，遵从自然法则，才符合"道"的精神。这种崇尚"道法自然"的自然法，就形成了以自然为法，形成"无为而治"的法治思想。当然，要维护社会稳定最重要的还是人们正确的道德观，这能够帮助人们增强遵守法律的概念，从而使维护公共秩序得到真正的实现。道教慈善思想中同时具备"道德"和"法律"两个方面内容，自然就成为维护社会稳定的重要思想内容。

（四）道教慈善思想助力化解全球生态危机

生态危机是指生态环境被严重破坏，使人类的生存与发展受到严重威胁的现象。当代社会，由于人类对自然界的过度开发和破坏，导致生态环境的日益恶化，形成了全球性的生态环境危机，主要表现为："严重的环境污染，突出的大气污染，生态平衡被破坏，原始森林面积急剧恶化，草场退化，与此互为因果的是人类面临着大规模沙漠化的威胁，资源和能源危机，臭氧层的破坏，直接损害了人类和生物的生存，等等。"[2]要解决这一严峻的社会问题，关键是要尽快形成一种科学的环境道德。环境道德作为各个民族、各个国家、各个地区和各个社会阶层应当共同遵守的行为准则，已经成为人类以共同的力量来

---

〔1〕 安伦：《老子指真》，社会科学文献出版社，2016年，第36页。
〔2〕《公民道德建设实施纲要》学习读本，学习出版社，2001年，第107页。

保护大自然，建设良好的生存环境的必然要求。在中国传统文化中，道教慈善伦理就蕴含着许多"环境道德"思想，要充分发挥道教慈善思想来助力化解全球生态危机。

其一，道教慈善思想有利于增强环保意识。环保意识是人们对环境和环境保护的一个认识水平和认识程度，又是人们为保护环境而不断调整自身经济活动和社会行为，协调人与环境、人与自然互相关系的实践活动的自觉性。这就需要"进一步认识到自然界动物、植物的合理生存，对于人类正常生存的极端重要性，把自觉地维护自然界的生态平衡，作为人类共同的道德责任和义务。"[1] 只有全民遵守环境道德，才能正确树立环境保护的责任意识。道教从"天人合一"的整体出发，十分重视人与自然环境的和谐关系。《太平经》认为："太阳、太阴、中和三气和谐而化生万物。"因此，自然界中，太阳、太阴、中和三气缺一不可。《太平经》还说："天气悦上，二气相通，而为中和之气，相受共养万物，无复有害，故曰太平。"[2] 只有阴阳二气的相互和谐产生中和之气，并共同生养万物，才能有自然界的太平。《太平经合校》指出，人是自然万物的一部分，也是自然中和之气所生，即"天、地、人本同一元气，分为三体"。又说："天、地、人民万物，本共治一事，善则俱乐，凶则俱苦，故同尤也。"[3] 也就是说，天、地、人同为自然界中一部分，本身就有着共生共荣的关系，因此必须要互相尊重、和谐共处。这就要求，在处理人与自然环境关系时，必须要树立起对自然环境的正确价值观念。这里所说的价值观念，不仅仅是指物质方面的价值，而且也是指精神方面的价值。正是基于道教慈善思想对自然生态环境的特殊精神价值的认识，我们应该把爱护自然生态环境，把维护自然生态平衡作为自己的道德责任，从而不断增强环

〔1〕《公民道德建设实施纲要》学习读本，学习出版社，2001年，第108页。
〔2〕王明：《太平经合校》卷四十八，中华书局，1960年，第149页。
〔3〕王明：《太平经合校》卷五十三，中华书局，1960年，第200页。

境保护的责任意识。

其二，道教慈善思想有利于推动环保行动。当今社会，人们在享受经济发展所带来的便利时，气候变化和生态环境持续下降也在时刻威胁着人类的生命健康。为构建和维护健康、舒适、安全的居住环境，在增强大家的环保意识的同时，必须要坚持可持续发展战略，倡导大家一起做环境保护的行动者，共同营造绿色低碳生活新时尚。道教是一个崇尚"俭朴"的宗教，是绿色低碳生活的引领者。《道德经》说："我有三宝，持而保之。一曰慈，二曰俭，三曰不敢为天下先。"[1] 意思是说，我有三件法宝，持有而珍重它。第一件叫做慈爱，第二件叫做节俭，第三件叫做不敢处在众人之先。要求人们慈爱众生、保持"节俭"的传统，反对生活上的奢靡与浪费。《道德经》还说："治人事天，莫若啬。夫唯啬，是谓早服，早服是谓重积德。"[2] 意思是，治理人民，事奉上天，最重要的就是珍惜资源。只有珍惜资源，才能及早归道，及早归道叫做厚于积德。指出珍惜资源、保护环境，是人类社会的根本责任。"所以，如果践行老子的啬、俭原则，不仅能节省大量的资源，而且能大幅减少对于环境生态的破坏。"[3] 还有，道教强调"见素抱朴，少思寡欲"，也是主张淡化人们的物质欲求，不要为了满足自己的物欲过多地向自然界索取，其目的也是为了节约自然资源，以务实的责任意识来推动环保行动。同时，道教慈善思想也包含着诸多生命伦理，从重视人类生命出发，扩展到对自然界一切生命的关心爱护。《三天内解经》称："真道好生而恶杀，长生者道也，死坏者非道也，死亡乃不如生鼠。故圣人教化，使民慈心于众生，生可贵也。"[4] 也就是说，道的自然本性就是好生，重视生命也是秉承道的

---

〔1〕 安伦：《老子指真》，社会科学文献出版社，2016年，第66页。
〔2〕 安伦：《老子指真》，社会科学文献出版社，2016年，第61页。
〔3〕 安伦：《老子指真》，社会科学文献出版社，2016年，第245页。
〔4〕 《三天内解经》，《道藏》第28册，第416页。

属性，并由此发展为关爱自然界的一切有形的生命。道教还认为，天地万物都是由"道"所化生的，"一切有形，皆含道性"。万物都有按照"道"赋予它的本性自然生长的权利，人类不应该随意对它们进行伤害，更不能随意剥夺它们的生命。正是由于道教对"俭朴"和"寡欲"的倡导，以及对于自然界一切生命的尊重，从而有力地促进了人类自身的环保行动。《太平经》还说："夫人命乃在天地，欲安者，乃当先安其天地，然后可得长安也。"[1] 意思是说，人安身立命的天地间，要想得到健康的生存与发展，必须使人们赖以生存的地球得到和谐安宁，然后人类才能长久安宁。而要"安天地"，就要认识和掌握自然规律，按照自然规律去办事，推进实实在在的环保行动，才能达到与自然的和谐。

（五）道教慈善思想助力维护世界和平发展

和平是人类社会最美好的愿望，是人类世世代代所追求的目标。现实告诉我们，和平的世界才是美好的世界，和平的世界才是人类幸福生活的家园。今天，世界上大多数人都在和平的环境中幸福地生活，并享受着时代发展所带来的福祉。但是，在一些国家或地区，因为种种原因所引发的局部战争、恐怖袭击等依然存在，并时刻影响着人类的生命安全。人类要制止战争、实现和平发展，就需要树立正确的生命价值观，从尊重人类生命出发，积极推进社会文明进步，充分认识和平发展才是人类进步的唯一出路。中国政府明确指出："中国将高举和平、发展、合作、共赢的旗帜，恪守维护世界和平、促进共同发展的外交政策宗旨，坚定不移在和平共处五项原则基础上发展同各国的友好合作，推进建设相互尊重、公平正义、合作共赢的新型国际关

---

[1]《太平经》卷四十五，《道藏》第 24 册，第 411 页。

系。"〔1〕在中国传统文化中，道教秉承了"和平"与"宽容"的优良传统，并融入道教的慈善思想之中，成为道教慈善思想的重要内容之一。因此，当代道教要充分发挥道教慈善思想来助力维护世界和平发展。

其一，道教慈善思想有利于遏制霸权主义。所谓"霸权主义"，是指大国、强国凭借军事和经济实力，强行干涉、控制小国、弱国的内政外交，在世界或地区称霸的政策和行为。当今世界，霸权主义依然存在，领土争端导致的局部冲突时起时伏，各种分裂主义势力、恐怖主义势力给国际社会不断带来危害，严重威胁着世界和平与稳定，需要引起全世界各国的高度重视，必须寻找遏制解决霸权主义的办法。中国传统文化，历来就有反对战争、反对霸权的思想，具体体现在道教慈善思想之中。首先，道教是"贵生"的宗教，具有强烈的生命价值观。《太上老君开天经》在描述万物形成及生命起源时说，"万物之中，人最为贵"。〔2〕《太平经》还说"天道恶杀而好生。"都强调了人之生命的重要性。鉴于对生命的尊重，道教明确表示反对战争。《道德经》说："夫兵者，不祥之器，物或恶之，故有道者不处。君子居则贵左，用兵则贵右。兵者非君子之器，不得已而用之，恬淡为上。"〔3〕意思是，兵戎是不吉祥的东西，人们厌恶它，所以有道行的人不使用它。君子的起居是以左边为贵，而用兵则是以右面为贵。兵戎不是君子所用的东西，只有在万不得已时才使用它，最好是淡然处之。其次，道教还明确提出"行王道，反霸道"的主张。所谓"行王道"，就是要遵循老子提出的"爱民治国"，推行"仁政"和"德治"，反对"暴力"和"恐怖"。所谓"反对霸道"，就是反对"强权"，反对"战争"。强权与战争，是对道教慈善思想的一种亵渎，是人类社会的一大灾难，

---

〔1〕《党的十九大报告》辅导读本，人民出版社，2017年，第57页。
〔2〕《云笈七签》卷十六，《道藏》第22册，第123页。
〔3〕安伦著《老子指真》，社会科学文献出版社，2016年，第41页。

也是我们所有道教界人士所深恶痛绝的。这种反对"暴力"、反对"霸道"的思想，正是道教维护人类生命安全和民族生存的人道主义主张，值得当代社会加以倡导。因此，我们要大力弘扬道教关爱生命的慈善思想，为遏制当今世界霸权主义发挥积极作用。

其二，道教慈善思想有利于构建人类命运共同体。人类命运共同体，是指在追求本国利益时兼顾他国合理关切，在谋求本国发展中促进各国共同发展。人类只有一个地球，各国共处一个世界，要倡导"人类命运共同体"意识。中国政府明确提出"构建人类命运共同体，建设持久和平、普遍安全、共同繁荣、开放包容、清洁美丽的世界。"〔1〕这就为世界的和平发展绘就了宏伟蓝图。道教主要经典《道德经》是一部海纳百川的开放性精神的文化典籍，不仅没有任何排他性，而且还特别突出了和、容的理念，与人类命运共同体的和谐包容精神相通，是助力构建人类命运共同体的宝贵思想资源。《道德经》说："天道无亲，常与善人。"意思是说，天道是没有亲疏偏爱的，总是辅助行善之人。这里的"行善"就是要求世界各国多做有利于和平发展的事情，反对一切破坏人类社会健康发展的行为。《道德经》还说："甘其食，美其服，安其居，乐其俗。"要求人们对自己的食物感到香甜，对自己的衣服感到美好，对自己的住所感到安逸，对自己的风俗感到快乐。告诉人们世界在一个地球村，要相互关心、相互照顾、相互帮助，大家各得其所、知足常乐，共同营造一个和谐美好的大家庭。《道德经》还进一步说："上善若水。水善利万物而不争，处众人之所恶，故几于道。"〔2〕这里用"水"作比喻，水善于助人为乐，却甘于居下，但从不看轻自己，也从来不与人争执，体现了水的宽容、包容精神。正是因为"水"与世无争，它才最接近于"道"。只有具备

〔1〕《党的十九大报告》辅导读本，人民出版社，2017 年，第 57—58 页。
〔2〕《道德真经》卷上，《道藏》，第 11 册，第 474 页。

如此宽广的胸怀，才有利于构建人类命运共同体，保持共生共赢、共同发展。现实告诉我们，人类是不可分割的命运共同体，开放包容、平等互助是人类世界共同的目标。开放是一种姿态、一种思维，包容是一种气度、一种涵养。因此，我们要善用道教和谐、包容的慈善思想，为推进构建人类命运共同体和维护世界和平发展作出积极贡献。

综上所述，道教的慈善思想是以"贵生"为理论基础，以"行善积德"为基本要求，把"修仙"与"信仰"紧密相连，把"善恶"与"承负"紧密结合，形成具有道教特色的慈善思想，成为中国传统慈善思想的重要组成部分。当代道教，要在坚持道教中国化的进程中，认真梳理并研究道教慈善思想及其伦理精神，深入挖掘道教文化、教理教义、道教经典中的慈善思想内容，充分发挥道教慈善思想在助力提升个人品德修养、助力维护家庭和睦幸福、助力维护社会和谐稳定、助力化解全球生态危机、助力维护世界和平发展中的积极作用，全面彰显道教慈善思想在当今社会中的时代价值。

第四节　道教文化与社会主义核心价值观

　　党的十八大指出："倡导富强、民主、文明、和谐，倡导自由、平等、公正、法治，倡导爱国、敬业、诚信、友善，积极培育和践行社会主义核心价值观。"[1]这是对社会主义核心价值观的最新概括。随后，中共中央办公厅专门印发《关于培育和践行社会主义核心价值观的意见》，进一步指出："富强、民主、文明、和谐是国家层面的价值目标，自由、平等、公正、法治是社会层面的价值取向，爱国、敬业、诚信、友善是公民个人层面的价值准则。"[2]从"三个层面"明确了社会主义核心价值观的基本内容，为培育和践行社会主义核心价值观提供了基本遵循。这个概括，实际上回答了我们要建设什么样的国家、建设什么样的社会、培育什么样的公民的重大问题。

　　培育和践行社会主义核心价值观，是党中央提出的长远战略举措，关系社会和谐稳定，关系国家长治久安，关系中华民族伟大复兴中国梦的顺利实现。当今社会，我们要在全社会大力弘扬和践行社会主义核心价值观，使之像空气一样无处不在、无时不有，成为全体人民的共同价值追求，成为我们生而为中国人的独特精神支柱，成为百姓日

---

[1]《人民日报》2012年11月18日。

[2] 中共中央办公厅印发《关于培育和践行社会主义核心价值观的意见》，2013年12月23日，新华网。

用而不觉的行为准则。要号召全社会行动起来，通过教育引导、舆论宣传、文化熏陶、实践养成、制度保障等，使社会主义核心价值观内化为人们的精神追求、外化为人们的自觉行动。社会主义核心价值观针对的是全社会所有成员，包含了不同民族、不同信仰、不同党派、不同阶层的全体公民。因此，培育和弘扬社会主义核心价值观，必须立足中华优秀传统文化。牢固的核心价值观，都有其固有的根本。抛弃传统、丢掉根本，就等于割断了自己的精神命脉。[1] 强调历史是延续的、发展的，我们今天的核心价值观并非凭空产生，而是有着我们的宝贵文化传承和悠久的历史积淀。中华民族的核心精神，中国文化的内在本质，为我们今天建立中国特色社会主义核心价值观打下了坚实基础，提供了丰富底蕴。这就是说，社会主义核心价值观与博大精深的中华文化传统有着历史逻辑关系，有其因与果的连结关系。这就需要我们大力弘扬中华优秀传统文化，积极践行社会主义核心价值观，把核心价值观融入社会发展各方面，转化为人们的情感认同和行为习惯。

道教是中华民族固有的传统宗教，是中华传统文化的重要组成部分，积淀着中华民族独特的精神追求，蕴含着丰富的思想道德资源，是践行社会主义核心价值观宝贵的文化资源。培育和践行社会主义核心价值观，要从传统道教文化中汲取思想道德营养，结合时代发展要求加以阐释，促进传统道教的文化与当代文化相适应、与现代社会相协调，又要充分发挥道教文化助力社会主义核心价值体系建设。当代社会，我们要大力弘扬道教优秀文化，深入挖掘道教思想文化内涵，助力社会主义核心价值体系建设，分别从国家层面、社会层面和公民层面，为培育和践行社会主义核心价值观发挥出应有的时代价值。

---

[1]《人民日报》2014年2月26日，第1版。

一、道教文化助力"国家层面"的价值观建设

富强、民主、文明、和谐的价值观,是我国在社会主义初级阶段的奋斗目标,体现了社会主义核心价值观在发展目标上的规定,是立足国家层面提出的要求。在当代中国,实现国家昌盛、人民幸福和民族复兴,符合近代以来中国人民寻求民族复兴的共同愿景,是一个能够凝聚起亿万人民群众智慧和力量的宏伟目标。道教历来就有追求国家繁荣昌盛的思想。《道德经》称:"甘其食,美其服,安其居,乐其俗。"[1] 意思是对自己的食物感到香甜,对自己的衣服感到美好,对自己的住所感到安逸,对自己的风俗感到快乐。简单说,就是每一个人都有丰足的食物和衣服,每一个人都能安居乐业,每一个人都生活美满幸福。这就是道教所追求的太平盛世,与现代社会所倡导的"国家层面"的价值观是相吻合的。

(一)道教文化中的"富强"思想

所谓"富强",即富国强民,是社会主义现代化国家经济建设的必然要求,是中华民族梦寐以求的美好夙愿,也是国家繁荣昌盛、人民幸福安康的物质基础。富强作为国家层面的首要价值目标,显示出它在核心价值观中的重要意义和作用。在中国历史上,自古以来,"富强"就是中华民族自强不息的精神追求,是中国社会进步的重要标志。《史记·李斯列传》称:"孝公用商鞅之法,移风易俗,民以殷盛,国以富强,百姓乐用,诸侯亲服。"[2] 商鞅是战国时期的政治家、改革家、思想家、军事家,法家代表人物。商鞅辅佐秦孝公,积极实行变

---

〔1〕 安伦:《老子指真》,社会科学文献出版社,2016 年,第 73 页。
〔2〕《史记》卷八十七,《李斯列传》第二十七,中华书局,2002 年版,第 2542 页。

法，人民因此殷实，国家因此富强，百姓乐意为国效力，诸侯亲附归服，秦国由此成为富裕强大的国家。还有，唐朝的"贞观之治"，无论在政治、经济，还是文化上，都走在世界的最前列，实现了富国强民的太平盛世。事实上，中国作为一个富强的国家，曾在相当长的时期内引领世界潮流。然而到了近代，面对西方的坚船利炮和商品经济，中国沦为了半封建半殖民地社会。自那时以来，先进的中国人一直在为国家和民族的富强奔走、奋斗。新中国成立以来，尤其是改革开放以后，在以经济建设为中心的指引下，中国人民通过不懈的奋斗，初步实现了百年的梦想，并不断朝着全面建成小康社会的宏伟目标迈进。党的十八大把"富强"作为培育和践行社会主义核心价值观国家层面的基本范畴，是历史的抉择，是社会的共识，是人民的共识。当代社会所倡导的"富强"的价值观，与中国历史上所追求的"富国强民"思想是一脉相承的。

中国道教历来就有爱国的优良传统，致力于"国富民强"的目标追求，并始终贯穿道教的发展主线。《道德经》称："爱国治民，能无为乎？"[1] 意思是爱护人民治理国家，能自然无为吗？强调了助国爱民的积极主张。在道教经典《太平经》中，更是多次提出"助国""保国"的主张。即所谓修道者当"助国得天心"。[2] 又说"天乃与德君独厚，故为其制作，可以自安而保者也"。[3] 这里的"助国""保国"，都是表示以某种方式来帮助国家治理，或者保护国家安全，蕴含着强烈的富国强民思想。《太平经》所追求的理想世界是无灾异、无病疫、无战争、君明臣贤、家富人足、各得其乐的太平盛世。此后的《老君音诵诫经》还说："老君曰：吾汉安元年，以道授陵，立为系天

---

〔1〕 安伦：《老子指真》，社会科学文献出版社，2016年，第24页。
〔2〕《太平经》卷四十八，《道藏》第24册，第421页。
〔3〕《太平经》卷九十一，《道藏》第24册，第484页。

师之位，佐国扶命。"〔1〕这里的"佐"即辅佐，"佐国"就是辅佐国家治理，"扶命"即扶持国家命脉的延续。可见，道教的富国强民思想，是顺应"天道"的善举，是太上老君赋予的神圣使命。北宋时期的道经《太上助国助民总真秘要》〔2〕，就是集救世治病秘法口诀及符印步纲蹑斗法术，用道教特有的方式致力于助国救民之所能。还有《太上洞玄灵宝真文要解上经》提出"保国宁家""兴国爱民，普济群生"〔3〕的思想。《灵宝无量度人上品妙经》提出"国安民丰，欣乐太平"〔4〕的主张，都表达了道教对赖以生存的国土的热爱，以及对国富民强的向往与追求。邱处机一言止杀、爱国保民，成为千古佳话。历代道教徒，为了国家富强、人民幸福付出了艰辛的努力，留下宝贵的精神财富，成为当代道教徒学习的榜样。道教富国强民的思想精神与境界，正是新时代所倡导的社会主义核心价值观的应有之义。因此，当代社会，我们要大力弘扬道教"富国强民"的优良传统，深入挖掘道教文化的思想内涵与时代精神，助力社会主义新时代"国家层面"的价值观建设。

（二）道教文化中的"民主"思想

所谓"民主"，是指人民所享有的参与国家事务和社会事务管理或对国事自由发表意见的权利。民主的过程，就是在听取每一个人的意见后，从中找到最大公约数，然后按大多数人的意见即公共利益办。习近平主席指出："在中国社会主义制度下，找到全社会意愿和要求的最大公约数，是人民民主的真谛。"〔5〕强调民主就是要尊重大多数人

<hr>

〔1〕《老君音诵戒经》，《道藏》第 18 册，第 210 页。
〔2〕《太上助国救民总真秘要》，《道藏》第 32 册，第 53 页。
〔3〕《太上洞玄灵宝真文要解上经》，《道藏》第 5 册，第 904 页。
〔4〕《灵宝无量度人上品妙经》卷一，《道藏》第 1 册，第 2 页。
〔5〕2014 年 9 月 21 日，习近平在中国人民政治协商会议成立 65 周年大会上讲话。

的意见，让更多的人充分发表意见。在中国古代，历来就有深远的民本思想传统。《尚书·五子之书》称："民惟邦本，本固邦宁。"意思是人民是国家的根本，根本巩固，国家才能安宁。这是典型的民本思想。《尚书·泰誓》记载：武王伐纣时，有云："天视自我民视，天听自我民听，百姓有过，在予一人，今朕必往。"意思是，上天看到的就是百姓看到的，上天听到的就是百姓听到的，即天意即是民意，现在百姓对商责怪，对我抱怨，我一定要伐商，顺从天意。这里所谓的顺从天意，也只是君主说了算的。除了传统的民本思想之外，中国古代已经有民主思想意识，也有民主的制度和实践。比如，春秋时期的"国人大会"，就是一种民主议事的制度，而"国人大会"的作用，就是春秋各国的民主实践。春秋时期国人大会可以废立国君、主导国家外交政策、决定军事行动等国家大事，这种国人大会很像近代所谓的全民直接民主。民本是政府主动、民众被动；民主则是民众主动，政府被动。西周、春秋时期的国人都是积极主动的，国人也经常参与贵族间的斗争。但进入战国后，列国改革图强，纷纷增强了中央集权，高层都不愿底层人士频繁干涉国政，国人大会议政制度也就慢慢成了摆设。到先秦时期，曾经出现过"天下人之天下"的思想，否定了君主专权制，这一时期仍然延续国人大会制度，虽然其民主思想比较原始，但却是社会民主的一大进步，并影响着后世社会的民主建设。新中国成立后，社会主义民主政治道路的探索虽然经历曲折，但始终是围绕着人民当家作主这一根本要求展开的。党的十八大以来，习近平总书记着眼于在新的历史起点上推进中国特色社会主义事业，深刻把握"没有民主就没有社会主义，就没有社会主义的现代化，就没有中华民族伟大复兴"这个重大论断，突出强调"人民当家作主是社会主义民主政治的本质特征"，为新时代中国特色社会主义政治发展道路提出了根本遵循。

道教是中国本土宗教，道教文化中自然也包含着一定的民主思想意识。《道德经》说："圣人恒无心，以百姓心为心。"〔1〕意思是说，圣人总是没有私心，而是以百姓的心为自己的心。这里说的"圣人"，指的是执政者。要求执政者像圣人一样没有私心，才能真正做到"以百姓心为心"的要求。那么，怎样才能做到像圣人一样没有私心呢？《道德经》又说："贵以身为天下，若可寄天下；爱以身为天下，若可托天下。"〔2〕意思是说，崇尚为天下人献身的人，就可以把天下寄托给他；乐于为天下人献身的人，就可以把天下托付给他。在这里，老子提出了一种奉献精神。要求执政者抛却一切私心杂念，乐于奉献社会与人民，真心实意地为天下百姓服务。用现在的话说，就是甘当人民的公仆、群众的孺子牛，不断实现好、维护好、发展好最广大人民的根本利益，使发展成果更多更公平惠及全体人民。从"主权在民"的现代民主来看，虽然传统民本与现代民主有所不同，但是中国传统的民本思想也十分重视民众的力量，并对执政者提出了较高的要求，这其中自然也蕴含着朴素的民主思想意识。同时，道教的民主思想意识，还体现在"无为而治"的治国理念之中。《道德经》说："人法地，地法天，天法道，道法自然"。〔3〕意思是人效法地，地效法天，天效法道，道的运行法则是自然而然的。指出人最终效法的是自然，要求执政者治国也应该遵循自然。天道自然无为，人道也必须自然无为，"无为"的政治观念是"自然"天道观念的社会化表现。《道德经》还说："道恒无为而无不为，侯王若能守之，万物将自化。"〔4〕意思是道总是无为的，但却无所不能为。侯王如果能持守之，万物将会自然归化。《道德经》还进一步指出："我无为而民自化，我好静而民自正，

---

〔1〕 安伦：《老子指真》，社会科学文献出版社，2016年，第54页。
〔2〕 安伦：《老子指真》，社会科学文献出版社，2016年，第26页。
〔3〕 安伦：《老子指真》，社会科学文献出版社，2016年，第36页。
〔4〕 安伦：《老子指真》，社会科学文献出版社，2016年，第46页。

我无事而民自富，我无欲而民自朴。"〔1〕意思是说，我没有作为，人民就会自然教化。我喜好清静，人民就会自然纯正。我不生事端，人民就会自然富裕。这里的"我"，是指执政者。就是说，如果执政者"无为"、"好静"、"无事"、"无欲"，则天下民众自然而然就会"自化""自正""自富""自朴"。可见，"无为"并非无所作为，而是顺应自然而不恣意妄为。从政治层面上讲，"无为"的本质就是要求统治者遵循自然的原则，让人民自我化育，自我发展，自我完善。这种"无为而治"的思想，充分发挥人民的主体作用，是一种政治清明、社会和谐的美好状态，自然包含着一定自由的民主思想意识。还有，《太平经》中"三合相通，并力同心"〔2〕的治国思想，指出"君臣民三，并力同心相通，故能相治也。"〔3〕强调的是君、臣、民三者同心合力，这样才能达到天下大治，否则就会大乱。但是，要达到同心合力、同心相通，必须要互相关心、互相尊重，特别是要充分尊重民众的意愿。这种治国思想，当然也蕴含着朴素的民主意识。道教的民主思想或者民主思想意识，在中国古代史上是难能可贵的文化资源，这种民主意识对于我们现代社会所倡导的民主思想仍然具有积极的启示作用。因此，当代社会，我们要大力弘扬道教的"民主"思想传统，深入挖掘道教文化的思想内涵与时代精神，助力社会主义新时代"国家层面"的价值观建设。

（三）道教文化中的"文明"思想

"文明"一词，最早出自《易经》，曰"见龙在田，天下文明。"（《易·乾·文言》）。这里的"龙"应为"牛龙"，黄帝的水界图腾为"牛"，故"见龙在田"的真实景象为"见牛在田"，而"天下文明"则

---

〔1〕 安伦：《老子指真》，社会科学文献出版社，2016年，第60页。
〔2〕 王明：《太平经合校》，中华书局，1960年，第150页。
〔3〕 王明：《太平经合校》，中华书局，1960年，第155页。

是"见牛在田"，即牛耕文明的结果。这句经文，包含了中华文明所构建早期文明的所有要素。例如：家庭观念、工具、语言、文字、信仰、宗教观念、法律、城邦和国家等。在现代汉语中，文明指一种社会进步状态，与"野蛮"一词相对立。文明与文化这两个词汇有含义相近的地方，也有不同。文化指一种存在方式，有文化意味着某种文明，但是没有文化并不意味"野蛮"。汉语的文明对行为和举止的要求更高，对知识与技术次之。中国是世界文明的发源地之一，有着五千年的文明历史，与古埃及、古巴比伦、古印度并称为"四大文明古国"。古代史上，中国人民创造了灿烂的中华文明，为人类文明作出了卓越贡献，成为世界上伟大的民族。中国不仅是世界上的文明古国之一，而且是世界上文明传统未曾中断的国家之一。在人类文明史上，奴隶社会、封建社会、资本主义社会都曾产生过与之相适应的文明。在社会主义社会实行生产资料公有制，人民群众为国家主人，因而能够创造有史以来最高类型的文明。现代文明是社会进步的重要标志，也是社会主义现代化国家的重要特征。它是社会主义现代化国家文化建设的应有状态，是面向现代化、面向世界、面向未来的，民族的科学的大众的社会主义文化的概括，是实现中华民族伟大复兴的重要支撑。文明作为国家层面的价值目标，显示出它在核心价值观中的重要意义和作用。中华文明绵延数千年，有其独特的价值体系。中华优秀传统文化已经成为中华民族的基因，植根在中国人内心，潜移默化影响着中国人的思想方式和行为方式。今天，我们提倡和弘扬社会主义核心价值观，必须从中汲取丰富营养，否则就不会有生命力和影响力。党的十八大报告指出：文化软实力显著增强。社会主义核心价值体系深入人心，公民文明素质和社会文明程度明显提高。可见，文明是国家软实力的重要组成部分。培育和践行"文明"价值观，就要深刻理解文明的内涵，将其内化为国人的核心价值理念。党的十八大把"文明"作为培育和践行社会主义核心价值观国家层面的基本范畴，作为国家发展的核心价值理念，把我国建成文明国家，是我们党领导中华民族伟大复兴的重大追求，也是人民最美好的愿景。

道教以"道"为信仰核心，以"仙道贵生、无量度人"为主要思想，主张"道法自然、天人合一"的生态伦理，提出"道生法、知雌守雄、刚柔并济"等政治、军事思想，影响中华文化各个领域，对中华文明发展也有着深远影响。作为中华传统文化重要组成部分的道教，本身就蕴含着丰富的文明思想。《道德经》称："修之于身，其德乃真；修之于家，其德乃余；修之于乡，其德乃长；修之于国，其德乃丰；修之于天下，其德乃普。故以身观身，以家观家，以乡观乡，以国观国，以天下观天下。"[1] 意思是以道修身，他的德就会纯真。以道修家，他的德就会富余。以道修乡，他的德就会长久。以道修国，他的德就会丰满。以道修天下，他的德就会普世。所以，要以修道之身观照人身，以修道之家观照家庭，以修道之乡观照乡情，以修道之国观照邦国，以修道之天下观照天下。强调了修身、修家、修乡、修国、修天下的道理，实质是讲人性的塑造和文明的形成，对于现代社会文明建设仍然具有很强的指导意义。同时，《道德经》还特别关注生态文明建设问题，指出："人法地，地法天，天法道，道法自然。"[2] 强调人类要遵循大地的法则，大地生养万物要遵循天时变化的法则，天时变化要遵循天道运行的法则，这是天道自然规律，任何人都是无法违背的。《道德经》还指出："道生一，一生二，二生三，三生万物。万物负阴而抱阳，充气以为和。"[3] 强调"道"既是指自然性质和自然规律，又是指宇宙万物的自然本原、自然归宿和自然根基。这其中就包含着自然平等和自然平衡的生态文明思想。还有，早期道教经典《太平经》所阐述的主要内容：一是构筑了早期道教的神学思想及体

---

〔1〕 安伦：《老子指真》，社会科学文献出版社，2016年，第58页。
〔2〕 安伦：《老子指真》，社会科学文献出版社，2016年，第36页。
〔3〕 安伦：《老子指真》，社会科学文献出版社，2016年，第51页。

系。二是提出了为帝王治太平的统治术，以阴阳五行学说为理论基础，以"无为而无不为"的黄老学说为治国方针。三是规定了教徒的修养方法。其中，主要的就是"守一"之道，认为"守一"既久，可使形化为神。四是强调了道教的劝善思想，首次提出了"承负"的善恶观。这些内容中就包含着道教的诸多文明思想，在神仙世界中蕴含着一个独立的道教文明，在治国理政中蕴含着无为而治的道教文明理念，在养生修炼和劝善修持中则包含着独特的道教文明思想，在天道自然规律中还讲述了人类生存的文明之道。道教的这些文明思想，皆具有深远的理论意义和独特的时代价值。因此，当代社会，我们要大力弘扬道教的"文明"思想，深入挖掘道教文化的思想内涵与时代精神，助力社会主义新时代"国家层面"的价值观建设。

（四）道教文化中的"和谐"思想

所谓"和谐"，意思是指和睦谐顺，互相之间配合协调。和谐是中国古人的一种社会理想，是植根于东方文化的一种独特的价值追求。中国社会，自古以来就有着强烈的和谐思想。早在先秦典籍《尚书·舜典》中就有"八音克谐，无相伦也，神人以和"的记载。《左传襄公十一年》中也有"如乐之和，无所不谐"。从《尚书》《周礼》到《说文解字》，"和谐"两字都是指音乐合拍与禾苗的成长，后人引申为各种事物相互支持、相互促进和有条不紊、井然有序的发展。春秋战国时期，老子提出"知和曰常，知常曰明"；庄子提出"太和万物"；孔子提出"和为贵"的思想。孟子描述了"老吾老，以及人之老；幼吾幼，以及人之幼"这样一种社会状态，主张宽和处世，协调人际关系，营造"人和"的人际环境，追求以形成和谐的人际关系为主题的大同社会的理想。这些思想，都是古人对和谐社会的一种理想和追求。此后，和谐逐渐成为一个有着丰富内涵的哲学概念，并进而演进为中华传统文化的核心价值和中华民族重要的民族精神。党的十六大以来，中共中央高度重视和谐社会建设，并明确指出，我们所建设的社会主义和谐社会，其基本特征是：民主政治、公平正义、诚信友爱、充满活力、安定有序、人与自然和谐相处的社会。2006年10月，党的十六届六中全会，审议通过《中共中央关于构建社会主义和谐社会若干重大问题的决定》。《决定》全面深刻地阐明了中国特色社会主义和谐社会的性质和定位、指导思想、目标任务工作原则和重大部署。2007年10月，党的十七大再次强调了构建社会主义和谐社会的重要性，并对改善民生为重点的社会建设作了全面部署。构建社会主义和谐社会是中国特色社会主义事业"五位一体"总体布局的重要组成部分，及时对构建社会主义和谐社会作出部署，有利于全面推进中国特色社会主义事业。党的十八大把"和谐"作为培育和践行社会主义核心价值观国家层面的基本范畴，作为国家发展的核心价值理念，对于全面建成小康社会，加快推进社会主义现代化，实现中华民族伟大复兴的中国梦，具有重大而深远的指导意义。

道教是追求和谐的宗教，实现社会和谐，建设美好社会，始终是道教为之不懈追求的社会理想。[1] 道教认为，道是本原，道生万物，它包容一切，统摄一切，一切事物皆统一于道。道作为本原，是浑然一体的东西。《道德经》说："道之为物，惟恍惟惚。惚兮恍兮，其中有象；恍兮惚兮，其中有物。窈兮冥兮，其中有精；其精甚真，其中有信。"[2] 这就是说，道无处不在，恍恍惚惚，在无形之中有事物的影象，在依稀隐约之中有具体的物质，在深远幽暗之中有真实的东西。从表象上看，道是无序的，但实质上是有序的、和谐的。因为，"和谐"是"道"的基本特征。《道德经》还进一步指出："我无为而民自化，我好静而民自正，我无事而民自富，我无欲而民自朴。"[3] 意思

〔1〕 丁常云：《道教与当代社会》，中西书局，2018年，第69页。
〔2〕 安伦：《老子指真》，社会科学文献出版社，2016年，第33页。
〔3〕 安伦：《老子指真》，社会科学文献出版社，2016年，第60页。

是说，在治理国家方面，我（指统治者）没有作为，人民就会自然教化。我喜好清静，人民就会自然纯正。我不生事端，人民就会自然富裕。我戒除嗜欲，人民就会自然淳朴。所以，"清静为天下正"，只有清静无为，才能使万物各得其所，众人各得其乐，懂得并施行这个道理，才能使天下归于大正，人与社会自然和谐。〔1〕早期道教经典《太平经》对于和谐的构建，更是置身于整个宇宙大秩序之中。认为宇宙万物的本原是元气，元气以"道"为法则化生万物。《太平经》称："元气乃包裹天地八方，莫不受其气而生"。〔2〕又称："元气守道，乃行其气，乃生天地"；"六极之中，无道不能变化。元气行道，以生万物，天地大小，无不由道而生者也"。这就是说，"道"是元气化生万物的法则，万物均由元气依"道"之法则化生而来。因此，宇宙万物本身就是自然和谐的，这是由"道"的属性所决定的。还有《太平经》所阐发的"三合相通""承负""乐生""好善"等思想。要求人类必须遵循自然规律，保持天地万物的和谐，人与人之间要诚信友爱，体现了道教有关个人身心，人与人之间以及人与自然之间和谐共生的思想。这些思想对今天正在进行的社会主义和谐社会建设有重要的借鉴作用。因此，当代社会，我们要大力弘扬道教的"和谐"思想，深入挖掘道教文化的思想内涵与时代精神，助力社会主义新时代"国家层面"的价值观建设。

二、道教文化助力"社会层面"的价值观建设

自由、平等、公正、法治的价值观，体现了社会主义核心价值观在价值导向上的规定，是立足社会层面提出的要求，反映了中国特色社会主义的基本属性，始终是党和国家奉行的核心价值理念。中国共

---

〔1〕 丁常云：《道教与当代社会》，中西书局，2018年，第71页。
〔2〕《太平经》卷四十，《分解本末法第五十三》，《道藏》第24册，第397页。

产党是马克思主义政党，马克思主义追求的终极目标就是人的自由和全面的发展，党从成立之初就将其写在自己的旗帜上，并为之做出不懈奋斗，在实践上极大地发展了人民的自由和平等，极大地发展了社会的公正和法治。道教历来就有追求自由、平等的思想，有倡导公正、法治的理念。比如，道教所倡导的"清静无为"的自由观、"慈心于物"的平等观、"天道无私"的公正观、"刑德并用"的法治观等。这些思想都是历代道教徒所倡导并践行的社会价值观，当然也是人类所追求的一种社会理想，与现代社会所倡导的"社会层面"的价值观是相吻合的。

（一）道教文化中的"自由"思想

所谓"自由"，是指人的意志自由、存在和发展的自由。自由广义的来说是动植物在自然规律范围内一切不受约束的行为。在心理学上，自由是按照自己的意愿做事，就是人能够按照自己的意愿决定自己的行为。从社会学说，自由是在不侵害别人的前提下，可以按照自己的意愿行为。从法律讲，自由就是在不违法的前提下，可以做你自己想做的一切事情。对一个社会的个体人来说，自由是指人们希望、要求、争取的生存空间和实现个人意志的空间，这个空间包括社会的、政治的、经济的、文化及传统的等外部条件，同时也包括个人的欲望、财富、世界观、价值观的表达等个人因素和内在因素。人类追求自由，就像享受阳光、呼吸新鲜空气一样，与生俱来。中国古代长期处于封建君主专制统治之下，广大人民是少有自由的。但是，在中国传统文化中，对于自由的向往早已有之。孔子提出"七十而从心所欲不逾矩。"讲的是人到七十岁的时候，已经修炼到可以自由地驰骋，却于规矩礼教秋毫无犯，于人际往来言行适度，从而成为无拘无束、自由自在之人。还有，孟子追求的"浩然之气"，也是一种自由。一个人养成浩然之正气，才能张扬自己的个性与活力。蒲松龄《聊斋志异·巩仙》

称："野人之性，视宫殿如樊笼，不如秀才家得自由也。"这里的自由是指无拘无束、自由自在的闲适心情。同样，自由与自然相通，回归自然亦得自由。对于身处乱世和困境的古代士人，往往会选择写诗、作画、读书、品茶等方式进行自我调节，以此来陶冶情操和追求心灵的自由。近现代以来，严复、梁启超、胡适、蔡元培等人，将西方自由主义传入中国。此后，经历了一个曲折的思想过程，发展出一种具有中国特色的自由主义。由于受到诸多思想与非思想因素的影响，中国自由主义在政治实践之中屡遭挫败。新中国成立后，自由得到了更加明确的界定，即既要有内在的精神归属，又不能失去外在的公平法治。从国家层面而言，我国《宪法》规定："中华人民共和国公民有言论、出版、集会、结社、游行、示威的自由。"[1] 也被称为"六大自由"。党的十八大把"自由"作为社会主义核心价值观的内容之一，充分彰显了党和政府对自由的高度重视。体现了中国特色社会主义核心价值观，积极承接人类文明发展的这一共同成果和人类社会的这一共同价值追求，又高度体现了现实目标与理性目标的有机统一。

道教所倡导的自由，强调更多的是精神的超越与自由，认为人对事物的欲望越多，精神就越不自由。因此，无欲、无事、无为而好静，是化解欲望的束缚、实现身心自由的重要途径。老子《道德经》说："人法地，地法天，天法道，道法自然"。[2] 指的就是无人强求的、自由自在的存在与发展，是一种回归本真的自由境界。此后的庄子则把人的自由生存状态形象地称为"游"，即没有任何束缚、自由自在地活动。所著《逍遥游》就是追求一种绝对自由的人生观。认为只有忘却物我的界限，达到无己、无功、无名的境界，无所依凭而游于无穷，才是真正的"逍遥游"。《庄子》还称："藐姑射之山，有神人居焉。肌

---

〔1〕《中华人民共和国宪法》，中国民主法治出版社，2016年，第25—26页。
〔2〕 安伦：《老子指真》，社会科学文献出版社，2016年，第36页。

肤若冰雪，绰约若处子，不食五谷，吸风饮露，乘云气，御飞龙，而游乎四海之外"。[1] 意思是在遥远的姑射山上，住着一位神人，皮肤润白像冰雪，体态柔美如处女，不吃五谷杂粮，只是吸清风饮甘露，还经常乘云气驾飞龙，遨游于四海之外。这种无拘无束、自由自在的生活，正是庄子所追求的"逍遥"境界。在追求精神自由的同时，道教还涉及到政治上自治式的自由思想，强调百姓有权选择自己赞同的执政者，也有权不选择自己不赞同的执政者，这就相当于现代社会的民主选举权。《道德经》说："圣人恒无心，以百姓心为心"。[2] 意思是圣人总是没有私心，而是以百姓的心为自己的心。如果执政者能够做到"以百姓心为心"，以百姓的事为自己的事，那么百姓就会自由地选择自己赞同的或不赞同的执政者。可见，早期道教已经有了民主自由的意识，虽然还不是很规范成熟，但是也已经是难能可贵了。正如洛克在《政府论》中提出，自由意味着不受他人的束缚与强暴。现代民主制度的本质就是保护人们的政治自由，尊重人们的自由意识，维护人们行善的自由，并制止侵害他人的恶行。因此，当代社会，我们要大力弘扬道教的"民主自由"思想，深入挖掘道教文化的思想内涵与时代精神，助力社会主义新时代"社会层面"的价值观建设。

（二）道教文化中的"平等"思想

所谓"平等"，是指社会主体在社会关系、社会生活中处于同等的地位，具有相同的发展机会，享有同等的权利。它要求尊重和保障人权，人人依法享有平等参与、平等发展的权利。但是，平等必须要通过平等的社会机制和价值引导，以保障公民个人享有平等的权利，保障每个人基于社会贡献所要求得到的权利、利益和尊重。中国社会中，

---

[1]《南华真经》卷一，《道藏》第 11 册，第 568 页。
[2] 安伦：《老子指真》，社会科学文献出版社，2016 年，第 54 页。

自古以来就有对于平等的追求，并向封建专制社会进行抗争。秦朝末年的陈胜、吴广，为了推翻当时不平等的专制制度，以"王侯将相宁有种乎"的呐喊发动农民起义。南宋时期的钟相、杨幺，则进一步提出"等贵贱，均贫富"的革命口号，表达了农民要求的政治上平等、经济上均分财富的愿望和要求。这种平等思想虽然没有真正落实，但是对后世影响很大。太平天国就继承了中国传统的平等思想，提出"有田同耕，有饭同食，有衣同穿，有钱同使，无处不均匀，无人不饱暖"的《天朝田亩制度》，该制度突出反映了农民阶级要求平等、要求摆脱封建压迫、要求废除封建土地所有制的强烈愿望。但是，《天朝田亩制度》规定按人口和年龄平均分配土地和财产，体现了绝对平均主义思想，严重脱离实际，只是空想，根本无法实现。清朝时康有为提出"人人相亲，人人平等，天下为公，是谓大同"的政治主张，强调一种平等的社会制度，追求大同社会的平等思想。同样，大同社会只是人们理想中的社会，是一个要求所有人都无比纯洁的社会，显然也是难以实现的。事实上，马克思、恩格斯早就为全人类规划了一个消灭剥削、消除两极分化的共产主义社会。中国共产党人在马克思主义理论指引下，把平等作为中国特色社会主义核心价值理念，科学发展社会主义各项事业，为消灭剥削、最终实现共同富裕的理想而不懈奋斗。在现代社会，平等意味着人们在社会、政治、经济、法律等方面享有相等待遇。我国《宪法》明确规定："中华人民共和国公民在法律面前一律平等。"[1] 宪法还在社会、政治、经济生活等诸多方面明确规定公民平等地享有权利。平等作为社会主义核心价值观的重要内容，不仅是国家提出的一种价值观，也是广大人民群众共同的心声。因此，注重发挥社会"平等"的思想理念，对于今天社会的健康发展具有积极的现实意义。

---

[1]《中华人民共和国宪法》，中国民主法治出版社，2016年，第25页。

早期道教并没有直接使用"平等"的概念，但是朴素的"平等"思想却贯穿于道教的许多经典之中。道教认为"道生一，一生二，二生三，三生万物"。指出宇宙万物皆从大道化育，因而一切皆是平等，这是由"道"的属性所决定的。在对待社会分配等领域的态度上，道教主张公平，或者说主张均平。这里讲的均平，不是绝对的平均，而是提倡人人都有通过正当途径获取生活物资、社会财富的权利与机会，但又明确反对社会的两极分化。《道德经》说："天之道，其犹张弓欤？高者抑之，下者举之；有余者损之，不足者补之。天之道，损有余而补不足。"[1]意思是自然的法则不就像开弓射箭一样吗？弦位高了就把它压低，弦位低了就把它升高；力度有余的就将它减少，力度不足的就加以补充。自然的法则是减损有余而添补不足。这种"损有余而补不足"的做法是符合天道的，这其中自然也蕴含着朴素的"平等"思想。在社会治理方面，道教提出"太平"社会的理想。《度人经》说："齐同慈爱，异骨成亲。国安民丰，欣乐太平。"在这种"太平"的社会里，人与人之间都是亲兄弟、亲姐妹，彼此之间没有压迫、没有欺骗、没有嫉妒、没有仇恨、没有偷盗、没有邪淫，大家相互尊重，相互帮助，国家平安，人民富裕，生活幸福。这样的世界，就是"大同"世界，道教称之为"太平"世界。[2]这样的"大同"世界，社会自然是和谐的，人与人之间自然是平等的。还有太平道以"太平"命名，就是追求一种平等的"太平"社会，其特点是：君主爱护臣民，臣民忠于君主，没有阶级冲突，利益分配平均，人人感到快乐，没有战争，没有天灾人祸。[3]充分彰显了太平社会的平等思想。在财富分配上，道教强调财富是社会共同所有，任何个人都不能独自占有。《太

---

〔1〕 安伦：《老子指真》，社会科学文献出版社，2016年，第71—72页。
〔2〕 丁常云：《道教与当代社会》，中西书局，2018年，第70页。
〔3〕 丁常云：《道教与当代社会》，中西书局，2018年，第70页。

平经》指出："或积财亿万，不肯救穷周急，使人饥寒而死，罪不除也。"[1] 明确要求人们积极践行"救穷周急"的传统，确保天下财富为天下人所有，以满足民众基本生活需求，否则就会受到上天的惩罚。这种利益平均分配的思想，对于缩短社会贫富差距具有积极的促进作用。因此，当代社会，我们要大力弘扬道教的"平等"思想，深入挖掘道教文化的思想内涵与时代精神，助力社会主义新时代"社会层面"的价值观建设。

（三）道教文化中的"公正"思想

所谓"公正"，意为公平正直，没有偏私。公正是一种价值判断，内含有一定的价值标准，在常规情况下，这一标准便是当时的法律。因此，社会的公正和正义始终是人类社会的美好追求，它以人的解放、人的自由平等权利的获得为前提，是国家、社会应有的根本价值理念。公正作为一种伦理意识，至少在春秋战国时期就有了较为明确的肯定和表述。比如，孔子曾说"大道之行也，天下为公"。这里的"公"就有公共、公正、公平的政治意蕴。所谓"天下为公"，就是指国家是公共的，是人民大众的，它崇尚的是一种公众的合理生存。要求统治者必须时刻把天下公利放在首位，国家立法定制必须体现公正，治国理政也必须保证公正。《荀子·正论》提出："上公正，则下易直矣。"《淮南子·修务训》也提出："公正无私，一言而万民齐。"要求为政者要做到公正，百姓自然就能够服从管理。这些都是从发展社会经济、保障民众利益出发，强调公正对于治国安邦的重要意义。《吕氏春秋·高义》还称："其为人也，公直无私。"指出公正是做人的基本要求。自古以来，凡是能够办事公道、秉公执法、不徇私情的人，在老百姓心目中就有着崇高的威望。比如，北宋的包拯，执法公正，铁面无私，

─────────────

[1] 王明：《太平经合校》，中华书局，1960年，第242页。

成为后世的楷模。事实上，公正反映的是人们从道义上、法理上追求利益关系特别是分配关系合理性的价值理念和价值标准，其中蕴涵着人们对合理的社会秩序、社会规范和利益格局的诉求。现代社会中，公正的内容不只是合理的财富分配，还包括公民要求的政治权利、社会地位、文化教育、司法公正、社会救助、公共服务和社会福利等。从这个意义上说，社会公正不仅是社会发展进步的一种价值取向，也是衡量社会文明与进步的一个重要标准。

道教是追求"公正"的宗教，其公正思想贯穿于诸多经典之中。在治国方面，强调"以正治国"理念，传承的就是一种公正思想。《道德经》第五十七章称："以正治国，以奇用兵，以无事取天下"。[1] 这里的"以正治国"，就是指治国要以正道，即以清静无为的"自然"之"道"治理国家。清静就是克服私欲，归于自然之正道。强调"正"是治国的根本，执政者是"正"的体现，所以政治活动必须要以"正"为原则。在具体政治活动中，执政者要以"名法"为"正"，重视法度的作用。"以正治国"的目的就是实现"正天下"的政治理想。《道德经》第四十九章还说："圣人恒无心，以百姓心为心。善者，吾善之；不善者，吾亦善之，德善。信者，吾信之；不信者，吾亦信之，德信。圣人在天下，歙歙焉为天下浑其心。"[2] 意思是说，圣人总是没有私心，而是以百姓的心为自己的心。善良的人，我善待他；不善良的人，我也善待他，使得其善良。诚信的人，我信任他；不诚信的人，我也信任他，使得其诚信。圣人在位于天下，善用收敛心志欲望，让天下人心都归于浑朴。这里的"圣人恒无心"，强调的就是一种公正之心，统治者以其"无为"的力量来引导民众自正，这种"无为而治"的思想，为后世历代统治者重视。庄子在《逍遥游》中提出："至人无己，

〔1〕 安伦：《老子指真》，社会科学文献出版社，2016年，第59页。
〔2〕 安伦：《老子指真》，社会科学文献出版社，2016年，第54页。

神人无功，圣人无名"[1]的观念，实际上是对老子的体现公平正义的"圣人"观念的发展。在信仰方面，道教也是强调"公正无私"。《道德经》第七十九章说："圣人执左契，而不责于人。有德司契，无德司彻。天道无亲，恒与善人。"[2]意思是圣人执持债权契约的左半边而不向债务人讨债责罚。有德行的人持债权契约而不追债，没有德行的人则会催逼清债。天道公正没有偏私，总是眷顾善良的人，而善良之人总能得到应有的福报。这里的"圣人"和"有德之人"，就是指能够做到"公正无私"之人，并明确告诉人们"天道"是公正的，上天不会偏袒任何人，也从不亏待善良的人。可见，道教将社会的公正归属于"道"的"自然"本性，并非后天人为的规定，这种公正思想为后世留下了宝贵的文化遗产。因此，当代社会，我们要大力弘扬道教的"公正"思想，深入挖掘道教文化的思想内涵与时代精神，助力社会主义新时代"社会层面"的价值观建设。

（四）道教文化中的"法治"思想

所谓"法治"，是指用法律治理国家。法治是治国理政的基本方式，依法治国是社会主义民主政治的基本要求。它通过法治建设来维护和保障公民的根本权利，是实现自由平等、公正正义的制度保证。法律和国家是相互依存的，有国家就要有法律。夏朝是中国史书中记载的第一个世袭制朝代，伴随着夏王朝奴隶制国家的建立，夏朝奴隶制法律就应运而生了，《禹刑》就是夏朝的法律，当然也是中国最早的奴隶制法。《左传·昭公六年》曰："夏有乱政，而作禹刑。"商朝时已具有成文法律，在古文献中有明确记载，并在考古发掘中得到证实。商朝的刑法严酷，有死刑、肉刑、流刑、徒刑等。西周时法律更趋成

---

〔1〕《南华真经》卷一，载《道藏》第 11 册，第 568 页。
〔2〕 安伦：《老子指真》，社会科学文献出版社，2016 年，第 72 页。

熟。《吕刑》中对犯人施行五种刑罚的规定长达三千条之多。春秋时期，奴隶制法制解体，各诸侯国的法律制度发生重大变化，成文法陆续颁布，限制了旧贵族的特权，促进了封建生产关系的发展。春秋时期齐国政治家管仲，提出了"以法治国"的主张。他凭借"以法治国"的方略，使齐国大治"九合诸侯一匡天下"。管仲不仅强调"以法治国"，同时也注意建设道德体系，使法治与道德教化相结合，这是中国古代法治建设的一大进步。事实上，古代中国实行专制主义的统治，奴隶社会的君主的"命"即法律，封建社会的皇帝拥有至高无上的权力，实行个人独裁统治，既是最高立法者，又是最高审判官。封建社会并无独立审判权，审判机关只是皇帝及受皇帝控制的行政机关的附庸。这种行政兼理司法的制度，在中国延续了几千年。现代社会，所倡导的"依法治国"方略，强调"法治国家、法治政府、法治社会"一体建设，才是真正的法治。法治是人类政治文明的重要成果，是现代社会的一个基本框架。大到国家的政体，小到个人的言行，都需要在法治的框架中运行。实施依法治国基本方略、建设社会主义法治国家，既是经济发展、社会进步的客观要求，也是巩固党的执政地位、确保国家长治久安的根本保障。

道教是中国传统文化的重要组成部分，道教文化中就包含着诸多法治思想。在中国历史上，道教思想曾一度成为我国法制制度的指导思想。首先，道教率先提出了"道生法"这一重要命题。其中《经法》称："道生法。法者，引得失以绳，而明曲直者也。故执道者，生法而弗敢犯也，法立而弗敢废也。故能自引以绳，然后见知天下而不惑矣。"[1] 明确揭示了道与法的基本关系，法由道派生而来，法是道这一宇宙根本法则在社会领域的落实和体现。同时，还进一步指出："事

---

〔1〕 陈鼓应注译：《黄帝四经今注今译—马王堆汉墓出土帛书》，商务印书馆，2007年，第2页。

督乎法，法出乎权，权出乎道。"这里的"权"有公认的权威性和公正性，来源于道并由道生发出来。黄老思想认为，道有"生而不有，为而不恃，长而不宰"之"玄德"，法是道在社会政治领域中的体现。道有公正无私、公平自然等特性，理当成为法的内在规定性。其次，道教还提出"唯公无私"的主张。指出"智者所以不得越法而肆谋，辩者不得越法而肆议，士不得背法而有名，臣不得背法而有功"。即使国君亦不能"自任"，只能"任法"。强调指出任何人都不得超越和蔑视法律，反对"人治"，主张"法治"。同时，还极力提倡"刑德并用"，但应先德后刑。要求司法官员倾心于公正，排除私心，才能使赏罚必信。再次，道教中还对符合大道的"德、仁、义、礼、法"持一种推崇态度。如对"与善仁"的期待、"有德司契"的赞扬和"无德司彻"的抵制，等等。针对春秋时期"侯王"恣意妄为、恶法盛行、无法可依或有法不依的情况。《道德经》指出："民之饥，以其上食税之多，是以饥。民之难治，以其上之有为，是以难治。民之轻死，以其上求生之厚，是以轻死。"[1] 也就是说，统治者有法不依、恣意妄为是社会混乱的罪恶根源；恶法盛行，必然会给社会带来灾难性后果。《道德经》还强调："天下多忌讳，而民弥贫；人多利器，国家滋昏；人多伎巧，奇物滋起；法令滋彰，盗贼多有"。[2] 只有推行"良法"，才会有"天网恢恢，疏而不失"的效果，并使人们逐渐回归到自然的天性。道教的这些思想，彰显出道教特有的法治精神。因此，当代社会，我们要大力弘扬道教的"法治"思想，深入挖掘道教文化的思想内涵与时代精神，助力社会主义新时代"社会层面"的价值观建设。

---

〔1〕 安伦：《老子指真》，社会科学文献出版社，2016年，第70页。
〔2〕 安伦：《老子指真》，社会科学文献出版社，2016年，第60页。

三、道教文化助力"公民层面"的价值观建设

爱国、敬业、诚信、友善的价值观，是社会公民基本的道德规范，是从个人行为层面对社会主义核心价值观基本理念的凝练。它覆盖社会道德生活的各个领域，是公民必须恪守的基本道德准则，也是评价公民道德行为选择的基本价值标准。爱国、敬业、诚信、友善作为公民个人层面的价值准则，更具有广泛性、渗透性和大众性；在广泛的社会领域深入开展涵养公民个人价值观的实践活动，正是培育和践行社会主义核心价值观的基础工程。道教历来就有爱国的传统，有敬业、诚信、友善的价值追求。比如，"国安民丰，欣乐太平"的爱国思想；"学道为人"的敬业思想；"言善信，正善治"的诚信思想；"慈爱和同"的友善思想等。这些思想都是历代道教徒所倡导并践行的社会价值观，当然也是人类所追求的一种基本道德理想，与现代社会倡导的"公民层面"的价值观是相吻合的。

（一）道教文化中的"爱国"思想

所谓"爱国"，是指人们对于自己祖国的一种深厚的依恋与爱护，以及与此相应的实际行动。爱国是中华民族的光荣传统，也是每个公民应当遵循的最基本的价值观念和道德准则，具有鲜明的时代特性。千百年来，中华儿女始终高举爱国主义旗帜，涌现出无数的爱国英雄，传诵着可歌可泣的光辉事迹，爱国主义精神已经融入亿万人民的心里。在中华民族成长和发展的历史实践中，我们深刻认识到国家的重要和爱国的必要，认识到个人命运与国家命运在根本上是一致的。历史告诉我们，没有国，就没有家，也就没有个人的自由和幸福。现实告诉我们，只有国家的独立富强，才有个人的自由、富裕与幸福。正如孙

中山先生所说："国家者，载民之舟也，舟行大海中，猝遇风涛，当同心互助，以谋共济。"指出了民众与国家生死与共的紧密关系，只有热爱自己的祖国，才能与祖国同舟共济。现代社会的爱国，就是要对伟大祖国的认同、对中华民族的认同、对中华文化的认同、对中国特色社会主义道路的认同。为此，《公民道德建设实施纲要》明确指出：要把"爱祖国、爱人民、爱劳动、爱科学、爱社会主义作为公民道德建设的基本要求"。强调"要引导人们发扬爱国主义精神，提高民族自尊心、自信心和自豪感，以热爱祖国、报效祖国为最大光荣，以损害祖国利益、民族尊严为最大耻辱"。[1] 当代社会，培育和践行"爱国"这一价值准则，需要广大社会民众把个人的前途命运同祖国发展繁荣、同人民幸福安康结合起来，把爱国主义情感转化为实际行动，落实到每一个祖国需要的时刻，贯彻在平凡的工作岗位和日常生活中。当爱国成为每一个中国人的最高价值准则，社会主义核心价值观的作用就会发挥得更充分，中华民族就会更加同心同德、创造出更加辉煌的新业绩。

道教历来就有爱国的优良传统。《道德经》第三十四章称："大道泛兮，其可左右"。道教认为大道流行的时候，普天之下的人们都能够奉行孝道、尽忠报国，这其中就蕴含着朴素的爱国精神。此后，《太平经》中，就已经有了"助国""保国"的主张。此后的《老君音诵诫经》说："老君曰：吾汉安元年，以道授陵，立为系天师之位，佐国扶命"。[2] 蕴含着强烈的爱国情感。还有《太上洞玄灵宝真文要解上经》提出"兴国爱民，普济群生"思想，《灵宝无量度人上品妙经》提出"国安民丰，欣乐太平"[3] 的主张，都表达了道教对赖以生存的国土的热爱。此外，还有相当一批道教经典名称出现"护国"二字，同样

〔1〕《公民道德建设实施纲要》学习读本，学习出版社，2001年，第7—8页。
〔2〕《老君音诵诫经》，载《道藏》第18册，第210页。
〔3〕《灵宝无量度人上品妙经》卷一，《道藏》第1册，第2页。

具有强烈的爱国思想，而且这种爱国思想在历代道教经典中都有传承，彰显着道教强烈的爱国热情。此外，在道教戒律中也有许多尽忠的戒条，如"克勤，忠于君王"；"忠事君师"；"不得叛逆君王，谋害家国"；"不得不忠不孝，不仁不信，当尽节君亲，推诚万物"等，这些戒律条文，具有明显的爱国思想。道教的这些爱国传统，彰显着道教绵延不断的爱国精神和情怀。践行社会主义核心价值观必须要大力弘扬中国精神，这就是以爱国主义为核心的民族精神，以改革创新为核心的时代精神。这种精神是凝心聚力的兴国之魂、强国之魄。爱国主义始终是把中华民族坚强团结在一起的精神力量。因此，我们广大道教徒要继续高举爱国主义旗帜，继承道教爱国爱教的优良传统，热爱祖国、拥护中国共产党的领导，助力社会主义新时代"公民层面"的价值观建设。

（二）道教文化中的"敬业"思想

所谓"敬业"，是指一个人对自己所从事的工作负责的态度，当然也是一个人最基本的职业道德要求。一个人无论从事哪个行业、担任什么职务，都应该用辛勤的劳动和扎实的工作践行"敬业"这一朴素而崇高的美德。简单说，敬业就是用敬畏、敬重的态度对待自己的工作，认真负责、一心一意、精益求精。自古以来，敬业就是中华民族的传统美德之一。《礼记》中就有"敬业乐群"之说，孔子主张"敬事而信"、"执事敬"等。指出人在一生中始终要勤奋、刻苦，为事业尽心尽力。孟子也曾说："天将降大任于是人也，必先苦其心智，劳其筋骨，饿其体肤，空乏其身，行拂乱其所为，所以动心忍性，增益其所不能。"意思是一个人要想干一番事业，一定要有坚强的意志，要甘于吃苦、勇于奉献，才能有所成就。用现在的话来讲，就是要有敬业精神。还有，诸葛亮一生不辞辛苦，兢兢业业，为国为民，呕心沥血，实现了他《后出师表》中所说的："鞠躬尽瘁，死而后已"。为后世的

"敬业"精神树立了光辉典范。现代社会中，尤其需要大力倡导敬业精神，引导人们恪尽职守，在平凡的工作岗位上成就各项事业。首先，敬业的人要对自己从事的事业有奉献精神，并将自己的一生与其联系起来，在事业发展中实现人生价值，这样的人自然会有所作为，也会取得骄人的业绩。其次，敬业的人还要有"干一行爱一行"的职业情感。对职业的热爱是敬业的深层动力，会激发出巨大的工作热情和奋进的强大动力。敬业的人会把工作当作快乐、当作幸福，会保持一股积极进取的干劲、一种拼搏奋斗的热情，想方设法把工作做好、做到极致。敬业也是促进社会和谐的道德基础，和谐社会的建构需要每个社会成员在各自岗位上勤勉工作，唯有各守其道、各司其职、各尽其责，才能实现真正的和谐社会。因此，我们今天所讲的敬业，已经成为人们的一种社会责任和历史使命，是人们发自内心地忠于职守、奉献社会的情感意志和精神力量，其最终的指向是我们社会的进步和民族的复兴。

道教虽然没有直接谈"敬业"的内容，但是在其教理教义思想中却蕴含着丰富的敬业思想与精神。《抱朴子·内篇》提出："我命在我不在天，还丹成金亿万年。"[1] 在这里，道教完全否定了儒家"生死由命，富贵在天"的观念，为追求长生而积极与自然作斗争。于是，内丹家和外丹家们试图通过内外丹的修炼，夺天地之造化，掌握自己的生命。"我命在我"的思想，就是道教的一种"敬业"精神，是道教对于生命伦理的不懈追求。千百年来，道教的这种"敬业"精神极大地鼓舞了道教战胜自然和社会灾害的勇气，也加强了历代道教徒开发人体潜能和追求超自然力的宗教信念。《阴符经》则提出："观天之道，执天之行，尽矣。"[2] 这里的"天"，就是指自然界，"道"是指自然

---

〔1〕《抱朴子·内篇》卷一六，《道藏》第 28 册，第 233 页。
〔2〕《黄帝阴符经》，载《道藏》第 1 册，821 页。

规律或法则。所谓"观天之道"，就是指观察、认识自然界的运行规律；"执天之道"，是指掌握自然界的运行法则。这就是说，只有认识自然界的运行规律，掌握自然界的运行法则，才能按照自然规律办事。道教的"观天之道"与"执天之行"，就充分彰显了道教徒崇高的"敬业"精神。同时，道教还积极倡导"学道为人"的思想。《道德经》第八章说："上善若水。水善利万物而不争，处众人之所恶，故几于道"。这里，太上用"水"来比喻"道"，要求学道之人要像水一样"利万物而不争"。《度人经》也说："齐同慈爱，异骨成亲"。〔1〕就是要对普天下之人有"慈爱"之心，要像亲人一样给予关心和帮助，而这种帮助又都是自然无为的。这种"学道为人"的思想是道教对社会的一种奉献，自然也是道教的一种"敬业"精神。还有，道教"八仙"中的吕祖，就是常显迹于人间、度化世人的一位神仙，他随身应化，"度众生于欲海之中"。明代张宇初天师在《道门十规》中谈到"立观度人"，即以开放道观来度化世人。所有这些，都体现了道教的"敬业"精神，体现了历代道教徒的使命意识和责任担当。因此，当代社会，我们要大力弘扬道教的"敬业"精神，深入挖掘道教文化的思想内涵与时代精神，助力社会主义新时代"公民层面"的价值观建设。

（三）道教文化中的"诚信"思想

所谓"诚信"，即诚实守信。具体来说，"诚"是尊重事实、真诚待人，既不自欺也不欺人。"信"是忠于良心、信守诺言。二者相互联系，又互为前提，是人际交往和社会和谐的基础。《公民道德建设实施纲要》指出："诚信作为公民道德规范，基本内容是诚实、诚恳、信用、信任，也就是忠诚老实，诚恳待人，以信用取信于人，对他人给

---

〔1〕《灵宝无量度人上品妙经》卷一，《道藏》第1册，第2页。

予信任"。[1] 在中国历史上，诚信始终是中华民族的传统美德。孔子说："人而无信，不知其可也。"强调指出诚信是立身处世之道，是人之为人的道德规定，要求人们内诚于心、外信于人。《大学》称："所谓诚其意者，勿自欺也"。"诚"既是天道的本体，也是道德的根本。孟子也说："诚者天之道也，思诚者人之道也。"真实无妄是天道，而对诚的追求则是人道。故荀子说："养心莫过于诚。"于是，以诚为基础，形成了许多相关的道德。如人的"诚实"，待人的"诚恳"，对事业的"忠诚"等等。[2] 现代社会中，培育和践行诚信价值观的主体，不仅包括社会个体，也包括各种社会组织，如企业、事业单位、社会团体等。从事职业活动的社会成员分属于不同的社会组织，组织对内对外是否遵守诚信原则以及是否形成诚信的工作氛围，直接影响社会成员个人诚信品行的形成。组织诚信的缺失，无论对社会个体诚信理念还是对社会秩序的破坏都是巨大的。因此，培育和践行诚信价值观，应加强社会组织的诚信建设。

道教在长期的历史发展进程中，形成具有鲜明特色的"诚信"观。《道德经》称："信者，吾信之，不信者，吾亦信之，德信。"[3] 意思是诚信的人，我信任他；不诚信的人，我也信任他，使得其诚信。道教强调天地至诚守信，化生万物，是自然之道。《太平经》称："天乃无不覆，无不生，无大无小，皆受命生焉，故为天。天者至道之真也，不欺人也，万物所当亲爱，其用心意，当积诚且信，但常欲利不害，不负一物，故为天也"。[4] 意思是在自然宇宙之中，天地都是自然无为的，对待万物也是至真至诚的。天有日月星辰，昼夜更替，永无止息，覆照万物，阴阳相推；地有山川厚土，生养万物，播种收获，生

〔1〕《公民道德建设实施纲要》学习读本，学习出版社，2001年，第50页。
〔2〕张岱年主编《中国文化概论》，北京师范大学出版社，2005年版，第214页。
〔3〕安伦：《老子指真》，社会科学文献出版社，2016年，第54页。
〔4〕王明：《太平经合校》，中华书局，1960年，第219页。

生不息。天地之道，至诚忠信，化育万物，真实而自然。这就是"天道至诚"的具体体现，是天道的自然本性。道教还强调天道诚信不欺，供养万物，是自然之理。《太平经》称："夫天道不欺人也"，又称："天与地者主修正，凡事为其长，故能和阴阳，调风雨，正昼夜，列行伍。天地之间莫不被恩受命，各得其所者"。[1] 可见，天地之道，自然无私，真实无妄，不会欺骗人，也不会偏爱人。因此，天地的常道是至诚至善的，是诚信不欺的，它对待自然万物又都是大公无私的。在道教传统戒律中，特别强调的一条就是"戒妄语"。《虚皇天尊初真十戒文》称："盖诚为入道之门。语者，心之声也。语之妄，由心之不诚也。心既不诚而谓之道，是谓背道求道，无由是处"。[2] "诚"是道教徒学道的基本要求，若心有不诚，就是与"道"相违背，学道修行是永远不会成功的。因此，道教戒律中特别强调"诚实守信"，《老君五戒》第三戒"不得口是心非"。《积功归根》第五戒"不得妄语"。《洞玄智慧十戒》第五戒"口无恶言，言无华绮，内外中直，不犯口过"。还有如："不得妄言绮"、"不得两舌邪佞"、"不得好言人恶"、"不得言人隐私"等等。所有这些，都是道教戒律的严格规定。所以，我们的一言一行，都要出之谨慎，慎之又慎。如果一定要说，一定要"实言"、"直语"、"诚实"，行十四持身之戒，要始终做到"持戒以守信为先"。道教戒律中的诚信思想，长期以来，一直成为道门中遵守奉行的行为准则。因此，当代社会，我们要大力弘扬道教的"诚信"思想，深入挖掘道教文化的思想内涵与时代精神，助力社会主义新时代"公民层面"的价值观建设。

（四）道教文化中的"友善"思想

所谓"友善"，是指人与人之间的亲近和睦。友善是处理人际关系

---

〔1〕 王明：《太平经合校》，中华书局，1960年，第662页。
〔2〕《虚皇天尊初真十戒文》，《道藏》第3册，第404页。

的基本准则，也是公民基本的道德规范。《公民道德建设实施纲要》称："友善作为公民道德规范，基本内容是友好、友谊、友情、善良、善意、与人为善等等"。[1]中华民族是一个农耕文明的民族，自古以来就以聚族而居，互相团结，人们依靠血缘关系来维系种族的生存与繁衍。这种社会形态，注重人际关系，由血缘关系而推广到社会，自然就形成了特殊的"友善"思想。《论语·学而》称："有朋自远方来，不亦乐乎？"[2]意思是说有志同道合的朋友从远方来，不也是很愉快的事吗？强调对远道而来朋友表示的欢迎，是古人的一种纯朴友善思想。这种友善在发展过程中，形成了中华民族以善为美的道德风尚。孔子还指出，友善不仅是个体的道德修养，更主要的是推及人际关系，变成一种道德伦理关系。他将友善作为君子与小人的区别标志：成人之美是君子所为，而小人则损害他人为特点。因此，与人为善则是君子行为的标志。孟子说："老吾老，以及人之老；幼吾幼，以及人之幼"。[3]意思是在赡养孝敬自己的长辈时，不应忘记其他没有亲缘关系的老人；在抚养教育自己的小孩时，不应忘记其他没有血缘关系的小孩。这与孔子所倡导的"故，人不独亲其亲、不独子其子，使老有所终、壮有所用、幼有所长、矜寡孤独废疾者，皆有所养。"的思想是一脉相承的。这是儒家的一种大爱思想，更是对社会的一种无私的友善。现代社会中，每个公民都应该努力去做个友善的人，要学会感恩和包容，牢记他人的帮助，宽容他人的错误，要学会乐于助人，舍得付出。只要常怀友善之心，伸出友善之手，做出友善之举，就会营造出良好的人际关系，为社会和谐增添正能量。

道教是宽容、和善的宗教，主张"慈爱和同"的人际和谐理念，倡导"天道佑善"的学道修道思想。《道德经》七十九章称："天道无

---

〔1〕《公民道德建设实施纲要》学习读本，学习出版社，2001年，第51页。

〔2〕《论语·学而》，载《古代汉语》，中华书局，2009年，第180页。

〔3〕《齐桓晋文之事》，载《古代汉语》，中华书局，2009年，第292页。

亲，恒与善人"。[1] 意思是天道是公正无私的，从来就没有亲疏偏爱，总是护佑行善之人。这就是"天道"的友善，也是宇宙自然的规律。《道德经》第八章称："上善若水，水善利万物而不争"。意思是上善的人就像水一样，水善于使万物获益而不与之相争。道教认为，水至善至柔，却有能容天下的胸襟和气度；水有滋养万物，却从来不与万物争功劳。这就是说，"水"才是最高境界的"友善"，是我们人类学习的榜样。《太上感应篇》说："宜悯人之凶，乐人之善，济人之急，救人之危"。[2] 意思是说，应该怜悯他人的灾难，喜欢他人的善行，救助他人的急难，挽救他人的危机。强调人要有悲悯之心和友善之情，而这种心、情并不是后天强加的，应该是人本来就有的美好品性。《太上感应篇》还说："所谓善人，人皆敬之，天道佑之，福禄随之。众邪远之，神灵卫之，所作必成，神仙可冀。"[3] 这就是说，对于友善、行善之人，大家都会尊敬他，上天也会保佑他，福禄会跟随而来。就连邪神凶星都敬畏他，不敢相犯，众神之灵处处保护他，做任何事都会成功，即是成仙的愿望也最终能够实现。可见，与人友善既是利人也是利己的一种美德与人生智慧。同时，道教的友善思想还扩大到社会自然之中。道教教讲的"和光同尘"，就是一种清静自然、无私无欲，和合包容、万物一体的心境，就是一种理解尊重、处下谦卑，诚实守信、柔弱不争的胸怀。道教讲的"道法自然"，就明确指出人与自然之间是一种相互依存，又相互转化的动态平衡关系，如果打破这种平衡，不仅会使自然生态受到破坏，而且会影响到人的生存。强调人要遵循自然规律，保持对自然的友善，才能保持人与自然之间的和谐。因此，当代社会，我们要大力弘扬道教的"友善"思想，深入挖掘道教文化的思想内涵与时代精神，助力社会主义新时代"公民层面"的

---

[1] 安伦：《老子指真》，社会科学文献出版社，2016年，第72页。
[2]《太上感应篇》卷三，《道藏》第27册，第20—22页。
[3]《太上感应篇》卷五，《道藏》第27册，第28—33页。

价值观建设。

　　综上所述，践行社会主义核心价值观是人类文明进步的标志，是社会和时代发展的需要。作为国家层面的价值目标，集中体现了当代中国人民努力实现中华民族伟大复兴的共同愿景，是一个鼓舞士气、凝聚共识、激发活力的价值目标。作为社会层面的价值取向，既契合了中国特色社会主义的发展要求，又承接了中华优秀传统文化和人类文明优秀成果。作为公民层面的价值准则，是提升个体公民道德素质的重要内容，也是社会主义核心价值观不可或缺的重要组成部分。但是，践行社会主义核心价值观，需要全体国民的共同努力，需要全社会正能量的集体汇聚。作为中国传统道教，有着独特的优势和宝贵的文化资源，我们要继续发挥道教的优良传统，自觉把自身的健康发展与社会主义核心价值观结合起来，要以开拓创新的时代精神，敢于担当的勇气和能够担当的能力，努力为践行社会主义核心价值观作出新贡献。

第六章

全球视野

第一节　全球化视野下的中国道教

　　当今社会，经济发展日新月异，科学技术突飞猛进，世界已经进入一个多元并存的新时代。"全球化"趋势的发展，深刻改变了世界经济、政治、文化的格局。特别是随着物资的流通、信息的流通、资本的流通和人才的流通，"全球化"已经渗透到世界每一个角落，人类面临着前所未有的机遇和挑战。当然，作为民众广泛信奉的宗教也不例外。在日益全球化的时代，参与到"全球化"进程已经成为世界各宗教的必然趋势，不同宗教文明的对话、传播与碰撞，使得世界各宗教文化的内在活力和人文价值得以彰显。面对多元宗教并存的时代，以及民众多元信仰的选择，世界各宗教如何在"全球化"时代背景下生存与发展，这是一个崭新的时代课题。而对于中国本土道教来说，"全球化"则是一把双刃剑。一方面，"全球化"为中国道教时代价值的发挥提供了新的机遇，特别是面对全球生态危机、健康危机和伦理危机，中国道教可以发挥不可替代的积极作用。另一方面，"全球化"也对中国道教的继续"走出去"以及向世界传播构成了新的挑战，使中国道教的未来走向更加艰巨与复杂。因此，积极探索与思考中国道教如何在"全球化"进程中更好的融入、传播与发展，已经成为当代道教迫切需要研究解决的重大课题，必须引起道门有识之士的高度重视，要积极应对并加以解决。

一、全球化进程对中国道教的影响

"全球化"（globalization）作为人类文明发展到一定历史阶段的产物，其基本内涵可以理解为世界的压缩和视全球为一个整体。自 20 世纪 90 年代以后，联合国秘书长加利宣布"世界进入了全球化时代"。"全球化"一词开始广泛运用到社会各个领域，原本使用最多的是指全球经济的一体化，但随着通信信息的发达和知识经济的发展，它不再是一个孤立而单纯的经济范畴，更是以西方理念为内涵的社会、文化范畴。当代社会，"全球化"的影响已经深入到世界各地，相互影响、互相依存。各国相互联系、相互依存的程度空前加深，人类生活在同一个地球村里，生活在历史和现实交汇的同一个时空里，越来越成为你中有我、我中有你的命运共同体。"全球化"过程就是世界各个国家、各个领域之间相互促进、相互影响、共同发展的过程。在宗教领域内同样也存在着相互对话、相互影响的问题，中国道教也会伴随着中华文化"走出去"而继续走向世界。当然，"全球化"进程中的中国道教也会发生深刻变化，无论是组织形式、管理模式，还是人才培养、教义建设等，都会在"全球化"进程中有所改变，既要主动适应"全球化"进程，又要积极融入"全球化"进程。因此，"全球化"进程对于中国道教的未来发展意义重大。

（一）全球化进程中的中国道教

中国历来就是宗教多元的国家，"这个宗教多元的国家，在她过去两千年就已经成了一个宗教间共存的国家。"[1] 在中国宗教历史中，

---

[1]〔美〕保罗·尼特著，王志成等译，《一个地球，多种宗教》，宗教文化出版社，2003 年，第 2 页。

传统的儒、道几乎是在同一时期形成，加上后来佛教的传入，形成了三教共存的局面。在这些宗教共同体中，蕴含着丰富的文化内涵和道德伦理，并长期影响着中国社会和中国人的生活。道教作为中华民族的传统宗教，在其长期的历史发展过程中，"对我国封建社会的政治、经济、哲学、文学、艺术、音乐、化学、医学、药物学、养生学、气功学、天文学以及社会习俗、民族心理、民族性格、民族关系和民族凝聚力等各个方面，都产生过深刻影响。"[1] 它所积存下来的大量经籍文献以及宫观建筑、雕塑、石刻等，是我国文化遗产的重要组成部分。道教对人类社会的贡献是巨大的，甚至在世界文化史上都留下光辉的一页。但是，在"全球化"进程中，中国道教必须要有全球视野，要站在"与时俱进"发展的新高度，把握新机遇、迎接新挑战，积极面对道教所出现的新情况、新问题和新任务，在积极适应社会变化中寻求中国道教的生存与发展之路。

"全球化"进程中的道教将会从地区性的宗教走向世界，这是中国道教顺应时代发展的必然趋势。虽然，中国道教在唐代时期就已经传播到海外，并在许多国家产生了极其深远影响。比如，道教的北斗信仰在唐代时就传入朝鲜，使朝鲜半岛自古流行的天神崇拜中逐渐出现了道教北斗崇拜的内容。据《高丽史》记载："摩利山，在府南山顶有堑星坛，世传檀君祭天坛。"[2] 到高丽时代，摩利山顶的祭天之坛逐渐演变为道教星斗崇拜的场所。而日本古代的北斗信仰，也是受道教影响而逐渐形成的。据说，自唐代开始，日本天皇每年两次亲自举行北斗祀典，并成为传统。与此同时，还有东南亚许多国家都有中国道教的文化基因，甚至在美国、法国、英国、澳大利亚等都有中国道教的影响。但是，就目前道教现状而言，中国道教还没有真正成为世界

〔1〕 卿希泰主编：《中国道教史》第一卷，四川人民出版社，1996年，第1页。
〔2〕《高丽史》志卷十《地理一》，明万历四十一年朝鲜太白山史库本，第16页。

性宗教，其影响也只是局部的、有限的区域范围内，加上近代道教自身发展的缓慢，以及其他宗教的挤压，道教的作用和影响力更是难以彰显。"全球化"进程中的中国道教，必须做好道教"走出去"的诸多准备工作，积极回应全球关注的社会问题，以更好的适应"全球化"进程和社会发展的需要。

"全球化"进程中的道教，要积极寻找其生存与发展空间，这是中国道教未来发展的必然要求。"全球化"时代是一个竞争与发展的时代，不同宗教都会以各自不同的方式发展自我，都需要拓展发展地域空间、信徒人数，甚至还会出现排他或包容其他的宗教理论体系等等。这种竞争与发展是平等的，但又是不平等的，主要与各宗教自身的强弱有关。从目前道教现状来看，中国道教与世界其他宗教相比仍然是处于弱势，这就给道教参与"全球化"发展带来诸多不利因素。比如，道教是中国本土宗教，或者说主要是汉民族宗教，道教经书典籍基本都是中文，自然不利于道教的世界传播。还有，道教的文化内涵丰富，经典著作博大精深，其缺点是深奥难懂，加上缺乏通俗性、权威性的道教书籍，严重制约了道教的对外传播。这就需要道教自身主动寻找化解"全球化"进程中的逆势，积极探索解决道教"全球化"进程中的不利因素。同时，在这种"全球化"进程中，中国道教必须要有全球意识，就是在全球范围内思考中国道教的发展，既要坚持中国道教的优良传统，又能以宽广的胸怀接纳来自不同国家和地区的道教信仰，展开与国际道教之间的友好交流。在这种"全球化"进程中，中国道教还要尽快培育一批真正意义上的国际交流人才，能够在国际舞台上展示中国道教的风采与智慧，掌握好道教在"全球化"时代的话语权。唯有如此，才能使中国道教真正参与到"全球化"时代之中，才能真正寻找到中国道教在"全球化"进程中的生存与发展空间。

（二）道教全球化面临的机遇与挑战

"全球化"既指世界的压缩，又指认为世界是一个整体意识的增强。这种以西方文化为底蕴，以西方"民主""自由""平等"等理念为信条的"全球化"，具体表现为资本、商品、科技的全球流动，以及法律、政治、文化的"全球化"趋势。正如联合国前秘书长安南所说："全球化已经是一个事实，我们关注全球化，不仅因为它就发生在我们眼前，更因为它会影响到我们未来的发展。由于全球化是以西方为主导的，发展中国家在全球化中处于弱势，全球化对发展中的经济安全和国家主权以及带来的文化安全都构成了严重的威胁和挑战。"中国作为最大的发展中国家，融入"全球化"的幅度要宽于其他发展中国家，融入"全球化"的速度更是要快于其他发展中国家，再加上"全球化"的复杂环境，中国社会诸多领域都受到了"全球化"所带来的深刻的影响。

在"全球化"发展进程中，世界各大宗教都会遇到一些新的问题，面临诸多新的挑战。宗教"全球化"过程，是世界各宗教相互交流、融合与发展的过程，也是各宗教优、缺点展示的过程，随之而来的就是机遇与挑战并存的过程。中国道教的发展，正是在这种"全球化"的背景下，随着宗教政策的贯彻落实与市场经济的发展，中国道教开始进入新的发展时期。"全球化"在为中国道教发展带来机遇的同时，也提出了新的挑战。清楚地了解中国道教所面临的机遇，这样我们将会主动地选择自己的发展道路，减少脱离实际的、过于自信的思想，减少发展的盲目性与被动性因素，从而更好的促进道教在"全球化"进程中有序、健康发展。同样，我们知道当前道教所面临的挑战，客观分析道教的现状和存在问题，对于道教的未来发展作出切合实际的积极回应。那么，道教在现代社会中究竟向何处发展，这是道教"全球化"进程中的时代课题，其中最为关键的是要主动改革发展，要

"在继承、发扬传统道教精华的基础上，借鉴学习其他宗教的优点，发展转型成适合现代社会状况和需要的现代化宗教。"〔1〕这是当前道教应对"全球化"进程的积极姿态，也是中国道教顺利步入"全球化"时代的必然选择。

面对"全球化"的新机遇，要继续传承中国道教优秀文化，发挥传统道教的独特优势，在"全球化"进程中抓住机遇、继续发展。道教作为中华民族的传统宗教，它在长期的历史发展中积累了许多优秀文化，成为人类社会宝贵的精神财富。比如，道教的道德伦理强调的就是一种"慈爱""宽容"思想，以"尊道贵德"和"行善积德"贯穿始终。〔2〕是一种积极向善的社会道德人生观，可以促进公民道德素质的提高。道教"慈善"强调的是"济世利人"思想，是道教对社会的一种关爱。"全球化"希望为人类带来幸福、安宁，但是社会的竞争加剧与两极分化，导致了"弱势群体"的出现，形成新的社会不稳定因素。道教的"慈善"对于维护社会和谐、促进社会公平正义具有重要意义。道教生态伦理倡导"道法自然"思想，是生命系统与自然生存环境系统相互协调、和谐共生的形式。道教的生态伦理充满了科学发展观思想，值得当代社会的关注和借鉴。道教的戒律具有"止恶防非"功能，即"夫戒者，止恶防非，护正摧邪，无令傲忽，弗敢轻侮"。〔3〕成为约束道教徒言行的生活准则。道教的这些优秀文化思想，是中国道教对人类社会的贡献，是"全球化"进程中不可或缺的伦理思想。因此，我们"要以博大灿烂而富有智慧的道教文化来积极回应当前人们共同关心的社会问题——物资崇拜、理性至上、科学万能、生态危机、人类中心主义、过度世俗化等，只有在中国文化的土壤中，继续创造富有特色的道教文化，才能在今天全球化的境遇中保持自己的生

---

〔1〕 安伦：《宗教与人类文明的发展取向》，文史哲出版社，2019年，第335页。

〔2〕 丁常云：《道教与当代社会》，中西书局，2018年，第6页。

〔3〕《太上出家传度仪》，《道藏》第32册，第163页。

机与活力。"〔1〕当代道教，要继续传承与弘扬其优秀文化，始终高举
"道"的超越精神来提升人们的精神世界，在"全球化"进程中继续发
挥中国道教的独特优势，加强与世界多元宗教的对话、沟通与竞争，
始终保持中国道教文化在世界舞台上的独特魅力。

　　面对"全球化"的新挑战，要大力加强道教自身建设，不断增强
"全球化"意识和应对能力，在世界多元宗教的竞争中求生存、谋发
展。随着"全球化"的进一步发展，中国道教也将步入"全球化"的
进程，逐步走向世界，成为中国道教发展的必然趋势。同时，与世界
各国的宗教间交流也会更加频繁、深入和广泛。面对世界多元宗教的
格局，基督宗教是处于比较强势的地位，不仅信徒多、影响大，而且
还有西方背景的支撑。从基督论的视角看，基督教评价其他宗教的几
种模式可以被描述为"基督反对诸宗教"，或者"基督在诸宗教中"，
或者"基督高于诸宗教"，或者"基督与诸宗教一道"。〔2〕这种"基督
反对诸宗教"的模式，就是典型的"排他主义"，自然不利于多元宗教
的共同发展。在目前宗教力量悬殊的情况下，要想实现平等竞争是很
困难的。因此，在"全球化"进程中，道教必须要大力加强自身建设，
全面提升应对"全球化"竞争的能力。一方面，要培养"全球化"的
道教人才，能够参与世界多元宗教的对话与交流，能够在世界舞台上
掌握道教话语权、传播道教声音，使中国道教真正走向世界。另一方
面，"全球化"的进程推动了当代道教的开放与变化，中国道教必须要
面向世界、面向社会、面向多元宗教的竞争，在这样境遇中的道教就
要积极彰显自身的优势，全面提升应对"全球化"的能力，敢于面对
"全球化"的挑战，敢于面对多元宗教的竞争，在竞争中求生存，在竞
争中提升能力、寻找机遇，以与时俱进的精神推进中国道教的新发展。

---

　　〔1〕　孙亦平：《论全球化境遇中道教的发展》，《中国道教》，2008 年第 1 期，第 28 页。
　　〔2〕　〔美〕保罗·尼特著，王志成等译，《一个地球，多种宗教》，宗教文化出版社，
2003 年，第 36 页。

二、全球化背景下中国道教的时代价值

随着"全球化"进程的不断深入，人类社会的全球联系也不断增强，人类生存与发展的全球意识也逐步的崛起。在"全球化"背景下，促进了不同民族文化之间的相遇与碰撞，加深了世界各宗教之间的相互联系、相互了解与相互对话。同时，也"促进了各个宗教在其特定的民族、地域、文化、历史背景下，彰显自我的民族性与地域性特色，以本土化或本色化的做法来抵御全球文化的同质化趋势，由此又为文化多元化创造了条件。"[1] 这就是说，"全球化"的多元宗教，既要积极加强联系、合作与交流，在相互学习借鉴中发展，又要继续保持原有的文化特色和优势，避免在"全球化"背景下的宗教"同质化"问题，保持宗教多元并存的传统，促进宗教积极作用的发挥。事实上，"全球化"又称为"全球一体化"，这是人类命运共同体的基础，但是"全球化"也是一把"双刃剑"，"全球化"在推动经济发展的同时，也给发展中国家带来诸多社会问题，具体表现为：自然生态环境、社会伦理道德、人类身心健康等问题日益突出，这些问题也正在向全球范围蔓延，一定程度上影响着"全球化"进程。因此，世界各宗教之间要在保持原有特色的基础上，尽快建立人类命运共同体的"全球意识"。道教是中国本土宗教，历来就有"三教合一、多元通和的共同体经验，可以而且应当被应用到人类共同体的构建，以有效改善人类的共同命运。"[2] 这种"全球意识"要求道教对全球的热点与焦点问题有一种快速的回应能力，体现出中国道教应有的智慧与担当，在"全球化"背景下发挥出道教应有的时代价值，

---

〔1〕 孙亦平：《论全球化境遇中道教的发展》，《中国道教》2008 年第 1 期，第 26 页。
〔2〕 安伦：《宗教与人类文明的发展取向》，文史哲出版社，2019 年版，第 157 页。

（一）道教生态智慧助力全球环境治理

自 20 世纪 50 年代以来，世界经济得到了突飞猛进的发展，但同时也带来了一系列令人关注的全球性问题。如，人口增长过快、资源短缺、环境恶化等。人类社会的发展与自然资源—环境之间的关系表现出了明显的不和谐状态。特别是随着"全球化"进程的加快，全球性的环境污染和生态平衡破坏日益严重，主要呈现出以下二个特点：一方面，生态环境问题不是孤立的个案，几乎在世界各国普遍存在，不同国家和地区的环境问题在性质上也具有普遍性和共同性。另一方面，生态环境的影响是全球性的，没有哪个国家可以独善其身。环境问题有时虽然是发生在某些国家或者某些地区，但其影响和危害却是跨国、跨地区的。"全球化"带来的最大威胁，是消费主义和工业化生产对地球生态环境的破坏性影响。当前，"全球化"背景下的生态环境问题，就是一种全球性的"生态危机"，主要表现为：环境污染、生态破坏、物种灭绝、全球气候异变、资源耗尽、海洋污染，等等。还有，发展中国家普遍存在的生态环境问题，如水污染、水资源短缺、土地退化、沙漠化、水土流失、森林减少，等等。使得人类社会面临前所未有的重大危机。这些问题的存在，严重制约了"全球化"经济的发展，影响着人类的健康和生命安全。道教是重视"环境保护"的宗教，强调尊重生命、尊重自然，保持人与自然的和谐发展，形成了独特的生态伦理智慧，成为化解全球生态危机宝贵的文化资源。《道德经》说："人法地，地法天，天法道，道法自然"。提出了"道法自然"的生态智慧，认为违背自然规律的行为都是对生态环境的破坏，人类活动应当顺应事物的自然本性，与自然环境和谐相处。《道德经》还说："物壮则老，是谓不道，不道早已。"[1] 意思是事物强壮了就会衰老，这

---

[1] 安伦：《老子指真》，社会科学文献出版社，2016 年版，第 58 页。

叫作不符合道法，不合道法就会早亡。现代科技无伦理约束的高速发展，加速了人类对自然环境的破坏，人类社会有赖于此的高速发展，是否会让人类迅速壮老，进而走向灭亡，这都是人类"不道"的结果。《太平经》说："天地中和同心，共生万物。"[1] 认为理想的太平世界应该是人与自然和谐相处、共生共荣的世界。《太平经》还说："夫人命乃在天地，欲安者，乃当先安其天地，然后可得长安也。"[2] 人安身立命的天地间，要想得到好的生存和发展，必须使我们赖以生存的地球得到和谐安宁，然后人类才能长久安宁。《庄子·齐物论》也说："天地与我并生，而万物与我为一"。[3] 要求人类必须遵守自然规律，严格禁止对自然环境的破坏。道教从顺应自然的生态智慧出发，提出对人、社会和自然关系的整体思考，给现代人类世界以深刻启迪。

然而，令人担忧的是，在"全球化"背景下，人类还在忙于加剧生态危机的悲剧，并没有完全停止前进的脚步，更没有有效的应对办法。正如任继愈先生所说："遗憾的是至今为止，人类的智力主要用于开放自然，为改变世界投入全部精力。近现代一些科技成就，都属于改变自然的一些成果。至于如何认识人类自己，如何适应自然则注意不多，甚至完全被忽视。"[4] 再加上西方国家奉行的"人类中心主义"思潮，严重影响了生态环境保护工作的真正落实。事实上，人类对自然环境的破坏，都是由于人类对地球财富的过度贪婪和无限索取所造成的，过度贪婪也使人类走上了不归路。这就要求人类在"全球化"进程中，更多的关心在苦难中呻吟的地球。保罗·尼特指出："我们目前对地球的所作所为，我们使用和滥用地球资源的方式，都是对生命实际的潜在的毁灭。……更加令人恐惧的是，耗竭了它的生命，使这

---

〔1〕《太平经》卷三，《道藏》第 24 册，第 324 页。

〔2〕王明《太平经合校》，中华书局，1960 年，第 124 页。

〔3〕《南华真经》卷一，《道藏》第 11 册，上海书店（三家本），1988 年，第 570 页。

〔4〕任继愈《现代文明与宗教对话》，《中国宗教》2004 年，第 12 期，第 13 页。

一生态系统丧失生产和维持未来生命的能力。"〔1〕为此，1992年6月在里约热内卢召开的联合国地球峰会上就明确提出：我们再也不能单纯地鼓励发展，必须进行可持续的发展，必须满足哭泣的人对食物和住所的需求，同时又不能摧毁地球提供食物和住所的能力。这里强调的是人类不仅要关心贫困人口问题，而且也要关心贫困的生态系统问题。面对全球性的生态危机，呼吁世界各国都要高度重视，积极寻找化解办法。中国作为发展中国家，中国政府历来就高度重视生态环境保护，党的十九大报告明确指出："建设生态文明是中华民族永续发展的千年大计。必须树立和践行绿水青山就是金山银山的理念，坚持节约资源和保护环境的基本国策，像对待生命一样对待生态环境，统筹山水林田湖草系统治理，实行最严格的生态环境保护制度，形成绿色发展方式和生活方式，坚定走生产发展、生活富裕、生态良好的文明发展道路，建设美丽中国，为人民创造良好生产生活环境，为全球生态安全作出贡献。"〔2〕与此同时，中国道教的生态智慧也得到有识之士的充分肯定，成为全球生态治理宝贵的文化资源。比如，德国著名化学家克诺斯培说："解决我们时代的三大问题（发展、裁军和环保），都能从老子那里得到启示。"还有，美国著名物理学家弗里乔夫·卡普拉也说："在伟大的诸传统中，据我看，道教提供了最深刻并且最完美的生态智慧。"因此，在"全球化"背景下，要从全面保护生态环境的目的出发，积极倡导中国道教的生态智慧，以此来约束和控制人类对自然环境的破坏，具有十分重要的时代价值和深远的现实意义。

（二）道教医学养生助力全球人类健康

从人类历史发展看，爱惜生命，追求健康长寿，就是人类自古以

〔1〕〔美〕保罗·尼特著，王志成等译，《一个地球，多种宗教》，宗教文化出版社，2003年，第99页。

〔2〕《党的十九大报告》辅导读本，人民出版社，2017年，第23—24页。

来的一种美好愿望和目标追求。近现代以来，随着产品、生产、服务、人员和信息的跨国界流动，经济"全球化"正在成为不可逆转之势，任何国家都无法回避，只能参与其中。经济"全球化"带来社会发展的同时，也出现了很多意想不到的社会问题，这些问题也时刻影响着人类的身心健康。一方面，在市场经济体制下，人类往往忽略了身心健康问题。由于人类过度看重经济的快速发展，急于发展生产，急于掌握高科技，从而造成了对生命的忽视和人与人之间关系的恶化。随之而来的则是，道德的滑坡，自然环境的破坏，人与社会的不协调。这些问题的存在，"都使人类备受身心两方面的折磨，造成机体抗病能力减弱，人群中出现了心血管疾病及其他消化、免疫等系统疾病，抑郁症等心理问题也有了大幅度的增加"。[1] 这些问题的存在，严重困扰着人类的身心健康。另一方面，由于经济"全球化"所带来的贫富差距，严重影响着贫困地区的医疗卫生事业。据有关数据统计，经济"全球化"背景下，西方七国集团（美国、加拿大、德国、英国、法国、意大利、日本）人口占世界的 11％，但是 GDP 却占世界的 65％。而世界其他地区，人口占世界的 89％，而 GDP 仅为 35％。甚至在撒哈拉以南的非洲地区，人口占世界 11％，而 GDP 只占 1％。经济发展使发达国家健康水平不断提高，而贫困地区经济差距愈来愈大，健康状况也明显落后。以非洲为例，非洲有着丰富的自然资源，但是由于饥饿、战争、天灾、疾病，严重阻碍了非洲的经济发展，人民的健康得不到保障。经济发展的不平衡性给人们带来了深层次的思考，经济"全球化"和健康"全球化"反差过大问题，正在成为全人类健康问题的新课题，值得总结与反思。

道教是"贵生"的宗教，以"道"为最高信仰，以追求"健康长

---

〔1〕 李似珍：《养性延命——道教生命观与人类健康》，上海辞书出版社，2006 年，第 1 页。

生"为最高目标。千百年来，道教"前辈先哲，不畏天命，崇尚自然，追求长生。在内修外养的过程中，形成了一套完整的养生理论技术。在探索与实践中，构成了系统的益寿延年的人体科学体系，积累了大量而宝贵的养生经典著作，形成了道教所特有的养生文化，成为人类社会的宝贵财富。"[1]《道德经》说："盖闻善摄生者，陆行不遇兕虎，入军不被甲兵。兕无所投其角，虎无所措其爪，兵无所容其刃。夫何故？以其无死地。"[2] 这就是说，我听说善于养生的人，在陆地上行走不会遭遇犀牛和老虎，进入军中不会被兵戎所伤。对于这种人，犀牛不能顶入它的角，老虎不能伸入它的爪，兵士不能刺入他的兵刃。这是为什么呢？因为他们身上没有可以致死的地方。那么，如何才能达到这种养生境界呢？《道德经》还说"道乃久，没身不殆"，又说"含德之厚，比于赤子"。这就是说，只有体道涵德之人，才能像初生婴儿一样充满生机，才能长生久视，终身没有危险。这里老子用比喻的方法，阐释了道教的养生思想与境界。《黄帝内经》描述具体养生方法时说："上古之人，其知道者，法于阴阳，和于术数，食饮有节，起居有常，不妄作劳，故能形与神俱，而尽终其天年，度百岁乃去。"[3] 这就是说，上古的人们，知道养生的道理，能够取法于天地阴阳，调和五行术数，注意饮食起居，保持其规律性，所以能够活到百岁。当然，道教的养生途径很多，还有气功、食疗、内丹、静功、动功等，这些内容都是道教重要的养生方法，是人类社会宝贵的健康养生资源，特别是对于现代"全球化"所出现的亚健康人群具有积极的康养作用。

与此同时，在经济"全球化"背景下，随着人口、商品等的跨国流动，为传染病的跨国扩散提供了条件，从而直接扩大了传染病疫情的传播途径和范围。特别是近年来，在全球爆发的"新冠肺炎"，这场

---

〔1〕 丁常云：《道教与当代社会》，中西书局，2018年，第169页。
〔2〕 安伦：《老子指真》，社会科学文献出版社，2016年，第55页。
〔3〕《黄帝内经素问补注释文》卷一，《道藏》第21册，第3—4页。

危机给全世界人民带来巨大灾难和痛苦。对此，中国政府给予高度重视，并率先提出"打造人类卫生健康共同体"。2021年5月，在全球健康峰会上，习近平主席明确提出：推进国际抗疫合作的五项主张，宣布支持全球抗疫合作的五大举措，为全球尽早战胜疫情、实现经济复苏注入强大信心。2022年3月，习近平主席又进一步指出：人类面临的所有全球性问题，任何一国想单打独斗都无法解决，必须开展全球行动、全球应对、全球合作。中国将继续高举真正的多边主义旗帜，坚持与世界相交，与时代相通，在实现自身发展的同时，为全球发展作出更大贡献。中国政府为团结抗疫作出的表率也得到联合国的赞赏，联合国秘书长古特雷斯说：在一个充满不确定性的世界，中国坚定维护多边主义，维护公平正义，维护联合国宪章宗旨和原则，给世界以确定性、信心和希望。[1] 如今，众志成城抗击疫情已成为人类共识。从历史传统看，中国道教历来就注重做好防治瘟疫的工作，主要有道教养生的防瘟、道教科仪的送瘟、道教医学的祛瘟，为保护民众健康做出了重要贡献，其中一些方法和措施对于今天的抗疫工作仍然有不可替代的积极作用。当今社会，要大力开展对道教防疫实践活动的研究，把道教符咒、法术、斋醮等方法运用到防疫治病的实践中，在控制传染源、切断传播途径、保护易感人群等环节提出具体措施。因此，在经济"全球化"背景下，要从保护人类生命安全与健康出发，积极倡导中国道教的养生智慧、道医疗法，为服务社会弱势群体、造福人类身心健康作出中国道教的重要贡献。

（三）道教戒律思想助力全球道德伦理

在经济"全球化"的时代背景下，现代社会中所需要的竞争意识、创新精神与效率观念得到不断强化与发展，激发人们奋发向上、努力

---

〔1〕《人民日报》，2022年3月20日，第3版。

开拓、积极进取，从而促进了社会道德伦理向好发展。但是，经济"全球化"所带来的文化多元化、价值观的多元化，必然对人们的思想价值观念产生诸多影响。特别是以美国为首的西方国家，利用其科学技术和文化设施上的优势，向其他国家进行的文化倾销，使得人们的思想极易受西方资产阶级人生观、价值观的影响，导致人们价值取向的混乱，严重影响了人类社会传统的道德伦理。于是，有人提出要尽快建立一种全球性的"世界伦理"。著名汉学家孔汉思指出："本世纪前后两个五十年中，经济、社会、政治和生态的灾难性发展，使得我们有必要确立一种世界伦理。"[1] 事实也是如此，没有新的世界伦理，就没有新的全球秩序。这种"世界伦理"的基础，主要是关于一些有约束力的价值观、不可或缺的标准以及根本的道德态度的一种最低限度的基本共识。[2] 这里强调的是人类基本的道德伦理问题，具有广泛的社会性和普遍性。这样才能确保人类在这个地球上生存下去，进而提升各民族、各语言、各宗派、各国家的道德水平，以实现社会和谐与世界和平。事实上，无论是家庭和睦、国家稳定、社会和谐，还是世界和平，都离不开社会道德伦理建设。对于一个国家的治理和稳定来说，法律的作用无疑是重要的。但是，如果"没有广大人民群众道德水平的提高，没有社会道德风尚的改善，没有明确的是非、善恶、美丑、荣辱观念的清晰界线，不但不能维护社会的稳定，也不可能从根本上杜绝犯罪的思想根源"。[3] 因此，建立"世界伦理"，必须要在尊重各国传统伦理的基础上求同存异，要继续发挥文明古国优秀的传统道德伦理优势，助力化解人类社会矛盾、提升民众道德素养，这

---

〔1〕〔美〕保罗·尼特著，王志成等译，《一个地球，多种宗教》，宗教文化出版社，2003年，第108页。

〔2〕〔德〕孔汉思等编，何光沪译《全球伦理—世界宗教会议宣言》，四川人民出版社，1997年，第9页。

〔3〕《公民道德建设实施纲要》学习读本，学习出版社，2001年，第27页。

是"全球化"背景下的时代课题，也是维护人类生存与发展的必然要求。

道教是重视"道德"的宗教，蕴含着丰富的道德伦理思想。《道德经》说："万物莫不尊道而贵德。"提出了"尊道贵德"的伦理思想。《道德经》又说："孔德之容，唯道是从。"指出人的思想、言行符合"道"，就是有"德"，否则就是无"德"。《道德经》还说："修之于身，其德乃真；"修之于家，其德乃余；修之于乡，其德乃长；修之于国，其德乃丰；修之于天下，其德乃普。"这就是说，以"道"修身，他的"德"就会纯真。以"道"修家，他的"德"就会富余。以"道"修乡，他的"德"就会长久。以"道"修国，他的"德"就会丰满。以"道"修天下，他的"德"就会普世。强调指出，个人的品德修养要从自身做起，然后从家、乡、国、天下逐步扩大开来，成为人类社会的一种普世道德，这就是"全球化"背景下需要奉行的世界伦理。同时，道教也是反对战争的宗教。《道德经》说："以其不争，故天下莫能与之争。"又说："夫唯不争，故无尤"；"不争而善胜"。强调的是一种"不争"之道，也是一种非常高明的"反战"策略和思想境界。道教还倡导"维和"，对于反对战争、维护和平意义重大。《道德经》说："和曰常，知常曰明"。又说："知常容，容乃公，公乃全，全乃天，天乃道"。在道教看来，"和"是这个世界的常数，人类只有知道"和"才能算是明智，由此而能包容大度、寡欲不争、合于大道。当然，无论是"不争"，还是"维和"，都需要不断提升个人的道德修养，只有人类具备高尚的道德修为和宽广无私的胸怀，心中充满对人类生命的尊重与关爱，才能在"全球化"背景下真正维护好世界的和平。

现实告诉我们，当今世界总体是处于和平、稳定态势，但局部性的战争、动荡与紧张局势仍然存在。主要是"随着西方强势文化的扩张，自我中心主义、西方至上主义的思潮招摇于世，上演了一幕幕灭绝或破坏其他文明的悲剧"。[1] 世界经济"全球化"趋势越来越深入，而贫富差距却越来越大，国际经济秩序不合理。"霸权主义"在当今世界仍然相当严峻。同时，随着经济"全球化"的发展，人类社会所出现的"拜金主义""享乐主义""诚信缺失""道德滑坡"等问题，也时刻影响着社会的和谐发展，影响着世界的和平进程，这就需要世界各国的高度重视，通过提升个人的道德伦理来化解全球性的社会问题。中国政府历来就高度重视公民的思想道德建设，并专门印发了《公民道德建设实施纲要》，明确了公民道德建设的指导思想、方针原则、主要内容和实践活动等，为中国公民的道德伦理建设提出了要求、指明了方向。党的十九大报告进一步指出："要提高人民思想觉悟、道德水准、文明素质，提高全社会文明程度"。还指出："深入实施公民道德建设工程，推进社会公德、职业道德、家庭美德、个人品德建设。"[2] 在"全球化"背景下，面对世界范围各种思想文化的相互激荡，道德建设有许多新情况、新问题和新矛盾需要研究解决。道德建设主要是"通过启迪人们的道德觉悟、激励人们的道德感情、强化人们的道德意识、增强人们的荣辱观念，从而使人们在内心中形成道德行为的内在动因"。[3] 在构建"世界伦理"的过程中，如果缺少道教伦理的贡献，则无法体现其普遍化，也是不完整的。因此，在"全球化"背景下，要从全面提升人类道德伦理出发，积极倡导中国道教的道德伦理思想，以此来约束和控制人类一切违背"天道"的行为，对于促进世界各国"遵规守戒"和维护社会和谐、世界和平具有重要的积极作用。

---

〔1〕《中国宗教》2008 年，第 2 期，第 7 页。

〔2〕《党的十九大报告》辅导读本，人民出版社，2017 年版，第 42 页。

〔3〕《公民道德建设实施纲要》学习读本，学习出版社，2001 年版目的 28 页。

三、全球化时代中国道教的传播与发展

随着"全球化"时代的到来，国际社会开始进入"开放性"、"外延式"发展阶段，各国之间政治交往、经济交往、文化交流、思想互渗、社会共融乃前所未有。这种"全球化"氛围已经直接影响到当代中国道教的未来走向，是被动应对，或者故步自封，还是主动"走出去"，在"全球化"时代中积极作为、主动传播与发展，回答肯定是后者。近年来，中国政府高度重视中华文化走出去。习近平总书记指出："要更好推动中华文化走出去，以文载道、以文传声、以文化人，向世界阐释推介更多具有中国特色、体现中国精神、蕴藏中国智慧的优秀文化。"[1] 这就是说，"全球化"时代，中华文化主动走出去是时代发展的必然。道教是中华文化的重要组成部分，道教"走出去"也将成为时代发展的常态。"中国是道教发源地，理应成为道教文化的传播中心，要在翻译、解释、研究、培训、交流、推广等方面发挥更加重要的作用。"[2] 这就需要当代道教把握机遇、迎接挑战，在"全球化"时代进程中做好传播与发展工作。

（一）从历史发展看中国道教的海外传播

道教作为唯一的中华本土宗教，其内涵式发展在"全球化"的氛围中随着华人走出国门、传播海外，也已成为一个逐步走向全球的宗教。而且，以"道"为核心价值和精神理念的道教也吸引了世界各国民众的关注，悟道、修道以及仙道养生已成为一种"普世"需求。"从

---

〔1〕 李潇君：《推动中华文化走出去，增强国家文化软实力》，《光明日报》，2021年6月16日。

〔2〕 《中国道教》2012年第2期，第5页。

560

历史看，道教很早就传播到周边国家与地区，其中对东亚地区的朝鲜半岛和日本列岛的影响较大。唐代初年，唐高祖、唐太宗就曾派遣使者前去朝鲜半岛传播道教"。[1] 还有，道教主要经典《道德经》早已传播海外，并在世界宗教经典中翻译语言种类仅次于《圣经》，这一事实就已经充分说明道教"全球"性的发展。

道教的本土性决定了道教海外传播的困境，加上道教徒自身并没有像西方传教士那样有着强烈的传教欲望，道教的海外传播历来都是"顺其自然"的，这也体现了中国传统宗教"无为"、"不争"和"宽容"的特点。那么，中国道教又是怎样传播到海外去的呢？根据陈耀庭教授的研究认为，历史上的道教海外传播主要有三种方式：一种方式是"请出型"。主要是指在中国强盛时期，周边国家曾要求中国派使者去传播中国的政治制度、思想信仰和文化、科技等，在这些使者中就有道士。比如，道教传入朝鲜半岛就属于这种类型。一种方式是"交流型"。主要是指中国和外国，特别是同周边国家和地区一直有着紧密的交流关系，随着这些交流活动，道教也被交流出去。比如，道教对于日本的影响就是如此。一种方式是"带出型"。主要是指中国人出国时将道教带出去。比如，道教的关帝信仰、真武信仰就是通过中国军队帮助或镇守时带入朝鲜和越南的。还有，就是中国人出国"谋生"时带出去的，为了祈求家乡神灵的保佑，他们有的带出一尊神像，有的带出一块神位，等他们在海外站稳脚跟后，就开始修建道观、传播信仰。比如，清末时闽粤一带的百姓有的下南洋，有的去北美，他们就带去了道教信仰。[2] 于是，道教就在海外许多国家开始传播与发展，道教信仰也融入国外民众生活之中，至今仍然影响着他们的文化与生活习俗。

---

〔1〕 孙亦平：《道教在韩国》（卿希泰）序，南京大学出版社，2016年，第1页。
〔2〕 《陈耀庭道教研究文集》上卷，上海书店，2015年，第380—382页。

在中国的五大宗教中，除了道教是中华本土宗教之外，其他宗教都是外来宗教，是具有国际性流动的"世界宗教"，与外来文化复杂交织、密切关联，呈现出"你中有我、我中有你"的互渗局面，成为社会政治和文化交流以及不同思想和意识碰撞、融合的一个特殊领域。在"全球化"时代进程中的道教，如何继续向海外传播，这是新时代道教面临的新问题，也是中国道教未来发展的重要走向。卓新平教授指出："在目前复杂的国际环境中，宗教无论是作为文化软实力，还是作为社会力量，都有着重要的文化战略意义。"〔1〕因此，当代道教必须要紧跟时代步伐，客观分析道教向海外传播的优势，把握机遇，积极作为，发挥道教在中华文化"走出去"战略中的独特作用。一方面，中国的强盛为道教的海外传播打下了坚实基础。历史发展表明，国家的繁荣昌盛，是道教复兴和海外传播的基础。当代中国，"迎来了从站起来、富起来到强起来的伟大飞跃，新时代中国日益走近世界舞台中央，中国道路、中国理论、中国制度、中国文化日益深刻地影响着世界。"〔2〕这就是说，当代道教海外传播的外部条件已经成熟，道教能否继续完成海外传播任务，关键是要看道门自身的努力与责任担当。另一方面，中华文化"走出去"战略为道教的海外传播起到积极的促进作用。《国家"十一五"时期文化发展规划纲要》就明确指出："充分利用各种资源，创新文化'走出去'的形式和手段，吸收借鉴世界各国优秀文化成果，提升我国文化产品的影响力和竞争力，积极推动中华文化面向世界、走向世界"。〔3〕中华文化"走出去"是时代发展的必然趋势，更是中国文化对人类文明发展的巨大贡献，而作为中国传统文化重要组成部分的道教"走出去"，自然也是"全球化"时代发

---

〔1〕 卓新平：《从文化强国战略看中国传统文化及宗教的意义》，《中国宗教》2011年第12期，第29页。

〔2〕《奋斗与辉煌：从站起来、富起来到强起来》，2021年12月18日，中国社会科学网。

〔3〕《国家"十一五"时期文化发展规划纲要》，2006年09月13日，来源：新华社。

展的必然要求。在"全球化"时代中，道教"多元包容、有容乃大、和合共生"的优良传统，正是人类共同生存与发展的重要思想基础，对于促进世界各宗教之间的和谐有着重大的现实意义。因此，时代呼唤高道，世界需要道教，我们道教徒要当仁不让，积极努力、主动作为，认真完成当代道教所肩负的历史使命。

（二）国际道教论坛与中国道教全球化

在"全球化"时代进程中，道教也得到快速发展并受到海外的广泛关注，道教也从中国本土文化开始走向国际舞台，道教的教义思想、养生文化、伦理智慧等，也吸引着世界各国道教徒和道教爱好者。特别是随着建构和谐世界、和谐社会理念的提出，中国道教积极回应时代的召唤，发挥道教文化的独特优势，开始与世界各国道教进行合作、对话与交流，共同探讨道教的思想智慧，积极服务当今世界人类社会。许嘉璐先生在国际道教论坛上提出："道教、道家既属于中国，又理应属于人类……道教应该成为国际知名的宗教。"[1] 2007 年 4 月，由中国道教协会和中华宗教文化交流协会共同举办的"国际《道德经》论坛"在陕西西安和香港隆重召开，这是道教界举办的首届国际道教论坛。2011 年 10 月，由中国道教协会和中华宗教文化交流协会共同主办，国际道教论坛湖南组委会承办的第二届国际道教论坛在湖南南岳隆重召开。2014 年 11 月，由中国道教协会和中华宗教文化交流协会共同主办，国际道教论坛江西组委会承办的第三届国际道教论坛，在江西省鹰潭市龙虎山隆重召开。2017 年 5 月，由中国道教协会和中华宗教文化交流协会共同主办，国际道教论坛湖北组委会承办的第四届国际道教论坛在湖北省武当山隆重召开。四届"国际道教论坛"的成功举办，有力的传播了道教文化，扩大了道教的社会影响，在海内外产

---

〔1〕《中国道教》2012 年第 2 期，第 5 页。

生了积极的反响，受到各国道教徒和道教爱好者的关注和好评。

在"全球化"时代举办国际道教论坛，体现了中国政府对道教的高度重视。首先，四届国际道教论坛参会国家和地区之广、人数之多、层次之高，都是空前的。首届国际道教论坛，有来自 17 个国家和地区的道教界人士、其他各界人士 350 多人参加，会议承办地还跨越西安、香港两地。第二届国际道教论坛，有来自 23 个国家和地区的代表和特邀代表 500 多人参加。第三届国际道教论坛，有来自 27 个国家和地区的代表和特邀代表 550 多人参加。第四届国际道教论坛，共有来自世界五大洲 30 多个国家和地区的道教界、学术界、文化界和其他各界人士 600 多人参加。另外，还有数量众多的信众参加论坛开幕式，每届论坛参与的总人数都在千人以上。从上述四届道教论坛出席国家和地区以及人数来看，每一届都有所增加，每一届都是规模盛大、嘉宾云集，体现了中国的经济实力和政治、文化的发展，以及国际道教论坛的广泛影响。其次，每届国际道教论坛都得到承办方政府的高度重视，并且都有地方省级政府牵头成立论坛组委会，全面负责论坛的各项工作。首届国际《道德经》论坛，在西安开幕，在香港闭幕，承办方都为论坛作了充分准备，精心的接待、周到的安排，给来自世界各地的代表留下了美好的印象。同时，每届道教论坛，都精心策划、打造大型的开幕式，充分展示出道教文化盛宴，特别是第三届国际道教论坛，精心打造的大型山水实景演出剧目《寻梦龙虎山》，成为该地区的重点文化旅游项目。再次，国际道教论坛得到中国政府的高度重视和有力支持。历届国际道教论坛的召开，全国政协主席贾庆林都发来贺信，全国政协副主席刘延东、董建华、杜青林、马飚，全国人大常委会副委员长许嘉璐等先后出席论坛开幕式或致辞。还有，承办方陕西省委书记赵乐际、湖南省委书记周强、江西省委书记强卫、湖北省委书记蒋超良也分别出席论坛开幕式并致辞。论坛的成功举办，充分展示了中国的大国风范和中国政府亲和、开放的国际形象，体现了党和政府对本土道教的关心、尊重和支持。

在"全球化"时代举办国际道教论坛，是中国道教走向世界的良好开端。首先，每届国际道教论坛，都得到世界各国道教组织的积极响应和参与，体现了中国道教的国际地位和影响力。从第一届到第四届国际道教论坛，分别有 17 个、23 个、27 个、30 个国家和地区道教组织代表参加，充分说明了世界道教界对国际道教论坛的认同、理解与支持。特别是在第二届国际道教论坛之后，就有国外道教组织代表提出，在中国成立一个国际性的道教组织，以团结和联络全世界的道教徒开展道教文化交流。这是各国道教组织对中国道教的认同，更是对中国政府的认同。同时，道教论坛还得到中国香港、澳门、台湾地区道教组织的支持，香港道教联合会、澳门道教协会、台湾中华道教总会以协办单位参加论坛。其次，每届国际道教论坛，都得到国际组织和友人的关注并发来贺信。第一届论坛时，联合国秘书长潘基文、法国前总统德斯坦、英国菲利普亲王分别发来贺信。第二届论坛时，英国菲利普亲王发来贺信。第三届论坛时，联合国科教文组织、英国菲利普亲王分别发来贺信。第四届论坛时，联合国秘书长安东尼奥·古特雷斯、英国菲利普亲王等外国政要，加拿大驻华大使馆、哈萨克斯坦驻华大使馆、亚洲宗教界和平委员会以及有关国际组织负责人来函来电致贺。充分体现了国际组织和国际友人对道教论坛的认同，也是对中国道教和中国传统文化的认同。再次，道教论坛的成功举办，扩大了道教的世界影响，提高了道教的国际地位，传播了道教深邃的文化内涵。首届国际《道德经》论坛，以"和谐世界、以道相通"为主题，旨在弘扬道教和谐理念，为建设持久和平、共同繁荣的和谐世界，作出积极的努力。第二届国际道教论坛，以"尊道贵德，和谐共生"为主题，体现了中国道教推动世界持久和平与共同繁荣的美好愿望。第三届国际道教论坛，以"行道立德，济世利人"为主题，"体现了在行道立德的教义思想主导下，践行和光同尘、济世利人的教化，

565

充分发挥道教的正能量"。[1]第四届国际道教论坛，以"道通天地，德贯古今"为主题，"旨在阐发古老道教思想的当代功用和发展愿景，加固中华民族共同体文化纽带，为促进世界宗教对话、构建人类命运共同体发挥自己的优势作用"。[2]每一届国际道教论坛，都是一次展示中华传统文化的盛宴，彰显了中国道教文化博大精深的独特魅力。通过卫星电视、互联网等现代信息技术手段，采用电视论坛、网络视频论坛、网站、微信、微博等现代传播方式，向世界实时传播国际道教论坛的实况，充分展示了中国道教文化的深邃智慧，进一步扩大了中国道教的世界影响力。

（三）推进中国道教向世界的传播与发展

在"全球化"进程日益深化的时代背景下，以及当今世界宗教格局多元化的趋势，中国道教走出国门、向世界传播是时代的需要，也是道教自身发展的必然。事实上，历史上的道教早已经传播海外。据有关史料记载，唐太宗就曾派道士到朝鲜半岛讲《道德经》，传播道教文化。与此同时，《道德经》还被译成梵文，传到印度等国。自 17 世纪开始，《道德经》流传到欧洲，被译成拉丁文、法文、德文、英文、日文等，老子思想逐渐传遍欧洲大陆。这就是说，道教文化很早就已经开始"走出"国门，传播海外了。只是清代以后，道教衰微，已经失去道教文化"走出去"的基本条件。改革开放以来，道教快速恢复与发展，道教文化得到传承与弘扬，道教文化"走出去"的条件已经具备。自 2012 年开始，中国道教协会开展"道行天下"活动，先后在意大利、德国、美国、韩国、泰国、比利时、英国、法国、日本等开展道教文化讲座，举办道教文化展览和道教音乐、武术表演等，向当

---

[1]　第三届国际道教论坛《主题》，《中国道教》2014 年第 6 期，第 17 页。
[2]　《第四届国际道教论坛将在湖北武当山举办》，《中国宗教》2017 年第 3 期，第 8 页。

地著名图书馆、大学等赠送线装本《中华道藏》和《老子集成》等道教典籍。[1] 这些活动和举措，就是在探索开展当代道教文化的海外传播之路。但是，要使中国道教真正走出去，仅靠这些工作还远远不够，也不可能有多大成效。特别是面对"全球化"信仰市场的竞争，以及西方宗教无形的挤压，中国道教必须要树立起信仰市场竞争的观念，必须要有主动向世界传播道教的意识，更要有主动参与世界宗教竞争的能力。所谓"打铁还需自身硬"，中国道教"走出去"讲的是实力，靠的是能力和办法。

在"全球化"时代背景下，必须要创新道教向世界传播的品牌内容。从历史来看，中国道教早已经走出国门。美国、日本、法国、西班牙、澳大利亚、新加坡、印尼、泰国、马来西亚、越南都有道教宫观，这些宫观还有来龙虎山授箓的道士，他们在海外传播道教文化，为当地华人道教服务。[2] 当然，近年来也有一些"洋道士"信奉道教，他们喜欢中国文化，尤其喜爱道教养生文化。中国道教学院还专门举办过二届国外道教徒进修班，来自韩国、新加坡、俄罗斯、英国、法国、德国、比利时、瑞士、西班牙、葡萄牙、美国、墨西哥、巴西、委内瑞拉和波多黎各等国家的学员参加学习。[3] 扩大了道教影响，传播了道教文化。但是，道教文化要真正"走出去"，仅仅依靠上述一些工作还不够，还需要创新道教文化"走出去"的品牌内容。一方面，要继续做好《道德经》的品牌文化工作。老子《道德经》及其思想在西方世界的传播，是中华传统文化和道教文化向世界传播中的经典案例。但是，作为中华传统文化和道教的代表性经典，《道德经》进入西方世界，与西方传教士有关。据英国科学家李约瑟考证，《道德经》最

---

[1]《中国道教协会 60 年历程的回顾与展望》，载《中国道教》2017 年，第 4 期，第 26 页。

[2]《陈耀庭道教研究文集》上卷，上海书店出版社，2015 年，第 401 页。

[3]《中国道教协会成立 60 周年》大事记，载《中国道教》2017 年，第 4 期，第 60 页。

早的西方文字译本是 17 世纪末，比利时传教士卫方济的拉丁文译本。此后，翻译、研究《道德经》的外语语种与文献数量逐渐增多，在西方社会的传播广度和深度也逐渐加大。《道德经》之所以受到西方社会的重视，主要是它拥有一个精深玄奥的思想体系，具有跨越时空的恒久价值，成为全人类的共同精神财富。当代道教，要重树《道德经》的品牌文化，通过进一步阐释《道德经》的思想精髓，运用其中的伦理智慧，化解人类世界面临的生存与发展问题，化解人类社会共同关注的热点、难点问题。要把《道德经》做成类似于《圣经》一样的版本，通过有效途径向全世界传播，真正成为服务社会、造福人类的品牌文化。另一方面，要研究整理道教养生、生态、艺术等品牌文化。道教文化博大精深，需要进行深入整理研究，传播与弘扬其中的优秀文化。比如，道教的养生文化，就是历代先辈祖师给人类社会留下的宝贵财富。在内修外养的过程中，形成了一套完整的养生理论和技术。在探索与实践中，构成系统的益寿延年的人体科学体系，积累了大量而宝贵的养生经典著作。这是道教文化不同于其他宗教文化的显著特点，是当代道教文化"走出去"的重要品牌。道教的生态文化，同样是人类社会的福音。面对全球生态危机问题，有人提出"今天的生态学家知道，作为东方传统之一的道教，可以帮助我们找到一种生存方式，使我们被毁坏的星球更加和谐。"〔1〕道教生态文化可以化解生态危机，自然是人类社会的福音。还有道教音乐、神仙壁画、书法艺术等，都是中国传统特色文化，也道教文化中的艺术珍品。所有这些都是道教文化"走出去"的品牌文化和特色文化，值得向全世界传播与弘扬。

在"全球化"时代背景下，必须要探索道教向世界传播的主要路

---

〔1〕 索安：《西方道教研究编年史》，吕鹏志、陈平等译，中华书局，2002 年，第125 页。

径。中国人的宗教历史是中国文化典型的"厚德载物"和"海纳百川"的历史，是中国文化源远流长、博大精深的鲜明体现和见证。这一历史见证了中国文化向世界文明的开放，展示了中国信仰精神对世界的影响。道教作为中国传统宗教的杰出代表，自然就蕴含着丰富多彩的文化思想与时代精神，积淀了博大精深的经典文化。这就要求"道教界要继续重视道教典籍的整理、出版和翻译，推进道教经典数字化、国际化，切实保护好道教经典这一中华文化瑰宝，使之代代相传、惠泽后人，使之走向世界、造福人类。"[1] 中国道协也指出："传承道教优秀传统文化，是当代道教界应有的神圣职责。要创新道教文化弘扬路径，打造道教文化知名品牌，增强国家认同感和民族自豪感，积极将道教文化宝库推向世界"。[2] 当代道教，要积极探索道教"走出去"的主要路径，笔者认为主要应该从以下三个方面来推进：一是以特色品牌为抓手，推进道教文化的传播。正如上文所述，道教有许多品牌特色文化，是海外民众所喜爱的。比如，道教的养生保健，就是道教文化通向海外的一座桥梁。笔者曾经在美国亚特兰大进行学术交流时，就有许多美国人前来表达喜欢中国道教文化的意愿，当然多数还是对道教养生文化的喜爱。还有意大利几位教授，曾经专程来道观观摩"修真图"碑刻，对道教修炼养生很有兴趣。二是以传统信仰为抓手，推进道教文化的传播。历史上，道教的北斗信仰早就传播海外，甚至已经融入海外民众信仰生活之中。道教称：礼拜北斗有祈福消灾保平安的功能。在东南亚许多国家都有北斗信仰的传承，据说日本天皇至今还有拜北斗的习惯。当代道教，可以通过北斗信仰的天然优势，向海外传播道教的北斗文化，使道教文化再度走向世界。三是以道观实体为抓手，推进道教文化的传播。海外有多数国家民众信奉道教，特

---

〔1〕《中国宗教》第 11 期，2011 年，第 9 页。

〔2〕《坚持道教中国化方向五年工作规划纲要》，载《中国道教》第 6 期，2020 年，第 12 页。

别是在华人社会中信徒更多。可以选择信徒相对较多的地区修建宫观，传播道教文化。比如，香港青松观就在海外修建了许多青松观，依靠香港青松观的财力支持，现在已经完全走上了自给自养的道路。这就是在海外建立道观的成功案例，可以很好的总结经验进行推广，根据海外所在国的民众信仰基础，有选择性、针对性地建立道观，因地制宜地开展宗教活动，传播道教信仰及养生文化。还有，法国有一位景秀（Karine Martin）道长，巴黎大学西医学博士毕业后不久，就来中国学道，对道教文化有着浓厚兴趣，学成后回国成立了"法国道教协会"，并担任会长，开始在法国传播中国道教。这也是一个非常成功的案例，值得总结并推广，对于"全球化"时代道教的传播与发展有积极的启示。

在"全球化"时代背景下，必须要发挥世界道教联合会的作用，推进道教的世界传播与发展。从世界范围来看，凡是有一定影响的世界性宗教，都有自己的世界性组织。比如，基督教就有"世界基督教会联合会"。该会于1948年8月在荷兰成立，总部设在瑞士日内瓦，主要目的就是为了向世界各国传播基督教。目前，已有包含345个区域级、次区域级、国家级和地区级的教会参加，遍布110个国家和地区。佛教也有"国际佛教联合会"。前身是1923年，太虚大师在庐山大林寺创议成立世界佛教联合会，参加成立大会的有英国、法国、德国、荷兰等十七个国家的代表，太虚大师当选为首任会长。世界佛教联合会第二届会议在日本东京召开，标志着中国佛教正式走向国际化。后来，会址迁至香港和美国，于2011年7月7日筹备复办，更名为"国际佛教联合会"。上述两个世界性宗教组织，对于各自宗教的世界传播与发展起到了不可替代的积极作用。道教是中国传统宗教，在海外已有一定影响，早在2011年10月，法国、意大利、比利时、西班牙、葡萄牙、瑞士、墨西哥、新加坡的八国道教组织的代表就向中国道教协会提出，希望中国道教协会牵头成立一个国际性的道教组织，以团结和联络全世界的道教徒开展道教文化交流。[1] 可喜的是，在茅山召开的第五届国际道教论坛上终于成立了世界道教联合会，这就为道教的海外传播打下了坚实基础。但是，世界道教联合会必须要做好以下两件事：一是要大量翻译道教经典文献，让世界了解中国道教文化。世界道教联合会总部设在中国，这是中国道教的独特优势。但是，要向世界传播道教，就要把中文翻译成各种外国语言，以适应不同国家民众的信仰需求。正如陈耀庭教授所说："要有一个全盘的向海外宣传道教的规划，用书面媒体、多媒体等各种手段投资制作、出版外文的道教书籍，拍摄各种有关道教文化的录像片，寻找在海外传播发售和播放的渠道，建设各种外语版的道教文化网站，这些都是道教走出去的办法"。[2] 同时，还要系统翻译道教经典文献，拓宽传播渠道、扩大传播空间，稳步推进道教文化的海外传播。二是，要加强与各国道教组织沟通与交流，夯实道教在海外发展的基础。世界道教联合会，要致力于继承、发扬道教优良传统，提高道教的国际影响力，推动道教在世界范围内的发展，使各国家和地区之间的道教团体能紧密地联系与合作，增进团结与友谊，为促进人类社会和谐发展，维护世界和平事业做出积极贡献。做好各国道教组织和信徒工作，做好文化传播工作，就是夯实道教在海外发展的基础，然后再实现向世界的传播与发展。同时，要实现道教的海外传播与发展，还必须要培养一批精通外语、精通研究的国际型道教人才，实现中国道教界整体水平的全面提高，才能顺利完成中国道教"走出去"的战略目标。当然，中国的强大是中华文化向西方传播的物质和精神基础，中国的开放、文明、繁荣、强盛，必将成为中国道教在海外传播与发展的重要凭借和依靠。

综上所述，在"全球化"时代进程中，对于当代中国道教来说，

---

〔1〕《第四届国际道教论坛将在湖北武当山举办》，《中国宗教》2017 年第 3 期，第 9 页。
〔2〕《陈耀庭道教研究文集》上卷，上海书店出版社，2015 年版，第 401 页。

是机遇与发展并存，是困难与挑战同在。"全球化"进程时刻影响着中国社会，也影响着中国道教。"全球化"时代的道教，要在困境中求发展，就必须要走改革发展的道路，力争成为现代社会精神文明的承载主体，符合社会的精神文化需求，这是道教由衰转盛的中兴之路。[1]当代道教，要准确把握机遇，适应时代发展需要，发挥道教"全球化"的时代价值，助力全球环境治理，助力全球人类健康，助力全球道德伦理，服务社会，造福人类，为社会和谐、世界和平作贡献。同时，当代道教还要敢于迎接挑战，更要有时代担当，既要从道教历史发展中总结经验、寻找"全球化"道教的发展之路，又要通过国际道教论坛来提升道教的国际影响、传播道教文化与思想智慧。正如国家宗教局原局长王作安所说："随着中国在世界上的地位不断上升，包括道教在内的中国传统文化走向世界是必然趋势，道教界在这方面责无旁贷。……希望中国道教界担当起更大责任，主动走出去，向世界推广和传播道教文化。"[2] 因此，当代道教，要在"全球化"时代背景下，勇于挑起中国道教振兴发展的历史责任，要以中华文化"走出去"战略为契机，全面推进中国道教向世界的传播与发展。

---

〔1〕 安伦著《宗教与人类文明的发展取向》，文史哲出版社，2019 年版，第 337 页
〔2〕 王作安《重视道教文化建设》，《中国道教》2012 年第 2 期，第 5 页。

第二节　道教养生文化与人类身心健康

在漫长的人类历史发展进程中，健康与长寿一直是人们向往和追求的美好愿望。然而，就人类个体而言，生命却又是相当短暂的。正所谓"人生天地之间，若白驹之过隙，忽然而已"。[1] 于是，人类本能地思考影响生命长短的原因，探索寻找延续生命的办法，逐渐形成了相应的养生方法。中国人是最早关注和探索养生问题的，其养生理论体系也较为完整。中国养生文化的起源可以追溯到殷商时期，到春秋战国时期进一步发扬光大。老子的"长生久视"理论以及"见素抱扑"的生活原则，庄子的"坐忘心斋"法门，《黄帝内经》关于"食饮有节，起居有常，不妄作劳"[2] 的论述等，都从不同侧面反映了多元化的养生实践与养生理论。《庄子·养生主》称："养生者，当顺其生"；"吾闻庖丁之言，得养生焉"。[3] 明确提出了"养生"的概念。所谓"养生"，养即调养、保养、补养之意，生即生命、生存、生长之意。养生就是根据生命发展规律，采取能够保养身体、减少疾病、增进健康、延年益寿的手段，所进行的一系列保健活动。

道教是重生、贵生的宗教，对于生命的保护和延长以及渴望长生，历来就是道教最为关心、探索最多的课题。道教继承了中国传统养生

〔1〕 王先谦：《庄子集解》卷六，《诸子集成》第 3 册，中华书局，1954 年，第 140 页。
〔2〕 《黄帝内经素问补注释义》卷一，《道藏》第 21 册，第 4 页。
〔3〕 《南华真经循本》卷四，《道藏》第 16 册，第 40—41 页。

思想，形成具有道教特色的养生文化。《太平经》并不主张轮回转世观念，认为凡人仅此"一生"，肉体一旦消亡就不能重生。[1] 该经认为"夫人死者乃尽灭，尽成灰土，将不复见。今人居天地之间，从天地开辟以来，人人各一生，不得再生也。"[2] 指出只有通过修道才能长生，乃至于成仙。同时，《太平经》还明确指出："天地之性，万二千物，人命最重。"[3] 强调了生命的至上性和重要性。杨玉辉教授通过分析《太平经》中有关人的本质观及养生思想和方法等问题，认为《太平经》是道教养生学正式产生的标志。[4]《度人经》提出"仙道贵生，无量度人"的生命观，为道教养生学理论的发展奠定了坚实的基础。正因为道教视人之生命最为宝贵，所以才竭力爱护生命、保护生命，追求延年益寿，乃至长生不老。作为一种"贵生"的宗教，道教具有鲜明的生命特色。与其他宗教比较而言，唯有道教以炼养身体为证道之途。正是由于这一鲜明特色，使道教养生文化在中国养生学中占有重要地位。历代以来，一直成为道教徒和社会民众追求平安、健康与长寿的行动指南，即使在现代社会人类身心健康中，仍然可以发挥不可替代的积极作用。

一、善用仙道养生文化，增强健康养生意识

道教是追求长生的宗教，"仙道贵生"是道教最为重要养生思想。所谓"仙道"，就是指"养生内炼、长生久视之道"。[5] 事实上，在漫长的历史发展进程中，聪明的人类无不在探究生命的奥秘，寻求保护

〔1〕 姜守诚：《太平经》研究，社会科学文献出版社，2007年，第77页。
〔2〕 王明编：《太平经合校》，中华书局，1997年，第340页。
〔3〕 王明：《太平经合校》，中华书局，1997年，第34页。
〔4〕 杨玉辉：《〈太平经〉对人的认识》，《社会科学研究》，2000年第2期，72—75页。
〔5〕 胡孚琛主编：《中华道教大辞典》，中国社会科学院出版社，1995年，第1129页。

生命的秘诀。孔子谓："生死有命，富贵在天"。荀子曰："从天而颂之，孰与制天命而用之"。道教则主张"我命在我不在天。"[1]前辈先哲，不畏天命，崇尚自然，追求长生。历代道教徒，在"仙道贵生"思想的引领下，开始有了健康养生的意识，开始探索健康养生的方法与途径，促进了道教健康养生思想的形成与发展。当代社会，我们要大力弘扬道教的"仙道"思想，积极传播道教的"贵生"理念和"长生"追求，不断增强社会民众的健康养生意识。

（一）增强"贵生重命"的养生意识

仙道养生，强调的是"贵生重命"思想，促进了道教健康养生思想的形成。所谓"贵生重命"，就是指尊重生命、关爱生命的过程，希望通过一种有效途径达到保护生命、延长生命的目的。道教的"贵生重命"思想，是由"道"的特性所决定的。道教认为，宇宙万物皆为"道"所化身，道"既是宇宙创生的本原，又是万物发展变化的生机和动力"。[2]《道德玄经原旨》称："道生一，无极而太极也。一生二，两仪生焉。二生三，三才立而万物生也。"[3]道化身万物以及道的永存性，就决定了道教是"贵生"的宗教。正是由于道教的这种"贵生"理念，才有力地促进了道教养生思想的形成。当代社会，我们要积极传播道教"贵生重命"的思想理念，为增强民众的健康养生意识发挥积极作用。

首先，要大力弘扬道教"生命至上"的重要性与紧迫性。道教认为，生命万物乃道之所生，德之所养，故应爱之贵之。道经称："夫万物以人为贵，人以生为宝。……一切皆知畏死而乐生。"[4]强调了人

〔1〕《抱朴子·内篇》卷十六《黄白》，《道藏》第28册，第233页。

〔2〕胡孚琛主编：《中华道教大辞典》，中国社会科学院出版社，1995年版，第435页。

〔3〕《道德玄经原旨》卷三，《道藏》第12册，第742页。

〔4〕陆修静：《洞玄灵宝斋说火烛戒罚灯祝愿仪》，《道藏》第9册，第822页。

之生命的重要性。道教重人贵生的思想，主要包含三个方面内容：一是指"生"即生命，它来源于自然，并与自然构成有机整体，是"精气之所集也"。自然界中，创造生命的是天，而保养生命并使其生长的则是人。二是指对待生命的正确态度是"贵生重命"。应观察天地变化之机，分辨万物生长之利，以促进生命的发展，使万物各尽天年。三是指"贵生重命"是人类之至德。贵生的方法有许多，其主要原则是凡对生命有害的事情都应制止，凡对生命有利的事情就去做。[1] 尊重生命，就必须要尽力保护生命。现实社会中，由于受市场经济的影响，多数人把赚钱作为人生第一要务，用金钱作为评判人生成败和价值的标准。私欲的膨胀，造成了对生命的忽视和人与人之间关系的恶化，严重影响着人类的身心健康。这就需要当代道教积极传播"生命至上"的原则，传播"尊重生命、保护生命"的思想，使人类珍惜生命、维护健康成为永恒的主题，并在新的时代中发扬光大。

其次，要努力使"尊重生命、关爱生命"成为人类的自觉行为。道教的"贵生重命"思想，就充分体现了道门自身对生命的尊重，以及对于养生理论的探索与追求。在道教经典中，就有许多表示对"生命"的敬重的描述。比如"一切万物，人为最贵。人能使形无事，神无体。以清静致无为之意，即与道合"。[2] 又如"天地万物，人为最贵也。人事包含天地，无所不法"。[3] 再如"夫禀气含灵，唯人为贵。人之所贵者，盖贵为生。生者，神之本；形者，神之具"。[4] 以上都是从不同角度颂赞"生"的重要，说明道教始终对生命予以的高度重视。《太平经》还进一步指出："夫人能自养，乃能养人。夫人能深自爱，乃能爱人。有身且自忽，不能自养，安能厚养人乎哉？有身且不

〔1〕《道教与伦理道德建设》，中国言实出版社，2005 年版，第 359—360 页。

〔2〕《无上秘要》卷五，《道藏》第 25 册，第 14 页。

〔3〕 王明：《抱朴子内篇校释》，中华书局，1985 年版，第 14 页。

〔4〕 王明：《抱朴子内篇校释》，中华书局，1985 年版，第 474 页。

能自爱而全形，谨守先人之祖统，安能爱人全人?"〔1〕认为人命最重，人类自身必须要尊重己生、善待己生，才能爱他于全它。在道教戒律中也有明确反对"杀生"的戒条，要求人类应当去抚恤死者，保护生命，救死扶伤，使得一切生命能够终其天年，不至于中途受伤或夭折。〔2〕进一步强调对于生命的尊重，并指出人类有保护生命的责任。因此，我们要积极传播道教的"贵生重命"思想，劝告世人对生命要有"敬畏"之心，要把"敬畏生命、尊重生命"的理念贯穿到日常生活之中，成为个人对生命关怀的一种自觉行动。

(二) 增强"追求长生"的养生意识

道教讲"仙道贵生"，强调的就是"仙道"思想，为道教追求长生奠定了重要的理论基础。道教追求长生的目标就是得道成仙，成为道教徒养生修炼的毕生宏愿。在《抱朴子·内篇》"论仙"中，葛洪论述了"神仙道教"的诸多问题。关于"神仙"是否存在问题，葛洪通过深入论述后，进行了肯定回答。有人曾经问道："神仙不死，信可得乎?"葛洪回答说："虽有至明，而有形者不可毕见焉;虽禀极聪，而有声者不可尽闻焉。"〔3〕这就是说，世上虽有眼睛最明亮的人，而有形的东西也不能全部看见;虽有听力最灵敏的人，而所有的声音也不能全部听见。并进一步指出:宇宙万物，各种生命体众多，什么东西没有呢? 况且书籍、史册中充满了对众仙的记载，不死之道，岂能没有呢? 他还说:天下大着呢? 怎么能说没见过、没听过就不存在呢? 葛洪通过用经验、归纳、比附等方法证明神仙是确实存在的。道教认为，人可以通过"仙道"修炼达到"长存不死，与天相毕。"〔4〕这种

〔1〕 王明:《太平经合校》，中华书局，1960年，第56页。
〔2〕 《太上洞玄灵宝智慧罪根上品大戒经》，《道藏》第6册，886页。
〔3〕 《抱朴子·内篇》卷二《论仙》，《道藏》第28册，第173页。
〔4〕 王明:《太平经合校》，中华书局，1997年，第306页。

修炼长生思想，本身就有着很强的诱惑力，从健康养生、延年益寿到生命长存，值得当代社会加以弘扬，对于增强民众健康养生意识具有重要的积极作用。

首先，要大力弘扬道教的"长生"思想，增强民众的养生意识。在"仙道"信仰的目标追求中，历代道教徒为了追求健康长生，积极探索生命修炼的奥秘，积累了大量而宝贵的养生经验，形成了特有的道教养生文化。道教对于长生的追求，客观上推动了中国医药学、养生学、古化学等的发展，也包括中国保健体育技术的发展。其中，一些领域的理论和实践对于中东和西方曾经产生过直接影响。同时，道教的养生术也为人体科学的研究，积累了大量的实践材料，成为人类社会的宝贵财富，值得现代医学、养生学的重视和研究。现代社会中，工作紧张、生活节奏快、精神负担重，许多人处在身体、情绪的双重亚健康状态下，这就需要健康的养生方法，来调整心态、清静身心，保持身心健康。道教的"仙道"思想，自然就会增强人们的养生意识，促进社会民众重视养生保健工作，对于人类社会健康养生具有重要的现实意义。

其次，要积极倡导"长生"思想，增强民众的健康长寿意识。现代科学表明，通过必要的养生修炼，达到健康长寿是完全可能的。但是，在具体的修炼过程中，必须要坚持内修外养，固本守元。正如《心经》所说："上药三品，神与气精"。强调指出最好的养生药方，就是人身上的精气神，只有神清气足，外界邪气才不得入侵。事实上，在世界历史上曾出现过的宗教现象中，大概还没有哪一种宗教能像中国的道教那样关注人的现实生命存在，重视人的身体发展和精神发展的统一。至于如何修道养生，葛洪指出："仙法欲静寂无为，忘其形骸"。[1] 强调健康长生之法，要做到清静无为、忘却自我，通过循序

---

[1]《抱朴子·内篇》卷二《论仙》，《道藏》第28册，第175页。

渐进的修炼才能完成的。道教有一部经典叫《清静经》，讲的就是清静修身之理，即以"清静"法门去澄心遣欲，去参悟大道。实践证明，这种清静修身法，是一种有效的、健康的养生方法。现代社会中，我们要积极倡导道教"追求长生"的养生意识，认真总结成功的养生经验，广泛传播其科学的、健康的养生方法，从而进一步增强民众的健康长寿意识，发挥道教"仙道养生"文化在健康养生中的积极作用。

二、善用自然养生文化，把握健康养生规律

自古以来，古今中外，人们都在研究探索健康养生之道，希望掌握健康长寿的养生规律。其实，自然是大宇宙，人体是小宇宙，人是自然界的产物，人的生活必须要符合自然规律。因此，以自然之道，养自然之生，才是最好的养生之道。事实上，养生就是培养一种健康的生活习惯。根据《黄帝内经》记载，主要有：顺应四时之养生、五脏养生、情志养生、饮食养生、动静结合养生等等。虽然健康长寿者的养生方法千差万别，但是有规律的生活却是共同的。这就是说，从养生方法来看，就是要把握"顺应四时"的养生规律，从防止疾病来看，要把握"平衡阴阳"的养生规律。

（一）把握"顺应四时"的养生规律

所谓"顺应四时"，就是指按照一年四季气候阴阳变化的规律和特点进行调养，从而达到养生和延年益寿的目的。从自然界的情况来看，一年四季的气候变化是自然的，但也是有它的一定规律的，即春温、夏热、秋凉、冬寒，周而复始。其中，温热为阳，寒凉为阴，这就是自然界阴阳的变化。在四时变化中，春季多风，夏季多暑（热）、多湿，秋季多燥，冬季多寒，它们之间的正常变化，是一切生命自然生

长、发育的重要条件。人类是自然界中的一种生命体，也必须要适应自然界的变化规律，并积极地利用四时、顺应四时来掌握养生的规律，才能有利于身体健康。

首先，人类只有"顺应四时"的变化，才符合健康养生规律。从自然生物生长情况看，四时气候的阴阳变化，是一切生物始终不能脱离的自然条件，也是生长和消亡的根本因素。春、夏、秋、冬四时寒热温凉的变化，是一年中阴阳消长形成的。春夏属阳，秋冬属阴。自然节气也随着气候的变迁而发生春生、夏长、秋收、冬藏的变化。人的养生要顺应四时、效法自然，才有利于身体健康。《黄帝内经》称："夫四时阴阳者，万物之根本也。所以圣人春夏养阳，秋冬养阴，以从其根。"[1] 这就是说，四时阴阳变化是万物的根本，春夏之时要保养阳气，秋冬之时要保养阴气，这是自然万物运行的规律。所以，人类要根据春夏秋冬四时变化来养生。《道德经》也称："人法地、地法天，天法道，道法自然"。[2] 强调指出，人效法地，地效法天，天效法道，道的运行法则是自然而然的。人是自然之子，是天地之气化育而成。所以，人与自然之间密不可分，人必须以天地为师，以自然为师，法天地自然而行事，健康养生更是如此。《黄帝阴符经》也指出："宇宙在乎手，万化生乎身"。[3] 认为把握自然、顺应自然、效法自然是养生的根本法则。因此，养生之道必须要效法天地、顺应四时阴阳变化，即"顺四时而适寒暑，和喜怒而安居处，节阴阳而调刚柔"。[4] 这样才是"顺应四时"的健康养生之道。

其次，人类只有"掌握四时"的规律，才能有利于身体健康。人类作为自然界的一部分，不能脱离客观自然条件而生存，而是要顺应

---

〔1〕《黄帝内经素问补注释文》卷二，《道藏》第 21 册，第 12 页。
〔2〕 安伦：《老子指真》，社会科学出版社，2016 年，第 36 页。
〔3〕《黄帝阴符经注》，《道藏》第 2 册，第 830 页。
〔4〕 张雪松编著：《道教养生》，北京图书馆出版社，2006 年，第 197 页。

时势变化、掌握四时规律，以调摄人体，从而达到阴阳平衡、脏腑协调、气血充盛、经络通达、情志舒畅的养生保健目的。《黄帝内经》称："故阴阳四时者，万物之始终也，死生之本也，逆之则灾害生，从之则苛疾不起"。[1] 这就是说，一年中的阴阳四季，是天地间万物生命的开始与终极，是生死之事的根本，凡违背这一规律的就会发生疾痛之灾，顺从这一规律者疾病就不会产生。《黄帝内经》还进一步指出："春三月，此谓发陈，天地俱生，万物以荣。夜卧早起，广步于庭，被发缓形，以使志生，生而勿杀，予而勿夺，赏而勿罚，此春气之应，养生之道也"。"夏三月，此谓蕃秀，天地气交，万物华实。夜卧早起，无厌于日，使志无怒，使华英成秀，使气得泄，若所爱在外，此夏气之应，养长之道也"。"秋三月，此谓容平，天气以急，地气以明。早卧早起，与鸡俱兴，使志安宁，以缓秋刑，收敛神气，使秋气平，无外其志，使肺气清，此秋气之应，养收之道也"。"冬三月，此谓闭藏，水冰地坼，无扰乎阳。早卧晚起，必待日光，使志若伏若匿，若有私意，若已有得，祛寒就温，无泄皮肤，使气亟夺，此冬气之应，养藏之道也"。[2] 这是一种顺应四时、掌握四时规律的养生之法，要求根据四时的变化起居，按照春、夏、秋、冬四季的变化，遵循"生、长、收、藏"之道，对应"养肝、养心、养肺、养肾"之气来进行养生。这就是说，养生必须要掌握"四时"的变化规律，并积极地利用它来养生保健，才能使肌体充满生机。如果违反了"四时"气候的阴阳变化规律，就会损伤五脏功能，影响身体健康。因此，人生活在自然界中，就必须要积极地适应它。如果肌体的抵抗力薄弱，不能适应外界环境的变化，就会被六淫（风、寒、暑、湿、燥、火）侵害而致病。所以，养生之人要经常保养精神、锻炼身体、增强体质，才能适

〔1〕《黄帝内经素问补注释文》卷三，《道藏》第21册，第12页。
〔2〕《黄帝内经素问补注释文》卷二，《道藏》第21册，第8—10页。

应四时气候，抵御外邪侵入，有利于身体健康。

（二）把握"平衡阴阳"的养生规律

阴阳理论，盛行于春秋战国时期，是古代中国的哲学概念。中国古代哲学家认为，万物的化生皆源于阴阳之间的相互作用。在养生学方面，古人早就认识到人体与自然界是息息相关、具有统一性的，人类生活在大自然里，在生命的整个过程中，无时不受到自然的影响，大自然的一切变化，必然会影响到人体，而人体也要有随时调节的本能，才能适应外界环境的变化。"自然界中，天有阴阳，地有阴阳，天地间阴阳二气，既动静相应，又上下交错，从而促进了万物的生长与发展。因此，人的形体也同样离不开天地阴阳的互相感应。"[1]《黄帝内经》称："阴阳者，天地之道也。万物之纲纪，变化之父母，生杀之本始，神明之府也。治病必求于本。"[2] 这就是说，阴阳是自然界变化的根本规律，是万物的纲纪，一切事物演变的根源，以及生成、发展和毁灭的动力。自然界的一切奥妙，都离不开阴阳的变化。人乃生物之一，故养生也必须从阴阳这个根本规律去探究。养生家多运用人体阴阳变化规律，来指导人们的养生修行，以求达到平衡阴阳的养生途径。

首先，要充分认识"阴阳之道"的养生原理。宇宙万物不论是在变动之中，还是处于相对静止状态，都有其对立统一的两个方面，都可用阴阳来代表其属性，而阴阳应用在人体上也有许多相应的表现。如宇宙间以天为阳，地为阴；日为阳，月为阴；火为阳，水为阴；上为阳，下为阴。《黄帝内经》称："故清阳为天，浊阴为地；地气上为云，天气下为雨；雨出地气，云出天气。"[3] 这就是说，清阳之气上

---

〔1〕赵棻主编：《中医基础理论详解》，福建科学技术出版社，1981年，第4页。
〔2〕《黄帝内经素问补注释文》卷五，《道藏》第21册，第23页。
〔3〕《黄帝内经素问补注释文》卷五，《道藏》第21册，第24页。

浮而为天，浊阴之气下凝而为地。地气上升而成云，天气下降而成雨。如果引申到人体生理方面，就以气为阳，以形为阴；以器官和营养物质为阴，以功能活动为阳；五脏为阴，六腑为阳。《黄帝内经》称："故清阳出上窍，浊阴出下窍；清阳发腠理，浊阴走五脏；清阳实四肢，浊阴归六腑。"〔1〕这就是说，出自上窍（眼、耳、口、鼻）的为清阳之气（指涕、泪、声、色等），出自下窍（前、后二阴）的为浊阴之气（指大、小便）。清阳之气（指汗、卫气等）向肌腠散发，浊阴之气（指津、液、营血）向五脏散发。清阳之气（指水谷的精微）充实于四肢，浊阴之气（指饮食的渣滓）内归于六腑。指出了阴阳与人体生理之间的关系。宇宙一切事物，包括人的生理、病理变化，以及人与自然界的有机关系，都可以用阴阳来概括。但不论阴阳如何变化，最基本的一点，就是要掌握它们之间的关系。同样，养生之道的关键也在于掌握阴阳，按照阴阳生长、变化之原理来进行。

其次，要准确把握"平衡阴阳"的养生规律。所谓"平衡阴阳"，是指人体内部以及人与外界环境之间，必须相互协调，才能维持正常的生理活动。自然界中，当气候寒暖反常、四时失序等阴阳失调之际，其气机必然会影响到人体中来。《黄帝内经》称："凡阴阳之要，阳密乃固。两者不和，若春无秋，若冬无夏。因而和之，是为圣度。"〔2〕这时，肌体内就必须调整阴阳，与之相应，以维持人与自然界间的平衡关系。如果人体正气虚弱，不能适应外界环境变化，就会导致内外之间的平衡失调。《黄帝内经》称："苍天之气清静，则志意治。顺之则阳气固，虽有贼邪，弗能害也。"〔3〕强调要顺应清静之气（苍天之气），固守自身之阳气，虽有外界邪风之影响，也不能伤害于你。从养生角度看，平衡阴阳至关重要。如果人体中阳气不足、阴阳不能相互

---

〔1〕《黄帝内经素问补注释文》卷五，《道藏》第21册，第24页。
〔2〕《黄帝内经素问补注释文》卷三，《道藏》第21册，第17页。
〔3〕《黄帝内经素问补注释文》卷一，《道藏》第21册，第13页。

平衡，就会产生疾病。《黄帝内经》称："阴胜则阳病，阳胜则阴病，阳胜则热，阴胜则寒。重寒则热，重热则寒。寒伤形，热伤气，气伤痛，形伤肿。故先痛而后肿者，气伤形也；先肿而后痛者，形伤气也。风胜则动，热胜则肿，燥胜则干，寒胜则浮，湿胜则濡泄。"[1] 明确指出了阴阳与疾病的关系，陈述了风寒暑湿的有关情况，分析了肿痛发生的缘由，说明了形气相互作用的机理以及对阴阳调理的重视。《黄帝内经》还称："上古之人，其知道者，法于阴阳，和于术数。"[2] 强调要效法、顺应阴阳之道，调和人体机能，自然就不会生病。同时，人是有机的整体，各脏器的功能，虽各有所司，但要相互促进、相互制约、相互为用，阴气能够平和，阳气才能固密。正如《黄帝内经》所言："阴平阳密，精神乃治。"[3] 明确指出，善于调养精气神者，必先平衡阴阳。只有阴阳平衡协调，身体才能健康。

三、善用功法养生文化，掌握健康养生方法

健康养生的基本要求，就是要增强人体内在的抵抗力。除了精神保养外，形体的锻炼也是非常重要的，这里的形体锻炼主要是指功法养生。所谓"功法养生"，就是指以意识为主导，通过形体的导引运动，配合呼吸吐纳，来畅通经络气血、调节脏腑功能，而达到强身健体、延年益寿、促进身心健康的方法。道教认为，功法养生能够畅通经络气血，调节脏腑功能，脏腑功能活动的稳定协调是人体生命活动得以正常的重要保证。实践证明，功法养生还能有效地改善人体的精神状态。俗话说，精神饱满是身体健康的象征。一个人精力充沛，气

---

〔1〕《黄帝内经素问补注释文》卷五，《道藏》第 21 册，第 25 页。
〔2〕《黄帝内经素问补注释文》卷一，《道藏》第 21 册，第 3 页。
〔3〕《黄帝内经素问补注释文》卷三，《道藏》第 21 册，第 17 页。

血活动正常，则脏腑就能得到协调，四肢百骸也是坚强充实，身体自然也会健康。因此，许多练功者在习炼养生功法后，都感觉到心情舒畅，心态平和。同时，功法养生还能够培育元真之气，强健躯体筋骨，不仅有利于预防疾病的发生，还有利于疾病的康复。古代的功法养生，起源于原始人类自我编创的各类形体运动和保健行为，在漫长的历史发展进程中，得到不断的补充、完善与发展，形成具有道教特色的功法体系，成为社会民众强身健体的重要功法。道教的功法养生内容很多，主要可分为"静功"与"动功"两大类，这是道教重要的养生方法之一。

（一）掌握"静功养生"健身方法

所谓静功，是以站、坐、卧等外表上静的姿势配合意念活动和各种呼吸的方法的一类功夫。其中，意念活动包括如何修德练性，或如何意守，如何导气等等。静功的特点是外静内动，静中有动。如站桩功、内养功、静坐等。简单说，静功是指肢体不运动的功法。相对于动功而言。为气功及武术的常用功法。《保生秘要》称："所以《素问》首卷论曰：恬淡无为，敛神内守。盖以静功调养真气。"静功的目的，在于入静。入静的含义，就是指身心安静下来。为了达到入静的要求，首先必须去除一切杂念，这是静功筑基法最为关键的一大原则。但是人们的思想习惯，大脑总是在不停地考虑问题，即使睡觉也会做梦，要它一旦停止不动，一般很难做到。为了达到这种"入静"的目的，古代道教养生家们创立了许多修炼法门。如：听息、守一、存想、坐忘等等，现简要介绍如下：

静功"听息"。听息就是指听自己的呼吸之气，是一种很好的入静方法。至于呼吸的快慢、粗细、深浅等，皆任其自然变化，不用意识去支配它。这样听息听到后来，神气合一，杂念全无，连呼吸也忘了。这种入静之法可以使人的大脑得静养，特别是对于神经衰弱的康复有着很好的疗效。

静功"守一"。守一是指在身心安静的情况下，把意念集中到身体的某一部位。《道德经》所说的"载营魄抱一，能无离乎?"[1]讲的就是"守一"之道。《庄子·在宥》曰："我守其一，以处其和。"就是说坚持守一之法，可以使体内阴阳二气处于和谐之中。保持阴阳平衡，自然就不会生病。《太平经》认为："守一明之法，长寿之根也。"《抱朴子·地真》引《仙经》称："子欲长生，守一当明。"指出"守一"功法，是长寿的根本，也是长生的关键。可见，守一在道教修炼养生中的重要地位。

静功"存想"。存想又称存思，是指想象体内外诸神、诸景，以达到入静和保健的修持方法。司马承祯《天隐子》称："存谓存我之神，想谓想我之身。"早期道教经典《太平经》就有记载，对着悬象存想二十四神归位人身中，并祛除灾祸的方法。道教认为，人体内各部位皆有神居，神在身体康健，神去凶病降生，所以必须使神常居于该居之宫，此即所谓"存神"。作为修炼之术的存想，既要使体内诸神归位，必得使意念顺次经历身体的各个部位即诸神各自的宫室，这样就须内视五脏六腑及有关经络、关节，这便是司马承祯说的"想我之身"。这种存想修炼之术，在上清派达到顶峰。《大洞真经》就有一部存想之经，而《黄庭经》则为存想之法的集大成者。[2]

静功"坐忘"。坐忘是指无所不忘的虚无境界。《庄子·大宗师》称："堕肢体，黜聪明，离形去知，同于大道，此谓坐忘。"[3]这就是说，忘却自己的形体，抛弃自己的聪明，摆脱形体和智能的束缚，与大道融通为一，这就叫坐忘。坐忘就是无所不忘，在思想上达到虚无境界。司马承祯《天隐子》称："物我两忘，了无所照，即为坐忘。"他还专门著有《坐忘论》，认为坐忘是修行成真的重要途径，说坐忘达

〔1〕 安伦：《老子指真》第23页，社会科学文献出版社，2016年版。
〔2〕 胡孚琛主编：《中华道教大辞典》，中国社会科学出版社，1995年版，第579页。
〔3〕《南华真经循本》卷七，《道藏》第16册，第61页。

到"内不觉其一身，外不知乎宇宙，与道冥一，万念俱遣"的状态。他将坐忘的修习分为：敬信、断缘、收心、简事、真观、泰定、得道七个阶段。对于养生者来说，通过坐忘之法的炼养，使身体保持最佳的自我调节状态，就能够实现健康长寿的目标。以上这些，都是道教很好的"静功"养生法，被历代养生家所重视。

近代著名的道学家陈撄宁先生，创立了"静功疗养"的内修功法。1957年，他在杭州屏风山疗养院讲授"静功疗养"功法，以治疗本元亏损的慢性疾病。他的静功疗法要求修炼者在"静"字上下功夫，推重《南华真经》中的"心斋"和"坐忘"。其中，"心斋"就是指摒除一切杂念，使内心保持一种清静虚极的状态。《庄子·人间世》称："唯道集虚。虚者，心斋也。"〔1〕强调只要达到空明的心境，道自然就会与你相合。"坐忘"就是指无所不忘，在思想上达到虚无境界。这里的"心斋"和"坐忘"，强调的就是一种"虚静"之法，是一种"致虚极，守静笃"〔2〕的境界。自然有利于健康养生。事实上，道教的静功养生，"已经超出了追求长生的原始意蕴。它引导人们保持恬淡无欲，恢复清静淳朴的本性，这实际上是一种生命的自我超越"。〔3〕实践证明，修炼"静功"能使修炼者的大脑皮层得到抑制和休息，神经系统得以恢复正常，从而达到消除病态的目的。由于"静功"修炼目标明确，功效明显，而且操作简便，便于学习推广，特别是在一些慢性病患者中，至今仍然得到重视。

（二）掌握"动功炼养"健身方法

动功是由古代相传的导引发展而来的。它将肌体运动与服气、吐纳、漱咽、推拿、按摩等相结合，形成了以动物象形运动和导引体操

〔1〕《南华真经循本》卷五，《道藏》第16册，第45页。
〔2〕安伦：《老子指真》，社会科学文献出版社，2016年，第28页。
〔3〕詹石窗主编：《道教与中国养生智慧》，东方出版社，2007年，第472—473页。

两大类为主体的健身术。一是动物象形类。这种功法继承了先秦彭祖导引法和华佗五禽戏的传统，模仿各种动物的运动来锻炼身体，主要有：熊经、鸟伸、鱼跃，虎顾、龟咽、燕飞、蛇屈、猿踞等。二是导引体操类。这种功法是与传统道教医学相结合，根据时人对人体生理、医理的认识而创作的，其主要动作有：叩齿、握固、咽津、叉手、伸足、引耳、摩面、引腰等。二者相结合，形成了以导引、服气、胎息、按摩、武术为主的道教动功养生术。这种动功炼养的主要特点：一是形动而神不动。即在练功时躯体不断地发生变化，但精神活动却保持相对宁静。二是动静的有机结合。即所谓的"动中有静""外动而内静"。至南北朝时期，这些养生功法得到进一步完善与发展，形成了具体道教特色的动功养生体系，主要包括：五禽戏、八段锦、太极拳等，现简要介绍如下：

动功"五禽戏"。其创编者为华佗，故又称华佗五禽戏，是以模仿动物动作和神态为主要内容的组合动功。本功法的起源可追溯至先秦。《庄子》中就有"熊经鸟伸，为寿而已矣"等记载。具体将"五禽戏"整理总结并作为一套功法推广者，是三国时期著名医学家华佗。《太上老君养生诀》称："古之仙者，为导引之事，能鸟申挽引肤体，动诸关节，以求难老，名曰五禽之戏。"〔1〕据《后汉书·华佗传》记载："吾有一术，名五禽之戏：一曰虎，二曰鹿，三曰熊，四曰猿，五曰鸟。亦以除疾，兼利蹄足，以当导引。体有不快，起作一禽之戏，怡而汗出，因以著粉，身体轻便而欲食。普施行之，年九十余，耳目聪明，齿牙完坚。"〔2〕关于五禽戏的功法动作，陶弘景在其《养性延命录》中有详细的记载："虎戏者，四肢距地，前三掷，却二掷，长引腰，侧脚仰天，即返距行，前、却各七过也。鹿戏者，四肢距地，引项反顾，

---

〔1〕《太上老君养生诀》，《道藏》第18册，第411页。
〔2〕《后汉书》第10册，中华书局，1997年版，第2739—2740页。

左三右二，左右伸脚，伸缩亦三亦二也。熊戏者，正仰以两手抱膝下，举头，左擗地七，右亦七，蹲地，以手左右托地。猿戏者，攀物自悬，伸缩身体，上下一七，以脚拘物自悬，左右七，手钩却立，按头各七。鸟戏者，双立手，翘一足，伸两臂，扬眉鼓力，各二七，坐伸脚，手挽足距各七，缩伸二臂各七也。夫五禽戏法，任力为之，以汗出为度，有汗以粉涂身，消谷食，益气力，除百病，能存行之者，必得延年。"[1] 强调修炼"五禽戏"，既要掌握其动作要领，又要把握其炼养的力度。后世的历代养生家们，根据"五禽戏"的原理不断发展变化，创编了数以百计的"五禽戏"套路，但其基本精神仍然大同小异。

　　动功"八段锦"。八段锦是由八节修炼动作编成的一套有效的导引锻炼方法。"因为它的八节歌诀易记，术式简单，且各节都有与内脏相关联的有效作用。因此，人们如对丝织品中的'锦'那样欢迎它、爱护它，故名。"[2] 一般认为，八段锦出于北宋末年。据《夷坚志》记载："政和七年，李似矩为起居郎……尝以夜半时起坐，嘘吸按摩，行所谓八段锦者。"八段锦在流传过程中，又分为南、北两派。其中，北派动作繁而难炼，以刚为主，姿势多用马步式，又称武八段；南派动作难度不大，以柔为主，姿势一般多用站式，又称文八段。一般的八段即指此。八段锦是一种以意行气的修炼功法，其八段功法的主要功能：第一段为"双手托天理三焦"。此段功法主要是四肢和躯干的伸展运动，有利于舒胸、消食通便、固精补肾、强壮筋骨和解除疲劳。第二段为"左右开弓似射雕"。此段功法主要是改善胸椎、颈部的血液循环。第三段为"调理脾胃臂单举"。此段功法主要作用于中焦，肢体伸展宜柔宜缓，有利于促进胃肠蠕动，增强消化功能。

　　第四段为"五劳七伤往后瞧"。此段功法实际上是一项全身性的运

---

〔1〕《养性延命录》卷下，《道藏》第 18 册，第 483 页。
〔2〕 胡孚琛主编：《中华道教大辞典》，中国社会科学出版社，1995 年，第 1031 页。

589

动，尤其是腰、头颈、眼球等的运动。对于防治颈椎病、高血压、眼病和增强眼肌有良好的效果。第五段为"摇头摆尾去心火"。此段功法有降伏"心火"的作用，并有助于任、督、冲三脉的运行。第六段为"双手攀足固肾腰"。此段功法主要是运动腰部，也加强了腹部及各个内脏器官的活动。能强腰、壮肾、醒脑、明目，并使腰腹肌得到锻炼和加强。第七段为"攒拳怒目增气力"。此段功法主要是运动四肢、腰和眼肌。其作用是舒畅全身气机，增强肺气，有利于气血运行。第八段为"背后七颠百病消"。此段功法主要通过肢体导引，吸气两臂自身侧上举过头，呼气下落，同时放松全身，并将"浊气"自头向涌泉引之，排出体外。有利于脊髓液的循环和脊髓神经功能的增强，进而加强全身神经的调节作用。因此，八段锦是一套完整的健身功法。

动功"太极拳"。太极拳是中国著名的拳种之一，也是道教重要的养生功法。元末明初之际，武当山著名道士张三丰创太极拳十三势，后人尊奉为太极拳始祖。早期曾称为"长拳""绵拳""十三势""软手"等。清代王宗岳著《太极拳论》称："太极者，无极而生，动静之机，阴阳之母也。动之则分，静之则合"。成为太极拳理论最早的著作，他的拳谱问世后，太极拳之名才开始形成并传播。太极拳是以中国传统的太极、阴阳辩证理念为核心思想，集颐养性情、强身健体、技击对抗等多种功能为一体，结合阴阳五行之变化，中医经络学，古代导引术和吐纳术形成的一种内外兼修、柔和、缓慢、轻灵、刚柔相济的中国传统拳术。在具体修炼太极拳过程中，有严格的功法要求，归纳起来主要有"松、静、沉、柔、绵、缓、整、舒"八个字。所谓"松"，即是意松体松，内外皆松，四肢百骸，五脏六腑，肌肤骨节都要松开。静，即为虚静，无极混沌之状也。沉，即为沉气。练拳时以意领气，以气运身，全身各部分有向下沉坠之感。柔，即柔和，相对于刚而言，不软不硬，其质如水。绵，即缠绵，缠丝劲。练太极拳须明缠丝劲，不明此即不明拳。缓，即缓慢。练太极拳要顺其自然，宜慢不宜快。整，即劲整。劲起于脚跟，主宰于腰，发于脊骨，形于手指。舒，即动作自然、舒展大方。这八个字中，松静为首要。练太极拳须"以功为本，以拳为母，以推手为用"，三者紧密结合，相辅相成。这就是说，练太极拳最重要的一个原则，就是做到"放松"，保持"气道通畅"，并注意调整呼吸。太极拳不仅强调肢体放松，而且练拳全过程都要求精神放松。因为，太极拳是一种心身俱练、神形双修的保健功法。它通过调心、调气、调身等一系列调整人体阴阳的对立统一的矛盾运动，以内固精神、运行气血、畅通经络、协调脏腑、活动肌肉筋骨，使人正气旺盛，阴平阳秘，内外调和，从而达到保健祛病、益寿延年之功效。另外，还有服气、吐纳等，都是道教养生保健的重要功法，至今仍然被养生家们所重视。

四、善用精神养生文化，形成健康心态模式

所谓"精神"，是指人的情感、意志等生命体征和一般心理状态。在人类生命活动中，人的精神是十分重要的，它往往是一个人身体健康的象征。凡精力充沛，气血活动正常，则脏腑功能得到协调，四肢百骸也坚强充实，自然就会健康。反之，如果精神不足，自身免疫功能就会下降，虽有气血骨肉，也会萎靡不振，甚至百病丛生。精神养生，强调的就是一种内在的精神修养，通过自身的内修外养，始终保持一种积极向上、乐观健康的心态。《玉皇心印妙经》称："上药三品，神与气精。"强调的就是"精神养生"的重要性。《黄帝内经》也说："精神内守，病安从来？"[1] 这就是说，一个人精神保养的好，体内正气充沛，自然就不会生病。因此，精神饱满、心情开朗，是健康心态的标志。道教的"精神养生"文化，关注的就是健康心态问题，要求

---

〔1〕《黄帝内经素问补注释文》卷一，《道藏》第21册，第4页。

人们通过慈善养生、生态养生、道德养生等途径，始终保持一种健康的心态模式。

（一）形成"慈善养生"的健康模式

道教慈善由来已久，在道教典籍中就蕴涵着十分丰富的慈善思想。如"仙道贵生，无量度人"的济世伦理，"齐同慈爱，异骨成亲"慈爱思想，就是早期道教的一种慈善理念。"济世利人"和"扶贫帮困"的济世情怀，则是道教典型的慈善文化，是道教关爱社会的一种功德善举。然而，我们在对道教慈善文化进行研究时发现，道教慈善往往与养生紧密相连，这就是道教所特有的"慈善养生"文化。

道教是一种普世宗教，无论是对自然生态的关注，还是对人类生命的关爱，处处闪耀着"慈善养生"的光芒。《太平经》称："行善可以尽天年"。还称："努力行善，子孙延年。"《张三丰先生全集》亦称："福自我求，命自我造，阴骘可以延年"。这就是说，行善本身就是一种养生，行善是长寿的重要条件。《太上感应篇》还从"积善之家，必有余庆；积不善之家，必有余殃"的思想出发，指出"祸福之门，唯人自召；善恶之报，如影随形"。告诫世人，只有积善才能成福，积恶必遭灾祸。所谓善行有善报，这是天道的福善。《元始洞真慈善孝子报恩成道经》称："孝治其身，志性坚正；孝治百病，天为医之；孝治万物，众毒不害；孝治山川，草木不枯。"[1] 强调的就是一种孝道思想，孝子慈善，不仅能养生治病，而且还可以修成道业。

近年来出版的《中国慈善文化与养生》一书，就是以慈善文化为主旨，深入浅出、朴实浅显的方式阐述慈善爱心的哲理，用通俗的语言阐述了儒、道、释各家传统慈善理念与养生内涵，为人类的幸福生

---

[1]《元始洞真慈善孝子报恩成道经》，《道藏》第2册，第32页。

活和健康心态进行导航。[1] 现实社会中，有人很有钱，物质条件也很丰富，但是他们并不幸福。有人财富并不多，物质条件也不好，但是他们却很幸福。原因何在？关键是他们懂得感恩幸福、珍惜幸福。如果一个人整天精神空虚、怨天尤人，而且还心态失衡、不知满足，那肯定是不会幸福的，甚至还会带来祸患。如果一个身心健康、知足常乐，而且又能积极向善、乐善好施、行善积德，那么精神生活肯定是充实的，幸福人生也是必然的。因此，我们要积极倡导道教的"慈善养生"理念，为培育民众的健康心态发挥积极作用。

（二）形成"生态养生"的健康模式

所谓"生态"，是指生物在一定的自然环境下生存和发展的状态。与之相关联的是生态环境。在人类的日常生活中，生态环境会间接地、潜在地、长远地对人类的生存和发展产生影响。生态环境的破坏，会导致人类生活环境的恶化，最终会影响到人类的健康与生存。历代以来，养生家们就十分重视生态环境问题。《孟子·尽心上》称："居移气，养移体，大哉居乎。"指地位和环境可以改变人的气质，奉养可以改变人的体质。说明古人很早就认识到居住环境对保障人类健康和改变居民体质的意义。《黄帝内经》称："自古通天者，生之本，本于阴阳，天地之间，六合之内，其气九州、九窍、五脏、十二节，皆通乎天气。"[2] 这就是说，自古以来就认为人的生命活动是与自然界相通的，生命的根本，来源于天地间的阴阳之气。凡是天地之间，四方上下之内的一切事物，无论是地上划分的九州，或者是人体中的九窍、五脏、十二关节，都是与自然界阴阳之气相互贯通的。强调了人体生命之气与自然界阴阳之气是息息相关的，是相互影响的，养生修炼自

---

〔1〕刘少雄等编著：《中国慈善文化与养生》，中医古籍出版社，2016年。
〔2〕《黄帝内经素问补注释文》卷一，《道藏》第21册，第3页。

然也是如此。

道教养生历来就十分注重自然环境，道士修炼常常要选择一块"风水宝地"，这个风水宝地都是环境优美的地方，环境好自然有利于修炼，也有利于养生。所谓"生态养生"，主要是从生态和谐的视角来谈"养生"。因为自然环境与人类生存息息相关。只有自然健康了，人类才会有健康的生存空间。老子认为，自然界是人类的生命源泉，人要维持生命活动，必须要顺乎自然，适应自然环境的变化规律。《道德经》讲"道法自然"，强调的就是人与自然环境的依存关系。《太平经》指出："天道有常运，不以故人也，故顺之则吉昌，逆之则危亡"。[1]要求人类社会应当遵循自然法则来求生存。

现实社会中，随着人类对自然控制与支配能力的急剧增强，以及自我意识的极度膨胀，人类开始一味地对自然强取豪夺，从而激化了人与自然之间的矛盾，加剧了人与自然的对立，严重破坏了自然环境与生态和谐。道教倡导"生态养生"，既有利于自身的健康，又有利于生态环境的保护。从生态养生学角度看，人类的生存与自然环境关系密切，甚至相互作用、相互影响，人类应当自觉克制自身的行为以维护好这种关系，使天人实现和谐，从而为人类的生存营造良好的生态环境。因此，我们要积极倡导"生态养生"理念，为培育民众的健康心态发挥积极作用。

（三）形成"道德养生"的健康模式

道德养生主要是注重精神层面上的养生，这是道教养生文化的重要内容之一。古人就有"德者高，仁者寿"的说法。即所谓"大德高龄，仁者长寿"。这是因为，他们往往宅心仁厚，对自然和社会规律能够准确把握，心静如水，恬淡虚无，精神内守，气血阴阳调和。《千金

---

〔1〕 王明编：《太平经合校》，中华书局，1997年，第176页。

要方》称："故养性者，不但饵药餐霞，其在兼于百行，百行周备，虽绝药饵，足以遐年。德行不充，纵服玉液金丹，未能延寿。"还进一步指出："善摄生者，陆行不遇兕虎，此则道德之指也。"[1] 都强调指出了道德养生的重要作用。

道教历来就倡导"道德养生"理念，老子《道德经》就明确提出："尊道贵德"的思想。要求修道养生，必须"清静无为、淡泊名利"，只有具备高尚的品德，才有可能得道。为了提升道德修养，道教还制定了许多清规戒律，要求修道养生者坚持做到"诸恶莫作，诸善奉行"；"忠孝友悌，正己化人"；"救人之难，济人之急"等。通过严格的道德行为规范，净化社会，净化心灵，从而达到不求寿而寿自延的目的。所以，道教认为"修道应以德为基"。对于广大道教徒来说，修道的先决条件就是立德，立德就要在日常生活中不断积累功德。其关键在于提高自我修养，遵守"道"的法则，保持内在修持和外在行为一致，以清静无为、柔弱不争、慈悲宽容、淡泊名利的心态为人处世。这就是道教所倡导的"道德养生"，自然有利于个人内在人格修养的提升。从表面上看，一个人的人格修养虽然是个人的私事，是一个人自身内在修养的表现。从深层次看，个人的品德修养又是一个社会问题，是一种社会伦理道德问题。道教"道德养生"文化，强调个人道德品质和内在修养的一致性，是养生文化的一种高境界。因此，我们要倡导道教的"道德养生"理念，为培育民众的健康心态发挥积极作用。

五、善用饮食养生文化，保持健康生活方式

食物是人体营养的主要来源和根本，是人类赖以生存的根基，有

---

[1]《孙真人备急千金要方》卷八十一，《道藏》第 26 册，第 530 页。

了食物的供应与补充，身体便能维持正常健康的机能，以防疾病的产生。所谓"民以食为天"，食物与人的生命、生存息息相关。历代以来，道教对于饮食养生都非常重视，并在长期的实践中积累了丰富的养生经验。道教饮食养生的重点在于，以充足的饮食营养补益精气，以合理的饮食调配、平衡人体脏腑的阴阳偏颇。而饮食养生的目的在于，遵照养生原则调整饮食、注意饮食禁忌、合理地摄取食物，以保持健康的生活方式、实现增进身体健康的目的。

（一）保持"营养均衡"的生活方式

所谓"营养均衡"，是指饮食中要保持营养搭配的比例，以确保身体各脏器的健康。饮食营养是人们身体健康的重要保证。富有营养、科学、合理的膳食能够给予人体充足的营养供给，并能够使人体气血充足、脏腑功能旺盛、新陈代谢功能活跃，从而可增强人体的抗病能力。同时，饮食均衡还可以调节人体的阴阳平衡。根据人体的阴阳盛衰状况，结合食物的气、味特点，给予适宜的饮食，既能因人制宜地为人体补充营养，又可起到调整阴阳平衡的作用。《黄帝内经》指出："形不足者，温之以气，精不足者，补之以味"。[1] 这就是说，形是气生成的，气又是以精的形式存于体内，造成"形"不足的原因，主要是精的营养不够。而造成精不足的原因，又主要是因为五味的不足，机体无以生化。明确指出了营养均衡的重要性。同时，饮食营养还具有抗衰防老、延年益寿的作用。《道德经》称："盖闻善摄生者，陆行不遇兕虎，入军不被甲兵"。这就是说，善于维护生命的人在陆地上行走不会遭遇犀牛和老虎，进入军中不会被兵戎所伤。善于养生者，总能把握生活、生命规律，处置也总是恰到好处。

从营养学角度看，饮食中保持营养均衡，正是延年益寿、抗衰防

---

〔1〕《黄帝内经素问补注释文》卷五，《道藏》第21册，第35页。

老的关键所在。人的精气生于先天、养于后天、藏于肾脏、养于五脏，精气充足则肾气强盛，肾气强盛则身体健康、精力自然充沛。然而，现实社会中，很多人不注意控制饮食，不注意营养均衡，导致身体出现的问题越来越多。比如，肥胖、糖尿病、高血压等疾病的发生率越来越高。正如《黄帝内经》所言："今时之人不然也，以酒为浆，以妄为常，醉以入房，以欲竭其精，以耗散其真，不知持满，不时御神，务快其心，逆于生乐，起居无节，故半百而衰也。"[1] 这就是说，现在的人就不同了，把酒当作水一样纵饮无度，经常沉迷于反常的生活中，还乘着酒兴纵意房事，因过度色欲而耗竭精气，造成真元败散。正是由于不懂得要保持旺盛的精气，经常过分使用精神，贪图一时的快意，背弃了养生的乐趣，生活全无规律，所以才到五十岁就衰老了。日常生活中，饮食合理、营养均衡，身体便能维持正常健康的机能，以防疾病的产生。现代科学也证明，高蛋白、高热量、高脂肪、高糖分的食物菜肴有害于人的身体健康，会引发多种疾病。至于烟酒，对人的身心健康危害更大。因此，我们要大力提倡"营养均衡"的饮食养生方法，根据身体的具体情况进行调理，饮食得当，形成良好的饮食养生习惯，保持健康的生活方式。

（二）保持"饮食有节"的生活方式

饮食有节，是指在饮食中要保持固定的时间和一定的食量，一次食用过多或者过饱都会伤身。在饮食中，还要注意调和五味，即五种滋味（酸、甜、苦、辣、咸）摄入都不能过多，否则就会成为致病的隐患。《黄帝内经》称："食饮有节，起居有常，不妄作劳，故能形与神俱，而尽终其天年，度百岁乃去。"[2] 强调指出了饮食与起居在养

---

〔1〕《黄帝内经素问补注释文》卷一，《道藏》第21册，第4页。
〔2〕《黄帝内经素问补注释文》卷一，《道藏》第21册，第4页。

生中的重要作用。《道德经》则称："保此道者不欲盈。夫唯不盈，故能敝而新成"。[1] 这就是说，保有大道的人不求盈满。正是因为不盈满，所以才能陈旧了再得到更新。同样指出了养生要注意节食的道理。关于饮食有节的养生要求，孙思邈在《千金方》中明确提出"先饥而食，先渴而饮"的原则，强调"莫强食，莫强饮"的思想，否则就会出现"饱则伤肺，饥则伤气，咸则伤筋，酸则伤骨"[2] 的问题。《黄帝内经》还进一步指出"不得夜食""饱食即卧，乃生百病"等，要求人们在日常生活中，养成良好的饮食习惯。

道教所提倡的饮食有节，主要包括两个方面内容：一是定时，要控制进食的时间。《吕氏春秋·尽数》称："食能以时，身必无灾。"这就是说，饮食能够有节制，身体必然不会有疾病。日常饮食中，应当要遵循一定的规律，每日每餐应固定时间。在固定的时间进食，可保证人体消化、吸收机能规律地进行活动，从而可使脾胃配合协调。在脾胃有张有弛的配合中，食物才能够有条不紊地被人体消化、吸收，并将食物所转化的水谷精微输布于全身。如果每日三餐无定时，或食不绝口，或忍饥不食，则会打乱胃肠正常而规律的消化活动，以使脾胃失调、消化能力减弱，从而导致胃肠疾病的发生，有损于人体健康。一日三餐的饮食方式，是经人类多年的饮食经验总结，在固定的时间进食，养成良好的饮食习惯，不仅能够保证正常的消化机能，而且对人体也是大有裨益。二是定量，要控制饮食的食量。做到每餐后都感觉饥饱适中，是保持人体健康的重要基础。《千金要方·养性序》称："不欲极饥而食，食不可过饱；不欲极渴而饮，饮不可过多。饱食过多，则结积聚，渴饮过多，则成痰"。[3] 因为，人在大饥大渴时，脾胃虚弱，消化功能差。这种情况下，如果进食过多，脾胃承受不了，

---

〔1〕 安伦：《老子指真》，社会科学文献出版社，2016年，第27页。
〔2〕《孙真人备急千金要方》卷八十一，《道藏》第26册，第534页。
〔3〕《孙真人备急千金要方》卷八十一，《道藏》第26册，第531页。

会造成食物不化，结滞于胃肠内，造成胃胀难受。大渴后，心脏及肾脏功能减弱，大量喝水，水分迅速进入血液，突然增加心脏和肾脏的负担，致使气血失常。恰到好处地定量进食，不仅能保证人体的营养需要，更能够保证人体消化、吸收功能运转良好，从而使人体的各项生理功能得以正常运转。同时，一日三餐也要控制好食量，总体以"早饭要吃好，午饭要吃饱，晚饭要吃少"为原则。一般来说，早饭食物的质量，不仅应精细一些，而且要具备较高的营养价值，这样才能保证机体一天的能量消耗。午饭要讲求饭菜的质量与数量，才能够保证一天的消耗所需，但也不宜过饱。晚饭时应以少量、易消化的食物为主。晚饭最接近睡眠，而且人们在晚间的活动量较小，身体消耗也比较少，此时若进食过饱，不仅会加重胃肠负担，导致食物停滞于胃肠，引起消化不良等症。因此，我们要大力提倡"饮食有节"的养生方法，始终掌握"饥饱适中"的原则，形成良好的饮食养生习惯，保持健康的生活方式。

综上所述，道教从神仙信仰与追求长生出发，建立起我命在我、神仙可学的生命观。历代道教徒为了追求长生，力求与生死相抗争，在健康养生方面取得了辉煌成就，成为祖国医学和养生文化中的瑰宝。道教养生文化内容十分丰富，其中既有功法养生文化，又有精神养生文化，既有饮食养生文化，又有自然养生文化，都是现代社会健康养生的重要内容。当然，饮食养生中所包含的"服食"、"辟谷"养生等，功法养生中所包含的"吐纳"、"胎息"养生等，以及其他相关养生等，都是道教养生文化的重要内容，需要作进一步探讨和研究，本文所关注的是道教养生与人类身心健康问题。当代社会，我们要与时俱进、顺势而为，要积极挖掘道教养生文化内涵，大力弘扬道教养生文化思想，促进社会民众形成健康的心态模式，保持健康的生活方式，为人类社会的身心健康作出积极贡献。

第三节　道教北斗文化与"一带一路"建设

　　党的十八大以来，党中央把握时代大趋势、顺应人民新期待，开创性地提出了治国理政新理念、新思路、新战略。2013 年，国家领导人在访问中亚和东南亚时，分别提出建设丝绸之路经济带和 21 世纪海上丝绸之路的倡议。创新性地提出了"一带一路"的伟大倡议，向世界展现中国形象、贡献中国智慧。共建"一带一路"倡议，目的是聚焦互联互通，深化务实合作，携手应对人类面临的各种风险挑战，实现互利共赢、共同发展。"一带一路"倡议的提出，契合沿线国家的共同需求，为沿线国家优势互补、开放发展提供了新的机遇，是国际合作的新平台。在党的十九大报告又进一步指出："积极促进'一带一路'国际合作，努力实现政策沟通、设施联通、贸易畅通、资金融通、民心相通，打造国际合作新平台，增添共同发展新动力。"[1]"一带一路"体现的是和平、交流、理解、包容、合作、共赢的精神，是纵贯古今、面向全球的世纪蓝图。实践证明，这一重大合作倡议从理念转化为行动、从愿景转变为现实，谱写了全球共同发展的时代新篇章，意义重大而深远。

　　在建设"一带一路"的时代进程中，我们应当坚持文化先行，树立文化引领经济的高度自觉，推动传统文化的传承与创新，通过

---

〔1〕《党的十九大报告》辅导读本，人民出版社，2017 年，第 59 页。

进一步深化与沿线国家的文化交流，促进区域合作，实现共同发展。道教文化博大精深，北斗文化是道教文化的重要组成部分，它根植于华夏民族，成长于中华大地，是中华民族古老而神秘的传统文化。北斗本义是指北方天空中接近北极的七颗亮星组成的星群，因排列如斗杓而故名。由于北极星的位置永远在正北方向，北斗星就成了古人定方位、指方向和判断季节的定海神针。北斗文化以道教信仰为载体，以"神缘"文化为纽带，其价值理念契合"一带一路"沿线国家的价值观。共同的文化与信仰，可以促进民心相通、文化认同和经贸往来，是助推"一带一路"倡议的重要资源，具有积极而重要的现实意义。

一、善用北斗"神缘"功能，助推
"一带一路"民心相通

北斗文化，根植于"一带一路"沿线国家，蕴含着共同的精神追求，是民心相通的信仰根基。华夏先民对北斗的信仰，几乎贯穿整个中国历史。考古资料表明，距今五六千年前的濮阳西水坡 45 号墓中，已经出现由蚌壳堆塑的三角形与两根人骨构成的北斗形象。殷商甲骨文，多处出现关于"斗"及祭斗的记载，商代的卜辞中保留有殷人拜祭北斗的记录。汉代以降，北斗题材的壁画、石刻、墓砖及随葬品更加普遍，反映了当时人们对北斗的崇拜和信仰。北斗信仰之所以有如此影响，主要是因为在古人的宗教意识中，北斗兼具降福、延寿、占卜、厌鬼、辟兵、修仙等多重宗教职能。道教尊北斗为"北斗星君"，称其有消灾延寿之功能。早期道教，就已经有了礼拜北斗的记载。西汉时的《周易参同契》称："履行星步北斗"。[1] 祷告北斗、祈求延

---

〔1〕《中华道藏》，华夏出版社，2004 年版，第 16 册，第 12 页。

生。《汉天师世家》中亦有张陵之母"梦神人自北斗魁星中降……感而有娠"，[1] 遂生张陵之说。三国时，吕蒙病危，孙权请道士打醮向北斗乞命。北斗星君执掌人间福寿禄籍之事，与民众生活息息相关。《太上玄灵北斗本命延生真经注》称："北斗居天之中，为天之枢纽，斡运四时。凡天地日月，五星列曜，六甲二十八宿，诸仙众真，上至天子，下及黎庶，寿禄贫富，生死祸福，幽冥之事，无不属于北斗之总统也。人若诚心祈祝，叩之必应。"[2]《老子中经》称："璇玑者，北斗君也，天之侯王也，主制万二千神，持人命籍。"[3]《北斗神咒》则称："北斗九辰，中天大神，上朝金阙，下覆昆仑，调理纲纪，统制乾坤。"[4] 可见，北斗的地位之高和影响之广，在古代民众信仰生活中是前所未有的。

道教科仪中，拜斗是道教独有的一种为人消灾解厄、祈福延寿之科仪。古代道教，在名山宫观绝顶之处，通常设有祈禳星辰的斗坛，称为朝斗坛、礼斗坛、醮斗坛、星斗坛、北斗坛。礼拜北斗，可以解厄消灾、延年益寿。此后，伴随着道教的对外传播，北斗信仰也开始走向世界。据有关资料记载，道教在亚洲传播最为广泛，主要有日本、朝鲜、泰国、印度尼西亚、菲律宾、缅甸、马来西亚、新加坡等，同时在非洲、欧洲、北美洲、南美洲、大洋洲也有传播。根植于各国民众的北斗文化，寄托着人类社会对于幸福生活和美好未来的向往与追求。以信仰为基础的北斗文化，具有超越一切社会阶层的特点，共同的信仰、共同信奉的神灵使他们聚集起来，成为凝聚人们精神生活的重要内容，自然有利于民心相通和社会发展。

北斗文化，根植于"一带一路"沿线国家，蕴含着共同的星神崇

---

〔1〕《中华道藏》，第46册，第346页。
〔2〕《中华道藏》，第6册，第687页。
〔3〕《中华道藏》，第29册，第170页。
〔4〕《太上玄灵北斗本命延生真经》，《中华道藏》，第6册，第641页。

拜，是民心相通的"神缘"纽带。北斗星君是道教供奉的重要星神之一，随着华人信仰的迁移而外传，逐渐成为世界许多国家共同信奉的神灵，尤其是在"一带一路"沿线国家，有着大量的北斗信仰文物、民俗可以佐证，北斗信仰已经成为这些国家和地区的文化基因，深深植根于社会民众之中，至今仍然有着广泛的影响。以朝鲜、日本和新加坡为例，据史料记载，唐代时道教传入朝鲜，北斗信仰也随之传入朝鲜半岛，并很快被当地人所接受，逐渐融入其固有的天神祭祀传统中，使朝鲜半岛自古流行的天神崇拜中逐渐出现了道教北斗崇拜的内容。据《高丽史》记载："摩利山，在府南山顶有堑星坛，世传檀君祭天坛。"[1]到高丽时代，摩利山顶的祭天之坛逐渐演变为道教星斗崇拜的场所。而日本古代的北斗信仰，也是受道教影响而逐渐形成的。

据说，自唐代开始，日本天皇每年两次亲自举行北斗祀典，并成为传统。此后，凡有不祥之事时，随时举行北斗祭。宫中元日四方拜祭之时，天皇自称北斗神号，面向北辰拜属星。当天皇生病以及天地异变之时，皆举行祭拜北斗的仪式。此外，受北斗信仰的影响，日本独自发展起来的山岳修验道，也是以祭祀北斗七星和九曜二十八宿为中心的。还有，新加坡的华人信仰主要是道教，这里最有影响的就是九皇信仰，而九皇信仰就是北斗信仰。还有，新加坡保存至今的拜太岁传统，也影响非常广泛。新加坡民众凡遇到自己生辰与流年相冲、相刑、相害的话，就要去庙里拜太岁，已经成为传统。这就是说，北斗信仰已经在"一带一路"沿线国家扎根，成为社会民众信仰的重要内容之一。民心相通，是"一带一路"建设的社会根基。国之交在于民相亲，民相亲在于心相通。"一带一路"建设提出以来，已经得到100多个国家和国际组织的积极响应与支持，40多个国家和国际组织与中国签署了合作协议。这些国家大多有北斗文化及其信仰的基因，

---

〔1〕《高丽史》志卷十《地理一》，明万历四十一年朝鲜太白山史库本，第16页。

只有通过北斗文化的联系、沟通与交流，才能让各国人民增强互信、加深感情，从而促进各国间的友好往来和经贸合作。

二、善用北斗"星象"功能，助推
"一带一路"文化认同

北斗文化，根植于"一带一路"沿线国家，蕴含着古老而神秘的文化元素，是各国文化互鉴的精神力量。在古代社会中，北斗文化与国家政治活动紧密相连，成为华夏民族古老而神秘的文化基因。古人将北斗所处的位置视为"天中"，天之中在紫薇，紫薇星号称"斗数之主"，被称为"帝星"。古代建都定要与"天中"的"紫薇垣"相呼应，以表明其统治的合法性。中国古代崇尚"推天道以明人事"。《论语·为政》称："为政以德，譬如北辰，居其所而众星拱之。"[1] 人间的统治者也应效法天道，所谓"北斗有七星，天子有七政"（即金、木、水、火、土、日月、星辰七方之国）。地上的统治也应该有个中心，像北斗一样能运于中央，临制四方。《吕氏春秋·慎势》说："古之王者，择天下之中而立国，择国之中而立宫，择宫之中而立庙。天下之地，方千里以为国，所以极治任也。"[2] 有鉴于此，人间帝王极为慎重地选择对应着天上"紫微垣"的地上至中央位置作为都城。号称天子的皇帝也把自己的皇宫、皇城建成"斗城"，如汉朝长安又称"斗城"。《后汉书》注言称："天有紫微宫，是上帝之所居也。"[3] 紫微垣又称紫微宫。人间的皇帝自称为天子，皇帝居住的内城严禁百姓靠近，所以又叫紫禁城，就是借喻紫微星而来的。古代建都城要与"天中"的

---

〔1〕《论语集释》卷三，《为政上》，中华书局，1990 年，第 61 页。
〔2〕《吕氏春秋集释》卷十七，中华书局，2009 年，第 25 页。
〔3〕《后汉书》卷三十八，中华书局，1997 年，第 1617 页。

"紫薇垣"相对应，修建皇宫就更要寻找对应紫微垣的"地中"了，这就是所谓"紫微正中"建皇城。可见，北斗文化蕴含着古老而神秘的文化元素，这种元素在华人社会里深深扎根，并得到世界许多国家帝王的喜爱，成为人类社会特有的帝王文化。

在漫长的历史岁月里，中国曾经有过政治、经济和军事力量的辉煌时期，当时，中国对于周边国家有很大影响力。周边国家曾经要求中国王朝派遣各种使者去他们国家传播先进的政治制度、科学技术和思想信仰等，道教的北斗文化也随之传入。还有，日本曾先后派出大约19批"遣唐使"到中国唐王朝学习中国的先进思想、文化和各种制度。周边国家也曾派遣留学人员到中国学习先进的中国文化，他们在回国时也带走了大量的中国典籍，这其中也包括道教古老而神秘的北斗文化。比如，日本天皇"拜北斗"的传统就是道教古老而神秘北斗文化的影响。这种古老而神秘的北斗文化，在"一带一路"沿线国家皆有不同程度的传播，并影响着国家政治和社会民众的生活。我们要善用北斗文化所特有的社会凝聚力和信仰感召力，促进不同文明的交流融合，促进各国文化的交流互鉴，进而助推"一带一路"建设的不断前行。

北斗文化，根植于"一带一路"沿线国家，蕴含着共同的文化基因，是各国文化认同的思想基础。北斗本义是指北方夜空中接近北极的七颗亮星组成的星组，因排列如斗杓而故名。由于北极星的位置永远在正北方向，北斗星就成了古人定方位、指方向和判季节的定海神针。据史料记载，夏朝开始有了世界上第一部太阳历法。如《左传》所引《夏书》中的"辰不集于房。"[1] 就是记录当时发生在房宿位置上的一次日食，这是世界上最早的日食记录。夏代的历法，就是依据北斗星的旋转确定月分，并把斗柄的正月定为岁首，比较正确地反映

---

〔1〕 阮元校刻《十三经注疏》，中华书局，1980年，第2082页。

了天象。周朝时，天文学家观测恒星，在黄道带和赤道带的两侧，确定了 28 个星座作为标志，称为二十八宿。依据这些星座，来确定天体的位置和许多天象，如日、月食等发生的位置。由太阳在二十八宿中的位置，便可知道一年的季节。这是古代天文学的一大进步，也是北斗文化对人类的贡献。

汉代之后，北斗文化在天文学中的应用更为广泛。《史记·天官书》称："分阴阳、建四时、均五行、移节度、定诸纪、皆系于斗。"[1] 所谓"斗柄东指，天下皆春；斗柄南指，天下皆夏；斗柄西指，天下皆秋；斗柄北指，天下皆冬"。[2] 观察斗柄的运行规律成为制定历法的重要依据。人们开始根据"斗转星移"来定时间和空间，根据星斗位置的变化来判断季节的变换、时间的流动，并根据这个坐标制定出节令、历法、时辰，指示着方位和处所，从而使人类社会的日常生活、生产劳作、经济活动有规可循、有法可依。这在当时以农业立国的神州大地，可谓是对人类社会的重大贡献。此后，中国古代四大发明之一的司南，经古丝绸之路等途径传入欧洲，对欧洲文明乃至世界文明的发展起到了极大的促进作用。可见，中华北斗文化对世界各国的影响是深远的，对人类社会的贡献也是巨大的。当代社会，随着"一带一路"建设的不断推进，北斗文化要顺势而为、应时而生，要重新焕发出生机和活力。因为，商贸交流必须要文化先行，文化的认同必然会开创出新的商贸之路。我们要充分利用"一带一路"沿线国家共同的北斗文化基因，建立起文化互鉴、文化认同的思想基础，促进新的丝绸之路经济带的形成，从而进一步加强中国与世界各国的经贸合作与文化交流。

---

〔1〕《史记》卷二十七，中华书局，1997 年，第 1291 页。
〔2〕《鹖冠子汇校集注》，中华书局，2004 年，第 76 页。

三、善用北斗"科技"功能，助推"一带一路"经贸往来

北斗文化，根植于"一带一路"沿线国家，蕴含着共同的文化产业资源，是各国经贸合作与交流的重要平台。北斗文化，是华夏民族对人类社会的贡献。在中华历史上，北斗文化所特有的社会凝聚力和信仰感召力，是任何其他文化所难以取代的。北斗文化已经成为中国文化不可磨灭的基因，是中华优秀传统文化中最独特的"软实力"，并且继续影响着中国社会发展和民众生活。

当代社会，人们敏锐地发现，北斗文化产业资源丰厚，发展潜力巨大，对于推进"一带一路"建设有着不可替代的重要作用。近年来，中国北斗产业发展迅速，受到国内外的广泛关注，政府部门也先后出台了相关政策，间接促进或直接推动了北斗规模应用与产业化的发展。自 2012 年北斗导航系统正式服务亚太地区以来，市场规模发展迅速。

面对快速发展的北斗文化产业，我们要立足传统、创新发展，打造文化资源产业化平台机制。"一带一路"沿线国家有共同的北斗文化资源，也有各国自己特色文化资源，在资本聚合的过程中，应当尊重合作国家的文化资源特性，以共同的北斗文化产业为基础，建构共同的文化产业合作发展平台。当代社会，我们要大力弘扬北斗文化产业，继续发挥其服务社会的传统。充分发挥"一带一路"沿线国家经贸合作交流平台，积极打造北斗文化延伸产业，出版北斗文化书籍，探讨北斗科技奥秘，阐扬北斗文化内涵，拍摄凸显北斗文化价值的纪录片、动画电影、商业电影，用大众主流的精彩文化产品，传播北斗文化，扩大北斗影响，服务"一带一路"，促进共同发展。

北斗文化，根植于"一带一路"沿线国家，蕴含着现代的科学技

术资源，是未来人类社会经济发展的力量源泉。古代，有一种永恒的神圣象征——北斗七星，找到了它，就能找到永恒的北方。现在，有一种新的方向引领——北斗卫星导航，拥有了它，就永远不会迷失方向。用中国传统文化中的星象，命名的导航卫星，是文明古国渊源文化的传承，也是现代中国科技发展的延续。自 1994 年我国卫星导航系统正式立项以来，就提出了"三步走"的发展战略：第一步是建立北斗卫星导航（北斗一号）试验系统；第二步是启动北斗二号卫星导航系统建设，现已服务于亚太地区；第三步是启动北斗全球系统（北斗三号）建设，为"一带一路"沿线及周边国家提供服务。计划在 2020 年左右，建成由 35 颗卫星组成的全球卫星导航系统，真正实现导航全球、造福人类的目标。北斗卫星导航系统是国之重器，是现代高科技发展的里程碑，地位重要，作用突出，应用广泛。按照"军民融合"、"创新驱动"国家战略，北斗已经在国防建设、抢险救灾、海洋渔业、交通运输、国土监测、智慧城市、公众安全等各个领域得到广泛应用。

北斗卫星导航应用产业的迅猛发展，为社会转型、企业转产、产品升级和供给侧改革注入了强大的动力。比如，在国防建设方面，北斗被誉为"部队建设的新平台，国家安全的守护神"。近年来，部队围绕北斗应用，已经初步构建了北斗应用服务保障体系，实现了北斗态势掌控、控制指挥、作战保障能力的综合集成。在交通运输方面，通过北斗技术集成其他多种技术建立的智慧物流运输管理系统改变了传统物流运输行业，使物流运输朝着智能化、自动化方向发展。在未来的智能交通中，无人驾驶车辆将是一门新型技术，北斗将会发挥积极作用。在环境监测方面，北斗系统实现了水质的无人自主监测，实现了对大气污染物的实时、稳定、有效监测，成为地球村环境监管的先进技术。在智慧城市方面，北斗系统可以为城市生活提供高精度的位置信息以及通信服务，能够将物联网、互联网、云计算技术联系起来，建立一个覆盖整个城市的、方便市民出行、购物、医疗的巨大网络。还有，近年来快速发展的"共享单车"，不仅仅是一辆自行车的问题，其背后有着北斗卫星定位系统、移动支付、大数据等诸多科技成果支撑。中国创业者在全球率先将这些科技元素结合起来，开发出共享单车模式，并已经开始进军新加坡、英国等海外市场，服务"一带一路"沿线国家。这些内容，都是现代科技探索研究的新方向，是人类科技发展的新成果，当然也是一项新的高科技产业，必将成为人类社会经济发展的新动力。如今，北斗、高铁、核电，都是中国现阶段高科技成果的代表，是国家名片。我们要打好北斗科技这个品牌，形成一条真正的"空中丝绸之路"。特别是在推进"一带一路"建设的进程中，我们要充分发挥北斗文化的科技优势，积极服务于新的丝绸之路经济带，实现科技共通、资源共享、经济共赢的世界新格局。

总之，北斗文化是中华传统文化的重要组成部分，北斗七星是道教信奉的重要星君，神秘的北斗文化伴随着道教信仰而广泛传播，在"一带一路"沿线国家留下深深的印记，共同的文化基因，共同的北斗信仰，是促进民心相通、文化认同的精神纽带。当代社会，我们要以中华传统文化"走出去"战略目标为契机，大力弘扬中国道教北斗文化，不断深化形式多样的人文合作，推动"一带一路"真正成为一条和平之路、繁荣之路、开放之路、创新之路和文明之路，让"一带一路"建设更好的造福沿线国家和世界人民。

第四节　道教文化与人类命运共同体意识

　　党的十八大以来，我国政府明确提出"构建人类命运共同体，实现共赢共享"的中国方案。并进一步指出："我们要加强世界不同国家、不同民族、不同文化的交流互鉴，夯实共建亚洲命运共同体、人类命运共同体的人文基础。"[1] 这是当代中国对世界的重要思想和理论贡献，已经成为中国引领时代潮流和人类文明进步方向的鲜明旗帜。

　　构建人类命运共同体思想的内涵极其丰富、深刻，其核心就是党的十九大报告所指出的："建设持久和平、普遍安全、共同繁荣、开放包容、清洁美丽的世界。"[2] 彰显了中国对全球治理的巨大贡献。这是人类社会的福祉，是世界各国未来发展的必然选择。当今时代，人类生活在同一个地球村，各国日益相互依存、命运与共，越来越成为你中有我、我中有你的命运共同体。面对世界经济的复杂形势和全球性问题，任何一个国家都不可能独善其身。这就需要世界各国摒弃纷争，为了国家和人民的共同利益，在构建人类命运共同体的框架下，建设一个相互尊重、合作共赢、资源共享、持久和平的和谐世界。道教是中国固有的传统宗教，关注现实人生，是道教一以贯之的优良传

_____

〔1〕 上海市政协编《学习参考资料》第3期，2019年，第9页。
〔2〕《党的十九大报告》，学习出版社、党建读物出版社，2017年，第46页。

610

统。历代以来，道教就承载着中华民族所特有的文化基因，蕴含着丰富的、深邃的思想文化内涵，关注着现实世界的和谐与人类社会的安宁。比如，道教的"虚怀若谷、慈爱和同、道通为一、重生贵命、欣乐太平"等思想，都是道教教义思想的重要内容和优秀的传统文化。其中，包含着极其丰富的人文关怀思想和人类生存智慧，是建立"人类命运共同体"宝贵的思想文化资源。

一、虚怀若谷："开放包容"的命运共同体意识

道教是"宽容"的宗教，倡导"不争、处下、谦让、贵柔"等思想，传承着优秀的中华文化。所谓"虚怀若谷"，就是指胸怀像山谷那样深而且宽广，善于接受别人意见和观点。出自《道德经》第十五章："敦兮其若朴，旷兮其若谷"。[1] 形容纯朴得好像未经雕琢，旷达得好像高山空谷。"虚怀若谷"原是道教徒修养的一种境界。虚怀若谷，方能容纳天地。《道德经》称："知其荣，守其辱，为天下谷。为天下谷，常德乃足，复归于朴。"[2] 这就是说，知道什么是荣耀，却安守欺辱，作天下的川谷。作天下的川谷，永恒之德就能充足，回归到道的真朴。大海之所以能为百谷王，是因为它的低下。道教修行就是要让自己处于低位，才能容纳更多，才能更接近"道"，才能更容易体会"道"。道教的"虚怀若谷"还体现在"水"的品德上。《道德经》称："上善若水，水善利万物而不争，处众人之所恶，故几于道"。[3] 这里所说的实际上是做人的方法，即做人应如水，水滋润万物，但从不与万物争高下，这样的品格才最接近"道"。这种品德就是"虚怀若谷"思想

〔1〕《道德真经》卷上，《道藏》，上海书店，1988年，第11册，第475页。
〔2〕《道德真经》卷上，《道藏》，第11册，第476页。
〔3〕《道德真经》卷上，《道藏》，第11册，第474页。

的集中体现。

现实社会告诉我们，人类是不可分割的命运共同体，开放包容、平等互助是人类世界共同的目标。所谓"开放包容"，就是以世界眼光和战略思维兼收并蓄、博采众长。开放是一种姿态、一种思维，包容是一种气度、一种涵养。在国际社会中，"开放包容"已经成为人类命运共同体的重要内容之一。近年来，中国政府明确提出：坚持开放包容，为促进共同发展提供广阔空间。我们应该尊重各国自主选择社会制度和发展道路的权利，消除疑虑和隔阂，把世界多样性和各国差异性转化为发展活力和动力。这就是一种"开放包容"的时代精神，体现了中国政府"海纳百川，有容乃大"的气度与胸怀。近年来，我们以共商、共建、共享为"一带一路"建设的原则，以和平合作、开放包容、互学互鉴、互利共赢的丝绸之路精神为指引，以打造命运共同体和利益共同体为合作目标，得到沿线国家广泛认同。纵观人类社会发展史，世界经济开放则兴，封闭则衰。服务业因其独特的轻资产、软要素等特点，更加需要开放、透明、包容、非歧视的行业发展生态，更加需要各国努力减少制约要素流动的"边境上"和"边境后"壁垒，推动跨境互联互通。这就是说，推动经济全球化朝着更加开放、包容、普惠、平衡、共赢的方向发展，这是顺应时代发展的历史潮流。

当代社会，我们要大力弘扬道教"虚怀若谷"优良传统，积极服务中国政府所倡导的"开放包容"的人类命运共同体。一方面，我们要继续传承道教"上善若水"的思想品德。做人要善良，要像水一样去包容和帮助别人。水无处不在，却永远处于低下位置；水滋润万物，总是无私奉献，不求回报。水乃生命之源。这样的境界和作为，自然就会得到天地的护佑，得到人们的帮助。所谓"得道多助、失道寡助"。另一方面，我们要大力弘扬道教"虚怀若谷"的时代精神。人要虚心，心胸要像山谷一样宽阔。人类除了要积极向上，也要懂得低调向下。低调向下，就是要学会弯腰、放下架子，做到不卑不亢、不骄不躁、功成不居。这是对于人与人之间关系的要求，对于国与国之间的关系同样如此，甚至还要做得更好。对于一个国家来说，道教的"虚怀若谷"就是要求，公平公正、开放包容、平等互助，坚决反对垄断、打压、遏制行为，制止不平等、不公平的竞争。道教的这种思想精神与境界，是完全符合人类社会发展的基本规律，是中国政府所倡导的"开放包容"的"人类命运共同体"的应有之义。

二、慈爱和同："共同繁荣"的命运共同体意识

道教是崇尚"慈悲为怀"，表现出对万物的仁慈和充满怜爱之情。"慈爱"就是道教反复倡导的重要理念，并贯穿于道教的教义思想与伦理道德之中。《道德经》称："我有三宝，持而保之。一曰慈，二曰俭，三曰不敢为天下先。"[1] 其中，第一宝就是"慈"，要求人类社会要以慈爱之心对待他人。《道德经》还说："知常容，容乃公"。意思是知道常道的人就会宽容大度，宽容大度就能公正无私。要求世人要效法大道的宽容与无私，以此来促进人类社会和世界的共同繁荣。《太平经》也强调指出："夫天生万物，各有才能，又实各有所宜，犹龙升于天，鱼游于渊，此之谓也"。[2] 这就是说，上天有好生之德，世间万物应在大地怀抱的共同体中自由生长，此乃万物之自然。唯有如此，才有丰富多彩、生机盎然的世界，才有大地生命体的共同繁荣。自然世界如此，人类世界更是如此。在处理人际关系中，道教积极倡导"慈爱和同"的思想。所谓"慈爱和同"，就是一种更为宽广的大爱精神，体现了道门崇高而独特的胸怀。《度人经》称："齐同慈爱，异国成

---

〔1〕《道德真经》卷下，《道藏》，第11册，第480页。
〔2〕《太平经》卷五十四，《道藏》第24册，第439页。

亲"。[1] 要求所有的人，不分亲疏，都要互相慈仁友爱，即使没有血缘关系的人，也要像血亲骨肉那样亲密。在人际关系与利益往来方面，道教主张"互助互利、共同发展"的原则，指出帮助他人，就是帮助自己。正如《道德经》所说："圣人不积，既以与人，己愈有；既以与人，己愈多。天之道，利而不害。圣人之道，为而不争"。[2] 这就是说，圣人不事积蓄，尽量为人花费，自己却更加富有；尽量施予别人，自己却拥有更多。天之道，施予便利而不加妨害。圣人之道，为人施助而不与人相争。强调尽力帮助他人，一定会赢得他人的尊重。人与人之间的关系如此，在国与国之间的关系上，同样需要遵循这样的法则。只有人际和谐、互助互利的社会环境，才有利于建立"共同繁荣"的人类命运共同体。

现实社会告诉我们，人类是相互依存的命运共同体，互帮互助才能共同繁荣。当今社会，中国发展离不开世界，世界繁荣也需要中国。为实现世界各国的"共同繁荣"发展，中国政府于 2013 年就率先提出"一带一路"倡议，倡导中国与世界各国通过共建丝绸之路经济带和 21 世纪海上丝绸之路，建立更加紧密的互联互通伙伴关系，促进经济资源在区域层面乃至全球实行更加有效的配置，实现联动的区域和全球经济增长，实现互利共赢和共同发展。"面向未来，中国将以更负责的精神、更开放包容的胸襟、更高质量的增长，在实现自身发展的同时，为世界各国共同繁荣作出更大贡献。"[3] 彰显了中国始终做全球发展贡献者的坚定决心。党的十九大报告也明确指出："中国坚持对外开放的基本国策，坚持打开国门搞建设，积极促进'一带一路'国际合作，努力实现政策沟通、设施联通、贸易畅通、资金融通、民心相通，打

---

〔1〕《灵宝无量度人上品妙经》卷一，《道藏》第 1 册，第 2 页。
〔2〕《道德真经》卷下，《道藏》，第 11 册，第 481 页。
〔3〕 2017 年 11 月 18 日，新华网。

造国际合作新平台，增添共同发展新动力"。[1] 充分显示了中国政府所奉行"共同繁荣"的基本国策，是一种主动服务世界各国共同发展的积极姿态。这种"互助互利""共同繁荣"的无私精神，与中国传统道教文化是一脉相承的。

当代社会，我们要大力弘扬道教"慈爱和同"的优良传统，积极服务中国政府所倡导的"共同繁荣"的人类命运共同体。阐扬其服务人类社会的时代精神，以"平等"思想处理好各国之间的关系，以"慈爱"精神走共同发展道路。因为，这是当今人类社会发展的必然选择，也是"人类命运共同体"的价值取向和目标追求。一方面，我们要继续传承道教的"平等"思想。道教认为，万物皆为"道"所化生，一切皆含道性。指出人之人之间的平等关系。在人际关系中，一个人要想得到别人的尊敬，必须要具备三个条件：一是要具备高尚的人格修养，以慈悲心、平等心对待他人。二是要善于用自己的人格修养去影响别人，树立自身的榜样作用。三是要身体力行，用自己的力量去帮助别人。道教的"平等"思想，倡导的就是"互助互利、互相尊重"的人际关系。另一方面，我们要大力弘扬道教的"慈爱"精神。要以"慈悲"之心关爱他人，主动帮助困难者和弱势群体。现实社会中，人与人之间发展不平衡，国与国之间发展也不平衡，这就需要强国或者大国伸出援助之手，帮助一些弱小的国家和一些相对落后的国家，走上共同发展、共同致富的道路。中国政府所倡导的人类命运共同体，就是要走"共同繁荣"的发展道路。因此，道教"齐同慈爱"的思想精神与境界，正是中国政府所倡导的"共同繁荣"的"人类命运共同体"的应有之义。

---

〔1〕《党的十九大报告》，学习出版社，党建读物出版社，2017年，第47页。

三、道通为一："清洁美丽"的命运共同体意识

　　道教是关注自然环境的宗教，其中蕴含着诸多生态伦理思想，是人类社会宝贵的生态文化资源。道经称："一切有形，皆含道性。"[1]即世上一切有形可见的事物，无论其是否具有自我意识，都蕴含有"道"的特性。道化生万物，而又包含在万物之中。这个内在于万物的道，就是"德"，亦称"道性"。《南华真经·齐物论》称："故为是举莛与楹，厉与西施，恢诡谲怪，道通为一。"[2]意思是说，细小的草棍和一个大柱子，一个丑陋的人与美女，宽大的、畸变的、诡诈的、怪异的等千奇百怪的各种事态，从道的意义上讲，都是相通而浑一的。在这里，庄子用举例对比的形式，讲述了万物皆有道性，万物皆与"道"相通，阐明了万物平等的主张。庄子还进一步强调："以道观之，物无贵贱"。[3]从"道"的角度来看，万物都是由道化生而来的，自然都是平等的。"道通为一"的生态伦理强调的就是万物平等的思想，其中蕴含着人与自然和谐相处的生态文明观。《南华真经》指出："天地与我并生，而万物与我为一"。[4]强调了人与自然之间的相互依存关系，认为维护整个自然界的和谐安宁，是人类本身赖以生存和发展的重要条件。《太平经》还告诫人们说："夫人命乃在天地，欲安者，乃当先安其天地，然后可得长安也。"[5]还说："天地不和，不得竟吾年。"[6]这就是说，人的生命存在与自然环境密不可分，如果自然环

---

　　〔1〕《道门经法相承次序》卷上，《道藏》第24册，第786页。
　　〔2〕《南华真经》卷一，《道藏》，第11册，第569页。
　　〔3〕《南华真经》卷三，《道藏》，第11册，596页。
　　〔4〕《南华真经》卷一，《道藏》，第11册，第570页。
　　〔5〕王明：《太平经合校》，北京：中华书局，1960年，第124页。
　　〔6〕王明：《太平经合校》，第122页。

境破坏了，生态系统失去平衡，那么人类就不可能独自生存下去。所以，人类只有使自然界得到和谐安宁，才能获得自己安身立命的良好环境，才能建立"清洁美丽"的人类命运共同体。

现实社会告诉我们，人类是同一个命运共同体，建设绿色家园是人类的共同梦想。党的十八大以来，中国政府就提出了"绿色发展"理念。倡导国际社会应携手同行，坚持走绿色、低碳、可持续发展之路，共同迈向清洁美丽的世界。率先提出了"清洁美丽"的世界问题，并向国际社会发出积极倡议。指出：建设生态文明关乎人类未来。国际社会应该携手同行，共谋全球生态文明建设之路，牢固树立尊重自然、顺应自然、保护自然的意识，坚持走绿色、低碳、循环、可持续发展之路。同时，还进一步指出：中国高度重视生态环境保护，秉持绿水青山就是金山银山的理念，倡导人与自然和谐共生，坚持走绿色发展和可持续发展之路。我们愿同国际社会一道，全面落实2030年可持续发展议程，共同建设一个清洁美丽的世界。表明了中国政府的鲜明态度与责任担当。"绿色发展"理念和"清洁美丽"世界建设，不仅深刻改变着中国，而且也为世界可持续发展提供了中国方案、中国智慧和中国力量。

当代社会，我们要大力弘扬道教"道通为一"的生态伦理思想，积极服务中国政府所倡导的"清洁美丽"世界的人类命运共同体。以"万物一体"的生态伦理处理好人与自然的关系。以"道通为一"的生态伦理观推进"清洁美丽"世界的建设。一方面，我们要继续传承道教"万物一体"的生态伦理，倡导万物平等的主张，促进人与自然的和谐发展。人与万物本身就是一个统一整体，是一个不可分割的生命共同体。所谓"天地与我同根，万物与我同体"，[1] 讲的就是这个道理。在"道"的视域下，人与自然万物本身就是一种平等的地位。道教认为"平等"是自然万物的秉性，人类作为自然万物中的一员，与

---

[1]《海琼白真人语录》卷三，《道藏》，第33册，第129页。

其他自然物种共存于同一个生态环境之中，必须要自觉遵循万物平等的规律，自觉担负起保护自然环境的责任。另一方面，我们要大力弘扬道教"道通为一"的生态伦理，倡导万物共生的主张，保护自然生态系统的平衡。"道"是整体，是不能分割，如果有分割，那就不是"道"了。道教认为尊重生态共生规律、遵循生态共生理念，是实现人与自然和谐共生、实现人类社会可持续发展的伦理要求。强调要尊重自然生态价值，提倡人与自然互利共生。"道通为一"的生态伦理对于推动全球生态文明建设、实现"人与自然和谐共生"具有重要的启示作用。倡导人类命运共同体，就是要走"绿色发展"与"可持续发展"道路。因此，道教"道通为一"的生态伦理，正是中国政府所倡导的"清洁美丽"世界的"人类命运共同体"的应有之义。

四、重生贵命："普遍安全"的命运共同体意识

道教是"贵生"的宗教，倡导健康养生，追求生命长存，是道教自古以来的优良传统。在道教思想信仰中，就包含着道教徒对于生命的热爱和追求，他们重视今生，以生为乐，以命为贵。《太上老君开天经》说"万物之中，人最为贵"，[1]《三元延寿参赞书》也说"天地之间人为贵"，[2] 认为人的生命是神圣的，也是至高无上的。强调了道教对生命的尊重和生命安全意识。同样，《道德经》也明确提出"执大象者，天下往。往而不害，安平泰"，[3] 意思是执守"大道"，天下人都会向往归附。人们因归附大道，而不再相互残害，天下就会安宁与康泰。这就是说如果"大道"盛行，人与人之间，就可以自由往来，

---

〔1〕《云笈七签》卷二《太上老君开天经》，《道藏》，第 22 册，第 10 页。
〔2〕《三元延寿参赞书》卷一，《道藏》第 18 册，第 528 页。
〔3〕《道德真经》卷下，《道藏》第 11 册，第 477 页。

无拘无束，和谐融洽。相互之间没有伤害，人类就可以安享稳定、安全、幸福的生活。强调对"平安、安全"的高度重视。道教对生命的尊重，还体现在万物"平等"的伦理思想中。《太平经》称："夫天道恶杀而好生，蠕动之属皆有知，无轻杀伤用之也"。[1] 这就是说，上天有好生之德，万物皆处在同一个生命体中，人类不仅要关心自身的平安，而且还要关爱其他生命体的安全。在这里，道教明确提出了万物平等观念，万物皆有生存的权利，这是早期道教的"普遍安全"意识，实际上就是人类生命共同体意识。但是，要始终保持生命的安全，还必须要善于处理好各种关系，要学会做人的道理。道教认为，做人要低调、不争，才会有更多的朋友。正因为"不争"，"故天下莫能与之争"。[2] 这句话告诉我们，与人争高，与人争快，与人争聪明，与人争见识，与人争功劳，与人争地位的结果，最终都是会失败的。相反，真正有见识的人从不自我显摆，有功绩的人从不自我夸耀，这样的人反而得到别人的尊重。人与人之间如此，国与国之间也是如此。道教的生命安全观，强调的是尊重他人就是保全自己，与人为善就是与己为善。人类生活在同一个"地球村"，本身就是一个"共生共荣"的生命共同体，本来就应该相互尊重、相互帮助，共同致力于关爱自然、关爱生命，才能获得人类社会的普遍安全与共同发展。

现实社会告诉我们，当今世界，安全问题是事关人类前途命运的重大问题。2017 年 9 月，在北京国际刑警组织第 86 届全体大会上，中国政府明确指出：中国愿同各国政府及其执法机构、各国际组织一道，高举合作、创新、法治、共赢的旗帜，共同构建普遍安全的人类命运共同体。2020 年，在新冠疫情肆虐全球的艰难时刻，中国政府又向世界提出共同构建人类卫生健康共同体的主张，呼吁各国积极投身国际

---

〔1〕《太平经》卷五十《生物方诀》，《道藏》，第 24 册，第 429 页。
〔2〕《道德真经》卷下，《道藏》第 11 册，476 页。

抗疫合作，加强全球公共卫生治理，共同佑护各国人民生命和健康。中国发起了新中国历史上最大规模的全球人道行动，向 150 多个国家和 10 个国际组织提供抗疫援助，向 34 个国家派出 36 支医疗专家组。[1] 体现了一个大国的责任与担当。通过此次疫情，我们更深刻感受到，任何一个国家都无法独善其身，构建人类命运共同体才是确保普遍安全与应对全球危机的正确选择。

　　当代社会，我们要大力弘扬道教"重生贵命"的伦理思想，积极服务中国政府所倡导的"普遍安全"的人类命运共同体。一方面，我们要继续传承道教"尊重生命"的优良传统。道教是追求长生的宗教，尊重生命是道教最具特色的生命伦理观。道教对生命的尊重，从对人类自身生命的尊重延伸到对自然一切生命的尊重，这是道教的一种大爱精神，充分体现了人类生命共同体意识。从生命伦理学看，生命是自然赠与人类的礼物，因为有了各种各样的动物和植物，整个地球才显得生机盎然。从古至今，道教就积极倡导保护生命、珍爱生命。《道德经》讲"天地不仁，以万物为刍狗"，[2] 并非是天地没有感觉，而是在天地眼中，万物都是一样的，没有差别。大道既然演化了万物，那么他们的生命都是一样的。道教"尊重生命"的思想，既包含着对自身生命的尊重，要求不能随意去伤害自己的身体与生命。同时，又包含着对其他生命的尊重，对自然界一切生命的尊重与保护。这就要求我们必须做到：尊重自己的生命，尊重别人的生命。热爱生命、同情生命，不拿生命开玩笑，更不能践踏生命，让自然界每一个生命都能和谐共处，幸福生活，快乐成长。另一方面，我们要大力弘扬道教"敬畏生命"的高尚品德。《道德经》说："故道大、天大、地大、人亦大。域中有四大，而人居其一焉。"[3] 肯定了人的特殊性，认为宇宙

　　[1]《光明日报》，2021 年 1 月 18 日，第 3 版。
　　[2]《道德真经》卷上，《道藏》第 11 册，474 页。
　　[3] 安伦：《老子指真》，社会科学文献出版社，2016 年，第 36 页。

中有四大，即道大、天大、地大、人亦大。人是其中的一大。但是，人再大也不是宇宙的主宰者，也要遵循自然之道，尊重生命之道。既肯定了人的特殊性，又揭示了人的有限性。这就是说，敬畏生命是人的天性所决定的。人类只有拥有对于生命的敬畏之心时，世界才会呈现出无限希望与生机，地球才会感受到生命的珍贵与美丽。庚子年伊始，新冠肺炎疫情来势汹汹。为维护我们的身体健康和生命安全，举国上下同舟共济，众志成城，打响了一场抗击疫情的战役。无数抗疫勇士们奋不顾身，冲锋在前，不畏艰险，不怕牺牲。他们的事迹感天动地，他们的精神可歌可泣，他们是尊重生命、敬畏生命的典范。因此，道教"尊重生命"的生态伦理，正是中国政府所倡导的"普遍安全"的"人类命运共同体"的应有之义。

五、欣乐太平："持久和平"的命运共同体意识

道教是倡导"和平"的宗教，追求"国安民丰，欣乐太平"的人间盛世。道教历来就反对战争，明确反对以武力来威服天下。《道德经》指出"以道佐人主者，不以兵强天下"，[1] 这就是说，用"道"去辅佐国君的人，是不会仗恃武力而逞强天下的。因为用兵杀人是违反天道的凶事，最终是不会有好下场的。《道德经》还进一步指出："夫兵者，不祥之器。物或恶之，故有道者不处。君子居则贵左，用兵则贵右。兵者非君子之器，不得已而用之，恬淡为上。"[2] 指出兵戎是不吉祥的东西，有道行的人是不使用它的。《道德经》还说："用兵有言：吾不敢为主而为客，不敢进寸而退尺。"[3] 意思是用兵的人说

〔1〕《道德真经》卷上，《道藏》第 11 册，476 页。
〔2〕安伦：《老子指真》，社会科学文献出版社，2016 年，第 41 页。
〔3〕《道德真经》卷下，《道藏》第 11 册，480 页。

过这样的话，我不敢主动进攻而为客防守，不敢前进一寸而退让一尺。强调指出军队是用来保卫国家的，而非用于侵略与逞强的。《道德经》还告诫世人，打仗即使胜利了也不要高兴。因为杀人是悲哀的事情，应该"以丧礼处之"。充分体现了道教对战争的反对和厌恶。《道德经》还说"我无为而民自化，我好静而民自正，我无事而民自富，我无欲而民自朴"，[1]意思是我不乱作为，人民就会自然教化。我喜好清静，人民就会自然纯正。我不生事端，人民就会自然富裕。我戒除嗜欲，人民就会自然淳朴。同样，在处理国与国之间关系上，道教主张谦下、摒弃霸权，强调指出"大国者下流"。要求大国要像居于江河下游那样，拥有容纳天下百川的胸怀，故"大国以下小国，则取小国；小国以下大国，则取于大国"。[2]大国谦下就会得到小国的依附，小国谦下也会得到大国的接纳。这样就会实现国与国之间的和谐，世界自然就会太平。对于"太平"的追求，道教多部经典都有论述。《度人经》提出"国安民丰，欣乐太平"，[3]就是道教对太平盛世的理想。《太平经》以"太平"命名，表明道教对社会太平的追求。所谓"太平"，是指阴阳和顺，国富民安，社会公平无私。在国家治理中，君臣民三人同心，则国家昌明、社会稳定、天下太平。《道德经》明确告诉我们，建立太平社会，就必须返朴归真，回归于大道赋予人的朴素之性，让每一个人的生命都能够"甘其食，美其服，安其居，乐其俗"。[4]所以，太平世界是大道流行的世界，建立太平社会，则是一个人性复归的过程。这就是说，追求美好的"太平"盛世，实现人类社会持久和平，是包括我们道教界人士在内的全人类不懈追求的目标，也是全世界人民最根本的利益所在。

---

〔1〕 安伦：《老子指真》，社会科学文献出版社，2016年，第60页。
〔2〕 安伦：《老子指真》，社会科学文献出版社，2016年，第63页。
〔3〕 《灵宝无量度人上品妙经》卷一，《道藏》，第1册，第2页。
〔4〕 安伦：《老子指真》，社会科学出版社，2016年，第73页。

现实社会告诉我们，当今世界，由贪婪、暴戾所导致的霸权主义、强权政治，以及国际恐怖主义、民族分裂主义和宗教极端主义仍时时威胁着地区安全和人类生命安全。环境污染、毒品走私、跨国犯罪、严重传染性疾病等世界性问题也时刻影响着人类生命健康。我们的人类还不安定，我们的社会还不安宁。维护人类社会的持久和平仍然是全人类不懈追求的目标。党的十八大以来，"和平"问题得到高度重视，反复强调和平的重要性，表达中国人民坚定不移走和平发展道路的崇高愿望，宣示中国人民牢记历史、不忘过去，珍爱和平、开创未来的坚定立场，倡导国际社会团结起来，为缔造和平、捍卫和平而努力。中国坚定不移走和平发展道路，既通过维护世界和平发展自己，又通过自身发展维护世界和平。走和平发展道路，是中国对国际社会关注中国发展走向的回应，更是中国人民对实现自身发展目标的自信和自觉。同时，中国政府还发出"中国永不称霸、永不扩张、永不谋求势力范围"的郑重承诺。彰显出中国政府对和平的珍视、对良好国际秩序的期盼。当今社会，已经进入文明交流时代，让各个不同的国家、各个不同的语言、各个不同的文明，都能够敞开胸襟，有更多的交流与对话，为未来人类文明谋求一个持久和平的发展空间。

当代社会，我们要大力倡导道教"欣乐太平"的理想追求，积极服务中国政府所倡导的"持久和平"的人类命运共同体。一方面，我们要继续传承道教"社会和谐"的优良传统。道教认为，和谐是宇宙万物的根本法则，社会和谐是人类社会的目标追求。《道德经》称："和曰常，知常曰明。"[1] 和谐可以说是恒常法则，知道恒常法则叫作明智。人生最大的快乐就是和谐。《庄子·天道》指出："与人和者，谓之人乐；与天和者，谓之天乐。"[2] 这就是说，用平等的态度对待

---

〔1〕 安伦：《老子指真》，社会科学文献出版社，2016年，第63页。
〔2〕《南华真经》卷三，《道藏》，第11册，第589页。

人，顺应民心办事，自然会得到老百姓的拥护，就会得到"人乐"；明白天地之德，不违背自然之道，与大自然保持和谐，就会得到"天乐"。《正一法文天师教戒科经》还指出："是以天地合和，万物萌生，华英熟成。国家合和，天下太平，万姓安宁。室家合和，父慈子孝，天垂福庆。"[1] 这就是说，天地自然万物，国家社会家庭，都必须保持和谐的状态才能生生不息。和则相生，这是道教追求和谐生命、和谐人生、和谐社会、和谐自然的重要思想资源。道教的社会和谐思想，使不同国家、不同文明之间的人们保持和谐共处，进而促进世界持久和平发展。另一方面，我们要积极倡导道教"天下太平"的目标追求。《太平经》认为，社会太平的出现，从根本上讲，就在于"三气（阴、阳、和）合并为太和也。太和即出太平之气。"[2] 道教所追求的太平社会理想是，没有战争、没有剥削、没有压迫，百姓都安居乐业、自得其乐、恬静和美的社会。其核心就是追求和平、和谐、公平、公正，这样的社会无疑就是一个天下太平的社会。为了实现天下太平，道教还提出了"行王道，反霸道"的主张。所谓"行王道"，就是要遵循老子提出的"爱民治国"，推行"仁政"和"德治"，反对"暴力"和"恐怖"。所谓"反霸道"，就是反对"强权"和"霸权"。历史发展表明，人类只有摒弃"霸权"主义，才能共生共荣、利益共享。争斗、极端、暴力和战争只能导致仇恨、死亡和毁灭。我们极力呼吁：天下不同国家、不同民族、不同宗教信仰的人们，应该友好交往，和睦相处，天下才会太平，人类才会安全。我们要坚决反对霸权主义，时刻关爱人类生命安全，共同维护民族生存权利。因此，道教"欣乐太平"的社会理想，正是中国政府所倡导的"持久和平"的"人类命运共同体"的应有之义。

---

[1]《道藏》，第18册，第232页。
[2] 王明：《太平经合校》，中华书局，1960年，第19页。

综上所述，道教秉承中华民族"以和为贵""和而不同""天下太平"、"天下大同"等思想理念，形成具有中国特色的道教文化，成为构建人类命运共同体意识宝贵的文化资源。当代社会，我们要大力弘扬道教优秀文化，积极阐释道教文化思想内涵，努力服务人类命运共同体建设。我们坚信"构建人类命运共同体理念蕴含人类共同价值和共同责任，反映各国人民的深沉追求，昭示了历史演进的基本方向，必将汇聚起强大的文明合力，引领世界向着更美好的明天迈进"。[1]为了保持这个命运共同体的和谐与繁荣，我们每一个生命个体、每一个国家都应该相互尊重、互相帮助、和谐共处、合作共赢、共同发展。因为，世界各国人民都生活在同一片蓝天下、拥有同一个家园，应该是一家人。世界各国人民应该秉持"天下一家"理念，张开怀抱，彼此理解，求同存异，共同为构建人类命运共同体而努力。让我们携起手来，致力于增进人类的共同福祉，致力于构建人类命运共同体，共同建设相互依存、休戚与共的当今世界，共同实现人类命运共同体的理想与追求。

---

〔1〕《光明日报》，2021年1月18日，第3版。

后　记

　　三十六年前，我如愿进入道门，印证了我的先天"道缘"。正如《邱祖垂训文》所说，"既入玄门之正教，必通夙世之善根"，这是前世种下的善因，今生宿根不昧，才有这个善果。对道教出自内心的爱，正是由先天祖性所带来的，这个"因缘"就是我学道的根基。

　　过去的宿命，我们不能改变，也无法改变，但是现在的生命，可以由自己来掌握。正如《抱朴子》所说，"我命在我不在天"。生命的自由在于，能够由自我决定，主动权操纵在自己的手中，努力把握并改变自己的命运，我们能改变的或者是能掌握的就是未来。

　　或许是先天"道缘"之使然，或许是过去"宿命"之所致。1986年3月，是我人生中的一个重要转折点，我选择接受了过去的宿命，开始走上了学道、修道、弘道之路，奉献道教事业成为我的毕生追求。其间，我经历从上海道学班（上海道学院前身）到中国道教学院（进修班）的求学过程，系统学习道教知识，提升道学文化；经历从华东师范大学到澳门科技大学的深造之路，系统学习文化、宗教、管理等知识，综合素质得到全面提升。上海道学院毕业后，我于1989年入道教协会文化研究室，参与《上海道教》杂志编辑工作，更加深入地接触道教文化。其间，得到恩师陈莲笙道长的指点与教诲，得到著名道教学者陈耀庭老师的悉心指导。1994年5月，我借调上海城隍庙参与修复工作，担任修复委员会办公室副主任。1995年9月，因编辑工作需要，恩师又调我回编辑部，继续负责道教文化工作。2000 年，因管理工作需要调至浦东钦赐仰殿道观，全面负责道观重建与管理工作。在繁忙而紧张的工作之余，仍然坚持做道教文化工作，除继续负责《上海道教》杂志编辑工作外，尤为关注当代道教问题研究，陆续撰写研究文章，并于 2018 年结集出版《道教与当代社会》一书，对当代道教的建设与发展问题进行了诸多思考。

道教历史告诉我们，关注当代道教，就是关注道教未来发展。在信仰的生命实践中，不仅要反思自我生命，更要关注与反思信仰现象。对当代中国道教进行反思与探讨，不仅是我作为一名道教文化爱好者的研究兴趣所在，更是我身为一名道教信仰者义不容辞的责任与义务。有鉴于此，浦东新区道教协会与钦赐仰殿道观共同发起，于 2018 年 6 月成立浦东道教文化研究所，正式开启当代道教问题的研究，开始编撰出版《当代道教研究》丛书，立足当代社会，关注当代道教，旨在加强道门自身建设、探寻道教与当代社会关系、探索道教未来发展，助推道教中国化进程。编撰《当代道教研究》丛书，引发了我更多的思考，也使我关注"当代道教"问题的决心更加坚定。我从未停止对中国道教历史、现实与未来的思考，呈现在大家面前的这本书，就是我近几年来的一些新思考，或者说是总结思考的一点成果。

中国道教的过去已经成为历史，曾经的辉煌也只能属于昨天，这是无法改变的，只能接受与面对。然而，现代道教如何更好的传承历史、反思现在，如何更好的加强自身建设、再创历史辉煌，即是中国道教如何走向未来，亦是当代道教的时代担当。中国道教的"路"不是想出来的，也不是等出来的，而是由无数志同道合的人"走"出来的。当代道教，必须要有更多道门有识之士的觉醒与引导，必须要有内在的自觉与动力，必须要有外部的推力与助缘。中国道教的未来发展，必须要坚持与时俱进，必须要注重文化传承，必须要加强自身建设，必须要实现创新发展，必须要发挥时代价值，必须要有"全球化"

视野。这样，从传承到适应、从适应到转型、再从转型到发展，形成一个完整的体系。所有这些，都需要当代道教徒有所作为、有时代担当，这是时代发展的需要，更是道教发展的必然。

三十六年来，我要感恩所有给予我关心帮助的人。三十六年的读书、学道、弘道历程，我和无数人结下了善缘，我的人生步伐从上海道学院到上海道教协会文化研究室，从《上海道教》杂志编辑部到上海城隍庙修复委员会办公室，从上海钦赐仰殿道观管理委员会到浦东新区道教协会。弘道平台从上海道教协会文化研究室到浦东道教文化研究所，从《上海道教》杂志到《当代道教研究》丛书。学术交流从长三角地区道教论坛到国际道教论坛，从华东师范大学到香港中文大学，从韩国大巡真理会到韩国高丽大学民族文化研究院，从（哈萨克斯坦）世界与传统宗教领袖大会到（约旦、日本）世界宗教和平会议。讲学活动从上海道教学院到中国道教学院、湖南南岳坤道院、湖北武当山道教学院、福建海峡道教学院、广东省道教学院、龙虎山道教学院，从香港青松观到香港蓬瀛仙馆、香港飞雁洞佛道社，从香港道教学院到新加坡道教学院等。所有的成长，皆来源于教内外大德的帮助；所有的成绩，都是来自道门祖师的加持；所有的功德，都应回向给所有的众生。我所做的一切，皆是为了回报"三宝"所给予的力量，为了感恩所有帮助我的人。当然，这也是我的本分工作和应尽的责任，是一位修道者必须具有的使命与担当。

本书的出版，凝聚了教内外专家学者的智慧，得到大家的关心和支持。感恩陈耀庭老师、安伦老师，他们在百忙之中为本书写序，这是对我的极大鼓励和支持。感恩郑土有老师、李似珍老师对本书给予的关注和指导，感恩蓝希峰老师、杨君老师等对本书编撰所提出的宝贵意见，感恩道观管委会的各位道友对本书的出版给予的支持，感恩上海三联书店吴慧老师对本书出版所做的一切工作。

最后，需要说明的是本书的选题之大，并非是我所能够完成的。

628

正如陈耀庭老师在"序言"中所说，我"在提笔时的压力，一定有千斤之重"。知我者莫过老师也。事实也是如此，我在确定选题时也是多次反复的，斗胆提出这个选题和出版这本书，主要是出于对当代道教的一份责任，希望能为道教的建设与发展尽一点微薄之力，书中所提出的一些思考与建议，肯定会有许多不足之处，我真诚地期待得到同道和读者的批评指正！

丁常云

2022 年 8 月

图书在版编目（CIP）数据

道教的时代担当/丁常云著. —上海：上海三
联书店，2025.2. -- ISBN 978 - 7 - 5426 - 8700 - 5

Ⅰ．B958

中国国家版本馆 CIP 数据核字第 20242MZ332 号

道教的时代担当

著　　者 / 丁常云

责任编辑 / 吴　慧
装帧设计 / 徐　徐
监　　制 / 姚　军
责任校对 / 王凌霄

出版发行 / 上海三联书店
　　　　　（200041）中国上海市静安区威海路 755 号 30 楼
印　　刷 / 上海展强印刷有限公司

版　　次 / 2025 年 2 月第 1 版
印　　次 / 2025 年 2 月第 1 次印刷
开　　本 / 710mm×1000mm　1/16
字　　数 / 520 千字
印　　张 / 40
书　　号 / ISBN 978 - 7 - 5426 - 8700 - 5/B · 931
定　　价 / 168.00 元

敬启读者，如发现本书有印装质量问题，请与印刷厂联系 021 - 66366565